단단한 심층강화학습

Foundations of **Deep Reinforcement Learning**

심층강화학습 기본 개념을 제대로 정리한
인공지능 교과서

로라 그레서, 와 룬 켕 지음 / **김성우** 옮김

제이펍

차 례

옮긴이 머리말

이 책은 역자가 강화학습을 주제로 번역한 두 번째 책입니다. 책 한 권의 번역을 마치고 나면 다시는 번역하지 않겠다고 다짐합니다. 하지만 며칠 지나지 않아 다시 번역 생각을 합니다. 번역 작업은 힘들기도 하지만, 그만큼 보람도 있기 때문일 것입니다.

앞서 번역한 《단단한 강화학습》의 번역 과정에서 범했던 실수를 바로잡고 더 적합한 용어를 사용하여 더 좋은 문장을 만들려고 노력했습니다. 여기에 많은 독자분들과 베타리더분들의 조언이 큰 도움이 되었습니다. 《단단한 강화학습》에 비해, 이 책은 좀 더 실용적인 느낌을 주는 책입니다. 책에 제시된 많은 예제와 코드를 활용하면 심층강화학습을 이해하고 적용하는 데 많은 도움이 될 것이라고 느꼈습니다.

인공지능을 적용하기에 가장 적합한 분야를 꼽는다면 인공위성 분야라고 생각합니다. 역자의 전공 분야가 인공위성이기도 하지만, New Space의 흐름에 힘입어 인공위성에 인공지능을 적용하는 연구들이 많아지고 있습니다. 인공지능과 컴퓨팅 파워(하드웨어)가 발전할수록 인공위성의 자율성이 증가할 것입니다. 그에 따라, 지상에서 명령을 전송하여 인공위성을 제어하는 관제 시스템의 역할이 줄어들 수도 있습니다. 한편으로는, 지상 관제 시스템이 인공지능을 통해 자율 시스템으로 바뀔 수도 있습니다. 인공위성과 인공지능이 좀 더 넓은 영역에서 결합될 수 있기를 기대합니다.

모든 역사를 주관하시는 하나님께 감사드립니다. 부모님의 사랑에 감사드립니다. 이 책의 번역 과정을 지켜봐준 사랑하는 윤진영(진봉봉)에게 감사합니다. 제이펍 장성두 대표님의 인내와 관용에 감사드립니다. 책의 교정과 편집을 도와주신 김정준 부장님께 감사드립니다. 오류를 잡아주신 베타리더분들께 감사드립니다.

김성우

베타리더 후기

강찬석(LG전자)

하나의 프레임워크를 통해서 다양한 환경에서 심층강화학습 알고리즘을 구현해 보고 최적화시킬 수 있는 경험을 쌓기에 좋은 책입니다. 실무에 강화학습 알고리즘을 적용해 보고자 하는 사람들에게 도움이 될 만한 내용이 듬뿍 담겨 있습니다.

김용현(Microsoft MVP)

딥러닝 도서는 이론에만 치중되어 있거나 코드 일변도 위주이기 마련인데, 이 책은 알고리즘에 대해 개괄하고 동작 원리를 충분히 설명한 후, 이를 파이썬으로 결과를 확인해 보는 방식으로 구성되어 있습니다. 이론-구현체를 매칭해 주어 이론을 바탕으로 실무를 하는 이들과 실무 코드를 살펴보면서 이론 배경이 궁금한 독자들의 기대를 모두 충족시키는 책입니다.

김태근(연세대학교 대학원 물리학과)

내용이 내용이다 보니 난이도가 꽤 있는, 전공 교과서에 가까운 책입니다. 대신에 설명은 무척 꼼꼼하고 예시도 하나하나 들어가며 설명하기에, 책을 완독하기만 한다면 심층강화학습에 대한 이해도가 엄청 높아질 수 있습니다. 구성도 아주 훌륭한데, 본문 설명은 전문적으로 파고드는 반면, 단원 말미마다 단원의 내용을 깔끔하게 요약해 주고 관련 역사까지 설명하는 점이 굉장히 매력적이었습니다.

김호준(한국오픈솔루션)

알파고가 사용한 학습 알고리즘으로 널리 알려진 강화학습에 심층이 더해졌습니다. 개인적으로 여태껏 봐왔던 인공지능 책 중 난도가 역대급이어서 읽는 데 꽤 애를 먹었습니다. 단, 그럼에도 불구하고 뛰어난 번역 품질 덕분에 큰 스트레스는 없었습니다. 저자가 제공하는 SLM Lab 코드(파이썬)와 의사코드로 알고리즘을 자세히 설명하고 있으며, 알고리즘 코드의 최적화 부분도 일부 설명하고 있어서 실무에서 무척 도움이 될 듯합니다.

🦋 박조은(오늘코드)

기본적인 파이썬과 머신러닝, 딥러닝을 다뤄 본 분들이 강화학습을 위해 읽으면 좋은 책입니다. 의사코드를 통해 과정을 설명하고 실제 코드로 설명하는 과정으로 진행하기 때문에 알고리즘에 대해 이해하고 코드를 볼 수 있습니다. 강화학습의 역사와 흐름 속에서 다양한 예제와 예시를 통해 설명하는 부분이 좋습니다.

🦋 송헌(루닛)

머신러닝/딥러닝에 대한 기초 지식이 있는 분들에게 추천하고 싶은 책입니다. 원리와 응용 모두를 포함하고 있어서 강화학습에 대해 배우기에도 좋고, 실무에 적용하기에도 다양한 팁을 알려주고 있습니다. 다만, 두 마리 토끼를 모두 잡으려 하다 보니 원리와 응용 모두에 깊은 내용을 담지는 못하고 있으나, 내용도 번역도 좋은 책이었습니다.

🦋 조원양(스마트사운드)

제목처럼 강화학습을 한층 더 깊게 공부할 수 있도록 해줍니다. 특히 알고리즘을 분류한 부분과 강화학습에서 중요한 상태, 행동, 보상 등을 여러 환경별로 정리한 부분은 공부할 때 어떤 부분을 중점적으로 봐야 할지에 대해 힌트를 줍니다. 또한, 이 책의 후반부 '실전을 위한 세부사항'과 '환경 설계' 부분은 강화학습을 실무에 적용할 때 고려해야 할 내용으로 채워져 있습니다. 한 단계 업그레이드하고 싶은 분들께 추천합니다.

추천사

2019년 4월, OpenAI Five 봇이 도타 2 게임의 2018년 세계 챔피언 OG와 시합했다. 도타 2는 다수의 플레이어가 싸우는 복잡한 게임으로 플레이어는 다양한 캐릭터를 선택할 수 있다. 게임에서 이기려면 전략, 팀워크, 빠른 판단이 필요하다. 이 게임을 위해 수많은 변수와 무한에 가까워 보이는 최적화 탐색공간을 갖는 인공지능 플레이어를 만든다는 것은 실현 불가능한 도전처럼 보였다. 하지만 OpenAI 봇이 세계 챔피언을 손쉽게 이겼고, 곧이어 일반 대중과의 시합에서는 99%의 승률을 기록했다. 이러한 성과를 뒷받침하는 혁신이 심층강화학습이었다.

이러한 개발 성과는 최근의 일이지만, 강화학습과 심층학습은 수십 년 동안 우리 주변에 있었다. 하지만 새로운 연구가 상당히 많이 진행되고 GPU의 성능이 향상되면서 최신 기술의 개발을 촉진했다. 이 책은 심층강화학습을 소개하면서 지난 6년 동안 수행된 연구의 핵심적인 내용을 추려서 일관성 있는 완전체로 만들었다.

컴퓨터가 비디오 게임에서 이기도록 훈련시키는 것이 가장 실용적인 적용 사례는 아니지만 출발점은 될 수 있다. 강화학습은 순차적 의사결정 문제를 해결하는 데 유용한 기계학습 분야다. 즉, 시간에 따라 해결되어야 할 문제를 푸는 데 적합하다. 이것은 거의 모든 영역에 적용된다. 비디오 게임을 하는 것이든 거리를 걷는 것이든 자동차를 운전하는 것이든 상관없다.

로라 그레서와 와 룬 켕은 기계학습에 새롭게 등장한 내용 중에서도 가장 중심이 되는 복잡한 주제를 쉽게 이해할 수 있도록 소개한다. 그들은 자신들의 연구 결과를 많은 논문으로 발표했을 뿐만 아니라 SLM Lab이라는 오픈소스 라이브러리를 만들어서 다른 사람들이 심층강화학습을 빠르게 적용할 수 있도록 하는 데 기여했다. SLM Lab은 파이토치 기반 위에 파이썬으로 코딩되었지만, 파이썬만 알면 사용하는 데 문제가 없다. 이 책에서는 심층강화학습 문제를 형식화하는 방법과 해법에 대한 개념을 소개하기 때문에, 텐서플로나 다른 라이브러리를 심층학습의 프레임워크로 사용하길 원하는 독자에게도 이 책은 도움이 될 것이다.

이 책에는 심층강화학습 분야의 가장 최근의 연구 결과가 예제 및 코드와 함께 설명되어 있어서, 독자는 예제와 코드를 활용하여 스스로 학습할 수 있다. 이 책에서 사용한 라이브러리는 OpenAI Gym, Roboschool, Unity ML-Agents 툴킷과 서로 호환되기 때문에 이러한 라이브러리를 사용하고자 하는 독자들에게 이 책은 완벽한 출발점이 될 것이다.

시리즈 편집자 **폴 딕스**Paul Dix

시작하며

우리가 심층강화학습deep RL을 처음 알게 된 것은 딥마인드DeepMind가 아타리 아케이드 게임에서 괄목할 만한 성과를 거두었을 때였다. 이미지만 사용하면서 사전 정보 없이도 인공지능 에이전트는 첫 게임에서 사람과 같은 수준의 성능을 보여주었다.

누군가의 지도 없이 시행착오를 통해 스스로 학습하는 인공지능 에이전트에 대한 개념은 우리의 상상 속에 자리 잡고 있던 무언가를 자극했고, 그것은 익히 알고 있던 지도학습과는 매우 다른 것이었다.

우리는 이 주제에 대해 함께 작업하기로 했다. 책과 논문을 읽고, 온라인 강의를 듣고 코드를 배우며 핵심 알고리즘을 실제로 적용하기 위해 노력했다. 그 결과, 심층강화학습이 개념적으로 어려울 뿐만 아니라 알고리즘을 구현하는 것 자체가 하나의 거대한 소프트웨어 엔지니어링 프로젝트와 맞먹는 노력을 요구한다는 사실을 깨달았다.

작업을 진행하며 우리는 심층강화학습의 범위에 대해 더 많이 알게 되었다. 알고리즘이 서로 어떻게 연관되어 있는지, 각 알고리즘이 갖는 고유의 특성은 무엇인지에 대해 알게 되었다. 이러한 개념을 확실히 체득하기는 쉽지 않았다. 심층강화학습이 새로운 연구 분야였고 이론적 지식이 아직 책으로 정리되지 않았기 때문이었다. 우리는 연구 논문과 온라인 강의를 통해 직접 학습할 수밖에 없었다.

또 다른 어려움은 이론과 실제 적용 사이에 존재하는 간극이다. 일반적으로, 심층강화학습 알고리즘은 많은 컴포넌트로 구성되고 튜닝해야 할 하이퍼파라미터도 많기 때문에 민감하고 오류가 나기 쉽다. 알고리즘이 제대로 작동하려면 모든 컴포넌트가 적절한 하이퍼파라미터를 통해 유기적으로 정확히 동작해야 한다. 이렇게 하기 위한 구현의 세부사항들은 이론으로부터 곧바로 얻을 수 없는 것이다. 하지만 그만큼 중요하다. 이론과 구현을 통합적으로 다룬 자료가 있었다면 우리에게 매우 중요한 자료가 되었을 것이다.

우리는 이론으로부터 실제 구현에 이르는 여정이 우리가 겪었던 것보다 더 간단할 수 있다고 생각했고, 한편으로는 심층강화학습을 좀 더 쉽게 학습할 수 있도록 하는 데 기여하고 싶었다. 이 책은 우리의 이러한 노력의 결과물이다. 이 책은 심층강화학습의 전체 과정을 소개한다. 직관을 제시하는 것부터 시작해서 이론과 알고리즘을 설명하고 실제 구현 및 실용적 조언으로 마무리한다. 이 책에서 SLM Lab이라는 라이브러리를 함께 제공하는 것도 바로 이러한 이유에서다. SLM Lab은 이 책에서 다룬 모든 알고리즘의 구현 코드를 포함한다. 한마디로 말하면, 이 책은 우리가 심층강화학습을 처음 공부할 때 있었으면 좋았을 것으로 생각했던 바로 그 책이다.

심층강화학습은 강화학습에 속하는 한 분야다. 강화학습의 핵심은 함수 근사다. 심층강화학습에서는 심층신경망을 이용하여 함수를 학습한다. 강화학습은 지도학습 및 비지도학습과 함께 기계학습의 세 가지 핵심 기법을 구성한다. 각각의 기법에 따라 문제를 형식화하는 방법과 알고리즘이 데이터로부터 학습하는 방법이 다르다.

이 책에서는 심층강화학습에만 초점을 맞춘다. 우리가 경험했던 어려움이 특히 심층강화학습과 관련된 것이었기 때문이다. 이러한 이유로 이 책의 범위는 두 가지 방식으로 제한된다. 먼저, 강화학습에서 함수를 학습하기 위해 사용되는 다른 방법들이 제외된다. 그리고 강화학습이 1950년대부터 존재했지만, 이 책에서는 2013년과 2019년 사이의 연구 결과에 초점을 맞춘다. 최근에 개발된 방법들은 이전에 수행된 연구 결과를 기반으로 생겨난 것이기 때문에, 주요 방법의 흔적을 추적하는 것이 중요하다는 데 동의한다. 하지만 우리는 방법이 발전해 온 과정에 대해서는 종합적으로 다루지 않기로 했다.

이 책의 대상 독자는 컴퓨터 과학을 전공하는 학부생과 소프트웨어 엔지니어다. 심층강화학습을 소개하는 데 주력했고, 사전지식 없이도 이해할 수 있도록 내용을 구성했다. 하지만 독자가 기계학습과 심층학습의 기본적인 개념을 알고 있고, 파이썬 프로그래밍에 대해 중간 수준의 실력을 갖추고 있다고 가정했다. 파이토치에 대한 경험이 있으면 좋지만 반드시 필요하진 않다.

이 책은 다음과 같이 구성된다. 1장은 심층강화학습 문제의 다양한 측면을 소개하고 심층강화학습 알고리즘에 대한 개요를 제시한다.

1부에서는 정책 기반 및 가치 기반 알고리즘에 대해 다룬다. 2장은 최초의 정책 경사 알고리즘인 REINFORCE를 소개한다. 3장은 최초의 가치 기반 방법인 살사$_{\text{SARSA}}$를 소개한다. 4장은 심층 Q 네트워크$_{\text{DQN}}$ 알고리즘에 대해 다루고, 5장은 이를 향상하는 기법인 목표 네트워크, 이중 DQN 알고리즘, 우선순위가 있는 경험 재현에 대해 다룬다.

2부에서는 정책 기반 방법과 가치 기반 방법을 결합한 알고리즘에 대해 다룬다. 6장은 REINFORCE를 확장한 행동자-비평자Actor-Critic 알고리즘을 소개한다. 7장은 행동자-비평자를 확장할 수 있는 근위 정책 최적화Proximal Policy Optimization, PPO를 소개한다. 8장은 이 책에서 제시한 모든 알고리즘에 적용 가능한 동기 및 비동기 병렬화 기법에 대해 다룬다. 마지막으로, 모든 알고리즘을 9장에서 요약한다.

알고리즘을 다룬 모든 장은 동일한 방식으로 구성되어 있다. 먼저, 주요 개념을 소개하고 해당 개념과 관련된 수학적 형식화에 대해 다룬다. 그런 다음, 알고리즘을 설명하고 파이썬으로 구현하는 방법을 다룬다. 마지막으로, SLM Lab에서 실행할 수 있는 알고리즘을 튜닝이 완료된 하이퍼파라미터와 함께 제시하고 알고리즘의 주요 특징을 그래프와 함께 설명한다.

3부에서는 심층강화학습 알고리즘을 실제 적용하기 위한 세부사항을 다룬다. 10장은 엔지니어링 및 디버깅 관점에서 실용적인 내용을 다루고, 하이퍼파라미터의 알마낵almanac(연감)과 결과를 제시한다. 11장은 SLM Lab 라이브러리의 사용 방법을 제시한다. 12장은 신경망 설계에 대해 다루고, 13장은 하드웨어에 관해 설명한다.

4부에서는 환경 설계에 관해 설명한다. 4부에 속하는 14~17장에서는 상태, 행동, 보상, 전이 함수의 설계를 각각 다룬다.

1장부터 10장까지는 순서대로 읽는 것을 권장한다. 이 장들에서는 이 책의 모든 알고리즘과 알고리즘을 작동시키기 위한 실용적 조언을 제시한다. 다음 3개의 장인 11장부터 13장까지는 더욱 전문화된 주제를 다룬다. 이 부분은 읽고 싶은 부분부터 읽으면 된다. 깊은 내용에는 관심이 없는 독자는 1, 2, 3, 4, 6, 10장을 읽으면 몇 가지 알고리즘을 종합적으로 이해할 수 있다. 마지막으로, 4부는 환경에 대해 더 깊이 있게 이해하길 원하거나 자신만의 환경을 구성하기 원하는 독자를 위한 독립된 장들을 포함한다.

이 책과 함께 제공되는 소프트웨어인 SLM Lab[67]은 파이토치를 이용하여 모듈 형태로 만들어진 심층강화학습 프레임워크다[114]. SLM은 Strange Loop Machine을 나타낸다. 이는 호프스테터Hofstadter의 기념비적인 책 《괴델, 에셔, 바흐: 영원한 황금 노끈(Gödel, Escher, Bach: An Eternal Golden Braid)》[53]를 기리기 위한 것이다. 이 책에 나오는 SLM의 특정 예제는 파이토치의 구문과 기능을 이용하여 신경망을 훈련한다. 하지만 심층강화학습을 구현하기 위한 기본적인 원칙들은 텐서플로와 같은, 다른 심층강화학습 프레임워크에도 적용할 수 있다[1].

SLM Lab은 입문자의 심층강화학습에 대한 이해를 돕기 위해 개념적으로 이해하기 쉽게 컴포넌트를 설계했다. 또한 학술 논문에서 심층강화학습이 논의되는 방식에 따라 컴포넌트를 구성하여 이론을 코드로 구현하기 쉽게 만들었다.

심층강화학습을 배우는 데 있어 또 다른 중요한 측면은 실험이다. 실험이 가능하도록 하기 위해, SLM Lab은 실험 프레임워크도 제공하여 입문자가 스스로의 가정을 설계하고 실험해 볼 수 있도록 했다.

SLM Lab 라이브러리는 깃허브에 오픈소스 프로젝트로 배포된다. 리눅스 또는 맥OS에 라이브러리를 설치해서 리포지터리 웹사이트 https://github.com/kengz/SLM-Lab에 있는 설명을 따라 첫 번째 데모를 실행해 볼 것을 권장한다. 리포지터리 웹사이트에 있는 설치 방법에 대한 짧은 설명이 코드 0.1에 제시되어 있다.

코드 0.1 SLM-Lab을 깃 브랜치 book에서 설치하는 방법

```
1.  # 리포지터리를 클론
2.  git clone https://github.com/kengz/SLM-Lab.git
3.  cd SLM-Lab
4.  # 이 책에 할당된 브랜치를 체크아웃
5.  git checkout book
6.  # 디펜던시 설치
7.  ./bin/setup
8.  # 다음으로, 리포지터리 웹사이트에서 데모 실행 지침을 확인
```

이것을 먼저 설치해서 이 책의 알고리즘이 소개될 때마다 해당 알고리즘으로 에이전트를 훈련해보길 권장한다. 라이브러리를 설치하고 데모를 실행해 보는 것 외에 알고리즘을 설명한 장들 (1, 2부)을 읽기 위해 SLM Lab에 대해 따로 공부할 필요는 없다. 에이전트의 훈련을 위한 명령어가 필요할 때마다 책에 제시될 것이기 때문이다. 심층강화학습의 알고리즘에서 좀 더 실용적인 측면으로 초점을 옮긴 후 11장에서 SLM Lab에 대해 더 많이 다룬다.

감사의 글

이 책을 마무리하기까지 많은 분들이 도움을 주었다. 밀란 치트코비치Milan Cvitkovic, 알렉스 리즈 Alex Leeds, 내브딥 제이틀리Navdeep Jaitly, 존 크론Jon Krohn, 카트야 바실라키Katya Vasilaky, 카텔린 글리손Katelyn Gleason이 보여준 지원과 격려에 감사한다. OpenAI, 파이토치, 일리야 코스트리코프 Ilya Kostrikov, 잼로미르 재니쉬Jamromir Janisch가 심층강화학습의 다양한 컴포넌트를 구현하기 위한 높은 수준의 오픈소스를 제공해 준 데 대해 감사한다. 환경 설계에 대한 초기 논의에 도움을 준 아서 줄리아니Arthur Juliani에게도 감사한다. 이들의 도움은 SLM Lab을 구축하는 데 매우 귀중한 자산이 되었다.

이 책의 초안에 대해 수많은 분들이 사려 깊고 통찰력 있는 피드백을 주었다. 알렉산드르 사블레이롤스Alexandre Sablayrolles, 아난트 굽타Anant Gupta, 브랜든 스트릭랜드Brandon Strickland, 총 리 Chong Li, 존 크론Jon Krohn, 조르디 프랭크Jordi Frank, 카식 자야수리아Karthik Jayasurya, 매튜 라츠 Matthew Rahtz, 피둥 왕Pidong Wang, 레이몬드 추아Raymond Chua, 레지나 모나코Regina R. Monaco, 리코 존슈코프스키Rico Jonschkowski, 소피 타박Sophie Tabac, 우트쿠 에브치Utku Evci가 들인 시간과 노력에 감사한다. 이들의 피드백 덕분에 더 좋은 책이 되었다.

피어슨 출판사의 제작팀인 앨리나 키르사노바Alina Kirsanova, 크리스 잔Chris Zahn, 드미트리 키르사노프Dmitry Kirsanov, 줄리 나힐Julie Nahil에게 매우 감사한다. 이들의 세심한 주의와 세부사항들에 대한 검토 덕분에 글의 내용이 상당히 개선되었다.

마지막으로, 우리의 편집자 데브라 윌리엄스 카울리Debra Williams Cauley가 없었다면 이 책은 존재할 수 없었을 것이다. 데브라가 보여준 인내와 격려에 감사한다. 데브라 덕분에 우리는 이 책을 집필할 수 있다는 확신을 갖게 되었다.

모든 것이 가능함을 느끼게 해주는 사람들을 위해

로라

나의 아내 다니엘라를 위해

켕

01

강화학습 소개

이 장에서는 강화학습의 주요 개념을 소개한다. 강화학습 문제의 핵심 구성요소인 에이전트와 환경에 대한 직관을 얻기 위해 몇 가지 간단한 예제를 살펴보는 것으로 시작하겠다.

특히, 에이전트가 목적을 최대한 달성하기 위해 환경과 상호작용하는 방식을 알아볼 것이다. 그런 다음 이러한 것들을 좀 더 구체적으로 정의하고 강화학습을 마르코프 결정 과정Markov Decision Process, MDP으로 정의할 것이다. 이것이 강화학습의 이론적 토대다.

다음으로, 에이전트가 학습할 수 있는 세 가지 주요 함수인 **정책**policy, **가치 함수**value function, **모델**model을 소개한다. 그런 다음 이러한 함수들이 어떻게 각기 다른 종류의 심층강화학습 알고리즘으로 만들어지는지 알아볼 것이다.

마지막으로, 이 책에서 사용하는 함수 근사 기법인 심층학습의 전반적인 내용을 간단히 알아보고 강화학습과 지도학습의 주요 차이점을 알아볼 것이다.

1.1 강화학습

강화학습Reinforcement Learning, RL은 순차적인 의사결정 문제를 해결하는 방법이다. 실제 세계의 많은 문제(비디오 게임, 스포츠, 운전, 재고 관리, 로봇 제어)가 순차적 의사결정 문제로 표현될 수 있다. 사람과 기계가 모두 이러한 것들을 수행한다.

이러한 문제를 해결하려고 할 때 하나의 목적 또는 목표를 갖게 되는데, 예를 들면 게임에서 승리하기, 목적지에 안전하게 도착하기, 제품의 생산 비용을 최소화하기와 같은 것들이다. 목적 달성을 위해 행동을 취하면 목적 달성에 얼마나 가까이 다가갔는지에 대해 주변 환경으로부터 피드백feedback을 얻게 된다. 예를 들면 현재 점수가 얼마인지, 목적지까지 얼마나 남았는지, 제품의 단가가 얼마인지와 같은 것들이다. 일반적으로 목표에 도달하기 위해서는 여러 번의 순차적 행동을 해야 하는데, 행동은 주변 환경을 변화시킨다. 이러한 변화와 피드백을 모두 관찰한 후에 그에 대한 대응으로 다음에 어떤 행동을 취할지 결정한다.

다음의 시나리오를 상상해 보자. 파티에 갔는데 친구들이 깃대를 가져와서 가능한 한 오랫동안 손 위에서 깃대의 균형을 잡아보라고 부추긴다. 전에 한 번도 이러한 시도를 해본 적이 없다면, 처음에는 균형을 잘 잡지 못할 것이다. 처음 얼마 동안은 깃대를 떨어뜨리는 시행착오를 거치며 깃대의 느낌을 손에 익히기 위해 시간을 보낼 것이다.

이러한 실수를 통해 소중한 정보를 모으고 깃대의 균형을 잡는 방법에 대한 직관도 조금 얻게 된다. 즉, 깃대의 무게중심이 어딘지, 얼마나 빨리 깃대가 기울어지는지, 얼마나 빨리 손을 움직여야 하는지, 깃대가 어느 정도 기울어져야 바닥에 떨어지는지 등의 정보와 직관을 얻는다. 이러한 정보와 직관을 통해, 다음번 시도에서는 손의 움직임을 바로잡아 좀 더 균형을 잘 잡게 되고 계속해서 움직임을 조정한다. 그러다가 스스로도 알아차리지 못하는 사이에 5초 동안 깃대의 균형을 잡을 수 있게 되고, 나아가 10초, 30초, 1분, 그리고 그 이상의 시간 동안 깃대의 균형을 잡을 수 있게 된다.

이러한 과정은 강화학습이 작동하는 방식을 설명해 준다. 강화학습에서는 깃대의 균형을 잡는 학습자를 '에이전트agent'라 부르고, 깃대와 학습자를 둘러싼 모든 것을 '환경environment'이라 부른다. 사실, 이 책에서 강화학습을 이용하여 해결할 첫 번째 환경은 이 시나리오의 단순화된 형태인 카트폴CartPole이라고 불리는 것으로 그림 1.1에 묘사되어 있다. 에이전트는 일정 시간 동안 폴pole의 균형을 잡기 위해 하나의 축을 따라 이동하는 카트cart를 제어한다. 사실은 사람이 더 많은 것을 할 수 있다. 예를 들면, 사람은 직관적으로 알고 있는 물리 법칙을 적용할 수도 있고, 술잔으로 가득 채워진 쟁반의 균형을 잡는 것과 같은 유사한 작업으로부터 기술을 전수받을 수도 있다. 하지만 문제 자체는 그 형식에 있어서 본질적으로 동일하다.

그림 1.1 CartPole-v0는 단순화된 형태의 간단한 환경이다. 카트를 좌우로 이동시키며 200개의 시간 단계 동안 폴의 균형을 잡는 것이 목적이다.

강화학습은 이러한 형태의 문제를 다루면서 인공artificial 에이전트가 문제를 해결하기 위해 학습하게 하는 방법을 연구하는 분야다. 강화학습은 인공지능의 하위 분야로서, 최적 제어 이론optimal control theory과 마르코프 결정 과정Markov decision process, MDP이 등장하던 시기에 함께 연구되기 시작했다. 리처드 벨만Richard Bellman이 1950년대에 처음으로 강화학습을 연구했는데, 그의 연구는 동적 프로그래밍과 준선형 방정식의 맥락에서 수행됐다[15]. 벨만이라는 이름은 강화학습의 유명한 방정식인 벨만 방정식Bellman equation을 공부할 때 다시 등장할 것이다.

강화학습 문제는 에이전트와 환경으로 구성되는 하나의 시스템으로 표현될 수 있다. 환경은 시스템의 상태를 나타내는 정보를 만들어낸다. 이것을 **상태**state라고 부른다. 에이전트는 상태를 관측하고 그로부터 얻은 정보를 활용하여 **행동**action을 선택함으로써 환경과 상호작용한다. 에이전트의 행동을 통해 환경은 다음 상태로의 전이transition를 겪게 되고, 결과적으로 다음 상태와 **보상**reward이 에이전트에게 주어진다. (상태 ➡ 행동 ➡ 보상)의 순환주기가 완성될 때, 하나의 **시간 단계**time step가 지나갔다고 말한다. 이러한 순환주기는 환경이 종료할terminate 때까지, 예를 들면 문제가 해결될 때까지 반복된다. 이 전체 과정은 그림 1.2에 제어 루프control loop 다이어그램으로 묘사되어 있다.

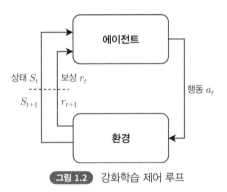

그림 1.2 강화학습 제어 루프

에이전트의 행동 생성 함수action-producing function를 **정책**policy이라고 부른다. 구체적으로, 정책은 상태로부터 행동을 도출하는 함수다. 행동은 환경을 변화시킴으로써 에이전트가 관측하게 될 것과 다음에 취하게 될 행동에 영향을 미칠 것이다. 에이전트와 환경이 서로에게 미치는 영향은 시간의 흐름을 따라 계속될 것이기 때문에, 이것은 순차적 의사결정 과정으로 생각될 수 있다.

강화학습 문제는 **목적**objective을 갖는다. 목적은 에이전트가 받는 보상의 총합이다. 에이전트의 목표는 좋은 행동을 선택함으로써 이 목적을 최대로 달성하는 것이다. 에이전트는 시행착오의 과정 속에서 환경과 상호작용하고, 환경으로부터 받는 보상 신호를 이용하여 좋은 행동을 **강화**reinforce함으로써 행동 선택을 **학습**learn한다.

에이전트와 환경은 상호 배타적으로[1] 정의된다. 따라서 에이전트와 환경이 상태, 행동, 보상을 주고받는 사이에 모호한 부분이 없다. 에이전트가 아닌 모든 것을 환경으로 생각할 수 있다. 예를 들면, 자전거를 타는 상황에 대해 에이전트와 환경을 효과적으로 정의하는 방법은 여러 가지가 있다. 자전거를 타는 사람의 몸을 에이전트라고 한다면 환경은 자전거와 도로가 될 것이다. 자전거 타는 사람의 정신 작용을 에이전트라고 한다면, 환경은 그 사람의 몸, 자전거, 도로가 될 것이고, 행동은 뇌에서 근육에 전달되는 신경 신호가 될 것이며, 상태는 뇌에 전달되는 감각 기관의 입력이 될 것이다.

본질적으로, 강화학습 시스템은 에이전트와 환경이 상호작용하며 신호를 주고받는 피드백 제어 루프다. 그 과정에서 에이전트는 목적을 최대로 달성하고자 노력한다. 주고받는 신호는 (s_t, a_t, r_t)이고, 각 성분은 상태, 행동, 보상을 나타낸다. 여기서 t는 신호가 발생하는 시간 단계를 나타낸다. (s_t, a_t, r_t) 튜플tuple은 **경험**experience이라고 불린다. 제어 루프는 무한히[2] 반복되거나 종단 상태 terminal state 또는 최대 시간 단계 $t = T$에 도달함으로써 종료될 수 있다. $t = 0$에서부터 환경이 종료되는 시간 수평선time horizon까지의 구간을 **에피소드**episode라고 부른다. **궤적**trajectory은 한 에 피소드에 걸친 경험의 연속, $\tau = (s_0, a_0, r_0), (s_1, a_1, r_1), \dots$을 나타낸다. 문제의 복잡성에 따라 다르겠지만, 에이전트가 좋은 정책을 학습하기 위해서는 일반적으로 수백 개에서 수백만 개에 이르는 에피소드가 필요하다.

그림 1.3에 묘사된 강화학습 환경의 세 가지 예제를 보면서 상태, 행동, 보상이 어떻게 정의되는지 알아보자. 표준화된 환경을 제공하는 오픈소스 라이브러리인 OpenAI Gym[18]을 통해 모든 환경을 이용할 수 있다.

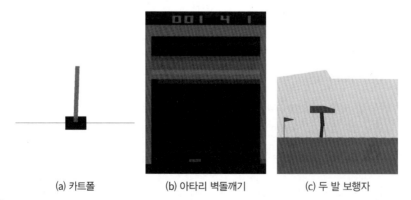

(a) 카트폴   (b) 아타리 벽돌깨기   (c) 두 발 보행자

그림 1.3 각기 다른 상태, 행동, 보상을 갖는 세 가지 환경의 예제. 이 환경들은 모두 OpenAI Gym에서 가져올 수 있다.

---

1   [옮긴이] 상호 배타적이라는 것은 두 집합 사이의 교집합이 없다는 것을 의미함

2   무한 제어 루프는 이론상으로만 존재하고 실제로는 없다. 일반적으로는 임의의 환경에 대해 최대 시간 단계 T를 적용한다.

카트폴(그림 1.3(a))은 1983년에 바르토Barto, 서튼Sutton, 앤더슨Anderson[11]이 처음으로 소개한 가장 간단한 강화학습 환경이다. 이 환경에서는 폴이 카트에 부착되어 있어서 마찰 없는 트랙을 따라 움직일 수 있도록 되어 있다. 이 환경의 주요 특징을 다음과 같이 요약할 수 있다.

1. **목적**objective: 200개의 시간 단계 동안 폴이 곧게 서 있도록 유지하기
2. **상태**state: 4개의 성분 [카트의 위치, 카트의 속도, 폴의 각도, 폴의 각속도]를 갖는 배열
   예 $[-0.034, 0.032, -0.031, 0.036]$
3. **행동**action: 0 또는 1. 행동이 0이면 카트를 정해진 거리만큼 왼쪽으로 움직이고, 행동이 1이면 카트를 정해진 거리만큼 오른쪽으로 움직인다.
4. **보상**reward: 폴이 곧게 서 있는 모든 시간 단계에서 +1
5. **종료**termination: 폴이 (수직으로부터 12도 이상으로) 떨어지거나 카트가 스크린 밖으로 벗어나거나, 최대 시간 단계인 200에 도달했을 때 발생

아타리 벽돌깨기Atari Breakout 게임(그림 1.3(b))은 에이전트가 제어하는 바닥의 패들paddle, 하나의 공, 그리고 벽돌로 구성된 레트로풍 아케이드 게임이다. 게임의 목표는 패들로 공을 튕겨 벽돌을 맞춰서 모든 벽돌을 부수고 탈출하는 것이다. 게임을 시작하면 5번의 기회가 주어지는데, 공이 스크린 아래로 떨어질 때마다 한 번의 기회가 사라진다.

1. **목적**: 최대한 많은 점수를 얻기
2. **상태**: 160×210 해상도의 RGB 디지털 이미지, 즉 게임 화면에 보이는 것
3. **행동**: {0, 1, 2, 3}의 집합에서 선택된 하나의 정수. 각 정수는 {정지, 공을 발사하기, 오른쪽으로 움직이기, 왼쪽으로 움직이기}에 대응된다.
4. **보상**: 바로 직전 상태와의 점수 차이
5. **종료**: 모든 기회가 사라졌을 때 발생

두 발 보행자BipedalWalker(그림 1.3(c))는 에이전트가 로봇의 라이다lidar 센서를 이용하여 주변을 감지하면서 넘어지지 않고 오른쪽으로 걸어가는 연속적 제어 문제다.

1. **목적**: 넘어지지 않고 오른쪽으로 걷기
2. **상태**: 24개의 성분을 갖는 배열: [로봇 몸체의 각도, 로봇 몸체의 각속도, 속도의 x 성분, 속도의 y 성분, 고관절 1의 이음새 각도, 고관절 1의 이음새 속력, 무릎 1의 이음새 각도, 무릎 1의 이음새 속력, 다리 1의 지면 접촉, 고관절 2의 이음새 각도, 고관절 2의 이음새 속력, 무릎 2의 이음새 각도, 무릎 2의 이음새 속력, 다리 2의 지면 접촉, ..., 10개의 라이다 측정값]

예 $[2.745\mathrm{e}-03, 1.180\mathrm{e}-05, -1.539\mathrm{e}-03, -1.600\mathrm{e}-02, \ldots, 7.091\mathrm{e}-01, 8.859\mathrm{e}-01, 1.000\mathrm{e}+00, 1.000\mathrm{e}+00]$

3. **행동**: $[-1.0, 1.0]$ 범위에 속하는 4개의 실수를 성분으로 하는 벡터: [고관절 1의 회전력_{torque}과 속도, 무릎 1의 회전력과 속도, 고관절 2의 회전력과 속도, 무릎 2의 회전력과 속도]

   예 $[0.097, 0.430, 0.205, 0.089]$

4. **보상**: 오른쪽으로 이동하면 보상을 받게 됨. 보상의 최댓값은 +300이고 로봇이 넘어질 때의 보상은 −100. 로봇이 걸음을 옮길 때마다 가해지는 회전력에 비례하여 보상이 조금씩 줄어듦 (로봇이 움직이는 데 필요한 비용)

5. **종료**: 로봇이 넘어져서 몸체가 바닥에 닿거나 오른쪽에 있는 목표 지점에 도달할 때, 또는 최대 시간 단계인 1600단계에 도달할 때 발생

이러한 환경은 상태와 행동의 다양한 형태를 보여준다. 카트폴과 두 발 보행자에서, 상태는 위치와 속도 같은 속성을 나타내는 벡터로 표현된다. 아타리 벽돌깨기에서는 행동이 하나의 불연속적인 정수로 표현되지만, 두 발 보행자에서는 행동이 4개의 실숫값을 성분으로 갖는 연속적인 벡터로 표현된다. 보상은 항상 스칼라이지만, 보상의 범위는 문제마다 다르다.

몇 가지 예제를 봤으니, 이제 상태, 행동, 보상을 구체적으로 표현해 보자.

$$s_t \in \mathcal{S}\text{는 상태이고, }\mathcal{S}\text{는 상태 공간이다.} \qquad \text{(식 1.1)}$$

$$a_t \in \mathcal{A}\text{는 행동이고, }\mathcal{A}\text{는 행동 공간이다.} \qquad \text{(식 1.2)}$$

$$r_t = \mathcal{R}(s_t, a_t, s_{t+1})\text{는 보상이고, }\mathcal{R}\text{은 보상 함수다.} \qquad \text{(식 1.3)}$$

상태 공간 $\mathcal{S}$는 환경 안에서 존재할 수 있는 모든 상태의 집합이다. 어떤 환경이냐에 따라 상태는 여러 다양한 방법으로 정의될 수 있다. 예를 들면 정수, 실수, 벡터, 행렬, 구조체 데이터 또는 비구조체 데이터 등과 같이 다양하다. 이와 비슷하게, 행동 공간 $\mathcal{A}$는 환경에 따라 정의될 수 있는 모든 행동의 집합이다. 행동 또한 많은 형태로 나타나지만, 보통은 스칼라 또는 벡터로 정의된다. 보상 함수 $\mathcal{R}(s_t, a_t, s_{t+1})$은 (s_t, a_t, s_{t+1})이라는 전이에 대해 하나의 스칼라값을 할당하는데, 그 값으로는 양수, 음수, 0이 모두 가능하다. 상태 공간, 행동 공간, 보상 함수는 환경에 따라 정의된다. 이들이 모여서 (s, a, r) 튜플 하나가 정의되는데, 이 튜플이 강화학습 시스템을 나타내는 정보의 기본적인 단위다.

1.2 MDP로서의 강화학습

이제, 환경이 한 상태에서 다음 상태로 전이하는 방식을 생각해 보자. 환경이 전이할 때 **전이 함수** transition function로 알려진 것을 이용하는데, 강화학습에서는 순차적 의사결정을 위한 수학적 모델인 마르코프 결정 과정MDP으로 전이 함수를 표현한다.

전이 함수를 MDP로 표현하는 이유를 이해하기 위해, 식 1.4와 같은 일반적인 표현을 생각해 보자.

$$s_{t+1} \sim P\big(s_{t+1} \,|\, (s_0, a_0), (s_1, a_1), \ldots, (s_t, a_t)\big) \qquad \text{(식 1.4)}$$

식 1.4는 시간 단계 t에서 기존의 모든 상태와 행동을 고려하여 확률분포 P로부터 다음 상태 s_{t+1}을 추출한다는 것을 보여준다. 상태 s_t로부터 상태 s_{t+1}로 환경이 전이할 확률은 에피소드 안에서 지금까지 발생했던 상태 s와 행동 a에 따라 결정된다. 이러한 방식으로 전이 확률을 구하는 것은 어려운 일이다. 특히, 에피소드가 많은 시간 단계 동안 지속된다면 더욱 어렵다. 전이 함수를 설계할 때는 과거의 어느 시점에 발생했던 수많은 효과들의 조합을 표현할 수 있도록 설계해야 한다. 이렇게 하면 에이전트의 행동 생성 함수(에이전트의 **정책**policy)는 훨씬 더 복잡해진다. 행동이 환경의 미래 상태를 어떻게 변화시킬지 이해하는 데 있어서 상태와 행동의 과거 이력을 아는 것이 중요하기 때문에 에이전트는 행동을 결정할 때 이 모든 이력을 고려할 필요가 있다.

좀 더 현실적인 환경 전이 함수를 만들기 위해, 환경이 이전 상태 s_t와 행동 a_t에만 영향을 받아 다음 상태 s_{t+1}로 전이하는 특성을 갖는다고 가정하면 환경 전이 함수는 MDP가 된다. 이러한 특성을 **마르코프 특성**Markov property이라고 부르며, 이때 새로운 전이 함수는 다음과 같이 표현된다.

$$s_{t+1} \sim P(s_{t+1} \,|\, s_t, a_t) \qquad \text{(식 1.5)}$$

식 1.5는 다음 상태 s_{t+1}이 $P(s_{t+1} \,|\, s_t, a_t)$라는 확률분포로부터 추출된다는 것을 나타낸다. 이것은 원래의 전이 함수를 좀 더 간단하게 표현한 것이다. 마르코프 특성에 따르면 시간 단계 t에서의 현재 상태와 행동은 다음 상태 s_{t+1}로의 전이 확률을 온전히 결정하는 데 필요한 정보를 충분히 갖고 있다.

이러한 표현법은 간결하지만 매우 포괄적이다. 게임, 로봇 제어, 계획을 비롯한 많은 과정이 이러한 형태로 표현될 수 있다. 이것은 전이 함수가 마르코프 함수가 되도록 하는 데 필요한 정보를 상태에 포함시킬 수 있기 때문이다.

예를 들어, 피보나치 수열Fibonacci sequence의 점화식 $s_{t+1} = s_t + s_{t-1}$을 생각해 보자. 여기서 s_t는 상태를 나타낸다. 함수를 마르코프 함수로 만들기 위해 상태를 $s'_t = [s_t, s_{t-1}]$로 다시 정의하겠다.

이제 상태는 수열의 다음 항을 구하기 위해 필요한 정보를 충분히 갖게 됐다. 이러한 전략은 k개의 연속적인 상태에 포함된 정보만을 활용하여 다음 상태로 전이하는 모든 시스템에 일반적으로 적용할 수 있다. 글상자 1.1에는 MDP와 MDP를 일반화한 POMDP에서 상태가 정의되는 방식에 관한 자세한 내용이 들어 있다. 이 책에서는 좀 더 깊이 있고 자세한 내용을 글상자 안에 기술했는데, 처음 읽을 때는 이 부분을 건너뛰어도 주요 내용을 이해하는 데는 무리가 없다.

글상자 1.1 MDP와 POMDP

지금까지, 상태를 두 가지 개념으로 설명했다. 첫 번째는 상태가 환경에 의해 만들어지며, 에이전트는 그것을 관측한다는 것이다. 이러한 상태를 **관측 상태**observed state s_t라고 부르자. 두 번째는 상태가 전이 함수에 이용된다는 것이다. 이러한 상태를 환경의 **내부 상태** internal state s_t^{int}라고 부르자.

MDP에서는 $s_t = s_t^{int}$ 다. 즉, 관측 상태와 환경의 내부 상태가 동일하다. 환경이 다음 상태로 전이하기 위해 이용되는 상태 정보를 에이전트도 관측할 수 있다.

항상 이런 것은 아니다. 관측 상태는 환경의 내부 상태와 다를 수도 있다($s_t \neq s_t^{int}$). 이 경우, 에이전트가 관측하는 상태는 환경의 상태에 대한 일부 정보만을 포함하기 때문에 환경은 **부분적으로 관측 가능한 MDP**partially observable MDP, POMDP로 표현된다.

이 책에서는 대부분의 경우 이러한 차이를 생각하지 않고 $s_t = s_t^{int}$ 라고 가정한다. 하지만 POMDP에 대해 아는 것은 중요하다. 여기에는 두 가지 이유가 있다. 첫 번째 이유는 이 책에서 다루는 예제 환경 중에는 완벽한 MDP가 아닌 것도 있기 때문이다. 예를 들면 아타리[3] 환경에서는 물체의 위치나 남은 게임 횟수 등의 정보를 나타내는 하나의 RGB 이미지가 관측 상태 s_t가 되는데, 여기에는 물체의 속도가 포함되지 않는다. 속도는 행동으로부터 다음 상태를 결정하기 위해 필요한 정보이기 때문에 환경의 내부 상태에 포함된다. 이 경우, 더 좋은 성능을 내기 위해서 s_t가 더 많은 정보를 포함하도록 수정해야 할 것이다. 이에 대해서는 5장에서 다룰 것이다.

두 번째 이유는 실제 세계의 흥미로운 문제들이 대부분 POMDP이기 때문이다. 여기에는 다양한 이유가 있는데, 예를 들면 센서나 데이터의 부족, 모델의 오차, 환경의 오차 때문이다. POMDP에 대한 자세한 내용은 이 책의 범위를 벗어나지만 12장에서 네트워크 아키텍처를 다루면서 간단하게 언급할 것이다.

---

3 [옮긴이] 아타리는 미국 게임 기업의 이름으로, 비디오 게임 분야를 개척했다.

마지막으로, 14장에서 상태 설계를 다룰 때 s_t와 s_t^{int}를 구별하는 것이 중요해지는데, 이것은 에이전트가 s_t로부터 학습하기 때문이다. s_t에 포함된 정보가 무엇인지, 그리고 s_t와 s_t^{int}가 얼마나 다른지에 따라 문제의 난이도가 달라진다.

이제 강화학습 문제가 어떻게 MDP로 표현되는지를 알아볼 때가 됐다. MDP는 다음과 같은 4개의 튜플 $\mathcal{S}$, $\mathcal{A}$, $P(.)$, $\mathcal{R}(.)$로 정의된다.

- $\mathcal{S}$는 상태의 집합이다.
- $\mathcal{A}$는 행동의 집합이다.
- $P(s_{t+1} \mid s_t, a_t)$는 환경의 상태 전이 함수다.
- $\mathcal{R}(s_t, a_t, s_{t+1})$은 환경의 보상 함수다.

이 책에서 다루는 강화학습 문제의 기저에는 한 가지 중요한 가정이 있다. 바로 에이전트가 전이 함수 $P(s_{t+1} \mid s_t, a_t)$ 또는 보상 함수 $\mathcal{R}(s_t, a_t, s_{t+1})$을 모른다는 것이다. 에이전트는 환경 속에서 스스로 경험하는 상태, 행동, 보상, 즉 (s_t, a_t, r_t) 튜플을 통해서만 이 두 함수에 대한 정보를 얻을 수 있다.

강화학습 문제를 표현하기 위해 에이전트가 최대로 달성하고자 하는 목적_{objective}을 표현할 필요가 있다. 먼저, 하나의 에피소드로부터 발생한 궤적 $\tau = (s_0, a_0, r_0), ..., (s_T, a_T, r_T)$를 이용하여 **이득**_{return}[4] $R(\tau)$를 다음과 같이 정의하자.

$$R(\tau) = r_0 + \gamma r_1 + \gamma^2 r_2 + \cdots + \gamma^T r_T = \sum_{t=0}^{T} \gamma^t r_t \qquad \text{(식 1.6)}$$

식 1.6은 하나의 궤적 안에서 발생한 보상의 할인_{discounted}값을 모두 더한 것으로 이득을 정의한다. 이 식에서 $\gamma \in [0, 1]$는 할인율_{discount factor}을 나타낸다.

이제, **목적**_{objective} $J(\tau)$는 많은 궤적의 이득에 대한 기댓값으로 식 1.7과 같이 간단하게 표현된다.

$$J(\tau) = \mathbb{E}_{\tau \sim \pi}[R(\tau)] = \mathbb{E}_\tau \left[\sum_{t=0}^{T} \gamma^t r_t \right] \qquad \text{(식 1.7)}$$

이득 $R(\tau)$는 모든 시간 단계 $t = 0, ..., T$에서 보상의 할인값 $\gamma^t r_t$를 더한 것이다. 목적 $J(\tau)$는

---

4   이 책에서 R은 이득을 나타내고, $\mathcal{R}$은 보상 함수를 나타낸다.

많은 에피소드에 대한 이득의 평균값이다. 목적이 기댓값으로 계산되기 때문에 행동과 환경은 **확률성**stochasticity을 갖는다. 즉, 반복되는 에피소드에서 이득이 항상 같은 값으로 계산되지 않는다. 목적을 최대로 만드는 것은 이득을 최대로 만드는 것과 같다.

할인율 $\gamma \in [0, 1]$는 미래의 보상값이 정해지는 방식을 좌우하는 중요한 변수다. γ 값이 작을수록 미래의 시간 단계에서 보상에 더 작은 가중치가 할당되고, 이는 이득을 '근시안적'으로 만든다. $\gamma = 0$인 극단적인 경우, 목적은 식 1.8에서처럼 초기 보상 r_0으로만 계산된다.

$$R(\tau)_{\gamma=0} = \sum_{t=0}^{T} \gamma^t r_t = r_0 \qquad \text{(식 1.8)}$$

γ 값이 클수록 미래의 시간 단계에서 보상에 더 큰 가중치가 할당된다. 즉, 목적이 좀 더 '장기적 관점'을 갖게 된다. $\gamma = 1$이면, 식 1.9에서처럼 모든 시간 단계에서 보상에 동일한 가중치가 할당된다.

$$R(\tau)_{\gamma=1} = \sum_{t=0}^{T} \gamma^t r_t = \sum_{t=0}^{T} r_t \qquad \text{(식 1.9)}$$

무한한infinite 시간 수평선을 갖는 문제의 경우, 목적이 발산하지 않도록 $\gamma < 1$로 설정할 필요가 있다. **유한한**finite 시간 수평선을 갖는 문제의 경우, 할인율에 따라 문제의 난이도가 결정될 수 있기 때문에 γ는 중요한 파라미터다. 이에 대한 예제를 2장의 끝부분에서 다룰 것이다.

강화학습을 MDP로 정의하고 이어서 목적도 정의했으므로, 이제 그림 1.2의 강화학습 제어 고리를 알고리즘 1.1의 MDP 제어 루프로 표현할 수 있다.

알고리즘 1.1 MDP 제어 루프

```
 1:  env(환경)와 에이전트가 주어짐
 2:  for episode = 0, . . . , MAX_EPISODE do
 3:      state = env.reset()
 4:      agent.reset()
 5:      for t = 0, . . . , T do
 6:          action = agent.act(state)
 7:          state, reward = env.step(action)
 8:          agent.update(action, state, reward)
 9:          if env.done() then
10:              break
11:          end if
12:      end for
13:  end for
```

알고리즘 1.1은 많은 에피소드와 시간 단계에 걸쳐서 에이전트와 환경이 서로 상호작용하는 것을 표현한다. 에피소드가 시작할 때 환경과 에이전트는 초기화된다(라인 3~4). 초기화 후에 환경은 초기 상태를 생성한다. 그런 다음 에이전트와 상태 사이의 상호작용이 시작된다. 즉, 주어진 상태에 대해 에이전트는 행동을 생성한다(라인 6). 이어서 환경은 다음 시간 단계로 건너가면서 주어진 행동에 대해 다음 상태와 보상을 생성한다(라인 7). agent.act ~ env.step의 순환 루프는 최대 시간 단계인 T에 도달하거나 환경이 종료할 때까지 계속된다. 이 과정에서 agent.update(라인 8)라는 새로운 함수도 등장하는데, 이 함수에는 에이전트의 학습 알고리즘이 들어 있다. 목적을 최대로 달성하기 위해 이 알고리즘은 많은 시간 단계와 에피소드에 걸쳐 데이터를 모으고 내부적으로 학습을 수행한다.

이 알고리즘에는 에이전트와 환경 사이에서 일관되게 발생하는 인터페이스가 정의되어 있기 때문에, 이 알고리즘을 모든 강화학습 문제에 일반적으로 적용할 수 있다. 일관된 인터페이스는 많은 강화학습 알고리즘을 통일된 구조로 구현하기 위한 토대를 제공한다. 이러한 사실은 이 책을 위한 라이브러리인 SLM Lab에서 확인하게 될 것이다.

1.3 강화학습에서 학습하는 함수

강화학습을 MDP로 표현하고 나서 자연스럽게 하게 되는 질문은 에이전트가 무엇을 학습해야 하는가다.

에이전트가 **정책**policy이라고 알려진 행동 생성 함수를 학습할 수 있다는 사실은 이미 알고 있다. 하지만 환경의 다른 특성도 에이전트에게 도움이 될 수 있다. 특히, 강화학습에서 학습하는 3개의 주요 함수가 있다.

1. 상태로부터 행동을 도출하는 정책 π: $a \sim \pi(s)$
2. 이득의 기댓값 $\mathbb{E}_\tau[R(\tau)]$를 추정하기 위해 필요한 가치 함수 $V^\pi(s)$ 또는 $Q^\pi(s, a)$
3. 환경 모델[5] $P(s' \mid s, a)$

정책 π는 주어진 환경 속에서 목적을 최대로 달성하기 위해 에이전트가 취해야 하는 행동을 알려준다. 강화학습 제어 루프에서, 에이전트는 모든 시간 단계에서 상태 s를 관측한 후 어떤 행동을

---

5   표기법을 좀 더 간결하게 하기 위해, 연속된 한 쌍의 튜플 (s_t, a_t, r_t), $(s_{t+1}, a_{t+1}, r_{t+1})$을 (s, a, r), (s', a', r')로 표현하는 것이 관례다. 이때 프라임 기호($'$)는 다음 시간 단계를 나타낸다. 이 책 전체에서 이러한 표기법을 사용할 것이다.

취해야 한다. 제어 루프를 작동시키는 행동이 정책으로부터 만들어지기 때문에, 정책은 제어 루프에서 필수적이다.

정책은 확률론적stochastic일 수 있다. 다시 말해, 정책은 동일한 상태에 대해서 확률적으로 다양한 행동을 도출할 수 있다. 이 경우, 주어진 상태 s에 대해 행동 a가 도출될 확률을 $\pi(a \mid s)$로 나타낼 수 있다. 정책으로부터 추출된 행동을 $a \sim \pi(s)$와 같이 표현한다.

가치 함수는 목적에 대한 정보를 제공한다. 에이전트는 가치 함수를 이용하여 미래 이득의 관점에서 상태와 행동이 얼마나 좋은지를 알 수 있다. 가치 함수에는 $V^\pi(s)$와 $Q^\pi(s, a)$의 두 가지 형태가 있다.

$$V^\pi(s) = \mathbb{E}_{s_0=s, \tau \sim \pi}\left[\sum_{t=0}^{T} \gamma^t r_t\right]$$ (식 1.10)

$$Q^\pi(s, a) = \mathbb{E}_{s_0=s, a_0=a, \tau \sim \pi}\left[\sum_{t=0}^{T} \gamma^t r_t\right]$$ (식 1.11)

식 1.10에 표현된 가치 함수 V^π는 상태의 좋고 나쁨을 나타낸다. V^π는 에이전트가 상태 s에서 현재의 정책 π를 따라 행동한다고 가정했을 때 기대할 수 있는 이득을 나타낸다. 이득 $R(\tau) = \sum_{t=0}^{T} \gamma^t r_t$는 현재 상태 s로부터 에피소드가 끝날 때까지의 구간에서 계산된다. 이득을 계산할 때 상태 s 이전의 모든 보상을 무시하기 때문에 이득은 미래지향적인 값이다.

가치 함수 $V^\pi(s)$에 대한 직관을 얻기 위해 간단한 예제를 하나 생각해 보자. 그림 1.4는 에이전트가 상하좌우로 움직일 수 있는 격자공간 환경을 묘사한다. 그림의 왼쪽에 보이는 것처럼 격자공간의 칸이 상태를 나타내고, 칸마다 보상이 정해져 있다. 에이전트가 목표 상태에 도달하여 +1의 보상을 받으면 환경이 종료된다.

오른쪽에는 $\gamma = 0.9$를 적용한 식 1.10을 통해 보상으로부터 계산된 가치 $V^\pi(s)$가 모든 상태에 대해 표시되어 있다. 가치 함수 V^π는 언제나 특정한 정책 π에 따라 결정된다. 이 예제에서는 목표 상태로 가기 위해 항상 최단 경로를 취하는 정책 π가 적용됐다. 다른 정책, 예를 들어 항상 오른쪽으로 가는 정책을 적용했다면 가치 함수는 달라질 것이다.

여기서 가치 함수의 미래지향적 특성을 엿볼 수 있다. 또한 에이전트가 가치 함수를 이용해서 보상이 동일한 서로 다른 상태를 구별할 수 있다는 것도 알 수 있다. 에이전트가 목표 상태에 더 가까울수록 현재 상태의 가치는 더욱 커진다.

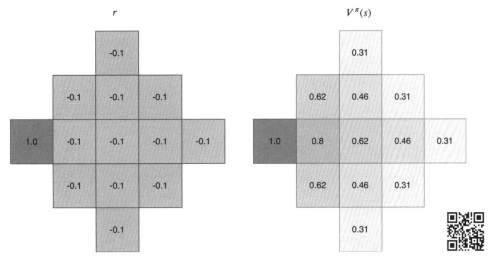

그림 1.4 간단한 격자공간 환경에서 상태 s에 대한 보상 r과 가치 $V^\pi(s)$. 상태의 가치는 $\gamma = 0.9$를 적용한 식 1.10 을 통해 보상으로부터 계산된다. 이때 $r = +1$인 목표 상태로 가기 위해 최단 경로를 취하는 정책 π를 이용한다.

식 1.11에 표현된 Q 가치 함수 Q^π는 상태-행동 쌍의 좋고 나쁨을 평가한다. Q^π는 에이전트가 현재의 정책 π를 따라 행동을 취한다고 가정했을 때, 상태 s에서 행동 a를 취함으로써 얻게 되는 이득의 기댓값을 나타낸다. V^π와 마찬가지로, 이득은 현재 상태 s로부터 에피소드가 끝날 때까지 의 구간에서 계산된다. 상태 s 이전의 모든 보상을 무시하기 때문에 이 또한 미래지향적인 값이다.

3장에서 V^π와 Q^π에 대해 좀 더 자세히 다룰 것이다. 지금은 단지 이러한 함수가 존재하고 에이 전트가 이를 활용하여 강화학습 문제를 해결할 수 있다는 점만 알아두면 된다.

전이 함수 $P(s' \mid s, a)$는 환경에 대한 정보를 제공한다. 이 함수를 학습하면 에이전트는 상태 s에서 행동 a를 취한 후 환경이 전이하게 될 다음 상태 s'을 예측할 수 있다. 에이전트는 실제로 환경을 경험하지 않고도 학습한 전이 함수만을 이용하여 스스로의 행동이 가져올 미래를 '상상'할 수 있 다. 그리고 이러한 정보를 이용하여 좋은 행동을 계획할 수 있다.

1.4 심층강화학습 알고리즘

강화학습에서 에이전트는 좋은 행동을 선택하여 목적을 최대로 달성하고자 함수를 학습한다. 이 책에서는 **심층강화학습**deep RL을 다룬다. 이것은 심층신경망deep neural network을 함수 근사의 기 법으로 활용한다는 것을 의미한다.

강화학습에서 학습하는 3개의 함수를 1.3절에서 제시했었다. 심층강화학습 알고리즘에는 이 세 함수 각각에 대응되는 3개의 주요 부류가 있다. 이들은 **정책 기반**policy-based, **가치 기반**value-based, **모델 기반**model-based이라고 불리며, 각각 정책, 가치 함수, 모델을 학습한다. 에이전트가 이들 중 둘 이상을 학습하는 결합된 방법도 있다. 예를 들면, 정책과 가치 함수를 학습하거나 가치 함수와 모델을 학습하는 식이다. 그림 1.5는 주요 심층강화학습 알고리즘의 각 부류와 그들이 어떻게 연관되는지를 개괄적으로 보여준다.

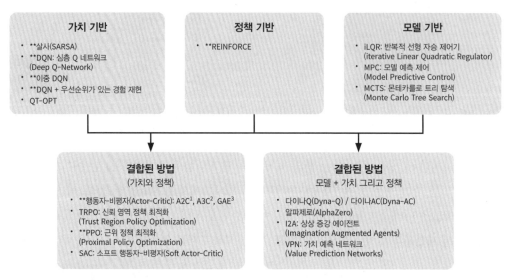

**: 이 책에서 다루는 내용
1. A2C: Advantage Actor-Critic
2. A3C: Asynchronous Advantage Actor-Critic
3. GAE: Actor-Critic with Generalized Advantage Estimation

그림 1.5 심층강화학습 알고리즘의 부류

1.4.1 정책 기반 알고리즘

이 부류의 알고리즘은 정책 π를 학습한다. 좋은 정책은 에이전트의 목적 $J(\tau) = \mathbb{E}_{\tau \sim \pi}[\sum_{t=0}^{T} \gamma^t r_t]$를 최대로 만드는 궤적을 생성해야 한다. 이러한 접근법은 매우 직관적이다(에이전트가 환경 속에서 행동을 취하려고 한다면 정책을 학습하는 것이 타당하다). 어떤 순간에 무엇이 좋은 행동인지는 상태에 따라 결정된다. 따라서 정책 함수 π는 상태 s를 입력으로 받아 행동 $a \sim \pi(s)$를 도출한다. 이것은 에이전트가 각기 다른 맥락에서 좋은 결정을 내릴 수 있음을 의미한다. 2장에서 다룰 REINFORCE[148]는 가장 잘 알려진 정책 기반 알고리즘으로, 이후에 나온 많은 알고리즘의 토대를 형성한다.

정책 기반 알고리즘의 큰 장점은 이 알고리즘이 매우 일반적인 최적화 방법이라는 것이다. 정책 기반 알고리즘은 모든 형태의 행동, 즉 이산적 행동, 연속적 행동, 또는 혼합 행동(다수의 행동)에 적용할 수 있다. 또한 정책 기반 알고리즘은 에이전트가 가장 신경 쓰는 것, 즉 목적 $J(\tau)$를 직접 최적화한다. 게다가, 서튼Sutton 등이 정책 경사 정리Policy Gradient Theorem[133]로 증명했듯이 이 부류의 방법은 지엽적으로[6] 최적인 정책locally optimal policy으로 수렴하는 것이 보장된다. 이 방법의 한 가지 단점은 정책의 분산이 크고 훈련 과정이 표본 비효율적sample-inefficient[7]이라는 것이다.

1.4.2 가치 기반 알고리즘

에이전트는 $V^\pi(s)$ 또는 $Q^\pi(s, a)$를 학습한다. 에이전트는 학습한 가치 함수를 이용하여 (s, a) 쌍을 평가하고 정책을 생성한다. 예를 들면, 상태 s에서 항상 $Q^\pi(s, a)$의 추정값을 가장 크게 만드는 행동 a를 선택하는 것이 에이전트의 정책일 수 있다. 온전한 가치 기반 접근법에서는 $Q^\pi(s, a)$를 정책으로 변환하는 것이 더 쉽다는 이유로 $V^\pi(s)$보다 $Q^\pi(s, a)$를 학습하는 경우가 훨씬 더 많다. 이것은 $V^\pi(s)$가 상태에 대한 정보만으로 계산되는 반면 $Q^\pi(s, a)$는 상태와 행동의 쌍을 이용하여 계산되기 때문이다.

3장에서 다룰 살사SARSA[118]는 오래된 강화학습 알고리즘에 속한다. 살사는 간단하지만 가치 기반 방법의 많은 핵심 개념을 담고 있어서 이 부류의 알고리즘을 처음 접하는 사람이 공부하기에 좋은 알고리즘이다. 하지만 훈련 과정에서 발생하는 큰 분산과 표본 비효율성 때문에 요즘에는 살사를 잘 사용하지 않는다. 심층 Q 네트워크Deep Q-Network, DQN[88]와 그로부터 파생된 이중 DQNDouble DQN[141] 및 우선순위가 있는 경험 재현Prioritized Experience Replay, PER[121]이 적용된 DQN 같은 알고리즘이 훨씬 더 많이 쓰이는 효과적인 알고리즘이다. 이에 대해서는 4장과 5장에서 다룰 것이다.

가치 기반 알고리즘은 일반적으로 정책 기반 알고리즘보다 표본 효율적sample-efficient이다. 이것은 가치 기반 알고리즘이 분산도 더 작고 환경으로부터 수집한 데이터도 더 잘 활용하기 때문이다. 하지만 가치 기반 알고리즘이 최적 정책으로 수렴한다는 것은 보장할 수 없다. 또한 가치 기반 알고리즘의 일반적인 표현법으로는 이산적 행동 공간을 갖는 환경에만 적용할 수 있다. 이것은 역사적으로 큰 제약 조건이었지만, QT-OPT[64] 같은 최근의 연구 결과를 이용하면 연속적 행동 공간을 갖는 환경에도 가치 기반 알고리즘을 효과적으로 적용할 수 있다.

---

6   전역(global) 수렴성의 보장 여부는 아직 밝혀지지 않았다. 최근에 선형화 제어(linearized control)라고 알려진 문제에 대해서는 전역 수렴성이 증명됐다. 파젤(Fazel) 등의 논문 〈Global Convergence of Policy Gradient Methods for Linearized Control Problems〉 (2018)[38]를 참고하라.

7   옮긴이 어떤 정보를 얻기 위해 많은 표본이 필요할수록 표본 비효율적이 된다.

1.4.3 모델 기반 알고리즘

이 부류의 알고리즘은 환경의 전이 역학transition dynamics에 대한 모델을 학습하거나 이미 알려진 모델을 사용한다. 일단 환경 모델 $P(s' \mid s, a)$를 갖게 되면 에이전트는 몇 단계 이후의 궤적을 예측함으로써 앞으로 어떤 일이 일어날지를 '상상'할 수 있다. 환경이 상태 s에 놓여 있다면 에이전트는 반복적으로 $P(s' \mid s, a)$를 적용해 보면서 행동 $a_1, a_2, ..., a_n$을 통해 상태 s가 어떻게 변할지를 추정할 수 있다. 실제로 행동을 통해 환경을 변화시키는 것이 아니라 단지 추정만 하는 것이다. 따라서 에이전트는 추정을 통해 환경 모델로부터 궤적의 예측값을 계산한다. 에이전트는 각기 다른 행동을 적용해 봄으로써 다양한 궤적을 예측할 수 있다. 이렇게 예측된 궤적을 비교해 보고 실제로 적용할 행동을 선택한다.

온전한 모델 기반 접근법은 체스 게임에서의 승패와 같은 목표 상태를 갖는 게임이나 목표 상태 s^*를 갖는 길찾기 문제에 가장 많이 적용된다. 이것은 모델 기반 알고리즘의 전이 함수가 보상의 모델을 제공하지 않기 때문이다. 따라서 모델 기반 알고리즘으로 행동을 계획하려면 에이전트의 목적에 대한 정보가 상태 자체에 포함되어 있어야 한다.

몬테카를로 트리 탐색Monte Carlo Tree Search, MCTS은 잘 알려진 모델 기반 방법으로, 전이 함수가 주어진 결정론적 이산 상태 공간을 다루는 문제에 적용할 수 있다. 체스나 바둑 같은 많은 보드 게임이 여기에 속하며 최근까지 MCTS를 이용하여 많은 컴퓨터 바둑 프로그램이 만들어졌다[125]. MCTS는 기계학습을 적용하지 않고, 몬테카를로 주사위 던지기Monte Carlo rollout라고 불리는 것을 통해 무작위로 행동을 추출함으로써 게임의 상태를 탐험하고 각 상태의 가치를 추정한다[125]. 이것이 이 알고리즘의 핵심 개념이고, 알고리즘이 여러 번의 수정을 거쳐 발전해 왔지만 핵심 개념은 모두 동일하다.

반복적 선형 자승 제어기iterative Linear Quadratic Regulator, iLQR[79]나 모델 예측 제어Model Predictive Control, MPC 같은 방법도 있다. 이들은 보통 매우 제한된 가정하에서 전이 역학을 학습한다.[8] 전이 역학을 학습하기 위해, 에이전트는 환경 속에서 실제 전이 예제 (s, a, r, s')을 수집하기 위한 행동을 해야 할 것이다.

완벽한 모델은 에이전트에게 예측 능력을 주기 때문에, 즉 에이전트는 시나리오를 시험해 봄으로써 환경 속에서 실제로 행동하지 않고도 행동의 결과를 이해할 수 있기에 모델 기반 방법은 매우 매력적으로 보인다. 환경으로부터 경험을 수집하는 데 시간이나 비용이 많이 든다면 모델의

---

8   예를 들면, iLQR에서는 전이 역학을 상태와 행동의 선형 함수로 가정하고 보상 함수는 이차 함수로 가정한다.

예측 능력은 상당한 이점이 될 수 있다. 예를 들면, 로보틱스가 그러한 경우다. 정책 기반 방법이나 가치 기반 방법과 비교해 보면, 모델 기반 알고리즘은 훨씬 더 적은 수의 표본 데이터를 이용하여 좋은 정책을 학습하는 경향이 있다. 에이전트가 모델로부터 상상한 경험으로 실제 경험을 보충할 수 있기 때문이다.

하지만 대부분의 문제에서 모델은 쉽게 주어지지 않는다. 많은 환경이 확률론적이고, 전이 역학도 모르는 경우가 많다. 이 경우, 모델은 학습되어야만 한다. 이러한 접근법에 대한 연구는 여전히 초기 단계에 머물러 있고, 수많은 어려움에 직면해 있다. 첫 번째 어려움은 큰 상태 공간과 행동 공간을 갖는 환경의 모델을 구하기가 매우 어려울 수 있다는 것이다. 모델을 구할 수 있다 하더라도 쉽게 활용하지 못할 수도 있다. 특히 전이 과정이 극도로 복잡하다면 더욱 그렇다. 두 번째 어려움은 모델이 미래의 많은 시간 단계에 걸쳐 전이를 정확히 예측할 수 있어야만 모델로서 쓸모가 있다는 것이다. 모델의 정밀도에 따라 다르겠지만 예측 오차가 시간 단계마다 빠르게 증가하여 결국에는 모델을 믿을 수 없는 지경에 이를 수도 있다.

좋은 모델이 부족하다는 사실이 현재로서는 주된 제약 조건으로 작용하여 모델 기반 접근법을 적용하기 어렵게 만든다. 하지만 모델 기반 방법은 매우 강력한 도구가 될 수 있다. 이 방법이 작동하기만 하면 모델 없는 방법에 비해 보통은 10~100배 더 표본 효율적이다.

모델 기반 방법과 **모델 없는 방법**의 구별에 따라 강화학습 알고리즘을 분류하기도 한다. 간단히 말해서, 학습된 것이든 이미 알려진 것이든 환경의 전이 역학을 이용하는 모든 알고리즘은 모델 기반 알고리즘이다. 모델 없는 알고리즘은 환경의 전이 역학을 이용하지 않는다.

1.4.4 결합된 방법

앞서 설명한 알고리즘은 2개 혹은 그 이상의 주요 강화학습 함수를 학습한다. 지금까지 논의한 각 알고리즘의 강점과 약점을 놓고 보았을 때, 각 알고리즘의 장점만을 취해서 결합된 하나의 알고리즘을 만들려고 하는 것은 당연한 수순이다. 정책과 가치 함수를 학습하는 한 부류의 알고리즘이 널리 사용되고 있다. 이 알고리즘에는 행동자-비평자_Actor-Critic라는 적절한 이름이 붙었는데, 이는 정책이 **행동**_act을 만들고 가치 함수가 그 행동을 **비평**_critique하기 때문이다. 이 내용은 6장에서 다룬다. 이 알고리즘의 핵심 개념은 에이전트를 훈련하는 동안, 학습된 가치 함수가 환경에서 발생하는 보상보다 더 유용한 정보가 담긴 피드백 신호를 정책에 반영할 수 있다는 것이다. 정책은 학습된 가치 함수가 제공하는 정보를 이용하여 학습한다. 그런 다음 정책은 정책 기반 방법에서처럼 행동을 생성한다.

행동자-비평자 알고리즘은 활발히 연구되고 있는 분야이고 최근에 많은 흥미로운 연구 결과가 나오고 있다. 몇 가지 예를 들면, 여기에는 신뢰 영역 정책 최적화Trust Region Policy Optimization, TRPO[122], 근위 정책 최적화Proximal Policy Optimization, PPO[124], 심층 결정론적 정책 경사Deep Deterministic Policy Gradients, DDPG[81], 소프트 행동자-비평자Soft Actor-Critic, SAC[47]가 포함된다. 이들 중 PPO가 현재로선 가장 널리 사용되며 이에 대해서는 7장에서 다룰 것이다.

알고리즘이 환경의 전이 함수와 함께 가치 함수 그리고/또는 정책을 사용할 수도 있다. 2017년에 딥마인드DeepMind 출신의 연구원들이 알파제로AlphaZero를 개발했는데, 이는 바둑 게임을 마스터하기 위해 MCTS에 V^π와 정책 π에 대한 학습을 결합한 것이다[127]. 다이나QDyna-Q[130]는 또 하나의 잘 알려진 알고리즘으로, 환경으로부터 발생한 실제 데이터를 이용하여 모델을 반복적으로 학습한 이후 학습된 모델로부터 생성된 가상의 데이터를 이용하여 Q 함수를 학습하는 방법이다.

이 절에서 제시한 예제는 많은 심층강화학습 알고리즘의 몇 가지 예를 든 것에 불과하다. 결코 여기 제시된 목록이 전부는 아니다. 하지만 이러한 예제를 통해 심층강화학습의 주요 개념과 정책, 가치 함수, 모델이 어떻게 사용되고 결합될 수 있는지 개괄적인 설명을 하고자 했다. 심층강화학습은 매우 활발한 연구 분야이고 아마도 몇 개월마다 흥미로운 새로운 기법들이 개발되어 나오는 것으로 보인다.

1.4.5 이 책에서 다루는 알고리즘

이 책에서는 정책 기반 방법과 가치 기반 방법을 다루며 그 둘을 결합한 방법도 다룬다. 예를 들면 REINFORCE(2장), 살사(3장), DQN(4장), DQN을 확장한 방법(5장), 행동자-비평자(6장), PPO(7장)가 있다. 8장에서는 이 모든 방법에 적용할 수 있는 병렬화parallelization 방법을 다룬다.

모델 기반 알고리즘은 이 책에서 다루지 않는다. 이 책은 실용적인 가이드를 제공할 목적으로 저술되었는데, 모델 없는 방법이 더 잘 개발되어 있고 일반적이어서 좀 더 넓은 영역의 문제에 적용할 수 있다. 아주 조금만 변경하면 동일한 알고리즘(예 PPO)을 도타 2Dota 2와 같은 비디오 게임에도 적용할 수도 있고[104], 로봇의 손을 제어하는 데 적용할 수도 있다[101]. 본질적으로, 정책 기반 또는 가치 기반 알고리즘이 환경 속에서 별도의 맥락에 구애받지 않고 학습하게 함으로써 그 두 알고리즘을 활용할 수 있다.

반대로, 모델 기반 방법은 일반적으로 환경에 대해 더 많은 정보, 즉 전이 역학 모델을 필요로 한다. 체스나 바둑 같은 문제에서, 모델은 단순히 게임의 규칙이고 이는 쉽게 프로그램될 수 있다. 그렇다 하더라도, 딥마인드의 알파제로[127]를 보면 알겠지만 강화학습 알고리즘에서 모델이 작동하게 하는 것은 쉽지 않다. 보통은 모델이 없기 때문에 학습해야 하는데, 이는 쉽지 않은 문제다.

이 책에 제시된 정책 기반 및 가치 기반 알고리즘도 전체 알고리즘의 일부일 뿐이고, 모든 알고리즘을 다 설명하지는 않는다. 많은 사람에게 널리 이용되면서도 심층강화학습의 핵심 개념을 잘 설명하는 알고리즘 위주로 다루었다. 이 책의 목표는 독자들이 이러한 주제에 대해 단단한 기초를 쌓을 수 있도록 하는 것이다. 바라건대, 이 책에서 다루는 알고리즘을 이해하고 나면 현재 진행 중인 심층강화학습의 연구와 적용 사례를 잘 이해할 수 있는 실력이 갖춰질 것이다.

1.4.6 활성정책과 비활성정책 알고리즘

심층강화학습 알고리즘을 구분하는 중요한 마지막 기준은 알고리즘을 **활성정책**on-policy 방법과 **비활성정책**off-policy 방법으로 구분하는 것이다. 이는 반복되는 훈련 과정에서 데이터가 어떻게 사용되는지에 영향을 미친다.

알고리즘이 정책에 대해 학습한다면 그 알고리즘은 **활성정책** 알고리즘이다. 정책에 대해 학습한다는 것은 훈련 과정에서 현재의 정책 π로부터 생성된 데이터만을 이용할 수 있다는 뜻이다. 이것은 여러 정책 π_1, π_2, π_3, ...에 대해 훈련이 반복될 때, 훈련이 진행되는 바로 그 순간의 정책만을 이용하여 훈련 데이터를 생성한다는 것을 의미한다. 그 결과, 훈련이 끝난 후에는 데이터가 더 이상 쓸모없어지므로 모든 데이터는 폐기되어야 한다. 이러한 이유로 활성정책 방법은 표본 비효율적이다(따라서 더 많은 데이터를 필요로 한다). 이 책에서 다루는 활성정책 방법에는 REINFORCE(2장), 살사(3장), 그리고 결합된 방법인 행동자-비평자(6장)와 PPO(7장)가 있다.

반대로, 이러한 제한을 받지 않는 알고리즘이 **비활성정책** 알고리즘이다. 수집된 모든 데이터는 훈련을 위해 재사용될 수 있다. 그 결과, 비활성정책 방법은 더욱 표본 효율적이지만 이 경우 데이터를 저장하기 위한 메모리가 훨씬 더 많이 필요할 수도 있다. 이 책에서 다루는 비활성정책 방법에는 DQN(4장)과 DQN을 확장한 방법들(5장)이 있다.

1.4.7 요약

지금까지 심층강화학습 알고리즘의 주요 부류를 소개하고 이를 다양한 방법으로 분류하는 방법을 알아봤다. 심층강화학습 알고리즘을 바라보는 관점에 따라 서로 다른 특성이 부각되는데, 이 중 어떤 것이 가장 좋다고 말할 수는 없다. 이러한 구분을 다음과 같이 요약할 수 있다.

- **정책 기반, 가치 기반, 모델 기반, 또는 결합된 방법**: 알고리즘이 학습하는 주요 강화학습 함수가 무엇인지에 따른 구분

- **모델 기반 방법 또는 모델 없는 방법**: 알고리즘이 환경의 전이 역학에 대한 모델을 사용하는지 여부에 따른 구분
- **활성정책 또는 비활성정책 방법**: 알고리즘이 현재 정책만을 이용하여 생성한 데이터로 학습하는지 여부에 따른 구분

1.5 강화학습을 위한 심층학습

이 절에서는 심층학습에 대한 개요와 함께 신경망의 파라미터를 학습하기 위한 훈련 과정의 흐름을 간략히 알아볼 것이다.

심층신경망은 복잡한 비선형 함수를 근사하는 탁월한 능력을 갖고 있다. 심층신경망의 구조는 서로 교차하는 파라미터 층위layer와 비선형 활성화 함수activation function로 되어 있는데, 바로 이러한 구조 덕분에 심층신경망은 매우 강력한 함수 근사 능력을 갖는다. 현대적 형태의 신경망은 1980년대에 르쿤LeCun 등이 합성곱신경망convolutional neural network을 훈련해서 손으로 쓴 우편번호를 인식하는 데 성공했을 때부터 존재해 왔다[70]. 2012년부터는 심층학습이 다양한 문제에 적용되어 성공을 거두기 시작했고 컴퓨터 비전computer vision, 기계 번역, 자연어 이해, 음성 합성을 비롯한 광범위한 분야에서 최첨단 기술 개발에 기여했다. 이 책을 쓰고 있는 지금, 심층학습은 인간이 만들어낸 가장 강력한 함수 근사 기술이다.

1991년에 제럴드 테사우로Gerald Tesauro가 강화학습으로 신경망을 훈련해서 마스터 수준으로 백개먼backgammon 게임을 하게 했는데, 이것이 신경망과 강화학습이 결합하여 큰 효과를 거둔 최초의 사례다[135]. 하지만 딥마인드가 2015년에 많은 아타리 게임에서 인간 수준의 성능을 달성하고 나서야 신경망은 이 분야에서 꼭 필요한 함수 근사 방법으로 인정받게 됐다. 그때부터 강화학습 분야에서 개발된 모든 중요한 방법들은 신경망을 이용하여 함수를 근사한다. 이 책에서 심층강화학습만을 다루는 이유가 바로 여기에 있다.

신경망은 함수를 학습한다. 이것은 단순히 입력과 출력을 연결 짓는 과정이다. 신경망은 하나의 입력에 대해 순차적인 계산을 하여 출력을 생성한다. 이 과정을 **전방 전달**forward pass이라고 부른다. 신경망을 구성하는 파라미터 θ의 값이 정해지면 신경망은 하나의 함수가 된다. 말하자면, '함수가 파라미터 θ에 의해 결정된다.' 파라미터의 값이 달라지면 함수도 달라진다.

함수를 학습하려면, 함수를 충분히 대표할 만한 입력 데이터를 획득하거나 생성하는 방법과 신경망이 만들어 내는 출력을 평가하는 방법이 필요하다. 출력을 평가하는 방법에는 두 가지가

있다. 첫 번째 방법은 모든 입력에 대해 '정확한' 출력 또는 목푯값을 생성하고, 신경망이 예측하는 출력과 목푯값 사이의 오차를 나타내는 손실 함수loss function를 정의하는 것이다. 이 손실 함수가 최소가 되도록 해야 한다. 두 번째 방법은 모든 입력에 대해 보상이나 이득과 같은 스칼라값으로 직접 피드백을 제공하는 것이다. 이 스칼라값은 신경망의 출력이 얼마나 좋은지를 나타내는 값이기 때문에 (바라건대) 이 값이 최대가 되도록 해야 한다. 이 값에 음의 부호를 붙이면 최소화되어야 하는 손실 함수로 생각될 수도 있다.

신경망의 출력을 평가하는 손실 함수가 주어지면, 신경망의 파라미터값을 변경하여 손실 함수가 최소가 되도록 하면서 성능을 향상할 수 있다. 이때 전역 최솟값global minimum을 찾는 과정에서 손실 함수가 가장 빠르게 감소하는 방향으로 파라미터를 변경하기 때문에 이러한 방법을 경사하강gradient descent이라고 부른다.

손실 함수를 최소로 만들기 위해 신경망의 파라미터를 조정하는 것을 가리켜 신경망을 **훈련**training시킨다고 말하기도 한다. 예를 들어, 함수 $f(x)$를 학습할 때 이 함수가 신경망의 가중치 θ에 의해 $f(x; \theta)$와 같이 결정된다고 가정해 보자. 이때 x, y가 입출력 데이터이고 $L(f(x; \theta), y)$는 미리 정의된 손실 함수다. 그러면 훈련 절차를 다음과 같이 요약할 수 있다.

1. 전체 데이터로부터 일정량의 데이터 묶음batch (x, y)를 무작위로 추출한다. 이때 데이터 묶음의 양은 전체 데이터양에 비해 상당히 작은 부분을 차지한다.

2. 입력 x로부터 신경망의 전방 전달을 계산하여 출력의 예측값 $\hat{y} = f(x; \theta)$를 도출한다.

3. 추출된 데이터 묶음의 y와 신경망이 예측한 $\hat{y}$을 이용하여 손실 함수 $L(\hat{y}, y)$를 계산한다.

4. 신경망의 파라미터에 대해 손실 함수의 경사(편미분) $\nabla_\theta L$을 계산한다. 파이토치PyTorch[114] 또는 텐서플로TensorFlow[1] 같은 최신 신경망 라이브러리를 이용하면 ('자동 미분autograd'이라고도 하는) 역전파backpropagation[117] 알고리즘을 통해 경사를 자동으로 계산할 수 있다.

5. 경사를 이용한 최적화 기법을 통해 신경망의 파라미터를 업데이트한다. 예를 들면, **확률론적 경사하강**Stochastic Gradient Descent, SGD 기법은 $\theta \leftarrow \theta - \alpha \nabla_\theta L$과 같은 업데이트를 수행한다. 여기서 α는 학습률learning rate을 나타내는 스칼라값이다. 하지만 신경망 라이브러리는 이것 말고도 다른 많은 최적화 기법을 제공한다.

이러한 훈련 과정은 신경망의 출력이 더 이상 변하지 않거나 또는 손실 함수가 최솟값에 도달하여 안정 상태를 유지할 때까지, 즉 신경망이 수렴할 때까지 계속된다.

강화학습에서는 신경망의 입력 x와 정확한 출력 y가 사전에 주어지지 않는다. 그 대신 에이전트가 환경과 상호작용하는 과정에서, 즉 상태와 보상으로부터 이러한 값들이 생성된다. 이러한 조건 때문에 강화학습에서는 신경망을 훈련하는 일이 유독 어려운 문제가 되는데, 이와 관련한 내용을 이 책에서 줄곧 다룰 것이다.

데이터를 생성하고 평가하는 것이 어려운 이유는 강화학습에서 학습하고자 하는 함수가 MDP 순환 루프와 밀접하게 관련되어 있기 때문이다. 에이전트와 환경 사이의 데이터 교환은 양방향으로 이루어지고, 그 과정은 에이전트가 행동하고 환경이 전이하는 데 필요한 시간에 의해 제약받을 수밖에 없다. 훈련 데이터를 생성하는 지름길은 존재하지 않는다. 즉, 에이전트는 모든 시간 단계를 경험해야 한다. 데이터 수집과 훈련의 주기는 반복된다. 모든 훈련 단계에서 에이전트는 (잠재적으로) 새로운 데이터가 수집되기를 기대한다.

더욱이, 환경의 현재 상태와 에이전트가 취하는 행동이 에이전트가 경험할 미래 상태에 영향을 주기 때문에, 특정 시간 단계의 상태와 보상은 이전 시간 단계의 상태와 보상과 무관하지 않다. 이것은 경사하강의 가정(데이터가 동일독립분포identical independent distribution, i.i.d.를 갖는다는 가정)에 위배되기 때문에 신경망이 수렴하는 속도와 최종 결과의 정밀도가 안 좋은 영향을 받을 수 있다. 이러한 효과를 줄이기 위해 상당한 연구가 수행됐고, 그 결과로 나온 기법 몇 가지를 이 책의 뒷부분에서 다룰 것이다.

이러한 어려움에도 불구하고, 심층학습은 함수 근사를 위한 강력한 도구다. 심층학습을 강화학습에 적용하는 데 따르는 어려움보다 그것이 가져다주는 이점이 훨씬 더 크기 때문에 그러한 어려움을 극복하기 위해 계속해서 인내심을 갖고 노력해야 한다.

1.6 강화학습과 지도학습

함수 근사는 심층강화학습에서 핵심적인 부분을 차지한다. 이 점은 지도학습supervised learning, SL[9]의 경우에도 마찬가지다. 하지만 강화학습은 지도학습과는 많은 면에서 다르다. 그중에서도 다음과 같은 세 가지 주요 차이점이 있다.

- 오라클oracle[10]의 부재
- 피드백의 희소성
- 훈련 과정에서 생성되는 데이터

---

9 인공지능 학계에서는 약어를 매우 많이 사용한다. 앞으로 더 많이 보게 될 것이다(거의 모든 알고리즘과 구성요소는 약어 이름을 갖는다).
10 컴퓨터 과학에서 오라클은 질문에 대해 정확한 답을 주는 가상의 블랙박스다.

1.6.1 오라클의 부재

강화학습과 지도학습의 주된 차이점은 강화학습 문제에서는 모델의 모든 입력에 대해 '정확한' 답이 주어지지 않는 반면, 지도학습에서는 모든 예제에 대해 정답 또는 최적의 답이 존재한다는 것이다. 강화학습에서 정답과 동일한 것이 있다면, 그것은 목적을 최대로 달성하도록 모든 시간 단계에서 최적의 행동을 알려주는 '오라클'의 존재일 것이다.

정답을 통해 한 조각의 데이터에 대해 많은 정보를 전달할 수 있다. 예를 들면, 분류 문제에 대한 정답도 많은 정보를 포함한다. 그것은 훈련 예제가 어느 범주에 속하는지를 정확히 알려줄 뿐만 아니라 훈련 예제가 어느 범주에도 속하지 않는다는 사실을 알려주기도 한다. 어떤 분류 문제에 1000개의 범주가 있다면(이미지넷ImageNet 데이터 묶음[32]에서처럼), 문제에 대한 답은 예제 하나당 1000개의 정보(1개의 긍정 부호와 999개의 부정 부호)를 포함한다. 더욱이, 정답이 어떤 범주나 실숫값이 될 필요는 없다. 그것은 경계 상자bounding box나 의미론적 분할semantic segmentation과 같이 주어진 예제에 대해 수많은 정보를 포함한 것일 수도 있다.

강화학습에서는 에이전트가 상태 s에서 행동 a를 취한 이후에 받게 되는 보상이 에이전트에게 주어지는 정보의 전부다. 에이전트는 최선의 행동이 무엇이었는지 알려주는 정보를 갖지 못한다. 대신, 행동 a가 얼마나 좋았는지 혹은 나빴는지에 대한 느낌을 보상으로부터 얻을 수 있을 뿐이다. 보상을 통해 전달되는 느낌은 정답이 제공하는 정보에 비해 부족할 뿐만 아니라, 에이전트는 자신이 경험하는 상태에 대한 보상만을 학습할 수 있다. (s, a, r)을 학습하기 위해, 에이전트는 (s, a, r, s')이라는 전이를 경험해야만 한다. 경험 부족으로 인해 에이전트는 상태 및 행동 공간의 중요한 부분에 대한 정보를 놓칠 수도 있다.

이 문제를 해결하기 위한 한 가지 방법은 에이전트에게 학습시키고자 하는 상태로부터 에피소드를 시작하는 것이다. 하지만 이 방법이 항상 가능한 것은 아니다. 여기에는 두 가지 이유가 있다. 첫째, 환경을 완전히 제어하는 것이 불가능할 수도 있다. 둘째, 상태를 묘사하기는 쉽더라도 특정하기는 어려울 수 있다. 뒤로 도는 공중제비를 학습하는 휴머노이드 로봇을 시뮬레이션한다고 생각해 보자. 에이전트가 공중제비의 성공적인 착지에 대해 주어지는 보상을 학습하도록 하기 위해, 공중제비를 '잘한' 이후에 로봇의 발이 바닥에 접촉하는 순간부터 환경이 시작되게 할 수 있다. 바로 이 순간의 상태에 적용되는 보상 함수를 학습하는 것이 중요한데, 그것은 이 상태에서 어떤 행동을 취하느냐에 따라 로봇이 균형을 잡고 성공적으로 공중제비를 마칠 수도 있고 바닥에 떨어져서 실패할 수도 있기 때문이다. 하지만 로봇이 착지하는 순간에 로봇 관절의 각위치 및 각속도, 또는 관절에 가해지는 힘을 숫자로 정확하게 정의하는 것은 쉬운 일이 아니다. 실제로, 이러한 상태에 도달하기 위해 에이전트는 공중제비의 시작과 착지 직전의 준비 동작을 위한 매우 분명한 행동을 여러 단계에 걸쳐 연속적으로 취할 필요가 있다. 에이전트가 이 과정을 학습할 것이라는 보장은 없기 때문에, 이러한 상태는 상태 공간 속에서 영원히 미지의 영역으로 남을 수도 있다.

1.6.2 피드백의 희소성

강화학습에서 보상 함수는 희소할지도 모른다. 그래서 스칼라 보상값은 보통 0이 된다. 이것은 에이전트가 신경망의 성능 향상을 위해 신경망 파라미터를 어떻게 조정할지에 대한 정보를 대부분의 시간 동안 얻지 못한다는 것을 의미한다. 다시 뒤로 공중제비를 도는 로봇 예제로 돌아와서, 에이전트가 성공적으로 공중제비를 수행한 후에만 0이 아닌 보상 +1을 받는다고 가정해 보자. 에이전트가 취하는 거의 모든 행동은 환경으로부터 0이라는 동일한 보상을 발생시킬 것이다. 이러한 상황에서는 에이전트가 자신의 즉각적인 행동이 목표 달성에 도움이 되는지를 판단하도록 도와주는 정보가 없기 때문에 학습은 극도로 어려워진다. 지도학습에서는 이러한 문제가 발생하지 않는다. 모든 입력 예제에는 그에 해당하는 목표 출력값이 주어지는데, 여기에는 신경망이 어떻게 작동해야 하는지에 대한 정보가 담겨 있다.

희소한 피드백과 오라클의 부재라는 특성이 결합되어, 강화학습에서 시간 단계별로 환경으로부터 주어지는 정보의 양은 지도학습의 훈련 예제에 비해 훨씬 더 적다[72]. 그 결과, 모든 강화학습 알고리즘은 상당히 표본 비효율적이 되는 경향이 있다.

1.6.3 데이터 생성

지도학습에서는 일반적으로 알고리즘 훈련과는 별개로 데이터가 생성된다. 사실, 지도학습을 문제에 적용할 때 가장 먼저 하는 것은 좋은 데이터 묶음을 찾아내거나 만들어 내는 것이다. 강화학습에서는 환경과 상호작용하는 에이전트로부터 데이터가 생성되어야 한다. 많은 경우에 이러한 데이터는 데이터 수집과 훈련을 교차 수행하는 반복적인 방식으로 훈련이 진행되면서 생성된다. 데이터와 알고리즘이 결합된 것이다. 알고리즘의 성능은 훈련의 기반이 되는 데이터에 영향을 미치고, 데이터는 반대로 알고리즘의 성능에 영향을 미친다. 지도학습에는 이러한 순환 구조와 부트스트랩bootstrap[11]에 대한 요구조건이 없다.

---

11 [옮긴이] 통계학에서 부트스트랩은 모집단으로부터 추출한 표본의 대표성을 평가하기 위해 표본으로부터 복원추출(sampling with replacement)을 통해 원래의 표본과 같은 크기의 또 다른 표본을 추출하는 것(resampling)을 의미한다. 새롭게 추출된 표본이 원래의 표본을 얼마나 잘 대표하는지를 평가함으로써 원래의 표본이 모집단에 대해 갖는 대표성을 평가한다. 여기서는 알고리즘이 데이터의 품질을 변화시키고 데이터가 다시 알고리즘의 성능에 영향을 미치는 관계를 부트스트랩이라고 표현했다.

강화학습도 상호작용을 한다(에이전트가 취하는 행동이 실제로 환경을 변화시키고, 변화된 환경은 에이전트의 행동 결정에 영향을 미치고, 이는 다시 에이전트가 사용하는 데이터를 변화시키고, 이런 식으로 계속된다). 이 피드백 루프는 강화학습의 전형적인 특징이다. 지도학습 문제에서는 이러한 피드백 루프도 없고 알고리즘 훈련을 위해 에이전트가 데이터를 변화시킬 수 있다는 것과 같은 개념도 존재하지 않는다.

마지막으로, 강화학습과 지도학습 사이에 비교적 사소한 차이점이 하나 있다. 강화학습에서는 신경망을 훈련할 때 분명하게 정의되는 손실 함수가 사용되지 않을 수도 있다는 것이다. 이 경우 신경망의 출력과 목표 출력 사이의 오차를 최소화하는 대신, 환경으로부터 얻은 보상을 이용하여 목적을 만들고 그 목적이 최대한 달성되도록 신경망을 훈련한다. 지도학습의 관점에서 바라보면 처음에는 이것이 조금은 이상하게 보일 수도 있지만, 최적화 메커니즘은 본질적으로 동일하다. 둘 다 어떤 함수를 최대화 또는 최소화하기 위해 신경망의 파라미터를 조정한다.

1.7 요약

이 장에서는 강화학습 문제를 서로 상호작용하면서 상태, 행동, 보상의 형태로 정보를 교환하는 에이전트와 환경으로 구성된 하나의 시스템으로 설명했다. 에이전트는 기대되는 보상의 총합을 최대로 만들기 위해 **정책**을 이용하여 환경에서 어떻게 행동할지를 학습한다. 보상의 총합을 최대로 만드는 것이 에이전트의 목적이다. 이러한 개념을 이용하여, 환경의 전이 함수가 마르코프 특성을 갖는다는 가정하에서 강화학습이 어떻게 MDP로 표현될 수 있는지 보여주었다.

환경 속에서 에이전트가 경험한 것을 이용하여 에이전트가 목적을 최대로 달성하는 데 도움이 되는 함수를 학습할 수 있다. 특히, 강화학습에서 에이전트가 학습할 수 있는 세 가지 주요 함수인 **정책** $\pi(s)$와 **가치 함수** $V^{\pi}(S)$, $Q^{\pi}(s, a)$, 그리고 **모델** $P(s' \mid s, a)$에 대해 알아봤다. 에이전트가 이 세 함수 중 어떤 함수를 학습하는지에 따라 심층강화학습 알고리즘을 정책 기반, 가치 기반, 모델 기반 또는 이들의 조합으로 분류할 수 있다. 또한 훈련 데이터의 생성 방법에 따라서도 분류할 수 있다. 활성정책 알고리즘은 현재 정책에 의해 생성된 데이터만을 사용한다. 반면에, 비활성정책 알고리즘은 데이터가 생성될 당시의 정책에 구애받지 않는다.

심층학습의 훈련 과정도 간략히 알아봤고, 강화학습과 지도학습의 차이점에 대해서도 논의했다.

PART

I

정책 기반 알고리즘과
가치 기반 알고리즘

02

REINFORCE

이 장에서는 이 책에 나오는 첫 번째 알고리즘인 REINFORCE를 소개하겠다.

윌리엄스Ronald J. Williams가 1992년에 그의 논문 〈Simple Statistical Gradient-Following Algorithms for Connectionist Reinforcement Learning〉[148]에서 개발한 REINFORCE 알고리즘은 상태로부터 행동 확률을 도출하는 파라미터 기반의 정책을 학습한다. 에이전트는 환경 속에서 취할 행동을 이 정책으로부터 직접 도출한다.

핵심 개념은 좋은 결과를 초래했던 행동이 더 높은 확률로 선택되도록 에이전트를 학습시켜야 한다는 것이다. 이 과정에서 이러한 행동은 긍정적으로 **강화된다**. 반대로, 나쁜 결과를 초래했던 행동을 선택할 확률은 감소해야 한다. 학습이 성공적이라면, 주어진 환경에서 정책이 만들어 내는 행동 확률분포는 많은 반복 학습을 통해 좋은 결과를 도출하는 분포로 이동하게 된다. 행동 확률이 **정책 경사**policy gradient를 따라 변하기 때문에 REINFORCE는 정책 경사 알고리즘으로 알려져 있다.

이 알고리즘은 다음과 같은 세 가지 필수 요소를 갖는다.

1. 파라미터로 표현된 정책

2. 최대한 달성하고자 하는 목적

3. 정책 파라미터를 업데이트하는 방법

2.1절에서는 파라미터로 표현된 정책을 소개할 것이다. 그런 다음 2.2절에서 결과 평가 방법을 정의하는 목적 함수에 대해 알아볼 것이다. 2.3절에서는 REINFORCE 알고리즘의 핵심 요소인 정책 경사 방법을 설명할 것이다. 정책 경사 방법을 이용하여 정책 파라미터에 대한 목적 함수의 경사를 추정할 수 있다. 목적을 최대로 달성하기 위해 정책 파라미터를 수정하는데, 그 과정에 정책 경사가 사용되기 때문에 이 단계는 매우 중요하다.

2.5절에서 알고리즘을 소개한 후, 2.5.1절에서 몇 가지 한계점에 대해 논의하고 알고리즘의 성능 향상을 위한 몇 가지 전략을 소개할 것이다.

두 가지 적용 사례를 설명하며 이 장을 마칠 것이다. 첫 번째 것은 아주 간단하고 완전한 사례이고, 두 번째 것은 SLM Lab에 적용된 사례를 보여준다.

2.1 정책

정책 π는 상태를 행동 확률에 연결하는 하나의 함수다. 행동 확률은 행동 $a \sim \pi(s)$를 추출하기 위해 사용된다. REINFORCE 알고리즘에서는 에이전트가 정책을 학습하고 그 정책을 이용하여 환경 속에서 행동한다.

좋은 정책은 할인된 보상의 누적값을 최대로 만드는 정책이다. 이 알고리즘의 핵심은 좋은 정책을 학습하는 것인데, 이것은 함수 근사를 한다는 뜻이다. 신경망은 강력하고 유연한 함수 근사 방법이기 때문에 학습 가능한 파라미터 θ로 구성된 심층 신경망을 이용하여 정책을 표현할 수 있다. 이것은 일반적으로 정책망policy network π_θ로 불린다. 정책이 파라미터 θ로 표현된다고 말할 수 있다.

정책망의 파라미터값이 정해지면 그것은 특정한 정책을 나타낸다. 왜 그런지 알아보기 위해 $\theta_1 \neq \theta_2$라고 생각해 보자. 임의의 주어진 상태 s에 대해 정책망마다 각기 다른 행동 확률을 도출할 수도 있다. 즉, $\pi_{\theta_1}(s) \neq \pi_{\theta_2}(s)$가 되는 것이다. 상태에 행동 확률을 연결하는 관계가 다르기 때문에 π_{θ_1}과 π_{θ_2}는 다른 정책이 된다. 따라서 하나의 신경망이 다양한 정책을 나타낼 수 있다.

이런 식으로 보았을 때, 좋은 정책을 학습하는 과정은 좋은 θ 값을 찾는 과정이 된다. 따라서 정책망을 미분할 수 있다는 사실이 중요해진다. 파라미터 공간에서 경사상승gradient ascent을 적용하여 정책을 향상하는 메커니즘을 2.3절에서 보게 될 것이다.

2.2 목적 함수

이 절에서는 REINFORCE 알고리즘에서 에이전트가 최대로 달성하고자 하는 목적을 정의한다. 목적이 에이전트의 목표가 된다고 이해할 수 있다. 예를 들면, 게임을 이긴다거나 가능한 최고의 점수를 얻는 것이 목표가 된다. 먼저 궤적을 이용하여 계산되는 **이득**return의 개념을 소개한 다음, 이를 이용하여 목적을 표현할 것이다.

1장에서 말했듯이 환경 속에서 행동하는 에이전트는 상태, 행동, 그리고 보상의 나열인 궤적을 생성한다. 하나의 궤적은 $\tau = (s_0, a_0, r_0), ..., (s_T, a_T, r_T)$로 표현된다.

궤적의 **이득** $R_t(\tau)$는 식 2.1과 같이 시간 단계 t부터 궤적이 끝날 때까지 보상의 할인값을 더한 것으로 정의된다.

$$R_t(\tau) = \sum_{t'=t}^{T} \gamma^{t'-t} r_{t'} \tag{식 2.1}$$

위 식에서 덧셈은 시간 단계 t부터 시작하지만 이득을 더할 때 할인율 γ의 거듭제곱은 0부터 시작하기 때문에 거듭제곱을 t만큼 조정하여 $t' - t$로 했다.

$t = 0$일 때, 이득은 단순히 전체 궤적에 대한 이득이 된다. 이것을 간단히 $R_0(\tau) = R(\tau)$로 표현하기도 한다. **목적**objective은 에이전트가 생성하는 모든 완전한 궤적에 대한 이득의 기댓값으로 식 2.2와 같이 정의된다.

$$J(\pi_\theta) = \mathbb{E}_{\tau \sim \pi_\theta}[R(\tau)] = \mathbb{E}_{\tau \sim \pi_\theta}\left[\sum_{t=0}^{T} \gamma^t r_t\right] \tag{식 2.2}$$

식 2.2는 정책으로부터 추출된 많은 궤적 $\tau \sim \pi_\theta$에 대해 기댓값이 계산된다는 것을 보여준다. 추출된 표본의 개수가 많을수록 기댓값은 참값에 가까이 접근하는데, 이 과정은 사용된 특정 정책 π_θ와 결부되어 있다.

2.3 정책 경사

지금까지 정책 경사 알고리즘을 유도하는 데 있어 매우 중요한 두 요소인 정책 π_θ와 목적 $J(\pi_\theta)$를 정의했다. 정책은 에이전트가 어떻게 행동해야 하는지를 알려주고, 목적은 최대로 달성해야 할 것이 무엇인지를 알려준다.

알고리즘의 마지막 요소는 정책 경사다. 정책 경사 알고리즘은 구체적으로 다음과 같은 문제를 해결한다고 말할 수 있다.

$$\max_\theta J(\pi_\theta) = \mathbb{E}_{\tau \sim \pi_\theta}[R(\tau)] \qquad (\text{식 2.3})$$

목적을 최대로 달성하기 위해 정책 파라미터 θ에 대한 경사상승을 수행한다. 경사는 가장 가파르게 상승하는 방향으로 계산된다는 사실은 미적분학을 통해 이미 알고 있다. 목적을 향상하기 위해,[1] 경사를 계산하고 그것을 이용해서 식 2.4와 같이 파라미터를 업데이트한다.[2]

$$\theta \leftarrow \theta + \alpha \nabla_\theta J(\pi_\theta) \qquad (\text{식 2.4})$$

여기서 α는 학습률을 나타내는 스칼라값으로 파라미터 업데이트의 크기를 조절한다. $\nabla_\theta J(\pi_\theta)$는 **정책 경사**policy gradient를 나타내며, 식 2.5와 같이 정의된다.

$$\nabla_\theta J(\pi_\theta) = \mathbb{E}_{\tau \sim \pi_\theta}\left[\sum_{t=0}^{T} R_t(\tau) \nabla_\theta \log \pi_\theta(a_t \mid s_t)\right] \qquad (\text{식 2.5})$$

$\pi_\theta(a_t \mid s_t)$는 에이전트가 시간 단계 t에서 취하는 행동의 확률이다. 행동은 정책으로부터 추출된다. 즉, $a_t \sim \pi_\theta(s_t)$이다. 식 2.5의 우변은 행동이 발생할 로그확률log probability의 θ에 대한 경사가 이득 $R_t(\tau)$에 곱해진다는 것을 보여준다.

식 2.5는 행동 a_t가 발생할 로그확률의 경사와 그에 해당하는 이득 $R_t(\tau)$의 곱한 후 이를 모두 더한 값의 기댓값이 목적의 경사와 동일하다는 사실을 말해 준다. 이에 대한 전체 유도 과정은 2.3.1절에서 보게 될 것이다.

정책 경사는 정책으로부터 생성된 행동 확률을 변화시키는 메커니즘이다. 이득 $R_t(\tau) > 0$이면, 행동 확률 $\pi_\theta(a_t \mid s_t)$는 증가한다. 반대로, 이득 $R_t(\tau) < 0$이면 행동 확률 $\pi_\theta(a_t \mid s_t)$는 감소한다. 많은 업데이트의 과정(식 2.4)을 통해, 정책은 높은 $R_t(\tau)$ 값을 도출하는 행동을 생성하도록 학습할 것이다.

모든 정책 경사 방법은 식 2.5를 기반으로 한다. REINFORCE는 식 2.5를 가장 간단한 형태로 사용하는 최초의 알고리즘이다. 더욱 향상된 성능의 함수를 이용하는 새로운 알고리즘이

---

1   목적 $J(\pi_\theta)$를 추상적 초곡면(hypersurface)으로 생각할 수 있는데, θ를 변수로 하여 이 곡면 위에서 최대점을 찾게 된다. 초곡면은 3차원 공간 속에 놓여 있는 보통의 2차원 평면을 더 높은 차원으로 일반화한 것이다. N차원 공간에 놓여 있는 초곡면은 $(N-1)$차원을 갖는 목적이다.

2     $\nabla_\theta J(\pi_\theta)$를 입력으로 하는 적절한 최적화 기법이 있다면 무엇이든 파라미터 업데이트에 사용될 수 있다.

REINFORCE 알고리즘을 토대로 개발됐고, 이에 대해서는 6장과 7장에서 다룰 것이다. 하지만 마지막 질문이 남아 있다. 이상적인 정책 경사 방정식을 구현하고 추정하는 방법은 무엇일까?

2.3.1 정책 경사 계산

이 절에서는 식 2.6으로 표현된 목적의 경사로부터 정책 경사(식 2.5)를 유도할 것이다. 이 책을 처음 읽을 때는 이 절을 건너뛰어도 좋다.

$$\nabla_\theta J(\pi_\theta) = \nabla_\theta \mathbb{E}_{\tau \sim \pi_\theta}[R(\tau)] \tag{식 2.6}$$

식 2.6에는 $R(\tau) = \sum_{t=0}^{T} \gamma^t r_t$를 θ에 대해 미분할 수 없다는 문제가 있다.[3] 보상 r_t는 미분 불가능한 미지의 보상 함수 $R(s_t, a_t, s_{t+1})$에 의해 생성된다. 정책 변수 θ가 $R(\tau)$에 영향을 미칠 수 있는 유일한 방법은 상태와 행동의 분포를 변화시킴으로써 에이전트가 받는 보상을 변화시키는 것이다.

따라서 식 2.6을 θ에 대해 미분 가능한 형태로 변환해야 한다. 이를 위해 몇 가지 유용한 항등식을 이용할 것이다.

함수 $f(x)$와 파라미터로 표현되는 확률분포 $p(x \mid \theta)$, 그리고 $f(x)$의 기댓값 $\mathbb{E}_{x \sim p(x|\theta)}[f(x)]$가 주어지면, 기댓값의 경사는 다음과 같이 표현될 수 있다.

$$
\begin{aligned}
\nabla_\theta &\mathbb{E}_{x \sim p(x|\theta)}[f(x)] \\
&= \nabla_\theta \int dx\ f(x)p(x \mid \theta) &\text{(기댓값의 정의)} \quad &\text{(식 2.7)} \\
&= \int dx\ \nabla_\theta \big(p(x \mid \theta)f(x)\big) &\text{(∇_θ를 적분기호 안으로 이동)} \quad &\text{(식 2.8)} \\
&= \int dx\ \big(f(x)\nabla_\theta p(x \mid \theta) + p(x \mid \theta)\nabla_\theta f(x)\big) &\text{(곱의 규칙)} \quad &\text{(식 2.9)} \\
&= \int dx\ f(x)\nabla_\theta p(x \mid \theta) &\text{($\nabla_\theta f(x) = 0$)} \quad &\text{(식 2.10)} \\
&= \int dx\ f(x)p(x \mid \theta)\frac{\nabla_\theta p(x \mid \theta)}{p(x \mid \theta)} &\text{($\frac{p(x \mid \theta)}{p(x \mid \theta)}$를 곱하여 정리)} \quad &\text{(식 2.11)} \\
&= \int dx\ f(x)p(x \mid \theta)\nabla_\theta \log p(x \mid \theta) &\text{(식 2.14를 대입)} \quad &\text{(식 2.12)} \\
&= \mathbb{E}_x[f(x)\nabla_\theta \log p(x \mid \theta)] &\text{(기댓값의 정의)} \quad &\text{(식 2.13)}
\end{aligned}
$$

---

[3] 하지만 증강 무작위 탐색(Augmented Random Search)[83]과 같은 블랙박스 최적화 기법을 이용하면 경사를 추정할 수 있다.

이 항등식은 기댓값의 경사가 원래 함수에 로그확률을 곱한 값의 경사에 대한 기댓값과 동일하다는 것을 말해 준다. 첫 줄은 단순히 기댓값을 정의한 것이다. 함수 $f(x)$가 연속 함수일 경우를 생각해서 일반성을 위해 적분 형태가 사용됐지만, 이산 함수의 경우에는 합의 기호를 사용해도 된다. 다음 세 줄은 기본적인 미적분학에서 가르치는 내용이다.

$p(x \mid \theta)$의 경사는 계산이 가능하기 때문에 식 2.10은 처음의 문제를 해결해 준다. 하지만 $f(x)$는 적분할 수 없는 블랙박스 함수라는 문제가 있다. 이 문제를 다루기 위해, 표본추출sampling을 통해 추정될 수 있는 기댓값의 형태로 방정식을 변환할 필요가 있다. 먼저 식 2.11에서 $\frac{p(x\mid\theta)}{p(x\mid\theta)}$를 곱하여 값은 유지한 채로 형태만 바꿔준다. 바뀐 형태에서 생겨난 항 $\frac{\nabla_\theta p(x\mid\theta)}{p(x\mid\theta)}$를 식 2.14와 같이 **로그함수의 미분**log-derivative trick으로 다시 표현할 수 있다.

$$\nabla_\theta \log p(x \mid \theta) = \frac{\nabla_\theta p(x \mid \theta)}{p(x \mid \theta)} \tag{식 2.14}$$

식 2.14를 식 2.11에 대입하면 식 2.12를 얻는다. 이것을 기댓값으로 표현하면 식 2.13이 된다. 마침내 적분 식을 기댓값으로 다시 표현했다.

이제, 이 항등식을 목적에 적용할 수 있다는 사실이 명백해졌다. $x = \tau$, $f(x) = R(\tau)$, $p(x \mid \theta) = p(\tau \mid \theta)$를 대입하면 식 2.6은 다음과 같이 표현될 수 있다.

$$\nabla_\theta J(\pi_\theta) = \mathbb{E}_{\tau \sim \pi_\theta}[R(\tau)\nabla_\theta \log p(\tau \mid \theta)] \tag{식 2.15}$$

하지만 식 2.15의 $p(\tau \mid \theta)$는 통제 가능한 정책 π_θ와 연관될 필요가 있다. 따라서 한층 더 확장될 필요가 있다.

궤적 τ는 단지 a_t와 s_{t+1}이 번갈아 나타나는 나열일 뿐이라는 점을 주목해야 한다. 이때 a_t는 에이전트의 행동 확률 $\pi_\theta(a_t \mid s_t)$에서 추출되고 s_{t+1}은 환경의 전이 확률 $p(s_{t+1} \mid s_t, a_t)$에서 추출된다. 모든 확률은 서로 독립이기 때문에 전체 궤적의 확률은 개별 확률들의 곱으로 식 2.16과 같이 표현된다.

$$p(\tau \mid \theta) = \prod_{t \geq 0} p(s_{t+1} \mid s_t, a_t)\pi_\theta(a_t \mid s_t) \tag{식 2.16}$$

식 2.16의 좌변을 식 2.15의 로그 표현에 맞추기 위해 양변에 로그를 취하면[4] 다음과 같이 표현된다.

---

4 로그확률을 사용할 때의 장점 중 하나는 로그확률이 보통의 확률보다 수치적으로 안정적이라는 것이다. 또한 특정 계산을 더 빠르게 할 수 있다. 간단한 연습문제라 생각하고 이 두 가지 장점의 원인이 무엇인지 생각해 보라.

$$\log p(\tau \mid \theta) = \log \prod_{t \geq 0} p(s_{t+1} \mid s_t, a_t) \pi_\theta(a_t \mid s_t) \tag{식 2.17}$$

$$\log p(\tau \mid \theta) = \sum_{t \geq 0} \big(\log p(s_{t+1} \mid s_t, a_t) + \log \pi_\theta(a_t \mid s_t) \big) \tag{식 2.18}$$

$$\nabla_\theta \log p(\tau \mid \theta) = \nabla_\theta \sum_{t \geq 0} \big(\log p(s_{t+1} \mid s_t, a_t) + \log \pi_\theta(a_t \mid s_t) \big) \tag{식 2.19}$$

$$\nabla_\theta \log p(\tau \mid \theta) = \nabla_\theta \sum_{t \geq 0} \log \pi_\theta(a_t \mid s_t) \tag{식 2.20}$$

식 2.18은 곱의 로그는 로그의 합과 같다는 사실을 이용하여 변환한 것이다. 로그의 합으로 변환한 후에 경사 ∇_θ를 양변에 적용하여 식 2.19를 얻을 수 있다. 경사를 합의 기호 안쪽에서 계산할 수도 있다. $\log p(s_{t+1} \mid s_t, a_t)$는 θ와는 무관하기 때문에 경삿값이 0이 되고, 따라서 식의 전개 과정에서 배제될 수 있다. 이렇게 해서 확률 $p(\tau \mid \theta)$를 $\pi_\theta(a_t \mid s_t)$로 표현한 식 2.20이 만들어진다. 또한 좌변의 궤적 τ는 우변에서 개별 시간 단계에 대해 합산한 것과 일치한다.

이 결과를 이용해서, 마침내 식 2.6에서 시작된 $\nabla_\theta J(\pi_\theta)$를 미분 가능한 형태로 다시 표현할 수 있게 됐다. 식 2.20을 식 2.15에 대입하고 $R(\tau)$를 합의 기호 안쪽에 표현하면 다음 식을 얻게 된다.

$$\nabla_\theta J(\pi_\theta) = \mathbb{E}_{\tau \sim \pi_\theta} \left[\sum_{t=0}^{T} R_t(\tau) \nabla_\theta \log \pi_\theta(a_t \mid s_t) \right] \tag{식 2.21}$$

실제로, 식 2.20을 식 2.15에 대입하면 다음과 같은 식이 얻어진다.

$$\nabla_\theta J(\pi_\theta) = \mathbb{E}_{\tau \sim \pi_\theta} \left[\sum_{t=0}^{T} R(\tau) \nabla_\theta \log \pi_\theta(a_t \mid s_t) \right]$$

이 식은 궤적을 따라 발생 가능한 많은 행동으로 인해 큰 분산을 갖는다. 임의의 시각 t에서의 보상만을 고려하면 분산을 줄일 수 있다. 시각 t에서 발생한 사건은 오직 미래에만 영향을 미칠 수 있기 때문이다. 따라서 $R(\tau)$를 다음과 같이 수정하면 식 2.21을 얻게 된다.

$$R(\tau) = R_0(\tau) = \sum_{t'=0}^{T} \gamma^{t'} r_{t'} \rightarrow \sum_{t'=t}^{T} \gamma^{t'-t} r_{t'} = R_t(\tau)$$

식 2.6이 미분 불가능한 형태의 함수를 포함한다는 것이 문제였다. 일련의 변환을 거친 후에, 식 2.20을 도출하게 됐다. 식 2.20의 관계는 정책망 π_θ를 이용하여 매우 쉽게 추정해 볼 수 있다. 이 과정에서 필요한 경사 계산은 신경망 라이브러리에 있는 자동 미분 기능을 이용하여 수행할 수 있다.

2.4 몬테카를로 표본추출

REINFORCE 알고리즘은 몬테카를로 표본추출을 이용하여 수치적으로 정책 경사를 추정한다.

함수 근사에 이용되는 데이터를 생성하기 위해 무작위 추출을 이용하는 모든 방법을 **몬테카를로** Monte Carlo 표본추출이라고 한다. 본질적으로 이 방법은 단지 '무작위 추출을 이용한 근사'다. 이 방법은 1940년대 로스 알라모스Los Alamos 연구실에서 일했던 수학자인 스타니슬라프 울람 Stanislaw Ulam 덕분에 인기를 얻게 됐다.

몬테카를로가 어떻게 작동하는지 알아보기 위해, 원의 지름에 대한 원주의 비율인 π(수학에서의 상수)의 값을 추정하기 위해 몬테카를로가 어떻게 사용될 수 있는지에 대한 예제를 살펴보자.[5] 이 문제를 풀기 위한 몬테카를로 접근법은 중심이 원점에 있고 반지름이 $r = 1$인 원을 정사각형에 내접하도록 그리는 것이다. 원과 정사각형의 넓이는 각각 πr^2과 $(2r)^2$이다. 따라서 이 두 넓이의 비율은 간단히 다음과 같이 계산된다.

$$\frac{\text{원의 넓이}}{\text{정사각형의 넓이}} = \frac{\pi r^2}{(2r)^2} = \frac{\pi}{4} \qquad \text{(식 2.22)}$$

수치적으로 정사각형의 넓이는 4이지만, π를 모르기 때문에 원의 넓이는 계산할 수 없다. 이제 하나의 사분면을 생각해 보자. π의 값을 추정하기 위해, 정사각형 안에 균일한 무작위 분포로 많은 점을 추출한다. 원 안에 놓이게 되는 점 (x, y)는 원점으로부터의 거리가 1보다 작다. 즉, $\sqrt{(x-0)^2 + (y-0)^2} \le 1$을 만족한다. 이러한 상황을 그림 2.1에서 볼 수 있다. 이 그림에서 원 안에 놓인 점의 개수를 세고, 추출된 모든 점의 개수를 세어서 그 둘의 비율을 구하면 대략 식 2.22의 값과 같아진다. 반복적으로 더 많은 점을 추출하여 이 비율을 업데이트함으로써, π의 추정값은 정확한 값

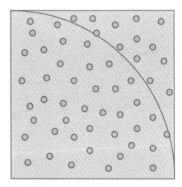

그림 2.1 원주율 π 추정에 사용된 몬테카를로 표본추출

에 더욱 근접할 것이다. 이 비율에 4를 곱하면 π의 추정값 $\pi \approx 3.14159$가 계산된다.

이제 심층강화학습으로 돌아와서 식 2.5의 정책 경사를 수치적으로 추정하기 위해 몬테카를로를 사용하는 방법을 알아볼 텐데, 그 방법은 매우 간단하다. 기댓값 $\mathbb{E}_{\tau \sim \pi_\theta}$는 정책 π_θ를 이용하여 추출된 궤적 τ가 많아지고 그에 따라 더 많은 궤적에 대해 평균을 계산하게 되면 그 값이

---

5   이 예제에서만큼은 정책을 π로 표시하지 않을 것이다. 하지만 예제를 설명한 이후에는 다시 정책을 π로 표기할 것이다.

정책 경사의 참값 $\nabla_\theta J(\pi_\theta)$에 근접한다는 사실을 암시한다. 하나의 정책에 대해 많은 궤적을 추출하는 대신, 식 2.23과 같이 오직 하나의 표본만을 추출할 수도 있다.

$$\nabla_\theta J(\pi_\theta) \approx \sum_{t=0}^{T} R_t(\tau)\nabla_\theta \log \pi_\theta(a_t \mid s_t) \qquad \text{(식 2.23)}$$

몬테카를로가 추출된 궤적에 대해 추정값을 계산하기 때문에 정책 경사는 이런 식으로 적용된다.

이제 모든 요소가 준비됐으니, REINFORCE 알고리즘을 들여다보자.

2.5 REINFORCE 알고리즘

이 절에서는 REINFORCE 알고리즘에 대해 논의하고 활성정책 알고리즘의 개념을 소개하겠다. 그런 다음 활성정책 알고리즘의 한계를 알아보고 성능 향상을 위한 하나의 기준을 제시할 것이다.

알고리즘은 알고리즘 2.1에서 확인할 수 있다. 매우 간단한 알고리즘이다. 먼저, 학습률 α를 초기화하고 무작위로 초기화된 가중치를 적용하여 정책망 π_θ를 구성한다.

다음으로, 다수 에피소드에 대해 다음을 반복한다. 정책망 π를 이용하여 하나의 에피소드에 대해 궤적 $\tau = (s_0, a_0, r_0), ..., (s_T, a_T, r_T)$를 생성한다. 그런 다음, 궤적 내의 시간 단계 t마다 이득 $R_t(\tau)$를 계산한다. $R_t(\tau)$를 이용하여 정책 경사를 추정한다. 모든 시간 단계의 정책 경사를 더한 다음 그 값을 이용하여 정책망 파라미터 θ를 업데이트한다.

알고리즘 2.1 REINFORCE 알고리즘

1: 학습률 α를 초기화
2: 정책망 π_θ의 가중치 θ를 초기화
3: **for** $episode = 0, ..., MAX\_EPISODE$ **do**
4:     궤적 표본추출 $\tau = (s_0, a_0, r_0), ..., (s_T, a_T, r_T)$
5:     $\nabla_\theta J(\pi_\theta) = 0$으로 설정
6:     **for** $t = 0, ..., T$ **do**
7:         $R_t(\tau) = \sum_{t'=t}^{T} \gamma^{t'-t} r'_t$
8:         $\nabla_\theta J(\pi_\theta) = \nabla_\theta J(\pi_\theta) + R_t(\tau)\nabla_\theta \log \pi_\theta(a_t \mid s_t)$
9:     **end for**
10:     $\theta = \theta + \alpha\nabla_\theta J(\pi_\theta)$
11: **end for**

파라미터를 업데이트한 후에 궤적을 폐기하는 것이 중요하다. 즉, 궤적은 다시 사용할 수 없다. 이 것은 REINFORCE가 **활성정책** 알고리즘이기 때문이다. 1.4절에서 언급했듯이 파라미터 업데이 트 방정식이 현재의 정책에 따라 결정되면 알고리즘은 활성정책 알고리즘이 된다. 이것은 라인 8에서 명확히 알 수 있는데, 정책 경사가 과거의 어떤 정책 $\pi_{\theta'}$이 아닌 현재 정책 π_θ에 의해 생성 된 행동 확률 $\pi_\theta(a_t \mid s_t)$에 직접적으로 영향을 받기 때문이다. 마찬가지로, $\tau \sim \pi_\theta$의 함수인 이득 $R_t(\tau)$ 또한 π_θ로부터 생성되어야 한다. 그렇지 않으면 행동 확률이 정책이 생성하지 않은 이득에 근거하여 조정될 것이다.

2.5.1 향상된 REINFORCE

지금까지 제시한 REINFORCE 알고리즘은 몬테카를로 표본추출로 생성된 하나의 궤적을 이용 하여 정책 경사를 추정한다. 이것은 정책 경사에 대한 편차 없는 추정값이지만, 이러한 접근법의 한 가지 단점은 추정값이 큰 분산을 갖는다는 것이다. 이 절에서는 추정값의 분산을 줄이기 위 한 기본적인 방법을 소개할 것이다. 그런 다음, 보상 스케일링reward scaling의 이슈를 다루기 위해 보상 정규화reward normalization에 대해서도 논의할 것이다.

몬테카를로 표본추출을 사용할 경우 이득이 궤적에 따라 크게 변할 수 있기 때문에 정책 경사 추정값은 큰 분산을 가질 수도 있다. 이것은 세 가지 요인에 기인한다. 첫째는, 행동이 확률분포 로부터 추출됐기 때문에 어느 정도 무작위성을 갖는다는 것이다. 둘째는, 시작 상태가 에피소드 마다 다를 수 있다는 것이다. 셋째는, 환경의 전이 함수가 확률론적 함수일 수 있다는 것이다.

추정값의 분산을 줄이기 위한 한 가지 방법은 식 2.24에서 보듯이 행동에 영향을 받지 않는 적 절한 기준값을 이득에서 **뺌**으로써 이득을 조정하는 것이다.

$$\nabla_\theta J(\pi_\theta) \approx \sum_{t=0}^{T} \big(R_t(\tau) - b(s_t)\big) \nabla_\theta \log \pi_\theta(a_t \mid s_t) \qquad \text{(식 2.24)}$$

기준값으로 삼을 수 있는 것 중에는 가치 함수 V^π가 있다. 가치 함수를 기준값으로 선택하는 것 을 계기로 행동자-비평자 알고리즘이 나오게 된다. 이에 대해서는 6장에서 논의할 것이다.

궤적에 대한 평균 이득을 기준값으로 하는 것도 하나의 대안이다. 즉, $b = \frac{1}{T} \sum_{t=0}^{T} R_t(\tau)$로 하는 것이다. 이 기준값은 궤적 안에서 상수이고 상태 s_t에 따라 변하지 않는 값이다. 이렇게 하면 각 궤적마다 이득의 분포가 0을 중심으로 형성되게 만드는 효과가 있다. 궤적마다 평균적으로 가장 좋은 50%의 행동은 장려될 것이고 나머지는 억제될 것이다.

이것이 왜 유용한지 알아보기 위해, 환경의 모든 보상이 음의 값을 갖는 경우를 생각해 보자. 기준값이 없으면, 에이전트가 매우 좋은 행동을 만들어 내도 이득이 항상 음수이기 때문에 그 행동은 억제된다. 시간이 지나면 이런 상황에서도 좋은 정책이 도출될 수 있다. 상대적으로 더 나쁜 행동이 훨씬 더 억제되어서 더 좋은 행동의 확률을 간접적으로 증가시킬 것이기 때문이다. 하지만 확률이 한 방향으로만 조정될 수 있기 때문에 학습 속도는 더 느려질 수 있다. 모든 보상이 양수인 환경에서는 반대의 상황이 벌어진다. 행동 확률을 증가시키고 감소시키는 것이 모두 가능할 때 학습은 좀 더 효율적으로 진행된다. 따라서 양의 이득과 음의 이득이 모두 필요하다.

2.6 REINFORCE 구현

이 절에서는 두 가지 구현 방법을 제시한다. 첫 번째는 독자적으로 동작하는 최소 형태의 구현이다. 두 번째는 SLM Lab에서 알고리즘을 구현하는 방법으로 Lab 구성요소와 결합을 통해 좀 더 발전된 형태를 갖는다.

2.6.1 최소 형태의 REINFORCE 구현

최소 형태의 구현은 구현 방식이 알고리즘 2.1과 크게 다르지 않다는 점에서 유용하다. 이러한 구현을 통해 이론을 코드로 옮기는 과정을 연습하는 좋은 기회를 얻을 수 있다. REINFORCE 는 몇 줄의 코드만으로 쉽게 구현할 수 있는 강화학습 알고리즘이라서 이러한 연습을 하기에 좋다(코드 2.1 참고).

다른 강화학습 알고리즘은 더 복잡하기 때문에 재사용 가능한 모듈 구성요소를 제공하는 공통의 프레임워크에서 구현하는 것이 좋다. 이러한 이유로, 이 책의 나머지 알고리즘과의 통일성을 위해 여기서도 SLM Lab에서 구현하는 방법을 제시하겠다. 이를 통해 Lab 알고리즘의 API[6]를 접할 수 있을 것이다.

> **코드 2.1** 독자적으로 동작하는 REINFORCE 알고리즘 구현을 통해 CartPole-v0 문제 풀기

```
1  from torch.distributions import Categorical
2  import gym
3  import numpy as np
4  import torch
5  import torch.nn as nn
6  import torch.optim as optim
```

---

6 [옮긴이] 'Application Programming Interface'의 약어로, API는 서로 다른 애플리케이션 사이의 의사소통을 가능하게 해준다.

```
 7
 8    gamma = 0.99
 9
10    class Pi(nn.Module):
11        def __init__(self, in_dim, out_dim):
12            super(Pi, self).__init__()
13            layers = [
14                nn.Linear(in_dim, 64),
15                nn.ReLU(),
16                nn.Linear(64, out_dim),
17            ]
18            self.model = nn.Sequential(*layers)
19            self.onpolicy_reset()
20            self.train()  # 훈련 모드 설정
21
22        def onpolicy_reset(self):
23            self.log_probs = []
24            self.rewards = []
25
26        def forward(self, x):
27            pdparam = self.model(x)
28            return pdparam
29
30        def act(self, state):
31            x = torch.from_numpy(state.astype(np.float32))    # 텐서로 변경
32            pdparam = self.forward(x)                    # 전방 전달
33            pd = Categorical(logits=pdparam)             # 확률 분포
34            action = pd.sample()                         # 확률 분포를 통한 행동 정책 π(a | s)
35            log_prob = pd.log_prob(action)               # π(a | s)의 로그확률
36            self.log_probs.append(log_prob)              # 훈련을 위해 저장
37            return action.item()
38
39    def train(pi, optimizer):
40        # REINFORCE 알고리즘의 내부 경사 상승 루프
41        T = len(pi.rewards)
42        rets = np.empty(T, dtype=np.float32)         # 이득
43        future_ret = 0.0
44        # 이득을 효율적으로 계산
45        for t in reversed(range(T)):
46            future_ret = pi.rewards[t] + gamma * future_ret
47            rets[t] = future_ret
48        rets = torch.tensor(rets)
49        log_probs = torch.stack(pi.log_probs)
50        loss = - log_probs * rets                    # 경사 항, 최대화를 위해 음의 부호로 함
51        loss = torch.sum(loss)
52        optimizer.zero_grad()
53        loss.backward()                              # 역전파, 경사를 계산
54        optimizer.step()                             # 경사 상승, 가중치를 업데이트
55        return loss
56
57    def main():
58        env = gym.make('CartPole-v0')
```

```
59    in_dim = env.observation_space.shape[0]    # 4
60    out_dim = env.action_space.n               # 2
61    pi = Pi(in_dim, out_dim)                    # REINFORCE를 위한 정책 π_θ
62    optimizer = optim.Adam(pi.parameters(), lr=0.01)
63    for epi in range(300):
64        state = env.reset()
65        for t in range(200):                    # 카트폴의 시간 간격의 최대 개수는 200
66            action = pi.act(state)
67            state, reward, done, _ = env.step(action)
68            pi.rewards.append(reward)
69            env.render()
70            if done:
71                break
72        loss = train(pi, optimizer)              # 에피소드별로 훈련 수행
73        total_reward = sum(pi.rewards)
74        solved = total_reward > 195.0
75        pi.onpolicy_reset()                      # 활성정책: 훈련 이후에 메모리 삭제
76        print(f'Episode {epi}, loss: {loss}, \
77        total_reward: {total_reward}, solved: {solved}')
78
79 if __name__ == '__main__':
80    main()
```

최소 형태의 구현 내용을 살펴보자.

1. Pi는 64개의 숨겨진 유닛unit으로 구성된 간단한 단일층위one-layer MLP 정책망을 생성한다 (라인 10~20).

2. act는 행동 생성 방법을 정의한다(라인 30~37).

3. train은 알고리즘 2.1의 업데이트 단계를 구현한다. loss는 음의 로그확률에 이득을 곱해서 더한 값으로 표현된다는 점을 눈여겨보자(라인 50~51). 기본적으로 파이토치의 최적화 도구는 손실을 최소화하는데, 여기서는 목적을 최대로 달성하고자 하기 때문에 음의 부호가 붙었다. 더욱이, 파이토치의 자동 미분 기능을 이용하기 위해 손실을 이와 같이 표현했다. loss.backward()를 호출하면 이 함수는 loss의 경사를 계산하는데(라인 53), 이것이 바로 정책 경사다. 마지막으로, 라인 54에 optimizer.step()을 호출해서 정책 파라미터를 업데이트한다.

4. main은 프로그램의 시작 함수다. 이 함수는 카트폴CartPole 환경, 정책망 Pi, 최적화 도구를 생성한다. 그런 다음 300개의 에피소드에 대한 훈련을 순차적으로 수행한다. 훈련이 진행되면서 에피소드당 전체 이득은 200을 향해 증가할 것이다. 문제가 해결될 조건은 전체 이득이 195를 넘는 것이다.

2.6.2 파이토치로 정책 생성하기

정책 π_θ를 구현하는 것을 자세히 살펴볼 필요가 있다. 이 절에서는 신경망의 출력값이 어떻게 행동 $a \sim \pi_\theta(s)$의 추출을 위한 행동 확률분포로 변환되는지 설명할 것이다.

핵심 개념은 확률분포가 파라미터로 표현될 수 있다는 것이다. 이것은 이산분포에 대해 전체 확률을 열거하거나 정규분포와 같은 연속분포의 평균과 표준편차[7]를 특정함으로써 가능하다. 이러한 확률분포 파라미터는 신경망에 의해 학습된 결과로 출력될 수 있다.

행동을 도출하기 위해, 먼저 정책망을 이용하여 상태로부터 확률분포 파라미터를 계산한다. 그런 다음 이 파라미터를 이용하여 행동 확률분포를 생성한다. 마지막으로, 행동 확률분포를 이용하여 행동을 추출하고 행동 로그확률을 계산한다.

이것이 어떻게 작동하는지 의사코드를 통해 알아보자. 알고리즘 2.2는 이산 행동 확률분포를 생성하고 그것을 이용하여 로그확률을 계산한다. 또한 단정적categorical(다항multinomial) 분포[8]를 생성하는데, 이는 다른 이산분포로 대체될 수 있다. 신경망의 출력이 반드시 정규화되는 것은 아니기 때문에, 확률분포 파라미터는 확률이 아닌 로짓logit[9]으로 다루어진다. 또한 알고리즘 2.2는 코드 2.1(라인 31~35)에서 정책을 파이토치로 구현한 것과 상당히 유사하다.

알고리즘 2.2 이산 정책의 생성

1: 정책망 net, 분포 클래스 Categorical, **상태**가 주어짐
2: pdparams = net(state)를 계산
3: 행동 확률분포의 인스턴스를 생성
  ↳ pd = Categorical(logits=pdparams)
4: pd를 이용하여 행동을 추출, action = pd.sample()
5: pd와 행동을 이용하여 행동 로그확률을 계산
  ↳ log_prob = pd.log_prob(action)

파이토치를 이용하여 알고리즘 2.2를 거의 그대로 옮겨서 간단히 구현한 것을 코드 2.2에서 확인할 수 있다. 코드를 단순하게 만들기 위해 정책망 출력값은 임의로 만든 값을 사용했다. Categorical 생성자 안에서 단정적 분포를 생성할 때 파이토치는 지정된 로짓을 확률로 변환할 것이다.

---

7 어떤 확률분포에는 특별한 파라미터가 필요하지만 여전히 같은 개념이 적용된다.

8 옮긴이 단정적 분포란 확률 변수가 여러 개의 범주로 나뉘고 각 범주마다 고유의 확률이 주어진 경우의 확률분포를 의미한다.

9 옮긴이 로짓 함수는 확률 p에 대해 $\log p/(1-p)$로 정의된다.

코드 2.2 단정적 분포를 이용한 이산 정책 구현

```
1   from torch.distributions import Categorical
2   import torch
3
4   # 2개의 행동을 가정(카트폴: 왼쪽으로 이동, 오른쪽으로 이동)
5   # 정책 네트워크로부터 행동의 로짓 확률을 획득
6   policy_net_output = torch.tensor([-1.6094, -0.2231])
7   # pdparams는 로짓으로 probs = [0.2, 0.8]과 동일함
8   pdparams = policy_net_output
9   pd = Categorical(logits=pdparams)
10
11  # 행동을 추출
12  action = pd.sample()
13  # => tensor(1) 또는 '오른쪽으로 이동'
14
15  # 행동 로그확률을 계산
16  pd.log_prob(action)
17  # => tensor(-0.2231), '오른쪽으로 이동'에 대한 로그확률
```

이와 유사하게, 연속 행동 정책도 같은 방식으로 생성된다. 알고리즘 2.3은 정규분포를 이용한 예제를 보여준다. 정규분포는 다른 많은 연속분포처럼 평균과 표준편차로 표현된다. 많은 과학 계산 라이브러리에서, 이들 각각은 분포의 위치location와 범위scale를 조정한다는 의미에서 코드상에서 loc와 scale로 표현된다. 일단 행동 확률분포가 생성되면 행동의 로그확률분포를 계산하기 위해 남은 단계는 알고리즘 2.2에 제시된 것과 동일하다.

알고리즘 2.3 연속 정책의 생성

1: 정책망 net, 확률분포 클래스 Normal, **상태**가 주어짐
2: pdparams = net(state)를 계산
3: 행동 확률분포의 인스턴스를 생성
   ↳ pd = Normal(loc=pdparams[0], scale=pdparams[1])
4: pd를 사용하여 행동을 추출, action = pd.sample()
5: pd와 action을 사용하여 행동 로그확률을 계산
   ↳ log_prob = pd.log_prob(action)

완결성을 위해 알고리즘 2.3 역시 파이토치를 이용하여 코드 2.3에 구현했다.

코드 2.3 정규분포를 이용한 연속 정책 구현

```
1   from torch.distributions import Normal
2   import torch
3
```

```
4   # 하나의 행동을 가정(펜듈럼: 토크)
5   # 정책 네트워크로부터 행동의 평균과 표준편차를 획득
6   policy_net_output = torch.tensor([1.0, 0.2])
7   # pdparams는 (평균, 표준편차) 또는 (loc, scale)
8   pdparams = policy_net_output
9   pd = Normal(loc=pdparams[0], scale=pdparams[1])
10
11  # 행동을 추출
12  action = pd.sample()
13  # => tensor(1.0295), 토크의 크기
14
15  # 행동 로그확률을 계산
16  pd.log_prob(action)
17  # => tensor(0.6796), 이 토크의 로그확률
```

정책 생성 과정이 갖는 일반성 덕분에 정책 생성 과정을 이산 행동 환경과 연속 행동 환경에 모두 적용할 수 있을 것 같다. 정책 생성 과정이 단순하다는 것도 정책 기반 알고리즘의 장점 중 하나다.

SLM Lab은 모든 정책 기반 알고리즘에 대해 알고리즘 2.2와 알고리즘 2.3을 모듈화된 형태로 재 사용이 가능하도록 일반적으로 구현해 놓았다. 게다가, 효율성을 위해 최적화된 상태로 구현됐다. 예를 들어, 고속 계산을 위해 모든 행동 로그확률이 훈련기간 동안에만 단 한 번 계산되도록 했다.

지금까지 REINFORCE가 어떻게 구현되는지 매우 간단하게 살펴봤으니, 이제 SLM Lab의 구 성요소와 결합된 REINFORCE의 구현에 대해 알아보자. 이를 통해 SLM Lab의 프레임워크를 이용한 알고리즘 구현 방법을 소개하고자 한다. 이 책에서 나중에 다룰 좀 더 복잡한 알고리즘 을 구현할 때 이 REINFORCE 코드를 부모 클래스로 상속받아 사용할 것이다. 나중에 다룰 모 든 실험을 SLM Lab을 이용하여 실행할 것이기 때문에 이쯤에서 SLM Lab 프레임워크에 익숙 해질 필요가 있다.

앞으로 이 책에서는 알고리즘에 특화된 방법만을 다룰 것이고 그 방법들을 결합하는 것은 Lab 프레임워크에서 직접 코드를 탐색하며 할 수 있게 할 것이다. 강화학습 훈련 과정을 실행하기 위 해 필요한 모든 구성요소를 포함하는 전체 코드는 이 책과 함께 제공되는 SLM Lab 코드 리포 지터리에서 확인할 수 있다.

2.6.3 행동 추출

코드 2.4에 있는 Reinforce 클래스의 행동 추출 방법에 대해 알아보자. 이 책에서는 코드를 제 시할 때 설명을 명확히 하기 위해 코드의 기능을 설명하는 데 반드시 필요하지 않은 부분은 생 략하고 '…'으로 대체했다. 또한 @lab_api가 태그된 방법은 SLM Lab 알고리즘의 표준적인 API 방법이다.

calc_pdparam은 행동 분포의 파라미터를 계산한다. calc_pdparam은 행동을 생성하는 self.action_policy(라인 15)에 의해 호출된다(이 부분은 2.6.2절에서 좀 더 자세히 다룬다). act는 알고리즘의 행동 정책으로부터 행동을 추출한다. 이때 행동 정책은 Categorical과 같이 이산적일 수도 있고, Normal과 같이 연속적일 수도 있다.

코드 2.4 REINFORCE 구현: 정책망으로부터 행동 추출하기

```
1    # slm_lab/agent/algorithm/reinforce.py
2
3    class Reinforce(Algorithm):
4        ...
5
6        @lab_api
7        def calc_pdparam(self, x, net=None):
8            net = self.net if net is None else net
9            pdparam = net(x)
10           return pdparam
11
12       @lab_api
13       def act(self, state):
14           body = self.body
15           action = self.action_policy(state, self, body)
16           return action.cpu().squeeze().numpy()   # 스칼라를 다루기 위해 squeeze 함수를 사용
```

2.6.4 정책 손실 계산

코드 2.5는 정책 손실을 계산하는 방법을 보여준다. 이 방법에는 2개의 요소가 있다. 첫째, 강화 신호reinforcing signal를 계산해야 한다. 이것은 궤적 묶음에 속하는 각 궤적에 대한 이득을 계산하는 calc_ret_advs 함수를 이용하여 할 수 있다. 아니면, 각각의 이득에서 어떤 기준값을 빼서 계산할 수도 있다. 이 예제에서 그 기준값은 단순히 모든 궤적에 대한 평균 이득으로 계산된다.

일단 이득을 계산하고 나면, 정책 손실을 계산할 수 있다. calc_policy_loss에서는 먼저 행동 로그확률(라인 18) 계산에 필요한 행동 확률분포(라인 15)를 얻는다. 다음으로 (advs로 표시된) 이득을 로그확률과 결합하여 정책 손실(라인 19)을 계산한다. 이것은 코드 2.1에 있는 것(라인 50~51)과 동일한 형태를 갖는다. 따라서 파이토치의 자동 미분 기능을 이용할 수 있다.

손실에 하나 더 추가할 수 있는 것은 탐험을 장려하기 위한 엔트로피 항(라인 20~23)이다. 이에 대해서는 6.3절에서 더 자세히 다룰 것이다.

```
1   # slm_lab/agent/algorithm/reinforce.py
2
3   class Reinforce(Algorithm):
4       ...
5
6       def calc_ret_advs(self, batch):
7           rets = math_util.calc_returns(batch['rewards'], batch['dones'], self.gamma)
8           if self.center_return:
9               rets = math_util.center_mean(rets)
10          advs = rets
11          ...
12          return advs
13
14      def calc_policy_loss(self, batch, pdparams, advs):
15          action_pd = policy_util.init_action_pd(self.body.ActionPD, pdparams)
16          actions = batch['actions']
17          ...
18          log_probs = action_pd.log_prob(actions)
19          policy_loss = - self.policy_loss_coef * (log_probs * advs).mean()
20          if self.entropy_coef_spec:
21              entropy = action_pd.entropy().mean()
22              self.body.mean_entropy = entropy  # 로깅 변수를 업데이트
23              policy_loss += (-self.body.entropy_coef * entropy)
24          return policy_loss
```

2.6.5 REINFORCE 훈련 루프

코드 2.6은 훈련 루프 및 그와 관련된 메모리 추출 방법을 보여준다. train은 여러 궤적의 묶음을 이용하여 정책망의 파라미터 하나를 업데이트한다. 충분히 많은 데이터가 모였을 때만 훈련이 시작될 것이다. sample(라인 17)을 호출하면 에이전트의 메모리로부터 궤적이 얻어진다.

한 묶음의 데이터를 추출한 후 행동 확률분포의 파라미터 pdparams와 정책 손실(라인 19~21) 계산에 사용되는 이득 advs를 계산한다. 그런 다음 손실(라인 22)을 이용하여 정책망 파라미터를 업데이트한다.

코드 2.6 REINFORCE 구현: 훈련 방법

```
1   # slm_lab/agent/algorithm/reinforce.py
2
3   class Reinforce(Algorithm):
4       ...
5
6       @lab_api
7       def sample(self):
8           batch = self.body.memory.sample()
```

```
 9        batch = util.to_torch_batch(batch, self.net.device,
          ↪  self.body.memory.is_episodic)
10        return batch
11
12    @lab_api
13    def train(self):
14        ...
15        clock = self.body.env.clock
16        if self.to_train == 1:
17            batch = self.sample()
18            ...
19            pdparams = self.calc_pdparam_batch(batch)
20            advs = self.calc_ret_advs(batch)
21            loss = self.calc_policy_loss(batch, pdparams, advs)
22            self.net.train_step(loss, self.optim, self.lr_scheduler, clock=clock,
              ↪  global_net=self.global_net)
23            # 재설정
24            self.to_train = 0
25            return loss.item()
26        else:
27            return np.nan
```

2.6.6 활성정책 재현 메모리

이 절에서는 활성정책 표본추출을 구현하는 메모리 클래스에 대해 알아본다. 코드 2.6의 라인 17에서 훈련용 궤적 생성을 위해 메모리 객체가 호출되는 것을 알 수 있다. REINFORCE가 **활성정책** 알고리즘이기 때문에, 이 알고리즘에 의해 추출된 궤적은 학습을 위해 Memory 클래스에 저장되어야 하고 훈련 단계가 끝날 때마다 메모리에서 삭제된다.

메모리 클래스의 자세한 내용에 관심이 없는 독자는 이 절의 내용을 건너뛰어도 좋다. 그렇게 해도 REINFORCE 알고리즘을 이해하는 데 문제가 없을 것이다. 메모리에 어떤 정보가 저장되고 훈련 루프에서 그 정보가 어떻게 사용되는지 아는 것만으로 충분하다.

이러한 로직을 구현하는 OnPolicyReplay 클래스를 살펴보자. 이 클래스에는 다음과 같은 API 가 포함된다.

1. reset은 메모리 클래스의 변수를 삭제하고 재설정reset한다.

2. update는 메모리에 경험을 추가한다.

3. sample은 훈련을 위한 데이터 묶음을 추출한다.

메모리 초기화 및 재설정 __init__는 라인 15의 스토리지 키_{storage key}를 비롯한 클래스 변수를 초기화한다. 그런 다음 reset을 호출하여 데이터 구조를 만든다. 여기에는 아직 데이터가 들어 있지 않다.

코드 2.7의 reset은 훈련 단계가 끝난 이후에 메모리를 비우는 데 사용된다. 이 과정은 훈련이 끝난 후 궤적을 다시 사용할 필요가 없는 활성정책 메모리의 경우에만 해당된다.

메모리 클래스는 라인 21~22에서 초기화된 속성을 갖는 다수의 에피소드로부터 궤적을 저장할 수 있다. 개개의 에피소드는 현재의 에피소드 데이터 딕셔너리_{dictionary}인 self.cur_epi_data에 경험을 저장함으로써 만들어진다. 에피소드 데이터 딕셔너리는 라인 23에서 재설정된다.

> **코드 2.7** OnPolicyReplay: 재설정

```
1   # slm_lab/agent/memory/onpolicy.py
2
3   class OnPolicyReplay(Memory):
4       ...
5
6       def __init__(self, memory_spec, body):
7           super().__init__(memory_spec, body)
8           # OnPolicyReplay에 대해서는 frequency = episode로 설정하고,
             ↪   아래 나오는 그 밖의 클래스에 대해서는 frequency = frames로 설정
9           util.set_attr(self, self.body.agent.agent_spec['algorithm'],
             ↪   ['training_frequency'])
10          # 메모리가 에피소딕일 경우 전체 경험의 재설정을 원하지 않음
11          self.is_episodic = True
12          self.size = 0                          # 저장되는 전체 경험
13          self.seen_size = 0                     # 점증적으로 보이는 전체 경험
14          # 저장할 스토리지 키를 선언
15          self.data_keys = ['states', 'actions', 'rewards', 'next_states', 'dones']
16          self.reset()
17
18      @lab_api
19      def reset(self):
20          '''메모리를 리셋하거나, 메모리 변수를 초기화하는 데 사용된다.'''
21          for k in self.data_keys:
22              setattr(self, k, [])
23          self.cur_epi_data = {k: [] for k in self.data_keys}
24          self.most_recent = (None,) * len(self.data_keys)
25          self.size = 0
```

메모리 업데이트 update 함수는 메모리 클래스에 API를 제공한다. 메모리에 경험을 추가하는 것은 대체로 직관적이다. 유일하게 어려운 부분은 에피소드의 경계를 계속 추적하는 것이다. 코드 2.8의 단계들은 다음과 같이 구분할 수 있다.

1. 현재 에피소드에 경험을 추가한다(라인 14~15).

2. 에피소드의 종료 여부를 확인한다(라인 17). 이는 done 변수의 값으로부터 알 수 있는데, 에피소드가 종료되면 1의 값을 갖고, 그렇지 않으면 0의 값을 갖는다.

3. 에피소드가 종료되면, 해당 에피소드에 대한 전체 경험을 메모리 클래스의 주 컨테이너main container에 추가한다(라인 18~19).

4. 에피소드가 종료되면, 현재 에피소드 딕셔너리를 비워서(라인 20) 메모리 클래스가 다음 에피소드를 저장할 수 있도록 준비한다.

5. 원하는 수만큼 에피소드가 수집되고 나면, 에이전트의 train 플래그를 1로 설정한다(라인 23~24). 이는 에이전트가 이번 시간 단계를 훈련해야 한다는 신호가 된다.

코드 2.8 OnPolicyReplay: 경험을 추가

```
1   # slm_lab/agent/memory/onpolicy.py
2
3   class OnPolicyReplay(Memory):
4       ...
5
6       @lab_api
7       def update(self, state, action, reward, next_state, done):
8           '''메모리 갱신을 위한 인터페이스 메서드'''
9           self.add_experience(state, action, reward, next_state, done)
10
11      def add_experience(self, state, action, reward, next_state, done):
12          '''update() 메서드로 메모리에 경험을 추가하기 위한 인터페이스 헬퍼 메서드'''
13          self.most_recent = (state, action, reward, next_state, done)
14          for idx, k in enumerate(self.data_keys):
15              self.cur_epi_data[k].append(self.most_recent[idx])
16          # 에피소드가 끝나면, 메모리를 늘리고 cur-epi-data를 삭제
17          if util.epi_done(done):
18              for k in self.data_keys:
19                  getattr(self, k).append(self.cur_epi_data[k])
20              self.cur_epi_data = {k: [] for k in self.data_keys}
21              # 에이전트가 원하는 만큼 에피소드를 수집했다면, 훈련 준비가 된 것으로 판단
22              # length는 계층 구조에 따른 에피소드의 개수를 나타냄
23              if len(self.states) ==
                ↳    self.body.agent.algorithm.training_frequency:
24                  self.body.agent.algorithm.to_train = 1
25          # 메모리 크기와 경험의 개수를 추적
26          self.size += 1
27          self.seen_size += 1
```

메모리 표본　코드 2.9의 sample 함수는 단순히 묶음 딕셔너리에 있는 완료된 에피소드 전체를 리턴_return [10]한다(라인 6). 그런 다음 이 함수는 메모리를 재설정하는데(라인 7), 이는 에이전트가 훈련 단계를 완료하고 나면 저장된 경험이 더 이상 유효하지 않을 것이기 때문이다.

코드 2.9　OnPolicyReplay: 표본추출

```
1   # slm_lab/agent/memory/onpolicy.py
2
3   class OnPolicyReplay(Memory):
4
5       def sample(self):
6           batch = {k: getattr(self, k) for k in self.data_keys}
7           self.reset()
8           return batch
```

2.7　REINFORCE 에이전트의 훈련

심층강화학습 알고리즘은 일반적으로 많은 하이퍼파라미터_hyperparameter를 갖는다. 예를 들어 네트워크의 유형, 아키텍처_architecture, 활성화 함수_activation function, 최적화 기법 및 학습률이 정해져야 한다. 좀 더 발전된 신경망 함수에는 경사 클리핑_gradient clipping [11]과 학습률 감소 계획이 포함될 수 있는데, 이것은 심층강화학습에서 오직 '심층' 부분에만 해당된다! 강화학습 알고리즘은 할인율 γ와 에이전트의 훈련 빈도수 같은 하이퍼파라미터를 별도로 포함한다. 이 파라미터들을 잘 관리하기 위해, SLM Lab에서 모든 하이퍼파라미터는 spec(즉, 'specification')이라는 이름을 갖는 하나의 JSON 파일에 지정된다. spec 파일에 관한 더 자세한 내용은 11장에서 다룬다.

코드 2.10은 REINFORCE를 위한 spec 파일의 예제를 보여준다. 이 파일은 slm_lab/spec/ benchmark/reinforce/reinforce_cartpole.json을 통해 SLM Lab에서 직접 얻을 수도 있다.

코드 2.10　간단한 REINFORCE 카트폴 spec 파일

```
1   # slm_lab/spec/benchmark/reinforce/reinforce_cartpole.json
2
3   {
4     "reinforce_cartpole": {
5       "agent": [{
6         "name": "Reinforce",
```

10　[옮긴이] 이 책에서 리턴으로 번역한 것은 코드에서 함수의 결과를 지정할 때 사용되는 return 명령을 의미한다.

11　[옮긴이] 경사 클리핑은 보통 회귀신경망(Recurrent Neural Network, RNN) 형태의 고도심층망(very deep network)에서 경사가 발산하는 것을 막기 위해 사용하는 기법이다.

```
 7        "algorithm": {
 8          "name": "Reinforce",
 9          "action_pdtype": "default",
10          "action_policy": "default",
11          "center_return": true,
12          "explore_var_spec": null,
13          "gamma": 0.99,
14          "entropy_coef_spec": {
15            "name": "linear_decay",
16            "start_val": 0.01,
17            "end_val": 0.001,
18            "start_step": 0,
19            "end_step": 20000,
20          },
21          "training_frequency": 1
22        },
23        "memory": {
24          "name": "OnPolicyReplay"
25        },
26        "net": {
27          "type": "MLPNet",
28          "hid_layers": [64],
29          "hid_layers_activation": "selu",
30          "clip_grad_val": null,
31          "loss_spec": {
32            "name": "MSELoss"
33          },
34          "optim_spec": {
35            "name": "Adam",
36            "lr": 0.002
37          },
38          "lr_scheduler_spec": null
39        }
40      }],
41      "env": [{
42        "name": "CartPole-v0",
43        "max_t": null,
44        "max_frame": 100000,
45      }],
46      "body": {
47        "product": "outer",
48        "num": 1
49      },
50      "meta": {
51        "distributed": false,
52        "eval_frequency": 2000,
53        "max_session": 4,
54        "max_trial": 1,
55      },
56      ...
57    }
58  }
```

이 코드에는 설정할 것이 많아 보이기 때문에 주요 구성요소에 대한 설명이 필요하다.

- **알고리즘:** 사용된 알고리즘은 REINFORCE(라인 8)다. γ는 라인 13에 설정되며, 라인 11에 center_return을 활성화함으로써 강화 신호의 기준값을 사용한다. 탐험을 장려하기 위해 선형감소계획linear decay schedule에 따라 손실에 엔트로피를 추가한다(라인 14~20).

- **네트워크 아키텍처:** 64개의 단위로 구성된 1개의 숨겨진 층hidden layer을 갖는 다층 퍼셉트론multilayer perceptron과 SeLU 활성화 함수(라인 27~29).

- **최적화 기법:** 사용된 최적화 기법은 아담Adam[68]이고 학습률 0.002를 적용했다(라인 34~37). 학습률은 전체 코드에서 상수로 유지되는데, 그 이유는 null 학습률 스케줄러learning rate scheduler를 지정했기 때문이다(라인 38).

- **훈련 빈도:** OnPolicyReplay 메모리를 선택했기 때문에 훈련은 에피소딕한 성질을 갖고 에이전트는 모든 에피소드의 마지막 시점에 훈련된다. 이 경우 에피소드 하나가 종료될 때마다 네트워크가 훈련될 것이기 때문에 훈련 과정은 training_frequency 파라미터(라인 21)에 의해 제어된다.

- **환경:** 환경은 OpenAI Gym의 카트폴[18]이다(라인 42).

- **훈련 시간:** 훈련은 100,000개의 시간 단계 동안 진행된다(라인 44).

- **평가:** 에이전트는 2,000개의 시간 단계마다 평가받는다(라인 52). 평가 단계에서는 4개의 에피소드가 실행된 후 보상의 총합에 대한 평균을 계산하여 보고한다.

SLM Lab을 이용하여 이 REINFORCE 에이전트를 훈련하려면 명령창에 코드 2.11의 명령어를 실행하면 된다.

코드 2.11 REINFORCE 에이전트 훈련하기

```
1    conda activate lab
2    python run_lab.py slm_lab/spec/benchmark/reinforce/reinforce_cartpole.json
     ↪  reinforce_cartpole train
```

이 코드를 실행하면 4개의 반복된 Session[12]으로 구성된 Trial을 훈련하고 평균값 결과를 도출할 것이다. 이때 훈련을 위해 지정된 spec 파일을 사용할 것이고, 평균값 결과는 오차 범위가 표시된 시험 그래프trial graph로 그려질 것이다. 그리고 또 하나의 시험 그래프가 그려지는데, 이번

---

12 Trial은 동일한 spec과 다양한 무작위 시드(random seed)를 사용하는 여러 Session으로 이루어진다. SLM Lab은 이러한 부분을 자동적으로 고려하여 작업을 수행한다.

에는 결괏값이 100개의 체크포인트 구간 내에서 이동하는 임의의 구간에 대한 평균으로 계산되기 때문에 그래프는 부드러운 곡선을 그리게 된다. 두 그래프 모두 그림 2.2에 나타내었다.[13]

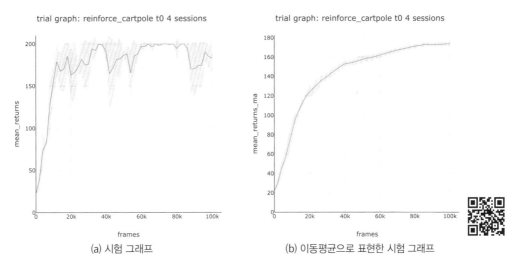

(a) 시험 그래프   (b) 이동평균으로 표현한 시험 그래프

그림 2.2   SLM Lab이 도출한 REINFORCE 시험 그래프. 4개의 반복된 세션에 대한 평균값으로 그려진다. 수직축은 체크포인트 구간에서 8개의 에피소드에 대해 평균을 낸 보상의 총합(mean_returns로 표시)을 나타내고, 수평축은 전체 훈련 프레임(frame)을 나타낸다. 오른쪽 그래프는 100개의 평가용 체크포인트 구간에서 계산한 이동평균을 나타내는 부드러운 버전의 그래프다. 카트폴에 대한 총 보상의 최댓값은 200이다.

2.8 실험 결과

이 절에서는 실험에 특화된 SLM Lab의 특징을 이용하여 알고리즘의 일부 구성요소가 갖는 효과를 연구한다. 첫 번째 실험에서는 할인율 γ의 값이 달라질 때 나타나는 효과를 비교하고, 두 번째 실험에서는 강화 신호에 기준값을 적용했을 때와 비교해서 향상된 점을 보여준다.

2.8.1 실험: 할인율 γ의 효과

할인율 γ는 강화 신호로 사용되는 이득 $R(\tau)$를 계산할 때 미래의 보상에 주어지는 가중치를 조절한다. 할인율이 높을수록 미래의 보상값에 더 많은 가중치가 부여된다. 최적의 γ 값이 무엇인지는 문제마다 다르다. 에이전트의 행동이 미래의 보상에 오랜 시간 동안 영향을 미치는 문제에서는 큰 값의 γ를 사용해야 한다.

---

13   그래프에서 보상의 총합은 mean_returns로 표시된다. 평가를 위해 값을 구할 때는 할인 없이 mean_returns가 계산된다.

할인율의 효과를 알아보기 위해, 각기 다른 γ 값에 대해 REINFORCE 알고리즘을 돌려서 그 결과를 확인해 볼 수 있다. 이를 위해 코드 2.10의 spec 파일을 수정해서 γ에 대한 search spec을 추가한다. 이는 코드 2.12에 표현되어 있는데, 여기서 라인 15는 gamma 하이퍼파라미터에 대한 그리드 탐색grid search을 나타낸다. 전체 spec 파일은 이미 SLM Lab의 slm_lab/spec/benchmark/reinforce/reinforce__cartpole.json에 구현되어 있다.

코드 2.12 다양한 γ 값에 대한 탐색 spec을 포함한 REINFORCE spec 파일

```
1   # slm_lab/spec/benchmark/reinforce/reinforce_cartpole.json
2
3   {
4     "reinforce_cartpole": {
5       ...
6       "meta": {
7         "distributed": false,
8         "eval_frequency": 2000,
9         "max_session": 4,
10        "max_trial": 1,
11      },
12      "search": {
13      "agent": [{
14        "algorithm": {
15          "gamma__grid_search": [0.1, 0.5, 0.7, 0.8, 0.90, 0.99, 0.999]
16        }
17      }]
18    }
19  }
20 }
```

SLM Lab에서 실험을 수행하려면 코드 2.13의 명령어를 사용하면 된다. 이것은 에이전트를 훈련하는 것과 크게 다르지 않다. 에이전트를 훈련할 때와 동일한 spec 파일을 사용하되 train 모드를 search 모드로 변경하여 사용하면 된다.

코드 2.13 spec 파일에 정의된 다양한 γ 값의 효과를 알아보는 실험 수행

```
1   conda activate lab
2   python run_lab.py slm_lab/spec/benchmark/reinforce/reinforce_cartpole.json
    ↪   reinforce_cartpole search
```

이 코드를 실행하면 다수의 Trial을 만들어 내는 Experiment가 실행될 것이다. 이때 각각의 Trial에 대해 각기 다른 gamma 값이 원래의 REINFORCE spec에 적용될 것이다. 각각의 Trail은 4개의 반복된 Session을 실행하여 오차 범위가 있는 평균을 도출하고, 이 결과는 다수의 실험에 대한 그래프를 그릴 때 사용된다. 좀 더 쉬운 비교를 위해 100개의 평가용 체크포인트에 대한

이동평균moving average을 표현한 그래프도 제공되며, 이는 그림 2.3에서 볼 수 있다.

그림 2.3은 γ 값이 0.9보다 클 경우 성능이 더 좋고, 6번째 시험의 γ = 0.999인 경우가 가장 성능이 좋다는 것을 보여준다. γ 값이 너무 작으면, 알고리즘은 문제 해결을 위한 정책을 학습하지 못하고 학습 곡선은 평평한 상태를 유지한다.

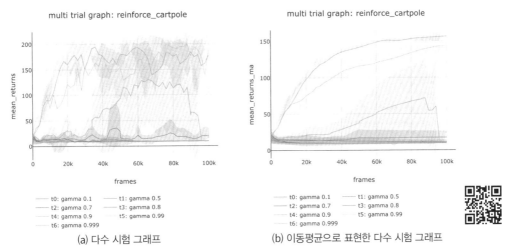

(a) 다수 시험 그래프   (b) 이동평균으로 표현한 다수 시험 그래프

그림 2.3 할인율 γ 값의 변화에 따른 효과. 카트폴 문제의 경우 γ가 작을수록 성능이 좋지 않고, 6번 시험의 γ = 0.999인 경우가 성능이 가장 좋다. 일반적으로 최적의 γ 값은 문제마다 다르다.

2.8.2 실험: 기준값의 효과

이 장에서는 기준값을 사용하면 몬테카를로 정책 경사 추정Monte Carlo policy gradient estimate의 분산을 줄이는 데 도움이 된다는 사실을 알았다. 이제 기준값이 있을 때와 없을 때의 REINFORCE 성능을 비교하는 실험을 해보자. 알고리즘의 spec 하이퍼파라미터인 center_return으로 기준값의 적용 여부를 선택할 수 있다.

실험을 실행하기 위해 원래의 REINFORCE spec을 복사하여 reinforce_baseline_cartpole이라는 이름으로 바꾼다. 이 spec은 코드 2.14에서 부분적으로 확인할 수 있다. 이제, 그리드 탐색을 위해 center_return을 설정하여 search spec을 추가한다(라인 15). spec 파일은 slm_lab/spec/benchmark/reinforce/reinforce_cartpole.json을 통해 SLM Lab에서 직접 얻을 수도 있다.

코드 2.14 기준값(center_return) 설정을 위한 탐색 spec이 포함된 REINFORCE spec 파일

```
1   # slm_lab/spec/benchmark/reinforce/reinforce_cartpole.json
2
3   {
4     "reinforce_baseline_cartpole": {
5       ...
6       "meta": {
7         "distributed": false,
8         "eval_frequency": 2000,
9         "max_session": 4,
10        "max_trial": 1,
11      },
12      "search": {
13        "agent": [{
14          "algorithm": {
15            "center_return__grid_search": [true, false]
16          }
17        }]
18      }
19    }
20  }
```

SLM Lab에서 실험을 실행하기 위해 코드 2.15에 있는 명령어를 사용한다.

코드 2.15 spec 파일에 정의된 기준값을 적용하는 경우와 적용하지 않는 경우의 성능 비교 실험 실행

```
1   conda activate lab
2   python run_lab.py slm_lab/spec/benchmark/reinforce/reinforce_cartpole.json
    ↪  reinforce_baseline_cartpole search
```

이렇게 하면 각각 4개의 Session을 갖는 2개의 Trial이 포함된 Experiment가 실행될 것이다. 그림 2.4는 다수의 실험에 대한 그래프와 100개의 평가용 체크포인트에 대한 이동평균을 보여준다.

기대한 대로, 기준값이 있는 REINFORCE 알고리즘은 정책 경사 추정의 분산을 감소시키기 때문에 기준값이 없는 알고리즘보다 성능이 더 좋다. 그림 2.4는 0번 시험과 다른 기준값을 갖는 경우가 더 빠르게 학습하고 더 많은 보상을 획득하는 것을 보여준다.

이 절에서는 SLM Lab의 실험 기능을 이용하여 특정한 실험을 수행하는 방법에 대해 최소한의 내용만 소개했다. 11장에서는 SLM Lab을 이용한 실험 설계를 더 자세히 다룰 것이다. 이 책에서 설명하는 알고리즘을 이해하지 못하더라도 이 절에서 소개한 최소한의 방법만 알면 더 발전되고 심화된 문제에 적용할 수 있다.

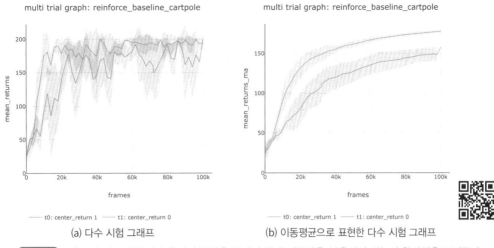

(a) 다수 시험 그래프　　　　　　　(b) 이동평균으로 표현한 다수 시험 그래프

그림 2.4 이 그래프는 정책 경사 추정의 분산을 줄이기 위해 기준값을 사용하면 성능이 향상됨을 보여준다.

2.9 요약

이 장에서는 정책 경사 알고리즘 중 하나인 REINFORCE를 소개했다. 핵심 개념은 정책망의 파라미터를 조정하여 목적 함수를 최대화한다는 것이다. 여기서 목적 함수는 에이전트가 받게 될 이득의 기댓값인 $J(\pi_\theta) = \mathbb{E}_{\tau \sim \pi_\theta}[R(\tau)]$다.

정책 경사를 소개하고 유도했다. 정책 경사는 정책의 행동 확률을 조정하여 좋은 행동은 장려하고 나쁜 행동은 억제하게 해주는 멋진 표현이다. REINFORCE에서는 몬테카를로 표본추출을 이용하여 정책 경사를 추정한다. 이 추정값의 분산이 클 수도 있는데, 보통은 기준값을 이용하여 분산을 줄이는 방법을 사용한다.

알고리즘은 코드 2.1에서처럼 매우 간단하게 적용할 수 있다. 이 책에서 사용되는 알고리즘 API의 맛보기로서 이 알고리즘을 SLM Lab을 이용하여 실행하는 방법도 설명했다.

2.10 더 읽을거리

- "Sep 6: Policy gradients introduction, Lecture 4," *CS 294: Deep Reinforcement Learning, Fall 2017,* Levine [74]
- "Lecture 14: Reinforcement Learning," *CS231n: Convolutional Neural Networks for Visual Recognition, Spring 2017* [39]
- "The Beginning of the Monte Carlo Method," Metropolis, 1987. [85]

2.11 역사

몬테카를로는 1940년대 로스 알라모스 연구실에서 일했던 스타니슬라프 울람에 의해 유명해졌다. '몬테카를로'라는 이름이 특별히 무언가를 의미하는 것은 아니다. 단순히 '확률적 추정'의 또 다른 표현으로 기억될 뿐이다. 그러나 그 이름의 기원은 재미있다. 물리학자이자 컴퓨터 디자이너였던 니콜라스 메트로폴리스Nicholas Metropolis가 그 이름을 제안했는데, 그는 마니악MANIAC 컴퓨터라는 이상한 이름도 만들었다[5]. 메트로폴리스는 단지 '몬테카를로로 가야 한다'는 이유로 친척들로부터 돈을 빌린 울람의 삼촌 이야기를 전해 들었다. 그 후, 몬테카를로라는 이름은 확률적 추정을 나타내는 이름으로 너무 적합해 보였다[85].

같은 기간 동안, 에니악ENIAC 컴퓨터가 필라델피아에 있는 펜실베이니아 대학교에서 개발되고 있었다. 18,000개가 넘는 진공 튜브로 구성된 거대한 기계인 에니악은 일반인을 위한 최초의 전자식 컴퓨터 중 하나였다. 울람은 에니악의 컴퓨팅 성능과 단순함에 감명받고, 함수 계산에 통계적 기법을 사용해야 하는 많은 지루한 계산을 위해 에니악이 적합하다고 생각했다. 로스 알라모스의 일원이자 영리하고 아는 것이 많았던 존 폰 노이만John von Neumann은 곧바로 몬테카를로 방법의 가치를 알아보고 1947년에 로스 알라모스의 이론물리분과 책임자에게 보내는 편지에서 몬테카를로 방법에 대해 설명했다[85]. 몬테카를로 방법의 탄생 배경에 관한 더 많은 정보를 원한다면, ⟨The Beginning of the Monte Carlo Method⟩(N. Metropolis, *Los Alamos Science* Special Issue, 1987)를 참고하기 바란다.

03

살사(SARSA)

이 장에서는 이 책에서 다루는 첫 번째 가치 기반 알고리즘인 살사$_{SARSA}$에 대해 알아본다. 살사는 루머리$_{Rummery}$와 니란잔$_{Niranjan}$이 1994년 발표한 논문 〈On-Line Q-Learning Using Connectionist Systems〉[118]에서 처음 소개됐고 '업데이트하기 전에 상태-행동-보상-상태-행동$_{State-Action-Reward-State-Action}$을 알아야 하기' 때문에 그와 같은 이름을 얻게 됐다.[1]

가치 기반 알고리즘은 가치 함수 중 하나($V^{\pi}(s)$ 또는 $Q^{\pi}(s, a)$)를 학습함으로써 상태-행동 쌍 (s, a)를 계산하고 이 값을 이용하여 행동을 선택한다. 가치 함수를 학습하는 것은 에이전트가 상태를 행동으로 연결하는 정책을 직접 학습하는 REINFORCE(2장)와 대조되는 점이다. 살사 알고리즘이 $Q^{\pi}(s, a)$를 학습하는 반면, 행동자-비평자 알고리즘 같은 알고리즘은 $V^{\pi}(s)$를 학습한다. 3.1절에서는 살사에서 $Q^{\pi}(s, a)$를 학습하는 것이 왜 좋은지 논의할 것이다.

살사 알고리즘은 두 가지 핵심 방법으로 구성된다. 첫 번째는 Q 함수를 학습하기 위한 방법으로 시간차$_{temporal\ difference,\ TD}$ 학습이라고 알려져 있다. 이 방법은 에이전트가 환경에서 얻는 경험으로부터 상태나 상태-행동의 가치를 추정하기 위한 몬테카를로 표본추출을 대체하는 방법이다. 시간차 학습은 3.2절의 주제다.

---

1   루머리와 니란잔은 1994년 발표한 그들의 논문 〈On-Line Q-Learning Using Connectionist Systems〉[118]에서 살사를 실제로 살사라고 부르지 않았다. 그들은 '수정된 연결형 Q 학습(Modified Connectionist Q-Learning)'이라는 이름을 더 선호했다. 살사라는 이름은 리처드 서튼(Richard Sutton)이 처음 제안했고, 이제는 살사라는 이름으로 고착화된 것처럼 보인다.

두 번째 핵심 방법은 Q 함수를 이용하여 행동을 생성하는 방법이다. 이 방법은 에이전트가 어떻게 좋은 행동을 발견할 수 있는가 하는 의문을 불러일으킨다. 강화학습이 갖고 있는 근본적인 어려움 중 하나는 에이전트가 이미 알고 있는 것을 이용하는 것과 더 많이 알기 위해 환경을 탐험하는 것 사이에 균형을 유지하는 것이다. 이 문제는 **탐험-활용 균형**exploration-exploitation tradeoff 문제로 알려져 있으며 3.3절에서 다룰 것이다. 또한 이 문제를 풀기 위한 간단한 방법도 소개할 텐데, 바로 엡실론 탐욕적$_{\varepsilon\text{-greedy}}$ 정책이다.

살사의 주요 방법을 설명한 이후에, 3.4절에서 알고리즘을 설명하고 3.5절에서 알고리즘을 적용해 볼 것이다. 이 장의 마지막에는 살사 에이전트의 훈련을 위한 지침이 제시될 것이다.

3.1 Q 함수와 V 함수

이 절에서는 살사가 V 함수 대신 Q 함수를 학습하는 이유를 설명할 것이다. 각 함수의 정의를 다시 생각해 보고 각 함수가 나타내는 직관적 의미를 설명한 후에, Q 함수의 이점을 설명할 것이다.

1.3절에서 두 가지 가치 함수 $V^\pi(s)$와 $Q^\pi(s, a)$를 설명했다. Q 함수는 식 3.1에 정의된 것과 같이 특정한 정책 π하에서 상태-행동 쌍 (s, a)의 가치를 나타낸다. (s, a)의 가치는 상태 s에서 행동 a를 선택하고 그 후 계속해서 정책 π를 따라 행동함으로써 얻는 누적 할인 보상cumulative discounted reward의 기댓값을 의미한다.

$$Q^\pi(s, a) = \mathbb{E}_{s_0=s, a_0=a, \tau \sim \pi}\left[\sum_{t=0}^{T} \gamma^t r_t\right] \qquad \text{(식 3.1)}$$

가치 함수는 항상 특정한 정책 π에 대해 정의된다. 그래서 위첨자로 π를 표기한다. 왜 그런지 알아보기 위해, (s, a)의 가치를 계산한다고 가정해 보자. $Q^\pi(s, a)$는 에이전트가 상태 s에서 행동 a를 선택한 후에 얻을 것으로 기대할 수 있는 보상의 나열에 따라 달라진다. 이 보상은 미래의 상태와 행동에 따라 달라지고, 미래의 상태와 행동은 정책에 따라 달라진다. 정책이 다르면 (s, a)로부터 발생하는 미래의 행동도 달라지고, 따라서 보상도 달라진다.

$V^\pi(s)$는 특정한 정책하에서 상태 s의 가치를 나타내며, 식 3.2와 같이 정의된다. 상태의 가치 $V^\pi(s)$는 상태 s에 놓인 이후에 정책 π하에서 얻게 되는 누적 할인 보상의 기댓값이다.

$$V^\pi(s) = \mathbb{E}_{s_0=s, \tau \sim \pi}\left[\sum_{t=0}^{T} \gamma^t r_t\right] \qquad \text{(식 3.2)}$$

$Q^\pi(s, a)$는 $V^\pi(s)$와 밀접한 관계를 갖는다. $V^\pi(s)$는 정책 π하의 특정 상태 s에서 선택 가능한 모든 행동 a에 대한 Q 가치의 기댓값이다.

$$V^\pi(s) = \mathbb{E}_{a \sim \pi(s)}[Q^\pi(s, a)] \qquad \text{(식 3.3)}$$

에이전트가 학습하기에는 어떤 함수가 더 좋을까? $Q^\pi(s, a)$일까, 아니면 $V^\pi(s)$일까?

체스 게임을 하는 두 선수 중 한 선수의 입장에서 게임을 바라봄으로써 이 문제를 생각해 보자. 이 선수를 정책 π로 생각할 수 있다. 체스판의 말의 배치 모양이 상태 s다. 좋은 체스 선수는 어떤 체스 말 배치가 좋고 어떤 배치가 나쁜지 알아내는 직관을 갖고 있을 것이다. $V^\pi(s)$는 이 직관을 숫자로 정량화하여 표현한 것이다. 예를 들어, 0과 1 사이의 값으로 표현할 수 있다. 게임이 시작되면, 양쪽이 모두 동등하게 시작하기 때문에 $V^\pi(s)$는 0.5다. 게임이 진행되면서, 우리가 정한 선수가 말의 위치를 움직임에 따라 점수를 얻거나 잃고 $V^\pi(s)$는 증가하거나 감소한다. 우리 선수가 상당히 체스를 잘 둔다면 $V^\pi(s)$는 1에 가까워진다. 이 특별한 경우에 $V^\pi(s)$는 우리 선수가 이길 확률과 거의 같아지고, 체스 말의 위치가 바뀔 때마다 값이 계산된다. 하지만 $V^\pi(s)$의 범위는 보상 신호 r의 정의에 따라 달라진다. 따라서 일반적으로 $V^\pi(s)$는 승리 확률과 반드시 같아지는 것은 아니다. 더욱이, 혼자서 체스 게임을 한다면 승리 확률이라는 개념도 생각할 수 없다.

체스 말의 위치가 갖는 가치를 계산하는 것 이외에, 체스 선수는 자신이 택할 수 있는 수많은 선택지와 그 선택이 가져올 결과를 생각할 것이다. $Q^\pi(s, a)$는 이런 선택의 가치를 정량적인 값으로 제시한다. 이 가치는 특정한 말의 배치(상태)에서 최선의 선택(행동)이 무엇인지 결정하기 위해 사용될 수 있다. $V^\pi(s)$만을 이용하여 체스 말의 이동을 평가하는 또 다른 방법은 가능한 모든 이동 a가 가져올 다음 상태 s'을 생각하고, 모든 다음 상태에 대해 $V^\pi(s')$을 계산하고, 그런 다음 최선의 s'을 가져올 행동을 선택하는 것이다. 하지만 이것은 시간이 걸리는 과정이고 전이 함수를 알아야 할 필요도 있다. 체스 게임에서는 전이 함수를 알 수 있지만 다른 많은 경우에는 알기 힘들다.

$Q^\pi(s, a)$는 에이전트에게 행동할 수 있는 직접적인 방법을 제공해 준다는 장점이 있다. 에이전트는 상태 s에서 선택할 수 있는 모든 행동 $a \in A_s$에 대해 $Q^\pi(s, a)$를 계산하고 최대의 가치를 갖는 행동을 선택할 수 있다. 최적의 경우, $Q^\pi(s, a)$는 상태 s에서 행동 a를 선택하는 가치의 최적 기댓값을 나타내며 이는 $Q^*(s, a)$로 표기한다. 이것은 에이전트가 이어지는 모든 상태에서 최적의 행동을 한다고 할 때 에이전트가 할 수 있는 최선의 것을 나타낸다. 따라서 $Q^*(s, a)$를 알면 최적의 정책을 만들 수 있다.

$Q^\pi(s, a)$를 학습할 때의 단점은 함수 근사가 더 계산하기 복잡하고, $V^\pi(s)$와 비교했을 때 학습을 위해 더 많은 데이터가 필요하다는 것이다. $V^\pi(s)$에 대한 좋은 추정값을 학습하려면 데이터가

상태 공간을 상당히 잘 포함해야 한다. 반면에 $Q^\pi(s, a)$에 대한 좋은 추정값을 학습하려면 데이터가 상태 s뿐만 아니라 (s, a)를 모두 포함해야 한다[76, 132]. 상태-행동 결합 공간은 일반적으로 상태 공간보다 훨씬 더 큰 영역을 차지한다. 따라서 Q 함수 추정값을 학습하기 위해 더 많은 데이터가 필요하다. 좀 더 구체적으로 설명하면, 상태 s에서 100개의 행동을 선택할 수 있고 에이전트가 각 행동을 한 번씩 시도했다고 가정해 보자. $V^\pi(s)$를 학습할 경우, 100개의 데이터는 모두 상태 s의 가치를 학습하는 데 기여할 수 있다. 하지만 $Q^\pi(s, a)$를 학습할 경우, (s, a) 쌍에 대해 하나의 데이터만 사용할 수 있다. 일반적으로 더 많은 데이터를 사용할수록 함수 근사가 더 잘된다. 같은 양의 데이터를 사용할 경우, V 함수 추정값이 Q 함수 추정값보다 더 잘 추정될 것이다.

$V^\pi(s)$는 아마도 더 간단히 근사할 수 있는 함수일지는 몰라도 심각한 단점이 있다. 행동을 선택하기 위해 $V^\pi(s)$를 사용하려면, 에이전트는 상태 s에서 행동 $a \in A_s$를 선택하고 환경의 다음 상태 s'과 다음 보상 r을 관측할 수 있어야 한다.[2] 그런 다음 에이전트는 누적 할인 보상의 기댓값 $\mathbb{E}[r + V^\pi(s')]$을 최대로 만드는 행동을 선택함으로써 행동을 최적화할 수 있다. 하지만 상태 전이가 확률에 기반하여 이루어진다면(상태 s에서 선택한 행동 a가 초래한 다음 상태 s'이 다르다면), 에이전트는 특정 행동의 기대 가치를 잘 추정하기 위해 이 과정을 여러 번 반복해야 할 수도 있다. 이것은 잠재적으로 많은 계산을 필요로 하는 과정이다.

다음 예제를 생각해 보자. 상태 s에서 행동 a를 선택하면 절반의 확률로 다음 상태가 s_1'이고 보상은 $r_1' = 1$이 되며, 나머지 절반의 확률로 다음 상태가 s_2'이고 보상은 $r_2' = 2$가 된다고 가정하자. 게다가, 상태 s_1'과 s_2'의 가치를 알고 있고 각각 $V^\pi(s_1') = 10$, $V^\pi(s_2') = -10$이라고 가정해 보자. 그러면 다음을 얻는다.

$$r_1' + V^\pi(s_1') = 1 + 10 = 11 \qquad \text{(식 3.4)}$$

$$r_2' + V^\pi(s_2') = 2 - 10 = -8 \qquad \text{(식 3.5)}$$

그러면 기대 가치는 식 3.6과 같이 $\mathbb{E}[r + V^\pi(s')] = 1.5$가 된다.

$$\mathbb{E}[r + V^\pi(s')] = \frac{1}{2}\left(r_1' + V^\pi(s_1') + r_2' + V^\pi(s_2')\right) = \frac{1}{2}(11 - 8) = 1.5 \qquad \text{(식 3.6)}$$

하지만 각각의 표본은 기대 가치 $\mathbb{E}[r + V^\pi(s')]$의 추정값을 11 또는 -8로 추정한다. 둘 다 기대 가치 1.5와는 거리가 있는 값이다.

---

2   여기서는 단순한 표기를 위해, 시간 단계를 나타내는 아래첨자를 생략하고 (s, a, r, s', a', r')이라는 표준적인 표기법을 사용하여 현재 시각 t에서의 튜플 (s, a, r)과 다음 시각 $t + 1$에서의 튜플 (s', a', r')을 나타낸다.

이 **단일 단계 예측**one-step lookahead이 필요하다는 점은 $V^\pi(s)$의 일반적인 문제점이다. 예를 들어, 모든 가능한 행동을 전부 시도해 보느라 어떤 상태에서도 에이전트를 시작하지 못할 수도 있다. 또는 에이전트를 다시 시작하는 과정에 많은 계산이 필요할 수도 있다. $Q^\pi(s, a)$는 (s, a)의 가치를 직접 학습하기 때문에 이러한 문제를 피할 수 있다. 이것은 마치 모든 상태 s에서 모든 행동 a에 대해 단일 단계 예측을 저장해 두는 것으로 생각할 수 있다[132]. 그 결과, 학습된 가치 함수를 이용하여 행동을 선택하는 강화학습 알고리즘은 $Q^\pi(s, a)$를 근사하는 경향이 있다.

3.2 시간차 학습

이 절에서는 시간차Temporal Difference, TD 학습을 이용하여 Q 함수를 학습하는 방법을 알아본다. 주요 방법은 (s, a)가 입력으로 주어졌을 때 Q 가치 추정값을 계산하는 신경망을 이용하는 것이다. 이것은 **가치 네트워크**value network로 알려져 있다.

가치 네트워크의 파라미터를 학습하는 과정은 다음과 같다. 궤적 τ를 생성하고 모든 (s, a)에 대해 $\hat{Q}$ 가치를 예측한다. 그런 다음, 궤적을 이용하여 목표로 하는 Q 가치 Q_{tar}를 생성한다. 마지막으로, **MSE**Mean Squared Error 같은 표준적인 회귀 손실을 이용하여 $\hat{Q}$과 Q_{tar}의 차이를 최소화한다. 이 과정을 여러 번 반복한다. 이것은 모든 예측값이 목푯값과 관련되어 있는 지도학습의 과정과 유사하다. 하지만 이 경우에는 목푯값을 모든 궤적에 대해 생성하는 방법이 필요하다. 반면에, 지도학습에서는 목푯값이 미리 주어진다.

TD 학습은 살사에서 목표 가치 Q_{tar}를 계산하는 방법이다. 이를 위한 동기 부여를 위해서는 2.4절에서 논의했던 몬테카를로 표본추출을 이용하여 어떻게 할 수 있을지 생각해 보면 도움이 된다.

상태 s에서 시작하는 N개의 궤적 $\tau_i(i \in \{1, ..., N\})$가 주어졌을 때, $Q^\pi_{\text{tar}}(s, a)$에 대한 몬테카를로 MC 추정값은 식 3.7에 보이는 것처럼 모든 궤적의 이득에 대한 평균이다. 식 3.7은 임의의 (s, a) 쌍에서 시작하는 임의의 궤적에 적용할 수 있다.

$$Q^\pi_{\text{tar:MC}}(s, a) = \frac{1}{N}\sum_{i=1}^{N} R(\tau_i) \qquad \text{(식 3.7)}$$

모든 궤적 τ_i에 대한 정보가 있다면, 궤적 τ_i의 모든 (s, a)에 대해 에이전트가 받을 실제 Q 가치를 계산할 수 있다. 이것은 Q 함수의 정의(식 3.1)로부터 알 수 있다. 하나의 예제에 대한 미래의 누적 할인 보상은 그 예제에 대한 에피소드의 현재 단계부터 마지막까지의 누적 할인 보상이기 때문이다. 식 3.7은 이것 역시 $Q^\pi(s, a)$에 대한 몬테카를로 추정값임을 보여준다. 이때 추정에 사용된 궤적의 개수는 $N = 1$이다.

이제, 데이터셋에 있는 모든 (s, a) 쌍이 목표로 하는 Q 가치와 연관되어 있다. 모든 데이터 (s, a)가 자신만의 목표 가치 $Q^\pi_{\text{tar}}(s, a)$를 갖기 때문에 데이터셋은 '라벨을 갖는다labeled'고 말할 수 있다.

몬테카를로 표본추출의 한 가지 단점은 에이전트가 에피소드에서 나오는 데이터를 활용하여 학습을 하려면 에피소드가 끝날 때까지 기다려야 한다는 것이다. 이것은 식 3.7을 보면 명확하다. $Q^\pi_{\text{tar:MC}}(s, a)$를 계산하려면, (s, a)에서 시작한 궤적의 나머지 부분에 대한 보상이 필요하다. 에피소드는 T로 표기되는 많은 시간 단계를 가질 수도 있는데, 이것은 훈련을 지연시킨다. 이 문제 때문에 Q 가치를 학습하는 대안적인 방법이 나왔다. 바로 TD 학습이다.

TD 학습이 갖는 핵심적인 통찰은 현재 시간 단계에 대한 Q 가치가 다음 시간 단계에서의 Q 가치의 관점에서 정의될 수 있다는 것이다. 즉, $Q^\pi(s, a)$는 식 3.8에 보이는 것처럼 회귀적으로 정의된다.

$$Q^\pi(s, a) = \mathbb{E}_{s' \sim p(s'|s,a), r \sim \mathcal{R}(s,a,s')} \left[r + \gamma \mathbb{E}_{a' \sim \pi(s')} [Q^\pi(s', a')] \right] \tag{식 3.8}$$

식 3.8은 벨만Bellman 방정식으로 알려져 있다. Q 함수가 정책 π에 대해 올바른 함수라면, 식 3.8은 정확히 성립한다. 이 식은 또한 Q 가치를 학습하는 방법도 제시한다. 조금 전에 많은 경험의 궤적이 주어졌을 때 $Q^\pi(s, a)$를 학습하기 위해 몬테카를로 표본추출이 어떻게 사용될 수 있는지 보았다. 동일한 접근법이 여기서도 적용될 수 있다. 모든 (s, a) 쌍에 대해 목표 가치 $Q^\pi_{\text{tar}}(s, a)$를 유도하기 위해 TD 학습을 이용하는 것이다.

Q 함수를 나타내는 신경망 Q_θ가 있다고 가정하자. TD 학습에서 $Q^\pi_{\text{tar}}(s_t, a_t)$는 Q_θ를 이용하여 식 3.8의 우변을 추정함으로써 유도된다. 모든 반복 훈련 단계에서 $\hat{Q}^\pi(s_t, a_t)$는 $Q^\pi_{\text{tar}}(s_t, a_t)$에 가까워지도록 업데이트된다.

$Q^\pi_{\text{tar}}(s_t, a_t)$가 $\hat{Q}^\pi(s_t, a_t)$를 계산하는 신경망과 동일한 신경망을 이용하여 유도된다면, 이것을 왜 하는 것인가? 왜 여러 번의 단계가 지나고 나서야 Q 함수에 대한 좋은 근사 결과가 나오는 것인가? 이에 대해서는 3.2.1절에서 좀 더 자세히 다룰 것이다. 하지만 짧게 설명하면, $Q^\pi_{\text{tar}}(s_t, a_t)$는 $\hat{Q}^\pi(s_t, a_t)$와 비교될 때 한 단계 미래의 정보를 사용하기 때문에 다음 상태 s'에서 나오는 보상 r의 정보를 사용할 수 있다. 결과적으로 $Q^\pi_{\text{tar}}(s_t, a_t)$는 궤적이 궁극적으로 어떻게 변할지에 대해 좀 더 정보를 갖게 된다. 이러한 논의의 기저에는 목적(누적 보상을 최대화하는 것)에 대한 정보는 에피소드가 시작할 때는 드러나지 않다가 궤적이 진행됨에 따라 비로소 드러난다는 가정이 깔려 있다. 이것은 강화학습 문제의 근본적인 특성이다.

하지만 식 3.8을 이용하여 $Q^\pi_{\text{tar}}(s_t, a_t)$(2개의 기댓값)를 계산하려고 할 때 두 가지 문제가 있다. 첫 번째 문제는 바깥쪽의 기댓값 $\mathbb{E}_{s'\sim p(s'|s, a),\ r\sim\mathcal{R}(s, a, s')}$ 이 다음 단계의 상태와 보상에 따라 계산된다는 것이다. 이것은 궤적의 모음 $\{\tau_1, \tau_2, ..., \tau_M\}$을 갖고 있다고 가정함으로써 설명될 수 있다. 모든 궤적 τ_i는 (s, a, r, s')의 튜플을 포함한다. 이 모든 튜플에 대해, 행동 a가 선택됐을 때 다음 상태 s'이 오직 하나만 주어진다.

환경이 확률적 고려 없이 정해진다면, 다음 상태에 대한 기댓값을 계산할 때 실제로 있을 다음 상태만을 고려하는 것이 옳다. 하지만 환경이 확률에 따라 정해진다면 이 얘기는 적용되지 않는다. 상태 s에서 행동 a를 선택하면 환경이 다양한 다음 상태로 전이될 수 있지만, 오직 하나의 다음 상태만이 실제로 관측될 것이다. 이 문제는 오직 하나의 다음 상태(실제로 발생한 상태)만을 고려함으로써 해결할 수 있다. 이것은 환경이 확률에 따라 정해질 경우 Q 가치 추정값의 분산이 큰 값을 가질 수 있음을 의미하지만, 이렇게 하면 추정을 좀 더 쉽게 만드는 데 도움이 된다. 다음 상태 s'과 보상 r에 대한 분포를 추정하는 데 오직 하나의 다음 상태만을 사용하기 때문에 벨만 방정식에서 바깥쪽 기댓값은 들어 내고 식 3.9와 같이 다시 표현할 수 있다.

$$Q^\pi(s, a) = r + \gamma\mathbb{E}_{a'\sim\pi(s')}[Q^\pi(s', a')] \qquad \text{(식 3.9)}$$

두 번째 문제는 식 3.8의 안쪽에 있는 행동에 대한 기댓값 $\mathbb{E}_{a'\sim\pi(s')}[\,...\,]$이다. 다음 상태 s'에서 취할 수 있는 모든 행동에 대해 Q 가치 추정값을 계산할 수 있다. 이는 가치를 계산하기 위해 Q 함수에 대한 현재의 추정값을 사용하기 때문이다. 문제는 기댓값을 계산하는 데 필요한 행동에 대한 확률분포를 알지 못한다는 점이다. 이 문제를 해결하는 벙법은 두 가지가 있는데, 각각의 방법은 서로 다른 알고리즘에 해당한다. 바로 살사와 DQN(4장)이다.

살사를 이용한 방법은 다음 상태에서 실제로 취해진 행동 a'을 이용하는 것이다(식 3.10). 많은 행동 선택의 경험을 통해, 행동이 선택되는 비율은 주어진 상태에서의 행동에 대한 확률분포에 근사하게 된다. DQN을 이용한 방법은 Q 가치의 최댓값을 이용하는 것이다(식 3.11). 이것은 Q 가치를 최대로 만드는 행동을 1의 확률로 선택하는 숨은 정책implicit policy에 해당한다. 4장에서 살펴보겠지만, Q 학습에서 숨은 정책은 Q 가치에 대해 탐욕적이어서 확률분포를 대체하는 것이 가능하다.[3]

$$\text{살사: } Q^\pi(s, a) \approx r + \gamma Q^\pi(s', a') = Q^\pi_{\text{tar:SARSA}}(s, a) \qquad \text{(식 3.10)}$$

$$\text{DQN: } Q^\pi(s, a) \approx r + \gamma \max_{a'_i} Q^\pi(s', a'_i) = Q^\pi_{\text{tar:DQN}}(s, a) \qquad \text{(식 3.11)}$$

---

3 세 번째 대안은 숨은 정책으로부터 행동에 대한 확률분포를 유도하고 기댓값을 계산하는 것이다. 이 알고리즘은 기댓값 살사로 알려져 있다. 이에 대한 더 자세한 내용은 서튼(Sutton)과 바르토(Barto)의 《단단한 강화학습(Reinforcement Learning, An Introduction) 제2판》(제이펍, 2020)[132] 6장을 참고하기 바란다.

이제 $Q_{\text{tar}}^\pi(s, a)$는 식 3.10의 우변을 이용하여 모든 튜플 (s, a, r, s', a')에 대해 계산할 수 있다.[4] 몬테카를로 표본추출에서처럼, 데이터셋의 모든 (s, a) 쌍은 Q 가치와 연관되어 있기 때문에 $Q^\pi(s, a)$를 근사하기 위한 신경망을 훈련하기 위해 동일한 지도학습 기법이 사용될 수 있다. 모든 에피소드의 궤적 대신 오직 다음 상태에서 나오는 환경 정보만 있으면 목표 Q 가치를 계산할 수 있다. 이러한 이유로 TD 학습을 이용하면 전체 궤적이 끝나기를 기다릴 필요 없이 (몇 단계가 지난 이후에) 후처리batched 방식으로 또는 (한 단계가 지난 후) 온라인 방식으로 Q 함수를 업데이트할 수가 있다.

TD 학습은 부트스트랩 학습 방법이다. $Q_{\text{tar}}^\pi(s, a)$를 계산할 때 이미 계산된 (s, a) 쌍에 대한 Q 가치 추정값이 사용되기 때문이다. 이렇게 하면 몬테카를로 표본추출에 비해 추정값의 분산을 낮출 수 있다는 장점이 있다. TD 학습은 다음 상태 s'에서 나오는 실제 보상 r을 사용하고, 그 보상을 Q 가치 추정값과 결합하여 가치의 나머지 부분을 근사한다. Q 함수는 각기 다른 궤적에 대한 기댓값을 나타내는데, 이러한 이유로 몬테카를로 표본추출로 생성된 모든 궤적보다 보통은 작은 분산을 갖는다. 하지만 Q 함수 근사가 완벽하지 않기 때문에 학습 과정에 편차가 존재한다.

3.2.1 시간차 학습에 대한 직관

TD 학습이 어떻게 작동하는지 감을 잡기 위해 예제 하나를 생각해 보자. 에이전트가 그림 3.1에 보이는 것과 같은 간단한 환경에서 행동을 학습한다고 가정하자. 이것은 본질적으로 하나의 복도이고 에이전트는 별 표시가 된 좋은 종단 상태인 s_{T2}를 찾아 복도 끝까지 도달하는 학습을 해야 한다. 총 5개의 상태(s_1, s_2, s_3와 2개의 종단 상태 s_{T1}, s_{T2})가 있다. 행동은 a_{UP}과 a_{DOWN} 두 가지밖에 없다. a_{UP}을 선택하면 에이전트는 복도를 따라 한 칸 위로 이동한다. a_{DOWN}을 선택하면 복도를 따라 한 칸 아래로 이동한다. 에이전트는 항상 **S**라고 표시된 상태 s_1에서 게임을 시작하고, 에이전트가 2개의 종단 상태 중 하나에 도달하면 게임은 끝난다. s_{T2}가 목표 상태다(이 상태에 도달하면 에이전트는 1이라는 보상을 얻는다). 그 밖의 상태에서는 에이전트가 0의 보상을 얻는다. 에이전트의 할인율 γ는 0.9다. 따라서 이 게임은 최소한의 단계로 s_{T2}에 도달하는 정책을 따를 경우 최적의 해를 찾게 된다. 에이전트가 보상을 더 빨리 받을수록 그 가치가 커지기 때문이다. 이 경우 에이전트가 환경으로부터 최적의 해를 찾기 위해 취할 수 있는 최소한의 단계는 3단계다.

---

4   살사 벨만 방정식(식 3.10)은 다음 상태 s'에서 실제로 선택된 행동 a'에 대한 정보를 필요로 한다. 결과적으로, 살사의 모든 경험 튜플은 a'이라는 요소를 추가로 갖게 되어 (s, a, r, s', a')이 된다. 이와는 반대로, DQN은 다음 상태 s'만을 필요로 하기 때문에 경험 튜플은 (s, a, r, s')이 된다.

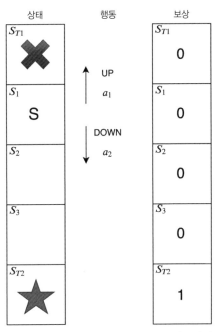

상태   행동   보상

그림 3.1 간단한 환경. 5개의 상태가 있고, 상태마다 2개의 행동이 있다.

이 매우 간단한 환경에 대해 Q 함수는 (s, a) 쌍마다 하나의 칸을 갖는 표 형태로 표현될 수 있는데, 이를 표 형태로 된 Q 함수tabular Q-function라고 부른다. 에이전트가 종단 상태에 도달하면 더 이상 움직일 수 없기 때문에, 이 경우에는 총 6개의 쌍이 있다. 최적의 Q 함수는 상태 s에서 행동 a를 택하고 그 후로는 최적의 정책을 따를 경우 받게 되는 누적 할인 보상의 기댓값으로 정의된다. 이 환경에서 최적의 정책은 모든 상태에서 행동 a_{DOWN}을 선택하는 것이다. 이것이 다른 상태로부터 s_{T2} 상태로 가장 빠르게 도달하는 방법이기 때문이다. 이 환경에 대한 최적의 Q 함수는 그림 3.2에 표 형태로 나타나 있다.

$$Q^*(s, a)$$

	UP	DOWN
S_1	0	0.81
S_2	0.73	0.9
S_3	0.81	1.0

그림 3.2 그림 3.1의 간단한 환경에 대한 최적의 Q 가치, $\gamma = 0.9$

최적의 Q 가치는 Q 함수의 정의로부터 유도된다. 몇 가지 예제를 살펴보자.

- (s_0, a_{UP}): 에이전트는 복도 밖으로 이동해서 보상 0을 받고 에피소드는 종료된다. 따라서 $Q^*(s_0, a_{UP}) = 0$이다.

- (s_3, a_{DOWN}): 에이전트가 종단 상태에 도달하여 보상 1을 받고 나서 에피소드가 종료된다. 따라서 $Q^*(a_3, a_{DOWN}) = 1$이다.

- (s_2, a_{DOWN}): 에이전트는 0의 보상을 받고 s_3로 이동한다. 따라서 $Q^*(s_2, a_{DOWN}) = r_2 + 0.9\,Q^*(s_3, a_{DOWN}) = 0 + 0.9 * 1.0 = 0.9$다.

- (s_3, a_{UP}): 에이전트는 보상 0을 받고 s_2로 이동한다. 따라서 $Q^*(s_3, a_{UP}) = r_3 + 0.9\,Q^*(s_2, a_{DOWN}) = 0 + 0.9(0 + 0.9 * 1.0) = 0.81$이다.

TD 학습을 이용해서 어떻게 최적의 Q 함수를 학습할 수 있을까? Q 가치 표의 모든 칸을 0으로 초기화한다고 가정해 보자. Q 함수를 학습하는 과정에는 궤적을 무작위로 추출하는 과정과, 에이전트가 튜플 (s, a, r, s')을 경험할 때마다 벨만 방정식을 이용하여 Q 가치 표를 업데이트하는 과정이 포함되어 있다. 즉, 다음과 같은 계산이 이루어진다.

$$Q^*(s, a) = r + \gamma Q^*(s', a') \tag{식 3.12}$$
$$= r + 0.9\,Q^*(s', a_{DOWN}) \tag{식 3.13}$$

그림 3.3은 환경으로부터 나온 5개의 궤적을 이용해서 표 형태로 된 최적의 Q 함수를 학습하는 과정을 묘사하고 있다. 다이어그램은 위에서 아래로 5개의 블록으로 나누어진다. 각 블록은 환경에 대한 경험에서 나온 하나의 에피소드에 해당한다. 첫 번째 블록은 첫 번째 에피소드에 해당하고, 두 번째 블록은 두 번째 에피소드에 해당하는 식이다. 각 블록은 수많은 열을 포함하고 있다. 그 열들은 왼쪽에서 오른쪽 방향으로 다음과 같이 해석된다.

- **Q 함수 에피소드 시작**: 에피소드가 시작할 때 Q 함수의 가치. 에피소드 1이 시작할 때, 함수에 대해 주어진 정보가 없기 때문에 모든 가치는 0으로 초기화된다.

- **에피소드**: 에피소드의 개수

- **시간 단계**: 각 블록은 다양한 개수의 경험을 포함한다. 예를 들어, 에피소드 2에는 3개의 경험이 있고 에피소드 4에는 7개의 경험이 있다. 블록에 속하는 각 경험의 해당 시각은 시간 단계로 알 수 있다.

- **행동**: 에이전트가 각 시간 단계에서 취하는 행동

- (s, a, r, s'): 각 시간 단계에서 에이전트가 얻는 경험. 이것은 현재 상태 s, 에이전트가 취하는 행동 a, 에이전트가 받는 보상 r, 그리고 환경이 전이하는 다음 상태 s'이다.

- $r + \gamma Q^*(s', a)$: 벨만 업데이트에 사용할 목표 가치(즉, 방정식의 우변): $Q^*(s, a) = r + \gamma Q^*(s', a')$
- **Q 함수 에피소드 종료**: 에피소드 종료 시점에 Q 함수의 가치. 시간 단계 순서로 에피소드의 각 경험에 대해 벨만 업데이트가 적용됐다. 이것은 벨만 업데이트가 먼저 시간 단계 1에 해당하는 경험에 대해 적용된 다음, 시간 단계 2에 대해 적용되는 식으로 진행되는 것을 의미한다. 표를 보면 모든 벨만 업데이트가 에피소드에 적용된 이후에 최종 결과를 확인할 수 있다.

에피소드 1

Q 함수 에피소드 시작:

	UP	DOWN
S_1	0	0
S_2	0	0
S_3	0	0

에피소드	시간 단계	행동	(s, a, r, s')	$r + \gamma Q^*(s', a)$
1	1	↓	$(S_1, D, 0, S_2)$	$0 + 0.9 \times 0 = 0$
1	2	↑	$(S_2, U, 0, S_1)$	$0 + 0.9 \times 0 = 0$
1	3	↓	$(S_1, D, 0, S_2)$	$0 + 0.9 \times 0 = 0$
1	4	↓	$(S_2, D, 0, S_3)$	$0 + 0.9 \times 0 = 0$
1	5	↓	$(S_3, D, 1, S_{T2})$	1

Q 함수 에피소드 종료:

	UP	DOWN
S_1	0	0
S_2	0	0
S_3	0	1

에피소드 2

Q 함수 에피소드 시작:

	UP	DOWN
S_1	0	0
S_2	0	0
S_3	0	1

에피소드	시간 단계	행동	(s, a, r, s')	$r + \gamma Q^*(s', a)$
2	1	↓	$(S_1, D, 0, S_2)$	$0 + 0.9 \times 0 = 0$
2	2	↓	$(S_2, D, 0, S_3)$	$0 + 0.9 \times 1 = 0.9$
2	3	↓	$(S_3, D, 1, S_{T2})$	1

Q 함수 에피소드 종료:

	UP	DOWN
S_1	0	0
S_2	0	0.9
S_3	0	1

에피소드 3

Q 함수 에피소드 시작:

	UP	DOWN
S_1	0	0
S_2	0	0.9
S_3	0	1

에피소드	시간 단계	행동	(s, a, r, s')	$r + \gamma Q^*(s', a)$
3	1	↓	$(S_1, D, 0, S_2)$	$0 + 0.9 \times 0.9 = 0.81$
3	2	↓	$(S_2, D, 0, S_3)$	$0 + 0.9 \times 1 = 0.9$
3	3	↑	$(S_3, U, 0, S_2)$	$0 + 0.9 \times 0.9 = 0.81$
3	4	↓	$(S_2, D, 0, S_3)$	$0 + 0.9 \times 1 = 0.9$
3	5	↓	$(S_3, D, 1, S_{T2})$	1

Q 함수 에피소드 종료:

	UP	DOWN
S_1	0	0.81
S_2	0	0.9
S_3	0.81	1

에피소드 4

Q 함수 에피소드 시작:

	UP	DOWN
S_1	0	0.81
S_2	0	0.9
S_3	0.81	1

에피소드	시간 단계	행동	(s, a, r, s')	$r + \gamma Q^*(s', a)$
4	1	↓	$(S_1, D, 0, S_2)$	$0 + 0.9 \times 0.9 = 0.81$
4	2	↑	$(S_2, U, 0, S_1)$	$0 + 0.9 \times 0.81 = 0.73$
4	3	↓	$(S_1, D, 0, S_2)$	$0 + 0.9 \times 0.9 = 0.81$
4	4	↑	$(S_2, U, 0, S_1)$	$0 + 0.9 \times 0.81 = 0.73$
4	5	↓	$(S_1, D, 0, S_2)$	$0 + 0.9 + 0.9 = 0.81$
4	6	↓	$(S_2, D, 0, S_3)$	$0 + 0.9 \times 1 = 0.9$
4	7	↓	$(S_3, D, 1, S_{T2})$	1

Q 함수 에피소드 종료:

	UP	DOWN
S_1	0	0.81
S_2	0.73	0.9
S_3	0.81	1

에피소드 5

Q 함수 에피소드 시작:

	UP	DOWN
S_1	0	0.81
S_2	0.73	0.9
S_3	0.81	1

에피소드	시간 단계	행동	(s, a, r, s')	$r + \gamma Q^*(s', a)$
5	1	↑	$(S_1, U, 0, S_{T1})$	0

Q 함수 에피소드 종료:

	UP	DOWN
S_1	0	0.81
S_2	0.73	0.9
S_3	0.81	1

그림 3.3 그림 3.1의 간단한 환경에 대한 $Q^*(s, a)$의 학습

총 21개의 시간 단계로 구성된 5개의 궤적 이후에, 표 형태로 된 Q 함수는 그림 3.2에 보이는 최적 Q 함수와 같은 가치를 갖는다. 즉, Q 함수가 최적의 Q 함수로 **수렴했다**.

TD 업데이트는 다음 상태에서 받는 실제 보상을 이용한다. 이렇게 하면 업데이트할 때마다 미래 시간 단계로부터 그 이전의 시간 단계로 한 단계씩 점진적으로 보상 신호를 보강하는 효과가 생긴다. TD 보강이 발생할 때마다, Q 함수는 미래의 추가적인 시간 단계에 대한 정보를 포함한다. 여러 번의 보강 이후에는 미래에 대한 더 많은 정보가 시각 t에서의 Q 함수 추정에 포함된다. 이 메커니즘을 통해 Q 함수는 장주기 정보를 포함할 수 있게 된다.

Q 함수가 수렴할 때까지 필요한 시간 단계의 수는 환경과 에이전트의 행동에 따라 다르다. 이 두 가지 요소가 Q 함수 학습에 사용되는 경험에 영향을 미치기 때문이다. 예를 들어, 만약 에이전트가 여섯 번째 에피소드까지 UP 행동을 선택하지 않았다면, Q 함수는 수렴할 때까지 (에피소드의 관점에서) 더 오래 걸렸을 것이다. 이것은 에피소드 6이 될 때까지 Q 표의 좌변에 대한 정보를 얻지 못하기 때문이다.

$Q^*(s, a)$, $\gamma = 0$

	UP	DOWN
S_1	0	0
S_2	0	0
S_3	0	1.0

$Q^*(s, a)$, $\gamma = 1$

	UP	DOWN
S_1	0	1.0
S_2	1.0	1.0
S_3	1.0	1.0

그림 3.4 그림 3.1의 간단한 환경에 대한 최적의 Q 가치, $\gamma = 0$(왼쪽), $\gamma = 1$(오른쪽)

할인율 γ의 값은 최적의 Q 가치에 영향을 미친다. 그림 3.4는 γ가 0 또는 1의 극단적인 값을 가질 때 최적의 Q 함수를 보여준다. $\gamma = 0$이라면, 에이전트는 근시안적이 되어 오직 현재 상태에서 받게 되는 보상에만 신경 쓴다. 이 경우, 0이 아닌 Q 가치를 갖는 (s, a) 쌍은 오직 (s_3, a_{DOWN})뿐이다. 이것은 매우 쓸모가 없다. 더 이상 미래 시간 단계의 보상에 대한 정보가 Q 가치에 반영되지 않기 때문이다. 결과적으로, 에이전트는 s_1과 s_2에서 어떻게 행동해야 하는지에 대한 단서를 전혀 얻을 수 없게 된다. $\gamma = 1$이라면, (아무런 보상 없이 게임을 끝내게 되는) (s_1, a_{UP})을 제외한 모든 (s, a) 쌍이 Q 가치로 1의 값을 갖는다. 이것은 에이전트가 s_{T2}에 더 일찍 도달함으로써 받게 되는 보상에 신경 쓰지 않기 때문이다.

γ에 대해 생각하는 또 다른 방법은 γ가 Q 함수를 학습하는 속도에 어떤 영향을 미치는지 생각해 보는 것이다. γ 값이 작으면 에이전트가 짧은 시간 수평선을 갖게 된다는 뜻이기 때문에(에이전트는 미래의 몇 단계만을 신경 쓸 것이기 때문에) Q 가치는 오직 몇 단계에 대해서만 보강되면 될 것이다. 이러한 상황에서는 Q 함수를 학습하는 속도가 더 빠를 것 같다. 하지만 Q 함수가 포착하지 못하는 더 먼 미래의 보상에 대한 중요한 정보가 있을 수도 있다. 이 경우 에이전트의 성능은 저하된다. 만약 γ가 큰 값을 갖는다면, Q 함수를 학습하는 데 걸리는 시간은 훨씬 길어질 것이다. 왜냐하면 많은 시간 단계에 대한 정보를 보강해야 하기 때문이다. 하지만 학습 결과는 에이전트에게 훨씬 더 유용할 것이다. 결과적으로, γ의 최적값은 환경에 따라 달라진다. γ를 특정한 값으로 설정하는 예제를 이 책 전반에 걸쳐 보게 될 것이다. 글상자 3.1에서 γ의 역할을 더 자세히 설명하고 있다.

글상자 3.1 **문제의 수평선**

할인율 γ는 에이전트가 처한 문제의 수평선을 조정한다. γ는 모든 알고리즘에 영향을 미치는 중요한 파라미터이기 때문에 각기 다른 값의 γ가 암시하는 시간의 수평선을 보여줄 필요가 있다.

γ는 에이전트가 현재 받는 보상에 비해 미래에 받을 보상에 얼마의 가중치를 부여하는가를 결정한다. 결과적으로, γ를 바꾸면 에이전트가 인지하는 강화학습 문제의 특징이 변화한다. γ가 작으면 에이전트는 현재 받는 보상과 몇 단계 이후에 받을 보상에만 신경 쓸 것이다. 이것은 강화학습 문제의 길이를 효과적으로 몇 개의 단계로 축소해서 신뢰 할당 문제 credit assignment problem 를 과감하게 단순화할 수 있다. γ가 작으면 학습이 더 빨라질 것이다. 이것은 에이전트가 신경 쓰는 시간 범위에서 더 적은 단계에 대해 Q 가치를 보강하기 때문일 수도 있고, 또는 정책 경사 업데이트를 위해 필요한 궤적의 길이가 줄어들어서일 수도 있다. 이렇게 했을 때 성능이 좋아지는지는 문제의 특성에 따라 결정된다. 에이전트는 가까운 미래에 받게 될 보상을 최대화하기 위한 학습을 할 것이기 때문이다.

표 3.1은 미래의 k개의 시간 단계에서 받게 되는 보상에 각기 다른 γ가 적용된 할인 결과를 보여준다. 이 표를 보면 각기 다른 γ에 대해 에이전트가 인지하는 문제의 수평선 개념을 알 수 있다. 예를 들어, γ가 0.8이면 실제 효과가 있는 문제의 수평선은 대략 10개의 단계다. 반면 γ가 0.99이면 약 200~250단계가 된다.

표 3.1	k개의 단계 이후의 보상에 적용된 할인						

	시간 단계						
γ	10	50	100	200	500	1000	2000
0.8	0.11	0.00	0.00	0.00	0.00	0.00	0.00
0.9	0.35	0.01	0.00	0.00	0.00	0.00	0.00
0.95	0.60	0.08	0.01	0.00	0.00	0.00	0.00
0.99	0.90	0.61	0.37	0.13	0.07	0.00	0.00
0.995	0.95	0.78	0.61	0.37	0.08	0.01	0.00
0.999	0.99	0.95	0.90	0.82	0.61	0.37	0.14
0.9997	0.997	0.985	0.970	0.942	0.861	0.741	0.549

어떤 값이 좋은 γ 값인지는 환경에서 일반적으로 보상이 얼마나 지연됐는가에 달려 있다. 이것은 10단계, 100단계, 또는 수천 단계일 수도 있다. 다행히도, γ는 튜닝이 덜 필요하다. 0.99는 많은 문제에서 기본값으로 사용하기에 좋다. 예를 들어, 이 책에서는 아타리 게임에 대한 훈련 예제에서 0.99를 사용했다.

단순하면서도 유용한 하나의 데이터는 에피소드의 최대 길이다. 어떤 환경에는 시간 단계의 최대 개수가 존재한다. 예를 들어, 카트폴은 기본적으로 200개가 시간 단계의 최대 개수다. 환경이 200개의 시간 단계 동안만 지속된다면, 큰 γ 값을 사용하여 수백 개의 미래 시간 단계를 고려하는 것은 의미가 없다. 반대로, 게임 한 번에 약 80,000개의 시간 단계를 포함하는 도타 2~Dota 2~ 게임을 학습할 경우, OpenAI는 훈련 기간 동안 γ를 0.998에서 0.9997까지 점차 증가시키면 도움이 된다는 사실을 발견했다[104].

심층강화학습(그리고 이와 관련된 최적의 Q 함수)에서 대부분의 환경은 이 절에서 다루었던 간단한 환경보다 훨씬 더 복잡하다. 더 복잡한 경우에는 Q 함수가 표 형태로 표현될 수 없다. 대신, Q 함수를 나타내기 위해 신경망을 사용할 것이다. 이렇게 했을 때 나타나는 한 가지 결과는 시간에 따라 정보를 보강하는 것이 더 느려진다는 것이다. 매번의 경험을 통해 $\hat{Q}^\pi(s, a)$는 $r + \gamma Q^\pi(s', a)$로 완전히 업데이트되지 않는다. 이것은 신경망이 경사하강을 이용하여 점진적으로 학습하기 때문에 나타나는 현상이다. 매번의 업데이트에서 $\hat{Q}^\pi(s, a)$는 $r + \gamma Q^\pi(s', a)$를 향해 부분적으로만 이동한다. 하지만 이 절에서 살펴본 예제가 간단해도 근본적인 개념을 설명해 준다. 즉, TD 학습은 환경의 보상 함수에 대한 정보를 시간에 따라 나중 시간에서 이전 시간으로 보강하는 메커니즘이라는 것이다.

3.3 살사의 행동 선택

이제 이전 절에서 제기됐던 질문으로 돌아오자. Q 함수를 잘 근사하는 기법이 어떻게 좋은 정책을 학습하는 알고리즘으로 전환될 수 있을까? TD 학습은 행동을 평가하는 방법을 학습할 수 있게 해준다. 여기서 누락된 것은 행동 선택의 메커니즘인 정책이다.

이미 최적의 Q 함수를 학습했다고 가정해 보자. 그러면 상태-행동 쌍의 가치는 그 행동으로부터 얻을 수 있는 가능한 기대 가치의 최선을 나타낸다. 이것을 통해 최적의 행동을 취하는 방법을 역으로 찾아낼 수 있다. 에이전트가 모든 상태에서 최대의 Q 가치에 해당하는 행동을 선택한다면(즉, 에이전트가 Q 가치에 대해 **탐욕적으로** 행동한다면), 에이전트는 최적의 행동을 할 것이다. 이것은 또한 살사 알고리즘이 이산적 행동 공간에만 적용된다는 것을 암시한다. 이에 대해서는 글상자 3.2에 설명했다.

글상자 3.2 **살사는 이산적 행동 공간에만 적용된다.**

> 상태 s에서 최대의 Q 가치를 찾기 위해서는 그 상태에서 취할 수 있는 모든 행동에 대해 Q 가치를 계산해야 한다. 행동이 이산적일 때는 이 사실이 더욱 분명하다. 모든 가능한 행동의 목록을 만들고 각각의 Q 가치를 계산할 수 있기 때문이다. 하지만 행동이 연속적일 경우, 행동을 완전히 열거할 수 없기 때문에 문제가 된다. 이러한 이유로, 살사와 DQN (4장과 5장) 같은 가치 기반 방법은 일반적으로 이산적 행동 공간에만 적용할 수 있다. 하지만 연속적 행동 공간으로부터 샘플링함으로써 최대의 Q 가치를 근사하는 **QT-Opt**[64] 같은 방법이 있다. 이것은 이 책의 범위를 벗어나는 내용이다.

유감스럽게도, 최적의 Q 함수는 일반적으로 알려져 있지 않다. 하지만 최적의 Q 함수와 최적 행동 사이의 관계는 Q 함수가 좋으면 좋은 정책을 유도할 수 있다는 것을 알려준다. 이는 또한 Q 가치를 향상하기 위한 반복적 방법을 암시한다.

먼저, $Q^{\pi}(s, a; \theta)$로 표기된 Q 함수를 나타내기 위해 파라미터 θ를 이용하여 임의로 신경망을 초기화한다. 그런 다음, 에피소드 기간 동안 에이전트가 받은 할인되지 않은[5] 누적 보상의 총합으로 평가하여 에이전트가 더 이상 향상되지 않을 때까지 다음 단계를 반복한다.

---

5   보상의 할인은 에이전트만 사용한다. 에이전트의 성능 평가는 일반적으로 할인되지 않은 누적 보상을 이용하여 수행된다.

1. 환경 속에서 $Q^\pi(s, a; \theta)$를 이용하여 행동한다. 즉, Q 가치에 대해 탐욕적으로 행동한다. 모든 경험 (s, a, r, s')을 저장한다.

2. 살사 벨만 방정식(식 3.10)을 이용하여 $Q^\pi(s, a; \theta)$를 업데이트하기 위해 저장된 경험을 사용한다. 이것은 Q 함수 추정값을 향상하고, 이는 다시 정책을 향상한다. Q 가치 추정값이 이제 막 더 좋아졌기 때문이다.

3.3.1 탐험과 활용

Q 가치에 대해 탐욕적으로 행동하는 것에 있어서 한 가지 이슈는 이 전략이 정해진 방향을 따른다는 것이다. 즉, 에이전트가 전체 상태-행동 공간을 충분히 탐험하지 못할 수도 있다는 뜻이다. 에이전트가 상태 s에서 항상 동일한 행동 a를 선택한다면, 에이전트가 결코 경험하지 못할 (s, a) 쌍이 수두룩할 것이다. 그 결과, 어떤 (s, a) 쌍에 대한 Q 함수 추정값은 부정확할 것이다. 왜냐하면 그 (s, a) 쌍은 임의의 값으로 초기화될 것이고 그 쌍에 대한 어떤 경험도 실제로 없을 것이기 때문이다. 신경망이 상태-행동 공간의 특정 부분을 학습할 기회가 없기 때문에 에이전트는 최적이 아닌 행동을 하고 지역 최솟값에 갇혀버릴 수 있다.

이 이슈를 완화하기 위해, 에이전트는 순전히 탐욕적인 정책 대신 엡실론 탐욕적 정책을 일반적으로 사용한다. 이 정책하에서는 에이전트가 탐욕적 정책을 $1 - \varepsilon$의 확률로 선택하고 ε의 확률로 행동을 임의로 선택한다. ε은 탐험 확률이라고 불리는데, 전체 시간 중 $\varepsilon \times 100\%$의 시간 동안 무작위로 행동을 선택하면 상태-행동 공간을 탐험하는 데 도움이 되기 때문이다. 불행히도, 여기에는 비용이 따른다. 에이전트가 Q 가치를 최대화하는 행동을 선택하는 대신 무작위로 행동을 선택할 확률이 존재하기 때문에 이러한 정책은 탐욕적 정책만큼은 좋지 못할 수 있다.

훈련 도중 탐험하는 것의 잠재적 가치와 에이전트가 갖고 있는 정보(Q 가치)에 기반해서 최선의 행동을 선택하는 것 사이의 상충관계를 **탐험-활용**exploration-exploitation 균형이라고 부른다. 에이전트는 가능한 한 최선의 행동을 하기 위해 현재 갖고 있는 지식을 **활용**해야 할까, 아니면 무작위로 행동을 선택함으로써 **탐험**을 해야 할까? 탐험을 하면 당분간은 성능이 좋지 않다는 리스크를 감수해야 하지만 더 좋은 상태와 행동 방법을 발견할 가능성도 열려 있게 된다. 이것을 표현하는 또 다른 방법은 에이전트가 최적의 Q 함수에 대한 정보를 갖고 있을 경우에는 탐욕적으로 행동해야 하지만 Q 함수를 학습하는 중에는 탐욕적으로 행동하는 것이 성능 향상을 방해한다는 것이다.

이 균형 관계를 관리하는 일반적인 방법은 1 또는 1에 가까운 큰 값의 ε으로 시작해서 에이전트가 거의 무작위로 빠르게 상태-행동 공간을 탐험하게 하는 것이다. 에이전트가 훈련의 시작 단계에서 아직 아무것도 학습하지 않았다면, 활용할 것도 없다. 시간이 지나면서 ε은 점차 감소하게 되고, 많은 단계가 지난 후에는 바라건대 정책의 최적 정책에 접근하게 된다. 에이전트가 더 좋은 Q 함수를 학습해서 정책이 더 좋아지면, 탐험의 이점은 줄어들고 에이전트는 더 탐욕적으로 행동해야 한다.

이상적인 경우에는, 얼마간의 시간이 지난 후 에이전트는 최적의 Q 함수를 발견하게 되어서 ε을 0으로 줄일 수도 있을 것이다. 실제로는 시간의 제약과 연속적 또는 높은 차원의 이산적 상태 공간, 비선형 함수 근사 때문에 학습된 Q 함수는 최적의 정책으로 완전히 수렴하지 않는다. 따라서 ε은 일반적으로 0.1~0.001과 같은 범위의 작은 값으로 고정되어 조금의 탐험이 지속되게 한다.

TD 학습은 선형 함수 근사의 경우 최적의 Q 함수로 수렴한다는 사실이 증명됐다[131, 137]. 하지만 최근 강화학습 분야에서 있었던 발전의 대부분은 신경망과 같은 복잡한 비선형 함수를 사용하여 이루어졌다. 신경망이 훨씬 더 복잡한 Q 함수를 표현할 수 있기 때문이다. 불행히도, 비선형 함수 근사를 하면 TD 학습의 수렴을 담보하지 못하게 된다. 이에 대한 완벽한 설명은 이 책의 범위를 벗어난다. 관심 있는 독자는 캘리포니아대학교 버클리 캠퍼스 CS285 과정의 일환으로 진행된, 가치 함수 학습 이론에 관한 세르게이 레빈Sergey Levine의 훌륭한 강의를 참고하기 바란다.[6] 다행히도, 실제로는 수렴성에 대한 보장이 없더라도 좋은 결과를 얻을 수 있다는 사실이 입증됐다[88, 135].

3.4 살사 알고리즘

이제 살사 알고리즘을 설명하고 왜 이것이 활성정책 알고리즘인지 논의해 보겠다.

엡실론 탐욕적 정책을 따르는 살사의 의사코드가 알고리즘 3.1에 주어져 있다. Q 함수 추정값 $\hat{Q}^\pi(s, a)$는 파라미터 θ를 갖는 신경망으로 표현되고, 이를 Q^{π_θ}로 표기할 것이기 때문에 $\hat{Q}^\pi(s, a)$ $= Q^{\pi_\theta}(s, a)$가 된다. ε의 좋은 초깃값과 최솟값, 그리고 감소 비율은 환경에 따라 다르다.

알고리즘 3.1 살사

1: 학습률 α를 초기화
2: ε을 초기화
3: 신경망 파라미터 θ를 임의의 값으로 초기화
4: **for** $m = 1 \dots MAX\_STEPS$ **do**
5:     현재의 엡실론 탐욕적 정책을 이용하여 N개의 경험 $(s_i, a_i, r_i, s'_i, a'_i)$을 수집
6:     **for** $i = 1 \dots N$ **do**

---

6   비디오 영상은 https://youtu.be/k1vNh4rNYec[76]에 공개되어 있다.

7:　　　　# 모든 예제에 대해 목표 Q 가치를 계산

8:　　　　$y_i = r_i + \delta_{s_i'}\gamma\, Q^{\pi_\theta}(s_i', a_i')$, 여기서 s_i'이 종단 상태이면 $\delta_{s_i'} = 0$,
　　　　↪ 그렇지 않으면 $\delta_{s_i'} = 1$

9:　　end for

10:　　　# MSE와 같은 것을 사용하여 손실을 계산

11:　　　$L(\theta) = \frac{1}{N}\sum_i (y_i - Q^{\pi_\theta}(s_i', a_i'))^2$

12:　　　# 신경망 파라미터를 업데이트

13:　　　$\theta = \theta - \alpha\nabla_\theta L(\theta)$

14:　　　ε 감소

15: end for

3.4.1 활성정책 알고리즘

살사의 중요한 특징 중 하나는 이 알고리즘이 **활성정책** 알고리즘이라는 점이다. 2장에서 현재 정책을 향상할 때 사용하는 정보가 데이터를 수집할 때 사용한 정책에 따라 달라질 경우 활성정책 알고리즘이 된다고 했던 것을 기억하자. 이것은 두 가지 방식으로 이루어질 수 있다.

먼저, Q 함수 훈련을 위해 사용된 목표 가치가 경험을 수집하기 위해 사용했던 정책에 따라 달라질 수 있다. 알고리즘 3.1(라인 7)에서 볼 수 있듯이 살사도 이렇게 한다. 목표 가치 y_i는 다음 상태 s'에서 취해진 실제 행동 a'에 따라 결정된다. 취해진 실제 행동은 경험을 생성하는 정책, 즉 현재의 엡실론 탐욕적 정책에 따라 결정된다.

활성정책 알고리즘이 되는 두 번째 방식은 정책이 직접적으로 학습되는 경우다. 정책을 학습하는 과정은 좋은 행동을 선택할 확률은 높아지고 안 좋은 정책을 선택할 확률은 감소하도록 정책을 변화시키는 과정이다. 이러한 향상을 만들기 위해, 현재 정책이 취해진 행동에 할당한 확률 정보를 알아야 한다. REINFORCE(2장)는 정책이 직접적으로 학습되는 활성정책 알고리즘이다.

살사가 활성정책 알고리즘이라는 사실은 시간에 따라 Q 함수 근사를 훈련하기 위해 사용될 수 있는 경험의 유형도 짐작할 수 있게 해준다. 현재 정책을 이용해서 수집된 경험만이 반복 훈련 과정에 사용될 수 있다. 함수 근사 파라미터가 일단 업데이트되고 나면, 모든 경험은 폐기되고 경험 수집 과정이 다시 시작되어야 한다. 신경망을 훈련할 때 일반적으로 단일 파라미터를 업데이트할 경우 파라미터 업데이트 양이 작을 수 있는데, 이 경우에도 정책은 변화하기 때문에 경험 수집이 다시 시작되어야 한다. 알고리즘 3.1은 이 점을 분명히 하고 있다. 훈련의 모든 반복 단계 m에서 새로운 경험이 수집되기 때문이다.

모든 반복 과정에서 현재 정책을 이용해서 수집된 경험만을 이용하여 Q 함수를 업데이트하는 것이 왜 중요할까? 식 3.14에 표현된 살사 TD 업데이트를 다시 살펴보자.

$$Q^{\pi_1}(s, a) \approx r + \gamma Q^{\pi_1}(s', a'_1) \qquad \text{(식 3.14)}$$

업데이트의 두 번째 항인 $\gamma Q^{\pi_1}(s', a'_1)$은 a'이 정책 π_1을 이용하여 수집됐음을 가정한다. 이것은 에이전트가 정책 π_1에 따라 행동한다고 가정하고 계산한 (s, a)의 미래 가치 기댓값으로 Q 함수를 정의함으로써 나타나는 결과다. 다른 정책을 이용하여 생성한 경험이 포함될 여지는 없다.

다른 정책인 정책 π_2를 이용하여 생성한 경험 (s, a, r, s', a'_2)을 갖고 있다고 가정해 보자. 예를 들면, 다른 값의 θ(Q 함수 근사를 위한 파라미터)가 적용된 이전의 반복 훈련 과정에서 생성된 경험이라고 해보자. a'_2이 a'_1과 같을 필요는 없다. s'에서 π_2에 따라 취해진 행동은 현재 정책 π_1에 따라 선택된 행동과는 같지 않을 것이다. 이것이 맞다면, $Q^{\pi_1}(s, a)$에는 상태 s에서 π_1을 따라 행동 a를 선택함으로써 받을 수 있는 미래의 누적 할인 보상의 기댓값이 반영되지 않을 것이다.

$$Q^{\pi_1}_{\text{tar}}(s, a) = r + \gamma Q^{\pi_1}(s', a'_1) \neq r + \gamma Q^{\pi_1}(s', a'_2) \qquad \text{(식 3.15)}$$

식 3.15는 (s, a, r, s', a'_1) 대신 (s, a, r, s', a'_2)이 사용되면 $Q^{\pi_1}(s, a)$가 부정확하게 업데이트될 것임을 보여준다. 이것은 현재 정책이 선택할 만한 행동과는 다른 행동으로부터 유도된 Q 가치 추정값을 사용하기 때문이다.

3.5 살사의 적용

이 절에서는 살사 알고리즘을 적용하는 방법을 알아보겠다. 먼저, epsilon_greedy 코드를 살펴볼 것이다. 이것은 환경 속에서 살사 에이전트가 어떻게 행동하는지를 결정한다. 다음으로, 목표 Q 가치를 계산하는 방법을 다시 살펴볼 것이다. 마지막으로, 신경망의 훈련 루프를 알아보고 살사의 Memory 클래스에 대해 논의할 것이다.

3.5.1 행동 함수: 엡실론 탐욕적

행동 함수action function는 상태 s에서 에이전트가 취해야 하는 행동 a를 도출한다. 모든 행동 함수는 state, 신경망 함수 근사를 수행하는 algorithm, 그리고 탐험 변수(예 ε)와 행동 공간에 대한 정보를 저장하는 에이전트의 body를 입력으로 받는다. 행동 함수는 에이전트가 선택한 행동과 행동이 추출된 확률분포를 도출한다. 살사의 경우, 확률분포는 퇴화분포degenerate distribution가 된다. 모든 확률 질량probability mass Q 가치를 최대화하는 행동에 할당된다.

코드 3.1의 epsilon_greedy는 다음과 같은 3개의 요소를 갖는다.

- 에이전트는 행동을 무작위로 선택할지 아니면 탐욕적으로 선택할지를 결정한다(라인 5). 이것은 ε의 현재 값(라인 4)에 따라 결정된다.

- 행동을 무작위로 선택한다면, random 행동 함수를 호출한다(라인 6). 이렇게 하면 행동에 대한 균일한 확률분포로부터 행동을 추출함으로써 행동 공간에서 임의의 행동이 도출된다.

- 행동을 탐욕적으로 선택한다면, state에서 선택된 모든 행동에 대해 Q 가치를 추정한다. 최대의 Q 가치에 해당하는 행동을 선택한다. 이것은 default 행동 함수를 호출함으로써 수행된다(라인 11~14).

Q 함수 근사를 적용하는 데 있어 한 가지 중요한 점은 Q 함수가 특정 상태에 대한 모든 Q 가치를 도출한다는 것이다. 신경망이 Q 함수를 이런 방식으로 근사하도록 만드는 것이 상태와 행동을 입력으로 받아 하나의 값을 도출하는 것보다 더 효율적이다. 이렇게 하면 action_dim을 여러 번 실행할 필요 없이 신경망 계산을 단 한 번만 실행하면 된다. 각기 다른 종류의 신경망을 구축하고 초기화하는 더 자세한 내용은 12장에서 다룰 것이다.

코드 3.1 살사의 적용: 엡실론 탐욕적 행동 함수

```
1   # slm_lab/agent/algorithm/policy_util.py
2
3   def epsilon_greedy(state, algorithm, body):
4       epsilon = body.explore_var
5       if epsilon > np.random.rand():
6           return random(state, algorithm, body)
7       else:
8           # 최대의 Q 가치를 갖는 행동을 리턴
9           return default(state, algorithm, body)
10
11  def default(state, algorithm, body):
12      pdparam = calc_pdparam(state, algorithm, body)
13      action = sample_action(body.ActionPD, pdparam)
14      return action
```

3.5.2 Q 손실의 계산

살사 알고리즘의 다음 단계는 Q 손실을 계산하는 것이다. 이 값은 Q 함수 근사의 파라미터를 업데이트하는 데 사용된다.

코드 3.2에서는 먼저 현재 상태 s에서 에이전트가 취한 행동 a에 대해 $\hat{Q}^{\pi}(s, a)$가 계산되는데, 이는 모든 데이터 묶음에 포함된 모든 경험에 대해 계산된다. 이 과정에는 가치 네트워크를 통해 모든 (s, a) 쌍에 대한 Q 가치 추정값을 계산하는 것이 포함된다(라인 11). 벨만 방정식의 살사 버전에서 $Q^{\pi}_{\text{tar}}(s, a)$를 계산하기 위해 에이전트가 다음 상태에서 실제로 취하는 행동을 사용한다는 것을 기억하자.

$$\hat{Q}^{\pi}(s, a) = r + \gamma \hat{Q}^{\pi}(s', a') = Q^{\pi}_{\text{tar}}(s, a) \tag{식 3.16}$$

이와 같이 여기서도 현재 상태 대신 다음 상태를 이용해서 동일한 과정을 반복한다(라인 12~13). 이때 목표 Q 가치를 고정된 값으로 다룰 것이기 때문에 이 과정에서는 경사를 계산하지 않는다. 따라서 파이토치가 경사를 추적하지 않도록 하기 위해 가치 네트워크를 통한 계산은 torch.no_grad()의 맥락 안에서 호출된다.

다음으로, 두 경우 모두에 대해 실제로 취해진 행동에 대한 Q 가치 추정값을 추출한다(라인 15~16). 이렇게 함으로써, act_next_q_preds를 이용하여 $Q^{\pi}_{\text{tar}}(s, a)$를 추정할 수 있다. 종단 상태에서는 $Q^{\pi}_{\text{tar}}(s, a)$가 종단 상태의 보상과 같아지는데, 이러한 종단 상태를 다룰 때는 주의를 기울여야 한다. 이를 위해 $\hat{Q}^{\pi}(s', a')$(act_next_q_preds)을 원핫one-hot 벡터와 곱하는데, 여기서 원핫 벡터란 상태가 종단일 경우 0의 성분을 갖고 그렇지 않을 경우 1의 성분을 갖는 벡터를 의미한다. 일단 현재의 Q 가치와 목표 Q 가치 추정값(각각 q_preds와 act_q_targets)을 계산하고 나면, 손실은 간단하게 계산할 수 있다(라인 18).

알고 있어야 할 한 가지 중요한 점은 모든 경험에 대해 에이전트는 오직 실제로 취해진 행동에 대한 정보만을 받는다는 것이다. 결과적으로, 에이전트는 이 행동에 대한 무언가를 학습할 수 있을 뿐이고 선택할 수 있는 다른 행동에 대해서는 학습하지 못한다. 이것이 바로 손실을 계산하기 위해 현재 상태와 다음 상태에 취해진 행동에 해당하는 가치를 이용할 수밖에 없는 이유다.

> **코드 3.2** 살사의 적용: Q 목표와 그에 해당하는 손실의 계산

```python
# slm_lab/agent/algorithms/sarsa.py

class SARSA(Algorithm):
    ...

    def calc_q_loss(self, batch):
        '''적절한 네트워크로부터 예측된 Q 가치와 목표 Q 가치를 이용하여 Q 가치 손실을 계산'''
        states = batch['states']
        next_states = batch['next_states']
        ...
        q_preds = self.net(states)
```

```
12          with torch.no_grad():
13              next_q_preds = self.net(next_states)
14          ...
15          act_q_preds = q_preds.gather(-1,
            ↪  batch['actions'].long().unsqueeze(-1)).squeeze(-1)
16          act_next_q_preds = next_q_preds.gather(-1,
            ↪  batch['next_actions'].long().unsqueeze(-1)).squeeze(-1)
17          act_q_targets = batch['rewards'] + self.gamma * (1 - batch['dones']) *
            ↪  act_next_q_preds
18          q_loss = self.net.loss_fn(act_q_preds, act_q_targets)
19          return q_loss
```

3.5.3 살사 훈련 루프

코드 3.3의 훈련 루프는 다음과 같이 진행된다.

1. 모든 시간 단계에서 train이 호출되고 에이전트는 훈련 준비가 되었는지 확인한다(라인 10). 다음 절에서 논의할 메모리 클래스에 의해 self.to_train 플래그가 설정된다.

2. 훈련할 시점이 되면, 에이전트는 self.sample()(라인 11)을 호출해서 메모리로부터 데이터를 샘플링한다. 살사 알고리즘의 경우, 하나의 데이터 묶음에는 에이전트가 마지막으로 훈련을 마친 시점으로부터 수집된 모든 경험이 포함된다.

3. batch에 대해 Q 손실을 계산한다(라인 13).

4. Q 손실을 사용하여 가치 네트워크의 파라미터를 한 번 업데이트한다(라인 14). 손실이 정의되고 나면, 파이토치는 자동 미분 기능을 이용하여 파라미터 업데이트를 손쉽게 수행한다.

5. self.to_train을 0으로 재설정해서 다시 훈련 준비가 될 때까지(즉, 새로운 경험이 충분히 쌓일 때까지) 에이전트가 훈련되지 않도록 한다(라인 16).

6. 선형 감소와 같은 정해진 전략으로 ε(explore_var)을 업데이트한다(라인 23).

코드 3.3 살사의 적용: 훈련 루프

```
1  # slm_lab/agent/algorithm/sarsa.py
2
3  class SARSA(Algorithm):
4      ...
5
6      @lab_api
7      def train(self):
8          ...
9          clock = self.body.env.clock
10         if self.to_train == 1:
11             batch = self.sample()
```

```
12              ...
13              loss = self.calc_q_loss(batch)
14              self.net.train_step(loss, self.optim, self.lr_scheduler,
                ↪ clock=clock, global_net=self.global_net)
15              # 재설정
16              self.to_train = 0
17              return loss.item()
18          else:
19              return np.nan
20
21      @lab_api
22      def update(self):
23          self.body.explore_var = self.explore_var_scheduler.update(self,
                ↪ self.body.env.clock)
24          return self.body.explore_var
```

요약 높은 수준에서 볼 때, 살사의 적용 과정은 세 가지 주요 항목으로 구성된다.

1. epsilon_greedy: 현재 정책을 이용하여 환경 속에서 행동하는 방법을 정의한다.

2. calc_q_loss: 수집된 경험을 이용하여 Q 목표와 그에 해당하는 손실을 계산한다.

3. train: Q 손실을 이용하여 가치 네트워크의 파라미터 업데이트를 한 번 수행한다.
   explore_var(ε)와 같은 관련된 변수는 무엇이든 업데이트한다.

3.5.4 활성정책 배치 재현 메모리

이전 절에서 제시한 코드에서는 훈련 시점이 되면 에이전트는 관련된 경험을 포함하는 예제를 활용할 수 있었다.

이것은 살사 알고리즘 클래스의 train() 함수 안에 있는 self.sample()을 통해 확인한 바 있다. 이번 절에서는 경험을 저장했다가 훈련을 위해 경험이 필요할 때 에이전트에게 제공하는 것에 대해 알아보겠다.

경험((s, a, r, s', a') 튜플)을 저장했다가 다시 불러오는 메커니즘은 2장에서 소개한 Memory 클래스에 요약되어 있다. 함수 근사를 훈련하기 위해 사용될 수 있는 경험의 유형은 활성정책 알고리즘의 경우와 동일하다. 바로 현재 정책을 이용하여 수집된 경험이다. 메모리 클래스는 에이전트의 경험을 메모리에 추가하는 update 함수, 훈련을 위한 데이터 묶음을 도출하는 sample 함수, 그리고 메모리를 삭제하는 reset 함수를 적용해야만 한다.

살사는 시간차 학습 알고리즘이기 때문에 단일 튜플 (s, a, r, s', a')을 이용하여 알고리즘의 파라미터를 업데이트하기 위해 다음 시간 단계까지 기다리기만 하면 된다. 이러한 이유로 살사는 **온라인**

online 알고리즘이 될 수 있다. 하지만 한 번 업데이트할 때 하나의 예제만을 이용하는 것은 많은 노이즈를 발생시킬 수 있기 때문에 일반적으로는 많은 시간 단계를 기다렸다가 다수의 경험에 대해 계산된 평균 손실을 이용하여 알고리즘의 파라미터를 업데이트한다. 이것을 배치 훈련batch training이라고 부른다. 또 다른 전략은 경험으로 이루어진 완전한 에피소드를 하나 이상 수집하고 이 모든 데이터를 이용하여 알고리즘의 파라미터를 한 번에 업데이트하는 것이다. 이것을 에피소딕 훈련episodic training이라고 부른다.

이러한 알고리즘 중 하나를 선택할 때는 속도와 분산 사이의 균형 관계를 고려하여 선택한다. 다수의 에피소드에서 나온 데이터는 일반적으로 최소의 분산을 갖지만, 파라미터 업데이트 빈도가 줄기 때문에 알고리즘의 학습 속도는 더 느리다. 단일 경험을 이용하여 파라미터를 업데이트하면 분산이 커지지만 빠르게 학습할 수는 있다. 매번의 업데이트에서 얼마나 많은 경험을 사용할 것인지는 환경과 알고리즘에 따라 달라진다. 환경이 극도로 큰 값의 분산을 갖는 데이터를 생성할 경우에는 에이전트가 학습할 수 있을 정도로 충분히 분산을 줄이기 위해 많은 경험이 필요할 것이다. 반면에 환경이 생성하는 데이터의 분산이 작을 경우에는 업데이트에 필요한 예제의 개수가 매우 작을 것이고, 따라서 잠재적인 학습 속도는 증가할 것이다.

2개의 Memory 클래스가 이러한 알고리즘의 변화(온라인에서 배치로, 배치에서 에피소딕으로)를 위한 기능을 제공한다. OnPolicyReplay는 에피소딕 훈련을 적용하고, OnPolicyReplay로부터 상속받는 OnPolicyBatchReplay는 배치 훈련을 적용한다. 이 클래스에서 배치의 크기를 1로 설정하면 온라인 훈련이 적용된다. 살사의 경우, 온라인 훈련을 적용하기 위해서는 다음 상태와 행동을 알 수 있도록 최소한 두 단계가 필요하다. 이는 배치의 크기를 2로 설정하는 것에 해당한다.

OnPolicyReplay는 2장에서 소개했기 때문에 여기서는 OnPolicyBatchReplay에 집중할 것이다.

배치 메모리 업데이트 코드 3.4와 같이 클래스 상속을 사용하고 add_experience 함수를 오버라이딩함으로써 에피소딕 메모리를 배치에 맞게 조정하는 것은 어렵지 않다.

배치 메모리는 에피소딕 메모리의 중첩 구조nested structure를 필요로 하지 않기 때문에 코드 3.4에서 현재 경험은 주요 메모리에 직접 추가된다(라인 8~9). 충분한 예제가 수집됐다면, 메모리는 에이전트의 훈련 플래그를 설정한다(라인 14~15).

코드 3.4 OnPolicyBatchReplay: 경험을 추가

```
1  # slm_lab/agent/memory/onpolicy.py
2
3    class OnPolicyBatchReplay(OnPolicyReplay):
4    ...
```

```
5
6        def add_experience(self, state, action, reward, next_state, done):
7            self.most_recent = [state, action, reward, next_state, done]
8            for idx, k in enumerate(self.data_keys):
9                getattr(self, k).append(self.most_recent[idx])
10           # 메모리 크기와 경험의 개수를 추적
11           self.size += 1
12           self.seen_size += 1
13           # 에이전트를 훈련할지 여부를 결정
14           if len(self.states) == self.body.agent.algorithm.training_frequency:
15               self.body.agent.algorithm.to_train = 1
```

3.6 살사 에이전트의 훈련

코드 3.5에 보이는 spec 파일을 이용하여 살사의 파라미터를 설정한다. 이 파일은 slm_lab/spec/
benchmark/sarsa/sarsa_cartpole.json을 통해 SLM Lab에서 직접 얻을 수 있다.

코드 3.5 간단한 살사 카트폴 spec 파일

```
1   # slm_lab/spec/benchmark/sarsa/sarsa_cartpole.json
2
3   {
4     "sarsa_epsilon_greedy_cartpole": {
5       "agent": [{
6         "name": "SARSA",
7         "algorithm": {
8           "name": "SARSA",
9           "action_pdtype": "Argmax",
10          "action_policy": "epsilon_greedy",
11          "explore_var_spec": {
12            "name": "linear_decay",
13            "start_val": 1.0,
14            "end_val": 0.05,
15            "start_step": 0,
16            "end_step": 10000
17          },
18          "gamma": 0.99,
19          "training_frequency": 32
20        },
21        "memory": {
22          "name": "OnPolicyBatchReplay"
23        },
24        "net": {
25          "type": "MLPNet",
26          "hid_layers": [64],
27          "hid_layers_activation": "selu",
28          "clip_grad_val": 0.5,
```

```
29        "loss_spec": {
30          "name": "MSELoss"
31        },
32        "optim_spec": {
33          "name": "RMSprop",
34          "lr": 0.01
35        },
36        "lr_scheduler_spec": null
37      }
38    }],
39    "env": [{
40      "name": "CartPole-v0",
41      "max_t": null,
42      "max_frame": 100000
43    }],
44    "body": {
45      "product": "outer",
46      "num": 1
47    },
48    "meta": {
49      "distributed": false,
50      "eval_frequency": 2000,
51      "max_trial": 1,
52      "max_session": 4
53    },
54    ...
55  }
56 }
```

이 코드의 주요 구성요소를 살펴보자.

- **알고리즘**: 알고리즘은 살사이고(라인 6), 행동 정책은 엡실론 탐욕적(라인 10)이며, 탐험 변수 ε은 선형으로 감소한다(라인 11~17). 그리고 γ는 라인 18에서 설정된다.

- **네트워크 아키텍처**: 64개의 단위를 포함한 하나의 숨겨진 층위를 갖는 다층 퍼셉트론과 SeLU 활성화 함수(라인 25~27).

- **최적화 기법**: 최적화 기법은 RMSprop[50]이며, 이때 학습률은 0.01이다(라인 32~35).

- **훈련 빈도**: OnPolicyBatchReplay 메모리(라인 22)를 선택했기 때문에 훈련 유형은 배치 훈련이고 배치의 크기는 32다(라인 19). 배치의 크기는 training_frequency 파라미터(라인 19)에 의해 조정되는데, 이는 배치의 크기가 32라는 것이 신경망이 32단계마다 훈련된다는 것을 의미하기 때문이다.

- **환경**: 환경은 OpenAI Gym의 카트폴[18]이다(라인 40).

- **훈련 길이**: 훈련은 100,000개의 시간 단계로 구성된다(라인 42).

- **평가**: 에이전트는 2000단계마다 평가받는다(라인 50). 평가 도중에는 ε이 가장 최신의 값으로 설정된다(라인 14). 4개의 에피소드가 실행되면 보상의 총합에 대한 평균이 계산되고 그 값이 보고된다.

SLM Lab을 이용하여 이러한 살사를 훈련하려면 명령창에다 코드 3.6에 보이는 명령어를 실행하면 된다.

코드 3.6 살사 에이전트의 훈련

```
1  conda activate lab
2  python run_lab.py slm_lab/spec/benchmark/sarsa/sarsa_cartpole.json
   ↳ sarsa_epsilon_greedy_cartpole train
```

이 코드는 4개의 Session으로 훈련 과정 Trial을 실행하여 평균값 결과를 얻기 위해 spec 파일을 이용할 것이다. 그런 다음 평균값 결과는 오차 범위와 함께 그래프로 그려진다. 100번의 평가 구간을 적용한 이동평균 그래프도 생성됐다. 두 그래프 모두 그림 3.5에 나타나 있다.

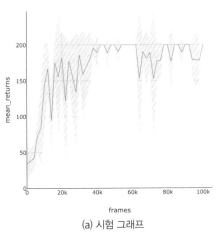

(a) 시험 그래프

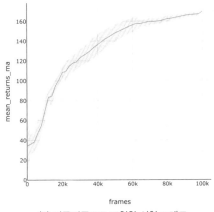

(b) 이동평균으로 표현한 시험 그래프

그림 3.5 SLM Lab을 이용하여 만든 살사 시험 그래프로 4개의 세션에 대한 평균값을 나타낸다. 수직축은 보상의 총합(평가를 위해 mean_return 값이 할인 없이 계산된다.)을 8개의 에피소드에 대해 체크포인트 구간 내에서 평균 낸 것을 나타내고, 수평축은 전체 훈련 프레임을 보여준다. 오른쪽 그래프는 100개의 평가용 체크포인트 구간을 적용한 이동평균을 나타낸다.

3.7 실험 결과

이 절에서는 카트폴 환경에서 학습률이 살사의 성능에 미치는 효과를 알아볼 것이다. SLM Lab의 실험 기능을 이용하여 학습률에 대한 그리드 탐색을 수행하고, 그 결과를 그래프로 그려 비교할 것이다.

3.7.1 실험: 학습률의 효과

학습률은 신경망의 파라미터 업데이트 크기를 조정한다. 학습률이 높으면 학습이 더 빨라지지만 파라미터 업데이트의 크기가 너무 커지면 파라미터 오버슛overshoot이 발생할 수도 있다. 반대로, 학습률이 작으면 오버슛이 일어날 가능성은 작아지지만 수렴하는 데 오랜 시간이 걸릴 수도 있다. 최적의 학습률을 찾기 위해, 일반적으로 하이퍼파라미터 튜닝을 이용한다.

이 실험에서는 다양한 학습률에 대해 그리드 탐색을 수행함으로써 각기 다른 값의 학습률이 살사에 미치는 영향을 알아볼 것이다. 이를 위해, 코드 3.7에서 보듯이 코드 3.5에 있는 spec 파일을 이용하여 탐색 spec을 추가한다. 라인 10은 학습률 lr 값의 목록에 대한 그리드 탐색을 지정한다. 전체 spec 파일은 slm_lab/spec/benchmark/sarsa/sarsa_cartpole.json을 통해 SLM Lab에서 직접 얻을 수 있다.

코드 3.7 다양한 학습률에 대한 탐색 spec이 포함된 살사 spec 파일

```
1   # slm_lab/spec/benchmark/sarsa/sarsa_cartpole.json
2
3   {
4     "sarsa_epsilon_greedy_cartpole": {
5       ...
6       "search": {
7         "agent": [{
8           "net": {
9             "optim_spec": {
10              "lr__grid_search": [0.0005, 0.001, 0.001, 0.005, 0.01, 0.05, 0.1]
11            }
12          }
13        }]
14      }
15    }
16  }
```

SLM Lab에서 실험을 실행하기 위해 코드 3.8에 보이는 명령어를 사용한다.

spec 파일에 정의된 대로 다양한 학습률에 대해 탐색하는 실험을 실행

```
1   conda activate lab
2   python run_lab.py slm_lab/spec/benchmark/sarsa/sarsa_cartpole.json
    ↳   sarsa_epsilon_greedy_cartpole search
```

이렇게 하면 Experiment가 실행되어 다수의 Trial을 만들어낼 텐데, 각각의 Trial은 원래의 살사 spec에서 lr을 서로 다른 값으로 변경하여 사용할 것이다. 모든 Trial은 4개의 Session을 실행하여 평균을 계산한다. 다수의 시험 그래프와 100개의 평가용 체크포인트 구간에 대해 계산한 이동평균은 그림 3.6에서 볼 수 있다.

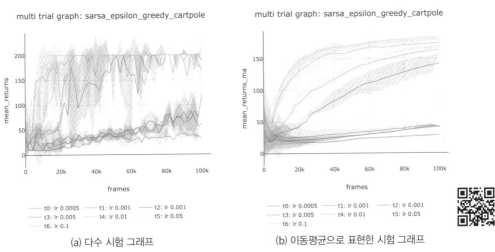

(a) 다수 시험 그래프   (b) 이동평균으로 표현한 시험 그래프

그림 3.6 더 큰 학습률이 살사 성능에 미치는 효과. 기대한 대로, 에이전트는 학습률이 클 때 더 빠르게 학습한다.

그림 3.6은 학습률이 너무 커지지 않도록 하면서 학습률을 증가시킬 때 나타나는 효과를 학습 곡선을 통해 분명히 보여준다. 5번과 6번 시험에서, 살사는 카트폴에 대해 보상 총합의 최댓값인 200을 빠르게 달성한다. 반대로, 학습률이 작으면 0, 1, 2번 시험에서 볼 수 있듯이 에이전트의 학습이 너무 느려진다.

3.8 요약

살사 알고리즘은 두 가지 주요 구성요소를 갖는다. 바로 TD 학습을 이용한 Q 함수의 학습과 Q 가치 추정값을 이용한 행동 방법이다.

먼저, 살사를 학습하기 위해 Q 학습을 가치 함수로 활용하는 것이 왜 좋은지 논의했다. Q 함수는 벨만 방정식에 기초한 두 가지 Q 함수의 차이를 최소화하는 TD 학습을 통해 근사된다. 강화학습 문제에서는 시간에 따라 보상이 드러난다는 것이 TD 학습이 뒷받침하는 핵심 개념이다. 이러한 강화학습의 성질을 이용하여 TD 학습은 Q 함수를 추정할 때 미래 시간의 정보를 이전 시간으로 보강한다.

Q 함수를 학습한 후에, Q 가치에 대해 엡실론 탐욕적으로 행동함으로써 좋은 정책을 유도할 수 있다는 사실을 확인했다. 이것은 에이전트가 Q 가치 추정값을 최대화하는 행동을 선택하는 대신 확률 ε에 따라 무작위 행동을 한다는 뜻이다. 엡실론 탐욕적 정책은 강화학습의 **탐험-활용** 문제를 다루기 위한 간단한 방법이다. 에이전트는 자신이 알고 있는 것을 활용하는 것과 더 좋은 행동을 찾기 위해 환경을 탐험하는 것 사이의 균형을 잡을 필요가 있다.

살사 알고리즘을 적용할 때 가장 중요한 구성요소는 행동 함수(Q 가치와 그에 연관된 손실을 계산하기 위한 함수)와 훈련 루프다. 이것은 epsilon_greedy, calc_q_loss, train 메서드를 통해 적용된다. 살사 에이전트가 수집하는 경험은 에이전트의 Memory에 저장된다. 이 경험은 에이전트가 훈련을 수행할 때마다 Memory에 의해 에이전트에게 제공된다. 가치 네트워크를 훈련하는 데 사용되는 $Q^{\pi}_{\text{tar}}(s, a)$가 경험을 수집하는 정책에 따라 결정되기 때문에 살사가 활성정책 알고리즘이 된다는 사실을 확인했다. 현재 정책에 따라 수집되지 않은 경험을 사용하면 Q 가치가 부정확해질 것이다. 결과적으로, Memory는 에이전트의 훈련이 끝날 때마다 삭제된다.

몬테카를로 표본추출과 TD 학습은 편차와 분산 사이의 균형 관계에서 양 끝단에 해당하는 것으로 해석할 수 있다. 가치 네트워크가 남아 있는 가치를 추정하기 전에 에이전트가 사용할 실제 보상의 개수를 파라미터로 설정함으로써 이러한 균형 관계를 포함하도록 살사 알고리즘을 확장할 수 있다. 이것은 표준적인 살사 알고리즘이 한 단계에서만 실제 보상을 사용하는 것과 대비된다. 《단단한 강화학습(Reinforcement Learning, An Introduction) 제2판》(제이펍, 2020)[132]에는 이 주제에 관해 더 자세한 내용이 수록되어 있으며, 이와 관련하여 적격흔적eligibility trace과 같이 좀 더 효율적으로 계산하는 접근법도 포함되어 있다.

3.9 더 읽을거리

- Chapters 4 and 5, *Reinforcement Learning: An Introduction, Second Edition*, Sutton and Barto, 2018 [132]

- *On-Line Q-Learning Using Connectionist Systems*, Rummery and Niranjan, 1994 [118]
- "Temporal Difference Learning and TD-Gammon," Tesauro, 1995, pp. 58–68 [135]

3.10 역사

시간차 기법은 거의 60년 전에 아서 사무엘Arthur Samuel이 체커 게임 알고리즘을 소개할 때 처음 사용했다[119, 120]. 30년이 지난 후, 리처드 서튼이 선형 TD 알고리즘의 특수한 경우에 대해 수렴성을 증명하면서 최초의 공식적인 결과[131]를 도출했다. 1997년에는 치치클리스Tsitsiklis와 밴 로이Van Roy가 이를 확장하여 선형 함수 근사를 사용하는 TD 알고리즘의 일반적인 수렴성을 증명했다. 또한 최초의 심층강화학습 알고리즘인 TD-Gammon[135]에도 TD 학습이 사용됐다. 제럴드 테사우로의 알고리즘은 1991년에 TD 학습을 적용한 다층 퍼셉트론을 셀프 플레이self-play와 결합하여 최고 수준의 성능을 달성했다. 백개먼backgammon 그랜드마스터이자 전 세계 챔피언인 빌 로베르티Bill Robertie가 이 알고리즘을 평가했다[135]. 더 자세한 정보는 《Communications of the ACM》에 1995년 3월에 게재된 테사우로의 〈Temporal Difference Learning and TD-Gammon〉에서 확인할 수 있다.

벨만 방정식은 동적 프로그래밍dynamic programming[34]을 발명한 저명한 수학자 리처드 벨만의 이름을 딴 방정식이다. 벨만 방정식은 '최적성의 원칙Principle of Optimality'[16]을 포함한다. 최적성의 원칙에 따르면, "최적 정책은 초기 상태와 결정이 무엇이든 상관없이 그 이후의 결정은 최초의 결정이 초래한 상태에 관한 최적 정책을 따른다는 특성을 갖는다." 이것은 다음과 같이 요약할 수 있다. 만약 현재 상태를 제외한 모든 미래 상태에 대해 어떻게 행동할지를 완벽하게 알고 있다고 가정해 보자. 그러면 현재 상태에서의 최적 행동은 현재 상태에서 취할 수 있는 모든 행동의 결과를 비교해 보고, 미래의 모든 상태에서의 행동 가치에 대한 지식을 활용하여 최선의 행동을 선택하는 것이다. 즉, 현재 상태의 가치는 미래 상태의 가치 관점에서 회귀적으로 정의될 수 있다. 벨만이 직접 동적 프로그래밍의 역사를 짧고 재미있게 설명한 내용을 보려면, 스튜어트 드레퓌스Stuart Dreyfus가 쓴 〈Rechard Bellman on the Birth of Dynamic Programming〉[34]을 읽어 보기 바란다.

04

심층 Q 네트워크(DQN)

이 장에서는 므니흐Mnih 등[88]이 2013년에 제안한 심층 Q 네트워크 알고리즘Deep Q-Network, DQN을 소개할 것이다. 살사와 마찬가지로, DQN은 Q 함수를 근사하는 가치 기반 시간차TD 알고리즘이다. 에이전트는 학습된 Q 함수를 이용하여 행동을 선택한다. DQN은 이산적 행동 공간을 갖는 환경에만 적용할 수 있다. 하지만 DQN이 학습하는 Q 함수는 살사에서의 Q 함수와는 다르다(DQN은 현재 정책에 대한 Q 함수가 아닌 **최적** Q 함수를 학습한다). 이 작지만 중요한 변화가 학습의 안정성과 속도를 향상한다.

4.1절에서 DQN에 대한 벨만 방정식을 살펴봄으로써 DQN이 최적 Q 함수를 학습한다는 사실을 처음으로 확인할 것이다. 한 가지 중요한 점은 바로 이러한 이유로 DQN이 **비활성정책** 알고리즘이라는 것이다. 최적 Q 함수는 데이터를 수집하는 정책에 영향을 받지 않는다. 이는 DQN이 모든 에이전트로부터 수집된 경험을 활용하여 학습할 수 있음을 의미한다.

이론적으로, DQN에서는 어떤 정책을 활용하여 훈련 데이터를 생성해도 상관없다. 하지만 실제로는 더 적합한 정책이 존재한다. 4.2절에서는 데이터 수집에 활용하기 좋은 정책의 특성을 알아보고 3.4절에서 논의된 엡실론 탐욕적 정책을 대신할 수 있는 볼츠만Boltzmann 정책을 소개할 것이다.

4.3절에서는 DQN이 비활성정책 알고리즘이라는 사실을 활용하여 DQN의 표본 효율성sample efficiency을 살사보다 좋게 만드는 방법을 알아볼 것이다. 훈련 과정 동안, 이전 정책이 수집한 경험은 경험 재현[82] 메모리에 저장됐다가 재사용된다.

4.4절에서는 DQN 알고리즘을 제시할 것이고, 4.5절에서는 구현 예제를 살펴볼 것이다. 이 장의 마지막에서는 OpenAI Gym에서 제공하는 카트폴 환경에서 네트워크 아키텍처를 변경해 가며 DQN 에이전트의 성능을 비교할 것이다.

이 장을 통해, 살사를 DQN으로 변환하기 위해서 Q 함수 업데이트 방법을 조금 변경할 뿐이지만 그 결과로 만들어진 DQN 알고리즘은 살사의 많은 한계를 극복할 수 있다는 사실을 알게 될 것이다. DQN은 이전 경험과의 관계를 끊고 방대한 경험 재현 메모리로부터 일련의 경험을 무작위로 추출함으로써 경험을 재사용할 수 있다. 또한 동일한 경험을 사용하여 다수 파라미터의 업데이트를 수행할 수도 있다. 이러한 특성으로 인해 DQN의 효율성이 살사에 비해 상당히 향상되는데, 이것이 바로 이 장에서 다룰 주된 내용이다.

4.1 DQN의 Q 함수 학습

살사와 같이 DQN은 TD 학습을 이용하여 Q 함수를 학습한다. 두 알고리즘은 $Q_{tar}^{\pi}(s, a)$를 구성하는 방법 면에서 차이가 있다.

식 4.1과 식 4.2는 각각 DQN과 살사에 대한 벨만 방정식을 보여준다.

$$Q_{DQN}^{\pi}(s,a) \approx r + \gamma \max_{a'} Q^{\pi}(s', a') \tag{식 4.1}$$

$$Q_{SARSA}^{\pi}(s,a) \approx r + \gamma Q^{\pi}(s', a') \tag{식 4.2}$$

이에 따라, 식 4.3과 식 4.4는 $Q_{tar}^{\pi}(s, a)$가 각각의 알고리즘에서 어떻게 구성되는지 보여준다.

$$Q_{tar:DQN}^{\pi}(s,a) = r + \gamma \max_{a'} Q^{\pi}(s', a') \tag{식 4.3}$$

$$Q_{tar:SARSA}^{\pi}(s,a) = r + \gamma Q^{\pi}(s', a') \tag{식 4.4}$$

다음 상태 s'에서 실제로 취해진 행동 a'을 이용하여 $Q_{tar}^{\pi}(s, a)$를 추정하는 대신, DQN은 다음 상태에서 선택할 수 있는 잠재적인 모든 행동에 대한 Q 가치 중에서 최대의 Q 가치를 이용한다.

DQN에서는 다음 상태 s'에서 사용되는 Q 가치가 경험 수집을 위해 사용되는 정책에 따라 결정되지 않는다. 이것은 $Q_{tar:DQN}^{\pi}(s, a)$ 추정값의 그 어떤 부분도 데이터 수집 정책에 영향을 받지 않는다는 뜻이다. 현재 상태 s와 행동 a가 주어지면 환경에 의해 보상 r과 다음 상태 s'이 생성되기 때문이다. 이러한 이유로, 학습되는 함수가 환경 속에서 행동하고 경험을 수집할 때 따르는 정책과 관련이 없기 때문에 DQN은 **비활성정책** 알고리즘이다[132]. 반대로, 살사는 다음 상태의 Q 가치를 계산하기 위해 상태 s'에서 현재 정책에 의해 선택된 행동 a'을 이용하기 때문에 활성정책 알고리즘이다. 살사는 경험을 수집할 때 활용된 정책에 직접적으로 영향을 받는다.

2개의 정책 π^1과 π^2가 있고, $\hat{Q}^{\pi^1}(s, a)$와 $\hat{Q}^{\pi^2}(s, a)$가 각각 두 정책에 해당하는 Q 함수라고 가정하자. 그리고 (s, a, r, s', a'_1)은 정책 π^1을 이용하여 수집한 데이터이고, (s, a, r, s', a'_2)은 π^2를 이용하여 수집한 데이터라고 하자. 만약 π^1이 현재 정책이고 π^2가 훈련 과정의 이전 시점에서의 정책이라면, 3.4.1절의 내용은 $\hat{Q}^{\pi^1}(s, a)$의 파라미터를 업데이트하기 위해 (s, a, r, s', a'_2)을 이용하는 것이 잘못됐음을 말해 준다.

하지만 DQN을 사용한다면, $Q^\pi_{\text{tar:DQN}}(s, a)$를 계산할 때 a'_1이나 a'_2은 사용되지 않는다. 두 경우 모두에 대해 다음 상태 s'이 동일하기 때문에, 각각의 경험은 $Q^\pi_{\text{tar:DQN}}(s, a) = \text{r} + \gamma \max_{a'} Q^\pi(s', a')$에 대해 동일한 값을 도출하고, 따라서 두 경우 모두 유효하다. 각각의 데이터를 수집하기 위해 사용된 정책이 서로 다르더라도, $Q^\pi_{\text{tar:DQN}}(s, a)$는 동일하다.

전이와 보상 함수가 확률에 기반한다면, 상태 s에서 행동 a를 여러 번 선택할 경우 선택할 때마다 r과 s'이 달라질 것이다. 이러한 현상의 원인은 Q^π에서 찾을 수 있는데, 이는 Q^π가 상태 s에서 행동 a를 선택함으로써 발생하는 미래 이득의 **기댓값**으로 정의되어서 $\hat{Q}^{\pi^1}(s, a)$를 업데이트할 때 (s, a, r, s', a'_2)을 사용하는 것이 여전히 유효하기 때문이다. 이것을 바라보는 또 다른 관점은 환경이 전적으로 보상 r과 다음 상태 s'으로의 전이에 영향을 미친다고 보는 것이다. 이것은 에이전트와 에이전트가 따르는 정책 외부에서 벌어지는 일이기 때문에 여전히 $Q^\pi_{\text{tar:DQN}}(s, a)$는 경험을 수집할 때 사용되는 정책과는 관련이 없다.

$Q^\pi_{\text{tar:DQN}}(s, a)$가 경험을 수집할 때 사용된 정책에 영향을 받지 않는다면, 어떤 정책에 영향을 받는 것인가? 그것은 바로 서튼과 바르토[132]가 정의한 최적 정책이다.

> 모든 상태에 대해 정책 π'의 기대 이득이 정책 π의 기대 이득보다 크거나 같을 경우 정책 π'이 정책 π보다 더 좋거나 같은 수준이라고 정의된다. 다시 말해, 모든 $s \in \mathcal{S}$에 대해 $V^{\pi'}(s) \geq V^\pi(s)$일 경우에만 $\pi' \geq \pi$이다. 다른 모든 정책보다 좋거나 같은 수준인 정책은 언제나 적어도 하나 이상 존재한다. 이것이 최적 정책 π^*이다.

최적 Q 함수는 상태 s에서 행동 a를 선택하고 그 이후에는 최적 정책 π^*를 따르는 것으로서 정의된다. 이것이 식 4.5에 표현되어 있다.

$$Q^*(s, a) = \max_\pi Q^\pi(s, a) = Q^{\pi^*}(s, a) \qquad \text{(식 4.5)}$$

식 4.5에 비추어 $Q^\pi_{\text{tar:DQN}}(s, a)$를 다시 생각해 보자. Q^π의 추정값이 정확하다면, $Q^\pi(s', a')$을 최대화하는 행동을 선택하는 것이 최적일 것이다. 이것이 에이전트가 할 수 있는 최선이다. 이는

$Q^{\pi}_{\text{tar:DQN}}(s, a)$에 해당하는 정책이 최적 정책 π^*라는 것을 나타낸다.

중요한 건, 최적의 Q 함수를 학습하는 것은 어디까지나 DQN의 목적일 뿐 실제로 최적의 Q 함수가 된다는 뜻은 아니라는 점이다. 여기에는 여러 가지 이유가 있다. 예를 들면 신경망이 표현하는 가설적 공간hypothesis space이 실제로는 최적의 Q 함수를 포함하지 않을 수도 있고, 비볼록 최적화nonconvex optimization 기법이 불완전하여 전역 최솟값을 찾지 못할 수도 있다. 또한 계산량과 시간의 제약 때문에 에이전트를 훈련할 수 있는 시간을 제한한다. 하지만 엡실론 탐욕적 정책하에서 Q 함수를 학습시킴으로써 얻게 되는 살사의 성능 한계가 잠재적으로 준최적suboptimal인 것과 비교하면 DQN이 낼 수 있는 최대의 성능이 최적이라고 말할 수 있다.

4.2 DQN의 행동 선택

DQN이 비활성정책 알고리즘이지만, DQN 에이전트가 경험을 수집하는 방법은 여전히 중요하다. 중요하게 고려해야 할 두 가지 요소가 있다.

먼저, 에이전트는 여전히 3장에서 논의했던 탐험-활용 균형 문제를 마주하고 있다. 에이전트는 훈련 초기에 상태-행동 공간을 빠르게 탐험함으로써 환경 속에서 좋은 행동을 찾을 확률을 높여야 한다. 훈련이 진행되고 에이전트가 더 많이 배울수록, 에이전트는 탐험의 비율을 차츰 낮추고 이미 학습한 것을 활용하는 데 더 많은 시간을 들여야 한다. 이렇게 하면 에이전트가 더 좋은 행동에 집중하면서 훈련의 효율이 향상된다.

두 번째로, 상태-행동 공간이 연속적인 값으로 채워진 아주 큰 공간이거나 높은 차원의 이산적 공간이라면[1] 단 한 번만 경험한다 하더라도 모든 (s, a) 쌍을 경험하기는 매우 어려울 것이다. 이 경우, 경험하지 못한 (s, a) 쌍에 대한 Q 가치는 무작위 값으로 추측하는 것보다 더 좋지 않을 수도 있다.

다행히도, 신경망을 이용한 함수 근사를 통해 이러한 문제를 조금은 해결할 수 있다. 글상자 4.1에서 논의한 대로 신경망은 경험한 (s, a) 쌍을 유사한[2] 상태와 행동으로 일반화할 수 있기 때문이다. 하지만 이렇게 해도 문제가 완전히 해결되지는 않는다. 여전히 상태-행동 공간의 일부는

---

1 예를 들면, 이미지의 디지털화를 통해 상태 공간이 표현될 수도 있다. 그레이스케일(grayscale) 이미지가 0부터 255까지의 픽셀로 나누어진 것과 같이 픽셀값은 일반적으로 이산적인데, 하나의 이미지가 수천 또는 수백만 개의 픽셀로 구성될 수도 있다.

2 유사한 상태 또는 행동이 무엇인지 정의하는 다양한 방법이 있다. 이 내용은 그 자체로도 넓은 범위의 주제다. 유사성을 측정하는 간단한 지표 중 하나는 L2 거리다. 이 거리가 작을수록 두 상태 또는 행동 사이의 유사성은 커진다. 하지만 이미지와 같은 높은 차원의 상태에 대해서는 픽셀 공간에서의 L2 거리로는 중요한 유사성을 알아채지 못할 수도 있다. 예를 들면, 유사한 게임 상태가 시각적으로는 다르게 보일 수도 있다. 이 문제를 다루는 다른 방법들도 있다. 예를 들면, 처음에 낮은 차원의 상태 표현을 학습하고 그 이후에 상태 표현들 간의 L2 거리를 측정하는 것이다.

아주 먼 곳에 있을 수 있고, 에이전트가 경험한 상태 및 행동과도 매우 다를 수 있다. 이런 경우에는 신경망을 통한 일반화가 잘 안 될 가능성이 높고 Q 가치 추정값도 부정확할 수 있다.

글상자 4.1 **일반화와 신경망**

함수 근사 방법에서 중요하게 고려해야 할 점은 훈련 과정에서 사용되지 않은 입력도 잘 다룰 수 있도록 일반화하는 방법을 찾는 것이다. 예를 들면, 경험해 보지 않은 (s, a) 쌍에 대한 Q 함수 추정값은 얼마나 정확할까? 선형(에 선형 회귀)과 비선형(에 신경망) 함수 근사 방법은 모두 어느 정도의 일반화를 수행할 수 있지만, 표 기반의 방법은 그렇지 않다.

표 형태로 표현된 $\hat{Q}^\pi(s, a)$를 생각해 보자. 상태-행동 공간이 수백만 개의 (s, a) 쌍을 포함할 정도로 매우 크고, 훈련을 시작할 때 특정한 $\hat{Q}^\pi(s, a)$에 해당하는 각 셀cell의 초깃값을 0으로 설정한다고 하자. 훈련 과정 중에 에이전트는 (s, a) 쌍을 경험하고 표는 업데이트되지만, 경험하지 못한 (s, a) 쌍에 대해서는 계속해서 $\hat{Q}^\pi(s, a) = 0$이다. 상태-행동 공간이 크기 때문에 많은 (s, a) 쌍이 선택되지 않은 채로 남아 있을 것이고 (s, a)가 $\hat{Q}^\pi(s, a) \gg 0$이 되는 좋은 선택지일지라도 그들의 Q 가치 추정값은 0으로 남아 있을 것이다. 여기서 중요한 이슈는 표 형태로 함수를 표현하면 각기 다른 상태와 행동이 서로 어떻게 연관되는지에 대해 어떤 것도 학습할 수 없다는 점이다.

반면에, 신경망은 이미 경험한 (s, a)에 대한 Q 가치로부터 경험하지 못한 (s', a')을 예측할 수 있다. 이것이 가능한 이유는 신경망이 각기 다른 상태와 행동이 서로 어떻게 연관되는지 학습하기 때문이다. (s, a) 쌍이 많거나 그것도 모자라 무한히 많을 경우에는 신경망의 이런 능력이 매우 유용하다. Q 함수에 대한 좋은 추정값을 구하기 위해 에이전트가 모든 (s, a)를 경험할 필요가 없기 때문이다. 이 경우 에이전트는 상태-행동 공간을 대표하는 일부분만 경험하면 된다.

신경망의 일반화 능력에는 한계가 있고, 신경망이 제 기능을 못하는 경우에는 일반적으로 두 가지 경우가 있다. 먼저, 신경망에 들어오는 입력이 신경망을 훈련할 때 사용했던 입력과 상당히 다를 경우에는 신경망의 올바른 값을 출력할 확률이 낮다. 일반적으로, 훈련 데이터를 둘러싼 좁은 영역으로부터 입력이 들어올 때 일반화 능력이 훨씬 더 좋다. 두 번째로, 신경망이 근사하려고 하는 함수가 급격한 불연속점을 갖는다면 신경망을 통한 일반화가 잘되지 않을 가능성이 높다. 이것은 신경망이 암묵적으로 가정하는 입력 공간이 특정 영역 내에서 부드럽고 연속적인 입력 공간이기 때문이다. 입력 x와 x'이 비슷하다면 그에 따른 출력 y와 y'도 비슷해야 한다.

그림 4.1에 보이는 예제를 생각해 보자. 이 예제는 에이전트가 평평한 산꼭대기에서 걸을 수 있는 1차원적인 환경을 나타낸다. 상태는 에이전트의 x축상에서의 위치이고, 행동은 시간 단계마다 x를 변화시키는 것이고, 보상은 y축에 표시된다. 이 환경에는 절벽이(에이전트가 상태 $s = x = 1$에 도달할 때 발생하는 보상의 급전직하) 있다. $s = x = 0.99$에서 $s' = x'$ $= 1.0$으로 이동함으로써 절벽 아래로 '떨어지면', s와 s'이 서로 가까울지라도 에이전트가 받는 보상은 급격히 감소할 것이다. 상태 공간의 다른 영역에서는 같은 거리만큼 움직여도 보상이 이처럼 크게 변하지 않는다.

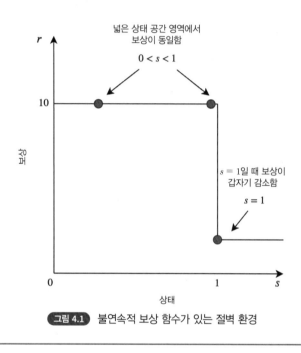

그림 4.1 불연속적 보상 함수가 있는 절벽 환경

환경이 포함하는 상태-행동 공간이 크다면, 이 공간 안의 모든 영역에 대해 에이전트가 좋은 Q 가치 추정값을 학습할 확률은 낮다. 좋은 정책이 자주 경험할 것 같은 상태와 행동에 집중하여 훈련한다면 이러한 환경에서도 좋은 성능을 낼 수가 있다. 이러한 전략을 신경망과 결합하면, 자주 경험하는 상태-행동이 속한 영역에서는 Q 함수 근사가 잘될 것 같다.

따라서 DQN 에이전트가 사용하는 정책은 에이전트가 현재 Q 함수 추정값에 대해 탐욕적으로 행동함으로써 경험하게 될 상태-행동과 상당히 유사한 상태-행동을 경험하도록 해야 한다. 이렇게 하면 에이전트의 현재 Q 함수 추정값이 최적 정책의 Q 함수 추정값이 된다. 이 두 정책이 생성하는 데이터의 분포는 유사해야 한다.

실제로는, 3장에서 논의한 엡실론 탐욕적 정책이나 다음 절에서 소개할 볼츠만 정책을 이용하면 이와 같이 할 수 있다. 이 두 정책 중 하나를 사용하면 에이전트가 최적 정책의 추정값을 사용하여 경험할 법한 데이터에 집중해서 학습하도록 도와준다.[3]

4.2.1 볼츠만 정책

탐욕적 정책이나 엡실론 탐욕적 정책이 DQN이나 살사 에이전트에 적용할 수 있는 유일한 선택지는 아니다. 이 절에서는 세 번째 선택지인 볼츠만 정책을 알아본다. 볼츠만이라는 이름은 볼츠만 확률분포에서 따온 것이다.

좋은 정책은 상태-행동 공간을 탐험하는 것과 에이전트가 학습한 지식을 활용하는 것 사이에 균형을 맞출 수 있어야 한다.

엡실론 탐욕적 정책은 훈련이 진행됨에 따라 무작위로 행동을 선택할 확률 ε을 감소시킴으로써 탐험과 활용의 균형을 맞춘다. 이 정책을 따르면 훈련이 시작할 때는 탐험을 더 많이 하고 시간이 지남에 따라 활용을 더 많이 한다. 이 정책의 한 가지 문제는 탐험 전략이 너무 단순하다는 점이다. 에이전트는 무작위로 탐험하고 이전에 학습한 환경에 대한 어떤 지식도 이용하지 않는다.

볼츠만 정책은 행동의 상대적인 Q 가치를 이용하여 행동을 선택함으로써 무작위 탐험을 향상하고자 한다. 상태 s에서 Q 가치를 최대화하는 행동 a가 더 자주 선택될 테지만, 상대적으로 높은 Q 가치를 갖는 다른 행동을 선택할 확률도 높을 것이다. 반대로, 아주 작은 Q 가치를 갖는 행동은 거의 선택되지 않을 것이다. 이렇게 하면 모든 행동을 동일한 확률로 선택하는 대신 Q 가치를 최대화하는 행동 선택에서 벗어나면서도 더 유망한 행동을 탐험하는 데 집중하는 효과를 갖게 된다.

볼츠만 정책을 생성하기 위해, 소프트맥스softmax 함수(식 4.6)를 적용함으로써 상태 s에서 모든 행동 a에 대한 Q 가치의 확률분포를 만든다. 소프트맥스 함수에 온도 파라미터 $\tau \in (0, \infty)$를 추가하여 확률분포의 균일한 정도나 집중된 정도가 얼마인지를 조정할 수 있다. τ 값을 크게 하면 확률분포는 더 균일해지고, τ 값을 작게 하면 확률분포는 더 집중된 분포를 갖는다. 그런 다음 식 4.7에 표현된 이 분포에 따라 행동을 선택한다.

$$p_{\text{softmax}}(a \mid s) = \frac{e^{Q^\pi(s,a)}}{\sum_{a'} e^{Q^\pi(s,a')}} \tag{식 4.6}$$

$$p_{\text{boltzmann}}(a \mid s) = \frac{e^{Q^\pi(s,a)/\tau}}{\sum_{a'} e^{Q^\pi(s,a')/\tau}} \tag{식 4.7}$$

---

3   큰 상태-행동 공간에 대해 Q 함수 학습이 어려운 것은 살사의 경우에도 마찬가지다. 하지만 살사는 활성정책 알고리즘이기 때문에, 자동적으로 정책이 자주 경험하게 되는 상태-행동 공간에 집중해서 학습한다.

볼츠만 정책에서 온도 파라미터 τ의 역할은 엡실론 탐욕적 정책에서 ε의 역할과 유사하다. τ는 상태-행동 공간에 대한 탐험을 권장한다. 왜 그런지 알아보기 위해, 식 4.8의 예제를 살펴보자.

$$
\begin{aligned}
\text{소프트맥스:} \quad & x : [1, 2] \rightarrow p(x) : [0.27, 0.73] \\
\text{볼츠만, } \tau = 5: \quad & x : [1, 2] \rightarrow p(x) : [0.45, 0.55] \\
\text{볼츠만, } \tau = 2: \quad & x : [1, 2] \rightarrow p(x) : [0.38, 0.62] \\
\text{볼츠만, } \tau = 0.5: \quad & x : [1, 2] \rightarrow p(x) : [0.12, 0.88] \\
\text{볼츠만, } \tau = 0.1: \quad & x : [1, 2] \rightarrow p(x) : [0.00, 1.00]
\end{aligned}
\tag{식 4.8}
$$

큰 값의 τ(예 $\tau = 5$)는 확률분포를 균일한 분포에 더 가깝게 만든다. 이렇게 되면 에이전트는 매우 무작위로 행동하게 된다. τ 값이 작으면(예 0.1), 가장 큰 Q 가치에 해당하는 행동의 확률이 증가해서 에이전트는 더 탐욕적으로 행동할 것이다. $\tau = 1$이면 소프트맥스 함수가 된다. 훈련 도중에 τ 값을 조정해서 탐험과 활용의 균형을 맞춘다. 훈련이 시작할 때 τ 값을 크게 하면 탐험을 권장하게 되고 시간이 지남에 따라 τ가 감소하면서 정책이 탐욕적 정책에 가까워진다.

엡실론 탐욕적 정책과 비교했을 때 볼츠만 정책의 주된 장점은 환경을 덜 무작위로 탐험한다는 것이다. 에이전트가 행동을 선택할 때마다 에이전트는 볼츠만 정책에 의해 생성된 확률분포로부터 행동을 추출한다. ε의 확률로 무작위 행동을 하는 대신, 에이전트가 $p_{\text{boltzmann}}(a \mid s)$의 확률로 행동을 선택하기 때문에 더 큰 값의 Q 가치를 갖는 행동이 선택될 확률이 더 높다. 에이전트가 Q 가치를 최대화하는 행동을 선택하지 않더라도, $\hat{Q}^{\pi}(s, a)$를 기준으로 볼 때 세 번째나 네 번째보다는 두 번째로 좋은 행동을 선택할 가능성이 높아진다.

볼츠만 정책은 또한 엡실론 탐욕적 정책에 비해 Q 가치 추정값과 행동 확률 사이의 관계를 더 부드럽게 만든다. 표 4.1에 보이는 예제를 생각해 보자. 상태 s에서 선택 가능한 두 행동 a_1과 a_2가 있다. 표 4.1은 엡실론 탐욕적 정책과 볼츠만 정책하에서 $Q^{\pi}(s, a_1)$과 $Q^{\pi}(s, a_2)$를 변화시킴에 따라 상태 s에서 행동 a_1과 a_2를 선택할 확률을 비교하고 있다. 이 예제에서 $\tau = 1$이고 $\varepsilon = 0.1$이다.

표 4.1 행동 확률. 이 표는 다양한 $Q^{\pi}(s, a)$ 값에 대해 엡실론 탐욕적 정책과 볼츠만 정책을 사용했을 때 상태 s에서 a_1과 a_2를 선택할 확률을 비교한다. $\tau = 1$, $\varepsilon = 0.1$을 적용했다.

$Q^{\pi}(s, a_1)$	$Q^{\pi}(s, a_2)$	$p_{\varepsilon}(a_1 \mid s)$	$p_{\varepsilon}(a_2 \mid s)$	$p_B(a_1 \mid s)$	$p_B(a_2 \mid s)$
1.00	9.00	0.05	0.95	0.00	1.00
4.00	6.00	0.05	0.95	0.12	0.88
4.90	5.10	0.05	0.95	0.45	0.55
5.05	4.95	0.95	0.05	0.53	0.48
7.00	3.00	0.95	0.05	0.98	0.02
8.00	2.00	0.95	0.05	1.00	0.00

가장 왼쪽에 있는 두 열은 a_1과 a_2에 대한 Q 가치를 보여준다. 이 값이 매우 다를 때(예를 들어, $Q^\pi(s, a_1) = 1$이고 $Q^\pi(s, a_2) = 9$일 때) 두 정책은 모두 a_1에 낮은 확률을 할당한다. 하지만 이 두 값이 유사하면(예를 들어, $Q^\pi(s, a_1) = 5.05$이고 $Q^\pi(s, a_2) = 4.95$이면) 엡실론 탐욕적 정책은 대부분의 확률을 a_2에 할당한다. 왜냐하면 a_2가 Q 가치의 최댓값에 해당하기 때문이다. 반대로, 볼츠만 정책은 두 행동에 거의 같은 확률 $p(a_1) = 0.53$, $p(a_2) = 0.48$을 할당한다.

직관적으로, 이것은 엡실론 탐욕적 정책보다 더 좋아 보인다. 행동 a_1과 a_2는 매우 유사한 Q 가치를 갖기 때문에 상태 s에서 행동을 선택하는 에이전트의 입장에서 두 행동은 근사적으로 동일하다. 그러므로 두 행동은 대략 동일한 확률로 선택되어야 한다. 이것이 볼츠만 정책이 하는 일이다. 엡실론 탐욕적 정책은 좀 더 극단적인 행동을 초래한다. Q 가치 중 하나가 다른 것보다 조금이라도 더 크면, 엡실론 탐욕적 정책은 이미 정해진 확률 $(1 - \varepsilon)$을 Q 가치가 더 큰 행동에 모두 할당할 것이다. 다음번 훈련에서 다른 Q 가치가 조금 더 큰 값을 갖는다면, 엡실론 탐욕적 정책은 곧바로 입장을 바꿔서 정해진 확률을 다른 행동에 모두 할당할 것이다. 따라서 엡실론 탐욕적 정책은 볼츠만 정책보다 더 불안정해질 수 있다. 그리고 이러한 이유로 에이전트는 학습에 더 어려움을 겪게 된다.

일부 상태 공간에 대해 Q 가치 추정값이 부정확할 때 볼츠만 정책을 사용하면 에이전트는 지역적 최솟값local minimum에 빠질 수 있다. 다시 상태 s에서 선택 가능한 2개의 행동 a_1과 a_2를 생각해 보자. $Q^*(s, a_1) = 2$, $Q^*(s, a_2) = 10$이라 하고, 현재 추정값이 $\hat{Q}^\pi(s, a_1) = 2.5$, $\hat{Q}^\pi(s, a_2) = -3$이라고 하자. 최적의 행동은 a_2이지만, 볼츠만 정책을 따르면 a_2를 선택할 확률이 극도로 낮아진다($\tau = 1$일 경우 0.5% 미만). 이렇게 되면 에이전트가 a_2를 시도해 보고 a_2가 더 좋은 행동임을 발견할 확률은 거의 사라진다. 에이전트는 상태 s에서 행동 a_1을 선택하는 상황에서 벗어나지 못할 것이다. 반대로, 엡실론 탐욕적 정책은 Q 가치 추정값에 관계없이 $p = \varepsilon/2$의 확률로 a_2를 선택할 것이다. 이렇게 하면 시간이 지남에 따라 Q 가치 추정값이 보정될 가능성이 높다.

볼츠만 정책의 이러한 문제점을 해결하는 한 가지 방법은 훈련 초기에 τ 값을 키워서 행동 확률 분포가 더 균일하게 만드는 것이다. 훈련이 진행되고 에이전트가 더 많이 학습하게 되면 에이전트가 학습한 지식을 활용하도록 τ 값의 크기를 줄일 수 있다. 하지만 τ를 너무 빨리 감소시키지 않도록 주의해야 한다. 그렇지 않으면 정책이 지역 최솟값에 빠져버릴 수 있다.

4.3 경험 재현

이 절에서는 **경험 재현**experience replay 메모리[82]를 이용하여 DQN이 살사보다 더 효율적으로 표본을 추출하는 방법을 알아볼 것이다. 우선, 활성정책 알고리즘을 표본 비효율적으로 만드는 두 가지 요소를 살펴보자.

첫 번째로, 활성정책 알고리즘은 정책 파라미터 업데이트를 위해 오직 현재 정책에 따라 수집된 데이터만을 사용할 수 있다는 사실을 확인했었다. 모든 경험은 한 번만 사용된다. 이것은 신경망과 같이 경사하강을 이용하는 함수 근사와 결합될 경우 문제가 된다. 경사는 현재 파라미터값 주위의 좁은 영역에서 하강 방향에 대해서만 의미 있는 정보를 주기 때문에 파라미터 업데이트의 크기는 작아야 한다. 하지만 일부 경험에 대한 최적 파라미터 업데이트의 크기는 클 수도 있다. 예를 들면, 신경망이 예측하는 Q 가치 $\hat{Q}^\pi(s, a_1)$과 $Q^\pi(s, a_1)$ 사이의 차이가 클 경우에 그렇다. 이 경우, 경험에 포함된 모든 정보를 활용하기 위해 신경은 경험을 이용하여 파라미터를 여러 번 업데이트해야 할 수도 있다. 활성정책 알고리즘은 이런 것을 할 수 없다.

두 번째로, 활성정책 알고리즘을 훈련하기 위해 사용되는 경험들은 서로 밀접하게 연관되어 있다. 이것은 하나의 파라미터에 대한 업데이트를 위해 사용되는 데이터가 일반적으로 하나의 에피소드로부터 나오는 반면, 미래 상태와 보상은 이전 상태와 행동에 따라 결정되기 때문이다.[4] 이러한 이유로 파라미터 업데이트의 분산이 커질 수 있다.

DQN 같은 비활성정책 알고리즘은 한 번 사용된 경험을 폐기할 필요가 없다. 롱지 린Long-Ji Lin[82]이 1992년에 이것을 처음 발견하고 Q 학습을 확장하는 **경험 재현**이라 불리는 방법을 제안했다. 그는 TD 학습이 강화학습 특유의 데이터 수집을 위한 시행착오 메커니즘과 시간에 역행하는 방향으로 정보를 전파할 필요성 때문에 느려질 수 있다는 사실을 알아냈다. TD 학습의 속도를 높이려면 신뢰 할당 과정을 가속화하거나 시행착오 과정을 줄이면 된다[82]. 경험 재현은 경험의 재사용을 가능하게 함으로써 후자의 방법에 집중한다.

경험 재현 메모리는 에이전트가 확보한 k개의 가장 최신 경험을 저장한다. 메모리가 다 차면, 가장 오래된 경험은 새로운 경험을 저장할 공간 확보를 위해 폐기된다. 에이전트가 훈련할 때마다, 하나 이상의 데이터 묶음이 경험 재현 메모리로부터 균일한 분포를 따라 무작위로 추출된다. 그런 다음 이 데이터 묶음 각각은 Q 함수 네트워크의 파라미터를 업데이트하기 위해 사용된다.

---

4 다수의 에피소드로부터 데이터를 수집하는 것도 가능하다. 하지만 이렇게 하면 학습이 지연되고 에피소드 내의 경험들은 여전히 서로 밀접하게 연관된 상태를 유지한다.

k는 일반적으로 10,000과 1,000,000 사이의 꽤 큰 값을 갖는 반면, 데이터 묶음에 포함된 데이터 개수는 일반적으로 32와 2048 사이의 값으로 훨씬 더 작다.

많은 에피소드에서 수집된 경험을 저장하기 위해 메모리의 크기는 충분히 커야 한다. 데이터 묶음에는 일반적으로 각기 다른 정책과 각기 다른 에피소드로부터 수집된 경험이 포함된다. 이렇게 하면 에이전트를 훈련할 때 사용되는 경험들은 서로 연관성이 낮아진다. 그리고 이렇게 되면 파라미터 업데이트의 분산이 작아져서 훈련을 안정화하는 데 도움이 된다. 하지만 메모리의 크기는 무한정 커지면 안 되고 어느 정도 작아질 필요도 있는데, 이것은 경험이 폐기되기 전에 두 번 이상 추출될 확률을 높임으로써 학습이 좀 더 효율적으로 진행되게 하기 위함이다.

가장 오래된 경험을 폐기하는 것도 중요하다. 에이전트가 학습을 진행함에 따라 에이전트가 학습하는 (s, a) 쌍의 분포는 변화한다. 더 오래된 경험일수록 유용성이 떨어지는데, 이것은 상태가 더 오래될수록 에이전트가 그 상태를 경험할 확률이 낮아지기 때문이다. 제한된 시간과 계산량의 한계로 인해, 에이전트가 더 최근에 수집된 경험을 학습하는 데 집중하게 하는 것이 바람직하다. 최근에 수집된 경험이 더 적합하기 때문이다. 이런 방법을 구현하려면 k개의 가장 최신 경험을 저장하기만 하면 된다.

4.4 DQN 알고리즘

DQN의 모든 구성요소를 소개했으므로 이제 알고리즘을 설명하겠다. 볼츠만 정책을 적용한 DQN의 의사코드는 알고리즘 4.1에 제시되어 있다. Q 함수 추정값 $\hat{Q}^{\pi}(s, a)$는 신경망에 의해 파라미터 θ로 표현되기 때문에 Q^{π_θ}로 표기한다. 즉, $\hat{Q}^{\pi}(s, a) = Q^{\pi_\theta}(s, a)$다.

알고리즘 4.1 DQN

1: 학습률 α를 초기화
2: τ를 초기화
3: 훈련 단계별 데이터 묶음의 개수 B를 초기화
4: 데이터 묶음별 업데이트 횟수 U를 초기화
5: 데이터 묶음의 크기 N을 초기화
6: 경험 재현 메모리를 최대 크기인 K로 초기화
7: 네트워크 파라미터 θ를 무작위 값으로 초기화
8: **for** $m = 1 \dots MAX\_STEPS$ **do**
9:     현재 정책을 이용하여 경험 (s_i, a_i, r_i, s_i')을 h개 수집하고 저장
10:     **for** $b = 1 \dots B$ **do**

11:	경험 재현 메모리로부터 b번째 경험 데이터 묶음을 추출
12:	for $u = 1 \ldots U$ do
13:	for $i = 1 \ldots N$ do
14:	# 목표 Q 가치를 모든 예제에 대해 계산
15:	$y_i = r_i + \delta_{s_i'}\gamma \max\limits_{a_i'} Q^{\pi_\theta}(s_i', a_i')$, 여기서 s_i'이 종단 상태이면 $\delta_{s_i'} = 0$,
	↳ 그렇지 않으면 $\delta_{s_i'} = 1$
16:	end for
17:	# MSE 등의 측정 지표를 이용하여 손실을 계산
18:	$L(\theta) = \frac{1}{N}\sum_i (y_i - Q^{\pi_\theta}(s_i', a_i'))^2$
19:	# 네트워크 파라미터를 업데이트
20:	$\theta = \theta - \alpha\nabla_\theta L(\theta)$
21:	end for
22:	end for
23:	τ를 감소시킴
24:	end for

현재의 Q^{π_θ}를 이용하여 Q 가치를 생성하면서 볼츠만 정책을 이용하여 데이터를 모으고 저장하는 것(라인 9)부터 시작한다. 엡실론 탐욕적 정책을 사용할 수도 있다. 에이전트를 훈련하기 위해, 경험 재현 메모리로부터 B개의 데이터 묶음을 추출한다(라인 10~11). 모든 데이터 묶음에 대해, U회의 파라미터 업데이트를 다음과 같이 수행한다. 먼저, 데이터 묶음의 개별 데이터에 대해 목표 Q 가치를 계산한다(라인 15). 이 계산에는 다음 상태 s'에서 Q 가치를 최대화하는 행동을 선택하는 과정이 포함된다. 이러한 이유로 DQN은 이산적 행동 공간을 갖는 환경에만 적용할 수 있다. 행동 공간이 이산적일 때 이 계산은 간단하다(단지 모든 행동에 대해 Q 가치를 계산하고 최대의 값을 선택하면 된다). 하지만 행동 공간이 연속적일 때는 선택 가능한 행동이 무한하기 때문에 모든 행동에 대해 Q 가치를 계산할 수 없다. DQN을 이산적 행동 공간에만 적용 가능하게 만드는 그 밖의 이유는 살사에 대해 살펴봤던 이유와 동일하다. 엡실론 탐욕적 정책을 실행하기 위해 Q 가치를 최대화하는 행동이 필요하다는 것이다.

이제, 손실을 계산한다(라인 18). 마지막으로, 손실의 경사를 계산하고 신경망 파라미터 θ를 업데이트한다(라인 20). 모든 훈련이 끝난 후(라인 10~22) τ를 업데이트한다(라인 23).

알고리즘 4.1은 DQN이 비활성정책 알고리즘이기 때문에 나타나는 두 가지 실제적인 결과를 보여준다. 첫째, 훈련의 반복 과정마다 Q 함수 추정값을 업데이트하기 위해 2개 이상의 경험 묶음을 사용할 수 있다. 둘째, 에이전트는 하나의 경험 묶음을 사용하여 2개 이상의 파라미터를 업데이트할 수 있다. 원한다면, Q 함수를 근사하는 신경망을 경험 묶음에 대한 학습이 수렴할 때까지 훈련할 수 있다. 이러한 과정 때문에 반복 훈련의 한 사이클에 소비되는 계산 비용이 증가하지만 이는 학습 속도를 상당히 증가시키기도 한다. 현재까지 에이전트가 수집한 경험으로부터 더 많이 배우는 것과 향상된 Q 함수를 이용하여 더 좋은 경험을 수집하는 것 사이에 균형을 잡을 필요가 있다. 데이터 묶음 하나당 업데이트되는 파라미터의 개수와 훈련 단계 하나당 데이터 묶음의 개수, 그리고 B 값은 이러한 균형 관계를 반영한다. 이 파라미터의 값으로 어떤 값이 좋은지는 당면한 문제와 가용할 수 있는 계산 능력에 따라 달라진다. 하지만 데이터 묶음의 개수와 데이터 묶음 하나당 업데이트할 파라미터의 개수는 1~5개가 일반적이다.

4.5 DQN의 적용

DQN은 살사 알고리즘의 수정 버전이라고 생각할 수 있다. 이 절에서는 SLM Lab의 SARSA 클래스를 확장하여 DQN을 어떻게 적용할 수 있을지 알아본다.

VanillaDQN은 SARSA를 확장한 방법으로서 살사의 방법을 대부분 다시 사용한다. DQN에서의 Q 함수 추정값이 살사와는 다르기 때문에 calc_q_loss를 오버라이드할 필요가 있다. train도 데이터 묶음의 개수와 데이터 묶음 하나당 업데이트할 파라미터의 개수를 선택할 수 있도록 변경할 필요가 있다. 마지막으로, 경험 재현을 구현할 필요가 있다. 이것은 새로운 Memory 클래스인 Replay를 통해 할 수 있다.

4.5.1 Q 손실의 계산

DQN의 calc_q_loss 메서드를 코드 4.1에서 볼 수 있다. 이 방법의 형태는 살사의 형태와 매우 유사하다.

먼저 데이터 묶음에 있는 상태 s에 대한 모든 행동의 $\hat{Q}^\pi(s, a)$ 값이 계산된다(라인 9). 다음 상태 s'에 대해서도 동일한 과정을 반복한다. 다만 이번에는 경사를 추적하지 않는다(라인 10~11).

그런 다음 데이터 묶음의 모든 경험에 대해 현재 상태 s에서 에이전트가 선택한 행동 a에 대해 Q 가치 추정값을 선택한다(라인 12). 라인 13에서는 모든 다음 상태에 대해 최대의 Q 가치 추정값을 선택하고 그 값을 이용하여 $Q^\pi_{\text{tar:DQN}}(s, a)$를 계산한다(라인 14). 마지막으로, $\hat{Q}^\pi(s, a)$와 $Q^\pi_{\text{tar:DQN}}(s, a)$(각각 act_q_preds와 max_q_targets)를 이용하여 손실을 계산한다.

```python
# slm_lab/agent/algorithms/dqn.py

class VanillaDQN(SARSA):
    ...

    def calc_q_loss(self, batch):
        states = batch['states']
        next_states = batch['next_states']
        q_preds = self.net(states)
        with torch.no_grad():
            next_q_preds = self.net(next_states)
        act_q_preds = q_preds.gather(-1,
        ↪  batch['actions'].long().unsqueeze(-1)).squeeze(-1)
        max_next_q_preds, _ = next_q_preds.max(dim=-1, keepdim=False)
        max_q_targets = batch['rewards'] + self.gamma * (1 - batch['dones']) *
        ↪  max_next_q_preds
        q_loss = self.net.loss_fn(act_q_preds, max_q_targets)
        ...
        return q_loss
```

4.5.2 DQN 훈련 루프

코드 4.2의 훈련 루프는 다음과 같이 진행된다.

1. 모든 시간 단계에서, train이 호출되고 에이전트는 훈련 준비가 되었는지 확인한다(라인 10). self.to_train 플래그가 메모리 클래스에 의해 설정된다.

2. 훈련 시점이 되면, 에이전트는 self.sample()을 호출해서(라인 13) self.training_iter개의 데이터 묶음을 메모리로부터 추출한다(라인 12).

3. 데이터 묶음을 이용하여 self.training_batch_iter번의 파라미터 업데이트를 수행한다 (라인 15~18). 파라미터 업데이트는 다음의 과정을 따라 진행된다.

4. batch에 대해 Q 손실을 계산한다(라인 16).

5. Q 손실을 이용하여 가치 네트워크 파라미터를 한 번 업데이트한다(라인 17). 이미 정의된 손실을 이용하여 파이토치는 자동 미분 기능을 통해 편리하게 파라미터 업데이트를 수행한다.

6. 손실을 합산한다(라인 18).

7. 파라미터 업데이트가 모두 끝나고 나면 기록을 위해 손실의 평균을 계산한다(라인 19).

8. self.to_train을 0으로 재설정하여 에이전트가 다시 준비될 때까지 훈련이 진행되지 않게 한다.

코드 4.2 DQN의 적용: 훈련 방법

```python
1   # slm_lab/agent/algorithms/dqn.py
2
3   class VanillaDQN(SARSA):
4       ...
5
6       @lab_api
7       def train(self):
8           ...
9           clock = self.body.env.clock
10          if self.to_train == 1:
11              total_loss = torch.tensor(0.0)
12              for _ in range(self.training_iter):
13                  batch = self.sample()
14                  ...
15                  for _ in range(self.training_batch_iter):
16                      loss = self.calc_q_loss(batch)
17                      self.net.train_step(loss, self.optim, self.lr_scheduler,
                         ↪ clock=clock, global_net=self.global_net)
18                      total_loss += loss
19              loss = total_loss / (self.training_iter * self.training_batch_iter)
20              self.to_train = 0
21              return loss.item()
22          else:
23              return np.nan
```

4.5.3 재현 메모리

이 절에서는 경험 재현을 구현하는 Replay 메모리 클래스를 살펴볼 것이다. 처음에는 이 절을 건너뛰고 읽어도 DQN 알고리즘을 이해하는 데 문제가 없다. 4.3절에서 논의한 경험 재현의 주요 개념을 이해하는 것으로 충분하다.

Replay 메모리는 SLM Lab의 Memory API의 규칙을 따르고, 3개의 핵심 방법(메모리 재설정, 경험의 추가, 데이터 묶음의 추출)으로 구성된다.

재현 메모리 초기화와 재설정　　코드 4.3의 __init__는 라인 20의 스토리지 키$_{key}$를 포함하여 클래스 변수를 초기화한다. Replay 메모리에서는 메모리의 현재 크기(self.size)와 가장 최근 경험의 위치(self.head)를 추적할 필요가 있다.

reset은 데이터 구조를 생성하는 데 사용된다. Replay 메모리에서 모든 경험 데이터는 리스트로 저장된다. 2.6.6절의 OnPolicyReplay와는 다르게, 이것은 메모리가 초기화될 때 단 한 번만 호출된다. 훈련이 진행되면서 경험이 재사용될 수 있도록 메모리는 유지된다.

```
1    # slm_lab/agent/memory/replay.py
2
3    class Replay(Memory):
4        ...
5
6        def __init__(self, memory_spec, body):
7            super().__init__(memory_spec, body)
8            util.set_attr(self, self.memory_spec, [
9                'batch_size',
10               'max_size',
11               'use_cer',
12           ])
13           self.is_episodic = False
14           self.batch_idxs = None
15           self.size = 0                           # 저장된 전체 경험
16           self.seen_size = 0                      # 점증적으로 수집한 전체 경험
17           self.head = -1                          # 가장 최근의 경험을 나타내는 인덱스
18           self.ns_idx_offset = self.body.env.num_envs if body.env.is_venv else 1
19           self.ns_buffer = deque(maxlen=self.ns_idx_offset)
20           self.data_keys = ['states', 'actions', 'rewards', 'next_states', 'dones']
21           self.reset()
22
23       def reset(self):
24           for k in self.data_keys:
25               if k != 'next_states':              # self.states를 재사용
26                   setattr(self, k, [None] * self.max_size)
27           self.size = 0
28           self.head = -1
29           self.ns_buffer.clear()
```

재현 메모리 업데이트　Replay 메모리의 add_experience(코드 4.4)는 활성정책 메모리 클래스와는 다르게 작동한다.

경험을 추가하기 위해, 가장 최근의 경험을 나타내는 인덱스인 self.head를 1만큼 증가시킨다. 이 때 인덱스가 경곗값 이상으로 증가하면 다시 0이 되도록 한다(라인 13). 메모리가 다 차지 않았다면 인덱스는 메모리 안의 빈 슬롯을 가리킬 것이고, 메모리가 다 찼다면 새 경험으로 대체될 가장 오래된 경험의 슬롯을 가리킬 것이다. 이러한 방식으로, Replay는 self.max_size개의 가장 최신 경험을 저장한다. 다음으로, 리스트에 self.head 인덱스로 저장된 원소의 값을 현재 경험으로 대체함으로써 경험이 메모리에 추가된다(라인 14~18). 라인 20~22에서는 메모리의 실제 크기와 에이전트가 수집한 경험의 총 개수를 추적하고, 라인 23~24에서는 훈련 플래그 algorithm.to_train을 설정한다.

코드 4.4 재현: 경험 추가

```python
# slm_lab/agent/memory/replay.py

class Replay(Memory):
    ...

    @lab_api
    def update(self, state, action, reward, next_state, done):
        ...
        self.add_experience(state, action, reward, next_state, done)

    def add_experience(self, state, action, reward, next_state, done):
        # 헤드 포인터를 이동. 필요시 처음으로 되돌린다.
        self.head = (self.head + 1) % self.max_size
        self.states[self.head] = state.astype(np.float16)
        self.actions[self.head] = action
        self.rewards[self.head] = reward
        self.ns_buffer.append(next_state.astype(np.float16))
        self.dones[self.head] = done
        # 점유된 메모리의 실제 크기
        if self.size < self.max_size:
            self.size += 1
        self.seen_size += 1
        algorithm = self.body.agent.algorithm
        algorithm.to_train = algorithm.to_train or (self.seen_size >
        ↪    algorithm.training_start_step and self.head %
        ↪    algorithm.training_frequency == 0)
```

재현 메모리 샘플 데이터 묶음을 추출하는 과정에는 유효한 인덱스를 추출하고 이 인덱스를 이용하여 리스트에 저장된 관련 예제를 추출함으로써 데이터 묶음을 구성하는 과정이 포함된다 (코드 4.5 참고). 먼저, batch_size 인덱스는 sample_idxs 함수를 호출함으로써 선택된다(라인 8). 인덱스는 인덱스 리스트 {0, ..., self.size}에서 균일한 분포를 따라 무작위로 복원추출된다(라인 18). self.size == self.max_size이면 메모리가 다 차는데, 이 상태에서는 전체 메모리에서 인덱스를 추출하게 된다. 그런 다음 이 인덱스를 이용해서 데이터 묶음이 구성된다(라인 9~14).

여기서 샘플링과 관련해서 자세히 살펴봐야 할 한 가지를 언급할 필요가 있다. 메모리(RAM) 공간을 절약하기 위해, 다음 상태는 겉으로 드러나게 저장되지 않는다. 아주 먼 다음 상태를 제외한 나머지 다음 상태는 이미 상태 버퍼buffer에 존재한다. 결과적으로, 다음 상태의 데이터 묶음을 구성하는 과정은 좀 더 복잡하고, 라인 12에서 호출되는 sample_next_states 함수가 이 과정을 수행한다. 관심 있는 독자들은 slm_lab/agent/memory/replay.py를 통해 SLM Lab에서 구현한 것을 확인할 수 있다.

재현: 샘플

```python
# slm_lab/agent/memory/replay.py

class Replay(Memory):
    ...

    @lab_api
    def sample(self):
        self.batch_idxs = self.sample_idxs(self.batch_size)
        batch = {}
        for k in self.data_keys:
            if k == 'next_states':
                batch[k] = sample_next_states(self.head, self.max_size,
                    self.ns_idx_offset, self.batch_idxs, self.states,
                    self.ns_buffer)
            else:
                batch[k] = util.batch_get(getattr(self, k), self.batch_idxs)
        return batch

    def sample_idxs(self, batch_size):
        batch_idxs = np.random.randint(self.size, size=batch_size)
        ...
        return batch_idxs
```

4.6 DQN 에이전트의 훈련

코드 4.6은 DQN 에이전트를 훈련하는 spec 파일의 예제다. 이 spec 파일은 slm_lab/spec/benchmark/dqn/dqn_cartpole.json을 통해 SLM Lab에서 받을 수 있다.

코드 4.6 DQN spec 파일

```json
# slm_lab/spec/benchmark/dqn/dqn_cartpole.json

{
  "vanilla_dqn_boltzmann_cartpole": {
    "agent": [{
      "name": "VanillaDQN",
      "algorithm": {
        "name": "VanillaDQN",
        "action_pdtype": "Categorical",
        "action_policy": "boltzmann",
        "explore_var_spec": {
          "name": "linear_decay",
          "start_val": 5.0,
          "end_val": 0.5,
          "start_step": 0,
```

```
16        "end_step": 4000,
17      },
18      "gamma": 0.99,
19      "training_batch_iter": 8,
20      "training_iter": 4,
21      "training_frequency": 4,
22      "training_start_step": 32
23    },
24    "memory": {
25      "name": "Replay",
26      "batch_size": 32,
27      "max_size": 10000,
28      "use_cer": false
29    },
30    "net": {
31      "type": "MLPNet",
32      "hid_layers": [64],
33      "hid_layers_activation": "selu",
34      "clip_grad_val": 0.5,
35      "loss_spec": {
36        "name": "MSELoss"
37      },
38      "optim_spec": {
39        "name": "Adam",
40        "lr": 0.01
41      },
42      "lr_scheduler_spec": {
43        "name": "LinearToZero",
44        "frame": 10000
45      },
46      "gpu": false
47    }
48  }],
49  "env": [{
50    "name": "CartPole-v0",
51    "max_t": null,
52    "max_frame": 10000
53  }],
54  "body": {
55    "product": "outer",
56    "num": 1
57  },
58  "meta": {
59    "distributed": false,
60    "eval_frequency": 500,
61    "max_session": 4,
62    "max_trial": 1
63  },
64  ...
65  }
66 }
```

살사에서처럼 여러 가지 구성요소가 있다. 모든 줄 번호는 코드 4.6에서의 줄 번호를 나타낸다.

- **알고리즘**: 5장에서 나오는 목표 네트워크를 사용하는 DQN과 구별하기 위해 알고리즘 이름은 VanillaDQN(라인 8)으로 했다. 행동 정책은 탐험 변수 explore_var(라인 11)로 알려진 온도 파라미터 τ의 선형 감소(라인 11~17)를 적용한 볼츠만 정책(라인 9~10)이다.

- **네트워크 아키텍처**: 64개의 단위로 구성된 하나의 숨겨진 층위를 갖는 다층 퍼셉트론(라인 32)과 SeLU 활성화 함수(라인 33)

- **최적화 기법**: 최적화 기법은 학습률 0.01이 적용된 아담Adam[68]이다(라인 38~41). 학습률은 학습이 진행되는 동안 선형으로 감소하여 0에 도달하도록 값이 지정된다(라인 42~45).

- **훈련 빈도**: 훈련은 에이전트가 환경에서 32단계를 지난 후에 시작하고(라인 22) 그때로부터 네 단계마다 실행된다(라인 21). 모든 훈련 단계에서 4개의 데이터 묶음이 Replay 메모리로부터 추출되고(라인 20), 추출된 메모리 묶음을 이용하여 8번의 파라미터 업데이트가 수행된다(라인 19). 각각의 데이터 묶음은 32개의 데이터를 갖고 있다(라인 26).

- **메모리**: 최대 10,000개의 가장 최신 경험이 Replay 메모리에 저장된다(라인 27).

- **환경**: 환경은 OpenAI Gym의 카트폴[18]이다(라인 50).

- **훈련 시간**: 전체 훈련 과정은 10,000개의 시간 단계로 구성된다(라인 52).

- **체크포인트**: 에이전트는 500개의 시간 단계마다 평가된다(라인 60).

볼츠만 정책으로 훈련할 때는 action_pdtype을 Categorical로 설정함으로써 에이전트가 볼츠만 행동 정책에 의해 생성되는 범주형 확률분포categorical probability distribution로부터 행동을 추출하도록 하는 것이 중요하다. 이것은 최대의 Q 가치를 선택하는 확률이 엡실론(ε)에 따라 달라지는 엡실론 탐욕적 정책과는 다르다. 즉, 에이전트가 최대의 Q 가치를 갖는 행동을 100%의 확률로 선택할 것이다.

볼츠만 정책에서 τ의 최댓값(라인 14)은 엡실론 탐욕적 정책에서와는 다르게 반드시 1이 될 필요는 없다. 이 경우 탐험 변수 τ는 확률이 아니라 온도를 나타내기 때문에 어떠한 양의 값이라도 될 수가 있다. 하지만 0이 되어서는 안 된다. 0으로 나누는 수치적 오류가 발생할 것이기 때문이다.

이러한 DQN 에이전트를 SLM Lab을 이용하여 훈련하려면 코드 4.7에 있는 명령어를 명령창에서 실행하면 된다.

카트폴 게임을 위한 DQN 에이전트의 훈련

```
1  conda activate lab
2  python run_lab.py slm_lab/spec/benchmark/dqn/dqn_cartpole.json
   ↳  vanilla_dqn_boltzmann_cartpole train
```

이 명령을 실행하면 spec 파일을 이용하여 4개의 Session으로 되어 있는 훈련 Trial을 진행함으로써 평균 결과를 도출하고 그림 4.2와 같은 시험 그래프를 그리게 된다.

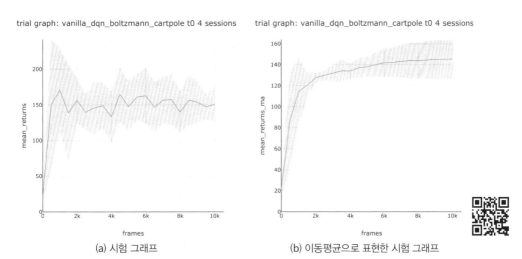

(a) 시험 그래프   (b) 이동평균으로 표현한 시험 그래프

그림 4.2   SLM Lab에서 4개의 세션에 대해 평균 낸 DQN 시험 그래프. 세로축은 체크포인트 구간에서 8개의 에피소드에 대해 평균 낸 보상의 총합을 보여주고(평가를 위한 mean_return 값은 할인 없이 계산된다), 가로축은 전체 훈련 프레임을 보여준다. 오른쪽 그래프는 100개의 평가용 체크포인트 구간에 대해 계산한 이동평균이다.

4.7 실험 결과

이 절에서는 신경망의 아키텍처를 변경하는 것이 카트폴 문제에서 DQN의 성능에 어떤 영향을 주는지를 다룰 것이다. SLM Lab의 실험 기능을 사용하여 신경망 아키텍처 파라미터에 대한 그리드 탐색을 수행할 것이다.

4.7.1 실험: 신경망 아키텍처의 효과

신경망의 아키텍처에 따라 신경망의 함수 근사 성능이 영향을 받는다. 이 실험에서는 숨은 층위의 수많은 구성에 대해 간단한 그리드 탐색을 수행한 후 그래프를 통해 그들의 성능을 비교할 것이다. 코드 4.6에서 확장된 실험 spec 파일이 코드 4.8에 제시되어 있다. 라인 8~15는 Q 네트워크가 갖는 숨은 층위의 아키텍처 net.hid_layers에 대한 그리드 탐색을 나타낸다. 전체 spec 파일은 slm_lab/spec/benchmark/dqn/dqn_cartpole.json을 통해 SLM Lab에서 확인할 수 있다.

코드 4.8 각기 다른 신경망 아키텍처에 대한 탐색 spec을 포함한 DQN spec 파일

```
1   # slm_lab/spec/benchmark/dqn/dqn_cartpole.json
2
3   {
4     "vanilla_dqn_boltzmann_cartpole": {
5       ...
6       "search": {
7         "agent": [{
8           "net": {
9             "hid_layers__grid_search": [
10              [32],
11              [64],
12              [32, 16],
13              [64, 32]
14            ]
15          }
16        }]
17      }
18    }
19  }
```

코드 4.9는 이 실험을 실행하기 위한 명령어를 보여준다. 훈련 때와 동일한 spec 파일을 사용하고 있지만 train 모드를 search 모드로 변경하여 사용한다.

코드 4.9 spec 파일에 정의된 대로 각기 다른 신경망 아키텍처에 대한 탐색 실험을 실행

```
1   conda activate lab
2   python run_lab.py slm_lab/spec/benchmark/dqn/dqn_cartpole.json
    ↪   vanilla_dqn_boltzmann_cartpole search
```

이 명령어를 실행하면 Experiment가 실행되어 net.hid_layers의 각기 다른 값을 볼츠만 정책을 따르는 원래의 DQN spec에 대입함으로써 4개의 Trial을 만들어낸다. 각각의 Trial은 4개의 반복된 Session을 실행하여 평균값을 계산한다. 그림 4.3은 이 실험 결과로 나타난 다수 시험 그래프를 보여준다.

그림 4.3은 2개의 숨겨진 층위(시험 2와 3)를 갖는 신경망이 학습 능력의 향상으로 단일 층위(시험 0과 1)를 갖는 신경망보다 성능이 더 좋음을 보여준다. 층위의 개수가 같을 경우, 즉 학습 능력이 동일할 경우에는 적은 단위를 갖는 신경망(시험 0과 2)의 학습 속도가 좀 더 빠르다. 튜닝할 파라미터가 더 적기 때문이다. 신경망 아키텍처 설계에 대해서는 12장에서 다룰 것이다.

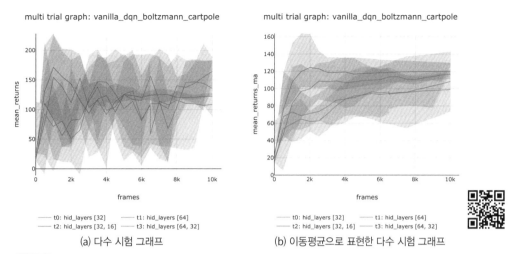

(a) 다수 시험 그래프 (b) 이동평균으로 표현한 다수 시험 그래프

그림 4.3 각기 다른 네트워크 아키텍처의 효과. 숨은 층위가 2개 있어서 더 좋은 학습 능력을 갖는 네트워크가 숨은 층위가 하나만 있는 네트워크보다 성능이 좀 더 좋다.

훈련 시험과 실험 결과에서 학습 곡선의 오차 범위가 크고 카트폴에 대한 보상의 총합이 200보다 작은 것으로 볼 때, 평범한 DQN 알고리즘이 불안정하고 성능이 그다지 좋지 않을 수도 있다는 사실을 알 수 있다. 다음 장에서는 DQN을 향상해서 아타리 게임을 수행할 정도로 강력한 능력을 갖게 하는 방법을 알아볼 것이다.

4.8 요약

이 장에서는 DQN 알고리즘을 소개했다. DQN은 살사와 매우 유사하지만 한 가지 중요한 차이점이 있다. DQN은 다음 상태에서 Q 가치의 최댓값을 이용하여 Q 목표의 값을 계산한다. 그 결과, DQN은 현재 정책에 해당하는 Q 함수를 학습하는 대신 최적의 Q 함수를 학습하게 된다. 이러한 이유로, DQN은 경험을 수집하는 정책에 상관없이 Q 함수를 학습하는 비활성정책 알고리즘이 된다. 추가로, 이러한 특성은 훈련 동안에 사용되는 경험들 사이의 연관성을 감소시키는 데도 일조한다. 데이터 재사용과 약화된 연관성을 통해 DQN의 표본 효율성은 살사에 비해 상당히 향상된다.

DQN에서 경험을 수집하는 정책은 두 가지 특징이 있다. 상태 공간의 탐험을 가능하게 만들고 시간이 지남에 따라 최적 정책으로 근사한다는 것이다. 엡실론 탐욕적 정책은 그러한 정책 중 하나이지만, 이 장에서는 볼츠만 정책으로 알려진 또 다른 정책을 소개했다. 이 정책의 두 가지 주요 장점은 상태-행동 공간을 무작위로 탐험하는 경향이 엡실론 탐욕적 정책보다 덜하다는 것과 Q 가치에 따라 부드럽게 변화하는 확률분포로부터 행동을 추출한다는 것이다.

4.9 더 읽을거리

- *Playing Atari with Deep Reinforcement Learning*, Mnih et al., 2013 [88]
- "Self-Improving Reactive Agents Based on Reinforcement Learning, Planning and Teaching," Lin, 1992 [82]
- Chapters 6 and 7, *Reinforcement Learning: An Introduction, Second Edition*, Sutton and Barto, 2018 [132]
- "Sep 13: Value functions introduction, Lecture 6," *CS 294: Deep Reinforcement Learning, Fall 2017*, Levine [76]
- "Sep 18: Advanced Q-learning algorithms, Lecture 7," *CS 294: Deep Reinforcement Learning, Fall 2017*, Levine [77]

4.10 역사

DQN이 갖는 Q 학습 요소는 크리스토퍼 왓킨스Christopher Watkins가 1989년에 박사학위 논문 〈Learning from Delayed Rewards〉[145]에서 발명한 것이다. 바로 뒤이어서 1992년에 롱지 린이 경험 재현을 발명했다. 이것은 Q 학습의 효율을 향상하는 데 있어 중요한 역할을 했다. 하지만 그로부터 몇 년 동안 심층 Q 학습과 관련된 주요 성과는 없었다. 1990년대와 2000년대 초기의 제한된 컴퓨팅 능력과 심층학습 아키텍처를 위한 데이터의 부족, 그리고 강화학습에서 경험하는 피드백 신호가 충분하지 않을 뿐만 아니라 노이즈가 많고 시간적으로도 지연된다는 사실을 감안하면 이는 그리 놀라운 일이 아니다. 2006년에 만들어진 CUDA[96] 같은 다목적 GPU 프로그래밍이 등장하고, 기계학습 커뮤니티에서 2000년대 중반부터 생겨나기 시작해서 2012년 이후 빠르게 형성된 심층학습에 대한 관심이 다시 폭발적으로 증가하고 나서야 발전이 시작됐다.

딥마인드가 논문 〈Playing Atari with Deep Reinforcement Learning〉[88]을 발표하고 나서 2013년에는 괄목할 만한 발전이 있었다. 이 논문에서 DQN, 즉 'Deep Q-Networks'라는 용어를 고안했고 강화학습을 이용하여 고해상도 이미지 데이터로부터 직접 제어 정책을 학습하는 예제를 최초로 보여주었다. 이후 좀 더 발전된 기법이 속속 등장했다. 이중 DQN[141]과 우선순위가 있는 경험 재현[121] 모두 2015년에 개발됐다. 하지만 근본적인 혁신은 이 장에서 제시한 알고리즘으로 이는 간단한 합성곱신경망 상태 처리state processing, 그리고 GPU 훈련을 결합한 것이다. 논문 〈Playing Atari with Deep Reinforcement Learning〉[88]에 대해 더 자세히 논의한 내용은 5장에서 확인할 수 있다.

05

향상된 DQN

이 장에서는 DQN 알고리즘에 세 가지 수정사항을 적용할 것이다. 바로 목표 신경망, 이중 DQN[141], 그리고 우선순위가 있는 경험 재현[121]에 대한 것이다. 각각의 수정사항은 DQN과 관련된 개별적 이슈를 다루기 때문에 이 수정사항들을 결합한다면 상당한 성능 향상을 이루어낼 수 있다.

5.1절에서는 $\hat{Q}^{\pi}(s, a)$의 지연된 버전인 목표 신경망에 대해 논의한다. 4장에서 설명한 DQN 알고리즘이 Q_{tar}^{π}를 계산할 때 $\hat{Q}^{\pi}(s, a)$를 사용했던 것과는 대조적으로, 수정된 알고리즘에서는 Q_{tar}^{π}를 계산할 때 다음 상태 s'에서 Q 가치의 최댓값을 생성하기 위해 목표 신경망이 사용된다. 이렇게 하면 Q_{tar}^{π}의 변화 속도를 감소시킴으로써 훈련을 안정화하는 데 도움이 된다.

다음으로, 5.2절에서 이중 DQN에 대해 알아본다. 이중 DQN은 2개의 Q 네트워크를 이용하여 Q_{tar}^{π}를 계산한다. 첫 번째 네트워크는 Q 가치 최댓값에 대한 추정값에 해당하는 행동을 선택한다. 두 번째 네트워크는 첫 번째 네트워크가 선택한 행동을 위한 Q 가치를 생성한다. 두 번째 네트워크가 생성한 Q 가치를 이용하여 Q_{tar}^{π}를 계산한다. 이렇게 하면 DQN이 시스템적으로 실제 Q 가치를 과대 추정해서 훈련 속도가 느려지고 정책이 더 약해질 수 있다는 문제를 해결한다.

경험 재현으로부터 데이터 묶음을 추출하는 방법을 변경함으로써 DQN을 더 향상할 수 있다. 균일한 분포에서 무작위로 표본을 추출하는 대신, 경험이 현재 에이전트에게 얼마나 영향을 미치는지에 따라 경험의 우선순위를 정할 수 있다. **우선순위가 있는 경험 재현**Prioritized Experience Replay

으로 알려진 이 방법을 사용하면, 에이전트에게 더 많은 학습 가치가 있는 경험이 그렇지 못한 경험보다 더 자주 추출된다. 이에 대해서는 5.3절에서 다룬다.

모든 수정사항의 핵심 개념을 설명한 이후, 4.5절에서 이러한 수정사항을 적용하는 방법을 알아본다.

이 장의 마지막에서는 4장과 5장의 서로 다른 요소들과 퐁 및 벽돌깨기 게임을 하도록 DQN 에이전트를 훈련하는 것에 대해 다룬다. 알고리즘의 구현과 신경망 아키텍처, 그리고 하이퍼파라미터에 대한 설명은 다음 3개의 논문에 설명된 알고리즘을 참고한 것이다. 〈Human-Level Control through Deep Reinforcement Learning〉[89], 〈Deep Reinforcement Learning with Double Q-Learning〉[141], 〈Prioritized Experience Replay〉[121]

5.1 목표 네트워크

DQN 알고리즘에 대한 첫 번째 수정사항은 Q_{tar}^{π}를 계산하기 위해 목표 네트워크를 사용하는 것이다. 〈Human-Level Control through Deep Reinforcement Learning〉[89]에서 므니흐가 처음 소개한 이 방법은 훈련을 안정화하는 데 도움이 된다. 이 방법은 원래의 DQN 알고리즘에서 Q_{tar}^{π}가 $\hat{Q}^{\pi}(s, a)$에 따라 결정되기 때문에 지속적으로 값이 변한다는 문제를 해결하기 위한 노력으로 만들어졌다. 훈련 도중에 $\hat{Q}^{\pi}(s, a) = Q^{\pi_\theta}(s, a)$와 Q_{tar}^{π}의 차이를 최소화하기 위해 Q 네트워크 파라미터 θ를 조정하는데, Q_{tar}^{π}의 값이 훈련 단계마다 변하는 경우에는 이러한 조정이 어려워진다.

훈련 단계가 바뀔 때 Q_{tar}^{π}의 변화를 최소화하기 위해 목표 네트워크를 사용한다. 목표 네트워크는 파라미터 φ를 갖는 네트워크로 Q 네트워크 $Q^{\pi_\theta}(s, a)$의 지연된 버전이다. 식 5.2의 수정된 벨만 업데이트에서 볼 수 있듯이 목표 네트워크 $Q^{\pi_\varphi}(s, a)$는 Q_{tar}^{π}를 계산하기 위해 사용된다. 편리한 비교를 위해 원래의 DQN 업데이트를 식 5.1에 나타내었다.

$$Q_{\text{tar}}^{\pi_\theta}(s, a) = r + \gamma \max_{a'} Q^{\pi_\theta}(s', a') \qquad \text{(식 5.1)}$$

$$Q_{\text{tar}}^{\pi_\varphi}(s, a) = r + \gamma \max_{a'} Q^{\pi_\varphi}(s', a') \qquad \text{(식 5.2)}$$

φ는 θ의 현재 값으로 주기적으로 업데이트된다. 이것을 **치환 업데이트**replacement update라고 부른다. φ의 업데이트 주기는 문제마다 다르다. 예를 들어, 아타리 게임에서는 환경이 1,000~10,000단계 진행될 때마다 φ가 업데이트된다. 더 간단한 문제에서는 이렇게 오래 기다릴 필요가 없다. 100~1,000단계마다 업데이트하는 것으로 충분할 것이다.

이렇게 하는 것이 훈련을 안정화하는 이유는 무엇일까? $Q_{\text{tar}}^{\pi_\theta}(s, a)$가 계산될 때마다, 파라미터 θ로 표현되는 Q 함수는 조금 달라질 것이기 때문에 $Q_{\text{tar}}^{\pi_\theta}(s, a)$는 동일한 (s, a)에 대해 다른 값을 갖게 될 것이다. 훈련 단계가 바뀌는 사이에 $Q_{\text{tar}}^{\pi_\theta}(s, a)$가 이전의 추정값에 비해 상당히 많이 달라질 수도 있다. 이러한 '움직이는 목표'는 네트워크가 어떤 값을 도출해야 하는지를 모호하게 만들기 때문에 훈련이 불안정해진다. 목표 네트워크를 도입하면 말 그대로 목표가 움직이지 못하게 한다. φ를 θ로 업데이트하는 사이에 φ가 고정되기 때문에 φ로 표현되는 Q 함수가 변하지 않는다. 이렇게 함으로써 당면한 문제를 일반적인 지도 회귀supervised regression[77] 문제로 전환할 수 있다. 내재된 최적화 문제를 근본적으로 유지하면서도 목표 네트워크를 통해 훈련을 안정화하고 정책의 발산이나 진동의 가능성을 낮추게 된다[77, 89, 141].

목표 네트워크를 갖는 DQN 알고리즘이 알고리즘 5.1에 제시되어 있다. 원래의 DQN 알고리즘(알고리즘 4.1)에 비해 달라진 점은 다음과 같다.

- 목표 업데이트 빈도수 F는 추가적으로 선택해야 할 하이퍼파라미터다(라인 7).
- 라인 8에서, 추가적인 네트워크를 목표 네트워크로 초기화하고 파라미터 φ를 θ로 설정한다.
- 라인 17에서, 목표 네트워크 $Q_{\text{tar}}^{\pi_\varphi}$를 이용해서 y_i를 계산한다.
- 목표 네트워크는 주기적으로 업데이트된다(라인 26~29).

$Q^{\pi_\theta}(s, a)$를 계산하기 위해 사용되는 것은 네트워크 파라미터 θ이고(라인 20), 이 파라미터는 훈련 기간 중에 업데이트된다(라인 22). 이것은 원래의 DQN 알고리즘과 동일하다.

알고리즘 5.1 목표 네트워크를 갖는 DQN

1: 학습률 α를 초기화
2: τ를 초기화
3: 훈련 단계별 데이터 묶음의 개수 B를 초기화
4: 데이터 묶음별 업데이트 횟수 U를 초기화
5: 데이터 묶음의 크기 N을 초기화
6: 최대 크기가 K인 경험 재현 메모리를 초기화
7: 목표 네트워크 업데이트 빈도수 F를 초기화
8: 네트워크 파라미터 θ의 초깃값을 무작위로 선택
9: 목표 네트워크 파라미터를 $\varphi = \theta$로 초기화
10: **for** $m = 1 \ldots MAX\_STEPS$ **do**
11:     현재 정책을 활용하여 h개의 경험 (s_i, a_i, r_i, s_i')을 수집하고 저장
12:     **for** $b = 1 \ldots B$ **do**
13:         경험 묶음 b를 경험 재현 메모리로부터 추출

```
14:        for u = 1 … U do
15:          for i = 1 … N do
16:            # 목표 Q 가치를 각 예제마다 계산
17:            y_i = r_i + δ_{s'_i}γ max_{a'_i} Q^{πφ}(s'_i, a'_i), 여기서 s'_i이 종단 상태이면 δ_{s'_i} = 0,
                  ↪ 그렇지 않으면 δ_{s'_i} = 1
18:          end for
19:          # MSE와 같은 것을 이용하여 손실을 계산
20:          L(θ) = 1/N Σ_i (y_i − Q^{πθ}(s'_i, a'_i))²
21:          # 네트워크 파라미터를 업데이트
22:          θ = θ − α∇_θ L(θ)
23:        end for
24:      end for
25:      τ를 감소시킴
26:      if (m mod F) == 0 then
27:        # 목표 네트워크를 업데이트
28:        φ = θ
29:      end if
30:    end for
```

목표 네트워크 파라미터 φ를 네트워크 파라미터 θ와 동일한 값으로 주기적으로 업데이트하는 것은 업데이트를 수행할 때 일반적으로 적용하는 방법이다. 다른 방법으로는, 식 5.4에서 볼 수 있듯이 시간 단계마다 φ를 φ와 θ의 가중평균으로 설정할 수도 있다. 이렇게 하는 것을 **폴리악 업데이트**Polyak update라고 부르는데 이것은 '부드러운 업데이트'로 생각할 수 있다. 모든 단계마다 파라미터 φ와 θ를 섞어서 새로운 목표 네트워크를 생성하는 것이다. **치환 업데이트**(식 5.3)와는 반대로, φ는 시간 단계마다 변하지만 훈련 네트워크 파라미터인 θ보다는 천천히 변한다. 하이퍼파라미터 β는 이전 목표 네트워크 파라미터 φ 중 얼마만큼이 업데이트 과정에서 유지되어야 하는지를 정함으로써 φ의 변화 속도를 조절한다. β가 클수록 φ는 더 천천히 변화한다.

$$치환\ 업데이트:\quad \varphi \leftarrow \theta \tag{식 5.3}$$
$$폴리악\ 업데이트:\quad \varphi \leftarrow \beta\varphi + (1-\beta)\theta \tag{식 5.4}$$

모든 업데이트는 그 나름대로의 장점이 있으며 어떤 것도 다른 것보다 뚜렷하게 더 좋다고 말할 수는 없다. 치환 업데이트의 주요 장점은 φ가 수많은 단계를 지나는 동안 유지된다는 것이다. 이렇게 하면 일시적으로 '움직이는 목표'를 제거하는 효과가 생긴다. 반대로, 폴리악 업데이트를 사용할 경우 φ는 여전히 훈련의 반복 과정 속에서 변화하지만 θ보다는 더 점진적으로 변화한다. 하지만 치환 업데이트는 φ와 θ 사이의 동역학적 지연을 발생시킨다. 그리고 이러한 지연은 φ가

마지막으로 업데이트된 이후 경과한 시간 단계의 개수에 영향을 받는다. 폴리악 업데이트에서는 φ와 θ를 섞어놓은 것이 변하지 않기 때문에 이러한 유별난 특성을 갖지 않는다.

목표 네트워크의 한 가지 단점은 $Q_{\text{tar}}^{\pi}(s, a)$가 이전의 목표 네트워크로부터 생성되기 때문에 훈련 속도가 저하될 수 있다는 것이다. φ와 θ가 너무 비슷한 값을 갖는다면 훈련 과정은 불안정해지겠지만 φ가 너무 천천히 변화한다면 훈련 과정은 불필요하게 느려질 것이다. φ의 변화 속도를 조절하는 하이퍼파라미터(업데이트 빈도수 또는 β)는 안정성과 훈련 속도 사이의 적절한 균형을 찾도록 튜닝될 필요가 있다. 5.6절에서는 아타리 퐁_{Atari Pong} 게임을 하는 DQN 에이전트에 대해 업데이트 빈도수를 변화시켰을 때 나타나는 효과를 보여줄 것이다.

5.2 이중 DQN

DQN에 적용한 두 번째 수정사항은 **이중 추정**_{double estimation}을 이용하여 $Q_{\text{tar}}^{\pi}(s, a)$를 계산하는 것이다. **이중 DQN**으로 알려진 이 알고리즘[140, 141]은 Q 가치를 과대 추정하는 문제를 해결한다. 먼저 원래의 DQN 알고리즘이 왜 Q 가치를 과대 추정하며 그것이 왜 문제가 되는지 알아본 이후에 이중 DQN을 이용하여 이 문제를 어떻게 해결하는지 알아보자.

식 5.5에서 볼 수 있듯이 DQN에서는 상태 s'에서 최대의 Q 가치 추정값을 선택함으로써 $Q_{\text{tar}}^{\pi}(s, a)$를 구성한다.

$$
\begin{aligned}
Q_{\text{tar}}^{\pi_\theta}(s, a) &= r + \gamma \max_{a'} Q^{\pi_\theta}(s', a') \\
&= r + \max \left(Q^{\pi_\theta}(s', a_1'), Q^{\pi_\theta}(s', a_2'), \ldots, Q^{\pi_\theta}(s', a_n') \right)
\end{aligned}
\tag{식 5.5}
$$

Q 가치는 상태 s에서 행동 a를 선택함으로써 얻을 수 있는 미래 이득의 기댓값을 의미하기 때문에 $Q^{\pi_\theta}(s', a')$의 최댓값을 계산하기 위해 여러 기댓값들($Q^{\pi_\theta}(s', a_1')$, $Q^{\pi_\theta}(s', a_2')$, ..., $Q^{\pi_\theta}(s', a_n')$) 중 최댓값을 선택한다.

논문 〈Deep Reinforcement Learning with Double Q-Learning〉[141]에서 밴 하셀트_{van Hasselt} 등은 $Q^{\pi_\theta}(s', a')$에 오차가 조금이라도 있다면 $Q^{\pi_\theta}(s', a')$의 최댓값이 양의 방향으로 편향되어서 Q 가치의 값이 과대 추정될 것임을 보여주었다. 불행히도, $Q^{\pi_\theta}(s', a')$의 값이 정확히 맞지 않는 데는 여러 가지 이유가 있다. 신경망을 이용한 함수 근사는 완벽하지 않고, 에이전트가 환경을 완전히 탐험하지 않을 수도 있고, 환경 자체에 노이즈가 많이 포함되어 있을 수도 있다. 따라서 $Q^{\pi_\theta}(s', a')$이 어느 정도의 오차를 갖는다는 것은 기정사실로 받아들여야 하기 때문에, Q 가치는 과대 추정될 수밖에 없을 것이다. 더욱이, 상태 s'으로부터 선택할 수 있는 행동의 개수가 많을수록 과대 추정의 정도는 더 커질 가능성이 높다. 구체적인 예제를 글상자 5.1에 제시했다.

글상자 5.1 **최대 기댓값 추정**

Q 가치에 대한 과대 추정 문제는 더 일반적이고 잘 알려진 문제의 특수한 사례일 뿐이다. 더 일반적인 문제라는 것은 바로 가치 추정값에 노이즈가 포함되어 있을 경우 최대 추정값의 기댓값이 양의 방향으로 편차를 갖는다는 점이다[128]. DQN에서 최대 기댓값은 $\mathbb{E}[\max_a Q^\pi(s, a)]$이고 Q^{π_θ}로부터 노이즈가 섞인 추정값이 생성된다.

이 이슈가 어떻게 등장하게 되었는지를 직관적으로 이해하기 위해, 모든 가능한 행동 a에 대해 $Q^{\pi^*}(s, a) = 0$이 되는 상태 s를 상정하고 Q 가치 추정값이 노이즈를 포함하지만 편차는 없다고 가정해 보자. Q 가치가 평균이 0이고 표준편차가 1인 표준정규분포로부터 얻어진다고 가정함으로써 이러한 상황을 시뮬레이션해 볼 수 있다.

$\max_{a'} Q^\pi(s', a')$이 어느 정도까지 과대 추정될 수 있는지는 표준정규분포로부터 k개의 값을 샘플링해 보고 그중 최댓값을 선택하는 과정을 통해 알 수 있다. 이때 k는 상태 s'에서 취할 수 있는 행동 a'의 개수를 나타낸다. 이 과정을 여러 번 반복하고 모든 최댓값에 대해 평균을 계산하여 각각의 k에 대해 기대할 수 있는 최댓값을 추정한다.

표 5.1은 $k = 1, ..., 10$에 대해 각각 10,000개의 표본을 이용하여 계산한 최댓값의 기댓값을 보여준다. $\max_{a'} Q^\pi(s', a')$의 실젯값은 0인데, $k = 1$일 경우 기댓값에 의한 추정은 정확하다. 하지만 k가 증가하면 추정값이 양의 방향으로 더욱 치우치게 된다. 예를 들어 $k = 2$일 경우 $\mathbb{E}[\max_a Q^\pi(s, a)] = 0.56$이고, $k = 10$일 경우 $\mathbb{E}[\max_a Q^\pi(s, a)] = 1.53$이다.

표 5.1 모든 a에 대해 $Q^\pi(s, a) = 0$이고, $Q^\pi(s, a)$에 대한 추정값에 편차는 없지만 노이즈가 있는 경우 $\max_a Q^\pi(s, a)$의 기댓값. 이것은 〈The Optimizer's Curse〉[128]에 제시된 스미스(Smith)와 윈클러(Winkler)의 실험을 재현한 것이다.

행동의 개수	$\mathbb{E}[\max_a Q^\pi(s, a)]$	행동의 개수	$\mathbb{E}[\max_a Q^\pi(s, a)]$
1	0.00	6	1.27
2	0.56	7	1.34
3	0.86	8	1.43
4	1.03	9	1.48
5	1.16	10	1.53

Q 가치의 과대 추정이 어느 정도로 문제가 되는지를 선뜻 가늠하기는 쉽지 않다. 예를 들어, 모든 Q 가치가 균일하게 과대 추정됐더라도 에이전트는 여전히 상태 s에서 올바른 행동 a를 선택할 것이기 때문에 성능의 저하를 알아차릴 수가 없다. 더욱이, 불확실성이 있는 상황에서 과대 추정은 도움이 될 수도 있다[61]. 예를 들어, 훈련 시작 시점에 경험하지 못했거나 아주 조금밖에 경험하지 못한 (s, a) 쌍에 대해 $Q^\pi(s, a)$를 과대 추정하는 것은 도움이 될 수 있다. 이렇게 되면 경험하지 못한 상태를 나중에 경험함으로써 에이전트가 상태의 좋고 나쁨에 대한 정보를 얻게 될 가능성이 높아지기 때문이다.

하지만 DQN은 자주 경험한 (s, a) 쌍에 대해 $Q^\pi(s, a)$를 과대 추정한다. 에이전트가 (s, a)를 균일하게 탐험하지 않을 경우 이것은 문제가 된다. 이 경우 $Q^\pi(s, a)$의 과대 추정도 균일하지 않을 것이고, 따라서 $Q^\pi(s, a)$를 기준으로 선택한 행동이 잘못된 선택이 될 수도 있다. 이러한 상황에서는 에이전트가 상태 s에서 가장 좋은 선택이라고 생각한 행동 a가 실제로는 최선의 선택이 아니다. $Q^\pi(s, a)$의 과대 추정이 (DQN에서처럼) 부트스트랩 학습과 결합되면, Q 가치에 대한 부정확한 상대적 평가가 시간에 역행하며 전파되어 더 이전의 (s, a) 쌍에 대한 추정값의 오차도 증가한다. 따라서 Q 가치의 과대 추정을 줄이는 것이 좋다.

이중 DQN 알고리즘은 각기 다른 경험을 사용하여 2개의 Q 함수 추정을 학습함으로써 Q 가치의 과대 추정을 감소시킨다. 첫 번째 추정값을 이용하여 Q 가치를 최대로 만드는 행동 a'을 선택하고, 이 행동을 이용하여 두 번째 추정으로부터 $Q^\pi_{\text{tar}}(s, a)$를 계산하기 위해 이용되는 Q 가치를 생성한다. 첫 번째 추정에서와는 다른 경험을 이용하여 훈련된 두 번째 Q 함수는 추정값이 갖는 양의 편차를 없애준다.

DQN을 이중 DQN으로 수정하는 과정은 간단하다. 식 5.6과 같이 $Q^\pi_{\text{tar}}(s, a)$를 다시 표현하기만 하면 된다.

$$
\begin{aligned}
Q^\pi_{\text{tar:DQN}}(s, a) &= r + \gamma \max_{a'} Q^{\pi_\theta}(s', a') \\
&= r + \gamma Q^{\pi_\theta}\left(s', \max_{a'} Q^{\pi_\theta}(s', a')\right)
\end{aligned}
\tag{식 5.6}
$$

DQN 알고리즘은 동일한 네트워크 파라미터 θ를 이용하여 행동 a'을 선택하고 그 행동에 대해 Q 함수를 평가한다. 이중 DQN은 2개의 각기 다른 네트워크 파라미터 θ와 φ를 이용한다. 식 5.7에서 볼 수 있듯이 θ는 a'을 선택하는 데 사용되고, φ는 (s', a')의 Q 가치를 계산하는 데 사용된다.

$$
Q^\pi_{\text{tar:DoubleDQN}}(s, a) r + \gamma Q^{\pi_\varphi}\left(s', \max_{a'} Q^{\pi_\theta}(s', a')\right)
\tag{식 5.7}
$$

5.1절에서 목표 네트워크를 소개한 이후, 이미 2개의 네트워크를 설명했다. 바로 파라미터 θ로 표현되는 훈련 네트워크와 파라미터 φ로 표현되는 목표 네트워크다. 이 두 네트워크는 서로 중복되는 경험을 이용하여 훈련됐지만, $\varphi = \theta$로 초기화하는 시간 간격이 충분히 크다면 실질적으로 이 두 네트워크는 이중 DQN을 위한 각기 다른 네트워크로 봐도 무방할 정도로 다르게 작동한다.

파라미터 θ로 표현되는 훈련 네트워크는 행동 선택을 위해 사용된다. 이중 DQN을 도입한 이후에도 여전히 최적의 정책을 학습하도록 하는 것이 중요하다[141]. 파라미터 φ로 표현되는 목표 네트워크는 행동을 평가하기 위해 사용된다. φ와 θ 사이의 지연 효과가 없다면(즉, $\varphi = \theta$라면), 식 5.7은 원래의 DQN과 같아진다.

목표 네트워크를 갖는 이중 DQN을 알고리즘 5.2에 제시했다. 라인 17에서 y_i는 θ와 φ 모두를 이용하여 계산된다. 이것이 알고리즘 5.1과 비교했을 때 유일한 차이점이다.

알고리즘 5.2 목표 네트워크를 갖는 이중 DQN

1: 학습률 α를 초기화

2: τ를 초기화

3: 훈련 단계별 데이터 묶음의 개수 B를 초기화

4: 데이터 묶음별 업데이트 횟수 U를 초기화

5: 데이터 묶음의 크기 N을 초기화

6: 최대 크기가 K인 경험 재현 메모리를 초기화

7: 목표 네트워크 업데이트 빈도수 F를 초기화

8: 네트워크 파라미터 θ를 무작위로 초기화

9: 목표 네트워크 파라미터 φ를 $\varphi = \theta$로 초기화

10: **for** $m = 1 \ldots MAX\_STEPS$ **do**

11:     현재 정책을 이용하여 h개의 경험 (s_i, a_i, r_i, s_i')을 수집하고 저장

12:     **for** $b = 1 \ldots B$ **do**

13:         경험 재현 메모리에 있는 경험들로부터 데이터 묶음 b를 추출

14:         **for** $u = 1 \ldots U$ **do**

15:             **for** $i = 1 \ldots N$ **do**

16:                 # 모든 예제에 대해 목표 Q 가치를 계산

17:                 $y_i = r_i + \delta_{s_i'} \gamma Q^{\pi_\varphi}(s_i', \max_{a_i'} Q^{\pi_\theta}(s_i', a_i'))$, 여기서 s_i'이 종단 상태이면 $\delta_{s_i'} = 0$,

                     ↳ 그렇지 않으면 $\delta_{s_i'} = 1$

18:             **end for**

19:             # 예를 들면 MSE와 같은 손실 함수를 계산

20:             $L(\theta) = \frac{1}{N} \sum_i (y_i - Q^{\pi_\theta}(s_i, a_i))^2$

21:             # 네트워크 파라미터를 업데이트

22:             $\theta = \theta - \alpha \nabla_\theta L(\theta)$
23:         **end for**
24:       **end for**
25:       τ를 감소시킴
26:       **if** $(m \bmod F) == 0$ **then**
27:           # 목표 네트워크를 업데이트
28:           $\varphi = \theta$
29:       **end if**
30:   **end if**

5.3 우선순위가 있는 경험 재현(PER)

DQN에 대한 마지막 수정은 스카울Schaul 등이 2015년에 소개한 **우선순위가 있는 경험 재현**Prioritized Experience Replay 메모리를 이용하는 것이다. 이 방법의 주요 개념은 재현 메모리에 있는 일부 경험이 다른 것보다 더 많은 정보를 담고 있다는 사실에 기반한다. 정보를 많이 담고 있는 경험을 더 자주 사용해서 에이전트를 훈련할 수 있다면 에이전트는 더 빨리 학습할 수 있을 것이다.

직관적으로 보면, 새로운 작업을 학습할 때 어떤 경험이 다른 것보다 더 많은 것을 알려주는 상황을 상상해 볼 수 있다. 예를 들어, 휴머노이드 에이전트가 일어서는 방법을 학습한다고 생각해 보자. 에피소드는 항상 에이전트가 바닥에 앉아 있는 상태에서 시작한다. 처음에 에이전트는 대부분의 시도에서 일어서는 데 실패하고 오직 몇 안 되는 경험만이 관절의 움직임을 조화롭게 결합하여 균형을 잡고 일어설 수 있는 방법을 알려줄 것이다. 이러한 경험은 에이전트가 바닥에 붙어 있기를 학습하는 것보다 일어서는 방법을 학습하는 데 있어 더 중요한 경험이다. 이 경험을 이용하여 에이전트는 많은 잘못된 행동을 학습하는 대신 올바른 행동을 하는 방법을 학습한다. 이것을 다른 시각에서 생각해보기 위해 $Q^{\pi_\theta}(s, a)$와 $Q^\pi_{\text{tar}}(s, a)$의 차이가 가장 심한 경험을 생각해 보자. 이러한 경험은 에이전트에게 가장 '놀라운' 경험이다(이 경험은 가장 배울 것이 많은 경험으로 생각될 수 있다). 에이전트가 $Q^\pi_{\text{tar}}(s, a)$를 정확하게 예측할 수 있는 경험보다는 이 놀라운 경험을 더 자주 이용하여 훈련받는다면 에이전트의 학습 속도는 더 빨라질 것이다. 이러한 점을 고려하면, 재현 메모리로부터 경험을 무작위로 추출하는 것보다 더 좋은 방법이 있지 않을까(에이전트가 특정 경험으로부터 학습하는 것을 다른 경험으로부터 학습하는 것보다 더 **우선시하도록** 만들 수 있지 않을까)?

우선순위가 있는 경험 재현은 이 간단하고도 직관적인 개념에 기초하고 있지만 이것을 실제로 구현할 때는 두 가지 어려움이 있다. 첫째, 어떻게 경험에 우선순위를 자동으로 부여할 수 있을까? 둘째, 이 우선순위를 적용하여 재현 메모리로부터 경험을 추출하는 효율적인 방법은 무엇인가?

첫 번째 문제에 대한 자연스러운 해결책은 TD 오차로 알려진 $Q^{\pi_\theta}(s, a)$와 $Q^{\pi}_{\text{tar}}(s, a)$의 차이에 대한 절댓값을 이용하여 우선순위를 정하는 것이다. 이 차이가 클수록 에이전트의 기대치와 다음 상태에서 일어난 일 사이의 차이가 커지고 그에 따라 에이전트는 $Q^{\pi_\theta}(s, a)$를 더 많이 수정해야 한다. 게다가, TD 오차는 계산하고 구현하는 노력을 거의 들이지 않고도 DQN이나 이중 DQN 알고리즘의 과정 중에 모든 경험에 대해 계산할 수 있다. 남아 있는 유일한 문제는 TD 오차를 사용할 수 없을 경우 경험에 부여하는 우선순위의 초기 설정을 어떻게 하는가다. 일반적으로 점수를 큰 상숫값으로 설정함으로써 이 문제를 해결하는데, 이는 모든 경험이 적어도 한 번 이상 추출되도록 하기 위함이다.

스카울 등은 점수를 이용하여 경험을 추출하는 두 가지 방법을 제안한다. 순위 기반rank-based 방법과 비례적 우선순위proportional prioritization 방법이다. 두 방법 모두 탐욕적 우선순위(점수를 기준으로 항상 최상위 n개의 경험을 추출하는 것)와 균일한 무작위 추출 사이의 내삽interpolation을 이용한다. 이렇게 하면 점수가 높은 경험이 더 많이 추출되면서도 추출될 확률이 0인 경험은 존재하지 않게 된다. 여기서는 비례적 우선순위 방법만을 다룬다. 순위 기반 우선순위에 대한 자세한 내용은 〈Prioritized Experience Replay〉[121]를 참고하면 된다. ω_i가 i번째 경험에 대한 TD 오차이고 ε이 크기가 작은 양의 실수[1]이고 $\eta \in [0, \infty)$이면, 경험의 우선순위는 식 5.8과 같이 계산된다.

$$P(i) = \frac{(|\omega_i| + \varepsilon)^\eta}{\sum_j (|\omega_j| + \varepsilon)^\eta} \qquad \text{(식 5.8)}$$

ε은 $\omega_i = 0$이어서 경험이 전혀 추출되지 않는 상황을 예방하는 역할을 한다. η는 우선순위의 크기를 결정한다. $\eta = 0$일 경우에는 균일한 추출에 해당한다. 모든 경험이 1의 우선순위를 가질 것이기 때문이다. 식 5.9에서 볼 수 있듯이 η의 값이 클수록 우선순위도 더 크다.

$$
\begin{aligned}
\eta = 0.0 : \quad & (\omega_1 = 2.0, \omega_2 = 3.5) \rightarrow (P(1) = 0.50, P(2) = 0.50) \\
\eta = 0.5 : \quad & (\omega_1 = 2.0, \omega_2 = 3.5) \rightarrow (P(1) = 0.43, P(2) = 0.57) \\
\eta = 1.0 : \quad & (\omega_1 = 2.0, \omega_2 = 3.5) \rightarrow (P(1) = 0.36, P(2) = 0.64) \\
\eta = 1.5 : \quad & (\omega_1 = 2.0, \omega_2 = 3.5) \rightarrow (P(1) = 0.30, P(2) = 0.70) \\
\eta = 2.0 : \quad & (\omega_1 = 2.0, \omega_2 = 3.5) \rightarrow (P(1) = 0.25, P(2) = 0.75)
\end{aligned}
\qquad \text{(식 5.9)}
$$

---

1   여기서 ε은 엡실론 탐욕적 정책과는 관련이 없다. 이것은 전혀 다른 상수다.

5.3.1 중요도 표본추출

특정 예제에 우선순위를 부여하면 전체 데이터 분포에 대한 기댓값이 변하고, 이는 훈련 과정에 편차를 발생시킨다. 이 편차는 각 예제에 대한 TD 오차에 가중치를 곱함으로써 보정할 수 있다. 이러한 방법을 **중요도 표본추출**importance sampling이라고 부른다. 편차가 작은 경우에 중요도 표본추출이 얼마나 효과가 있을지는 미지수다. 편차가 작아서 생기는 효과를 덮어버릴 수 있는 행동 노이즈나 비정태적nonstationary 데이터 분포와 같은 요소들이 있기 때문이다. 이러한 요소의 효과는 특히 학습 초기에 나타난다. 스카울 등[121]은 편차를 보정하는 것이 훈련 막바지에 이르렀을 때만 중요할 것이라고 가정하고 편차를 보정하는 효과가 희석된다는 사실을 보여준다. 어떤 경우에는 중요도 표본추출을 적용하면 성능이 좋아지지만 성능에 차이가 거의 없거나 성능이 더 저하되는 경우도 있다. 단순하게 설명하기 위해 중요도 표본추출은 이 장에서 논의했던 구현 과정에서 다루지 않았다. 더 자세한 내용은 ⟨Prioritized Experience Replay⟩ 논문[121]과 세르게이 레빈의 심층 강화학습 수업[74] 강의 4(https://youtu.be/tWNpiNzWuO8)에서 확인할 수 있다.

알고리즘 5.3에서 볼 수 있듯이 목표 네트워크를 갖는 이중 DQN 알고리즘이 PER을 포함하도록 확장하는 방법은 개념적으로 어렵지 않다. 다음의 네 가지 수정만 하면 된다.

1. 재현 메모리는 경험에 추가적인 요소를 저장해야 한다. 바로 경험의 우선순위다(라인 14).

2. 데이터 묶음이 메모리로부터 추출될 때, 경험은 우선순위에 비례하여 추출된다(라인 16).

3. 경험을 훈련할 때마다 TD 오차를 계산하고 저장해야 한다(라인 22).

4. 마지막으로, TD 오차를 이용하여 메모리에 있는 해당 예제의 우선순위를 업데이트한다(라인 29~30).

> **알고리즘 5.3** 목표 네트워크 및 우선순위가 있는 경험 재현을 포함한 이중 DQN

```
 1:  학습률 α를 초기화
 2:  τ를 초기화
 3:  훈련 단계별 데이터 묶음의 개수 B를 초기화
 4:  데이터 묶음별 업데이트 횟수 U를 초기화
 5:  데이터 묶음의 크기 N을 초기화
 6:  최대 크기가 K인 경험 재현 메모리를 초기화
 7:  목표 네트워크 업데이트 빈도수 F를 초기화
 8:  최대 우선순위 P를 초기화
 9:  ε을 초기화
10:  우선순위를 정하는 파라미터 η를 초기화
11:  네트워크 파라미터 θ를 임의의 값으로 초기화
```

12:    목표 네트워크 파라미터를 $\varphi = \theta$로 초기화

13:    **for** $m = 1 \ldots MAX\_STEPS$ **do**

14:        $p_i = P$인 경우, h개의 경험 $(s_i, a_i, r_i, s_i', p_i)$를 수집하고 저장

15:        **for** $b = 1 \ldots B$ **do**

16:        경험 재현 메모리로부터 **우선순위**가 있는 데이터 묶음 b를 추출

17:            **for** $u = 1 \ldots U$ **do**

18:                **for** $i = 1 \ldots N$ **do**

19:                # 모든 예제에 대해 목표 Q 가치를 계산

20:                $y_i = r_i + \delta_{s_i'}\gamma\, Q^{\pi_\varphi}(s_i', \max_{a_i'} Q^{\pi_\theta}(s_i', a_i'))$, 여기서 s_i'이 종단 상태이면 $\delta_{s_i'} = 0$,

                   ↪ 그렇지 않으면 $\delta_{s_i'} = 1$

21:                # 모든 예제에 대해 TD 오차의 절댓값을 계산

22:                $\omega_i = |y_i - Q^{\pi_\theta}(s_i, a_i)|$

23:            **end for**

24:            # 예를 들면 MSE와 같은 손실을 계산

25:            $L(\theta) = \frac{1}{N} \sum_i (y_i - Q^{\pi_\theta}(s_i, a_i))^2$

26:            # 네트워크 파라미터의 업데이트

27:            $\theta = \theta - \alpha \nabla_\theta L(\theta)$

28:            # 모든 예제에 대해 우선순위를 계산

29:            $p_i = \frac{(|\omega_i| + \varepsilon)^\eta}{\sum_j (|\omega_j| + \varepsilon)^\eta}$

30:            새로운 우선순위로 경험 재현 메모리를 업데이트

31:            **end for**

32:        **end for**

33:        τ를 감소시킴

34:        **if** $(m \bmod F) == 0$ **then**

35:            # 목표 네트워크를 업데이트

36:            $\varphi = \theta$

37:        **end if**

38: **end for**

5.4 수정된 DQN의 구현

이 절에서는 목표 네트워크와 이중 DQN 알고리즘을 유연하게 결합하는 DQN 구현 방법을 소개할 것이다. 우선순위가 있는 경험 재현은 새로운 Memory 클래스인 PrioritizedReplay를 활용하여 calc_q_loss에 몇 줄의 코드만 추가하면 구현된다.

DQN 알고리즘에 가해진 수정사항은 VanillaDQN을 상속받은 DQNBase 클래스 안에서 구현된다. 대부분의 코드는 재사용이 가능하지만 init_nets, calc_q_loss, update는 수정이 필요하다.

각기 다른 DQN의 변종과 그들 사이의 관계를 가능하면 명확하게 구축하기 위해, 변종 알고리즘은 추가적인 코드가 필요 없을지라도 각각 개별적인 클래스와 연동된다. 따라서 목표 네트워크를 갖는 DQN은 DQNBase를 상속받는 DQN 클래스에 구현된다. 이중 DQN은 DQN을 상속받는 DoubleDQN 클래스 안에 구현된다.

5.4.1 네트워크 초기화

DQNBase(코드 5.1) 안의 init_nets 방법을 간단히 살펴볼 필요가 있다. 이를 통해 두 네트워크가 어떻게 다루어지는지 확인할 수 있기 때문이다.

라인 12~13에서 네트워크가 초기화된다. self.net은 파라미터 θ를 갖는 훈련 네트워크이고 self.target_net은 파라미터 φ를 갖는 목표 네트워크다. 추가적으로, 2개의 클래스 속성이 더 있다. 바로 self.online_net과 self.eval_net이다(라인 16~17). 실행되는 DQN의 변종이 무엇인지에 따라 self.online_net과 self.eval_net은 self.net 또는 self.target_net을 참조한다. 서로 다른 네트워크를 참조할 수도 있다. 하나는 self.net을 참조하고 다른 하나는 self.target_net을 참조하는 식이다. 이렇게 하면 DQN과 목표 네트워크를 갖는 이중 DQN 사이의 전환이 쉽다. self.online_net과 self.eval_net에 어떤 네트워크가 할당되는지를 조정하기만 하면 된다. DQNBase에서 이 둘은 모두 목표 네트워크를 참조한다.

코드 5.1 수정된 DQN의 구현: 네트워크 초기화

```
1   # slm_lab/agent/algorithm/dqn.py
2
3   class DQNBase(VanillaDQN):
4       ...
5
6       @lab_api
7       def init_nets(self, global_nets=None):
8           ...
9           in_dim = self.body.state_dim
10          out_dim = net_util.get_out_dim(self.body)
11          NetClass = getattr(net, self.net_spec['type'])
12          self.net = NetClass(self.net_spec, in_dim, out_dim)
13          self.target_net = NetClass(self.net_spec, in_dim, out_dim)
14          self.net_names = ['net', 'target_net']
15          ...
16          self.online_net = self.target_net
17          self.eval_net = self.target_net
```

5.4.2 Q 손실의 계산

calc_q_loss는 코드 5.2에서 확인할 수 있다. 원래의 DQN을 구현할 때와 비교하여 두 가지 차이점이 있는데, 그것은 $Q^\pi(s', a')$의 추정하는 부분과 데이터 묶음의 우선순위를 업데이트하는 부분에서 나타나는 차이점이다.

먼저 데이터 묶음에 포함된 각 상태의 모든 행동 a에 대해 $\hat{Q}^\pi(s, a)$를 계산하고(라인 9), Q 가치를 최대화하는 행동 a를 모든 상태 s에 대해 선택한다(라인 15).

그런 다음 데이터 묶음에 포함된 다음 상태 s'에서 선택 가능한 모든 행동 a'에 대해 $\hat{Q}^\pi(s', a')$을 계산한다. 이 과정은 self.online_net과 self.eval_net을 이용하여 두 번 수행된다(라인 11~14). 다음으로, self.online_net을 이용하여 모든 s'에 대해 Q 가치를 최대화하는 행동을 선택하고 선택된 행동을 online_actions에 저장한다(라인 16). 그런 다음, self.eval_net을 이용하여 각 행동에 해당하는 Q 가치를 선택한다. max_next_q_preds는 $\hat{Q}^\pi(s', a')$에 대한 추정값이다.

$Q^\pi_{\text{tar}}(s, a)$는 라인 18에서 계산된다. 이 계산 과정과 q_loos(라인 20) 계산은 원래의 DQN 구현에서는 동일한 것이다.

우선순위가 있는 경험 재현을 포함시키기 위해 데이터 묶음에 있는 각 경험에 대해 추가적으로 TD 오차를 계산하고(라인 23) 그 결과를 이용하여 우선순위를 업데이트한다(라인 24).

코드 5.2 수정된 DQN의 구현: Q 손실의 계산

```
1   # slm_lab/agent/algorithm/dqn.py
2
3   class DQNBase(VanillaDQN):
4       ...
5
6       def calc_q_loss(self, batch):
7           states = batch['states']
8           next_states = batch['next_states']
9           q_preds = self.net(states)
10          with torch.no_grad():
11              # online_net을 이용하여 다음 상태의 행동을 선택
12              online_next_q_preds = self.online_net(next_states)
13              # eval_net을 이용하여 online_net이 선택한 행동에 대해 next_q_preds를 계산
14              next_q_preds = self.eval_net(next_states)
15          act_q_preds = q_preds.gather(-1,
            ↪  batch['actions'].long().unsqueeze(-1)).squeeze(-1)
16          online_actions = online_next_q_preds.argmax(dim=-1, keepdim=True)
17          max_next_q_preds = next_q_preds.gather(-1, online_actions).squeeze(-1)
18          max_q_targets = batch['rewards'] + self.gamma * (1 - batch['dones']) *
            ↪  max_next_q_preds
19          ...
20          q_loss = self.net.loss_fn(act_q_preds, max_q_targets)
```

```
21
22            if 'Prioritized' in util.get_class_name(self.body.memory): # PER
23                errors = (max_q_targets - act_q_preds.detach()).abs().cpu().numpy()
24                self.body.memory.update_priorities(errors)
25        return q_loss
```

5.4.3 목표 네트워크의 업데이트

훈련 단계가 끝날 때마다 알고리즘의 update 메서드가 호출된다. 이 부분을 수정하여 코드 5.3
에 보이는 목표 네트워크 업데이트를 포함하게 한다.

구현은 간단하다. 치환 업데이트를 사용하고 있다면 self.net을 곧바로 self.target_net에 복
사한다(라인 13~14, 21~22). 폴리악 업데이트를 사용한다면, self.net과 현재의 self.target_net
의 모든 파라미터에 대해 가중평균을 계산하고 그 결과로 self.target_net을 업데이트한다(라인
15~16, 24~26).

코드 5.3 수정된 DQN의 구현: 목표 네트워크의 업데이트

```
1   # slm_lab/agent/algorithm/dqn.py
2
3   class DQNBase(VanillaDQN):
4       ...
5
6       @lab_api
7       def update(self):
8           self.update_nets()
9           return super().update()
10
11      def update_nets(self):
12          if util.frame_mod(self.body.env.clock.frame,
13          ↪   self.net.update_frequency, self.body.env.num_envs):
13              if self.net.update_type == 'replace':
14                  net_util.copy(self.net, self.target_net)
15              elif self.net.update_type == 'polyak':
16                  net_util.polyak_update(self.net, self.target_net,
                    ↪   self.net.polyak_coef)
17              ...
18
19  # slm_lab/agent/net/net_util.py
20
21  def copy(src_net, tar_net):
22      tar_net.load_state_dict(src_net.state_dict())
23
24  def polyak_update(src_net, tar_net, old_ratio=0.5):
25      for src_param, tar_param in zip(src_net.parameters(),
        ↪   tar_net.parameters()):
26          tar_param.data.copy_(old_ratio * src_param.data + (1.0 - old_ratio) *
            ↪   tar_param.data)
```

5.4.4 목표 네트워크를 갖는 DQN

코드 5.4에서 보듯이 목표 네트워크를 갖는 DQN을 구현하기 위해 더 이상의 코드는 필요하지 않다.

DQN은 DQNBase를 상속받는다. 그리고 코드 5.1에서 본 것처럼 self.target_net은 초기화된 이후 self.online_net과 self.eval_net에 할당된다. 결과적으로, calc_q_loss에서 self.target_net 은 $Q_{\text{tar}}^{\pi}(s, a)$의 계산에 사용되는 유일한 네트워크다.

> **코드 5.4** DQN 클래스

```
1   # slm_lab/agent/algorithm/dqn.py
2
3   class DQN(DQNBase):
4
5       @lab_api
6       def init_nets(self, global_nets=None):
7           super().init_nets(global_nets)
```

5.4.5 이중 DQN

코드 5.5에서 보듯이 DoubleDQN은 DQN을 상속받는다. 네트워크가 init_nets 안에서 초기화 될 때 self.net이 self.online_net에 할당되고, self.target_net은 self.eval_net에 할당된다 (라인 8~9).

이제 $Q_{\text{tar}}^{\pi}(s, a)$를 계산하는 과정에서 행동 a'을 선택하기 위해 self.net이 사용되고, (s', a')에 대한 Q 가치를 추정하기 위해 self.target_net이 사용된다. 이는 self.online_net이 self.net 을 참조하고 self.eval_net이 self.target_net을 참조하기 때문이다.

> **코드 5.5** DoubleDQN 클래스

```
1   # slm_lab/agent/algorithm/dqn.py
2
3   class DoubleDQN(DQN):
4
5       @lab_api
6       def init_nets(self, global_nets=None):
7           super().init_nets(global_nets)
8           self.online_net = self.net
9           self.eval_net = self.target_net
```

5.4.6 우선순위가 있는 경험 재현

우선순위가 있는 경험 재현PER은 DQN의 표본 효율성을 향상하기 위해 메모리로부터 경험을 추출하는 방식을 변경한다. 메모리 클래스에 대해 다루는 이전 절과 마찬가지로 처음에는 이 절을 건너뛰어도 DQN이 어떻게 향상되는지 이해하는 데 문제가 없다. 5.3절에서 논의한 우선순위가 있는 경험 재현의 기본 개념을 이해하는 것만으로 충분하다.

PER을 구현하기 위해 새로운 Memory 클래스인 PrioritizedReplay가 필요하다. 구현의 대부분은 PrioritizedReplay가 상속받는 Replay 메모리 클래스와 중복된다. 하지만 세 가지 기능을 추가할 필요가 있다. 바로 우선순위 저장, 우선순위 업데이트, 비례적 표본추출이다.

- **우선순위 저장**: 경험은 그 나름의 우선순위를 가져야 한다. 따라서 이 우선순위를 추적하기 위해 재현 메모리에 추가적인 버퍼buffer가 필요하다. 이 문제는 Replay 메모리 클래스의 __init__, reset, add_experience 함수를 오버라이딩함으로써 해결할 수 있다.

- **우선순위 업데이트**: 에이전트를 훈련할 때마다, 데이터 묶음에 포함된 경험의 우선순위가 바뀔 수 있다. 메모리에 저장된 경험의 우선순위를 수정하고, 어떤 경험을 업데이트해야 하는지 알 수 있도록 가장 최근에 추출된 데이터 묶음의 인덱스를 추적하는 update_priorities라는 함수를 추가한다.

- **비례적 표본추출**: 이것은 PER을 구현하는 과정에서 가장 까다로운 부분이다. 경험은 우선순위에 따라 추출될 필요가 있다. 하지만 훈련의 속도가 저하되지 않도록 하기 위해 메모리가 매우 큰 경우에도 표본은 빠른 속도로 추출되어야 한다. 결과적으로 sample_idxs는 오버라이딩이 필요하고, 메모리 크기가 증가할 때도 우선순위 저장과 효율적인 표본추출을 수행할 수 있도록 SumTree라는 새로운 데이터 구조가 필요하다. Replay 메모리에서는 모든 인덱스가 무작위로 추출되기 때문에 이러한 문제를 겪지 않는다.

지금부터 다루어야 하는 내용은 먼저 새로운 데이터 구조인 SumTree를 살펴보고 PER을 구현하는 과정에서 그것이 왜 유용한지 논의하는 것이다. 그런 다음 PrioritizedReplay 메모리 클래스를 다시 살펴보고 이 클래스에서 PER에 필요한 기능들이 어떻게 구현되는지 논의한다.

알고리즘 5.3을 보면 데이터 묶음에 포함된 모든 경험에 대해 $Q^{\pi_\theta}(s, a)$와 $Q^{\pi}_{\mathrm{tar}}(s, a)$ 사이의 TD 오차의 절댓값을 쉽게 추출할 수 있음을 알 수 있다. 식 5.8은 이 오차($|\omega|$로 표기)를 어떻게 각 요소의 우선순위로 해석하는지를 보여준다.

경험 하나의 우선순위를 계산하기 위해 정규화되지 않은 우선순위 $\sum_j (|\omega_j| + \varepsilon)^\eta$(식 5.8의 분모)의 총합을 추적할 필요가 있다. 이 총합은 메모리의 모든 경험을 이용하여 계산된다. 모든 우선

순위 $P(i)$를 계산하고 나면 이를 이용하여 메모리로부터 추출을 시작할 수 있다.

경험의 묶음을 추출하기 위한 다음 과정을 생각해 보자.

1. 알고리즘 5.3을 수정하여 $\sum_j(|\omega_j| + \varepsilon)^\eta$도 추적하게 한다. 우선순위를 업데이트할 때, 먼저 $\sum_j(|\omega_j| + \varepsilon)^\eta$의 변화를 계산해서 우선순위가 적절히 업데이트될 수 있게 한다.

2. 숫자 x를 0부터 $\sum_j(|\omega_j| + \varepsilon)^\eta$까지의 균일한 분포로부터 무작위로 추출한다.

3. 메모리의 모든 경험에 대한 반복 계산을 통해 지금까지의 모든 $|\omega_i| + \varepsilon$을 합산한다.

4. $\sum_i^k(|\omega_i| + \varepsilon) \geq x$를 만족할 경우 멈춘다. 현재 $|\omega_k| + \varepsilon$의 인덱스 k는 메모리로부터 추출해야 할 경험의 인덱스다.

5. 모든 인덱스가 포함된 묶음을 얻을 때까지 3~4단계를 반복한다.

6. 5단계에서 확인한 인덱스를 갖는 경험의 묶음을 구성한다.

x가 0부터 $\sum_j(|\omega_j| + \varepsilon)^\eta$까지의 균일한 분포를 형성하기 때문에 이 방법을 이용하면 우선순위에 비례하여 메모리로부터 경험을 추출하게 된다. 그리고 $|\omega_j| + \varepsilon$의 값이 클수록 x가 존재하는 범위의 더 많은 부분을 j번째 경험이 차지할 것이다. 이때 이 경험은 $\sum_i(|\omega_i| + \varepsilon) \leq x$를 $\sum_i(|\omega_i| + \varepsilon) \geq x$로 변경하는 경험이 될 가능성이 더 높다.

이 방법의 문제는 추출할 경험의 인덱스 k를 확인할 때 전체 메모리를 순차적으로 훑으며 계산이 반복되어야 하기 때문에 느리다는 것이다. 이 방법의 계산 복잡도는 $\mathcal{O}(n)$인데, 여기서 n은 메모리의 현재 크기다. 데이터 묶음을 추출할 때, 이 과정이 N번(데이터 묶음의 크기) 반복되어야 한다.

재현 메모리는 수백만 개 이상의 원소를 가질 정도로 크기가 클 수 있고, 에이전트의 훈련 과정에서 데이터 묶음은 매우 빈번히 추출된다. 메모리에 포함된 각 경험마다 반복되는 표본추출 방법을 사용하면 훈련 속도가 현저히 감소한다. 몇 시간 또는 며칠이면 끝날 훈련이 몇 주 동안 이어질 수 있다.

이 문제를 해결하는 대안으로 **섬트리**sum tree라고 불리는 이진 트리를 이용하여 우선순위를 저장할 수 있다. 글상자 5.2에서 논의하듯이, 이 데이터 구조를 이용하면 계산 복잡도도 $\mathcal{O}(n)$ 대신 $\mathcal{O}(\log_2 n)$으로 경험을 추출할 수가 있다. 메모리가 클 경우 이것은 대단히 큰 성능 향상이다. 예를 들어, 메모리에 백만 개의 경험이 있다면 20단계만에 인덱스 추출이 가능하다. $\log_2(1,000,000) \approx 20$이기 때문이다. 그렇지 않고 전체 메모리를 순차적으로 스캔하는 최악의 시나리오를 따른다면 1,000,000단계가 필요하다.

섬트리는 잎에 경험의 우선순위가 저장되는 이진 트리다. 잎에 내재된 노드에는 하위 노드에 저장된 값의 총합이 저장된다. 결과적으로, 루트root 노드에는 $(|\omega_j| + \varepsilon)^\eta$의 총합이 저장될 것이다. 이것은 정확히 식 5.8의 분모와 같다.

섬트리의 구조를 이용하면 경험의 우선순위에 비례하여 경험을 추출하는 과정이 쉬워진다. 먼저, 0부터 $\sum_j(|\omega_j| + \varepsilon)^\eta$까지의 균일한 확률분포에서 하나의 숫자 x를 추출한다. 이때 $\sum_j(|\omega_j| + \varepsilon)^\eta$의 값은 루트 노드에 저장된 값에 대한 쿼리query를 보냄으로써 정해진 시간 안에 얻을 수 있다. 그런 다음, 잎에 도달할 때까지 트리를 탐색한다. 오른쪽과 왼쪽 하위 노드 중 하나를 선택하는 결정을 내리는 과정은 다음과 같다. x <= node.left_child이면 왼쪽 하위 노드를 선택한 후 그 노드를 현재 노드로 설정하고, 그 밖의 경우에는 x = x - node.left_child로 업데이트하고 오른쪽 노드를 현재 노드로 설정한다. 잎에 도달할 때까지 이 과정을 반복한 후 도달한 잎의 인덱스를 리턴한다.

몇 개의 원소만을 갖는 예제를 풀어 보면 이 과정이 왜 비례적 표본추출의 결과를 도출하는지에 대한 직관을 얻는 데 도움이 된다. 그림 5.1은 6개의 경험에 해당하는 6개의 원소를 갖는 예제를 보여준다. 각 원소에 대한 $(|\omega_j| + \varepsilon)^\eta$의 값은 트리 아래쪽에 있는 잎 노드에서 보듯이 (5, 25, 10, 0, 35, 24)다. 트리의 위쪽에 있는 루트 노드에서 볼 수 있듯이 $\sum_j(|\omega_j| + \varepsilon)^\eta = 99$다.

x가 0부터 99 사이의 균일한 분포에서 추출된다고 할 때, x의 값과 x가 추출되는 횟수의 비율이 잎 노드 아래쪽에 표기되어 있다. $(|\omega_j| + \varepsilon)^\eta$의 값이 클수록 i번째 원소가 더 자주 추출된다. 예를 들어 $(|\omega_j| + \varepsilon)^\eta = 35$의 값을 갖는 원소 5가 추출되는 횟수의 비율은 35%인 반면, $(|\omega_j| + \varepsilon)^\eta = 10$의 값을 갖는 원소 3이 추출되는 횟수의 비율은 10%다.

그림 5.1에는 $x = 37$일 때 트리를 따라 내려가는 경로도 보여준다. 루트 노드에서 x가 왼쪽 하위 노드의 값인 40보다 작거나 같기 때문에 왼쪽 하위 노드로 내려간다. 다음에는 $x > 30$이기 때문에 10의 값을 갖는 오른쪽 하위 노드로 내려간 후 x를 $x - 30 = 7$로 설정한다. 마지막으로, 7과 10을 비교하여 $7 \leq 10$이므로 왼쪽 하위 노드를 선택하여 잎에 도달한다. 이 잎의 인덱스는 3인데, 이 값이 선택되는 값이다.

데이터 묶음에 포함시킬 경험의 인덱스를 추출하기 위해 필요한 단계의 개수는 이진 트리의 높이, 즉 $\log_2 n$이다. 예를 들어, 메모리에 있는 경험의 개수가 100,000개일 경우 인덱스를 추출하는 데 필요한 단계는 17단계다. $\log_2(100{,}000) \approx 17$이기 때문이다.

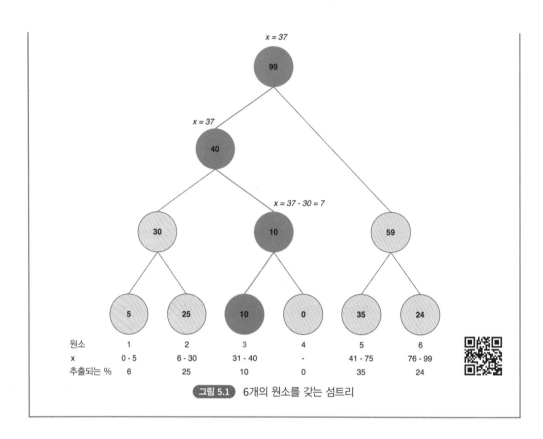

그림 5.1 6개의 원소를 갖는 섬트리

메모리 초기화 및 재설정 코드 5.6에서 __init__는 부모 클래스의 init(라인 13)를 호출한다. init 메서드는 스토리지 키를 포함하여 클래스 변수를 초기화한다. PrioritizedReplay 메모리에서는 우선순위를 저장하고 섬트리를 초기화하는 것도 필요하다. 이것은 '우선순위' 원소를 스토리지 키 self.data_keys에 추가하여 재정의한 후(라인 18) self.reset을 다시 호출함으로써(라인 19) 이루어진다.

reset은 부모 클래스의 메서드를 호출하고 추가로 섬트리를 초기화한다(라인 23).

코드 5.6 우선순위가 있는 경험 재현: 초기화 및 재설정

```
1   # slm_lab/agent/memory/prioritized.py
2
3   class PrioritizedReplay(Replay):
4
5       def __init__(self, memory_spec, body):
6           util.set_attr(self, memory_spec, [
7               'alpha',
8               'epsilon',
9               'batch_size',
10              'max_size',
11              'use_cer',
```

```
12                    ])
13            super().__init__(memory_spec, body)
14
15            self.epsilon = np.full((1,), self.epsilon)
16            self.alpha = np.full((1,), self.alpha)
17            # 'priorities'라는 스칼라를 데이터 키에 추가하고 재설정 함수를 다시 호출
18            self.data_keys = ['states', 'actions', 'rewards', 'next_states',
              ↪  'dones', 'priorities']
19            self.reset()
20
21        def reset(self):
22            super().reset()
23            self.tree = SumTree(self.max_size)
```

우선순위 저장   코드 5.7에서 add_experience는 먼저 부모 클래스의 메서드를 호출하여 (state, action, reward, next_state, done)를 메모리에 추가한다(라인 7).

다음으로, TD 오차의 절댓값 error가 주어지면 경험의 우선순위를 계산해야 한다(라인 8). 내 경험에 따르면, 새로운 경험이 에이전트에게 더 유용한 정보를 줄 가능성이 높기 때문에 새로운 경험이 더 높은 확률로 추출되어야 한다. 이것은 새로운 경험에 100,000이라는 큰 오차를 할당하는 방식으로 구현할 수 있다.

마지막으로, 메모리와 섬트리에 우선순위를 추가한다(라인 9~10).

코드 5.7 우선순위가 있는 경험 재현: 우선순위 저장

```
1   # slm_lab/agent/memory/prioritized.py
2
3   class PrioritizedReplay(Replay):
4       ...
5
6       def add_experience(self, state, action, reward, next_state, done, error=100000):
7           super().add_experience(state, action, reward, next_state, done)
8           priority = self.get_priority(error)
9           self.priorities[self.head] = priority
10          self.tree.add(priority, self.head)
11
12      def get_priority(self, error):
13          return np.power(error + self.epsilon, self.alpha).squeeze()
```

우선순위 업데이트   코드 5.8은 우선순위를 업데이트하는 방법을 보여준다. 이미 SumTree를 구현했다면 이것은 쉽게 구현할 수 있다. 먼저, TD 오차의 절댓값을 우선순위로 변환한다(라인 7). 그런 다음, 데이터 묶음에 포함된 경험의 인덱스를 이용하여 주 메모리 구조에 있는 우선순위를 업데이트한다(라인 9~10). self.batch_idxs는 항상 마지막으로 추출된 데이터 묶음의 인덱스를 저장한다. 마지막으로, SumTree에서 우선순위를 업데이트한다(라인 11~12).

우선순위가 있는 경험 재현: 우선순위 업데이트

```
1   # slm_lab/agent/memory/prioritized.py
2
3   class PrioritizedReplay(Replay):
4       ...
5
6       def update_priorities(self, errors):
7           priorities = self.get_priority(errors)
8           assert len(priorities) == self.batch_idxs.size
9           for idx, p in zip(self.batch_idxs, priorities):
10              self.priorities[idx] = p
11          for p, i in zip(priorities, self.tree_idxs):
12              self.tree.update(i, p)
```

비례적 표본추출   sample_idxs(코드 5.9)는 데이터 묶음을 구성해야 할 경험의 인덱스를 확인하는 기능을 수행한다. 인덱스를 선택하기 위해 먼저 0과 $\sum_j(|\omega_j| + \varepsilon)^\eta$의 총합 사이에서 하나의 값을 추출한다(라인 11). 이 값을 이용하여 글상자 5.2에 기술한 절차를 따라 트리로부터 원소를 추출하고(라인 12), 이 원소를 PrioritizedReplay 메모리에 있는 인덱스와 연동시킨다. 모든 인덱스가 선택되고 나면, 훈련 데이터의 묶음을 만들 때 사용하기 위한 인덱스를 self.batch_idxs에 저장하고(라인 13), 우선순위를 업데이트할 때 사용하기 위한 인덱스를 self.tree_idxs에 저장한다(라인 14).

여기서 제시하는 비례적 표본추출은 자로마르 자니스치Jaromar Janisch가 구현한 것을 변형하여 구현한 것이다. 자로마르 자니스치가 구현한 것은 그의 블로그 https://jaromiru.com/2016/09/27/lets-make-a-dqn-theory/에서 확인할 수 있다. 섬트리를 구현한 것은 slm_lab/agent/memory/prioritized.py에서 확인할 수 있다.

우선순위가 있는 경험 재현: 비례적 표본추출

```
1   # slm_lab/agent/memory/prioritized.py
2
3   class PrioritizedReplay(Replay):
4       ...
5
6       def sample_idxs(self, batch_size):
7           batch_idxs = np.zeros(batch_size)
8           tree_idxs = np.zeros(batch_size, dtype=np.int)
9
10          for i in range(batch_size):
11              s = random.uniform(0, self.tree.total())
12              (tree_idx, p, idx) = self.tree.get(s)
13              batch_idxs[i] = idx
14              tree_idxs[i] = tree_idx
```

```
15
16          batch_idxs = np.asarray(batch_idxs).astype(int)
17          self.tree_idxs = tree_idxs
18          ...
19          return batch_idxs
```

5.5 아타리 게임을 위한 DQN 에이전트의 훈련

이제 아타리 게임을 위해 이미지 상태로부터 DQN 에이전트를 훈련하기 위한 모든 요소를 살펴 봤다. 하지만 좋은 성능을 위해 환경의 상태와 보상을 수정할 필요가 있다. 이러한 수정은 유명한 논문 〈Human-Level Control through Deep Reinforcement Learning〉[89]에 처음 소개됐고, 그 이후로 아타리 게임 환경에 적용할 표준이 됐다.

이 절에서는 먼저 아타리 게임의 상태 및 보상뿐만 아니라 아타리 게임의 간략한 배경을 설명할 것이다. 그런 다음, PER이 적용된 이중 DQN 에이전트가 아타리 퐁 게임을 할 수 있도록 spec 파일을 구성할 것이다.

아타리 2600은 1977년에 발매된 인기 있는 비디오 게임 콘솔이었다. 초기에 만들어졌던 게임들과 함께 많은 (이제는 고전이 된) 아케이드 게임이 콘솔 게임으로 만들어졌다. 아타리 2600의 게임들은 일반적으로 복잡하고 어려웠지만, 게임을 위해 필요한 컴퓨터 사양은 낮아서 현대 컴퓨터에 쉽게 탑재되어 작동했다. 콘솔 RAM은 단지 128바이트만을 차지하고 게임 화면은 가로 160픽셀, 세로 210픽셀만을 갖고 있었다. 2012년에, 벨레마르Bellemare 등은 이러한 조건으로 인해 아타리 게임이 강화학습 알고리즘의 이상적인 테스트베드가 된다는 사실을 깨닫고 50개의 게임을 동시에 수행하는 아케이드 학습 환경Arcade Learning Environment, ALE을 만들었다[14].

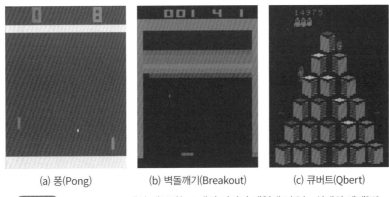

| (a) 퐁(Pong) | (b) 벽돌깨기(Breakout) | (c) 큐버트(Qbert) |

그림 5.2 OpenAI Gym에서 제공하는 3개의 아타리 게임에 나오는 상태의 예제[18]

SLM Lab은 OpenAI Gym에서 제공하는 아타리 게임을 활용한다[18]. 아타리 게임에 존재하는 상태는 게임창에 보이는 낮은 해상도의 RGB 이미지로서 (210, 160, 3)의 크기를 갖는 3차원 배열로 인코딩된다. 행동 공간은 이산적이며 낮은 차원을 갖는다. 게임에 따라 에이전트는 시간 단계마다 4~18개의 각기 다른 행동을 선택할 수 있다. 예를 들어, OpenAI Gym에서 퐁 게임의 행동은 0(정지), 1(발사), 2(업), 3(다운)의 네 가지다.

아타리 상태 공간은 지금까지 봤던 그 어떤 게임보다 훨씬 더 높은 차원을 갖는다. 각 상태는 $210 \times 160 \times 3 = 100,800$개의 차원을 갖기 때문에 카트폴에 존재하는 4개의 차원에 비해 훨씬 많다. 아타리 게임은 또한 카트폴보다 훨씬 더 복잡하다. 에피소드가 수천 시간 단계 동안 지속되고 행동의 순서를 정교하게 선택해야 좋은 성능을 낼 수 있다. 이 두 요소가 결합하여 에이전트가 아타리 게임을 학습하는 것은 더 어려워진다. 이러한 상황에서 에이전트의 학습을 돕기 위해 [88, 141]의 저자들은 표준적인 DQN이나 이중 DQN 알고리즘을 다음과 같이 수정했다.

- **이미지 처리를 위한 전문화된 네트워크 설계**: Q 함수 근사는 3개의 숨겨진 중첩 층위와 하나의 숨겨진 고밀도 층위를 갖는 전통적인 신경망을 통해 수행된다.
- **상태 처리**: 이것은 이미지 축소, 그레이스케일링, 프레임 결합, 최대의 픽셀값을 갖는 프레임 건너뛰기를 포함한다.
- **보상 처리**: 시간 단계마다 원래의 보상 부호에 따라 보상이 −1, 0, +1로 변환된다.
- **환경 재설정**: 게임에서 죽으면 게임에 따라 환경이 재설정되고, 시작 상태가 무작위로 정해지고, 'FIRE'가 재설정될 수도 있다.

네트워크 설계는 SLM Lab의 ConvNet 클래스를 이용하여 구현된다. 상태, 보상, 환경의 수정사항은 10.3절 '아타리 트릭'에서 자세히 다룰 것이다. 이러한 수정사항은 OpenAI Gym 환경을 둘러싼 래퍼wrapper를 이용하여 다룰 것이다. 래퍼는 환경의 인터페이스를 변경하지 않은 채로 단순히 환경을 감싸기만 함으로써 드러나지 않게 요구되는 모든 변환을 수행한다는 장점이 있다. 이렇게 하면 지금까지 논의했던 구현 결과에서 어떠한 코드도 변경할 필요 없이 수정사항을 반영해서 DQN 또는 이중 DQN 에이전트를 훈련할 수 있다.

우선순위가 있는 경험 재현을 이용하여 아타리 퐁 게임을 하는 이중 DQN 에이전트를 훈련하기 위한 구성을 코드 5.10에서 확인할 수 있다. 이 코드 파일은 slm_lab/spec/benchmark/dqn/ddqn_per_pong_spec.json을 통해 SML Lab에서도 확인할 수 있다.

코드 5.10 아타리 퐁 게임을 위한 PER이 적용된 이중 DQN의 spec 파일 구성

```
1    # slm_lab/spec/benchmark/dqn/ddqn_per_pong.json
2
3    {
4      "ddqn_per_pong": {
5        "agent": [{
6          "name": "DoubleDQN",
7          "algorithm": {
8            "name": "DoubleDQN",
9            "action_pdtype": "Argmax",
10           "action_policy": "epsilon_greedy",
11           "explore_var_spec": {
12             "name": "linear_decay",
13             "start_val": 1.0,
14             "end_val": 0.01,
15             "start_step": 10000,
16             "end_step": 1000000
17           },
18           "gamma": 0.99,
19           "training_batch_iter": 1,
20           "training_iter": 4,
21           "training_frequency": 4,
22           "training_start_step": 10000
23         },
24         "memory": {
25           "name": "PrioritizedReplay",
26           "alpha": 0.6,
27           "epsilon": 0.0001,
28           "batch_size": 32,
29           "max_size": 200000,
30           "use_cer": false,
31         },
32         "net": {
33           "type": "ConvNet",
34           "conv_hid_layers": [
35             [32, 8, 4, 0, 1],
36             [64, 4, 2, 0, 1],
37             [64, 3, 1, 0, 1]
38           ],
39           "fc_hid_layers": [256],
40           "hid_layers_activation": "relu",
41           "init_fn": null,
42           "batch_norm": false,
43           "clip_grad_val": 10.0,
44           "loss_spec": {
45             "name": "SmoothL1Loss"
46           },
47           "optim_spec": {
48             "name": "Adam",
49             "lr": 2.5e-5,
50           },
```

```
51        "lr_scheduler_spec": null,
52        "update_type": "replace",
53        "update_frequency": 1000,
54        "gpu": true
55      }
56    }],
57    "env": [{
58      "name": "PongNoFrameskip-v4",
59      "frame_op": "concat",
60      "frame_op_len": 4,
61      "reward_scale": "sign",
62      "num_envs": 16,
63      "max_t": null,
64      "max_frame": 4e6
65    }],
66    "body": {
67      "product": "outer",
68      "num": 1
69    },
70    "meta": {
71      "distributed": false,
72      "eval_frequency": 10000,
73      "log_frequency": 10000,
74      "max_session": 4,
75      "max_trial": 1
76    }
77  }
78 }
```

주요 요소들을 살펴보자.

- **알고리즘**: 알고리즘은 이중 DQN이다(라인 8). DQN을 사용하기 위해 라인 8을 "name": "DoubleDQN"에서 "name": "DQN"으로 변경한다. 행동 정책은 선형 감소가 있는 엡실론 탐욕적 정책(라인 10)이다. ε은 1.0으로 초기화되고 시간 단계 10,000과 1,000,000 사이에서 0.01로 튜닝된다(라인 12~16).

- **네트워크 아키텍처**: 네트워크는 ReLU 활성화(라인 40)가 적용된 합성곱신경망(라인 33)이다. 네트워크는 3개의 중첩 층위(라인 34~38)를 갖고 뒤이어 하나의 완전히 연결된 층위(라인 39)를 갖는다. 훈련은 GPU에서 수행된다(라인 54).

- **최적화 기법과 손실 함수**: 최적화 기법은 아담Adam[68]이고(라인 47~50) 손실은 파이토치에서 SmoothL1Loss라고 불리는 후버Huber 손실이다(라인 44~46). 이 손실은 절댓값의 제곱으로 1보다 작은 값을 가지며 손실이 정의되지 않는 영역에서는 어디서든 선형의 형태라서 이상치에 덜 민감하다.

- **훈련 빈도**: 에이전트가 환경 속에서 10,000단계를 진행한 이후에 훈련이 시작되고(라인 22) 그 이후 네 단계가 지날 때마다 훈련이 수행된다(라인 21). 모든 훈련 단계에서 4개의 데이터 묶음이 메모리로부터 추출된다(라인 20). 각 데이터 묶음은 32개의 원소를 가지며(라인 28) 네트워크 파라미터를 한 번 업데이트하는 데 사용된다(라인 19).

- **메모리**: 메모리 유형은 PrioritizedReplay이고(라인 25) 메모리는 최대 200,000개의 경험을 담을 수 있다(라인 29). 우선순위를 정하기 위한 파라미터 η는 alpha라는 변수로 설정되고(라인 26) 작은 상수 ε이 epsilon이라는 변수로 설정된다(라인 27).

- **환경**: 환경은 아타리 게임 퐁이다(라인 58). 4개의 프레임이 연결되어 하나의 상태를 형성한다(라인 59~60). 훈련 과정 중에, 각 시간 단계에서의 보상이 부호에 따라 −1, 0, +1로 변환된다(라인 61). 훈련의 속도를 높이기 위해 16개의 병렬 환경(라인 62)을 이용한다(이 간단한 기법에 대해서는 8장에서 다룰 것이다).

- **훈련 시간**: 4,000,000개의 시간 단계 동안 훈련이 진행된다(라인 64).

- **체크포인트**: 에이전트는 10,000단계가 지날 때마다 평가를 받는다(라인 72). 네트워크의 파라미터도 매번 업데이트되고 나서 평가를 받는다.

SLM Lab을 이용하여 이 DQN 에이전트를 훈련하기 위해, 코드 5.11에 보이는 명령어를 명령창에서 실행해 보기 바란다.

코드 5.11 아타리 퐁 게임을 위한 PER이 적용된 이중 DQN 에이전트의 훈련

```
1  conda activate lab
2  python run_lab.py slm_lab/spec/benchmark/dqn/ddqn_per_pong.json ddqn_per_pong train
```

이 명령어를 실행하면 spec 파일을 이용하여 4개의 Session으로 구성된 훈련 Trial이 진행되어 평균값 결과를 얻게 된다. 그런 다음 결과는 오차 범위와 함께 그래프로 그려진다. 100번의 평가 구간에 대한 이동평균 그래프도 생성된다. 이 두 그래프가 그림 5.3에 보이는 그래프다. 훈련 시작 시점에 에이전트는 −21의 평균 점수를 갖게 될 것이다. 성능이 지속적으로 향상되어 2백만 프레임이 지난 후에는 에이전트의 점수가 최대 점수인 21점에 가까이 근접한다.

이 에이전트를 훈련하려면 이 책에서 지금까지 언급했던 그 어떤 에이전트보다 더 많은 계산 능력이 필요하다. GPU에서 돌렸을 때 시험은 약 하루 정도 지속된다.

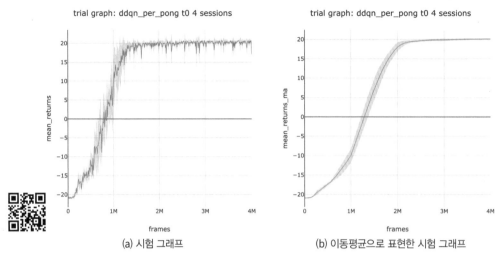

(a) 시험 그래프   (b) 이동평균으로 표현한 시험 그래프

그림 5.3 SLM Lab으로 4개의 세션에 대해 평균을 구한 이중 DQN + PER 시험 그래프. 세로축은 체크포인트 구간에서 8개의 에피소드에 대한 평균으로 계산된 보상의 총합(평가를 위한 mean_return이 할인 없이 계산됨)이고, 가로축은 전체 훈련 프레임을 보여준다. 오른쪽 그래프가 100개의 평가용 체크포인트 구간에 대해 계산된 이동평균을 나타낸다.

5.6 실험 결과

이 절에서는 DQN의 성능 향상이 미치는 효과, 이름하여 목표 네트워크, 이중 DQN, 그리고 PER에 대해 살펴볼 것이다. 시험 격자를 만들고 목표 네트워크를 갖는 DQN(단순히 DQN으로 부르겠다.)을 시작으로 격자의 각 부분에 대해 DQN의 성능 향상을 시험할 것이다. 이때 시험은 DQN, DQN + PER, 이중 DQN, 이중 DQN + PER, 이렇게 4개의 조합으로 구성된다. 각 시험을 아타리 퐁 게임 환경에서 실행하여 시험 그래프를 도출하고 결과를 취합해서 성능을 비교할 것이다.

5.6.1 실험: 이중 DQN과 PER의 효과

먼저, 코드 5.12에서 보는 것과 같은 DQN spec 파일을 갖고 있다. 이것은 DQN을 사용하고(라인 4~8), PER 대신 평범한 재현 메모리 클래스를 사용하며(라인 11~16), 학습률을 증가시킨 것(라인 21)을 제외하면 코드 5.10과 유사하다. 이 파일은 slm_lab/spec/benchmark/dqn/dqn_pong_spec.json을 통해 SLM Lab에서 확인할 수 있다.

코드 5.12 아타리 퐁 게임을 위한 DQN spec 파일의 구성

```
1   # slm_lab/spec/benchmark/dqn/dqn_pong.json
2
3   {
4     "dqn_pong": {
5       "agent": [{
6         "name": "DQN",
7         "algorithm": {
8           "name": "DQN",
9           ...
10        },
11        "memory": {
12          "name": "Replay",
13          "batch_size": 32,
14          "max_size": 200000,
15          "use_cer": false
16        },
17        "net": {
18          ...
19          "optim_spec": {
20            "name": "Adam",
21            "lr": 1e-4,
22          },
23        ...
24      }
25  }
```

둘째로, 코드 5.13에 있는 DQN + PER spec 파일도 코드 5.10과 유사하지만 DQN을 사용하도록 수정됐다(라인 4~8). 이 파일은 slm_lab/spec/benchmark/dqn/dqn_per_pong_spec.json을 통해 SLM Lab에서 확인할 수 있다.

코드 5.13 아타리 퐁 게임을 위한 DQN + PER spec 파일의 구성

```
1   # slm_lab/spec/benchmark/dqn/dqn_per_pong.json
2
3   {
4     "dqn_per_pong": {
5       "agent": [{
6         "name": "DQN",
7         "algorithm": {
8           "name": "DQN",
9           ...
10      }
11  }
```

셋째로, PER을 비활성화하고(라인 11~16) 더 높은 학습률을 이용하기 위해(라인 21) 코드 5.10을 수정한 것이 코드 5.14에 보이는 이중 DQN spec 파일이다. 이 파일은 slm_lab/spec/benchmark/dqn/ddqn_pong_spec.json을 통해 SLM Lab에서 확인할 수 있다.

코드 5.14 아타리 퐁 게임을 위한 이중 DQN spec 파일의 구성

```
1   # slm_lab/spec/benchmark/dqn/ddqn_pong.json
2
3   {
4     "ddqn_pong": {
5       "agent": [{
6         "name": "DoubleDQN",
7         "algorithm": {
8           "name": "DoubleDQN",
9           ...
10        },
11        "memory": {
12          "name": "Replay",
13          "batch_size": 32,
14          "max_size": 200000,
15          "use_cer": false,
16        },
17        "net": {
18          ...
19          "optim_spec": {
20            "name": "Adam",
21            "lr": 1e-4,
22          },
23        ...
24      }
25  }
```

마지막으로, 앞서 코드 5.10에서 봤던 이중 DQN + PER spec 파일도 slm_lab/spec/benchmark/ dqn/ddqn_per_pong_spec.json을 통해 SLM Lab에서 확인할 수 있다. PER을 이용할 때는 학습률을 작게 유지하는 것이 일반적이다. 이것은 PER이 오차가 더 큰 전이를 더 자주 선택하여 평균적으로 더 큰 경사를 만들기 때문이다. 더 커진 경사를 보상하기 위해, 스카울 등[121]은 학습률을 4분의 1로 줄이는 것이 도움이 된다는 사실을 알아냈다.

이 네 가지 DQN 버전을 SLM Lab을 이용하여 훈련하기 위한 네 가지 명령어가 코드 5.15에 제시되어 있다. 컴퓨터 성능이 좋아서 이 네 번의 시험을 동시에 시행한다 하더라도 시험을 완료하기까지 GPU를 사용해도 거의 하루가 걸린다.

코드 5.15 아타리 퐁 게임을 위한 DQN의 네 가지 버전: DQN, DQN + PER, 이중 DQN, 이중 DQN + PER의 훈련

```
1   # DQN을 실행
2   conda activate lab
3   python run_lab.py slm_lab/spec/benchmark/dqn/dqn_pong.json dqn_pong train
4
5   # DQN + PER을 실행
6   conda activate lab
```

```
 7   python run_lab.py slm_lab/spec/benchmark/dqn/dqn_per_pong.json dqn_per_pong train
 8
 9   # 이중 DQN을 실행
10   conda activate lab
11   python run_lab.py slm_lab/spec/benchmark/dqn/ddqn_pong.json ddqn_pong train
12
13   # 이중 DQN + PER을 실행
14   conda activate lab
15   python run_lab.py slm_lab/spec/benchmark/dqn/ddqn_per_pong.json ddqn_per_pong train
```

네 번의 Trial 모두 각각 4개의 Session으로부터 얻어진 평균을 나타내는 그래프를 갖는다. 비교를 위해, 그림 5.4에 보듯이 네 번의 결과를 하나의 다수 시험 그래프로 나타내었다. 이를 위해 viz.plot_multi_trial 유틸리티를 사용했다.

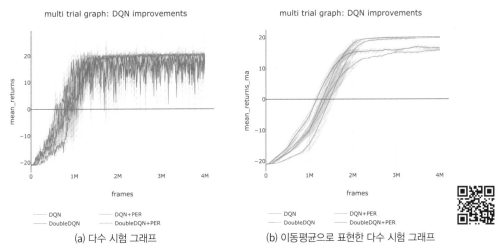

(a) 다수 시험 그래프 　　　　　(b) 이동평균으로 표현한 다수 시험 그래프

그림 5.4　이 그래프는 아타리 퐁 게임을 이용하여 네 가지 버전의 DQN을 통한 성능 향상 결과를 비교한다. 예상한 대로, 이중 DQN + PER이 가장 좋은 성능을 보여주고 그다음으로 DQN + PER, 이중 DQN, DQN의 순으로 성능이 좋다.

그림 5.4는 아타리 퐁 게임을 이용하여 네 가지 버전의 DQN에 대한 성능 향상 과정을 비교한 결과다. 예상했듯이, 성능 향상에 도움되는 모든 것을 적용한 이중 DQN + PER이 가장 성능이 좋다. DQN + PER이 근소하게 뒤처지고 그다음으로 이중 DQN과 DQN 순으로 성능이 좋다. 결국, PER을 사용하면 성능이 상당히 향상되고 학습의 안정화에도 도움이 된다. 이러한 점은 학습의 이득을 나타내는 곡선이 더 높고 부드럽게 그려지는 것에서 확인할 수 있다. 이에 비해, 이중 DQN을 사용하면 더 근소하게 성능이 향상된다.

5.7 요약

이 장에서는 DQN 알고리즘을 향상하기 위해 다음과 같은 기법들을 다루었다. 각 기법은 DQN의 한계점을 하나씩 해결한다.

- **목표 네트워크**: 원래 네트워크의 지연된 복사본을 이용하여 $Q_{\text{tar}}^{\pi}(s, a)$를 계산하면 최적화 문제가 더 쉬워지고 훈련 안정화에 도움이 된다.

- **이중 DQN**: $Q_{\text{tar}}^{\pi}(s, a)$를 계산할 때 2개의 각기 다른 네트워크를 활용하여 다음 상태의 Q 가치를 추정하면 DQN이 Q 가치를 과대 추정하는 경향이 감소한다. 실제로, 파라미터 θ로 표현된 훈련 네트워크와 파라미터 φ로 표현된 훈련 네트워크가 각기 다른 2개의 네트워크로 활용된다.

- **우선순위가 있는 경험 재현**: 모든 경험이 동등한 수준의 정보를 에이전트에게 제공하는 것은 아니다. 에이전트가 가장 많은 것을 학습할 수 있는 경험을 우선시하면 DQN의 표본 효율성이 높아진다. 이때 에이전트가 어떤 경험에서 더 많이 학습하는지는 $\hat{Q}^{\pi}(s, a)$와 $Q_{\text{tar}}^{\pi}(s, a)$ 사이의 TD 오차의 절댓값으로 측정한다.

DQN에 목표 네트워크와 PER을 적용하여 아타리 게임을 하는 실제적인 경우에 대해서도 알아봤다. 아타리 게임은 지금까지 다루었던 환경 중 가장 복잡한 환경이다. 그래서 좋은 성능을 얻기 위해서는 상태와 보상을 수정해야 하는데, 이러한 수정사항들은 다음과 같다. 다운사이징을 통해 상태 공간의 차원을 줄이는 것, 크로핑cropping, 이미지의 그레이스케일 변환, 에이전트가 행동 선택 시 최근의 과거를 확인할 수 있도록 4개의 최신 상태를 스태킹stacking하는 것, 네 번의 프레임마다 에이전트가 확인하게 함으로써 연속한 프레임 사이의 시간 간격을 증가시키는 것, 이미지 처리에 특화된 Q 함수 네트워크를 설계하는 것

5.8 더 읽을거리

- "Human-Level Control through Deep Reinforcement Learning," Mnih et al., 2015 [89]
- "Double Q-Learning," van Hasselt, 2010 [140]
- "Deep Reinforcement Learning with Double Q-Learning," van Hasselt et al., 2015 [141]
- "Prioritized Experience Replay," Schaul et al., 2015 [121]
- "Dueling Network Architectures for Deep Reinforcement Learning," Wang et al., 2016 [144]
- "The Arcade Learning Environment: An Evaluation Platform for General Agents," Bellemare et al., 2013 [14]

PART

II

결합된 방법

06

어드밴티지
행동자-비평자(A2C)

이 장에서는 이 책에서 지금까지 다루었던 방법들을 멋지게 결합하는 행동자-비평자Actor-Critic 알고리즘을 알아볼 것이다. 주요 내용은 이름하여 정책 경사와 학습된 가치 함수다. 이 알고리즘에서 정책은 학습된 가치 함수를 이용하여 생성된 **학습된 강화 신호**learned reinforcing signal로 강화된다. 이것은 정책을 강화하기 위해 높은 분산을 갖는 몬테카를로 방법으로 이득을 추정하는 REINFORCE 방법과는 대조를 이루는 방법이다.

모든 행동자-비평자 알고리즘은 동시에 학습되는 두 가지 요소를 갖는다. 파라미터로 표현된 정책을 학습하는 **행동자**actor와 상태-행동 쌍을 평가하기 위해 가치 함수를 학습하는 **비평자**critic가 그 두 가지 요소다. 비평자는 행동자에게 강화 신호를 전달한다.

이 알고리즘이 나오게 된 주요 배경은 학습된 강화 신호가 환경에서 얻는 보상보다 정책에 대해 더 많은 것을 알려줄 수 있다고 생각한 데에 있다. 예를 들어, 에이전트가 성공에 대해 드물게 받게 되는 +1의 보상을 밀도 높은 강화 신호로 전환할 수 있다. 더욱이, 학습된 강화 신호는 일반적으로 이득에 대한 몬테카를로 추정치보다 더 작은 분산을 갖는다. 이것은 정책이 학습하는 환경의 불확실성을 줄여서[11] 학습 과정을 더 쉽게 만들어준다. 하지만 그에 따라 훈련 과정은 더 복잡해진다. 이제 정책을 학습하는 것은 이와 동시에 학습되는 가치 함수 추정값의 품질에 따라 결정된다. 가치 함수가 정책을 위해 합당한 신호를 생성할 때까지 좋은 행동 선택을 학습하기는 어려워질 것이다.

이 방법에서는 강화 신호로서 일반적으로 **어드밴티지**advantage 함수 $A^\pi(s, a) = Q^\pi(s, a) - V^\pi(s)$ 를 학습한다. 핵심적인 개념은 Q 함수로 측정된 행동의 절대 가치로부터 행동을 선택하는 것보다 특정한 상태에서 선택 가능한 대안적 행동과의 비교를 통해 성능이 더 좋은 행동을 선택하는 것이 더 바람직하다는 것이다. 어드밴티지 함수를 학습하는 행동자-비평자 알고리즘을 어드밴티지 행동자-비평자Advantage Actor-Critic, A2C 알고리즘이라고 부른다.

먼저 6.1절에서 행동자에 대해 논의한다. 이 부분은 REINFORCE와 유사하기 때문에 간략히 설명할 것이다. 그런 다음, 6.2절에서 비평자와 어드밴티지 함수를 추정하는 두 가지 방법(n단계 이득과 일반화된 어드밴티지 추정[123])을 소개할 것이다.

6.3절에서는 행동자-비평자 알고리즘을 다루고, 6.4절에서는 이 알고리즘의 적용 사례를 다룬다. 이 장의 마지막에서는 행동자-비평자 에이전트의 훈련 지침을 제시할 것이다.

6.1 행동자

행동자는 식 6.1에 표현된 정책 경사를 이용하여 파라미터로 표현된 정책 π_θ를 학습한다. 이것은 REINFORCE(2장)와 매우 유사하다. 한 가지 차이점이 있다면 이득 $R_t(\tau)$(식 2.1)에 대한 몬테카를로 추정값 대신 어드밴티지 A_t^π를 강화 신호로 사용한다는 점이다.

$$\text{행동자-비평자:} \quad \nabla_\theta J(\pi_\theta) = \mathbb{E}_t\left[A_t^\pi \nabla_\theta \log \pi_\theta(a_t \mid s_t)\right] \qquad \text{(식 6.1)}$$
$$\text{REINFORCE:} \quad \nabla_\theta J(\pi_\theta) = \mathbb{E}_t\left[R_t(\tau) \nabla_\theta \log \pi_\theta(a_t \mid s_t)\right] \qquad \text{(식 6.2)}$$

다음으로, 어드밴티지 함수를 어떻게 학습하는지 알아보자.

6.2 비평자

비평자의 역할은 (s, a) 쌍을 평가하는 방법을 학습하고 그 결과를 이용하여 A^π를 생성하는 것이다.

이어지는 절에서는 먼저 어드밴티지 함수를 설명하고, 어드밴티지 함수를 강화 신호로 사용하는 것이 왜 좋은지 설명하겠다. 그런 다음 어드밴티지 함수를 추정하는 두 가지 방법인 n단계 이득과 일반화된 어드밴티지 추정Generalized Advantage Estimation[123] 방법을 제시할 것이다. 마지막으로, 이들을 학습하는 방법을 논의할 것이다.

6.2.1 어드밴티지 함수

직관적으로 보면 어드밴티지 함수 $A^\pi(s_t, a_t)$는 특별한 상태에서의 행동이 정책의 평균적 행동에 비해 어느 정도로 좋거나 나쁜지를 측정한다. 어드밴티지 함수는 식 6.3과 같이 정의된다.

$$A^\pi(s_t, a_t) = Q^\pi(s_t, a_t) - V^\pi(s_t)$$ (식 6.3)

어드밴티지 함수는 수많은 장점을 갖는다. 먼저, $\mathbb{E}_{a \in \mathcal{A}}[A^\pi(s_t, a)] = 0$이다. 이것은 모든 행동이 본질적으로 동일하다면 모든 행동에 대해 A^π는 0이 될 것이고 정책이 A^π를 이용하여 훈련될 때 이러한 행동을 선택할 확률은 변함없이 유지될 것임을 암시한다. 이것을 절대적인 상태 또는 상태-행동 쌍을 기반으로 하는 강화 신호와 비교해 볼 때 이 신호는 동일한 상황에서 상숫값을 갖겠지만, 0이 되지는 않을 것이다. 결과적으로 이 신호는 선택된 행동을 (신호가 양의 값을 가질 경우) 적극적으로 장려하거나 (신호가 음의 값을 가질 경우) 억제할 것이다. 모든 행동이 동일할 것이기 때문에, 이것이 직관적이지 않더라도 실제적으로는 문제가 되지 않을 수도 있다. 더 해결하기 어려운 경우는 선택된 행동이 평균적인 행동보다 나쁘지만 기대되는 이득은 여전히 양의 값인 경우다. 즉, $Q^\pi(s_t, a_t) > 0$이지만 $A^\pi(s_t, a_t) < 0$인 경우다. 이상적으로는, 선택된 행동보다 더 좋은 선택지가 존재하기 때문에 선택된 행동이 선택받을 확률은 더 낮아져야 한다. 이러한 경우에 A^π를 이용하면 선택된 행동이 억제될 것이기 때문에 직관과 더 잘 부합하는 행동이 선택된다. Q^π를 사용하거나, 기준값이 있는 Q^π를 사용하더라도 행동을 장려할 수 있다.

어드밴티지도 상대적인 측정값이다. 특정한 상태 s와 행동 a에 대해, 어드밴티지는 상태-행동 쌍의 가치 $Q^\pi(s, a)$를 고려하여 행동 a가 정책을 더 좋게 혹은 더 나쁘게 만드는지를 $V^\pi(s)$와 비교하여 평가한다. 어드밴티지는 정책이 현재 특별히 좋지 않은 상태에 있다고 해서 행동을 억제하지는 않는다. 반대로, 좋은 상태에 있는 정책에 대해 행동에 가점을 주지도 않는다. 이렇게 하는 것은 도움이 된다. 행동 a가 오직 미래의 궤적에만 영향을 미칠 뿐 정책이 어떻게 현재 상태에 도달했는지에 대해서는 관여하지 않기 때문이다. 행동이 미래의 가치를 어떻게 변화시킬지만을 고려하여 행동을 평가해야 한다.

예제를 하나 살펴보자. 식 6.4에서 정책은 $V^\pi(s) = 100$인 좋은 상태에 있다. 반면에 식 6.5에서는 $V^\pi(s) = -100$인 나쁜 상태에 있다. 두 경우 모두, 행동 a는 상대적으로 10만큼의 향상을 가져온다. 이러한 향상은 두 경우가 동일한 어드밴티지를 갖기 때문에 발생한다. 하지만 $Q^\pi(s, a)$만을 생각한다면 이러한 상황을 이해할 수는 없을 것이다.

$$Q^\pi(s, a) = 110, \quad V^\pi(s) = 100, \quad A^\pi(s, a) = 10$$ (식 6.4)
$$Q^\pi(s, a) = -90, \quad V^\pi(s) = -100, \quad A^\pi(s, a) = 10$$ (식 6.5)

이런 식으로 이해했을 때, 어드밴티지 함수는 행동의 장기적 효과를 포착한다. 이는 어드밴티지 함수가 모든 미래 시간 단계[1]를 고려하면서 가장 최근까지의 행동이 미친 효과를 무시하기 때문이다. 슐만Schulman 등은 논문 〈Generalized Advantage Estimation〉[123]에서 이와 유사한 해석을 제시한다.

행동자-비평자 알고리즘에서 어드밴티지 함수 $A^\pi(s, a)$를 강화 신호로 사용하는 것이 왜 좋은 선택인지를 확인했으니, 이제 어드밴티지 함수를 추정하는 두 가지 방법을 알아보자.

6.2.1.1 어드밴티지의 추정: n단계 이득

어드밴티지 A^π를 계산하려면 Q^π와 V^π의 추정값이 필요하다. 한 가지 방법은 각기 다른 신경망을 이용하여 Q^π와 V^π를 학습할 수 있다는 것이다. 하지만 여기에는 두 가지 단점이 있다. 먼저, 두 추정값을 일관되게 유지하기 위해 세심한 주의가 필요하다. 둘째, 학습의 효율성이 떨어진다. 그래서 일반적으로 V^π만 먼저 학습하고 궤적에서 나오는 보상과 V^π를 결합하여 Q^π를 추정한다.

V^π를 학습하는 것이 Q^π를 학습하는 것보다 더 좋은데, 여기에는 두 가지 이유가 있다. 첫째, Q^π는 더 복잡한 함수이고 좋은 추정값을 도출하기 위해 더 많은 표본이 필요할 수도 있다. 행동자와 비평자가 동시에 훈련될 경우에 이것은 문제를 야기할 수 있다. 둘째, Q^π로부터 V^π를 추정하는 것이 더 많은 계산을 필요로 한다. $Q^\pi(s, a)$로부터 $V^\pi(s)$를 추정하려면 상태 s에서 선택 가능한 모든 행동에 대해 가치를 계산하고 행동 확률에 따른 가중치로 평균을 계산하여 $V^\pi(s)$를 얻어야 한다. 게다가, 연속적 행동을 갖는 환경에서는 이렇게 하기가 어렵다. V^π를 추정하기 위해 연속적 공간에서 대표적 행동의 표본을 추출해야 하기 때문이다.

V^π로부터 Q^π를 추정하는 방법을 알아보자.

만약 $V^\pi(s)$에 대한 완벽한 추정값을 알고 있다고 한다면, 식 6.6과 같이 Q 함수를 $V^\pi(s_{n+1})$이 계산되기 이전 n개의 시간 단계에 대한 보상의 기댓값의 합계로 다시 표현할 수 있다. 추정의 편의를 위해 기댓값 대신 보상의 궤적 $(r_1, ..., r_n)$을 사용하고 비평자가 학습한 $\hat{V}^\pi(s)$를 대입하면, 식 6.7에서 보듯이 소위 말하는 n단계 전방 이득n-step forward return이 된다.

$$Q^\pi(s_t, a_t) = \mathbb{E}_{\tau \sim \pi}[r_t + \gamma r_{t+1} + \gamma^2 r_{t+2} + \cdots + \gamma^n r_{t+n}] + \gamma^{n+1} V^\pi(s_{t+n+1}) \quad \text{(식 6.6)}$$

$$\approx r_t + \gamma r_{t+1} + \gamma^2 r_{t+2} + \cdots + \gamma^n r_{t+n} + \gamma^{n+1} \hat{V}^\pi(s_{t+n+1}) \quad \text{(식 6.7)}$$

식 6.7은 추정기가 갖는 편차와 분산 사이의 상충관계를 분명히 보여준다. n단계의 실제 보상은

---

1 γ에 의해 암묵적으로 주어지는 시간의 수평선 이내에서

하나의 궤적만으로 얻어지기 때문에 편차는 없지만 분산이 크다. $\hat{V}^\pi(s)$는 현재까지의 모든 궤적에 대한 기댓값을 반영하기 때문에 분산은 더 작지만, 함수 근사를 통해 계산되기 때문에 편차를 갖는다. 이 두 유형의 추정값을 합산하는 것이 갖는 직관적 의미는 실제 보상의 분산이 일반적으로 t 시점으로부터 멀어질수록 증가한다는 것이다. t 시점과 가깝다면 편차가 없는 추정값을 사용하는 이점이 분산이 커짐에 따른 단점보다 더 클 수도 있다. n이 증가할수록 추정값의 분산이 문제가 될 가능성이 높기 때문에 이 경우에는 편차가 있지만 더 작은 분산을 갖는 추정값을 사용하는 것이 더 좋다. 실제 보상의 개수 n은 이 둘 사이의 상충관계를 조정한다.

Q^π에 대한 n단계 추정값을 $\hat{V}^\pi(s_t)$와 결합하면, 식 6.8과 같은 어드밴티지 함수의 추정 공식을 얻는다.

$$
\begin{aligned}
A^\pi_{\text{NSTEP}}(s_t, a_t) &= Q^\pi(s_t, a_t) - V^\pi(s_t) \\
&\approx r_t + \gamma r_{t+1} + \gamma^2 r_{t+2} + \cdots + \gamma^n r_{t+n} \\
&\quad + \gamma^{n+1} \hat{V}^\pi(s_{t+n+1}) - \hat{V}^\pi(s_t)
\end{aligned}
\qquad \text{(식 6.8)}
$$

실제 보상의 개수 n은 어드밴티지 추정기가 갖는 분산의 크기를 조정한다. n은 튜닝이 필요한 하이퍼 파라미터다. n이 작으면 편차는 크지만 분산은 작은 추정기가 되고, n이 크면 편차는 작지만 분산이 큰 추정기가 된다.

6.2.1.2 어드밴티지의 추정: 일반화된 어드밴티지 추정(GAE)

일반화된 어드밴티지 추정Generalized Advantage Estimation, GAE[123]은 슐만 등이 어드밴티지 함수에 대한 n단계 이득의 추정값을 향상하는 방법으로 제안한 것이다. 이 방법은 이득의 개수 n을 분명하게 선택해야 하는 문제를 해결해 준다. GAE의 주요 개념은 하나의 n 값을 선택하기보다는 여러 개의 n 값을 이용하는 것이다. 즉, $n = 1, 2, 3, \ldots, k$인 경우 계산된 어드밴티지에 대한 가중평균을 이용하여 어드밴티지를 계산하는 것이다. GAE의 목적은 편차를 가능한 한 작게 유지하면서 추정기의 분산을 현저하게 줄이는 것이다.

GAE는 모든 n단계 전방 이득 어드밴티지에 대한 지수가중평균exponentially weighted average으로 정의된다. GAE를 식 6.9에 나타내었다. GAE의 전체 유도 과정은 글상자 6.1에 제시했다.

$$
A^\pi_{\text{GAE}}(s_t, a_t) = \sum_{\ell=0}^{\infty} (\gamma\lambda)^\ell \delta_{t+l}, \qquad \text{(식 6.9)}
$$
$$
\text{여기서 } \delta_t = r_t + \gamma V^\pi(s_{t+1}) - V^\pi(s_t)
$$

직관적으로, GAE는 각기 다른 편차와 분산을 갖는 수많은 어드밴티지 추정기에 대한 가중평균으로 계산된다. GAE는 고편차 저분산 1단계 어드밴티지에 가장 많은 가중치를 부여하지만 2, 3, ...,

n단계를 이용하여 저편차 고분산 추정기의 영향도 포함한다. 이들의 영향은 시간 단계가 증가할수록 기하급수적으로 감소한다. 감소 비율은 계수 λ를 통해 제어한다. λ가 클수록 분산도 더 크다.

글상자 6.1 일반화된 어드밴티지 추정 유도

GAE를 유도하는 과정은 조금 복잡하지만 GAE가 어드밴티지 함수를 어떻게 추정하는지 이해하기 위해서는 유도 과정을 살펴볼 필요가 있다. 다행히도, 유도 과정을 통해 도출되는 GAE의 표현식은 간단하기 때문에 곧바로 적용할 수 있다.

n단계 전방 이득을 통해 계산되는 어드밴티지 추정기를 $A_t^\pi(n)$으로 표기하겠다. 예를 들어, 식 6.10은 $A_t^\pi(1)$, $A_t^\pi(2)$, $A_t^\pi(3)$을 보여준다.

$$
\begin{aligned}
A_t^\pi(1) &= r_t + \gamma V^\pi(s_{t+1}) - V^\pi(s_t) \\
A_t^\pi(2) &= r_t + \gamma r_{t+1} + \gamma^2 V^\pi(s_{t+2}) - V^\pi(s_t) \\
A_t^\pi(3) &= r_t + \gamma r_{t+1} + \gamma^2 r_{t+2} + \gamma^3 V^\pi(s_{t+3}) - V^\pi(s_t)
\end{aligned}
\tag{식 6.10}
$$

GAE는 모든 n단계 정방 이득 어드밴티지 추정기의 지수가중평균으로 계산된다.

$$
\begin{aligned}
A_{\mathrm{GAE}}^\pi(s_t, a_t) &= (1 - \lambda)(A_t^\pi(1) + \lambda A_t^\pi(2) + \lambda^2 A_t^\pi(3) + \cdots), \\
&\text{여기서 } \lambda \in [0, 1]
\end{aligned}
\tag{식 6.11}
$$

식 6.11을 다루는 것이 만만치는 않다. 다행히 슐만 등[123]이 GAE를 좀 더 간단히 표현하기 위해 변수 δ_t를 도입했다.

$$
\delta_t = r_t + \gamma V^\pi(s_{t+1}) - V^\pi(s_t)
\tag{식 6.12}
$$

$r_t + \gamma V^\pi(s_{t+1})$은 $Q^\pi(s_t, a_t)$에 대한 단일 단계 추정기이므로 δ_t는 단일 단계 전방 이득을 통해 계산된 t단계에서의 어드밴티지 함수를 나타낸다. 이제 δ를 이용해서 n단계 어드밴티지 함수를 나타내는 방법을 알아보자. 먼저, 식 6.10을 식 6.13과 같이 확장한다. 식 6.13에서는 $V^\pi(s_{t+1})$부터 $V^\pi(s_{t+n-1})$까지 모든 중간 항이 상쇄되고 $V^\pi(s_{t+n})$을 포함하는 마지막 단계에서의 항과 $V^\pi(s_t)$만 남게 되어 결국 식 6.10과 같아진다.

$$
\begin{aligned}
A_t^\pi(1) &= r_t + \gamma V^\pi(s_{t+1}) - V^\pi(s_t) \\
A_t^\pi(2) &= r_t + \gamma V^\pi(s_{t+1}) - V^\pi(s_t) \\
&\quad + \gamma\big(r_{t+1} + \gamma V^\pi(s_{t+2}) - V^\pi(s_{t+1})\big) \\
A_t^\pi(3) &= r_t + \gamma V^\pi(s_{t+1}) - V^\pi(s_t) \\
&\quad + \gamma\big(r_{t+1} + \gamma V^\pi(s_{t+2}) - V^\pi(s_{t+1})\big) \\
&\quad + \gamma^2\big(r_{t+2} + \gamma V^\pi(s_{t+3}) - V^\pi(s_{t+2})\big)
\end{aligned}
\tag{식 6.13}
$$

이런 식으로 어드밴티지 함수를 표현하면 시간이 증가함에 따라 γ의 지수 형태로 가중치가 할당된 다수의 단일 단계 어드밴티지가 포함된다는 사실을 보여줄 수 있다는 점에서 유용하다. δ를 이용하여 식 6.13의 항들을 간단히 표현하면 식 6.14가 된다. 이 식은 n단계 어드밴티지 $A^\pi(n)$이 지수 형태로 가중치가 할당된 δ, 즉 단일 단계 어드밴티지의 합이라는 사실을 보여준다.

$$
\begin{aligned}
A_t^\pi(1) &= \delta_t \\
A_t^\pi(2) &= \delta_t + \gamma\delta_{t+1} \\
A_t^\pi(3) &= \delta_t + \gamma\delta_{t+1} + \gamma^2\delta_{t+2}
\end{aligned}
\qquad \text{(식 6.14)}
$$

δ를 이용하여 표현한 $A^\pi(i)$를 식 6.11에 대입하면 식 6.15와 같이 GAE를 간단히 표현할 수 있다.

$$
A_{\text{GAE}}^\pi(s_t, a_t) = \sum_{\ell=0}^{\infty} (\gamma\lambda)^\ell \delta_{t+l}
\qquad \text{(식 6.15)}
$$

GAE와 n단계 어드밴티지 함수 추정기는 모두 알고리즘이 현재 보상에 비해 얼마나 미래의 보상을 '신경 쓰는지'를 조절하는 할인율 γ를 사용한다. 게다가, 이 둘은 모두 편차-분산 균형bias-variance tradeoff을 조절하는 파라미터를 갖는다. 어드밴티지 함수에서는 n이 바로 이러한 파라미터이고 GAE에서는 λ가 이러한 역할을 한다. 그렇다면 GAE를 통해 얻게 되는 것은 무엇인가?

n과 λ가 모두 편차-분산 균형을 조절하지만 그 작동 방식은 상이하다. n은 분산이 큰 보상을 정확히 어느 지점에서 V 함수 추정값으로 전환하는지를 결정하기 때문에 편차-분산 균형을 좀 더 분명하게 조절한다. 반면에 λ에 따른 조절은 좀 더 모호하다. λ가 작을수록 V 함수 추정값에 더 많은 가중치가 할당되고 λ가 클수록 실제 보상에 더 많은 가중치가 할당된다. 하지만 $\lambda = 0$[2] 또는 $\lambda = 1$[3]이 아니라면, λ를 사용해서 더 크거나 더 작은 분산을 갖는 추정값을 완전히 배제할 수는 없다. 그래서 λ에 의한 조절은 모호하다.

6.2.2 어드밴티지 함수에 대한 학습

어드밴티지 함수를 학습하는 두 가지 방법을 살펴봤다. 다음의 표현에서 볼 수 있듯이, 두 방법 모두 V^π에 대한 추정값을 사용할 수 있다는 것을 전제로 한다.

---

2   이 경우 GAE는 단일 단계 어드밴티지 함수 추정값이 된다. 이것은 이득의 시간차(Temporal Difference) 추정값이다.
3   이 경우 추정값에는 오직 실제 보상만 사용된다. 이것은 이득의 몬테카를로 추정값이다.

$$A_{\text{NSTEP}}^{\pi}(s_t, a_t) \approx r_t + \gamma r_{t+1} + \cdots + \gamma^n r_{t+n} + \gamma^{n+1}\hat{V}^{\pi}(s_{t+n+1}) - \hat{V}^{\pi}(s_t) \quad \text{(식 6.16)}$$

$$A_{\text{GAE}}^{\pi}(s_t, a_t) \approx \sum_{\ell=0}^{\infty}(\gamma\lambda)^{\ell}\delta_{t+l}, \text{ where } \delta_t = r_t + \gamma\hat{V}^{\pi}(s_{t+1}) - \hat{V}^{\pi}(s_t) \quad \text{(식 6.17)}$$

DQN에서 Q^{π}를 학습할 때와 같은 방식으로 TD 학습을 이용하여 V^{π}를 학습한다. 간단히 말하면, 학습 과정은 다음과 같다. V^{π}를 θ로 표현하고, 에이전트가 수집하는 모든 경험에 대해 V_{tar}^{π}를 생성하고, MSE와 같은 회귀 손실 함수를 이용하여 $\hat{V}^{\pi}(s; \theta)$와 V_{tar}^{π}의 차이를 최소화한다. 그리고 이 과정을 여러 단계에 걸쳐 반복한다.

V_{tar}^{π}는 임의의 적절한 추정 기법을 통해 생성될 수 있다. 가장 간단한 방법은 $V_{\text{tar}}^{\pi}(s) = r + \hat{V}^{\pi}(s'; \theta)$로 설정하는 것이다. 이렇게 하면 식 6.18에서 보는 바와 같이 자연스럽게 n단계 추정값으로 일반화된다.

$$V_{\text{tar}}^{\pi}(s_t) = r_t + \gamma r_{t+1} + \cdots + \gamma^n r_{t+n} + \gamma^{n+1}\hat{V}^{\pi}(s_{t+n+1}) \quad \text{(식 6.18)}$$

또 다른 방법으로, 식 6.19와 같이 V_{tar}^{π}에 대한 몬테카를로 추정을 사용할 수도 있다.

$$V_{\text{tar}}^{\pi}(s_t) = \sum_{t'=t}^{T}\gamma^{t'-t}r_{t'} \quad \text{(식 6.19)}$$

또는 다음과 같이 설정할 수도 있다.

$$V_{\text{tar}}^{\pi}(s_t) = A_{\text{GAE}}^{\pi}(s_t, a_t) + \hat{V}^{\pi}(s_t) \quad \text{(식 6.20)}$$

실제로는 계산량을 줄이기 위해 어드밴티지를 추정하기 위해 사용한 방법과 관련된 방법으로 V_{tar}^{π}를 추정한다. 예를 들면 n단계 이득을 이용하여 어드밴티지를 추정할 때는 식 6.18을 이용할 수 있고, GAE를 이용하여 어드밴티지를 추정할 때는 식 6.20을 이용할 수 있다.

$\hat{V}^{\pi}$를 학습하기 위해 좀 더 발전된 최적화 방법을 사용할 수도 있다. 예를 들면, GAE 논문[123]에서는 신뢰 영역 방법trust-region method을 이용하여 $\hat{V}^{\pi}$를 학습한다.

6.3 A2C 알고리즘

여기서는 행동자와 비평자를 결합하여 어드밴티지 행동자–비평자Advantage Actor-Critic, A2C 알고리즘을 만들 것이다. 알고리즘 6.1에 이 알고리즘이 제시되어 있다.

1: $\beta \geq 0$를 설정 # 엔트로피 정규화 가중치entropy regularization weight

2: $\alpha_A \geq 0$를 설정 # 행동자 학습률

3: $\alpha_C \geq 0$를 설정 # 비평자 학습률

4: 행동자 및 비평자 파라미터 θ_A와 θ_C[4]를 무작위 값으로 초기화

5: **for** $episode = 0 \ldots MAX\_EPISODE$ **do**

6:     현재 정책을 따라 환경과 상호작용하면서 데이터 (s_t, a_t, r_t, s'_t)을 수집하고 저장

7:     **for** $t = 0 \ldots T$ **do**

8:         V의 예측값 $\hat{V}^\pi(s_t)$를 비평자 네트워크 θ_C를 이용하여 계산

9:         비평자 네트워크 θ_C를 이용하여 어드밴티지 $\hat{A}^\pi(s_t, a_t)$를 계산

10:         비평자 네트워크 θ_C와 궤적 데이터를 이용하여 $V^\pi_{\text{tar}}(s_t)$를 계산

11:         행동자 네트워크 θ_A를 이용하여 정책 분포의 엔트로피 H_t를 계산.

               ↳ 엔트로피를 계산하지 않을 경우 $\beta = 0$으로 설정

12:     **end for**

13:     MSE 등을 이용하여 손실값을 계산:

14:     $L_{\text{val}}(\theta_C) = \frac{1}{T} \sum_{t=0}^{T} (\hat{V}^\pi(s_t) - V^\pi_{\text{tar}}(s_t))^2$

15:     정책 손실을 계산:

16:     $L_{\text{pol}}(\theta_A) = \frac{1}{T} \sum_{t=0}^{T} (-\hat{A}^\pi(s_t, a_t) \log \pi_{\theta_A}(a_t \mid s_t) - \beta H_t)$

17:     SGD[5] 등을 이용하여 비평자 파라미터를 업데이트:

18:     $\theta_C = \theta_C + \alpha_C \nabla_{\theta_C} L_{\text{val}}(\theta_C)$

19:     SGD 등을 이용하여 행동자 파라미터를 업데이트:

20:     $\theta_A = \theta_A + \alpha_A \nabla_{\theta_A} L_{\text{pol}}(\theta_A)$

21: **end for**

지금까지 살펴본 모든 알고리즘은 둘 중 하나를 학습한다. 어떻게 행동할지(정책)를 학습하거나 또는 행동을 어떻게 평가할지(비평)를 학습한다. 행동자-비평자 알고리즘은 이 둘을 함께 학습한다. 이러한 점 말고는 훈련 과정의 모든 요소는 유사해 보인다. 그도 그럴 것이 행동자-비평자 알고리즘의 훈련 과정은 이 책의 앞부분에서 제시한 알고리즘의 일부분이기 때문이다. 알고리즘 6.1을 단계별로 살펴보자.

- **라인 1~3**: 중요한 하이퍼파라미터인 β, α_A, α_C를 설정한다. β는 엔트로피 정규화를 어느 정도로 적용할지를 결정한다(더 자세한 내용은 아래를 참조). α_A와 α_C는 네트워크 최적화 과정에서 적용되는 학습률이다. 이 두 학습률은 같은 값이어도 되고 달라도 상관없다. 해결하고자 하는

---

4   행동자 및 비평자는 각각 별도의 네트워크로 표현될 수도 있고 공통의 네트워크로 표현될 수도 있다. 더 자세한 내용은 6.5절을 참고하자.

5   확률론적 경사하강(Stochastic Gradient Descent)

RL 문제가 무엇이냐에 따라 학습률은 달라지는데, 적정한 값은 경험을 통해 결정되어야 한다.

- **라인 4**: 두 네트워크의 파라미터를 무작위 값으로 초기화

- **라인 6**: 현재 정책 네트워크 θ_A를 이용하여 데이터를 수집한다. 이 알고리즘은 에피소딕 훈련을 나타낸다. 하지만 이러한 접근법은 배치 훈련에도 적용할 수 있다.

- **라인 8~10**: 에피소드에 속하는 모든 경험 (s_t, a_t, r_t, s_t')에 대해 비평자 네트워크를 이용하여 $\hat{V}^\pi(s_t)$, $V_{\text{tar}}^\pi(s_t)$, $\hat{A}^\pi(s_t, a_t)$를 계산

- **라인 11**: 에피소드에 속하는 모든 경험 (s_t, a_t, r_t, s_t')에 대해, 행동자 네트워크를 이용하여 현재 정책 분포 π_{θ_A}의 엔트로피를 추가적으로 계산한다. 엔트로피의 역할은 글상자 6.2에 자세히 설명되어 있다.

- **라인 13~14**: 가치 손실을 계산한다. DQN 알고리즘에서와 같이, MSE[6]를 이용하여 $\hat{V}^\pi(s_t)$와 $V_{\text{tar}}^\pi(s_t)$의 차이를 계산한다. 하지만 MSE 말고도 후버_{Huber} 손실 같은 손실 함수를 이용해도 된다.

- **라인 15~16**: 정책 손실을 계산한다. 이것은 엔트로피 정규화를 위한 항이 추가로 포함된 REINFORCE 알고리즘에서와 같은 형태를 갖는다. 손실을 최소화하는 것이 목적이지만 정책 경사는 최대화해야 한다. 따라서 REINFORCE에서와 마찬가지로 $\hat{A}^\pi(s_t, a_t) \log \pi_{\theta_A}(a_t \mid s_t)$ 앞에 마이너스 부호를 붙인다.

- **라인 17~18**: 가치 손실의 경사를 이용하여 비평자 파라미터를 업데이트한다.

- **라인 19~20**: 정책 경사를 이용하여 행동자 파라미터를 업데이트한다.

글상자 6.2 **엔트로피 정규화**

엔트로피 정규화의 역할은 다양한 행동을 통해 탐험을 장려하는 것이다. 이 아이디어는 윌리엄스_{Williams}와 펭_{Peng}[149]이 1991년에 처음으로 제안한 이후로 정책 경사를 포함하는 강화학습 알고리즘에서 인기를 끌었다.

엔트로피 정규화가 어떻게 탐험을 장려하는지 이해하기 위해, 먼저 어떤 분포가 균일할수록 엔트로피는 더 높아진다는 사실을 기억하자. 정책의 행동 분포가 균일할수록 더 다양한 행동을 만들어낸다. 반대로 정책 분포의 균일성이 저하되어 매번 별 차이 없는 행동을 만들어낸다면 엔트로피가 낮아진다.

---

6   Mean Squared Error

식 6.21의 정책 경사에 엔트로피 정규화를 적용했을 때 좀 더 균일한 분포가 만들어지는 이유를 알아보자.

$$L_{\text{pol}}(\theta_A) = \frac{1}{T} \sum_{i=0}^{T} \big(- \hat{A}^{\pi}(s_t, a_t) \log \pi_{\theta_A}(a_t \mid s_t) - \beta H_t \big) \qquad \text{(식 6.21)}$$

엔트로피 H와 β는 항상 음이 아닌 값을 갖는다. 따라서 $-\beta H$는 언제나 음수다. 정책 분포의 균일성이 감소하면 엔트로피가 감소하고 $-\beta H$가 증가하여 손실이 증가할 것이기 때문에 정책은 좀 더 균일한 분포를 갖도록 압박을 받는다. 반대로, 정책 분포의 균일성이 증가하면 엔트로피가 증가하고 $-\beta H$가 감소하여 손실이 감소할 것이므로 정책은 엔트로피를 통해 분포를 변화시키려 하지 않을 것이다.

이러한 방식으로 손실을 조정하는 이유는 행동의 다양성을 높이기 위해서다. 하지만 이 경우에도 $\hat{A}^{\pi}(s_t, a_t) \log \pi_{\theta_A}(a_t \mid s_t)$가 너무 많이 작아지는 것은 피해야 한다. 목적 함수[7]를 구성하는 이 두 항 사이의 균형을 조절하는 파라미터가 β다.

6.4 A2C의 구현

이제 행동자-비평자 알고리즘을 구현하기 위한 모든 요소를 갖추었다. 이 알고리즘의 주요 구성요소는 다음과 같다.

- 어드밴티지 추정(예를 들면, n단계 이득이나 GAE)
- 가치 손실과 정책 손실
- 훈련 루프

이어지는 절에서는 이러한 구성요소들이 어떻게 구현되는지를 논의할 것이다. 마지막으로 다룰 훈련 루프는 이 모든 구성요소를 아우른다. 행동자-비평자는 개념적으로 REINFORCE를 확장한 것이기 때문에, Reinforce 클래스를 상속받아 구현된다.

행동자-비평자에서 행동자 부분은 정책 경사를 이용하여 정책을 학습하기 때문에 행동자-비평자 알고리즘은 활성정책 알고리즘이기도 하다. 결과적으로 에피소딕 방식으로 훈련하는

---

7 [옮긴이] 손실 함수와 같은 의미

OnPolicyReplay 또는 데이터 묶음을 이용하여 훈련하는 OnPolicyBatchReplay 같은 활성정책 Memory를 이용하여 행동자-비평자 알고리즘을 훈련하게 된다. 앞으로 설명할 코드는 이 두 방식 중 어떤 것에든 적용할 수 있다.

6.4.1 어드밴티지 추정

6.4.1.1 n단계 이득을 이용한 어드밴티지 추정

n단계 Q^π 추정값을 구현할 때 알아야 할 것은 하나의 에피소드에서 획득하는 연속된 보상값을 이용할 수 있다는 사실이다. 벡터 연산을 활용하면 n개의 보상에 할인율을 적용하여 합산한 값을 데이터 묶음을 이루는 모든 요소에 대해 병렬적으로 계산할 수 있다. 이 과정은 다음과 같이 코드 6.1에 나타내었다.

1. Q 가치 추정값, 즉 n단계 이득을 저장하기 위한 변수로서 벡터 rets를 초기화한다(라인 4).

2. 효율성을 위해 마지막 항부터 첫 번째 항까지 역순으로 계산한다. future_ret은 역순으로 계산하는 과정에서 보상의 합계를 누적해서 저장하기 위한 변수다(라인 5). n단계 Q 추정값이 $\hat{V}^\pi(s_{t+n+1})$이므로 future_ret을 next_v_pred로 초기화한다.

3. not_dones는 에피소딕 경계를 구분하여 합산이 에피소드를 넘어서까지 이어지지 않도록 하기 위한 이진 변수다.

4. n단계 Q 추정값은 회귀적으로 정의된다. 즉, $Q_{\text{current}} = r_{\text{current}} + \gamma Q_{\text{next}}$다. 이것은 라인 8에 정확하게 구현되어 있다.

코드 6.1 행동자-비평자 구현: n단계 $\hat{Q}^\pi(s, a)$의 계산

```
1   # slm_lab/lib/math_util.py
2
3   def calc_nstep_returns(rewards, dones, next_v_pred, gamma, n):
4       rets = torch.zeros_like(rewards)
5       future_ret = next_v_pred
6       not_dones = 1 - dones
7       for t in reversed(range(n)):
8           rets[t] = future_ret = rewards[t] + gamma * future_ret * not_dones[t]
9       return rets
```

이제 ActorCritic 클래스는 어드밴티지 추정값과 V의 목표 가치를 계산함으로써 각각 정책 손실과 가치 손실을 계산해야 한다. 이 과정은 코드 6.2에서 볼 수 있듯이 비교적 쉽다.

advs와 v_targets에 대해 강조해야 할 한 가지 중요한 사항이 있다. 라인 9~11의 torch.no_grad()와 .detach()에서 알 수 있듯이, 이들은 경사를 갖지 않는다. 정책 손실(식 6.1)에서 어드밴

티지는 오로지 정책 로그확률_{policy log probability}의 경사에 곱해지는 스칼라값으로서만 작용한다. 알고리즘 6.1(라인 13~14)의 가치 손실에 대해서는 V 가치의 목푯값이 고정된 상태에서 이 목푯값에 근접하는 V 가치를 비평자가 예측하도록 훈련하는 것을 목적으로 한다.

코드 6.2 행동자-비평자 구현: n단계 어드밴티지와 V 가치의 목푯값 계산

```
1    # slm_lab/agent/algorithm/actor_critic.py
2
3    class ActorCritic(Reinforce):
4        ...
5
6        def calc_nstep_advs_v_targets(self, batch, v_preds):
7            next_states = batch['next_states'][-1]
8            ...
9            with torch.no_grad():
10               next_v_pred = self.calc_v(next_states, use_cache=False)
11           v_preds = v_preds.detach()            # 어드밴티지는 경사를 축적하지 않음
12           ...
13           nstep_rets = math_util.calc_nstep_returns(batch['rewards'],
             ↪ batch['dones'], next_v_pred, self.gamma, self.num_step_returns)
14           advs = nstep_rets - v_preds
15           v_targets = nstep_rets
16           ...
17           return advs, v_targets
```

6.4.1.2 GAE를 이용한 어드밴티지 추정

코드 6.3에 제시된 GAE의 구현은 n단계 과정과 매우 유사하다. 여기서도 n단계 과정에서와 동일한 역순 계산을 활용하는데, 한 가지 차이점은 시간 단계마다 δ 항 계산을 위한 과정이 필요하다는 것이다(라인 11).

코드 6.3 행동자-비평자 구현: GAE의 계산

```
1    # slm_lab/lib/math_util.py
2
3    def calc_gaes(rewards, dones, v_preds, gamma, lam):
4        T = len(rewards)
5        assert T + 1 == len(v_preds)   # v_preds는 상태들과 하나의 마지막 next_state를 포함
6        gaes = torch.zeros_like(rewards)
7        future_gae = torch.tensor(0.0, dtype=rewards.dtype)
8        # 에피소드의 경계를 다루기 위해 not_dones와 곱셈 수행(마지막 상태는 V(s′)을 갖지 않음)
9        not_dones = 1 - dones
10       for t in reversed(range(T)):
11           delta = rewards[t] + gamma * v_preds[t + 1] * not_dones[t] - v_preds[t]
12           gaes[t] = future_gae = delta + gamma * lam * not_dones[t] * future_gae
13       return gaes
```

마찬가지로 코드 6.4에서도 행동자-비평자 클래스는 n단계 과정과 매우 유사하게 어드밴티지와 V 가치의 목푯값을 계산해야 하는데, 이 경우에는 두 가지 중요한 차이점이 있다. 먼저, calc_gaes(라인 14)는 전체 어드밴티지 추정값을 도출하는 반면 n단계 과정의 calc_nstep_returns는 Q 가치 추정값을 도출한다. 따라서 V 가치의 목푯값을 이루기 위해 V 가치의 예측값을 더하는 과정이 필요하다(라인 15). 두 번째 차이점은 GAE 어드밴티지 추정값을 표준화하는 것인데, 이것은 좋은 습관이다(라인 16).

코드 6.4 행동자-비평자 구현: GAE 어드밴티지와 V 가치의 목푯값 계산

```
1   # slm_lab/agent/algorithm/actor_critic.py
2
3   class ActorCritic(Reinforce):
4       ...
5
6       def calc_gae_advs_v_targets(self, batch, v_preds):
7           next_states = batch['next_states'][-1]
8           ...
9           with torch.no_grad():
10              next_v_pred = self.calc_v(next_states, use_cache=False)
11          v_preds = v_preds.detach()            # 어드밴티지는 경사를 축적하지 않음
12          ...
13          v_preds_all = torch.cat((v_preds, next_v_pred), dim=0)
14          advs = math_util.calc_gaes(batch['rewards'], batch['dones'],
            ↪  v_preds_all, self.gamma, self.lam)
15          v_targets = advs + v_preds
16          advs = math_util.standardize(advs)    # v_targets가 아닌 advs에 대해서만 표준화
17          ...
18          return advs, v_targets
```

6.4.2 가치 손실과 정책 손실의 계산

코드 6.5에서는 정책 손실이 REINFORCE를 구현할 때와 같은 형태를 갖는다. 유일한 차이점이라면 이번에는 강화 신호로서 이득 대신 어드밴티지를 사용한다는 것이다. 따라서 REINFORCE의 메서드를 가져와서 재사용할 수 있다(라인 7).

가치 손실은 단순히 $\hat{V}^\pi$(v_preds)와 V_{tar}^π(v_targets) 사이의 오차를 나타낸다. 가치 손실은 특정 형태로 국한되지 않으며 spec 파일에 net.loss_spec이라는 파라미터를 설정함으로써 MSE 같은 적절한 지표를 가치 손실로 정의할 수 있다. 이 과정을 통해 라인 11에 사용된 손실 함수 self.net_loss_fn이 초기화될 것이다.

코드 6.5 행동자-비평자 구현: 두 가지 손실 함수

```python
# slm_lab/agent/algorithm/actor_critic.py

class ActorCritic(Reinforce):
    ...

    def calc_policy_loss(self, batch, pdparams, advs):
        return super().calc_policy_loss(batch, pdparams, advs)

    def calc_val_loss(self, v_preds, v_targets):
        assert v_preds.shape == v_targets.shape, f'{v_preds.shape} !=
        ↪ {v_targets.shape}'
        val_loss = self.val_loss_coef * self.net.loss_fn(v_preds, v_targets)
        return val_loss
```

6.4.3 행동자-비평자 훈련 루프

행동자와 비평자는 각자 독립된 네트워크로 구현될 수도 있고 하나의 네트워크를 공유하도록 구현될 수도 있다. 이것은 코드 6.6의 train 메서드에 반영되어 있다. 라인 10~15는 훈련에 대한 정책 손실과 가치 손실을 계산한다. 공통된 네트워크를 통해 구현된다면(라인 16), 두 가지 손실이 결합되어 네트워크를 훈련하는 데 사용된다(라인 17~18). 행동자와 비평자가 각자 독립된 네트워크를 사용한다면, 이 두 가지 손실은 각자의 네트워크를 훈련하는 데만 사용된다(라인 20~21). 네트워크 구조에 대해서는 6.5절에서 좀 더 자세히 설명할 것이다.

코드 6.6 행동자-비평자 구현: 훈련 방법

```python
# slm_lab/agent/algorithm/actor_critic.py

class ActorCritic(Reinforce):
    ...

    def train(self):
        ...
        clock = self.body.env.clock
        if self.to_train == 1:
            batch = self.sample()
            clock.set_batch_size(len(batch))
            pdparams, v_preds = self.calc_pdparam_v(batch)
            advs, v_targets = self.calc_advs_v_targets(batch, v_preds)
            policy_loss = self.calc_policy_loss(batch, pdparams, advs)     # 행동자로부터
            val_loss = self.calc_val_loss(v_preds, v_targets)             # 비평자로부터
            if self.shared:                                               # 공유 네트워크
                loss = policy_loss + val_loss
                self.net.train_step(loss, self.optim, self.lr_scheduler,
                ↪ clock=clock, global_net=self.global_net)
```

```
19              else:
20                  self.net.train_step(policy_loss, self.optim,
                    ↪    self.lr_scheduler, clock=clock,
                    ↪    global_net=self.global_net)
21                  self.critic_net.train_step(val_loss, self.critic_optim,
                    ↪    self.critic_lr_scheduler, clock=clock,
                    ↪    global_net=self.global_critic_net)
22                  loss = policy_loss + val_loss
23              # 재설정
24              self.to_train = 0
25              return loss.item()
26          else:
27              return np.nan
```

6.5 네트워크 아키텍처

행동자-비평자 알고리즘에서는 파라미터로 정의된 2개의 함수(π(행동자)와 $V^\pi(s)$(비평자))를 학습한다. 이러한 특성은 지금까지 다루었던 모든 알고리즘이 한 가지 함수만 학습했다는 점에서 차별성을 갖는다. 당연하게도, 2개의 함수를 학습하면 신경망을 설계할 때 고려해야 할 요소가 더 많다. 두 함수가 공유하는 파라미터가 있을까? 있다면 몇 개나 공유할까?

파라미터를 공유하는 데는 장단점이 있다. 개념적으로는 동일한 문제에 대해 π를 학습하는 것과 $V^\pi(s)$를 학습하는 것이 서로 연관되어 있기 때문에 파라미터를 공유하는 것이 더 좋아 보인다. $V^\pi(s)$를 학습하는 것은 상태를 효과적으로 평가하는 것과 관련이 있고, π를 학습하는 것은 주어진 상태에서 어떻게 좋은 행동을 선택할 것인지를 이해하는 것과 관련이 있다. 이 두 경우에서, 함수 근사가 잘되려면 상태 공간을 어떻게 나타내는지를 학습해서 유사한 상태들이 클러스터를 형성할 수 있도록 하는 과정이 포함되어야 한다. 따라서 상태 공간에 대한 낮은 수준 학습을 공유하는 것이 두 함수 근사에 모두 도움이 될 것 같다. 게다가, 파라미터를 공유하면 학습할 파라미터의 개수가 줄어들어서 알고리즘의 표본 효율성이 증가한다. 행동자-비평자에서는 학습된 비평자가 정책을 강화하기 때문에 이러한 특성은 행동자-비평자 알고리즘과 특별히 관련되어 있다. 행동자와 비평자의 네트워크가 분리되어 있다면, 행동자는 비평자가 적절히 학습될 때까지는 아무것도 학습하지 못할 수도 있다. 이렇게 되면 훈련 시간을 상당히 허비하게 된다. 하지만 두 함수가 파라미터를 공유하면 행동자는 비평자가 학습한 상태 표현을 이용하는 이점을 누릴 수 있다.

그림 6.1의 오른쪽에 보이는 높은 수준의 공유된 네트워크 아키텍처는 행동자-비평자 알고리즘에서 파라미터가 공유되는 일반적인 상황을 보여준다. 행동자와 비평자는 네트워크의 낮은 층위를 공유한다. 이것은 상태 공간에 대한 공통된 표현을 학습한다는 것을 나타낸다. 이 두 함수는

네트워크의 상층부에서 하나 또는 그 이상의 분리된 층위를 갖기도 하는데, 이는 각 네트워크의 출력 공간이 서로 다르기 때문이다. 행동자에게 출력은 행동에 대한 확률분포이고, 비평자에게 출력은 $V^\pi(s)$를 나타내는 하나의 스칼라값이다. 하지만 두 네트워크가 각기 다른 역할을 갖기 때문에 각 네트워크는 각자의 성능을 위해 특화된 수많은 파라미터를 필요로 할 것이다. 이것은 공유된 부분의 상층부에 하나의 층위가 될 수도 있고 수많은 층위가 될 수도 있다. 더욱이, 행동자에 특화된 층위와 비평자에 특화된 층위는 개수나 형태가 서로 동일할 필요는 없다.

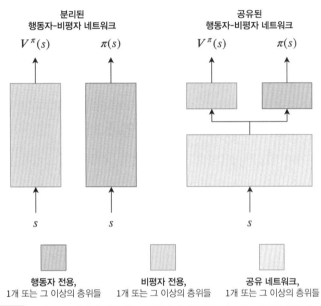

그림 6.1 행동자-비평자 네트워크 아키텍처: 공유된 네트워크와 분리된 네트워크

파라미터를 공유할 때의 심각한 단점 하나는 학습이 더 불안정해질 수 있다는 것이다. 이것은 네트워크를 통해 경사를 역전파하는 것이 2개의 요소에 대해 동시에 진행되기 때문이다. 행동자 쪽에는 정책 경사가 있고 비평자 쪽에는 가치 함수의 경사가 있다. 이 두 경사는 스케일이 다를 수도 있는데, 이 경우 에이전트가 학습을 원활하게 하기 위해서는 스케일을 맞출 필요가 있다[75]. 예를 들어, 정책 손실의 로그확률 부분은 $(-\infty, 0]$의 범위를 갖고, 어드밴티지 함수의 절댓값은 매우 작은 값일 수도 있다. 특히 행동 분해능[8]이 작을 경우에는 더욱 그렇다. 이런 경우에는 정책 손실의 절댓값이 작아질 수 있다. 반면에 가치 손실의 스케일은 어떤 상태에 존재하는 것의 가치와 관련되어 있고, 매우 큰 값을 가질 수도 있다.

---

8   분해능(resolution)은 시뮬레이션에서 시간 단계 사이의 경과 시간으로 해석할 수 있다. 높은 분해능 환경에서는 시간을 오밀조밀하게 시뮬레이션한다. 이는 경과한 '시간'이 작기 때문에 상태가 전환되는 과정에서 변화가 작다는 것을 의미한다. 낮은 분해능 환경에서 시뮬레이션하는 시간은 간격이 크기 때문에 상태 전환에 따른 변화가 크다.

두 가지 경사의 스케일이 다를 경우 둘 사이의 균형을 맞추는 방법은 스케일 조정을 위해 둘 중 하나의 손실 함수에 스칼라 가중치를 추가하는 것이다. 예를 들면, 코드 6.5의 가치 손실은 self. val_loss_coef를 통해 스케일이 조정된다(라인 11). 하지만 이것은 훈련 과정에서 튜닝해야 할 또 다른 하이퍼파라미터가 된다.

6.6 A2C 에이전트의 훈련

이 절에서는 각기 다른 어드밴티지 추정값을 이용하여(먼저 n단계 이득을 이용한 후 GAE를 이용) 아타리 퐁 게임을 하는 행동자-비평자 에이전트를 훈련하는 방법을 알아본다. 그런 다음, GAE 와 함께 A2C를 연속 제어 환경인 두 발 보행자_{BipedalWalker}에 적용해 볼 것이다.

6.6.1 n단계 이득을 이용한 A2C를 퐁 게임에 적용

n단계 이득 어드밴티지 추정값을 이용하여 행동자-비평자 에이전트를 구성하는 spec 파일이 코드 6.7에 제시되어 있다. 이 파일은 slm_lab/spec/benchmark/a2c/a2c_nstep_pong.json을 통해 SLM Lab에서 직접 얻을 수 있다.

코드 6.7 n단계 이득을 이용한 A2C: spec 파일

```
1    # slm_lab/spec/benchmark/a2c/a2c_nstep_pong.json
2
3    {
4      "a2c_nstep_pong": {
5        "agent": [{
6          "name": "A2C",
7          "algorithm": {
8            "name": "ActorCritic",
9            "action_pdtype": "default",
10           "action_policy": "default",
11           "explore_var_spec": null,
12           "gamma": 0.99,
13           "lam": null,
14           "num_step_returns": 11,
15           "entropy_coef_spec": {
16             "name": "no_decay",
17             "start_val": 0.01,
18             "end_val": 0.01,
19             "start_step": 0,
20             "end_step": 0
21           },
22           "val_loss_coef": 0.5,
23           "training_frequency": 5
24         },
25         "memory": {
26           "name": "OnPolicyBatchReplay"
```

```
      },
    "net": {
      "type": "ConvNet",
      "shared": true,
      "conv_hid_layers": [
        [32, 8, 4, 0, 1],
        [64, 4, 2, 0, 1],
        [32, 3, 1, 0, 1]
      ],
      "fc_hid_layers": [512],
      "hid_layers_activation": "relu",
      "init_fn": "orthogonal_",
      "normalize": true,
      "batch_norm": false,
      "clip_grad_val": 0.5,
      "use_same_optim": false,
      "loss_spec": {
        "name": "MSELoss"
      },
      "actor_optim_spec": {
        "name": "RMSprop",
        "lr": 7e-4,
        "alpha": 0.99,
        "eps": 1e-5
      },
      "critic_optim_spec": {
        "name": "RMSprop",
        "lr": 7e-4,
        "alpha": 0.99,
        "eps": 1e-5
      },
      "lr_scheduler_spec": null,
      "gpu": true
    }
  }],
  "env": [{
    "name": "PongNoFrameskip-v4",
    "frame_op": "concat",
    "frame_op_len": 4,
    "reward_scale": "sign",
    "num_envs": 16,
    "max_t": null,
    "max_frame": 1e7
  }],
  "body": {
    "product": "outer",
    "num": 1,
  },
  "meta": {
    "distributed": false,
    "log_frequency": 10000,
    "eval_frequency": 10000,
    "max_session": 4,
    "max_trial": 1
  }
  }
}
```

이 코드의 주요 구성요소를 살펴보자.

- **알고리즘**: 알고리즘은 행동자-비평자이고(라인 8), 행동 정책은 이산적 행동 공간(범주형 확률 분포)에 대한 기본 정책으로 설정한다(라인 10). 라인 12에서 γ를 설정한다. λ를 (null이 아닌) lam으로 설정하면 어드밴티지 추정을 위해 GAE가 사용되고, num_step_returns로 설정하면 n단계 이득이 사용된다(라인 13~14). 엔트로피 계수 및 훈련 과정에서 계수의 감소와 관련된 설정이 라인 15~21에서 이루어진다. 가치 손실 계수는 라인 22에서 설정한다.

- **네트워크 아키텍처**: ReLU 활성화 함수가 있는 하나의 완전히 연결된 층위와 3개의 중첩 층위로 구성된 합성곱신경망(라인 29~37). 행동자와 비평자는 라인 30에 지정된 하나의 공유 네트워크를 사용한다. 이 네트워크는 가능하다면 GPU에서 훈련된다(라인 59).

- **최적화 기법**: 최적화 기법은 학습률 0.0007을 적용한 RMSprop[50]이다(라인 46~51). 공유 네트워크 대신 분리된 네트워크를 사용한다면, use_same_optim을 false로 설정하여(라인 42) 비평자 네트워크에 대해서는 다른 최적화 기법을 적용하도록 설정할 수 있다(라인 52~57). 이 경우에는 네트워크를 공유하므로 이러한 설정은 하지 않았다. 학습률은 시간에 따라 감소하지 않는다(라인 58).

- **훈련 빈도수**: OnPolicyBatchReplay 메모리를 선택했기 때문에(라인 26) 훈련은 일괄처리 방식으로 진행되며, 데이터 묶음의 크기는 5×16이다. 이것은 training_frequency(라인 23)와 병렬 환경의 개수(라인 67)에 의해 조정된다. 병렬 환경은 8장에서 다룰 것이다.

- **환경**: 환경은 아타리 퐁 게임[14, 18]이다(라인 63).

- **훈련 시간**: 훈련 시간은 천만 개의 시간 단계로 구성된다(라인 69).

- **평가**: 에이전트는 10,000 시간 단계마다 평가받는다(라인 78).

SLM Lab을 이용하여 이 행동자-비평자 에이전트를 훈련하려면 코드 6.8에 제시된 명령어를 명령창에서 실행하면 된다. 2백만 번의 프레임 이후에 에이전트는 -21의 점수에서 시작해서 평균 21점이라는 최고 점수에 가까운 점수를 획득한다.

코드 6.8 n단계 이득을 이용한 A2C: 에이전트의 훈련

```
1   conda activate lab
2   python run_lab.py slm_lab/spec/benchmark/a2c/a2c_nstep_pong.json
    ↳ a2c_nstep_pong train
```

이 코드는 4개의 Session을 갖는 Trial 훈련을 실행해서 평균을 도출한다. GPU에서 돌리면 매번의 시험은 0.5일 정도 걸린다. 결과 그래프와 이동평균이 그림 6.2에 제시되어 있다.

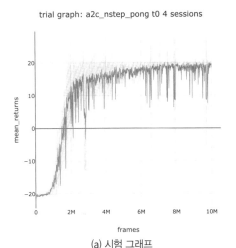

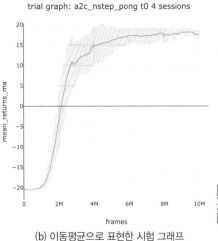

(a) 시험 그래프   (b) 이동평균으로 표현한 시험 그래프

그림 6.2 (n단계 이득을 이용한) 행동자-비평자 시험 결과를 SLM Lab으로 획득하여 4개의 세션에 대해 평균 내고 그래프로 나타낸 것. 세로축은 체크포인트 구간에서 8번의 에피소드에 대해 평균 낸 보상의 총합을 보여주고, 가로축은 전체 훈련 프레임을 보여준다. 100개의 평가용 체크포인트를 포함하는 구간에서 계산된 이동평균이 오른쪽에 표현됐다.

6.6.2 GAE를 이용한 A2C를 퐁 게임에 적용

다음으로, n단계 이득에서 GAE로 전환하기 위해 코드 6.7의 spec에서 lam과 num_step_returns의 값을 null로 설정하여 코드 6.9와 같이 수정한다. 이 파일도 역시 slm_lab/spec/benchmark/a2c/a2c_gae_pong.json을 통해 SLM Lab에서 얻을 수 있다.

코드 6.9 GAE를 이용한 A2C: spec 파일

```
1   # slm_lab/spec/benchmark/a2c/a2c_gae_pong.json
2
3   {
4     "a2c_gae_pong": {
5       "agent": [{
6         "name": "A2C",
7         "algorithm": {
8           ...
9           "lam": 0.95,
10          "num_step_returns": null,
11          ...
12      }
13  }
```

이제 에이전트를 훈련하기 위해 코드 6.10의 명령어를 명령창에서 실행한다.

코드 6.10　GAE를 이용한 A2C: 에이전트의 훈련

```
1  conda activate lab
2  python run_lab.py slm_lab/spec/benchmark/a2c/a2c_gae_pong.json a2c_gae_pong train
```

이번에도 Trial 훈련을 실행하여 그림 6.3과 같은 그래프를 얻는다.

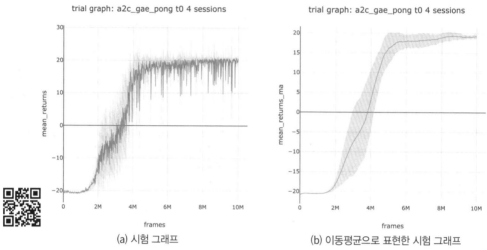

(a) 시험 그래프　　　　　　　　　(b) 이동평균으로 표현한 시험 그래프

그림 6.3　(GAE를 이용한) 행동자-비평자 시험 결과를 SLM Lab으로 획득하고 4개의 세션에 대한 평균을 계산

6.6.3 두 발 보행자 문제에서 n단계 이득을 이용한 A2C

지금까지는 이산적 환경에서 훈련을 수행했다. 연속 제어 문제에도 정책 기반 방법을 직접 적용할 수 있다. 이제 1.1절에서 소개했던 두 발 보행자 환경을 살펴볼 것이다.

코드 6.11은 두 발 보행자 환경에서 n단계 이득을 이용한 A2C 에이전트를 구성하는 spec 파일을 보여준다. 파일은 slm_lab/spec/benchmark/a2c/a2c_nstep_cont.json을 통해 SLM Lab에서 얻을 수 있다. 특히, 네트워크 아키텍처(라인 29~31)와 환경(라인 54~57)의 변화에 주목할 만하다.

코드 6.11　두 발 보행자 문제에서 n단계 이득을 이용한 A2C: spec 파일

```
1  # slm_lab/spec/benchmark/a2c/a2c_nstep_cont.json
2
3  {
4    "a2c_nstep_bipedalwalker": {
5      "agent": [{
6        "name": "A2C",
7        "algorithm": {
8          "name": "ActorCritic",
9          "action_pdtype": "default",
```

170 CHAPTER 06 어드밴티지 행동자-비평자(A2C)

```
10          "action_policy": "default",
11          "explore_var_spec": null,
12          "gamma": 0.99,
13          "lam": null,
14          "num_step_returns": 5,
15          "entropy_coef_spec": {
16            "name": "no_decay",
17            "start_val": 0.01,
18            "end_val": 0.01,
19            "start_step": 0,
20            "end_step": 0
21          },
22          "val_loss_coef": 0.5,
23          "training_frequency": 256
24        },
25        "memory": {
26          "name": "OnPolicyBatchReplay",
27        },
28        "net": {
29          "type": "MLPNet",
30          "shared": false,
31          "hid_layers": [256, 128],
32          "hid_layers_activation": "relu",
33          "init_fn": "orthogonal_",
34          "normalize": true,
35          "batch_norm": false,
36          "clip_grad_val": 0.5,
37          "use_same_optim": false,
38          "loss_spec": {
39            "name": "MSELoss"
40          },
41          "actor_optim_spec": {
42            "name": "Adam",
43            "lr": 3e-4,
44          },
45          "critic_optim_spec": {
46            "name": "Adam",
47            "lr": 3e-4,
48          },
49          "lr_scheduler_spec": null,
50          "gpu": false
51        }
52      }],
53      "env": [{
54        "name": "BipedalWalker-v2",
55        "num_envs": 32,
56        "max_t": null,
57        "max_frame": 4e6
58      }],
59      "body": {
60        "product": "outer",
61        "num": 1
```

```
62        },
63        "meta": {
64          "distributed": false,
65          "log_frequency": 10000,
66          "eval_frequency": 10000,
67          "max_session": 4,
68          "max_trial": 1
69        }
70      }
71    }
```

에이전트의 훈련을 위해 코드 6.12의 명령어를 명령창에서 실행한다.

코드 6.12 두 발 보행자 문제에서 n단계 이득을 이용한 A2C: 에이전트의 훈련

```
1    conda activate lab
2    python run_lab.py slm_lab/spec/benchmark/a2c/a2c_nstep_cont.json
     ↳ a2c_nstep_bipedalwalker train
```

이 코드를 실행하면 Trial 훈련이 실행되어 그림 6.4와 같은 그래프가 만들어진다.

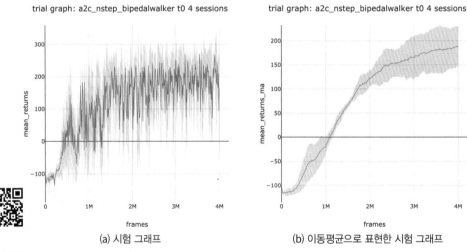

(a) 시험 그래프   (b) 이동평균으로 표현한 시험 그래프

그림 6.4 n단계 이득을 이용한 A2C를 두 발 보행자 문제에 적용한 시험 결과를 SLM Lab으로부터 획득하여 4개의 세션에 대해 평균을 계산

두 발 보행자 문제는 전체 보상의 이동평균이 300을 넘어야 해결됐다고 간주되는 꽤 어려운 연속 환경 문제다. 그림 6.4에서 에이전트는 4백만 프레임 동안 이 기준을 충족하지 못했다. 7장에서 이 문제를 더 좋은 방법으로 다시 다룰 것이다.

6.7 실험 결과

이 절에서는 SLM Lab을 이용하여 두 번의 행동자-비평자 실험을 수행할 것이다. 첫 번째 실험은 n단계 이득 어드밴티지 추정을 이용할 때 시간 단계의 개수가 미치는 효과를 알아보기 위한 것이다. 두 번째 실험은 GAE를 이용할 때 λ의 효과를 알아보기 위한 것이다. 더욱 도전적인 환경인 아타리 벽돌깨기 게임을 이용할 것이다.

6.7.1 실험: n단계 이득의 효과

시간 단계의 개수 n은 n단계 이득 어드밴티지 추정에서 편차-분산 균형관계를 조정한다(n이 클수록 분산이 커진다). 시간 단계의 개수 n은 튜닝할 수 있는 하이퍼파라미터다.

이 실험에서는 그리드 탐색을 통해 행동자-비평자의 n단계 이득에서 각기 다른 n 값이 미치는 효과를 알아볼 것이다. 실험을 위한 spec 파일은 코드 6.7에 탐색을 위한 spec인 num_step_returns를 추가한 것으로, 코드 6.13에 제시되어 있다.

여기서는 지금까지와는 다른 환경인 탈출 게임 환경을 이용한다. 탈출 게임 환경은 퐁 게임보다 조금 더 어렵다. 라인 4와 라인 7에서는 환경의 변화를 설정한다. 라인 19에서는 n 값의 리스트인 num_step_returns에 대한 그리드 탐색을 설정한다. 전체 spec 파일은 slm_lab/spec/experimental/a2c/a2c_nstep_n_search.json을 통해 SLM Lab에서 얻을 수 있다.

코드 6.13 n단계 이득을 이용한 A2C의 spec 파일. 각기 다른 n 값의 리스트 num_step_returns에 대한 탐색 spec을 포함한다.

```
1   # slm_lab/spec/experimental/a2c/a2c_nstep_n_search.json
2
3   {
4     "a2c_nstep_breakout": {
5       ...
6       "env": [{
7         "name": "BreakoutNoFrameskip-v4",
8         "frame_op": "concat",
9         "frame_op_len": 4,
10        "reward_scale": "sign",
11        "num_envs": 16,
12        "max_t": null,
13        "max_frame": 1e7
14      }],
15      ...
16      "search": {
17        "agent": [{
18          "algorithm": {
19            "num_step_returns__grid_search": [1, 3, 5, 7, 9, 11]
```

```
20        }
21      }]
22    }
23  }
24 }
```

SLM Lab에서 실험을 수행하려면 코드 6.14의 명령어를 이용하면 된다.

코드 6.14 spec 파일에 설정한 대로, n단계 이득에서 시간 단계의 개수 n 값을 다양하게 변화시키면서 실험을 수행

```
1  conda activate lab
2  python run_lab.py slm_lab/spec/experimental/a2c/a2c_nstep_n_search.json
   ↳ a2c_nstep_breakout search
```

이 코드를 실행하면 6개의 Trial을 도출하는 Experiment를 수행하는데, 이때 행동자-비평자 spec에 설정된 num_step_returns 값은 Trial마다 다른 값을 갖는다. 모든 Trial은 4개의 Session을 실행하여 평균을 계산한다. 그림 6.5에서 다수 시험을 통해 얻은 그래프를 확인할 수 있다.

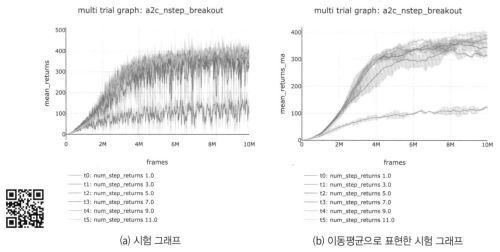

(a) 시험 그래프   (b) 이동평균으로 표현한 시험 그래프

그림 6.5 탈출 환경에서 행동자-비평자의 n단계 이득에 적용된 시간 단계의 개수에 따른 효과. 시간 단계의 개수 n이 클수록 성능이 더 좋다.

그림 6.5는 n단계 이득에 적용된 시간 단계의 개수가 탈출 환경에서 행동자-비평자에 미치는 효과를 보여준다. 시간 단계의 개수 n이 클수록 성능이 더 좋다는 사실을 알 수 있다. 또한 n이 그다지 민감한 하이퍼파라미터는 아니라는 것도 알 수 있다. $n = 1$이면, n단계 이득은 이득의 시간차 추정값이 된다. 이는 이 실험에서 가장 성능이 안 좋은 것에 해당한다.

6.7.2 실험: GAE의 λ가 미치는 효과

GAE가 모든 n단계 이득 어드밴티지에 지수함수에 따른 가중치를 적용하여 계산한 평균이고, 감소 요소 λ가 클수록 추정값의 분산도 커진다는 사실을 기억하자. λ의 최적값은 특정한 문제에 대해 튜닝을 통해 얻어지는 하이퍼파라미터다.

이 실험에서는 그리드 탐색을 통해 행동자-비평자에서 각기 다른 λ 값이 GAE에 미치는 효과를 알아볼 것이다. 이 실험의 spec 파일은 코드 6.9에 lam에 대한 탐색 spec을 더한 것으로 코드 6.15에 제시되어 있다.

여기서도 환경은 탈출 게임이다. 라인 4와 라인 7은 환경의 변화를 나타낸다. 라인 19는 λ의 리스트 lam에 대한 그리드 탐색을 설정한다. 전체 spec 파일은 slm_lab/spec/experimental/a2c/a2c_gae_lam_search.json을 통해 SLM Lab에서 얻을 수 있다.

코드 6.15 GAE의 λ인 lam의 각기 다른 값에 대한 그리드 탐색을 설정하는 행동자-비평자 spec 파일

```
1   # slm_lab/spec/experimental/a2c/a2c_gae_lam_search.json
2
3   {
4     "a2c_gae_breakout": {
5       ...
6       "env": [{
7         "name": "BreakoutNoFrameskip-v4",
8         "frame_op": "concat",
9         "frame_op_len": 4,
10        "reward_scale": "sign",
11        "num_envs": 16,
12        "max_t": null,
13        "max_frame": 1e7
14      }],
15      ...
16      "search": {
17      "agent": [{
18        "algorithm": {
19          "lam__grid_search": [0.50, 0.70, 0.90, 0.95, 0.97, 0.99]
20        }
21      }]
22      }
23    }
24  }
```

SLM Lab에서 실험을 수행하려면 코드 6.16의 명령어를 사용하면 된다.

spec 파일에 정의된 대로 GAE의 각기 다른 λ 값을 탐색하기 위한 실험을 수행

```
1   conda activate lab
2   python run_lab.py slm_lab/spec/experimental/a2c/a2c_gae_lam_search.json
    ↪ a2c_gae_breakout search
```

이 코드를 실행하면 6개의 Trial을 도출하는 Experiment가 수행될 것이다. 이 6개의 Trial은 원래의 행동자-비평자 spec에 설정된 값을 대체하는 각기 다른 lam 값을 갖는다. 모든 Trial은 4개의 Session을 실행하여 평균을 계산한다. 다수 시험 그래프를 그림 6.6에서 확인할 수 있다.

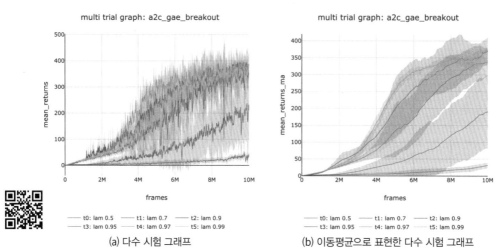

(a) 다수 시험 그래프   (b) 이동평균으로 표현한 다수 시험 그래프

그림 6.6 탈출 게임 환경에서 GAE의 λ 값이 행동자-비평자에 미치는 효과. $λ = 0.97$일 때 성능이 가장 좋고, 그 뒤를 이어 0.90, 0.99일 경우에는 근소하게 성능이 떨어진다.

그림 6.6에서 볼 수 있듯이, $λ = 0.97$인 경우 에피소딕 점수가 400 가까이 되어 성능이 가장 좋고, 그다음이 $λ = 0.90$, 0.99인 경우다. 이 실험을 통해 알 수 있는 또 하나의 사실은 $λ$가 그다지 민감한 하이퍼파라미터가 아니라는 것이다. 예를 들어, $λ = 0.70$일 때는 여전히 결과가 좋지만 $λ = 0.50$으로 작아지면 성능이 좋지 않다.

6.8 요약

이 장에서는 행동자-비평자 알고리즘에 대해 알아봤다. 이 알고리즘은 행동자와 비평자라는 두 가지 구성요소로 이루어졌다. 행동자는 정책 $π$를 학습하고, 비평자는 가치 함수 $V^π$를 학습한다. 학습한 $\hat{V}^π$는 실제 보상과 함께 정책을 위한 강화 신호를 생성하는 데 사용된다. 강화 신호는 일반적으로 어드밴티지 함수다.

행동자-비평자 알고리즘은 이전 장에서 소개한 정책 기반 방법과 가치 기반 방법의 아이디어를 결합한 것이다. 행동자를 최적화하는 것은 REINFORCE와 유사하지만 다른 점이 있다면 보상의 현재 궤적에서 생성된 몬테카를로 추정 대신 학습한 강화 신호를 이용한다는 것이다. 비평자를 최적화하는 것은 부트스트랩 시간차 학습 방법을 사용한다는 점에서 DQN과 유사하다.

이 장에서는 어드밴티지 함수를 추정하기 위한 두 가지 방법을 알아봤다. n단계 이득과 GAE다. 이 두 방법을 이용하면 가치 함수 추정값 $\hat{V}^\pi$와 비교하여 실제 보상의 궤적에 얼마의 가중치를 적용해야 하는지를 선택함으로써 어드밴티지의 편차와 분산을 조정할 수 있다. n단계 어드밴티지 추정값은 n을 통해 실제 보상과 가치 함수 추정값을 명확히 구분하여 사용한다. 반면에 GAE는 파라미터 λ를 통해 둘 사이의 가중치를 조정하기 때문에 구분이 명확하지 않다.

이 장의 마지막에서는 행동자-비평자를 위한 신경망 아키텍처를 설계하는 두 가지 접근법을 논의했는데, 행동자와 비평자가 네트워크 파라미터를 공유할 수도 있고 각자의 네트워크를 완전히 분리할 수도 있다.

6.9 더 읽을거리

- "Neuronlike Adaptive Elements That Can Solve Difficult Learning Control Problems," Barto et al., 1983 [11]
- "High Dimensional Continuous Control with Generalized Advantage Estimation," Schulman et al., 2015 [123]
- "Trust Region Policy Optimization," Schulman et al., 2015 [122]

6.10 역사

현대 행동자-비평자 알고리즘의 근간에 놓여 있는 대부분의 개념은 1983년에 발표된 서튼, 바르토, 앤더슨의 논문 〈Neuronlike Adaptive Elements That Can Solve Difficult Learning Control Problems〉[11]에 정리되어 있다. 이 논문에는 서로 상호작용하는 2개의 모듈을 연계해서 학습하는 아이디어가 소개되어 있다. 하나의 모듈은 정책 단위 또는 행동자로서 이 논문에서는 '연합탐색요소Associative Search Element'라고 언급했으며(즉, ASE), 또 다른 모듈은 비평자로서 논문에는 적응비평요소Adaptive Critic Element', 즉 ACE라는 이름으로 소개했다. 이 알고리즘은 딥러닝 연구를 촉발한 분야인 신경과학에 힘입어 만들어졌다. 예를 들어, CNN은 사람의 시각 피질visual cortex에서 아이디어를 얻어 개발됐다[43, 71]. 서튼 등은 논리 게이트와 유사한logic-gate-like 수준에서 뉴런만큼 복잡한 구조를 모델링하는 것은 부적절하다고 주장했다. 서튼은 학습된 하위 단위들이 복잡하게 얽혀 있는 네트워크 시스템에 대한 초기 모델로서 ASE/ACE를 제안했다. 서튼은 간단한 원시 단위primitive unit에서 시작하여 복잡도를 높여가는 것이 훨씬 더 복잡한 문제를 해결하는 데 도움이 될 것으로 기대했다.

ACE라는 이름은 10년 전인 1973년에 '선생님과 함께 학습하는' 것으로 볼 수 있는 지도학습SL과 RL을 구분하기 위해 '비평자와 함께하는 학습'이라는 문구를 사용했던 위드로Widrow 등[146]의 영향으로 만들어진 것으로 보인다[11].⁹ 하지만 시스템의 다른 부분을 이용하여 강화 신호를 향상하기 위해 학습된 비평자를 적용하는 개념은 새로운 것이었다. 서튼은 ACE의 목적을 다음과 같이 매우 명료하게 설명한다.

> 그것은(ACE) 학습 시스템의 환경으로부터 직접 얻을 수 있는 평가 함수보다 더욱 많은 정보를 담고 있는 평가 함수를 상황에 맞게 개발한다. 이로써 ASE가 학습할 때의 불확실성은 감소한다[11].¹⁰

신뢰 할당과 부족한 보상 신호는 RL에서 가장 어려운 문제에 속한다. ACE는 비평자를 통해 부족한 보상 정보를 좀 더 많은 정보를 담고 있는 밀도 높은 강화 신호로 전환함으로써 RL의 신뢰 할당 문제를 해결한다. 이 논문이 나온 이후로 상당히 많은 연구가 좀 더 좋은 비평자를 개발하는 데 집중되어 왔다.

어드밴티지 함수는 1983년에 베어드Baird[9]가 처음 언급했다. 하지만 1999년이 되어서야 서튼 등[133]이 어드밴티지 함수를 $A^\pi(s, a) = Q^\pi(s, a) - V^\pi(s)$로 정의했다.

2016년에 므니흐Mnih 등이 비동기 어드밴티지 행동자-비평자Asynchronous Advantage Actor-Critic, A3C[87] 알고리즘을 발표한 이후 행동자-비평자 알고리즘에 대한 관심이 폭주했다. 이 논문은 비동기 경사상승asynchronous gradient ascent을 이용하여 강화학습 알고리즘의 훈련 부분을 병렬화하기 위한 방법으로 간단하면서도 스케일 조정이 가능한 방법을 소개했다. 이에 대해서는 8장에서 살펴보겠다.

---

9 SL에서는 '선생님'이 모든 데이터에 대한 정확한 지침을 주는 반면, RL에서는 에이전트가 보상 함수를 통해 '비평'을 받는 것이 전부다. '비평'을 받는다는 것은 에이전트가 한 행동이 좋거나, 나쁘거나, 그저 괜찮다는 말을 듣는 것이다. 'X라는 행동을 했어야 한다'라는 말은 듣지 못한다.

10 이와 관련하여 더 많은 것을 알고 싶다면 원래의 논문을 읽어 보자. 이 논문은 읽기 쉬울 뿐만 아니라 RL의 신뢰 할당 문제 및 강화학습과 지도학습의 차이점을 잘 설명하고 있다.

07

근위 정책 최적화(PPO)

정책 경사 알고리즘으로 에이전트를 훈련할 때 한 가지 어려운 점은 에이전트의 성능이 갑자기 저하되는 **성능붕괴**performance collapse 현상이 발생할 수 있다는 것이다. 이런 상황이 되면 에이전트는 좋지 않은 궤적을 만들 것이고 그 궤적을 이용하여 정책을 계속 훈련할 것이기 때문에 원래 상태로 회복하기 어려워진다. 또한 활성정책 알고리즘이 데이터를 재사용하지 못하기 때문에 표본 비효율적이 된다는 사실도 이미 확인했다.

슐만 등[124]이 고안한 근위 정책 최적화Proximal Policy Optimization, PPO는 이 두 가지 이슈를 다루기 위한 일종의 최적화 알고리즘이다. PPO의 주요 아이디어는 단조 정책 향상monotonic policy improvement을 보장함으로써 성능붕괴를 피하게 해주는 **대리목적**surrogate objective을 도입하는 것이다. 이 목적 함수는 비활성정책 데이터를 훈련 과정에서 재사용한다는 장점도 있다.

PPO는 원래의 목적 함수 $J(\pi_\theta)$를 수정된 PPO 목적 함수로 대체하여 REINFORCE 또는 행동자-비평자를 확장하는 데 사용될 수 있다. 이러한 변형을 통해 더 안정적이고 더 표본 효율적인 훈련을 할 수 있다.

이 장에서는 먼저 7.1.1절에서 성능붕괴 문제를 논의한다. 그런 다음, 7.1.2절에서는 단조 향상 이론Monotonic Improvement Theory을 통해 이 문제를 어떻게 해결할 수 있는지를 다룬다. 이 이론을 적용하여 정책 경사 목적을 대리목적으로 수정할 것이다.

이론적 내용을 소개한 이후에, 7.2절에서 PPO 알고리즘을 다룰 것이다. 그런 다음 행동자-비평자 알고리즘을 확장하여 PPO가 SLM Lab에서 어떻게 구현되는지 설명할 것이다.

7.1 대리목적

이 절에서는 PPO 알고리즘의 대리목적에 대해 소개한다. 먼저, 성능붕괴 문제를 논의하면서 대리목적의 필요성을 도출할 것이다. 그런 다음, 원래의 정책 경사 목적을 수정하여 어떻게 이 문제를 해결할 수 있는지 알아볼 것이다.

7.1.1 성능붕괴

정책 경사 알고리즘에 대한 논의를 통해 정책 π_θ가 정책 경사 $\nabla_\theta J(\pi_\theta)$를 이용하여 파라미터 θ를 조정하는 방식으로 최적화된다는 것을 확인했다. 이 방식은 직접 제어할 수 없는 정책 공간에서 최적 정책을 찾기 때문에 간접적인 접근법이다. 왜 이런지 이해하기 위해, 먼저 정책 공간과 파라미터 공간을 구분해서 볼 필요가 있다.

최적화가 진행되는 동안에는 모든 정책을 대상으로 일련의 정책 π_1, π_2, π_3, ..., π_n을 탐색한다. 이것을 **정책 공간**policy space[1] Π라고 부른다.

$$\Pi = \{\pi_i\} \tag{식 7.1}$$

파라미터 θ로 표현되는 정책 π_θ를 이용하여 θ에 대한 파라미터 공간도 쉽게 표현할 수 있다. 각각의 고유한 θ 값은 정책의 한 사례를 나타낸다. **파라미터 공간**parameter space은 Θ다.

$$\Theta = \{\theta \in \mathbb{R}^m, \text{ 여기서 } m \text{은 파라미터의 개수다.}\} \tag{식 7.2}$$

목적 함수 $J(\pi_\theta)$가 정책 공간에 속하는 한 정책 $\pi_\theta \in \Pi$에 의해 생성되는 궤적을 이용하여 계산될지라도, 실제 최적 정책에 대한 탐색은 파라미터 공간에서 적합한 파라미터 $\theta \in \Theta$를 찾는 방식으로 진행된다. 즉, 제어 변수는 Θ에 속하지만 결과는 Π에 속한다. 실제로는, 식 7.3과 같이 학습률 α를 이용하여 파라미터가 업데이트되는 크기를 제어한다.

$$\Delta\theta = \alpha \nabla_\theta J(\pi_\theta) \tag{식 7.3}$$

---

[1] 정책 공간에 속하는 정책의 개수는 무한할 수도 있다.

불행히도, 정책 공간과 파라미터 공간이 항상 정확히 매칭되는 것은 아니며, 각 공간에 속하는 원소들이 반드시 동일한 거리를 두고 있는 것은 아니다. 예를 들어, 두 쌍의 파라미터 (θ_1, θ_2)와 (θ_2, θ_3)가 있고 각 쌍을 이루는 두 파라미터 사이의 거리가 같다고 하자, 즉 $d_\theta(\theta_1, \theta_2) = d_\theta(\theta_2, \theta_3)$라고 하자. 하지만 각 파라미터에 대응되는 정책 $(\pi_{\theta_1}, \pi_{\theta_2})$와 $(\pi_{\theta_2}, \pi_{\theta_3})$가 꼭 같은 거리를 유지하는 것은 아니다. 말하자면,

$$d_\theta(\theta_1, \theta_2) = d_\theta(\theta_2, \theta_3) \not\Leftrightarrow d_\pi(\pi_{\theta_1}, \pi_{\theta_2}) = d_\pi(\pi_{\theta_2}, \pi_{\theta_3}) \qquad \text{(식 7.4)}$$

이것은 파라미터 업데이트를 위한 이상적인 학습률 α를 결정하기 어렵다는 점에서 문제가 될 수 있다. 파라미터 공간에 대응되는 정책 공간 Π에 속하는 정책들 사이의 간격이 얼마인지를 사전에 확실히 알 수 없다. α가 너무 작으면 훈련의 반복 횟수가 많아져서 훈련에 소요되는 시간이 길어질 것이다. 또는 정책이 지역 최댓값local maxima에 빠져서 더 이상 업데이트되지 않을 수도 있다. α가 너무 크면 정책 공간 내부의 업데이트 간격이 너무 커서 좋은 정책을 건너뛰게 되어 성능붕괴가 발생할 것이다. 이런 일이 벌어지면 훨씬 더 안 좋은 새 정책이 안 좋은 궤적 데이터를 생성하고, 그 데이터를 이용하여 다음 업데이트가 수행되기 때문에 이후의 정책 반복policy iteration을 망치게 될 것이다. 이러한 이유로 성능붕괴가 발생하면 원래대로 복구하기가 어려울 수 있다. 그림 7.1은 성능붕괴의 간단한 사례를 보여준다.

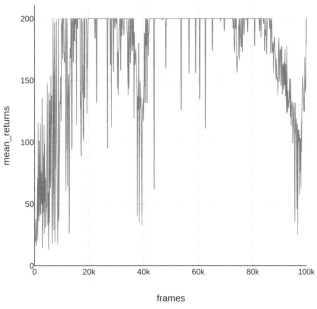

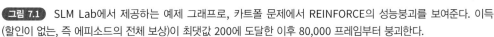

그림 7.1 SLM Lab에서 제공하는 예제 그래프로, 카트폴 문제에서 REINFORCE의 성능붕괴를 보여준다. 이득 (할인이 없는, 즉 에피소드의 전체 보상)이 최댓값 200에 도달한 이후 80,000 프레임부터 붕괴한다.

일반적으로, 업데이트 간격을 고정하면 이 이슈를 해결할 수 없다. 경사상승 $\theta \leftarrow \theta + \alpha\nabla_\theta J(\pi_\theta)$ 에서 학습률 α는 보통 고정되어 있거나 오직 $\nabla_\theta J(\pi_\theta)$가 변하는 방향으로만 감소한다. 하지만 파라미터 공간과 정책 공간 사이의 매핑이 동일한 척도로 이루어지지 않기 때문에 파라미터 공간에서 고정된 업데이트 간격이 정책 공간에서 변화하는 간격으로 매핑되는 문제가 발생한다.

α의 최적값이 무엇인지는 현재 정책 π_θ가 정책 공간 Π에서 차지하는 위치에 따라 달라질 것이고, 현재 파라미터 θ가 파라미터 공간 Θ에서 정책 공간 Π에 속하는 π_θ에 어떻게 매핑되는지도 α의 최적값에 영향을 줄 것이다. 이상적으로는, 알고리즘이 이러한 요소들에 적응하여 알아서 파라미터 업데이트 간격을 조정해야 한다.

파라미터 공간에서의 특정 업데이트가 정책 공간에 어떤 영향을 미치는지를 고려하여 그에 맞게 업데이트 간격을 결정하기 위해서는, 먼저 두 정책 사이의 성능 차이를 측정하는 방법을 알아야 한다.

7.1.2 목적 함수의 수정

이 절에서는 두 정책 사이의 성능 차이를 측정하는 **상대적 정책 성능 식별자**relative policy performance identity를 소개할 것이다. 그다음에, 최적화 과정에서 단조 성능 향상monotonic performance improvement 을 보장하기 위해 정책 경사 목적을 어떻게 수정할 수 있는지 보여줄 것이다.

직관적으로 보면 이 문제는 업데이트 간격에 관한 문제이기 때문에 성능붕괴를 막기 위해 업데이트 간격을 안전 영역 이내로 유지하게 하는 제약조건을 도입하는 것을 생각할 수 있다. 적합한 제약조건을 부과함으로써 **단조 향상 이론**Monotonic Improvement Theory이라고 불리는 것을 도출할 수 있다.[2]

먼저, 정책 π가 주어지고 (파라미터 업데이트 이후) 다음번 정책 반복이 π'이라고 하자. **상대적 정책 성능 식별자**relative policy performance identity는 식 7.5와 같이 이 두 정책의 목적 함수 사이의 차이로 정의할 수 있다. 어드밴티지 $A^\pi(s_t, a_t)$는 항상 이전 정책인 π로부터 계산된다.

---

2 이 절에서 제시하는 단조 향상 이론의 유도 과정은 세르게이 레빈의 훌륭한 버클리 강의 'CS 294: Deep Reinforcement Learning, Fall 2017'에서 제시한 것을 차용하여 확장한 것이다. 더 수준 높은 증명 과정은 이 책의 범위를 벗어나기 때문에 생략했지만, 관심 있는 독자들은 'Lecture 13: Advanced Policy Gradient Methods'[78]에 나오는 조슈아 아키암(Joshua Achiam)의 강의 노트 원본에서 관련 내용을 확인할 수 있다. 이 책과 강의 노트는 대부분 유사한 표기법을 사용하기 때문에 읽기도 쉽고 비교하기도 쉬울 것이다. 게다가, 강의 노트의 내용을 훨씬 더 자세히 다루는 녹화된 강의 영상을 'CS294-112 10/11/17'이라는 제목의 유튜브 영상으로 https://youtu.be/ycCtmp4hcUs에서 확인할 수 있다.

$$J(\pi') - J(\pi) = \mathbb{E}_{\tau \sim \pi'}\left[\sum_{t=0}^{T}\gamma^t A^\pi(s_t, a_t)\right] \tag{식 7.5}$$

글상자 7.1 **상대적 정책 성능 식별자의 유도**

여기서는 식 7.5에 제시된 상대적 정책 성능 식별자를 유도한다. 먼저, 유도 과정에 적합하도록 어드밴티지를 다시 표현한다. 이것은 식 7.6과 같다. Q 항은 첫 번째 보상에 대한 기댓값과 모든 가능한 다음 상태에 대한 V의 기댓값으로 표현된다. 확률론적 환경 전환이 어떤 특정한 정책 전환에도 영향을 받지 않도록 하기 위해 기댓값으로 표현할 필요가 있다.

$$\begin{aligned}
A^\pi(s_t, a_t) &= Q^\pi(s_t, a_t) - V^\pi(s_t)\\
&= \mathbb{E}_{s_{t+1}, r_t \sim p(s_{t+1}, r_t \mid s_t, a_t)}[r_t + \gamma V^\pi(s_{t+1})] - V^\pi(s_t)
\end{aligned} \tag{식 7.6}$$

이 식은 식 7.5의 우변을 다음과 같이 변환하는 데 사용된다.

$$\mathbb{E}_{\tau \sim \pi'}\left[\sum_{t \geq 0}\gamma^t A^\pi(s_t, a_t)\right] \tag{식 7.7}$$

$$= \mathbb{E}_{\tau \sim \pi'}\left[\sum_{t \geq 0}\gamma^t\left(\mathbb{E}_{s_{t+1}, r_t \sim p(s_{t+1}, r_t \mid s_t, a_t)}\left[r_t + \gamma V^\pi(s_{t+1})\right] - V^\pi(s_t)\right)\right] \tag{식 7.8}$$

$$= \mathbb{E}_{\tau \sim \pi'}\left[\sum_{t \geq 0}\gamma^t\left(r_t + \gamma V^\pi(s_{t+1}) - V^\pi(s_t)\right)\right] \tag{식 7.9}$$

$$= \mathbb{E}_{\tau \sim \pi'}\left[\sum_{t \geq 0}\gamma^t r_t + \sum_{t \geq 0}\gamma^{t+1} V^\pi(s_{t+1}) - \sum_{t \geq 0}\gamma^t V^\pi(s_t)\right] \tag{식 7.10}$$

$$= \mathbb{E}_{\tau \sim \pi'}\left[\sum_{t \geq 0}\gamma^t r_t\right] + \mathbb{E}_{\tau \sim \pi'}\left[\sum_{t \geq 0}\gamma^{t+1} V^\pi(s_{t+1}) - \sum_{t \geq 0}\gamma^t V^\pi(s_t)\right] \tag{식 7.11}$$

$$= J(\pi') + \mathbb{E}_{\tau \sim \pi'}\left[\sum_{t \geq 1}\gamma^t V^\pi(s_t) - \sum_{t \geq 0}\gamma^t V^\pi(s_t)\right] \tag{식 7.12}$$

$$= J(\pi') - \mathbb{E}_{\tau \sim \pi'}[V^\pi(s_0)] \tag{식 7.13}$$

$$= J(\pi') - \mathbb{E}_{\tau \sim \pi'}[J(\pi)] \tag{식 7.14}$$

$$= J(\pi') - J(\pi) \tag{식 7.15}$$

먼저 식 7.5의 우변을 다시 적고, 식 7.6의 어드밴티지를 대입하여 식 7.8을 얻는다. 여기서 한 가지 알아둬야 할 사항은 바깥쪽의 기댓값 $\mathbb{E}_{\tau \sim \pi'}$은 사실 정책으로부터 나온 행동의 기댓값($\mathbb{E}_{a_t \sim \pi'}$)과 전이 함수로부터 나온 상태와 보상의 기댓값($\mathbb{E}_{s_{t+1}, r_t \sim p(s_{t+1}, r_t \mid s_t, a_t)}$)을 포함한다는 것이다. 결과적으로 안쪽의 중복된 기댓값을 바깥쪽 기댓값으로 흡수시키면 식 7.9를 얻는다.

다음으로, 식 7.10에서 합의 기호를 전개한다. 기댓값의 선형성으로 인해 식 7.11의 첫 번째 항을 따로 분리할 수 있는데, 이것은 새로운 목적 함수 $J(\pi')$이 된다. 이렇게 해서 식 7.12가 나온다. 이제 기댓값 내부의 첫 번째 합의 기호에 대해 $t + 1$을 t로 대체하고 1부터 시작하게 한다. 이제 두 합의 기호가 인덱스를 제외하고는 같아졌기 때문에 서로 상쇄되어 $t = 0$일 때의 항만 남게 되고, 이것이 식 7.13의 $V^\pi(s_0)$이다. $V^\pi(s_0) = \mathbb{E}_{\tau \sim \pi}[\sum_{t \geq 0} \gamma^t r_t]$ $= J(\pi)$이므로 초기 상태의 가치 함수는 단순히 목적 함수 $J(\pi)$와 같아진다. 따라서 식 7.14가 된다. 마지막으로, 정책 π의 목적 함수는 새로운 정책 π'과는 독립적이므로 기댓값 기호를 생략하고 $J(\pi') - J(\pi)$를 얻게 된다.

상대적 정책 성능 식별자 $J(\pi') - J(\pi)$는 정책 향상을 측정하는 지표의 역할을 한다. 이 차이가 양수이면 새로운 정책 π'이 π보다 좋은 정책이다. 정책 반복 과정에서 새로운 정책 π'을 선택할 때 이 차이가 최대가 되도록 하는 것이 이상적이다. 그러므로 목적 함수 $J(\pi')$을 최대화하는 것과 이 식별자를 최대화하는 것은 동일하며 이 둘은 모두 정책 상승을 통해 이루어진다.

$$\max_{\pi'} J(\pi') \iff \max_{\pi'} \left(J(\pi') - J(\pi) \right) \tag{식 7.16}$$

목적 함수를 이러한 방식으로 구조화하는 것은 모든 정책 반복이 음이 아닌 (단조로운) 향상, 즉 $J(\pi') - J(\pi) \geq 0$을 보장할 수 있어야 한다는 뜻이다. 왜냐하면 최악의 경우에도 아무런 정책 향상 없이 단순히 $\pi = \pi'$이라고 할 수 있기 때문이다. 이렇게 하면 훈련 과정에서 성능붕괴는 일어나지 않을 것이고, 바로 이것이 우리가 찾고 있는 특성이다.

하지만 이 식별자를 목적 함수로 사용하는 데 있어 한 가지 제약이 있다. $\mathbb{E}_{\tau \sim \pi'}[\sum_{t \geq 0} A^\pi(s_t, a_t)]$라는 표현에서 보면 업데이트를 위해 새로운 정책 π'으로부터 추출된 궤적으로부터 기댓값이 계산되어야 한다. 하지만 π'은 업데이트 전에는 얻을 수가 없다. 이 역설을 해결하기 위해, 당장 이용 가능한 이전 정책 π를 사용하도록 변경해야 한다.

이를 위해 연속적인 정책 π, π'이 상대적으로 가까워서(이것은 쿨백-라이블러 발산$_{\text{KL divergence}}$[3]이 작은 것으로부터 확인할 수 있다.) 정책이 만들어 내는 상태 분포가 유사하다고 가정할 수 있다.

---

3 [옮긴이] 쿨백-라이블러(KL) 발산에서 KL은 Kullback-Leibler의 줄임말로, 이 개념을 처음 제시한 쿨백(Kullback)과 라이블러(Leibler) 두 사람의 이름에서 나온 것이다. 쿨백-라이블러 발산은 두 확률분포의 차이를 나타내는 지표로서, 쿨백-라이블러 발산값이 작을수록 두 확률분포가 비슷하다고 이해하면 된다.

그러면 식 7.5는 이전 정책이 생성하는 궤적을 사용하여 $t \sim \pi$로 변경하고 **중요도 표본추출** importance sampling 가중치[4] $\frac{\pi'(a_t \mid s_t)}{\pi(a_t \mid s_t)}$로 조정하여 근사적으로 표현될 수 있다. 이것은 π를 이용하여 생성된 이득을 연속된 두 정책 π, π' 사이의 행동 확률의 비율만큼 조정한다. 새로운 정책 π'에 더 잘 부합할 것 같은 행동과 관련된 보상의 가중치는 증가할 것이고, 상대적으로 π'하에서 발생할 것 같지 않은 행동과 관련된 보상의 가중치는 감소할 것이다. 이러한 근사 과정은 식 7.17에 제시되어 있다.

$$
\begin{aligned}
J(\pi') - J(\pi) &= \mathbb{E}_{\tau \sim \pi'}\left[\sum_{t \geq 0} A^\pi(s_t, a_t)\right] \\
&\approx \mathbb{E}_{\tau \sim \pi}\left[\sum_{t \geq 0} A^\pi(s_t, a_t)\frac{\pi'(a_t \mid s_t)}{\pi(a_t \mid s_t)}\right] = J_\pi^{\mathrm{CPI}}(\pi')
\end{aligned}
$$

(식 7.17)

식 7.17의 우변에 등장한 새로운 목적 함수 $J_\pi^{\mathrm{CPI}}(\pi')$은 새 정책 π'과 이전 정책 π 사이의 비율을 포함하기 때문에 **대리목적**surrogate objective이라고 불린다. 위첨자 CPI는 '보수적 정책 반복 conservative policy iteration'을 뜻한다.

새로운 목적 함수를 얻었으니, 이 목적 함수를 정책 경사 알고리즘에 사용하기 위해 **이 목적 함수를 이용한 최적화가 여전히 정책 경사상승을 수행하는지** 확인할 필요가 있다. 다행히도, 식 7.18에서 보듯이 대리목적의 경사가 정책 경사와 같음을 보일 수 있다. 유도 과정은 글상자 7.2에 제시되어 있다.

$$
\nabla_\theta J_{\theta_{\mathrm{old}}}^{\mathrm{CPI}}(\theta)|_{\theta_{\mathrm{old}}} = \nabla_\theta J(\pi_\theta)|_{\theta_{\mathrm{old}}}
$$

(식 7.18)

> **글상자 7.2** **대리 정책 경사의 유도**
>
> 여기서는 식 7.18에서 말하는 바와 같이 대리목적의 경사가 정책 경사와 같다는 사실을 보일 것이다.
>
> $J_\pi^{\mathrm{CPI}}(\pi')$의 경사를 계산하는 것으로부터 시작한다. 이를 위해 변수 θ를 수식에 표기하 겠다. 특히, 새 정책 π'을 변수 π_θ로 표기하고 이전 정책 π는 상수 $\pi_{\theta_{\mathrm{old}}}$로 표기한다. 또한 $\pi_{\theta_{\mathrm{old}}}$에서 경사를 계산할 때는 $|_{\theta_{\mathrm{old}}}$라고 표기한다($J_\pi^{\mathrm{CPI}}(\pi')$이 π에 직접적으로 의존하기 때문에 이것은 반드시 필요하고 생략될 수 없다).

---

[4] 중요도 표본추출은 알려진 분포로부터 얻은 표본 데이터를 이용하여 잘 알지 못하는 분포를 추정하기 위해 사용된다. 식 7.5의 전체 유도 과정은 이 책의 범위를 벗어나지만, 'Lecture 13: Advanced Policy Gradient Methods'[78]에서 확인할 수 있다.

$$\nabla_\theta J_{\theta_{\text{old}}}^{\text{CPI}}(\theta)|_{\theta_{\text{old}}} = \nabla_\theta \mathbb{E}_{\tau \sim \pi_{\theta_{\text{old}}}} \left[\sum_{t \geq 0} A^{\pi_{\theta_{\text{old}}}}(s_t, a_t) \frac{\pi_\theta(a_t \mid s_t)}{\pi_{\theta_{\text{old}}}(a_t \mid s_t)} \right]\bigg|_{\theta_{\text{old}}} \tag{식 7.19}$$

$$= \mathbb{E}_{\tau \sim \pi_{\theta_{\text{old}}}} \left[\sum_{t \geq 0} A^{\pi_{\theta_{\text{old}}}}(s_t, a_t) \frac{\nabla_\theta \pi_\theta(a_t \mid s_t)|_{\theta_{\text{old}}}}{\pi_{\theta_{\text{old}}}(a_t \mid s_t)} \right] \tag{식 7.20}$$

$$= \mathbb{E}_{\tau \sim \pi_{\theta_{\text{old}}}} \left[\sum_{t \geq 0} A^{\pi_{\theta_{\text{old}}}}(s_t, a_t) \frac{\nabla_\theta \pi_\theta(a_t \mid s_t)|_{\theta_{\text{old}}}}{\pi_\theta(a_t \mid s_t)|_{\theta_{\text{old}}}} \right] \tag{식 7.21}$$

$$= \mathbb{E}_{\tau \sim \pi_{\theta_{\text{old}}}} \left[\sum_{t \geq 0} A^{\pi_{\theta_{\text{old}}}}(s_t, a_t) \nabla_\theta \log \pi_\theta(a_t \mid s_t)|_{\theta_{\text{old}}} \right] \tag{식 7.22}$$

$$= \nabla_\theta J(\pi_\theta)|_{\theta_{\text{old}}} \tag{식 7.23}$$

먼저, 식 7.17의 대리목적에 대한 경사를 이전 정책에서 계산한다. 분자만 변수 θ를 포함하기 때문에 경사를 분자에 대해서만 계산하면 식 7.20이 된다. 이제, 분모 $\pi_{\theta_{\text{old}}}(a_t \mid s_t)$가 $\theta = \theta_{\text{old}}$에서 π_θ를 계산하는 것과 같음을 확인하고 계산을 수행하여 식 7.21을 얻는다. 마지막으로, 정책 경사를 유도하기 위해 사용했던 식 2.14의 로그 미분법 $\nabla_\theta \log p(x|\theta) = \frac{\nabla_\theta p(x|\theta)}{p(x|\theta)}$를 기억하고 이를 활용하여 분수를 다시 표현하면 식 7.22를 얻을 수 있다. 이것이 바로 정책 경사 $\nabla_\theta J(\pi_\theta)$다. 따라서 이제 식 7.24를 얻는다.

$$\nabla_\theta J_{\theta_{\text{old}}}^{\text{CPI}}(\theta)|_{\theta_{\text{old}}} = \nabla_\theta J(\pi_\theta)|_{\theta_{\text{old}}} \tag{식 7.24}$$

식 7.24는 대리목적의 경사가 정책 경사와 같다는 것을 나타낸다. 이로써 대리목적을 이용한 최적화가 여전히 정책 경사상승을 수행한다는 것을 보장할 수 있다. 이제 정책 향상도 직접 측정할 수 있기 때문에 대리목적은 더욱 유용하다. 그리고 대리목적을 최대화하는 것이 곧 정책 향상을 최대화하는 것이다. 게다가, 이제 식 7.17에서 $J_\pi^{\text{CPI}}(\pi')$이 $J(\pi') - J(\pi)$에 대한 선형 근사라는 사실을 알게 됐다. 왜냐하면 이 둘의 1계 미분(경사)이 같기 때문이다.

$J_\pi^{\text{CPI}}(\pi')$이 정책 경사 알고리즘을 위한 새로운 목적 함수의 역할을 수행하기 위해 만족해야 할 마지막 한 가지 조건이 더 남아 있다. $J_\pi^{\text{CPI}}(\pi')$은 $J(\pi') - J(\pi)$에 대한 근삿값이어서 근사 오차가 있을 것이다. 하지만 $J_\pi^{\text{CPI}}(\pi') \approx J(\pi') - J(\pi)$라는 근사를 이용하려면 $J(\pi') - J(\pi) \geq 0$이 보장되어야 한다. 따라서 근사 과정에서 발생하는 오차에 대한 이해가 필요하다.

연속적인 정책 π, π'이 KL 발산값을 기준으로 서로 충분히 비슷하다면 **상대적 정책 성능 경계** relative policy performance bound[5]를 표현할 수 있다. 이를 위해 새로운 목적 함수 $J(\pi')$과 그에 대한

---

5 이것은 아키암(Achiam) 등의 2017년 논문 〈Constrained Policy Optimization〉[2]에 소개됐다.

추정값 $J(\pi) + J_\pi^{\mathrm{CPI}}(\pi')$의 차이에 대한 절댓값 오차를 표현한다. 그러면 이 오차는 π와 π' 사이의 KL 발산값을 통해 제한될 수 있다.

$$\left| \big(J(\pi') - J(\pi)\big) - J_\pi^{\mathrm{CPI}}(\pi') \right| \leq C\sqrt{\mathbb{E}_t\big[KL\big(\pi'(a_t \mid s_t) \,\|\, \pi(a_t \mid s_t)\big)\big]} \qquad \text{(식 7.25)}$$

C는 선택해야 하는 상수이고, KL은 KL 발산[6]이다. 식 7.25는 연속적인 정책 π, π'을 나타내는 확률분포가 서로 유사해서 식의 우변에 있는 KL 발산이 작다면 좌변의 오차가 작다는 것을 의미한다.[7] 오차가 작으면 $J_\pi^{\mathrm{CPI}}(\pi')$은 $J(\pi') - J(\pi)$를 잘 근사한다.

이것을 이용하면 우리가 원하는 결과, 즉 $J(\pi') - J(\pi) \geq 0$을 유도하는 것은 매우 쉽다. 이 이론에 따르면 목적 함수는 결코 감소하지 않고 최소한 모든 정책 반복 단계에서 원래 값을 유지하거나 증가하기 때문에 이를 **단조 향상 이론**[78]이라고 부른다. 이러한 결과를 얻기 위해 먼저 식 7.25를 전개하고 식 7.26과 같이 하한값을 생각해 보자.

$$J(\pi') - J(\pi) \geq J_\pi^{\mathrm{CPI}}(\pi') - C\sqrt{\mathbb{E}_t\big[KL\big(\pi'(a_t \mid s_t) \,\|\, \pi(a_t \mid s_t)\big)\big]} \qquad \text{(식 7.26)}$$

이제, 정책 반복의 한 단계 동안 발생할 수 있는 최악의 시나리오를 살펴보자. 이전 정책 π를 선택하는 것(파라미터 업데이트가 0인 경우)을 포함하여 선택 가능한 모든 새 정책 π'에 대해 생각해 보자. 다른 정책에 비해 성능이 더 좋은 정책 후보가 없다면 단순히 $\pi' = \pi$로 설정하고 해당 반복 단계에서는 업데이트를 수행하지 않는다. 이런 상황이 발생하면 정책이 어드밴티지의 기댓값을 갖지 못하기 때문에 식 7.17에 따라 $J_\pi^{\mathrm{CPI}}(\pi) = \mathbb{E}_{\tau \sim \pi}\big[\sum_{t \geq 0} A^\pi(s_t, a_t)\frac{\pi(a_t \mid s_t)}{\pi(a_t \mid s_t)}\big] = 0$을 만족한다. 그리고 두 정책이 같기 때문에 KL 발산도 $KL(\pi \,\|\, \pi) = 0$이 된다.

식 7.26에 따르면 정책 변화가 수용되기 위해서는 정책 향상의 추정값 $J_\pi^{\mathrm{CPI}}(\pi')$이 최대 오차 $C\sqrt{\mathbb{E}_t\big[KL\big(\pi'(a_t \mid s_t) \,\|\, \pi(a_t \mid s_t)\big)\big]}$보다 더 커야 한다.

지금 다루고 있는 최적화 문제에서 오차의 한계를 일종의 페널티penalty로 추가하면 단조 정책 향상을 보장할 수 있다. 이제 최적화 문제는 다음과 같아진다.

$$\underset{\pi'}{\mathrm{argmax}}\left(J_\pi^{\mathrm{CPI}}(\pi') - C\sqrt{\mathbb{E}_t\big[KL\big(\pi'(a_t \mid s_t) \,\|\, \pi(a_t \mid s_t)\big)\big]}\right)$$
$$\Rightarrow J(\pi') - J(\pi) \geq 0 \qquad \text{(식 7.27)}$$

---

6   확률 변수 $x \in X$의 두 확률분포 $p(x)$, $q(x)$ 사이의 KL 발산은 이산적 분포일 경우 $KL(p(x) \,\|\, q(x)) = \sum_{x \in X} p(x)\log\frac{p(x)}{q(x)}$와 같이 정의되고, 연속적 분포일 경우 $KL(p(x) \,\|\, q(x)) = \int_{-\infty}^{\infty} p(x)\log\frac{p(x)}{q(x)}dx$와 같이 정의된다.

7   전체 유도 과정은 'Lecture 13: Advanced Policy Gradient Methods'[78]에서 확인할 수 있다.

이 결과는 의도했던 최종 요구조건을 만족한다. 이로써 원래의 목적 함수 $J(\pi)$를 이용했을 때 발생할 수 있었던 성능붕괴를 피할 수 있게 됐다. 한 가지 알아둬야 할 사항은 단조 향상이 최적 정책 π^*로 수렴함을 보장할 수는 없다는 것이다. 예를 들어, 정책 최적화는 여전히 지역 최댓값에 빠질 수 있으며 이 경우 아무리 정책 반복을 해도 정책이 향상되지 않는다. 다시 말해, $J(\pi') - J(\pi) = 0$이다. 수렴성을 보장하는 것은 여전히 해결하기 어려운 문제로 남아 있다.

마지막 단계는 식 7.27의 최적화 문제를 어떻게 구현하는가에 대해 생각해 보는 것이다. 한 가지 아이디어는 식 7.28과 같이 KL의 기댓값을 직접 제한하는 것이다.

$$\mathbb{E}_t\big[KL\big(\pi'(a_t \mid s_t) \,\|\, \pi(a_t \mid s_t)\big)\big] \leq \delta \qquad \text{(식 7.28)}$$

δ는 KL 발산이 커지는 것을 제한할 수 있기 때문에, δ를 통해 새 정책 π'이 이전 정책 π로부터 얼마나 멀리까지 발산할 수 있는지에 대한 한계를 효과적으로 설정할 수 있다. 정책 공간에서 오직 π 근처에 존재하는 정책만이 후보군에 속할 것이다. 이 근처 영역을 **신뢰 영역**trust region이라고 부르고, 식 7.28을 **신뢰 영역 제한조건**trust region constraint이라고 부른다. 여기서 δ는 튜닝이 필요한 하이퍼파라미터다.

제한조건에 놓인 항 $\mathbb{E}_t[KL(\pi'(a_t \mid s_t) \,\|\, \pi(a_t \mid s_t))]$는 단일 시간 단계 t에 대한 기댓값으로 표현되기 때문에 식 7.29와 같이 목적 함수 $J_\pi^{\text{CPI}}(\pi')$ 역시 이러한 방식으로 표현하면 도움이 된다. 게다가, 목적 함수를 θ에 대해 최대화할 것이므로 식 7.30과 같이 정책도 θ로 표현하자. 새 정책은 $\pi' = \pi_\theta$로 표현되는 반면, 고정된 파라미터를 갖는 이전 정책은 $\pi = \pi_{\theta_{\text{old}}}$로 표현된다. 이전 정책으로부터 계산된 어드밴티지 역시 $A^\pi(s_t, a_t) = A_t^{\pi_{\theta_{\text{old}}}}$와 같이 간결하게 표현된다.

$$J_\pi^{\text{CPI}}(\pi') = \mathbb{E}_t\left[\frac{\pi'(a_t \mid s_t)}{\pi(a_t \mid s_t)} A^\pi(s_t, a_t)\right] \qquad \text{(식 7.29)}$$

$$J^{\text{CPI}}(\theta) = \mathbb{E}_t\left[\frac{\pi_\theta(a_t \mid s_t)}{\pi_{\theta_{\text{old}}}(a_t \mid s_t)} A_t^{\pi_{\theta_{\text{old}}}}\right] \qquad \text{(식 7.30)}$$

제한조건과 대리목적을 함께 표현하면 신뢰 영역 정책 최적화 문제는 식 7.31과 같이 된다.

$$\begin{aligned} &\max_\theta \mathbb{E}_t\left[\frac{\pi_\theta(a_t \mid s_t)}{\pi_{\theta_{\text{old}}}(a_t \mid s_t)} A_t^{\pi_{\theta_{\text{old}}}}\right] \\ &\text{제약조건: } \mathbb{E}_t\big[KL\big(\pi_\theta(a_t \mid s_t) \,\|\, \pi_{\theta_{\text{old}}}(a_t \mid s_t)\big)\big] \leq \delta \end{aligned} \qquad \text{(식 7.31)}$$

요약하자면, $J_\pi^{\text{CPI}}(\pi')$은 정책 경사와 동일한 경사를 갖기 때문에 $J(\pi') - J(\pi)$에 대한 선형 근사다. $J_\pi^{\text{CPI}}(\pi')$은 또한 오차 범위 내에서 단조 향상을 보장한다. 이러한 잠재적 오차를 처리하면서 향상을 보장하기 위해, 신뢰 영역이라는 제한조건을 가해서 새 정책과 이전 정책의 차이가 너무 커지지 않도록 제한한다. 정책의 변화가 신뢰 영역 이내로 제한된다면 성능붕괴를 피할 수 있다.

수많은 알고리즘이 이 신뢰 영역 최적화 문제를 풀기 위해 제안됐다. 이러한 알고리즘 중에는 **자연적 정책 경사**Natural Policy Gradient, NPG[63, 112, 113], **신뢰 영역 정책 최적화**Trust Region Policy Optimization, TRPO[122], **제한 정책 최적화**Constrained Policy Optimization, CPO[2]가 있다. 이 방법들을 설명하는 이론은 꽤 복잡하고, 알고리즘을 구현하는 것도 쉽지 않다. 경사를 계산하기 위한 비용도 만만치 않고 적합한 δ 값을 선택하기가 어렵다. 이러한 알고리즘은 이 책에서 다루는 범위를 벗어나지만, 이 알고리즘들의 단점 때문에 다음으로 다룰 알고리즘이 개발됐다. 바로 근위 정책 최적화다.

7.2 근위 정책 최적화(PPO)

〈근위 정책 최적화Proximal Policy Optimization, PPO 알고리즘〉 논문[124]은 슐만 등이 2017년에 발표했다. PPO는 구현하기 쉽고 필요한 계산량이 많지 않으며 δ를 선택할 필요도 없다. 이러한 이유로, 이 알고리즘은 가장 인기 있는 정책 경사 알고리즘이 됐다.

PPO는 신뢰 영역 제한조건이 있는 정책 최적화 문제를 경험에 기반한 간단하고 효과적인 방법으로 해결하는 알고리즘의 한 종류다. 이 알고리즘은 두 가지 버전이 존재한다. 첫 번째는 적응 KL 페널티adaptive KL penalty에 기반한 방법이고, 두 번째는 목적 함수 클리핑clipping에 기반한 방법이다. 이 절에서는 이 두 가지 버전의 알고리즘을 설명할 것이다.

그 전에, $r_t(\theta) = \frac{\pi_\theta(a_t|s_t)}{\pi_{\theta_{old}}(a_t|s_t)}$로 하여 식 7.32와 같이 대리목적 $J^{CPI}(\theta)$를 간단히 표현하자. 어드밴티지가 항상 이전 정책 $\pi_{\theta_{old}}$를 이용하여 계산된다는 사실을 알고 있으므로 어드밴티지 $A_t^{\pi_{\theta_{old}}}$ 역시 A_t로 간단히 표현하자.

$$J^{CPI}(\theta) = \mathbb{E}_t\left[\frac{\pi_\theta(a_t\,|\,s_t)}{\pi_{\theta_{old}}(a_t\,|\,s_t)}A_t^{\pi_{old}}\right] = \mathbb{E}_t[r_t(\theta)A_t] \qquad \text{(식 7.32)}$$

PPO의 첫 번째 버전은 **적응 KL 페널티를 적용한 PPO**라고 불리며, 식 7.33과 같은 목적 함수를 갖는다. 이 알고리즘에서는 KL 제한조건 $\mathbb{E}_t[KL(\pi_\theta(a_t\,|\,s_t)\,\|\,\pi_{\theta_{old}}(a_t\,|\,s_t))] \leq \delta$가 중요도 가중치가 곱해진 어드밴티지에서 적응 KL 페널티를 뺀 값으로 대체된다. 이 값의 기댓값이 최대화해야 할 새로운 목적 함수다.

$$J^{KLPEN}(\theta) = \max_\theta \mathbb{E}_t\big[r_t(\theta)A_t - \beta KL\big(\pi_\theta(a_t\,|\,s_t)\,\|\,\pi_{\theta_{old}}(a_t\,|\,s_t)\big)\big] \qquad \text{(식 7.33)}$$

식 7.33은 **KL 페널티 대리목적**KL-penalized surrogate objective으로 알려져 있다. β는 KL 페널티의 크기를 조절하는 적응 계수다. 최적화의 신뢰 영역을 조절하는 데 있어 식 7.31에 표현된 목적과 β의 목적이 동일하다. β가 클수록 π_θ와 $\pi_{\theta_{old}}$의 차이가 더 커지는 효과가 생기고, β가 작아지면 두 정책 사이의 허용 오차가 더 높아진다.

제한 계수를 사용하는 데 있어서 한 가지 어려움은 문제마다 특성이 서로 다르기 때문에 모든 문제에 적합한 값을 찾기 어렵다는 점이다. 하나의 문제에 대해서도 정책 반복 과정에서 손실 함수 모양loss landscape이 변하기 때문에, 이전에 효과를 발휘했던 β 값이 나중에는 효과가 없을 수도 있다(β 값이 정책 반복 과정에서 발생하는 변화에 적응해야 한다).

이 문제를 해결하기 위해, PPO 논문은 경험에 기반한 업데이트 규칙을 통해 β 값이 시간에 따라 적응하게 하는 것을 제안한다. 정책 업데이트 이후에는 β 값이 업데이트되고 새로운 β 값은 다음 반복 단계에 사용된다. β 값에 대한 업데이트 규칙은 알고리즘 7.1에 제시되어 있다. 이 알고리즘은 이 절에서 나중에 다룰 PPO 알고리즘의 서브루틴으로 사용될 수 있다.

알고리즘 7.1 적응 KL 페널티 계수

1: KL의 기댓값을 위해 목표 δ 값 δ_{tar}를 설정
2: 임의의 값으로 β를 초기화
3: 미니배치minibatch SGD의 다수의 에포크epoch를 사용하여, KL 페널티 대리목적
   $\hookrightarrow J^{KLPEN}(\theta) = \mathbb{E}_t[r_t(\theta)A_t - \beta KL(\pi_\theta(a_t \mid s_t) \parallel \pi_{\theta_{old}}(a_t \mid s_t))]$를 최적화(최대화)
4: $\delta = \mathbb{E}_t[KL(\pi_\theta(a_t \mid s_t) \parallel \pi_{\theta_{old}}(a_t \mid s_t))]$를 계산:
5: **if** $\delta < \delta_{tar}/1.5$ **then**
6:     $\beta \leftarrow \beta/2$
7: **else if** $\delta < \delta_{tar} \times 1.5$ **then**
8:     $\beta \leftarrow \beta \times 2$
9: **else**
10:     아무것도 하지 않음(원래의 β를 사용)
11: **end if**

매 반복의 끝에서 δ를 추정하고 목표 δ 값 δ_{tar}와 비교한다. δ가 δ_{tar}보다 어떤 마진값만큼 더 작다면, β를 줄여서 KL 페널티를 감소시킨다. 하지만 δ가 δ_{tar}보다 어떤 마진값만큼 더 크다면, β를 키워서 KL 페널티를 증가시킨다. 마진값과 β에 대한 업데이트 규칙을 정하기 위해 사용되는 특정 값은 경험적으로 선택한다. PPO 논문의 저자는 마진값과 업데이트 규칙에 대해 각각 1.5와 2를 선택했지만, 알고리즘이 이 값들에 그다지 민감하지 않다는 사실도 알아냈다.

또한 KL 발산값이 때로는 목푯값인 δ_{tar}와 상당한 차이가 있지만 β가 재빨리 조정한다는 사실을 확인했다. δ_{tar}의 값으로 어떤 값이 적합한지도 경험적으로 결정되어야 한다.

이러한 접근법은 구현하기 쉽다는 장점이 있다. 하지만 목표 δ 값을 선택하는 문제는 해결하지 못한다. 더욱이, KL을 계산해야 하기 때문에 계산량이 많아질 수 있다.

식 7.34에서 보는 바와 같이, **대리목적 클리핑을 이용한 PPO**는 KL 제한 조건을 없애고 식 7.30의 대리목적을 좀 더 단순하게 수정한 것을 사용하여 이 문제를 해결한다.

$$J^{\text{CLIP}}(\theta) = \mathbb{E}_t \Big[\min \Big(r_t(\theta) A_t, \text{clip}\big(r_t(\theta), 1 - \varepsilon, 1 + \varepsilon\big) A_t \Big) \Big] \qquad \text{(식 7.34)}$$

식 7.34는 **클리핑이 적용된 대리목적**clipped surrogate objective으로 알려져 있다. ε은 클리핑을 수행할 범위 $|r_t(\theta) - 1| \leq \varepsilon$을 정의하는 값이다. 이 값은 튜닝되어야 할 하이퍼파라미터이고 훈련 과정에서 값이 감소할 수 있다. 식 7.34에서 $\min(\cdot)$ 안에 있는 항은 단순히 대리목적 J^{CPI}다. 두 번째 항인 $\text{clip}(r_t(\theta), 1 - \varepsilon, 1 + \varepsilon) A_t$는 J^{CPI}의 값이 $(1 - \varepsilon) A_t$와 $(1 + \varepsilon) A_t$ 사이의 값이 되도록 제한한다. $r_t(\theta)$가 $[1 - \varepsilon, 1 + \varepsilon]$의 범위에 있을 때, $\min(\cdot)$ 안에 있는 두 항은 같아진다.

이러한 목적 함수는 정책 π_θ의 급격하고 불안정한 변화를 유발할 수 있는 파라미터 업데이트를 사전에 차단한다. 정책의 큰 변화라는 것을 정량화하기 위해 확률의 비율 $r_t(\theta)$를 이용한다. 새 정책이 이전 정책과 같으면 $r_t(\theta) = r_t(\theta_{\text{old}}) = \frac{\pi_{\theta_{\text{old}}}(a_t|s_t)}{\pi_{\theta_{\text{old}}}(a_t|s_t)} = 1$을 만족한다. 새 정책이 이전 정책과 다르다면 $r_t(\theta)$는 1에서 멀어지게 된다.

아이디어는 $r_t(\theta)$를 ε 근방 $[1 - \varepsilon, 1 + \varepsilon]$의 범위로 제한하는 것이다. 정상적인 상황에서는 대리목적 J^{CPI}를 제한조건 없이 최대화하는 것이 정책 업데이트의 크기가 커지게 할 수 있다. 이것은 목적 함수에 대한 성능이 향상될 수 있는 하나의 메커니즘이 $r_t(\theta)$의 큰 변화를 통해 이루어지기 때문이다. 목적 함수를 클리핑하면, 정책의 큰 변화를 통해 $r_t(\theta)$가 ε 근방의 범위를 벗어나게 하는 유인이 제거된다. 왜 이런지 알아보기 위해, $r_t(\theta) A_t$가 큰 양의 값을 갖는 경우를 생각해 보자. $A_t > 0, r_t(\theta) > 0$인지 $A_t < 0, r_t(\theta) < 0$인지는 상관없다.

$A_t > 0, r_t(\theta) > 0$일 경우, $r_t(\theta)$가 1보다 훨씬 커지면 클리핑의 상단 값인 $1 - \varepsilon$은 상한값 $r_t(\theta) \leq 1 + \varepsilon$에 적용되어 $J^{\text{CLIP}} \leq (1 + \varepsilon) A_t$가 된다. 반대로 $A_t < 0, r_t(\theta) < 0$일 경우, $r_t(\theta)$가 1보다 훨씬 작아지면 클리핑의 하단 값인 $1 - \varepsilon$이 또 다시 상한값 $J^{\text{CLIP}} \leq (1 - \varepsilon) A_t$에 적용된다. 식 7.34에서 최솟값을 취할 때, J^{CLIP}은 두 경우 모두에 대해 언제나 상한값을 갖는다. 게다가, 최솟값을 취하기 때문에 J^{CLIP}이 원래의 대리목적 J^{CPI}의 비관적 하한값이라고 볼 수 있다. 이런 식

으로, 목적 함수를 εA_t만큼 좋아지는 것 이상으로 더 좋게 만들려고 할 때 $r_t(\theta)$의 효과는 무시된다. 하지만 목적 함수를 더 안 좋게 만들려고 할 때는 항상 고려된다.

목적 함수 J^{CLIP}이 상한값을 갖기 때문에, $r_t(\theta)$를 $[1 - \varepsilon, 1 + \varepsilon]$의 범위 밖으로 벗어나게 만들 정도로 정책을 크게 변화시킬 이유가 없다. 따라서 정책 업데이트가 안전해진다.

게다가, 이 목적 함수는 샘플이 $\pi_{\theta_{\text{old}}}$에서 생성된다는 가정을 기반으로 하기 때문에(즉, 목적 함수가 중요도 가중치를 통하지 않고서는 현재 정책 π_θ에 영향을 받지 않기 때문에) 추출된 궤적을 여러 번 재사용하여 파라미터를 업데이트하는 것이 정당화된다. 이렇게 하면 알고리즘의 표본 효율성이 증가한다. 목적 함수는 훈련 단계마다 업데이트되는 $\pi_{\theta_{\text{old}}}$에 따라 달라진다. 이것은 PPO가 활성 정책 알고리즘임을 의미하고, 따라서 이전의 궤적은 훈련 단계가 끝난 후에 폐기되어야 한다.

클리핑이 적용된 목적 함수 J^{CLIP}은 계산량이 많지 않고, 매우 이해하기 쉬우며, 원래의 대리목적 J^{CPI}에 몇 가지 단순한 수정만 하면 구현할 수 있다.

가장 많은 양의 계산이 필요한 과정은 확률의 비율 $r_t(\theta)$와 어드밴티지 A_t의 계산이다. 하지만 대리목적 최적화 알고리즘은 최소한 이 정도의 계산을 필요로 한다. 여기에 더해서 클리핑과 최소화 과정을 위해 추가 계산이 필요한데, 이 과정에는 기본적으로 항상 같은 시간이 소요된다.

PPO 논문에서는 클리핑이 적용된 대리목적이 KL 페널티 목적 함수보다 성능이 더 좋다. 더 간단하면서도 성능이 더 좋기 때문에 클리핑이 적용된 PPO 버전이 더 선호된다.

이로써 정책 경사에 가해진 제한조건에 관한 논의는 마무리됐다. REINFORCE와 행동자-비평자에 사용된 정책 경사 목적 함수 $J(\theta) = \mathbb{E}_t[A_t \log \pi_\theta(a_t \mid s_t)]$에 대한 논의를 시작으로, 연속된 정책 사이의 차이를 단조 향상을 보장하는 대리목적 $J^{\text{CPI}}(\theta)$를 소개했다. PPO는 대리목적을 제한하는 두 가지 방법을 제시했고(KL 페널티 또는 경험에 기반한 클리핑을 이용), 이를 통해 각각 J^{KLPEN}과 J^{CLIP}을 도출했다. 이 모든 정책 경사 목적 함수를 한데 모아놓고 비교해 보자.

$$J(\theta) = \mathbb{E}_t[A_t^{\pi_\theta} \log \pi_\theta(a_t \mid s_t)] \qquad \text{원래의 목적} \qquad \text{(식 7.35)}$$

$$J^{\text{CPI}}(\theta) = \mathbb{E}_t[r_t(\theta) A_t^{\pi_{\theta_{\text{old}}}}] \qquad \text{대리목적} \qquad \text{(식 7.36)}$$

$$J^{\text{CPI}}(\theta) \; subject\ to \; \mathbb{E}_t[KL(\pi_\theta \,\|\, \pi_{\theta_{\text{old}}})] \leq \delta \qquad \text{제한된 대리목적} \qquad \text{(식 7.37)}$$

$$J^{\text{KLPEN}}(\theta) = \mathbb{E}_t[r_t(\theta) A_t^{\pi_{\theta_{\text{old}}}} - \beta KL(\pi_\theta \,\|\, \pi_{\theta_{\text{old}}})] \qquad \text{KL 페널티가 있는 PPO} \qquad \text{(식 7.38)}$$

$$J^{\text{CLIP}}(\theta)$$
$$= \mathbb{E}_t\left[\min\left(r_t(\theta) A_t^{\pi_{\theta_{\text{old}}}}, \text{clip}\left(r_t(\theta), 1 - \varepsilon, 1 + \varepsilon\right) A_t^{\pi_{\theta_{\text{old}}}} \right) \right] \qquad \text{클리핑이 적용된 PPO} \qquad \text{(식 7.39)}$$

확실히 하기 위해, θ를 이용하여 수식을 완전히 표현함으로써 어떤 정책이 변화 가능하고 어떤 정책이 어드밴티지 계산에 사용되는지를 나타내었다. 오직 원래의 목적 함수만 현재 정책 π_θ를 이용하여 어드밴티지 $A_t^{\pi_\theta}$를 계산한다. 반면에 나머지 목적 함수들은 이전 정책을 이용하여 어드밴티지 $A_t^{\pi_{\theta_{\text{old}}}}$를 계산한다.

7.3 PPO 알고리즘

PPO가 수정된 목적 함수를 이용하는 정책 경사 방법이기 때문에, 앞서 다루었던 정책 경사 알고리즘인 REINFORCE 및 행동자-비평자와 연계될 수 있다. 알고리즘 7.2는 6장의 행동자-비평자 알고리즘을 확장하여 클리핑이 적용된 목적 함수를 이용하는 PPO 알고리즘을 구현한 것이다.

알고리즘 7.2 클리핑이 적용된 PPO, 행동자-비평자로부터의 확장

1: 엔트로피 정규화 가중치 $\beta \geq 0$를 설정
2: 클리핑 변수 $\varepsilon \geq 0$을 설정
3: 에포크의 개수 K를 설정
4: 행동자의 개수 N을 설정
5: 전체 훈련 시간 T를 설정
6: 미니배치의 크기 $M \leq NT$을 설정
7: 행동자 학습률 $\alpha_A \geq 0$를 설정
8: 비평자 학습률 $\alpha_C \geq 0$를 설정
9: 행동자와 비평자 파라미터 θ_A, θ_C를 임의의 값으로 초기화
10: '이전' 행동자 네트워크 $\theta_{A_{\text{old}}}$를 초기화
11: **for** $i = 1, 2, \ldots$ **do**
12:     $\theta_{A_{\text{old}}} = \theta_A$로 설정
13:     **for** 행동자 $= 1, 2, \ldots, N$ **do**
14:         정책 $\theta_{A_{\text{old}}}$를 환경에서 T시간 동안 실행하고 궤적을 수집
15:         $\theta_{A_{\text{old}}}$를 이용하여 어드밴티지 $A_1, \ldots, A_T$를 계산
16:         비평자 네트워크 θ_C와 궤적 데이터를 이용하여 $V_{\text{tar},1}^\pi, \ldots, V_{\text{tar},T}^\pi$를 계산
17:     **end for**
18:     크기가 NT인 배치가 수집된 궤적, 어드밴티지, 그리고 목표 V 가치로 구성된다고 하자.
19:     **for** 에포크 $= 1, 2, \ldots, K$ **do**
20:         **for** 미니배치 m in 배치 **do**

21:    미니배치 m에 대해 다음을 계산

22:    $r_m(\theta_A)$를 계산

23:    미니배치로부터 계산된 어드밴티지 A_m과 $r_m(\theta_A)$를 이용하여 $J_m^{\text{CLIP}}(\theta_A)$를 계산

24:    행동자 네트워크 θ_A를 이용하여 엔트로피 H_m을 계산

25:    정책 손실을 계산:

26:    $L_{\text{pol}}(\theta_A) = J_m^{\text{CLIP}}(\theta_A) - \beta H_m$

27:

28:    비평자 네트워크 θ_C를 이용하여 V 가치의 예측값 $\hat{V}^\pi(s_m)$을 계산

29:    V 목표를 이용하여 미니배치로부터 가치 손실을 계산

30:    $L_{\text{val}}(\theta_C) = MSE(\hat{V}^\pi(s_m), V_{\text{tar}}^\pi(s_m))$

31:

32:    SGD 같은 방법을 통해 행동자 파라미터를 업데이트:

33:    $\theta_A = \theta_A + \alpha_A \nabla_{\theta_A} L_{\text{pol}}(\theta_A)$

34:    SGD 같은 방법을 통해 비평자 파라미터를 업데이트:

35:    $\theta_C = \theta_C + \alpha_C \nabla_{\theta_C} L_{\text{val}}(\theta_C)$

36:   **end for**

37: **end for**

38: **end for**

이제 알고리즘을 천천히 살펴보자.

- **라인 1~8**: 모든 하이퍼파라미터의 값을 설정한다.

- **라인 9**: 행동자와 비평자 네트워크를 초기화한다.

- **라인 10**: 확률 비율 $r_t(\theta)$의 계산을 위해 이전 행동자 네트워크가 $\pi_{\theta_{\text{old}}}$처럼 행동하도록 초기화한다.

- **라인 12~18**: 이전 행동자 네트워크를 주요 행동자 네트워크로 업데이트한다. 이전 행동자 네트워크를 이용하여 궤적 데이터를 수집하고 어드밴티지와 V 목표를 계산한다. 그런 다음 어드밴티지 및 V 목표와 함께 궤적을 배치에 저장하여 나중에 샘플로 추출될 수 있게 한다. 이러한 유형의 행동자-비평자는 다수의 병렬 행동자를 사용한다. 이에 대해서는 8장에서 병렬화 방법을 다룰 때 논의할 것이다.

- **라인 19**: K개의 에포크 동안 전체 배치에 대한 루프

- **라인 20~21**: 배치로부터 크기 M인 미니배치를 추출한다. 이 부분의 계산에는 미니배치의 모든 요소가 사용된다.

- **라인 22~23**: 클리핑이 적용된 대리목적을 계산한다.
- **라인 24**: 미니배치의 행동에 대해 정책의 엔트로피를 계산한다.
- **라인 25~26**: 정책 손실을 계산한다.
- **라인 28~30**: 가치 손실을 계산한다. 배치에서 V 목표의 값은 한 번 계산되고 재사용된다.
- **라인 32~33**: 정책 손실의 경사를 이용하여 행동자 파라미터를 업데이트한다.
- **라인 34~35**: 가치 손실의 경사를 이용하여 비평자 파라미터를 업데이트한다.

7.4 PPO의 구현

행동자-비평자 알고리즘을 확장하는 데 있어 PPO가 어떻게 사용될 수 있는지 확인했다. 이 절에서는 SLM Lab에서 이것이 어떻게 구현되는지 살펴볼 것이다.

당연히, PPO는 ActorCritic 클래스를 상속받아 이 클래스에 속한 대부분의 메서드를 재사용할 수 있다. PPO를 위해 수정할 부분은 목적 함수와 훈련 루프밖에 없다(이 두 가지 메서드에 대한 오버라이드가 필요하다). 더욱이, 목적 함수의 수정은 정책 손실과 관련되어 있다. 가치 손실을 계산하는 방법은 동일하게 유지된다.

7.4.1 PPO 정책 손실의 계산

코드 7.1에서는 클리핑이 적용된 대리목적을 이용하여 PPO 정책 손실을 계산하기 위해 ActorCritic에서 상속받은 정책 손실 관련 메서드를 오버라이드한다.

행동 로그확률action log probability은 현재와 과거 행동자 네트워크로부터 계산된다(라인 14~18). 이 두 네트워크를 이용하여 확률 비율 $r_t(\theta)$를 계산한다(라인 20). 이 두 네트워크의 차이에 대한 지숫값을 이용하여 로그확률을 확률의 비율로 변환한다.

클리핑이 적용된 대리목적은 개별적으로piece-wise 계산되고 나서 라인 21~24에서 합쳐진다. 나머지 정책 손실 계산은 부모 클래스에서의 형태와 동일하다.

```
1   # slm_lab/agent/algorithm/ppo.py
2
3   class PPO(ActorCritic):
4       ...
5
6       def calc_policy_loss(self, batch, pdparams, advs):
7           clip_eps = self.body.clip_eps
8           action_pd = policy_util.init_action_pd(self.body.ActionPD, pdparams)
9           states = batch['states']
10          actions = batch['actions']
11          ...
12
13          # L^CLIP
14          log_probs = action_pd.log_prob(actions)
15          with torch.no_grad():
16              old_pdparams = self.calc_pdparam(states, net=self.old_net)
17              old_action_pd = policy_util.init_action_pd(self.body.ActionPD,
                ↪ old_pdparams)
18              old_log_probs = old_action_pd.log_prob(actions)
19          assert log_probs.shape == old_log_probs.shape
20          ratios = torch.exp(log_probs - old_log_probs)
21          sur_1 = ratios * advs
22          sur_2 = torch.clamp(ratios, 1.0 - clip_eps, 1.0 + clip_eps) * advs
23          # 최대화가 필요하기 때문에 부호를 변경
24          clip_loss = -torch.min(sur_1, sur_2).mean()
25
26          # H 엔트로피 정규화
27          entropy = action_pd.entropy().mean()
28          self.body.mean_entropy = entropy # 로깅 변수 업데이트
29          ent_penalty = -self.body.entropy_coef * entropy
30
31          policy_loss = clip_loss + ent_penalty
32          return policy_loss
```

7.4.2 PPO 훈련 루프

코드 7.2는 PPO 훈련 루프를 보여준다. 먼저, 이전 행동자 네트워크가 주요 행동자 네트워크로부터 업데이트된다(라인 10). 수집된 궤적의 배치가 메모리로부터 추출된다(라인 11). 어드밴티지와 목표 V 가치를 계산하고 캐시 메모리에 저장하여 미니배치에서 효율적으로 사용될 수 있게 한다(라인 12~15). 모든 시간 단계에서 계산을 수행하는 알고리즘 7.2와는 다르게, 여기서 제시할 알고리즘은 어드밴티지와 목표 V 가치를 배치 형태로 계산하기 위한 최적화 과정이다.

훈련 데이터를 재사용하기 위해, 모든 데이터를 여러 번 사용하여 훈련 과정을 반복한다(라인 18). 모든 에포크에서 훈련을 위해 데이터를 여러 개의 미니배치로 분리한다(라인 19~20). 훈련 로직의

나머지 부분은 ActorCritic 클래스에서와 동일하다. 여기에는 정책 손실과 가치 손실을 계산하고 이를 이용하여 행동자와 비평자 네트워크를 훈련하는 것이 포함된다.

코드 7.2 PPO의 구현: 훈련 방법

```python
1    # slm_lab/agent/algorithm/ppo.py
2
3    class PPO(ActorCritic):
4        ...
5
6        def train(self):
7            ...
8            clock = self.body.env.clock
9            if self.to_train == 1:
10               net_util.copy(self.net, self.old_net)  # 이전 네트워크를 업데이트
11               batch = self.sample()
12               clock.set_batch_size(len(batch))
13               _pdparams, v_preds = self.calc_pdparam_v(batch)
14               advs, v_targets = self.calc_advs_v_targets(batch, v_preds)
15               batch['advs'], batch['v_targets'] = advs, v_targets
16               ...
17               total_loss = torch.tensor(0.0)
18               for _ in range(self.training_epoch):
19                   minibatches = util.split_minibatch(batch, self.minibatch_size)
20                   for minibatch in minibatches:
21                       ...
22                       advs, v_targets = minibatch['advs'], minibatch['v_targets']
23                       pdparams, v_preds = self.calc_pdparam_v(minibatch)
24                       policy_loss = self.calc_policy_loss(minibatch, pdparams, advs)
                         ↪  # 행동자로부터
25                       val_loss = self.calc_val_loss(v_preds, v_targets)  # 비평자로부터
26                       if self.shared:  # 공유 네트워크
27                           loss = policy_loss + val_loss
28                           self.net.train_step(loss, self.optim,
                             ↪  self.lr_scheduler, clock=clock,
                             ↪  global_net=self.global_net)
29                       else:
30                           self.net.train_step(policy_loss, self.optim,
                             ↪  self.lr_scheduler, clock=clock,
                             ↪  global_net=self.global_net)
31                           self.critic_net.train_step(val_loss,
                             ↪  self.critic_optim, self.critic_lr_scheduler,
                             ↪  clock=clock, global_net=self.global_critic_net)
32                           loss = policy_loss + val_loss
33                       total_loss += loss
34               loss = total_loss / self.training_epoch / len(minibatches)
35               # 재설정
36               self.to_train = 0
37               return loss.item()
38           else:
39               return np.nan
```

7.5 PPO 에이전트의 훈련

이 절에서는 아타리 퐁 게임과 두 발 보행자를 수행하는 PPO를 훈련할 것이다.

7.5.1 퐁 게임을 위한 PPO

코드 7.3은 아타리 퐁 게임을 수행하는 PPO 에이전트를 위한 spec 파일을 보여준다. 이 파일은 slm_lab/spec/benchmark/ppo/ppo_pong.json을 통해 SLM Lab에서도 얻을 수 있다.

코드 7.3 PPO: spec 파일

```
1    # slm_lab/spec/benchmark/ppo/ppo_pong.json
2
3    {
4      "ppo_pong": {
5        "agent": [{
6          "name": "PPO",
7          "algorithm": {
8            "name": "PPO",
9            "action_pdtype": "default",
10           "action_policy": "default",
11           "explore_var_spec": null,
12           "gamma": 0.99,
13           "lam": 0.70,
14           "clip_eps_spec": {
15             "name": "no_decay",
16             "start_val": 0.10,
17             "end_val": 0.10,
18             "start_step": 0,
19             "end_step": 0
20           },
21           "entropy_coef_spec": {
22             "name": "no_decay",
23             "start_val": 0.01,
24             "end_val": 0.01,
25             "start_step": 0,
26             "end_step": 0
27           },
28           "val_loss_coef": 0.5,
29           "time_horizon": 128,
30           "minibatch_size": 256,
31           "training_epoch": 4
32         },
33         "memory": {
34           "name": "OnPolicyBatchReplay",
35         },
36         "net": {
37           "type": "ConvNet",
38           "shared": true,
```

```
39          "conv_hid_layers": [
40            [32, 8, 4, 0, 1],
41            [64, 4, 2, 0, 1],
42            [32, 3, 1, 0, 1]
43          ],
44          "fc_hid_layers": [512],
45          "hid_layers_activation": "relu",
46          "init_fn": "orthogonal_",
47          "normalize": true,
48          "batch_norm": false,
49          "clip_grad_val": 0.5,
50          "use_same_optim": false,
51          "loss_spec": {
52            "name": "MSELoss"
53          },
54          "actor_optim_spec": {
55            "name": "Adam",
56            "lr": 2.5e-4,
57          },
58          "critic_optim_spec": {
59            "name": "Adam",
60            "lr": 2.5e-4,
61          },
62          "lr_scheduler_spec": {
63            "name": "LinearToZero",
64            "frame": 1e7
65          },
66          "gpu": true
67        }
68      }],
69      "env": [{
70        "name": "PongNoFrameskip-v4",
71        "frame_op": "concat",
72        "frame_op_len": 4,
73        "reward_scale": "sign",
74        "num_envs": 16,
75        "max_t": null,
76        "max_frame": 1e7
77      }],
78      "body": {
79        "product": "outer",
80        "num": 1
81      },
82      "meta": {
83        "distributed": false,
84        "log_frequency": 10000,
85        "eval_frequency": 10000,
86        "max_session": 4,
87        "max_trial": 1,
88      }
89    }
90  }
```

주요 구성요소를 살펴보자.

- **알고리즘**: 알고리즘은 PPO(라인 8)이고, 행동 정책은 이산적 행동 공간(범주형 분포)에서의 기본 정책(라인 10)이다. γ는 라인 12에서 설정한다. 어드밴티지 추정을 위해 GAE를 이용하며, 이때 λ를 나타내는 lam은 라인 13에서 설정한다. 클리핑 하이퍼파라미터인 ε과 ε의 감소는 라인 14~20에서 설정하고, 엔트로피 계수는 라인 21~27에서 설정한다. 가치 손실 계수는 라인 28에서 설정한다.

- **네트워크 아키텍처**: 3개의 중첩 층위와 ReLU 활성화 함수를 갖는 하나의 완전히 연결된 층위로 구성된 합성곱신경망(라인 37~45). 행동자와 비평자는 라인 38에서 설정한 대로 네트워크를 공유한다. 이 네트워크는 가능하다면 GPU에서 훈련한다(라인 66).

- **최적화 기법**: 최적화 기법은 학습률 0.00025가 적용된 아담Adam[68]이다(라인 54~57). 학습률은 0부터 1,000만 프레임까지 감소한다(라인 62~65).

- **훈련 빈도**: 알고리즘이 의도한 대로 훈련이 배치 방식으로 이루어지기 때문에 OnPolicy BatchReplay 메모리를 이용한다(라인 34). 에포크의 개수는 4로 설정하고(라인 31), 미니배치의 크기는 256으로 설정한다(라인 30). 전체 훈련 시간 T는 라인 29에서 설정하고, 행동자의 개수는 라인 74에서 num_envs를 통해 설정한다.

- **환경**: 환경은 아타리 퐁 게임[14, 18]이다(라인 70).

- **훈련 시간**: 훈련은 1,000만 개의 시간 단계로 구성된다(라인 76).

- **평가**: 에이전트는 10,000개의 시간 단계마다 평가받는다(라인 85).

이 PPO 에이전트를 SLM Lab을 이용하여 훈련하기 위해 코드 7.4에 보이는 명령어를 명령창에 실행한다. 에이전트의 최초 점수는 −21이고 평균적으로 최대 점수인 21에 가까운 점수를 획득해야 한다.

코드 7.4 spec 파일에 정의된 대로 SLM Lab을 이용하여 PPO 에이전트를 훈련

```
1  conda activate lab
2  python run_lab.py slm_lab/spec/benchmark/ppo/ppo_pong.json ppo_pong train
```

이 코드를 실행하면 4개의 Session을 갖는 Trial을 훈련하여 평균 결과값을 도출할 것이다. GPU에서 돌리면 시험 훈련을 완료하는 데 0.5일 정도 걸린다. 그래프와 이동평균을 그림 7.2에서 확인할 수 있다.

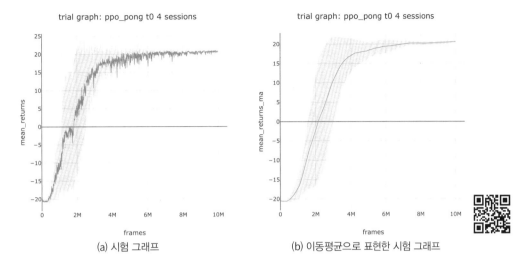

| (a) 시험 그래프 | (b) 이동평균으로 표현한 시험 그래프 |

그림 7.2 SLM Lab을 통해 도출한 PPO 시험 결과를 4개의 세션에 대해 평균 낸 그래프. 세로축은 체크포인트 구간에서 8개의 에피소드에 대해 평균 낸 전체 보상을 나타내고, 가로축은 전체 훈련 프레임을 보여준다. 6장의 행동자-비평자와 비교하면, PPO는 훨씬 더 빨리 학습하고 최고 점수를 달성한다.

7.5.2 두 발 보행자를 위한 PPO

정책 기반 방법으로서 PPO를 연속 제어 문제에도 적용할 수 있다. 코드 7.5는 두 발 보행자 환경에서 학습하는 PPO 에이전트를 위한 spec 파일을 보여준다. 파일은 slm_lab/spec/benchmark/ppo/ppo_cont.json을 통해 SLM Lab에서 얻을 수 있다. 특히, 네트워크 아키텍처(라인 37~39)와 환경(라인 62~65)이 달라졌음을 주목하자.

코드 7.5 두 발 보행자를 위한 PPO: spec 파일

```
1    # slm_lab/spec/benchmark/ppo/ppo_cont.json
2
3    {
4      "ppo_bipedalwalker": {
5        "agent": [{
6          "name": "PPO",
7          "algorithm": {
8            "name": "PPO",
9            "action_pdtype": "default",
10           "action_policy": "default",
11           "explore_var_spec": null,
12           "gamma": 0.99,
13           "lam": 0.95,
14           "clip_eps_spec": {
15             "name": "no_decay",
16             "start_val": 0.20,
17             "end_val": 0.0,
18             "start_step": 10000,
```

```
19        "end_step": 1000000
20      },
21      "entropy_coef_spec": {
22        "name": "no_decay",
23        "start_val": 0.01,
24        "end_val": 0.01,
25        "start_step": 0,
26        "end_step": 0
27      },
28      "val_loss_coef": 0.5,
29      "time_horizon": 512,
30      "minibatch_size": 4096,
31      "training_epoch": 15
32    },
33    "memory": {
34      "name": "OnPolicyBatchReplay",
35    },
36    "net": {
37      "type": "MLPNet",
38      "shared": false,
39      "hid_layers": [256, 128],
40      "hid_layers_activation": "relu",
41      "init_fn": "orthogonal_",
42      "normalize": true,
43      "batch_norm": false,
44      "clip_grad_val": 0.5,
45      "use_same_optim": true,
46      "loss_spec": {
47        "name": "MSELoss"
48      },
49      "actor_optim_spec": {
50        "name": "Adam",
51        "lr": 3e-4,
52      },
53      "critic_optim_spec": {
54        "name": "Adam",
55        "lr": 3e-4,
56      },
57      "lr_scheduler_spec": null,
58      "gpu": false
59    }
60  }],
61  "env": [{
62    "name": "BipedalWalker-v2",
63    "num_envs": 32,
64    "max_t": null,
65    "max_frame": 4e6
66  }],
67  "body": {
68    "product": "outer",
69    "num": 1
70  },
```

```
71       "meta": {
72         "distributed": false,
73         "log_frequency": 10000,
74         "eval_frequency": 10000,
75         "max_session": 4,
76         "max_trial": 1
77       }
78     }
79 }
```

코드 7.6의 명령어를 명령창에서 실행하여 에이전트를 훈련한다.

코드 7.6 두 발 보행자를 위한 PPO: 에이전트의 훈련

```
1  conda activate lab
2  python run_lab.py slm_lab/spec/benchmark/ppo/ppo_cont.json ppo_bipedalwalker train
```

이 코드를 실행하면 Trial을 훈련하여 그림 7.3의 그래프를 만들어낸다.

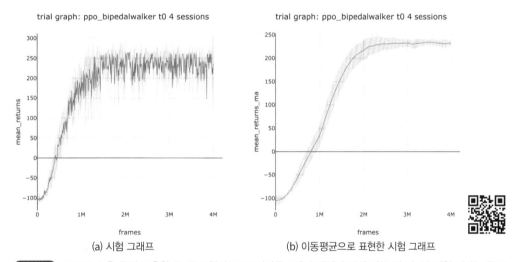

(a) 시험 그래프　　　　　　　　　　　(b) 이동평균으로 표현한 시험 그래프

그림 7.3　SLM Lab을 통해 도출한 두 발 보행자 PPO 결과를 4개의 세션에 대해 평균 낸 것. 이 시험 결과는 목표 점수인 300점에 가까운 성능을 보여준다.

7.6 실험 결과

이 절에서는 SLM Lab을 이용한 실험을 수행하여 PPO에서 GAE의 λ 변수가 미치는 효과를 알아볼 것이다. 아타리 벽돌깨기 게임을 좀 더 어렵게 만든 환경을 사용할 것이다.

7.6.1 실험: GAE의 λ가 미치는 효과

PPO가 GAE를 이용하는 행동자-비평자를 확장한 형태로 구현되기 때문에, 그리드 탐색을 통해 6.7.2절에서 다루었던 실험과 같은 실험을 수행하여 PPO에서 각기 다른 λ 값이 미치는 효과를 알아볼 것이다. 이 실험의 spec 파일은 코드 7.3에 lam을 위한 탐색 spec을 추가하여 코드 7.7과 같이 확장한다. 라인 4와 라인 7에서 환경의 변화를 설정하고, 라인 19에서 λ 값의 리스트인 lam에 대한 그리드 탐색을 설정한다. 전체 spec 파일은 slm_lab/spec/experimental/ppo/ppo_lam_search.json을 통해 SLM Lab에서 얻을 수 있다.

코드 7.7 다양한 GAE λ 값 lam에 대한 탐색 spec이 추가된 PPO spec 파일

```
1   # slm_lab/spec/experimental/ppo/ppo_lam_search.json
2
3   {
4     "ppo_breakout": {
5       ...
6       "env": [{
7         "name": "BreakoutNoFrameskip-v4",
8         "frame_op": "concat",
9         "frame_op_len": 4,
10        "reward_scale": "sign",
11        "num_envs": 16,
12        "max_t": null,
13        "max_frame": 1e7
14      }],
15      ...
16      "search": {
17        "agent": [{
18          "algorithm": {
19            "lam__grid_search": [0.50, 0.70, 0.90, 0.95, 0.97, 0.99]
20          }
21        }]
22      }
23    }
24  }
```

이 실험을 SLM Lab에서 돌리기 위해 코드 7.8의 명령어를 이용한다.

코드 7.8 spec 파일에 정의된 대로 다양한 GAE λ 값에 대해 탐색하는 실험을 수행

```
1   1 conda activate lab
2   2 python run_lab.py slm_lab/spec/experimental/ppo/ppo_lam_search.json
      ↳   ppo_breakout search
```

이 코드를 실행하면 6개의 Trial을 도출하는 Experiment가 수행된다. 각 Trial의 결과는 원래의 PPO spec에서 lam 값을 바꿔가며 얻은 것이다. 각 Trial은 4개의 Session을 실행한다. 그림 7.4에서 다수 시험 그래프를 확인할 수 있다.

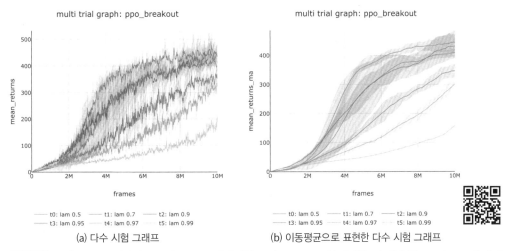

(a) 다수 시험 그래프   (b) 이동평균으로 표현한 다수 시험 그래프

그림 7.4 탈출 게임 환경에서 PPO의 GAE λ 값에 따른 효과. $\lambda = 0.70$일 때 성능이 가장 좋고 λ가 0.90에 가까울수록 성능이 좋지 않다.

그림 7.4는 탈출 환경에 적용한 PPO에서 각기 다른 GAE λ 값의 효과를 보여준다. $\lambda = 0.70$일 경우 에피소딕 점수가 400을 넘으며 가장 좋은 성능을 보여주고, 그다음으로 $\lambda = 0.50$일 때가 성능이 좋다. λ를 0.90에 가깝게 더 키워도 성능이 좋지 않다. 6.7.2절에서 동일한 문제에 대해 행동자-비평자를 이용하여 수행한 동일한 실험과 비교하면, PPO의 최적 λ 값(0.70)은 행동자-비평자의 최적 λ 값(0.90)과 상당한 차이가 있으며, 예상한 대로 PPO가 행동자-비평자보다 더 좋은 성능을 보여주기는 한다. 이 실험을 통해서도 PPO에서 λ가 그다지 민감한 하이퍼파라미터는 아니라는 점을 다시 한번 확인할 수 있다.

7.6.2 실험: 클리핑 변수 ε의 효과

클리핑 변수 ε은 식 7.34의 클리핑이 적용된 대리목적에서 클리핑의 범위 $|r_t(\theta) - 1| \leq \varepsilon$을 지정한다.

이 실험에서는 그리드 탐색을 통해 ε 값에 따른 효과를 살펴볼 것이다. 실험을 위한 spec 파일은 코드 7.3에 clip_eps에 대한 탐색 spec을 추가하여 코드 7.9와 같이 작성한다. 또한 더 어려운 환경인 아타리 큐버트_{Atari Qbert}를 이용할 것이다. 라인 4와 라인 7에서 변화된 환경을 설정하고,

라인 19에서 ε 값의 리스트인 clip_eps에 대한 그리드 탐색을 설정한다. 전체 spec 파일은 slm_lab/spec/experimental/ppo/ppo_eps_search.json을 통해 SLM Lab에서 얻을 수 있다.

코드 7.9 다양한 ε 값 clip_eps에 대한 탐색 spec이 포함된 PPO spec 파일

```
1   # slm_lab/spec/experimental/ppo/ppo_eps_search.json
2
3   {
4     "ppo_qbert": {
5       ...
6       "env": [{
7         "name": "QbertNoFrameskip-v4",
8         "frame_op": "concat",
9         "frame_op_len": 4,
10        "reward_scale": "sign",
11        "num_envs": 16,
12        "max_t": null,
13        "max_frame": 1e7
14      }],
15      ...
16      "search": {
17        "agent": [{
18          "clip_eps_spec": {
19            "start_val__grid_search": [0.1, 0.2, 0.3, 0.4]
20          }
21        }]
22      }
23    }
24  }
```

SLM Lab에서 실험을 수행하기 위해 코드 7.10에 있는 명령어를 사용한다.

코드 7.10 spec 파일에 정의한 대로 다양한 클리핑 변수 ε 값에 대해 탐색하는 실험을 수행

```
1   1 conda activate lab
2   2 python run_lab.py slm_lab/spec/experimental/ppo/ppo_eps_search.json ppo_qbert search
```

이 코드를 실행하면 4개의 Session으로 구성된 Trial을 네 번 실행하는 Experiment를 수행할 것이다. 다수 시험 그래프는 그림 7.5에서 확인할 수 있다.

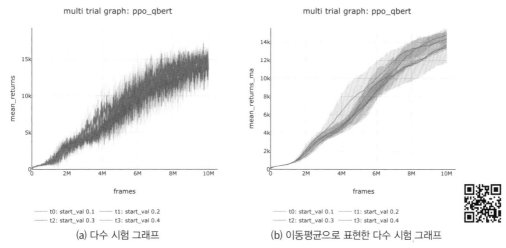

그림 7.5 큐버트 환경에서 PPO에 사용된 다양한 클리핑 ε 값의 효과. 대체로 알고리즘이 이 하이퍼파라미터에 그렇게 민감하지는 않다.

그림 7.5는 큐버트 환경에서 PPO의 다양한 클리핑 ε 값이 미치는 효과를 보여준다. $\varepsilon = 0.20$일 때 성능이 가장 좋다. 대체로 ε 값이 변해도 성능이 유사한 것을 보면 알고리즘이 이 하이퍼파라미터에 그다지 민감하지는 않다.

7.7 요약

이 장에서는 파라미터를 간접적으로 제어하면서 정책을 탐색하기 때문에 발생하는 정책 경사 방법의 성능붕괴 문제를 살펴봤다. 이 문제는 훈련 과정에서 정책의 불안정한 변화를 유발할 수 있다.

이 문제를 해결하기 위해, 정책 경사 목적 함수를 수정하여 대리목적을 도출함으로써 파라미터 공간에 변화가 생겨도 단조 정책 향상이 보장되게 했다. 이것은 단조 향상 이론으로 알려져 있다. 실제로는 대리목적을 근사적으로 구할 수밖에 없기 때문에 오차가 발생한다. 이 오차에는 한계가 있고, 이 오차의 한계를 목적 함수의 제한조건으로 전환하여 이론에서뿐만 아니라 실제로도 정책 향상이 보장될 수 있게 했다.

이러한 제한조건이 있는 최적화 문제를 해결하기 위한 방법으로 PPO 알고리즘이 간단하면서도 효과적인 방법임을 확인했다. PPO 알고리즘에는 두 가지 버전이 있다(KL 페널티를 갖는 PPO와 클리핑을 적용한 PPO). 물론, 클리핑을 적용하는 것이 가장 간단하고 계산량도 적으면서 성능도 가장 좋은 방법이다.

이 책에서 살펴본 세 가지 정책 경사 알고리즘은 서로 자연스럽게 연관되어 있다. 가장 간단한 알고리즘인 REINFORCE에서 시작하여, 정책에 주어지는 강화 신호를 향상하는 행동자-비평자 알고리즘으로 확장했다. 마지막으로, 행동자-비평자의 정책 손실을 수정하여 훈련 과정에서 안정성과 표본 효율성을 높이기 위해 PPO가 사용될 수 있음을 확인했다.

7.8 더 읽을거리

- "Oct 11: Advanced Policy Gradients, Lecture 13," *CS 294: Deep Reinforcement Learning, Fall 2017*, Levine [78]
- "A Natural Policy Gradient," Kakade, 2002 [63]
- "Trust Region Policy Optimization," Schulman et al., 2015 [122]
- "Benchmarking Deep Reinforcement Learning for Continuous Control," Duan et al., 2016 [35]
- "Constrained Policy Optimization," Achiam et al., 2017 [2]
- "Proximal Policy Optimization," Schulman et al., 2017 [124]
- "Policy Gradient Methods: Tutorial and New Frontiers," Microsoft Research, 2017 [86]
- "Proximal Policy Optimization," OpenAI Blog, 2017 [106]
- "More on Dota 2," OpenAI Blog, 2017 [102]
- "OpenAI Five Benchmark: Results," OpenAI Blog, 2018 [105]
- "OpenAI Five," OpenAI Blog, 2018 [104]
- "Learning Dexterity," OpenAI Blog, 2018 [101]

CHAPTER

08

병렬화 방법

이 책에서 다루는 심층강화학습 알고리즘에 대한 논의에서 한 가지 공통된 주제는 이 알고리즘이 표본 비효율적이라는 것이다. 어느 정도 난이도가 있는 문제에서는 에이전트가 좋은 성능을 내도록 학습하기 위해서는 일반적으로 수백만 개의 경험이 필요하다. 단일 프로세스에서 단일 에이전트가 순차적으로 데이터를 수집한다면 충분히 많은 경험을 생성하기 위해 며칠에서 몇 주가 걸릴 수도 있다.

DQN 알고리즘에 관한 논의에서 제기된 또 다른 주제는 빠르고 안정적인 학습을 위해 서로 관련 없는 다양한 훈련 데이터가 중요하다는 것이다. 이를 위해 경험 재현을 이용하면 도움이 되지만, 경험 재현을 이용하려면 DQN이 비활성정책 알고리즘이 되어야 한다. 결과적으로 이 방법은 정책 경사 알고리즘에는 활용할 수 없으며, 있다 하더라도 쉽지는 않다.[1] 하지만 이러한 정책 경사 알고리즘에서도 다양한 데이터로 훈련하는 것은 상당히 도움이 된다.

이 장에서는 모든 심층강화학습 알고리즘에 적용할 수 있는 병렬화 방법을 알아볼 것이다. 이 방법을 이용하면 활성정책 알고리즘을 위해 좀 더 다양한 훈련 데이터를 생성하는 것이 용이해지고 실제로 체감하는 훈련 시간도 상당히 줄일 수 있다.

---

1   정책 사이의 행동 확률 차이를 보정하는 중요도 표본추출을 이용하여 비활성정책 데이터를 가지고 활성정책 알고리즘을 훈련할 수 있다. 하지만 중요도 가중치가 매우 커지거나 0으로 곤두박질치는 식으로 크게 변화할 수 있다. 이러한 이유로, 비활성정책 보정이 실제 상황에서 잘되도록 하기가 어렵다.

핵심 아이디어는 다수의 동일한 인스턴스를 생성하여 각각에 대해 궤적을 독립적으로 수집함으로써 에이전트와 환경을 병렬화하는 것이다. 에이전트가 네트워크 파라미터로 표현되기 때문에 다수의 동일한 워커 네트워크worker network와 글로벌 네트워크를 생성한다. 워커 네트워크는 연속적으로 궤적을 수집하고, 글로벌 네트워크는 워커 네트워크의 데이터를 이용하여 주기적으로 업데이트되며, 업데이트에 따른 변경사항을 워커 네트워크에 다시 전달한다.

병렬화에는 두 가지 주요 카테고리(동기synchronous 병렬화와 비동기asynchronous 병렬화)가 있다. 먼저 동기 병렬화를 8.1절에서 설명하고 그다음에 8.2절에서 비동기 병렬화를 다룰 것이다.

8.1 동기 병렬화

병렬화가 동기로(차단을 통해) 진행될 때, 글로벌 네트워크는 파라미터를 업데이트하기 전에 모든 워커 네트워크로부터 업데이트된 정보를 받기 위해 대기한다. 워커 네트워크는 업데이트된 정보를 전달한 후 글로벌 네트워크가 업데이트를 수행하고 새로운 파라미터를 보내주기를 기다린다. 이로써 모든 워커 네트워크는 동일한 업데이트된 파라미터를 갖게 된다. 이 과정은 알고리즘 8.1에 제시되어 있다.

알고리즘 8.1 동기 병렬화, 글로벌 경사의 계산

1: 학습률 α를 설정
2: 글로벌 네트워크 θ_G를 초기화
3: N개의 워커 네트워크 $\theta_{W,1}, \theta_{W,2}, \dots, \theta_{W,N}$을 초기화
4: **for** 워커 네트워크 **do** 동기 병렬화
5:     글로벌 네트워크로부터 파라미터를 가져와서 $\theta_{W,i} \leftarrow \theta_G$로 설정
6:     궤적을 수집
7:     글로벌 네트워크가 사용할 궤적을 입력
8:     글로벌 네트워크가 업데이트될 때까지 대기
9: **end for**
10: 모든 워커 네트워크의 궤적이 준비될 때까지 대기
11: 모든 궤적을 이용하여 경사 ∇_{θ_G}를 계산
12: 글로벌 네트워크를 $\theta_G \leftarrow \theta_G + \alpha \nabla_{\theta_G}$와 같이 업데이트

동기 병렬화에서는 워커 네트워크가 궤적을 수집하여 글로벌 네트워크로 보낸다. 글로벌 네트워크는 그 궤적을 이용하여 경사를 계산하고 파라미터 업데이트를 수행해야 한다. 중요한 것은

이 모든 것이 동기화 장벽synchronization barrier[2]을 통해 진행되어야 한다는 점이다. 동기화를 가능하게 하는 것이 바로 동기화 장벽이다.

병렬화를 통해 각각의 워커 네트워크는 환경의 다양한 인스턴스를 경험하게 되고, 정책과 환경의 무작위성 때문에 다양한 시나리오가 펼쳐진다. 이러한 다양성을 보장하기 위해 워커 네트워크와 환경의 인스턴스는 다양한 무작위 시드로 초기화될 필요가 있다. 병렬화 궤적이 전개되면서 워커 네트워크는 환경의 다양한 국면에(일부는 시간 단계의 시작 부근에, 다른 일부는 마지막 부분에) 도달할 것이다. 이로써 글로벌 네트워크는 환경의 다양한 시나리오와 여러 가지 측면들의 토대 위에서 훈련되기 때문에, 병렬화를 통해 글로벌 네트워크를 위한 훈련 데이터의 다양성은 증가한다. 결국, 이것은 (글로벌 네트워크로 표현되는) 정책을 안정화하고 노이즈와 교란에 더욱 강인한 정책이 되도록 만드는 데 도움이 된다.

다수의 워커 네트워크로부터 나오는 경험을 중간에 섞어서 활용하면 글로벌 네트워크가 언제든 환경의 다양한 측면에서 나온 경험 묶음을 받을 수 있기 때문에 데이터의 연관성을 낮추는 데 도움이 된다. 예를 들어, 환경을 구성하는 게임의 수준이 여러 개라면 글로벌 네트워크는 그중 몇 개에 대해 동시에 훈련을 진행할 가능성이 높다. 워커 네트워크는 이미 무작위로 전개된 다양한 시나리오를 경험하게 될 테지만, 데이터의 다양성을 한층 더 높이기 위해 워커 네트워크가 다양한 탐색 정책을 사용하도록 추가적으로 조치할 수도 있다. 이렇게 하기 위한 한 가지 방법은 4장의 Q 학습에서 엡실론 탐욕적 정책에 대해 다양한 어닐링 스케줄annealing schedule을 적용하는 것이다.

SLM Lab에서 동기 병렬화는 OpenAI의 벡터 환경 래퍼wrapper[99]를 이용하여 구현한다. 이렇게 구현한 동기 병렬화는 각기 다른 CPU 프로세스에 다수의 환경 인스턴스를 생성하고, 이 인스턴스는 에이전트가 위치하는 메인 프로세스와 통신한다. 이제 에이전트는 이러한 환경에서 배치 형태로 행동하며, 다수의 워커 네트워크로서 효과적으로 행동한다. 이것이 가능한 이유는 동기 병렬화에서는 모든 워커 네트워크가 동일한 글로벌 네트워크의 복사본을 갖는 것이 보장되기 때문이다. 벡터 환경 래퍼에 대한 내용은 매우 방대하며 자세한 내용을 다루기에는 이 책의 범위를 벗어난다. 하지만 소스 코드는 slm_lab/env/vec_env.py를 통해 SLM Lab에서 확인할 수 있다.

SLM Lab에서는 spec 파일에 원하는 num_envs를 설정하면 쉽게 동기 병렬화를 사용할 수 있다. 이것은 모든 알고리즘에 적용할 수 있다. 이 책에서 지금까지 제시한 시험과 실험에서도 동기 병렬화를 사용했다. PPO spec 파일을 나타내는 코드 7.3의 라인 74에서 활용 사례를 확인할 수 있다.

2 　옮긴이 컴퓨터 과학에서 동기화 장벽은 프로세스의 한 지점을 뜻하는 것으로, 모든 프로세스가 이 지점에 도달해야만 다음 과정으로 넘어갈 수 있게 함으로써 동기화를 수행한다.

8.2 비동기 병렬화

병렬화가 (차단 없이) 비동기로 수행되면, 글로벌 네트워크는 워커 네트워크로부터 데이터를 받을 때마다 파라미터를 업데이트한다. 마찬가지로, 모든 워커 네트워크는 글로벌 네트워크로부터 주기적으로 스스로를 업데이트한다. 이것은 워커 네트워크가 조금 다른 파라미터를 가질 수도 있음을 의미한다. 비동기 병렬화는 알고리즘 8.2에 제시되어 있다.

비동기 병렬화는 'A3C 논문'이라고도 알려진 므니흐_{Mnih} 등의 논문 〈Asynchronous Methods for Deep Reinforcement Learning〉[87]에서 처음 사용됐다. 이 논문은 행동자–비평자 방법을 DQN과 같은 가치 기반 방법의 경쟁자로 만듦으로써 행동자–비평자가 인기를 얻는 데 중요한 역할을 했다. 므니흐는 비동기 어드밴티지 행동자–비평자_{Asynchronous Advantage Actor-Critic, A3C} 알고리즘을 이용하여 아타리 게임에서 최고의 성능을 얻었을 뿐만 아니라, GPU보다 훨씬 저렴한 CPU에서 심층 강화학습 알고리즘을 훈련하는 방법과 훈련 속도를 높이는 방법을 보여주었다. A3C는 6장의 어드밴티지 행동자–비평자 알고리즘을 단순히 비동기 버전으로 변형한 것이다.

알고리즘 8.2 비동기 병렬화, 워커 네트워크의 경사 계산

1:   학습률 α를 설정
2:   글로벌 네트워크 θ_G를 초기화
3:   N개의 워커 네트워크 $\theta_{W,1}, \theta_{W,2}, ..., \theta_{W,N}$을 초기화
4:   **for** 워커 네트워크 **do 비동기 병렬화**
5:       글로벌 네트워크로부터 파라미터를 가져와서 $\theta_{W,i} \leftarrow \theta_G$로 설정
6:       궤적을 수집
7:       경사 $\nabla_{\theta_{W,i}}$를 계산
8:       $\nabla_{\theta_{W,i}}$를 글로벌 네트워크에 입력
9:   **end for**
10: 워커 네트워크의 경삿값을 받으면, 글로벌 네트워크를 $\theta_G \leftarrow \theta_G + \alpha\nabla_{\theta_{W,i}}$와 같이 업데이트

이 예제에서 워커 네트워크는 궤적을 수집하기도 하지만 스스로의 데이터를 이용하여 스스로의 경사를 계산하기도 한다. 이 경삿값은 계산되는 즉시 비동기 상태로 글로벌 네트워크에 전달된다. 이와 유사하게, 글로벌 네트워크는 경삿값을 받는 즉시 스스로의 파라미터를 업데이트한다. 동기 병렬화와는 다르게, 비동기 병렬화에서는 동기화 장벽이 존재하지 않는다.

비동기 훈련을 구현하는 방법에는 여러 가지가 있는데, 주로 사용하는 방법은 다음과 같다.

1. **지연된 vs. 지연 없는**: 워커 네트워크는 스스로를 글로벌 네트워크의 파라미터로 주기적으로 업데이트해야 한다. 업데이트 주기는 다양할 수 있다. 업데이트가 즉각적으로 이루어진다면 워커 네트워크의 파라미터는 글로벌 파라미터와 항상 같을 것이다. 이렇게 하기 위한 방법 중 하나는 컴퓨터 메모리에 네트워크를 공유하는 것이다. 하지만 네트워크를 공유하려면 모든 워커 네트워크가 공유된 네트워크에 접근할 수 있어야 하고, 따라서 하나의 컴퓨터에서 모든 워커 네트워크를 실행해야 한다. 만약 업데이트가 자주 일어나지 않는다면 워커 네트워크는 평균적으로 지연된 글로벌 파라미터의 복사본을 갖게 된다. 지연된 네트워크는 궤적을 생성하고 경사를 계산할 때 정책이 변하지 않는다는 것을 보장하기 때문에 모든 워커 네트워크가 활성정책 네트워크가 되는 것을 보장한다.

2. **로컬 vs. 글로벌 경사 계산**: 경사는 워커 네트워크에 의해 지역적으로 계산될 수도 있고 글로벌 네트워크에 의해 전역적으로 계산될 수도 있다. 활성정책을 훈련할 때 활성정책을 유지하려면 지역적 경사 계산이 필요하다. 글로벌 네트워크는 계속 변하기 때문이다. 비활성정책 알고리즘의 경우 이러한 조건이 필요하지 않다. 실제 적용하는 관점에서 더 고려해야 할 사항은 워커 네트워크와 글로벌 네트워크 사이의 데이터 전달 비용이다. 프로세스 사이에 궤적 데이터를 전달하는 데는 경삿값을 전달하는 것보다 일반적으로 비용이 더 많이 든다.

3. **로킹 vs. 록프리**: 파라미터가 순차적으로 업데이트되는 것을 확실히 하기 위해 파라미터 업데이트 과정 동안 글로벌 네트워크가 로킹locking될 수 있다. 업데이트가 동시에 발생하면 파라미터 상호 간에 값이 중복될 수 있다. 보통의 경우 이러한 상황은 문제를 유발하기 때문에 대부분의 경우에는 글로벌 네트워크를 로킹한다. 또한 동시에 발생한 업데이트를 순차적으로 분해해야 하기 때문에 훈련 시간도 증가한다. 하지만 어떤 문제에서는 록프리lock-free 글로벌 네트워크가 시간을 절약하기 위해 사용될 수 있다. 이 아이디어에 힘입어 8.2.1절에서 다룰 호그와일드!Hogwild! 알고리즘이 개발됐다.

8.2.1 호그와일드!

SLM Lab에서 비동기 병렬화는 호그와일드! 알고리즘,[3] 즉 **록프리 확률론적 경사하강 병렬화**lock-free stochastic gradient descent parallelization 방법[93]을 이용하여 구현된다. 호그와일드 알고리즘에서는 파라미터 업데이트 기간 동안 글로벌 네트워크가 로킹되지 않는다. 또한 구현 과정에서는 시간 지연이나 지역 경사local gradient의 계산 없이 공유된 글로벌 네트워크를 사용한다.

---

3   호그와일드는 야생과 통제 불능을 암시하기 때문에 이 알고리즘을 나타내기에 좋은 이름이다.

코드를 살펴보기 전에, 먼저 호그와일드! 알고리즘이 어떻게 잘 작동할 수 있는지 이해한다면 도움이 될 것이다.

록프리 병렬 파라미터 업데이트의 문제점은 파괴적 충돌을 유발하는 중복성이다. 하지만 최적화 문제가 다루는 파라미터 공간의 밀도가 낮다고 가정하면 이러한 효과는 최소화된다. 즉, 함수가 신경망으로 표현될 때 파라미터 공간의 작은 부분에 대해서만 파라미터 업데이트를 수행하는 것이다. 이렇게 하면 파라미터 간에 간섭이 거의 사라지고 중복도 잘 발생하지 않는다. 이러한 **저밀도 가정**sparsity assumption을 통해 동시다발적 업데이트 과정에서 수정된 파라미터는 확률적으로 중복되지 않는다. 결과적으로, 록프리 병렬화는 쓸 만한 전략이 된다. 록프리 병렬화는 몇 개의 충돌 문제를 해결하여 훈련 속도를 높인다.

순차적으로 수행되어야 할 파라미터 업데이트를 병렬화하기 위해 저밀도 가정이 어떻게 활용되는지 확인하기 위해, 두 가지 방법을 비교해 볼 수 있다. θ_i를 i번째 반복 과정의 네트워크 파라미터라고 하자. 순차적 업데이트는 다음과 같이 표현될 수 있다.

$$\theta_1 \xrightarrow{u_{1\to2}} \theta_2 \xrightarrow{u_{2\to3}} \theta_3 \cdots \xrightarrow{u_{n-1\to n}} \theta_n \qquad \text{(식 8.1)}$$

$u_{i\to i+1}$은 $\theta_{i+1} = \theta_i + u_{i\to i+1}$을 수행하는 업데이트를 나타낸다. 이제 저밀도를 가정하면 w개의 업데이트 $u_{j\to j+1}, ..., u_{j+w-1\to j+w}$ 중에는 중복된 요소가 거의 없어서, w개의 워커 네트워크는 순차적 업데이트를 압축하여 병렬화 업데이트를 생성하고 독립적으로 $u_{j\to j+1}, ..., u_{j\to j+w}$를 만들 수 있다. 다음과 같이 표현된 w개의 순차적 업데이트와 병렬 업데이트에 대해

$$\theta_j \xrightarrow{u_{j\to j+1}} \theta_{j+1} \xrightarrow{u_{j+1\to j+2}} \theta_{j+2} \cdots \xrightarrow{u_{j+w-1\to j+w}} \theta_{j+w} \qquad \text{(순차적)}$$

$$\theta_j \xrightarrow{u_{j\to j+1}} \theta_{\|j+1} \xrightarrow{u_{j\to j+2}} \theta_{\|j+2} \cdots \xrightarrow{u_{j\to j+w}} \theta_{\|j+w} \qquad \text{(병렬)}$$

이 두 업데이트를 통해 얻은 w번째 반복 과정은 정확히 또는 근사적으로 동일하다. 즉, $\theta_{j+w} \simeq \theta_{\|j+w}$다. 따라서 w개의 워커 네트워크를 이용한 병렬화를 통해 순차적 업데이트의 결과를 빠르고 정밀하게 근사할 수 있다. 어떤 방법을 사용하든 동일한 최적화 문제를 풀고 있기 때문에 거의 또는 정밀하게 동일한 결과가 나와야 한다.

호그와일드!를 적용할 때, 워커 네트워크의 개수가 많을수록 파라미터 업데이트 과정에서 충돌이 발생할 확률이 높아진다는 사실을 기억할 필요가 있다. 저밀도 가정은 오직 병렬화 작업의 개수와 대비하여 성립된다. 충돌이 너무 자주 발생하면, 저밀도 가정이 깨진다.

심층강화학습에 저밀도 가정을 적용하는 것이 과연 얼마나 적합할까? 안타깝게도 이와 관련해서는 충분히 연구되지 않았다. 하지만 이 방법은 A3C 논문에서 므니흐 등이 사용한 방법이었다.

이 방법이 잘 통한다면 몇 가지 설명이 가능하다. 첫째, 이 방법이 적용된 문제에서 일반적으로 파라미터 업데이트가 저밀도로 수행됐을 수 있다. 둘째, 업데이트 과정의 충돌로부터 발생하는 노이즈 처리에 있어 이 방법이 어떤 도움을 주었을 수 있다. 셋째, 애초에 동시다발적 파라미터 업데이트가 거의 발생하지 않을 수도 있다. 예를 들면, 시간차 업데이트 스케줄을 갖는 워커 네트워크가 거의 없을 수도 있기 때문이다. 아니면 네 번째로, 신경망 가지치기pruning[4]에 대한 연구[30, 41, 90]에서 암시하듯이, 훈련 과정에서는 중요하지 않거나 불필요한 네트워크 파라미터가 다수 존재한다. 만약 충돌이 이들 파라미터에 대해 발생한다면, 전반적인 성능에는 영향을 미칠 것 같지 않다. 이 모든 요인이 합쳐져서 성공적인 결과가 나올 수도 있다. 심층강화학습에서 호그와일드! 알고리즘의 효과성 여부는 여전히 흥미로운 연구 주제로 남아 있다.

코드 8.1에서 호그와일드! 알고리즘을 가장 간단하게 구현하여 일반적인 신경망 훈련 과정에 적용했다. 네트워크가 생성되고 공유 메모리에 저장된 후 업데이트를 위해 워커 네트워크로 전달되는 부분이 중요한 로직이다. 이렇게 간단하게 구현할 수 있는 것은 파이토치가 제공하는 최고 수준의 멀티프로세스multiprocessing 결합 기능 덕분이다.

코드 8.1 가장 간단한 호그와일드! 예제

```
1    # 가장 간단한 호그와일드 예제
2    import torch
3    import torch.multiprocessing as mp
4
5    # 파이토치 네트워크, 최적화 기법, 손실 함수에 대한 예제
6    net = Net()
7    optimizer = torch.optim.SGD(net.parameters(), lr=0.001)
8    loss_fn = torch.nn.F.smooth_l1_loss
9
10   def train(net):
11       # data_loader, optimizer, loss_fn을 구축
12       net.train()
13       for x, y_target in data_loader:
14           optimizer.zero_grad()              # 이전에 축적된 경사를 삭제
15           # 아래에서 autograd가 경사를 축적하기 시작
16           y_pred = net(x)                    # 전방 전달
17           loss = loss_fn(y_pred, y_target)   # 손실 계산
18           loss.backward()                    # 역전파
19           optimizer.step()                   # 네트워크 가중치 업데이트
20
21   def hogwild(net, num_cpus):
22       net.share_memory()   # 이렇게 하면 모든 워커 네트워크가 동일한 메모리를 공유함
23       workers = []
```

---

4 옮긴이 신경망의 정밀도와 효율성을 증가시키기 위해 네트워크 파라미터를 제거하는 방법

```
24      for _rank in range(num_cpus):
25          w = mp.Process(target=train, args=(net, ))
26          w.start()
27          workers.append(w)
28      for w in workers:
29          w.join()
30
31  if __name__ == '__main__':
32      net = Net()
33      hogwild(net, num_cpus=4)
```

8.3 A3C 에이전트의 훈련

어드밴티지 함수를 사용하는 행동자-비평자 알고리즘이 비동기 방법을 통해 병렬화된 알고리즘을 A3C[87]라고 부른다. SLM Lab에서는 spec 파일에 플래그를 추가하여 모든 알고리즘을 병렬 방식으로 구현할 수 있다. 6장의 행동자-비평자 spec 파일을 변경한 예제가 코드 8.2에 제시되어 있다. 전체 파일은 slm_lab/spec/benchmark/a3c/a3c_nstep_pong.json을 통해 SLM Lab에서 얻을 수 있다.

코드 8.2 아타리 퐁 게임을 위한 A3C spec 파일

```
1   # slm_lab/spec/benchmark/a3c/a3c_nstep_pong.json
2
3   {
4     "a3c_nstep_pong": {
5       "agent": [{
6         "name": "A3C",
7         "algorithm": {
8           "name": "ActorCritic",
9           "action_pdtype": "default",
10          "action_policy": "default",
11          "explore_var_spec": null,
12          "gamma": 0.99,
13          "lam": null,
14          "num_step_returns": 5,
15          "entropy_coef_spec": {
16            "name": "no_decay",
17            "start_val": 0.01,
18            "end_val": 0.01,
19            "start_step": 0,
20            "end_step": 0
21          },
22          "val_loss_coef": 0.5,
23          "training_frequency": 5
24        },
25        "memory": {
```

```
26          "name": "OnPolicyBatchReplay",
27        },
28        "net": {
29          "type": "ConvNet",
30          "shared": true,
31          "conv_hid_layers": [
32            [32, 8, 4, 0, 1],
33            [64, 4, 2, 0, 1],
34            [32, 3, 1, 0, 1]
35          ],
36          "fc_hid_layers": [512],
37          "hid_layers_activation": "relu",
38          "init_fn": "orthogonal_",
39          "normalize": true,
40          "batch_norm": false,
41          "clip_grad_val": 0.5,
42          "use_same_optim": false,
43          "loss_spec": {
44            "name": "MSELoss"
45          },
46          "actor_optim_spec": {
47            "name": "GlobalAdam",
48            "lr": 1e-4
49          },
50          "critic_optim_spec": {
51            "name": "GlobalAdam",
52            "lr": 1e-4
53          },
54          "lr_scheduler_spec": null,
55          "gpu": false
56        }
57      }],
58      "env": [{
59        "name": "PongNoFrameskip-v4",
60        "frame_op": "concat",
61        "frame_op_len": 4,
62        "reward_scale": "sign",
63        "num_envs": 8,
64        "max_t": null,
65        "max_frame": 1e7
66      }],
67      "body": {
68        "product": "outer",
69        "num": 1
70      },
71      "meta": {
72        "distributed": "synced",
73        "log_frequency": 10000,
74        "eval_frequency": 10000,
75        "max_session": 16,
76        "max_trial": 1,
77      }
78    }
79 }
```

코드 8.2는 메타 spec "distributed": "synced"(라인 72)를 설정하고 워커 네트워크의 개수 max_session을 16으로 설정한다(라인 75). 최적화 기법은 호그와일드!에 더 적합한 GlobalAdam 으로 변경했다(라인 47). 환경의 개수 num_envs도 8로 변경했다(라인 63). 환경의 개수가 1보다 크면 알고리즘은 동기(벡터 환경)와 비동기(호드와일드!) 방법을 결합한 알고리즘이 되고, num_envs × max_session개의 워커 네트워크가 생길 것이다. 결과적으로, 이것은 호그와일드! 워커 네트워크 하나가 수많은 동기 워커 네트워크를 만들어 내는 계층 구조로 생각할 수 있다.

SLM Lab을 사용하여 n단계 이득으로 A3C 에이전트를 훈련하기 위해 코드 8.3에 제시된 명령 어를 명령창에서 실행한다.

코드 8.3 A3C: 에이전트의 훈련

```
1  conda activate lab
2  python run_lab.py slm_lab/spec/benchmark/a3c/a3c_nstep_pong.json
   ↪ a3c_nstep_pong train
```

언제나처럼 이 코드는 훈련 Trial을 실행하여 그림 8.1과 같은 그래프를 만들어낼 것이다. 하지만 이제 세션은 비동기 워커 네트워크의 역할을 맡게 된다. 최소 16개의 CPU가 있어야 하겠지만, 시험이 완료될 때까지 고작 몇 시간밖에 걸리지 않는다.

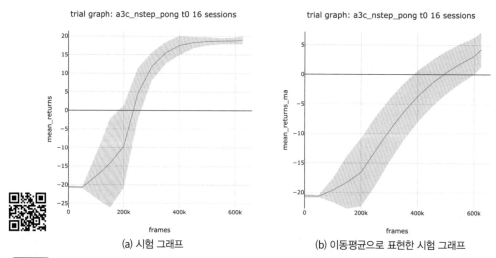

(a) 시험 그래프   (b) 이동평균으로 표현한 시험 그래프

그림 8.1　16개의 워커 네트워크를 갖는 A3C(n단계 이득)의 시험 그래프. 세션이 워커 네트워크의 역할을 맡기 때문에, 가로축은 하나의 워커 네트워크가 경험하는 프레임의 개수를 나타낸다. 따라서 전체 프레임의 개수는 모든 워커 네트워크가 경험하는 프레임의 개수를 합한 것으로 1,000만 프레임 정도 될 것이다.

8.4 요약

이 장에서는 폭넓게 적용할 수 있는 두 가지 병렬화 방법(동기와 비동기)을 다루었다. 동기 병렬화는 벡터 환경을 통해서 구현할 수 있고, 비동기 병렬화는 호그와일드! 알고리즘을 이용해서 구현할 수 있다는 사실을 확인했다.

병렬화의 두 가지 장점은 더 빠른 훈련과 더 다양한 데이터다. 두 번째 장점은 정책 경사 알고리즘의 훈련을 안정화하고 향상하는 데 있어 중요한 역할을 한다. 사실, 일반적으로 이러한 요소가 훈련의 성공과 실패를 가른다.

두 가지 병렬화 방법 중 어떤 것을 적용할지 선택할 때는 구현의 용이성, 계산 비용, 규모 등을 고려하여 정하는 것이 좋다.

동기 병렬화 방법(예 벡터 환경)은 일반적으로 비동기 방법보다 간단하고 구현하기 쉽다. 특히 데이터 수집만 병렬화할 경우에는 더욱 그렇다. 보통은 데이터 생성 비용이 더 낮기 때문에 동일한 개수의 프레임에 대해 필요한 자원이 더 적어서 워커 네트워크의 개수를 적당히(예를 들면, 100개 미만) 늘리는 것이 좋다. 하지만 워커 네트워크의 개수가 늘어나면 동기화 장벽으로 인해 병목현상이 생기게 된다. 이런 경우에는 비동기 방법이 훨씬 더 빠를 것이다.

병렬화가 항상 필요한 것은 아니다. 병렬화를 구현하기 위해 시간과 자원을 투입하기 전에 병렬화 없이도 충분히 해결할 수 있는 간단한 문제인지부터 파악하는 것이 일반적으로 따라야 할 규칙이다. 또한 병렬화의 필요성은 사용되는 알고리즘이 무엇인지에도 좌우된다. DQN 같은 비활성정책 알고리즘에서는 경험 재현을 통해 이미 다양한 훈련 데이터가 제공되기 때문에 일반적으로 병렬화 없이도 좋은 성능을 낼 수 있다. 훈련에 소요되는 시간이 매우 길어지더라도 에이전트는 여전히 학습할 수 있다. 행동자–비평자와 같은 활성정책 알고리즘의 경우에는 다르다. 다양한 데이터로부터 학습하기 위해서는 병렬화가 필요하다.

8.5 더 읽을거리

- "Asynchronous Methods for Deep Reinforcement Learning," Mnih et al., 2016 [87]
- "HOGWILD!: A Lock-Free Approach to Parallelizing Stochastic Gradient Descent," Niu et al., 2011 [93]

09

알고리즘 요약

이 책에서 지금까지 소개한 알고리즘을 세 가지 특징 요소에 따라 정의할 수 있다. 첫째, 활성정책 알고리즘인가, 비활성정책 알고리즘인가? 둘째, 어떤 유형의 행동 공간에 적용될 수 있는가? 셋째, 어떤 함수를 학습하는가?

REINFORCE, SARSA, A2C, PPO는 모두 활성정책 알고리즘이고, DQN, 이중 DQN + PER은 비활성정책 알고리즘이다. 살사, DQN, 이중 DQN + PER은 Q^π 함수를 근사하기 위해 학습하는 가치 기반 알고리즘이다. 따라서 이들은 오직 이산적 행동 공간을 갖는 환경에만 적용할 수 있다.

REINFORCE는 순수한 정책 기반 알고리즘이기 때문에 정책 π만을 학습한다. A2C와 PPO는 정책 π와 V^π 함수를 학습하는 하이브리드 방법이다. REINFORCE, A2C, PPO는 이산 행동 공간이나 연속 행동 공간을 갖는 모든 환경에 적용할 수 있다. 이들 알고리즘의 특성을 표 9.1에 정리했다.

표 9.1 이 책에 등장하는 알고리즘의 요약 및 특성 정리

알고리즘	활성/비활성정책	환경		학습한 함수		
		이산적	연속적	V^π	Q^π	정책 π
REINFORCE	활성정책	✓	✓			✓
SARSA	활성정책	✓			✓	
DQN	비활성정책	✓			✓	
이중 DQN + PER	비활성정책	✓			✓	
A2C	비활성정책	✓	✓	✓		✓
PPO	비활성정책	✓	✓	✓		✓

지금까지 살펴본 알고리즘은 그림 9.1에 묘사된 것처럼 두 가지 그룹으로 나눌 수 있다. 각 그룹에는 다른 알고리즘을 파생시킨 원형이 되는 하나의 알고리즘이 있다. 첫 번째 그룹은 가치 기반 알고리즘이다(살사, DQN, 이중 DQN + PER). 살사는 이 그룹의 원형 알고리즘이다. DQN은 비활성정책 알고리즘이기 때문에 표본 효율성을 높이는 방향으로 살사를 발전시킨 것이라고 생각할 수 있다. PER과 이중 DQN은 DQN을 확장한 것으로, DQN에 비해 표본 효율성과 안정성을 향상한 것이다.

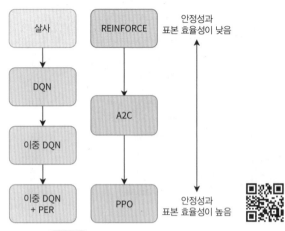

그림 9.1 이 책에 등장하는 모든 알고리즘은 살사와 REINFORCE에서 비롯된 것이다.

두 번째 그룹에는 정책 기반 알고리즘과 함께 정책 기반 방식과 가치 기반 방식을 혼합한 알고리즘도 존재한다(REINFORCE, A2C, PPO). REINFORCE가 이 그룹의 원형 알고리즘이다. A2C는 이득에 대한 몬테카를로 추정값을 학습된 가치 함수로 대체하는 방식으로 REINFORCE를 확장한 것이다. PPO는 성능붕괴를 피하고 표본 효율성을 높이기 위해 목적 함수를 수정하는 방식으로 A2C를 확장한 것이다.

이 책에서 다룬 모든 알고리즘 중 가장 성능이 좋은 알고리즘은 이중 DQN + PER과 PPO다. 이들은 일반적으로 이들이 속한 그룹에서 가장 안정적이면서 표본 효율성도 가장 좋다. 따라서 새로운 문제를 해결하고자 할 때는 이 두 알고리즘을 먼저 시도해 보는 것이 좋다.

이중 DQN + PER과 PPO 중 어떤 것을 사용할지 결정할 때 고려해야 할 두 가지 중요한 요소가 있다. 바로 환경의 행동 공간과 궤적 생성 비용이다. PPO 에이전트는 모든 유형의 행동 공간에서 훈련이 가능한 반면, 이중 DQN + PER은 이산적 행동 공간에만 적용할 수 있다. 하지만 이중 DQN + PER은 어떤 방식으로든 비활성정책 데이터를 재사용하여 훈련할 수 있다. 이러한 점은 데이터 비용이 높거나 데이터 수집에 오랜 시간이 걸릴 경우에 유리하게 작용한다. 예를 들면, 현실 세계로부터 데이터를 수집해야만 하는 경우에 유용하다. 반대로, PPO는 활성정책 알고리즘이기 때문에 알고리즘 자체의 정책에 따라 생성된 데이터에 대해서만 훈련할 수 있다.

III

실전을 위한
세부사항

CHAPTER

10

심층강화학습으로
작업하기

심층강화학습 시스템은 환경과 상호작용하는 에이전트로 구성된다. 에이전트는 메모리, 정책, 신경망, 알고리즘 함수 등이 포함된 구성요소로 구성된다. 이 개개의 구성요소는 매우 복잡할 수 있는데 심층강화학습 알고리즘으로 무언가를 하려면 이 구성요소들을 결합하고 함께 작동시켜야 한다. 그 결과, 다수의 심층강화학습 알고리즘을 구현하는 코드 기반은 상당한 양의 코드를 갖는 대규모 소프트웨어 시스템의 영역에서 다루어지기 시작한다. 코드가 복잡해지면서 코드 상호 간의 의존성과 제약조건이 생겨나기 때문에 버그가 발생할 가능성이 높아진다. 결과적으로, 소프트웨어가 취약해지고 작업하기 어려운 지경에 이를 수 있다.

이 장은 심층강화학습 알고리즘의 구현 단계에서 디버깅을 위한 실질적인 조언으로 구성했다. 10.1절에서는 코드 복잡도를 관리하는 데 도움이 되는 몇 가지 유용한 공학적 기법을 소개할 것이다. 그런 다음 10.2절에서 수많은 일반적인 디버깅 기법을 논의하고, 이와 더불어 아타리 환경에서 에이전트를 훈련할 때 도움이 되는 구체적인 요령을 10.3절에서 다룰 것이다. 이 장의 마지막에서는 이 책에서 다룬 주요 알고리즘과 환경에 적합한 하이퍼파라미터값의 리스트인 **심층강화학습 알마낵**Deep RL Almanac(10.4절)을 제시하고 대략의 계산 시간과 컴퓨팅 재원의 요구조건에 대한 몇 가지 정보를 제공할 것이다.

10.1 소프트웨어 공학적 기법

최상위 수준에서 바라보면, 이론적 정확성 대 구현의 정확성이라는 문제가 존재한다. 새로운 강화학습 알고리즘 또는 구성요소를 설계할 때, 설계한 알고리즘이 이론적으로 정확하다는 것을 구현 전에 입증할 필요가 있다. 이것은 연구를 수행하는 경우에 특별히 더 해당되는 이야기다. 이와 유사하게, 새로운 환경에 대한 문제를 풀려고 할 때는 알고리즘을 적용하기 전에 먼저 해당 문제가 강화학습으로 정말 풀 수 있는 문제인지를 확인할 필요가 있다. 특히 애플리케이션을 개발할 때 이러한 점을 더 고려해야 한다. 모든 것이 이론적으로 정확하고 강화학습으로 풀 수 있는 문제인데도 강화학습 알고리즘이 실패한다면 그것은 구현상의 오류 때문일 수 있다. 그렇다면 코드를 디버깅해야 한다.

디버깅 과정에는 코드에서 오류를 확인하고 고치는 작업이 포함된다. 일반적으로 가장 시간이 많이 걸리는 작업은 처음에 오류를 찾아내고 그곳에 왜 오류가 발생했는지 이해하는 것이다. 오류가 왜 발생했는지 이해했다면, 오류를 고치는 일은 쉽고 빠르게 진행된다.

심층강화학습 알고리즘이 실패할 경우 여러 가지 이유가 있을 수 있다. 또한 강화학습의 개발 과정에는 자원과 시간이 많이 들어가기 때문에 디버깅하기도 더 어렵다. 강화학습 코드를 효율적으로 디버깅하기 위해서는 체계적인 오류 확인 방법을 이용해서 오류의 후보군을 빠르게 추려낼 수 있어야만 한다. 다행히도, 소프트웨어 공학 분야에서 개발된 최고의 기법들(특히 단위 테스트, 코드 품질, 깃 워크플로git workflow)을 활용해서 이러한 문제를 해결할 수 있다.

10.1.1 단위 테스트

단위 테스트는 좋은 소프트웨어를 만들기 위해 보편적으로 요구되는 조건이다. 그 이유는 간단하다. **테스트되지 않은 모든 코드는 오류의 위험이 있기 때문이다.** 신뢰할 수 있는 소프트웨어는 엄격한 기반 위에 만들어져야만 한다. 다른 코드의 기반이 되는 핵심 구성요소는 모두 철저한 테스트를 통해 정확성을 검증받아야 한다. 코드 기반이 흔들리면 소프트웨어 시스템이 확장하면서 미해결 오류가 전파되어 더 많은 구성요소에 영향을 미칠 것이다. 이렇게 되면 개발에 쓰는 시간을 줄이고 디버깅에 더 많은 시간을 소비해야 하기 때문에 개발 속도는 더 느려질 것이다.

단위 테스트는 테스트가 완료된 코드는 원래 의도대로 작동한다는 것을 보장한다. 코드의 한 단위가 정상적으로 테스트를 마치면 그 코드는 믿을 수 있는 코드가 되고, 그 코드를 사용하여 개발의 신뢰성을 높일 수 있다. 단위 테스트가 코드 기반에 체계적으로 적용되면, 오류를 유발할 수 있는 많은 것이 제거됨으로써 디버깅할 때 오류 후보군의 개수를 줄일 수 있다.

테스트 커버리지test coverage는 단위 테스트가 코드 기반의 몇 %를 커버하는지를 나타내는 지표로서 소프트웨어 공학자들이 유용하게 사용하는 것이다. 테스트 커버리지는 정적 분석 도구static analysis tool에 의해 계산된다. 정적 분석 도구는 코드의 전체 라인 수 또는 논리 경로의 개수를 계산하고 단위 테스트가 모두 완료됐을 때 몇 개의 라인이 커버되는지를 확인한다. 이 비율이 퍼센티지로 환산되어 테스트 커버리지가 계산된다. 지금 사용되고 있는 모든 단위 테스트 도구는 테스트 커버리지를 자동으로 계산하여 알려준다. SLM Lab에서는 모든 단위 테스트를 PyTest가 수행한다.

100%의 테스트 커버리지를 달성하고 싶은 마음이 생길 수도 있다. 하지만 그렇게 하는 것은 비생산적일 수 있다. 제품을 만드는 환경에서 산업용 소프트웨어를 돌릴 때는 완벽한 테스트 커버리지가 바람직할 수도 있지만, 빠른 속도로 진행되어야 하는 연구에 있어서 완벽한 테스트 커버리지를 달성하려고 하는 것은 거의 의미가 없다. 단위 테스트를 작성하는 일은 시간과 노력이 많이 드는 일이라서, 이것이 과하면 자칫 연구개발이라는 주요 우선순위가 침해되는 상황이 발생할 수도 있다. 중간 지점에서 균형을 잡으려면 가장 중요한 코드에 대해서만 단위 테스트의 완벽성을 추구해야 한다. 코드의 작성자는 무엇이 단위 테스트가 필요할 정도로 중요한 코드인지 판단할 수 있어야 한다. 하지만 경험 법칙에 따르면, 많이 사용되며 복잡하고 오류가 발생하기 쉽거나 중요한 코드에 대해서는 단위 테스트를 수행해야 한다.

단위 테스트는 코드 조각이 실행되는 방법을 근본적으로 검증하는 과정이다. 하지만 테스트할 코드의 범위를 정의해야 한다. 예를 들면, 함수를 테스트할 때 단위 테스트는 함수의 결과와 비교할 예상 결과와 함께 입력값을 정의한다. 모든 함수를 테스트할 때 빼놓지 않고 테스트하는 함수의 몇 가지 측면이 있다. 함수는 정확하게 실행되어야 하고 특정 입력 범위에 대해 문제없이 실행되어야 한다. 또한 흔한 오류나 극단적 상황에서 발생하는 오류가 테스트되어야 한다. 그리고 데이터의 형태와 유형을 체크해야 한다. 함수가 어떤 공식을 구현하는 것이라면, 몇 가지 예제에 대해 손으로 공식을 풀어 얻은 결과와 함수의 결과를 비교하여 구현의 정확성을 실증적으로 검증해야 한다. 새로운 버그를 고친 후에는 테스트를 다시 수행하여 버그가 다시 발생하지 않는지 확인해야 한다.

이러한 점들을 나타내기 위해, 코드 10.1에는 아타리 풍 환경에서 돌아가는 DQN 알고리즘 전체를 실행하는 예제 테스트가 제시되어 있다. 이 테스트는 에이전트와 환경을 초기화하고 몇 개 안되는 시간 단계에 대해 전체 훈련 루프를 실행한다. 테스트 코드 자체는 간단하지만 이 테스트를 통해 알고리즘 코드를 넓은 범위에서 완전히 체크함으로써 모든 것이 문제없이 돌아간다는 것을 확실히 할 수 있다. 또한 손실 계산과 네트워크 업데이트처럼 알고리즘 흐름에서 중요한 부분도 확인한다. 코드 기반의 규모가 증가하는 상황에서는 test_atari 같은 범용적이고 기본적인 테스트가 특히 유용하다. 이 테스트를 통해 새롭게 추가된 기능이 이전의 핵심 함수에 영향을 주지 않는다는 사실을 확인할 수 있기 때문이다.

코드 10.1 아타리 퐁 환경에서 DQN 알고리즘 전체에 대한 테스트

```
1   # slm_lab/test/spec/test_spec.py
2
3   from flaky import flaky
4   from slm_lab.experiment.control import Trial
5   from slm_lab.spec import spec_util
6   import pytest
7
8   # test_spec에서 모든 테스트를 돌리기 위한 도우미 메서드
9   def run_trial_test(spec_file, spec_name=False):
10      spec = spec_util.get(spec_file, spec_name)
11      spec = spec_util.override_test_spec(spec)
12      spec_util.tick(spec, 'trial')
13      trial = Trial(spec)
14      trial_metrics = trial.run()
15      assert isinstance(trial_metrics, dict)
16
17  ...
18
19  @flaky
20  @pytest.mark.parametrize('spec_file,spec_name', [
21      ('benchmark/dqn/dqn_pong.json', 'dqn_pong'),
22      ('benchmark/a2c/a2c_gae_pong.json', 'a2c_gae_pong'),
23  ])
24  def test_atari(spec_file, spec_name):
25      run_trial_test(spec_file, spec_name)
```

코드 10.2는 두 가지 실증적인 테스트를 보여준다. test_calc_gaes는 6장의 일반화된 어드밴티지 추정Generalized Advantage Estimation, GAE 알고리즘을 테스트하고, test_linear_decay는 변수를 선형적으로 감소시키는 함수를 테스트한다. 이 함수는 예를 들면 탐험 변수 ε 또는 τ를 감소시키기 위해 SLM Lab에서 자주 사용된다. 이러한 실증적 테스트는 구현 과정이 복잡하거나 까다로운 함수에 대한 테스트를 할 때 특히 중요하다. 이러한 테스트를 통해, 함수가 정상적인 결과물을 도출하고 있다는 마음의 위안을 얻을 수 있다.

코드 10.2 실증적 테스트의 예제. 몇 가지 수학 공식의 결과를 손으로 계산하여 함수의 결과와 비교했다.

```
1   # slm_lab/test/lib/test_math_util.py
2
3   from slm_lab.lib import math_util
4   import numpy as np
```

```
5   import pytest
6   import torch
7
8   def test_calc_gaes():
9       rewards = torch.tensor([1., 0., 1., 1., 0., 1., 1., 1.])
10      dones = torch.tensor([0., 0., 1., 1., 0., 0., 0., 0.])
11      v_preds = torch.tensor([1.1, 0.1, 1.1, 1.1, 0.1, 1.1, 1.1, 1.1, 1.1])
12      assert len(v_preds) == len(rewards) + 1 # 마지막 상태를 포함
13      gamma = 0.99
14      lam = 0.95
15      gaes = math_util.calc_gaes(rewards, dones, v_preds, gamma, lam)
16      res = torch.tensor([0.84070045, 0.89495, -0.1, -0.1, 3.616724, 2.7939649,
        ↪   1.9191545, 0.989])
17      # atol을 고려하기 위해 equal 대신 allclose를 사용
18      assert torch.allclose(gaes, res)
19
20  @pytest.mark.parametrize('start_val, end_val, start_step, end_step, step, correct', [
21      (0.1, 0.0, 0, 100, 0, 0.1),
22      (0.1, 0.0, 0, 100, 50, 0.05),
23      (0.1, 0.0, 0, 100, 100, 0.0),
24      (0.1, 0.0, 0, 100, 150, 0.0),
25      (0.1, 0.0, 100, 200, 50, 0.1),
26      (0.1, 0.0, 100, 200, 100, 0.1),
27      (0.1, 0.0, 100, 200, 150, 0.05),
28      (0.1, 0.0, 100, 200, 200, 0.0),
29      (0.1, 0.0, 100, 200, 250, 0.0),
30  ])
31  def test_linear_decay(start_val, end_val, start_step, end_step, step, correct):
32      assert math_util.linear_decay(start_val, end_val, start_step, end_step, step)
        ↪   == correct
```

소프트웨어의 구조와 구성요소에 따라 테스트 코드를 정리하면 어떤 테스트 코드를 작성할지 결정하는 데 도움이 된다. 이것이 소프트웨어를 잘 설계하기 위해 시간을 투자하는 이유 중 하나다. 예를 들면, 모든 메서드를 구조가 잡히지 않은 채로 하나의 스크립트로 작성하면 자신만의 방식으로 빠르게 작성할 수는 있다. 하지만 장기 프로젝트로 작업하는 것은 말할 것도 없이 코드를 두 번 이상 사용하여 작업하고자 한다면 이러한 방식은 지양해야 한다. 좋은 소프트웨어는 적당한 구성요소로 모듈화되어 독립적으로 개발되고, 사용되고, 테스트될 수 있어야 한다. 지금까지 이 책에서는 에이전트를 메모리 클래스, 알고리즘, 신경망 같은 구성요소로 구성하는 방법을 알아봤다. SLM Lab도 이러한 구성요소 설계를 따르고 있으며, 단위 테스트는 각 구성요소별로 작성된다. 테스트가 소프트웨어의 설계에 부합하도록 구성되면 무엇이 테스트됐으며 그에 따라 어떤 코드가 테스트됐는지 쉽게 추적할 수 있다. 이렇게 하면 어떤 부분이 테스트되지 않았는지, 따라서 오류의 가능성이 높은 약점이 어디인지 쉽게 떠올릴 수 있기 때문에 디버깅의 효율성이 상당히 올라간다.

코드 10.3은 독립적인 모듈로 개발되고 테스트되는 합성곱신경망에 대한 구성요소 테스트의 예제를 보여준다. 이 테스트는 네트워크에 특화된 요소인 아키텍처, 데이터 형태, 모델 업데이트 등을 확인함으로써 구현된 코드가 원하는 대로 작동한다는 것을 보장한다.

코드 10.3 합성곱신경망에 대한 예제 구성요소 테스트. 네트워크에 특화된 기능이 독립적인 모듈에서 개발되고 테스트된다.

```
1   # slm_lab/test/net/test_conv.py
2
3   from copy import deepcopy
4   from slm_lab.env.base import Clock
5   from slm_lab.agent.net import net_util
6   from slm_lab.agent.net.conv import ConvNet
7   import torch
8   import torch.nn as nn
9
10  net_spec = {
11      "type": "ConvNet",
12      "shared": True,
13      "conv_hid_layers": [
14          [32, 8, 4, 0, 1],
15          [64, 4, 2, 0, 1],
16          [64, 3, 1, 0, 1]
17      ],
18      "fc_hid_layers": [512],
19      "hid_layers_activation": "relu",
20      "init_fn": "xavier_uniform_",
21      "batch_norm": False,
22      "clip_grad_val": 1.0,
23      "loss_spec": {
24          "name": "SmoothL1Loss"
25      },
26      "optim_spec": {
27          "name": "Adam",
28          "lr": 0.02
29      },
30      "lr_scheduler_spec": {
31          "name": "StepLR",
32          "step_size": 30,
33          "gamma": 0.1
34      },
35      "gpu": True
36  }
37  in_dim = (4, 84, 84)
38  out_dim = 3
39  batch_size = 16
40  net = ConvNet(net_spec, in_dim, out_dim)
41  # 네트워크 최적화 기법과 lr scheduler를 초기화
42  optim = net_util.get_optim(net, net.optim_spec)
43  lr_scheduler = net_util.get_lr_scheduler(optim, net.lr_scheduler_spec)
```

```
44    x = torch.rand((batch_size,) + in_dim)
45
46    def test_init():
47        net = ConvNet(net_spec, in_dim, out_dim)
48        assert isinstance(net, nn.Module)
49        assert hasattr(net, 'conv_model')
50        assert hasattr(net, 'fc_model')
51        assert hasattr(net, 'model_tail')
52        assert not hasattr(net, 'model_tails')
53
54    def test_forward():
55        y = net.forward(x)
56        assert y.shape == (batch_size, out_dim)
57
58    def test_train_step():
59        y = torch.rand((batch_size, out_dim))
60        clock = Clock(100, 1)
61        loss = net.loss_fn(net.forward(x), y)
62        net.train_step(loss, optim, lr_scheduler, clock=clock)
63        assert loss != 0.0
64
65    def test_no_fc():
66        no_fc_net_spec = deepcopy(net_spec)
67        no_fc_net_spec['fc_hid_layers'] = []
68        net = ConvNet(no_fc_net_spec, in_dim, out_dim)
69        assert isinstance(net, nn.Module)
70        assert hasattr(net, 'conv_model')
71        assert not hasattr(net, 'fc_model')
72        assert hasattr(net, 'model_tail')
73        assert not hasattr(net, 'model_tails')
74
75        y = net.forward(x)
76        assert y.shape == (batch_size, out_dim)
77
78    def test_multitails():
79        net = ConvNet(net_spec, in_dim, [3, 4])
80        assert isinstance(net, nn.Module)
81        assert hasattr(net, 'conv_model')
82        assert hasattr(net, 'fc_model')
83        assert not hasattr(net, 'model_tail')
84        assert hasattr(net, 'model_tails')
85        assert len(net.model_tails) == 2
86
87        y = net.forward(x)
88        assert len(y) == 2
89        assert y[0].shape == (batch_size, 3)
90        assert y[1].shape == (batch_size, 4)
```

그 중요성을 고려했을 때 단위 테스트는 자주 작성되어야 하기 때문에 단위 테스트의 작성은 쉬워야 한다. 테스트가 복잡할 필요는 없다. 사실, 간단할수록 더 좋다. 좋은 테스트 코드는 테스트할 함수의 모든 중요한 측면을 커버하면서도 짧고 명확하게 작성되어야 한다. 일반적으로 단위 테스트를 이용하여 새로 개발한 코드의 적합성을 결정하는데, 이 과정이 전체 개발 속도에 영향을 미치기 때문에 단위 테스트는 빠르고 안정적으로 실행되어야 한다. 단위 테스트는 함수가 작동하는 방식에 대해 이해하기 쉬운 증거를 빠르게 제공함으로써 함수에 신뢰성을 부여한다. 이러한 신뢰와 확실성을 바탕으로 연구개발이 좀 더 원활하게 진행될 수 있다.

10.1.2 코드 품질

단위 테스트가 좋은 소프트웨어의 필요조건이지만 충분조건은 아니다. 좋은 소프트웨어가 되려면 코드 품질도 좋아야 한다. 코드는 단지 컴퓨터에 지시사항을 전달하는 것이 아니다. 코드는 프로그래머와 아이디어를 교환하기도 한다. 좋은 코드는 이해하기 쉽고 작업하기 쉬운 코드다. 이것은 코드의 최초 작성자뿐만 아니라 같이 일하는 모든 개발자에게 해당된다. 지금부터 3개월이 지난 후 자신이 작성한 코드를 이해할 수 없다면, 그 코드는 유지보수가 어려운 안 좋은 코드다.

코드 품질을 보장하기 위한 소프트웨어 공학 분야의 표준적인 관행은 스타일 가이드를 도입하고 그에 따라 코드를 검토하는 것이다. 프로그래밍 언어의 **스타일 가이드**style guide는 해당 언어로 코드를 작성하는 최선의 방법과 규칙을 모아놓은 것이다. 스타일 가이드에는 일반적인 문법 형식과 네이밍 규칙naming convention에서부터 안전한 고성능 코드를 위해 해야 할 것과 하지 말아야 할 것이 분명히 제시된다. 일반적으로 스타일 가이드는 개발자 커뮤니티에서 공통의 규칙을 공유하기 위해 만들어진다. 스타일 가이드는 협업의 틀 안에서 코드를 더 잘 이해할 수 있게 해줄 뿐만 아니라 코드 자체의 전반적인 품질도 높여준다.

스타일 가이드는 개발자 커뮤니티의 요구와 프로그래밍 언어의 발전에 맞추어 지속적으로 진화하고 있다. 보통 스타일 가이드 문서는 오픈소스open source로 운영되는 깃허브Github에서 크라우드 소싱crowd sourcing 방식으로 유지된다. SLM Lab에서는 **구글 파이썬 스타일 가이드**Google Python Style Guide(https://github.com/google/styleguide)를 주로 사용하고, 추가적으로 와 룬 켕Wah Loon Keng의 **파이썬 스타일 가이드**Python Style Guide(https://github.com/kengz/python)도 사용한다.

프로그래머가 더 좋은 코드를 작성하도록 돕기 위해, 요즘 나오는 스타일 가이드는 **린터**linter라고 불리는 프로그램으로 변환되기도 한다. 린터는 시각적 도움과 자동 포매팅 기능을 제공함으로써 스타일 가이드가 강제로 적용되도록 하기 위해 편집기에서 작동한다. 이와 같은 프로그램을 통해 코드 검토를 자동으로 하기도 하는데, 이것이 바로 다음으로 다룰 주제다.

코드 검토는 소프트웨어 리포지터리repository에 추가된 코드의 품질을 보장하는 데 도움이 된다. 코드 검토는 보통 한 명 또는 그 이상의 사람들이 새롭게 커밋commit된 코드에 대해 논리적으로 정확한지, 스타일 가이드를 따르는지를 확인하는 과정이다. 깃허브 같은 주요 코드 수집 플랫폼은 코드 검토를 지원한다. 모든 코드 뭉치는 **풀 리퀘스트**pull request라는 과정을 통해 먼저 검토를 받은 이후에 정식 코드로 승인된다. 이러한 코드 검토 과정이 지금은 표준적인 소프트웨어 개발 관행으로 자리 잡았다.

지난 몇 년 동안, 코드 클라이멧Code Climate[27]과 코대시Codacy[26] 같은 기업들이 코드 품질을 확인해 주는 유/무료 클라우드 서비스를 제공하면서 자동화된 코드 검토 방식도 빠르게 퍼져나갔다. 이러한 도구들은 코드 검토를 통과한 코드만 승인되어 리포지터리에 병합될 수 있게 하는 문지기 역할을 한다. 발견된 모든 이슈는 **기술 부채**technical debt[1]라고 알려진 것을 증가시킨다. 재정적인 빚monetary debt과 마찬가지로, 기술 부채도 (지금이든 나중에든) 지불되어야 한다. 소프트웨어 프로젝트가 확장되고 오류를 포함한 나쁜 코드가 사용되는 곳이 많아지면 기술 부채도 이자가 붙는 것처럼 증가한다. 프로젝트의 장기적 건전성을 담보하기 위해서는 기술 부채를 항상 확인하는 것이 중요하다.

10.1.3 깃 워크플로

깃Git은 신형 소스 코드 관리 도구다. 깃의 핵심 아이디어는 간단하다. 즉, 코드의 추가와 삭제는 모두 코드 기반에 커밋되어서 추적 가능해야 한다는 것이다. 이것은 해당 커밋에서 무엇이 행해졌는지를 설명하는 메시지와 함께 코드의 버전이 만들어진다는 것을 의미한다. 이렇게 하면 코드의 변화로 인해 소프트웨어가 멈추더라도 쉽고 빠르게 이전 버전으로 돌아갈 수 있다. 게다가, 여러 커밋 사이의 차이를 디버깅에 활용할 수도 있다. 커밋 사이의 차이는 `git diff` 명령어를 통해 확인할 수도 있고 깃허브의 풀 리퀘스트 페이지에서 확인할 수도 있다. 새로 커밋을 했는데 소프트웨어가 갑자기 말을 듣지 않는다면, 가장 최근의 코드 변화가 원인일 가능성이 높다. 깃 워크플로는 단순히 코드 변화를 점증적으로 (분명한 수정 메시지와 함께) 커밋하고 주요 코드 기반에 병합하기 전에 커밋을 검토하는 과정이다.

심층강화학습 소프트웨어가 갖는 취약성이 어느 정도인지에 따라 깃 워크플로는 굉장히 큰 도움이 될 수 있다. SLM Lab을 개발할 때도 깃 워크플로는 꼭 필요한 도움을 주었다. 깃 워크플로는 함수를 포함한 코드에만 유용한 것이 아니라 알고리즘 하이퍼파라미터에도 유용하다. 그림 10.1은 깃 디프Git diff 화면의 예제를 보여준다. 여기서는 이중 DQN 에이전트의 spec 파일에서 경사

---

1 [옮긴이] 기술 부채는 나중에 리팩토링(refactoring)이라는 과정을 통해 수정되어야 할 오류를 뜻한다. 완벽한 코드를 만드는 대신 오류를 감수하고라도 빠르게 코드를 작성할 때 이 기술 부채도 증가한다. 즉, 당장 지출할 비용(오류 수정의 노력)을 미래로 미루는 빚의 개념이다.

클리핑 놈$_{norm}$, 신경망 최적화 기법, 네트워크 업데이트 유형 등을 변경했다. 변경된 spec을 적용하여 나타나는 에이전트의 성능이 변화한다면 깃 디프를 통해 그 이유를 알 수 있다.

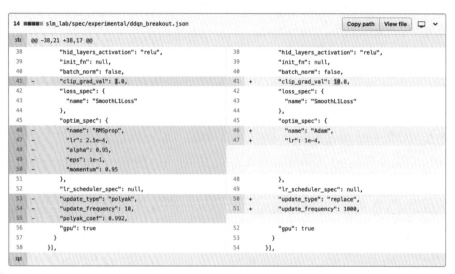

그림 10.1 SLM Lab의 풀 리퀘스트 깃 디프 화면을 캡처한 이미지. 코드 변경 이전과 이후를 한 줄씩 보여준다.

깃 워크플로는 SLM Lab 실험을 재현 가능하도록 만드는 데 도움이 된다. SLM Lab에서는 깃 SHA$_{Git SHA}$만 이용하면 어떤 결과든 재현할 수 있다. 이것을 이용하면 실험을 수행하고 의도한 출력을 정확히 산출하는 코드의 정확한 버전을 확인할 수 있다. 깃 워크플로가 없다면 수작업에 의지해서 일일이 코드를 변경해야 했을 것이고, 심층강화학습 알고리즘에서 변하는 부분이 얼마나 많은지에 따라 코드 복잡도는 급속히 증가했을 것이다.

수작업으로 코드를 검토하는 과정에서 주로 하게 되는 일은 그림 10.1에 보는 것과 같은 깃 디프를 검토하는 것이다. 풀 리퀘스트는 새로운 기능이나 버그 수정에 대해 관련된 다수의 커밋을 모아놓고 변경사항을 한 페이지에 요약함으로써 검토자와 코드 작성자가 코드를 점검하면서 논의할 수 있게 해준다. 이러한 방식을 통해 소프트웨어는 점증적으로 개발된다. 깃 워크플로는 단위 테스트 및 스타일 가이드와 함께 현대 소프트웨어 공학의 초석을 이룬다.

단위 테스트, 스타일 가이드, 그리고 코드 검토는 복잡한 소프트웨어 프로젝트의 관리를 도와준다. 이러한 코드 관리 규칙은 크고 복잡한 소프트웨어를 만들 수 있게 해주고, 소프트웨어의 규모가 커져도 정확하게 실행되도록 도와준다. 심층강화학습 알고리즘의 복잡성을 감안하면 SLM Lab이 그랬듯 코드 관리 규칙을 도입하는 것이 합당하다. 코드 관리 규칙을 심층강화학습에 적용하는 과정을 구체적으로 확인하고 싶다면 SLM Lab 깃허브 리포지터리에서 풀 리퀘스트의 예제를 몇 개 살펴보면 된다. 그림 10.2는 풀 리퀘스트가 단위 테스트와 코드 품질 검사를 자동으로 실행하는 예제를 보여준다. 풀 리퀘스트가 이러한 테스트와 검사를 통과하고 나서야 코드의 변경사항이 병합된다.

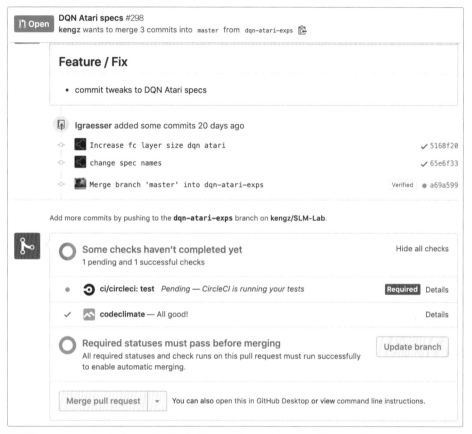

그림 10.2 SLM Lab 풀 리퀘스트 화면을 캡처한 이미지. 풀 리퀘스트는 원격 서버에서 단위 테스트를 실행하고 코드 클라이멧을 이용하여 자동으로 코드 품질을 검사한다.

복잡한 소프트웨어를 체계적인 방식으로 구현하기 위해서는 잘 정립된 소프트웨어 공학이 필요하다. 이 절에서는 소프트웨어 공학에 대해 막 생각하기 시작한 사람들을 위한 몇 가지 지침을 제공할 뿐이다. 소프트웨어 공학 자체로도 크고 깊은 연구 분야다. 안타깝게도, 컴퓨터 과학 수업에서는 소프트웨어 공학을 가르치지 않는다. 좋은 공학적 방법은 관찰과 경험을 통해서만 배울 수 있다. 다행히도, 좋은 오픈소스 프로젝트와 커뮤니티가 많이 있기 때문에 그러한 프로젝트에서 직접 해보면서 배울 수 있다. 개방적이고 신중한 태도로 코드에 접근한다면, 배우기 어려운 기술은 아니다. 이것을 기반으로 해서 심층강화학습을 작동시키기 위한 기본 규칙들을 살펴볼 것이다.

10.2 디버깅 팁

이 절에서는 심층강화학습을 작동시키려고 할 때 도움이 될 수 있는 디버깅 팁tip을 알아볼 것이다. 심층강화학습은 복잡하고 새로운 알고리즘이기 때문에 디버깅 과정이 과학이라기보다는 예술에 더 가깝다. 디버깅을 잘하려면 심층학습 소프트웨어의 특이한 점들과 수치 계산, 그리고 하드웨어에 대해 직접 무언가를 해보면서 경험을 많이 해볼 필요가 있다. 난이도가 높은 프로젝트에서는 언제나 그렇듯이, 심층강화학습을 작동시키려면 엄청난 끈기가 필요하다.

디버깅의 주요 목적은 실패의 근본적인 원인을 찾아내는 것이다. 디버깅 과정은 본질적으로 문제해결의 과정이며 오류가 의심되는 다양한 부분을 체계적으로 확인하면서 오류를 찾아내는 과정이다. 여기서 중요한 것은 체계적으로 한다는 것이다. 오류라고 추측되는 의심스러운 부분들을 오류 가능성이 높은 순으로 나열해 놓고, 가능하면 독립적으로 하나씩 테스트해야 한다. 테스트가 실패할 때마다 오류 의심 항목을 하나씩 지우면서 다음 항목을 테스트하는 것이다. 아마도 이렇게 하면 빠른 시간 안에 근본적인 원인을 찾을 수 있을 것이다.

이어지는 절에서는 SLM Lab이 설계한 것을 이용하여 일반적인 강화학습 디버깅 체크리스트를 정리할 것이다.

10.2.1 생존 신호

심층강화학습 알고리즘이 제대로 작동하고 있는지 확인하기 위해서는 기본적인 생존 신호를 확인할 필요가 있다. 가장 간단한 지표는 **보상의 총합**total reward과 그것의 이동평균이다. 제대로 작동하고 있는 알고리즘이라면 무작위로 선택된 에이전트보다 더 높은 보상을 얻어야 한다. 만약 임의의 에이전트와 같거나 더 적은 보상을 받고 있다면 알고리즘이 제대로 작동하지 않는 것이다. 추가로, 시간 단계의 개수가 알고리즘의 성공에 영향을 미친다면 **에피소드 길이**episode length를 확인해보는 것이 좋다. 빠른 실행이 알고리즘에 중요한 요소라면 짧은 에피소드가 더 바람직하고, 알고리즘이 처리하는 작업이 많은 단계로 이루어져 있다면 에피소드의 길이가 길수록 더 좋다.

이것 말고도 **학습률**이나 **탐험 변수**exploration variable가 시간에 따라 감소한다면, 적절히 감소하고 있는지 확인하기 위해 값을 출력해서 보기도 해야 한다. 예를 들어, 엡실론 탐욕적 정책의 ε 변수가 어떤 버그 때문에 감소하지 않는다면 알고리즘은 항상 무작위로 선택된 행동을 도출할 것이다. 로그 파일의 한 부분을 보여주는 코드 10.4와 같이 SLM Lab에서 세션이 실행될 때 이러한 변수들은 주기적으로 로깅logging된다.

코드 10.4 세션이 실행될 때 SLM Lab에서 로깅되는 진단 변수(diagnostic variable)의 예제

```
1  [2019-07-07 20:42:55,791 PID:103674 INFO __init__.py log_summary] Trial 0
   ↪ session 0 dqn_pong_t0_s0 [eval_df] epi: 0 t: 0 wall_t: 48059 opt_step:
   ↪ 4.775e+06 frame: 3.83e+06 fps: 79.6937 total_reward: 9.25
   ↪ total_reward_ma: 14.795 loss: 0.00120682 lr: 0.0001 explore_var: 0.01
   ↪ entropy_coef: nan entropy: nan grad_norm: nan
2  [2019-07-07 20:44:51,651 PID:103674 INFO __init__.py log_summary] Trial 0
   ↪ session 0 dqn_pong_t0_s0 [train_df] epi: 0 t: 3.84e+06 wall_t: 48178
   ↪ opt_step: 4.7875e+06 frame: 3.84e+06 fps: 79.7044 total_reward: 18.125
   ↪ total_reward_ma: 18.3331 loss: 0.000601919 lr: 0.0001 explore_var: 0.01
   ↪ entropy_coef: nan entropy: nan grad_norm: nan
```

10.2.2 정책 경사에 대한 진단

정책 경사 방법의 경우에도, 정책에 특화된 변수들을 모니터링할 수 있다. 이 변수들은 행동 확률분포의 엔트로피 같은 것으로부터 계산할 수 있는 값들이다. 대개는 훈련을 시작할 때 정책이 무작위 분포로 주어지기 때문에 행동 확률분포의 엔트로피는 이론적인 최댓값에 가까워야 하는데 실젯값은 행동 공간의 크기와 유형에 따라 달라질 것이다. 행동 **엔트로피**entropy가 감소하지 않는다면 이것은 정책이 여전히 무작위 분포이며 아무런 훈련도 이루어지지 않는다는 것을 의미한다. 엔트로피가 너무 빨리 감소하는 경우에도 에이전트가 제대로 훈련을 하는 건 아닐 것이다. 이것은 에이전트가 행동 공간을 탐험하지 않고 아주 높은 확률을 갖는 행동을 선택하고 있음을 나타내기 때문이다. 경험 법칙에 따르면, 에이전트가 정책을 학습하는 데 보통 백만 번의 시간 단계가 걸린다고 할 때 처음 1,000번의 시간 단계 동안 행동 확률의 엔트로피가 급격히 감소한다면 에이전트가 학습하는 정책은 좋은 정책이 아닐 가능성이 매우 높다.

행동 **확률**probability이나 로그확률은 행동 확률분포의 엔트로피와 밀접하게 관련되어 있다. 이것은 행동이 선택될 확률을 나타낸다. 훈련이 시작할 때는 행동 확률이 균일한 무작위 분포에 가까울 것이다. 에이전트가 더 나은 정책을 학습하면서 행동은 좀 더 정교하게 선택되고, 따라서 평균적으로 더 높은 확률로 선택될 것이다.

또 다른 유용한 지표는 정책 업데이트의 '크기'를 나타내는 **KL 발산**KL divergence이다. KL 값이 작다는 것은 정책 업데이트에 따른 정책의 변화 역시 작다는 뜻이며, 이는 학습이 느리거나 아예 이루어지지 않는다는 것을 알려준다. 반면에 KL 값이 갑자기 매우 커지면, 7장에서 논의한 것처럼 이는 성능붕괴를 유발할 수 있을 정도로 큰 정책 업데이트가 방금 발생했음을 나타낸다. 코드 10.4에서 보는 바와 같이 이러한 지표들을 나타내는 일부 변수는 SLM Lab에서도 로깅됐다.

10.2.3 데이터에 대한 진단

데이터의 정확성을 보장하는 것은 중요하다. 특히 에이전트와 환경 사이에 전달되는 정보가 많은 변환을 거친다면 더욱 그렇다. 모든 단계에는 오류 가능성이 내포되어 있다. 데이터에 대한 **디버깅을 수작업으로 하는 것**manual debugging은 일반적으로 매우 유용하다. 다양한 변환 단계에서 상태, 행동, 보상을 추적하고 확인할 수 있다. 상태와 보상의 경우, 환경으로부터 나온 원시 데이터raw data는 에이전트에 의해 전처리되고 저장된 후에 훈련에 사용된다. 행동의 경우 신경망이 생성한 데이터는 구성을 갖추고, 가능할 경우 전처리 과정을 거친 후에 다시 환경으로 전달된다. 모든 단계마다 이 변수들의 값을 출력해서 눈으로 확인할 수 있다. 변수들의 값을 충분히 살펴보고 나면 원시 데이터에 대한 직관을 얻기 시작할 것이다. 이러한 직관은 무언가 잘못됐을 때 유용한 디버깅 정보를 선택하고 확인하는 데 도움이 될 것이다.

상태가 이미지라면, 숫자를 출력해서 보는 것 말고도 이미지를 **렌더링**rendering해서 살펴봐야 한다. 환경에서 얻은 원시 이미지raw image와 함께 알고리즘이 전처리한 이미지도 렌더링해서 보면 도움이 된다. 두 이미지를 나란히 놓고 비교해 봄으로써 알고리즘에 정보를 누락시키거나 잘못된 정보가 들어가게 만들 수 있는 전처리 과정에서의 미묘한 버그를 확인할 수 있다. 환경을 실행하면서 이미지나 동영상을 직접 확인하는 것은 에이전트의 작업 수행 방식을 확인하는 데 도움이 되기도 한다. SLM Lab에서 전처리 이미지를 생성하는 방법이 코드 10.5에 제시되어 있다. 이 방법을 사용하면 다운사이징한 그레이스케일 이미지를 생성할 수 있다. 생성된 이미지를 환경에서 얻은 RGB 이미지와 비교하여 그림 10.3에 나타내었다. 이러한 비교 모드에서는 사용자가 눈으로 이미지를 검토하는 동안 프로세스가 잠시 멈추었다가 사용자가 키보드의 아무 키나 누르면 다시 프로세스가 시작한다.

코드 10.5 SLM Lab에서 디버깅을 위해 전처리 이미지를 생성하는 방법. 전처리된 이미지 상태에서 함수를 호출하면 에이전트가 보는 이미지가 생성되고 그것을 환경이 생성하는 이미지와 비교할 수 있다.

```
1    # slm_lab/lib/util.py
2
3    import cv2
4
5    def debug_image(im):
6        '''
7        Use this method to render image the agent sees
8        waits for a key press before continuing
9        '''
10       cv2.imshow('image', im.transpose())
11       cv2.waitKey(0)
```

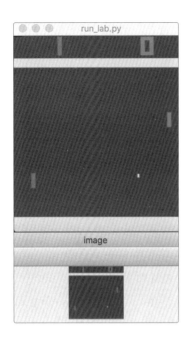

그림 10.3 SLM Lab에서 아타리 퐁 게임의 이미지를 디버깅하는 예제. 컬러로 된 원시 이미지가 위쪽에 생성됐고, 전처리된(다운사이징 + 그레이스케일) 이미지가 아래쪽에 비교되고 있다. 아무 키나 누르면 다음 프레임으로 넘어간다.

10.2.4 전처리기

환경으로부터 나오는 상태와 보상은 에이전트의 메모리에 저장되거나 훈련에 사용되기 전에 보통 전처리 과정을 거친다. 데이터를 일일이 직접 검토하는 과정을 보완하기 위해 데이터를 만드는 함수를 확인할 필요가 있다. 전처리 과정을 거친 데이터가 이상해 보인다면 **전처리기**preprocessor가 수행하는 일부 변환이 부정확하다는 것을 나타낸다. 어쩌면 출력 데이터의 형태나 방향성이 잘못됐을 수도 있고, 형 변환typecasting 오류로 인해 모든 데이터가 0으로 변경됐을 수도 있다. 이미지 데이터를 다룰 때 소소하게 고려해야 할 사항 중 하나는 **이미지 채널 순서 규칙**image channel ordering convention이 다를 수 있다는 것이다. 대부분의 컴퓨터 비전 라이브러리는 지금까지 이어져온 디자인 관행에 따라 이미지 채널을 마지막에 넣기 때문에 이미지 형태는 (폭, 높이, 채널)과 같이 표현된다. OpenAI Gym의 환경에서 만들어지는 이미지는 더 오래된 규칙을 따르기 때문에 파이토치 합성곱신경망을 통과하기 전에 적절히 수정될 필요가 있다.

10.2.5 메모리

에이전트의 메모리는 데이터 저장 장치와 같은 역할을 한다. 먼저, 사용자는 데이터의 형태와 유형이 맞는지 확인한다. 데이터의 순서가 정확하다는 것도 확실히 해야 한다. 이것은 회귀신경망을 위한 순차적 데이터를 생성할 경우에 특히 중요하다. 활성정책 메모리의 경우에는 훈련 단계가 끝날 때마다 메모리가 정상적으로 초기화됐는지 확인하는 과정이 꼭 필요하다. 훈련에 사용할 데이터를 추출할 때도, 무작위 색인을 생성하는 방법과 데이터를 얻는 방법이 정확한지 확인해야 한다. 우선순위가 있는 경험 재현과 같은 좀 더 발전된 메모리 구조를 갖는 경우에는 그에 맞는 표본추출 알고리즘과 데이터 구조가 있으며, 이는 별도로 테스트되어야 한다.

10.2.6 알고리즘 함수

데이터 생성과 저장에 오류가 없다면, 데이터를 사용하는 주요 알고리즘 함수를 디버깅할 필요가 있다. 벨만 방정식이나 일반화된 어드밴티지 추정GAE 같은 강화학습 함수는 꽤 복잡할 수 있기 때문에 구현 과정에서 버그가 발생할 확률이 높다. 따라서 코드 10.2의 예제와 같이 손으로 계산한 결과와 구현된 코드의 결과를 비교하는 **실증적 단위 테스트**empirical unit test가 수행되어야 한다. 경우에 따라 오류는 배열 인덱스 이슈 때문일 수도 있고, 수치적 오류, 코너 케이스corner case,[2] 또는 단순한 형 변환 오류일 수도 있다. 어드밴티지 함수, V 가치 함수, Q 가치 함수의 입력과 출력, 그리고 계산된 손실 등을 출력해서 **직접 손으로 계산해서** 값을 검사하기도 해야 한다. 이 값들의 범위와 시간에 따라 값이 변하는 양상, 그리고 값이 이상해 보이지는 않는지 확인해야 한다. 일반적으로 이 값들은 신경망과 밀접한 관련이 있다.

10.2.7 신경망

강화학습 알고리즘이 학습에 실패할 때, 의심해 볼 만한 부분은 신경망이다. 신경망에서 대부분의 학습이 이루어지기 때문이다. 가장 쉽게 확인해 볼 수 있는 것은 네트워크 **아키텍처**architecture다. 입력과 출력의 차원이 정확해야 한다. 숨겨진 층위의 유형이 맞아야 하고 크기도 적합해야 한다. 활성화 함수도 정확히 적용되어야 한다. tanh나 sigmoid 같은 조임 함수squeezing function가 값의 범위를 제한할 것이기 때문에 출력 층위에는 일반적으로 활성화 함수가 없다. 행동 확률을 도출하는 정책 네트워크는 예외다. 정책 네트워크는 출력 층위에 활성화 함수가 적용될 수도 있다. 심층강화학습 알고리즘은 초기 학습 조건에 영향을 미치는 네트워크 파라미터 초기화에도 민감한 것으로 알려져 있다.

입력 및 출력 데이터 **값의 범위**도 확인해야 한다. 신경망은 스케일이 서로 다른 입력에 상당히 민감하기 때문에 네트워크 입력의 각 성분을 정규화하거나 표준화하는 것이 일반적이다. 훈련 과정 동안 손실이 갑자기 매우 큰 값으로 증가하는 **손실폭발**exploding loss은 피하고 싶을 것이다. 네트워

---

2 [옮긴이] 코너 케이스는 멀티코어 프로그래밍에서 발생하기 쉬운 오류로서, 여러 가지 환경 변수와 조건이 복합적으로 작용하여 발생한다. 각 파라미터가 정상 범위의 값을 갖더라도 이들이 동시다발적으로 극단의 값(허용 범위의 최대 또는 최소)을 갖게 되면 코너 케이스가 발생하여 파라미터가 정상 범위를 벗어날 수 있다.

크가 갑자기 NaN 값을 출력하면 이는 손실이 과하게 증가함에 따라 파라미터 업데이트 폭이 커져서 네트워크 파라미터가 무한의 값을 갖게 되는 경우일 가능성이 높다. 이 경우 손실을 계산하는 부분이 수정되어야 한다. 또한 파라미터 업데이트 폭이 커지는 것을 막기 위해 놈$_{norm}$값을 0.5 또는 1.0으로 해서 **경사 클리핑**gradient clipping을 항상 적용하는 것도 좋은 방법이다.

다음으로, 훈련 단계마다 실제로 **네트워크 파라미터**network parameter가 업데이트되고 있음을 확인해야 한다. 손실이 0이 아닌 상태에서 훈련 단계가 여러 번 지났음에도 파라미터가 변하지 않는다면, **계산 그래프**computation graph를 확인해야 한다. 흔한 원인 중 하나는 그래프가 끊어져 있는 경우다. 이 경우, 입력에서 출력으로 가는 계산 고리의 어딘가에서 경사 전파가 우연히 누락되어 역전파가 모든 관련된 부분에 완벽히 적용될 수 없다. 최신 심층강화학습 프레임워크에는 계산이 누락된 부분을 표시하고 경사가 적절히 계산될 수 있는지를 알려주는 검사 기능이 내장되어 있다. SLM Lab에는 개발 모드에서 훈련 단계에 대해 네트워크 파라미터 업데이트를 자동으로 검사하는 데커레이터decorator 메서드가 구현되어 있다. 이 메서드는 코드 10.6에서 확인할 수 있다.

코드 10.6 SLM Lab은 훈련 단계의 메서드로 사용될 수 있는 데커레이터 메서드를 구현한다. 이 메서드는 개발 모드에서 네트워크 파라미터 업데이트를 자동으로 검사하고, 검사에서 실패할 경우 오류를 발생시킨다.

```
1  # slm_lab/agent/net/net_util.py
2
3  from functools import partial, wraps
4  from slm_lab.lib import logger, optimizer, util
5  import os
6  import pydash as ps
7  import torch
8  import torch.nn as nn
9
10 logger = logger.get_logger(__name__)
11
12 def to_check_train_step():
13     '''Condition for running assert_trained'''
14     return os.environ.get('PY_ENV') == 'test' or util.get_lab_mode() == 'dev'
15
16 def dev_check_train_step(fn):
17     '''
18     Decorator to check if net.train_step actually updates the network weights properly
19     Triggers only if to_check_train_step is True (dev/test mode)
20     @example
21
22     @net_util.dev_check_train_step
23     def train_step(self, ...):
24         ...
25     '''
26     @wraps(fn)
27     def check_fn(*args, **kwargs):
28         if not to_check_train_step():
29             return fn(*args, **kwargs)
```

```
30       net = args[0]  # 첫 번째 arg 그 자체
31       # 비교를 위해 업데이트 전 파라미터를 획득
32       pre_params = [param.clone() for param in net.parameters()]
33
34       # 훈련 단계를 실행하고 손실을 획득
35       loss = fn(*args, **kwargs)
36       assert not torch.isnan(loss).any(), loss
37
38       # 비교를 위한 업데이트 후 파라미터를 획득
39       post_params = [param.clone() for param in net.parameters()]
40       if loss == 0.0:
41           # 손실이 0이면 업데이트를 중단
42           for p_name, param in net.named_parameters():
43               assert param.grad.norm() == 0
44       else:
45           # 파라미터 업데이트를 확인
46           try:
47               assert not all(torch.equal(w1, w2) for w1, w2 in
48                 ↪ zip(pre_params, post_params)), f'Model parameter is not
49                 ↪ updated in train_step(), check if your tensor is detached
50                 ↪ from graph. Loss: {loss:g}'
51               logger.info(f'Model parameter is updated in train_step().
52                 ↪ Loss: {loss: g}')
53           except Exception as e:
54               logger.error(e)
55               if os.environ.get('PY_ENV') == 'test':
56                   # 단위 테스트에서 오류가 발생하면 에러 메시지를 띄움
57                   raise(e)
58
59           # 경사의 크기를 확인
60           min_norm, max_norm = 0.0, 1e5
61           for p_name, param in net.named_parameters():
62               try:
63                   grad_norm = param.grad.norm()
64                   assert min_norm < grad_norm < max_norm, f'Gradient norm
65                     ↪ for {p_name} is {grad_norm:g}, fails the extreme value
66                     ↪ check {min_norm} < grad_norm < {max_norm}. Loss:
67                     ↪ {loss:g}. Check your network and loss computation.'
68               except Exception as e:
69                   logger.warning(e)
70           logger.info(f'Gradient norms passed value check.')
71       logger.debug('Passed network parameter update check.')
72       # 디버깅을 위해 경사의 크기를 저장
73       net.store_grad_norms()
74       return loss
75   return check_fn
```

손실 함수가 다수의 개별 손실 함수의 합으로 계산된다면, 훈련 및 네트워크 업데이트가 정상
적으로 진행되고 있음을 보장하기 위해 개별 손실 함수를 확인해야 한다. **개별 손실 함수**에 대
해 확인하려면 단순히 다른 손실 함수를 해제하고 훈련을 몇 단계 실행해 보면 된다. 예를 들어,

공유 네트워크를 사용하는 행동자-비평자 알고리즘에는 정책 손실과 가치 손실을 합한 손실 함수가 적용된다. 정책 손실을 확인하기 위해서는, 단순히 가치 손실을 제외한 상태에서 훈련을 실행하여 네트워크가 정책 손실로부터 업데이트되고 있음을 확인하면 된다. 그런 다음, 정책 손실을 제외한 채로 가치 손실에 대해서도 똑같이 확인한다.

10.2.8 알고리즘 간소화

심층강화학습 알고리즘은 일반적으로 많은 구성요소를 갖는데, 그 모든 구성요소가 동시에 잘 작동하도록 만드는 것이 어려운 일이다. 문제가 복잡할 때 사용할 수 있는 검증된 방법이 **간소화** simplification다. 가장 기본적이고 필수적인 것에서 시작하여 더 많은 기능을 추가하는 것이다. 지금까지 확인한 바에 따르면 다양한 심층강화학습 알고리즘은 더 간단한 알고리즘을 확장하고 수정하여 만들어진 것이다. 9장의 그림 9.1에 제시된 강화학습 가계도를 보면 이를 알 수 있다. 예를 들어 PPO는 정책 손실을 수정함으로써 A2C를 개선한 것이고, A2C는 REINFORCE를 개선한 것이다. 다양한 알고리즘 사이의 관계를 알면 알고리즘을 사용할 때 유리하다. PPO를 구현한 코드가 제대로 작동하지 않으면 PPO 손실 함수를 해제하여 A2C로 바꾼 다음, 먼저 A2C가 작동하게 하는 데 집중할 수 있다. 그런 다음 다시 PPO를 켜고 전체 알고리즘을 디버깅할 수 있다.

이 방법은 다른 방식으로도 적용할 수 있다. 바닥에서부터 차례대로 구현하는 것이다. 예를 들어, REINFORCE를 먼저 구현할 수 있다. REINFORCE가 잘 작동하면 A2C로 확장하고, A2C가 잘 작동하면 A2C를 확장하여 PPO를 구현하는 것이다. 이것은 간단한 부모 클래스를 확장하여 더 복잡한 클래스를 만드는 클래스 상속 구조와 잘 어울린다. 이렇게 하면 구성요소를 재사용할 수도 있기 때문에 새롭게 디버깅해야 할 코드의 양도 줄어든다.

10.2.9 문제 간소화

알고리즘을 구현하고 디버깅할 때는 일반적으로 카트폴 같은 간단한 문제를 통해 먼저 테스트하는 것이 좋다. 문제가 간단하면 튜닝할 하이퍼파라미터의 개수도 적고 문제를 푸는 데 필요한 계산량도 적다. 예를 들어 카트폴 게임을 하는 에이전트의 훈련은 보통의 CPU에서 수십 분이면 완료되지만, 아타리 게임을 하는 에이전트를 훈련할 때는 GPU가 필요하며 수 시간에서 수일이 걸릴 수도 있다. 간단한 문제에 먼저 집중하면 테스트 반복 주기가 훨씬 빨라져서 디버깅과 개발 과정의 속도를 높일 수 있다.

하지만 간단한 문제에서 잘 돌아가던 알고리즘도 문제가 복잡해지면 잘 작동하지 않을 수 있다. 코드에 버그가 남아 있을 수도 있다. 또한 문제가 복잡해지면서 알고리즘을 수정해야 할 수도 있다. 예를 들면 카트폴은 4개의 성분을 갖는 소규모 상태를 사용하고 다층 퍼셉트론 네트워크를 필요로 하지만, 아타리 게임은 이미지 상태를 사용하고 중첩 네트워크와 함께 이미지 전처리와 환경의 수정을 필요로 한다. 이 새로운 구성요소에 대해서도 디버깅과 테스트가 필요하다. 하지만 대부분의 핵심 구성요소에 대해서는 이미 테스트가 완료됐을 것이므로 디버깅이 훨씬 더 쉽다.

10.2.10 하이퍼파라미터

심층강화학습은 하이퍼파라미터에 매우 민감할 수 있지만, 이미 존재하는 알고리즘을 구현하는 것이라면 하이퍼파라미터에 대한 튜닝은 디버깅에서 작은 비중을 차지하는 것이 일반적이다. 보통은 연구 논문이나 다른 구현 결과에서 잘 작동하는 하이퍼파라미터를 참고할 수 있으며, 직접 구현한 에이전트가 그에 맞먹는 성능을 내는지 확인할 수 있다. 굵직한 버그를 모두 수정하고 나면 하이퍼파라미터를 미세 조정하여 최선의 결과를 도출할 수 있다. 이 책에서 다루는 다양한 알고리즘과 환경에서 잘 작동하는 하이퍼파라미터가 10.4절에 자세히 제시되어 있으니 참고하기 바란다.

10.2.11 Lab 워크플로

심층강화학습은 아직도 대단히 실증적인 과학이기 때문에, 과학적 워크플로를 도입하는 것이 자연스럽다. 과학적 워크플로라는 것은 몇 가지 가설을 수립하고, 변수를 식별하고, 결과를 얻기 위해 실험을 수행하는 것을 의미한다. 실험을 완료하기까지 며칠 또는 몇 주가 걸릴 수도 있기 때문에 전략적으로 실험을 수행하는 것이 중요하다. 어떤 실험을 먼저 수행해야 하는지, 병렬화할 수 있는 실험은 무엇인지, 어떤 실험이 성공 가능성이 가장 높은지를 생각해야 한다. 모든 실험의 내용을 놓치지 않기 위해 실험 노트를 만들어서 결과를 기록하고 정리해야 한다. 이를 위해 SLM Lab에서는 실험에 사용된 코드를 커밋하고 실험 결과와 함께 깃 SHA를 기록하여 유용한 보고서를 생성할 수 있다. 모든 보고서는 깃허브의 풀 리퀘스트로 제출되며, 결과를 재현하기 위해 필요한 데이터와 함께 제공된다. SLM Lab의 예제 보고서를 그림 10.4에서 확인할 수 있다.

이 절에서 설명하는 팁은 완전하지 않다. 버그가 발생하는 경로는 다양하다. 하지만 여기에 제시된 팁을 활용하면 디버깅을 어디서부터 시작해야 하는지에 대해 도움을 받을 수 있다. 그 밖의 부분들은 경험을 통해 직접 학습해야 한다. 다른 사람이 이미 구현한 코드를 참고하는 것은 부끄러운 일이 아니다. 다른 사람의 코드로부터 미처 몰랐던 통찰을 얻을 수도 있기 때문이다. 오픈소스를 활발히 사용하되 다른 사람의 작업에 대한 크레딧을 적절히 부여하는 것만 기억하면 된다.

디버깅을 잘하려면 충분히 생각해서 가설을 세우고 문제가 될 만한 부분만 따로 분리해서 살펴봐야 한다. 공학적 접근법에 익숙하다면 이렇게 하는 것이 어렵지 않다. 많은 문제는 코드를 집중해서 살펴봐야 해결된다. 몇 주 또는 몇 달 동안 코드와 씨름해서는 좀처럼 강화학습 알고리즘을 작동시키지 못할 것이다. 인간적인 측면에서는 긍정적인 자세와 많은 인내심이 필요하다. 신념과 투지가 있으면 결국에는 문제를 해결하게 되고, 그때 얻는 보상은 크다.

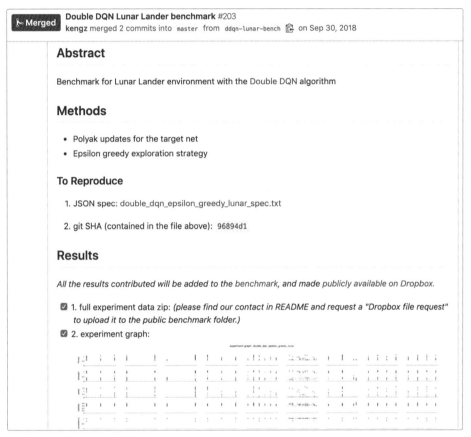

그림 10.4 실험 보고서와 메서드에 대한 설명이 제시되는 SLM Lab 풀 리퀘스트 화면의 캡처 이미지. 결과 재현을 위해 깃 SHA, spec 파일, 그래프, 데이터 등을 제공한다.

10.3 아타리 트릭

이 절에서는 아타리 환경에서 좋은 성능을 얻기 위한 몇 가지 비결trick을 알아볼 것이다. 먼저 OpenAI Gym에서 제공하는 다양한 버전의 환경을 알아보고, 이제는 표준 절차로 자리 잡은 환경의 전처리 단계에 대해 살펴볼 것이다.

OpenAI Gym이 제공하는 아타리 환경에는 다양한 버전이 있다. 예를 들면, 퐁 환경은 6개의 버전으로 되어 있다.

1. Pong-v4

2. PongDeterministic-v4

3. PongNoFrameskip-v4

4. Pong-ram-v4

5. Pong-ramDeterministic-v4

6. Pong-ramNoFrameskip-v4

모든 버전은 내부적인 구현의 측면에서만 다를 뿐 기반이 되는 게임은 여전히 동일하다. 예를 들면, NoFrameskip은 환경에서 원시 이미지 프레임이 나온다는 것을 나타내기 때문에 사용자는 자신만의 프레임 건너뛰기 메커니즘을 구현할 필요가 있다. ram 환경은 이미지 대신 게임의 RAM 데이터를 상태로 도출한다. 대부분의 연구 논문에서는 NoFrameskip으로 된 환경을 사용하고, 퐁 환경의 경우 PongNoFrameskip-v4를 사용한다.

NoFrameskip 버전의 경우에는 사용자가 대부분의 데이터 전처리를 구현하고 제어한다. 이것은 일반적으로 환경의 래퍼로 작성된다. 특정한 환경의 래퍼를 위해 참고할 만한 것으로 아직까지는 OpenAI의 Baselines[99] 깃허브 리포지터리가 가장 좋다. SLM Lab에서도 코드 10.7에 보는 것과 같이 slm_lab/env/wrapper.py에서 wrapper 모듈 하위에 Baselines 리포지터리의 많은 부분을 가져다 쓰고 있다. 각 래퍼들은 이 짧은 절에서 다룰 아타리 환경의 몇 가지 특이한 점들을 다루는 데 도움이 된다.

> **코드 10.7** SLM Lab은 OpenAI Baselines로부터 환경의 전처리 래퍼를 가져다 사용한다. 이 방법은 훈련과 평가를 위해 접미사 NoFrameskip이 붙은 아타리 환경을 생성하는 데 사용된다. 코드의 많은 부분이 여기서는 생략됐지만, SLM Lab에서 제공하는 소스 파일을 통해 전체 코드를 확인할 수 있다.

```
1   # slm_lab/env/wrapper.py
2
3   ...
4
5   def wrap_atari(env):
6       '''Apply a common set of wrappers for Atari games'''
7       assert 'NoFrameskip' in env.spec.id
8       env = NoopResetEnv(env, noop_max=30)
9       env = MaxAndSkipEnv(env, skip=4)
10      return env
11
12  def wrap_deepmind(env, episode_life=True, stack_len=None):
```

```
13          '''아타리 환경을 딥마인드 스타일로 래핑'''
14          if episode_life:
15              env = EpisodicLifeEnv(env)
16          if 'FIRE' in env.unwrapped.get_action_meanings():
17              env = FireResetEnv(env)
18          env = PreprocessImage(env)
19          if stack_len is not None:                    # 이미지 (1, 84, 84)에 대해 concat을 사용
20              env = FrameStack(env, 'concat', stack_len)
21          return env
22
23   def make_gym_env(name, seed=None, frame_op=None, frame_op_len=None,
     ↪   reward_scale=None, normalize_state=False):
24          '''모든 Gym 환경을 생성하기 위한 일반적인 방법. 아타리를 자동 래핑'''
25          env = gym.make(name)
26          if seed is not None:
27              env.seed(seed)
28          if 'NoFrameskip' in env.spec.id:            # 아타리
29              env = wrap_atari(env)
30              # 모니터링을 위한 보상 클리핑이 없음: 아타리 메모리가 보상 클리핑을 수행
31              episode_life = not util.in_eval_lab_modes()
32              env = wrap_deepmind(env, episode_life, frame_op_len)
33          elif len(env.observation_space.shape) == 3:  # 이미지 상태 환경
34              env = PreprocessImage(env)
35              if normalize_state:
36                  env = NormalizeStateEnv(env)
37              if frame_op_len is not None:             # 이미지 (1, 84, 84)에 대해 concat을 사용
38                  env = FrameStack(env, 'concat', frame_op_len)
39          else: # 벡터 상태 환경
40              if normalize_state:
41                  env = NormalizeStateEnv(env)
42              if frame_op is not None:
43                  env = FrameStack(env, frame_op, frame_op_len)
44          if reward_scale is not None:
45              env = ScaleRewardEnv(env, reward_scale)
46          return env
```

1. NoopResetEnv: 아타리 게임이 초기화되면, 에이전트에게 전달되는 초기 상태는 실제로 가공하지 않은 환경의 초기 30개의 프레임 중 임의로 선택한 하나의 프레임이다. 이것은 에이전트가 환경을 기억하지 않도록 도와준다.

2. FireResetEnv: 어떤 게임에서는 초기화하는 동안 에이전트가 'FIRE'를 눌러야 한다. 예를 들면, 탈출 게임에서는 플레이어가 시작할 때 공을 쏘아올려야 한다. 이 래퍼는 이러한 'FIRE'를 초기화할 때 한 번만 수행하도록 해서 게임 도중에 에이전트가 이러한 행동을 하지 않게 한다.

3. EpisodicLifeEnv: 많은 아타리 게임에서는 한 게임이 끝날 때까지 여러 번의 기회를 준다. 일반적으로, 모든 기회에 동등한 가치를 부여할 때 에이전트가 더 잘 학습한다. 이 래퍼는 매번의 기회를 새로운 에피소드로 만들어준다.

4. `MaxAndSkipEnv`: 에이전트에게는 연속한 두 상태 사이의 차이가 너무 작게 느껴지기 때문에 좋은 정책을 학습하기 어렵다. 연속한 두 상태 사이의 차이를 키우기 위해 에이전트는 4개의 시간 단계마다[3] 행동을 선택하도록 제한받고, 선택된 행동은 다음 4개의 시간 단계 동안 반복된다. 하지만 이 래퍼에서는 다음 4개의 시간 단계를 건너뛴다. 에이전트가 s_t와 s_{t+1}이라고 인지하는 상태는 사실은 s_t와 s_{t+4}인 것이다. 게다가, 이 래퍼는 건너뛴 모든 프레임의 해당 픽셀 중에서 최대 가치의 픽셀을 선택하는데, 상태에 속하는 각 픽셀마다 따로따로 최댓값을 취한다. 어떤 게임에서는, 일부 객체는 오직 짝수 프레임에서만 생성되고 다른 객체는 홀수 프레임에서 생성된다. 따라서 몇 개의 프레임을 건너뛰는지에 따라 객체가 통째로 상태에서 누락될 수도 있다. 건너뛴 프레임으로부터 최댓값 픽셀을 선택함으로써 이러한 잠재적 문제를 해결할 수 있다.

5. `ScaleRewardEnv`: 이것은 시간 단계마다 주어지는 보상을 스케일링한다. 아타리 게임에서 가장 흔하게 사용되는 스케일링 방법은 원래 가치의 부호에 따라 $-1, 0, 1$ 중에서 보상값을 선택하는 것이다. 이렇게 하면 각기 다른 게임에 대해 보상의 규모를 표준화하는 데 도움이 된다.

6. `PreprocessImage`: 이것은 파이토치의 이미지 컨벤션(컬러 채널이 먼저 옴)에 맞춰진 이미지 전처리 래퍼다. 이것은 이미지를 그레이스케일로 만들고 다운사이징한 후 파이토치의 채널 우선순위 규칙에 맞도록 축을 교환한다.

7. `FrameStack`: 대부분의 에이전트가 사용하는 네트워크 입력 프레임은 4개의 연속한 게임 이미지를 쌓아서 만들어진다. 이 래퍼는 효율적인 프레임 쌓기 메서드를 구현한다. 이 메서드는 훈련 과정에서 데이터를 분해하여 적층 이미지를 만드는 기능만 수행한다. 프레임 쌓기를 하는 이유는 단일 이미지로는 게임에 관한 몇 가지 유용한 정보를 얻을 수 없기 때문이다. 1장의 글상자 1.1에서 MDP와 POMDP의 차이점을 다루었던 내용을 상기해 보자. 아타리 게임은 완벽한 MDP가 아니기 때문에 관측된 하나의 상태(이미지)로부터 게임의 상태를 추론할 수 없다. 예를 들면, 에이전트는 게임의 객체가 움직이는 방향과 속력을 단일 이미지로부터 추론할 수 없다. 하지만 어떤 행동을 취할지 결정하는 데 있어 이러한 정보를 아는 것은 중요하다. 이것으로 인해 게임에서 이기고 지는 것이 결정될 수도 있다. 이 이슈를 해결하기 위해 이전 4개의 이미지 상태를 쌓아서 에이전트에게 전달한다. 에이전트는 4개의 이미지 프레임을 조합하여 객체의 움직임과 같은 중요한 특성을 추론할 수 있다. 이 경우 에이전트에게 전달되는 상태의 차원은 $(84, 84, 4)$가 된다.

---

3   스페이스 인베이더(Space Invaders) 게임에서는 레이저를 볼 수 있도록 4개의 시간 단계가 아니라 3개의 시간 단계마다 행동을 선택한다.

추가로, 행동자-비평자와 PPO 같은 알고리즘의 경우에는 벡터로 표현된 환경이 사용된다. 이것은 각기 다른 CPU에서 돌아가는 다수의 병렬 게임 인스턴스의 벡터로 이루어진 래핑된 환경이다. 병렬화를 통해 다양한 경험을 훨씬 더 빠르게 샘플링함으로써 훈련을 향상할 수 있다. 이것은 slm_lab.env.vec_wrapper 모듈 안에 있는 SLM Lab 환경 래퍼의 일부분이기도 하다.

10.4 심층강화학습 알마낵

이 절에서는 이 책에서 다루는 알고리즘과 환경에 사용되는 하이퍼파라미터를 제시할 것이다. 알고리즘의 하이퍼파라미터를 어디서부터 튜닝해야 하는지 알아내는 것은 시간이 오래 걸리는 작업일 수 있다. 이 절에서는 간단한 참고용 파라미터값을 제시함으로써 튜닝에 도움이 될 수 있도록 하고자 한다.

많은 수의 환경에 대해 알고리즘 그룹별로 하이퍼파라미터의 리스트를 표로 제시했다. 이 표들은 환경이 변할 때 어떤 파라미터들이 더 많이 변하는 경향이 있는지 보여준다. 새로운 문제를 해결할 때는 더 민감한(크게 변하는) 하이퍼파라미터부터 튜닝하는 것이 좋다.

마지막 부분에서는 서로 다른 알고리즘의 성능을 몇 가지 환경에서 비교해 볼 것이다.

알고리즘 하이퍼파라미터와 성능에 대한 더 많은 비교 결과를 https://github.com/kengz/SLM-Lab/blob/master/BENCHMARK.md를 통해 SLM Lab 리포지터리에서 확인할 수 있다.

10.4.1 하이퍼파라미터 표

이 절에서는 알고리즘의 주요 유형별로 정리된 3개의 하이퍼파라미터 표를 제시한다. 각 열은 알고리즘을 적용할 수 있는 환경(이산적 또는 연속적 제어)의 몇 가지 예제를 보여준다. 왼쪽 열에서 오른쪽 열 방향으로 갈수록 알고리즘의 복잡도는 증가한다. 아타리 게임에 대해서는 동일한 하이퍼파라미터를 사용하는 것이 알고리즘의 규칙이다. REINFORCE와 살사는 제외했다. 이들은 실제로는 자주 사용하지 않는 알고리즘이기 때문이다.

특정 알고리즘에 대해 하이퍼파라미터가 제시됐지만 대부분의 파라미터값을 변형된 알고리즘에도 적용할 수 있다. 표 10.1은 이중 DQN + PER을 위한 하이퍼파라미터를 제시하고 있지만 이 파라미터를 DQN, DQN + PER, 이중 DQN에도 적용할 수 있다. 다만 PER을 사용할 때는 더 작은 값의 학습률을 적용해야 한다(5.6.1절 참고).

표 10.1 다양한 환경에서 이중 DQN + PER의 하이퍼파라미터

하이퍼파라미터 \ 환경	달착륙선	아타리
algorithm.gamma	0.99	0.99
algorithm.action_policy	엡실론 탐욕적	엡실론 탐욕적
algorithm.explore_var_spec.start_val	1.0	1.0
algorithm.explore_var_spec.end_val	0.01	0.01
algorithm.explore_var_spec.start_step	0	10,000
algorithm.explore_var_spec.end_step	50,000	1,000,000
algorithm.training_batch_iter	1	1
algorithm.training_iter	1	4
algorithm.training_frequency	1	4
algorithm.training_start_step	32	10,000
memory.max_size	50,000	200,000
m memory.alpha	0.6	0.6
memory.epsilon	0.0001	0.0001
memory.batch_size	32	32
net.clip_grad_val	10	10
net.loss_spec.name	SmoothL1Loss	SmoothL1Loss
net.optim_spec.name	Adam	Adam
net.optim_spec.lr	0.00025	0.00025
net.lr_scheduler_spec.name	None	None
net.lr_scheduler_spec.frame	—	—
net.update_type	replace	replace
net.update_frequency	100	1,000
net.gpu	False	True
env.num_envs	1	16
env.max_frame	300,000	10,000,000

표 10.2는 GAE를 적용한 A2C의 하이퍼파라미터를 보여준다. GAE를 위해 설정한 algorithm.lam을 n단계 이득을 위한 설정 algorithm.num_step_returns로 변경하기만 하면 동일한 파라미터를 n단계 이득을 사용하는 A2C에도 적용할 수 있다.

표 10.2 다양한 환경에서 A2C(GAE)의 하이퍼파라미터

하이퍼파라미터 \ 환경	달착륙선	두 발 보행자	아타리
algorithm.gamma	0.99	0.99	0.99
algorithm.lam	0.95	0.95	0.95
algorithm.entropy_coef_spec.start_val	0.01	0.01	0.01
algorithm.entropy_coef_spec.end_val	0.01	0.01	0.01
algorithm.entropy_coef_spec.start_step	0	0	0
algorithm.entropy_coef_spec.end_step	0	0	0
algorithm.val_loss_coef	1.0	0.5	0.5
algorithm.training_frequency	128	256	32
net.shared	False	False	True
net.clip_grad_val	0.5	0.5	0.5
net.init_fn	orthogonal_	orthogonal_	orthogonal_
net.normalize	False	False	True
net.loss_spec.name	MSELoss	MSELoss	MSELoss
net.optim_spec.name	Adam	Adam	RMSprop
net.optim_spec.lr	0.002	0.0003	0.0007
net.lr_scheduler_spec.name	None	None	None
net.lr_scheduler_spec.frame	—	—	—
net.gpu	False	False	True
env.num_envs	8	32	16
env.max_frame	300,000	4,000,000	10,000,000

마지막으로, 표 10.3은 PPO의 하이퍼파라미터를 보여준다. 이 하이퍼파라미터는 slm_lab/spec/benchmark 폴더 안에 있는 SLM Lab spec 파일에서 확인할 수 있다. 이 폴더에는 다양한 알고리즘에 대해 튜닝된 spec 파일도 들어 있다. 이 파일들은 11.3.1절에 정리된 SLM Lab 명령어를 이용하여 직접 돌려볼 수 있다.

표 10.3 다양한 환경에 대한 PPO의 하이퍼파라미터

하이퍼파라미터 \ 환경	달착륙선	두 발 보행자	아타리
algorithm.gamma	0.99	0.99	0.99
algorithm.lam	0.95	0.95	0.70
algorithm.clip_eps_spec.start_val	0.2	0.2	0.1
algorithm.clip_eps_spec.end_val	0	0	0.1
algorithm.clip_eps_spec.start_step	10,000	10,000	0
algorithm.clip_eps_spec.end_step	300,000	1,000,000	0

표 10.3 다양한 환경에 대한 PPO의 하이퍼파라미터 (계속)

하이퍼파라미터 \ 환경	달착륙선	두 발 보행자	아타리
algorithm.entropy_coef_spec.start_val	0.01	0.01	0.01
algorithm.entropy_coef_spec.end_val	0.01	0.01	0.01
algorithm.entropy_coef_spec.start_step	0	0	0
algorithm.entropy_coef_spec.end_step	0	0	0
algorithm.val_loss_coef	1.0	0.5	0.5
algorithm.time_horizon	128	512	128
algorithm.minibatch_size	256	4096	256
algorithm.training_epoch	10	15	4
net.shared	False	False	True
net.clip_grad_val	0.5	0.5	0.5
net.init_fn	orthogonal_	orthogonal_	orthogonal_
net.normalize	False	False	True
net.loss_spec.name	MSELoss	MSELoss	MSELoss
net.optim_spec.name	Adam	Adam	Adam
net.optim_spec.lr	0.0005	0.0003	0.00025
net.lr_scheduler_spec.name	None	None	LinearToZero
net.lr_scheduler_spec.frame	—	—	10,000,000
net.gpu	False	False	True
env.num_envs	8	32	16
env.max_frame	300,000	4,000,000	10,000,000

10.4.2 알고리즘 성능 비교

이 절에서는 다양한 알고리즘의 성능을 다수의 환경에서 비교해 본다. 환경은 복잡도가 증가하는 순서로 나열되어 있다.

표 10.4의 결과와 이 절에서 제시하는 그래프를 통해 각기 다른 알고리즘의 상대적인 성능을 확인할 수 있다. 하지만 하이퍼파라미터에 따라 결과는 크게 달라질 수 있다.

하이퍼파라미터를 더 세밀하게 미세 조정하는 것이 가능하다. 알고리즘 사이의 성능 차이가 크지 않았다면 이러한 미세 조정을 통해 알고리즘의 성능 순위가 바뀔 수도 있다. 하지만 알고리즘 사이의 성능 차이가 크다면, 미세 조정을 해도 성능의 우선순위는 바뀌지 않을 것이다.

모든 환경에서 최선인 알고리즘은 존재하지 않는다. PPO는 전반적으로 잘 작동하지만 특별한 환경에 대해서는 다른 알고리즘이 더 잘 작동할 수도 있다.

표 10.4 최종 mean_returns_ma. 이것은 100개의 체크포인트에 대한 총 보상의 이동평균을 한 번의 시험에서 4개의 세션에 대해 계산한 것이다. 이 결과는 10.4.1절의 하이퍼파라미터를 이용하여 도출했다.

환경 \ 알고리즘	DQN	이중 DQN+PER	A2C(n단계)	A2C(GAE)	PPO
`LunarLander`	192.4	**232.9**	68.2	25.2	214.2
`BipedalWalker`	—	—	187.0	15.7	**231.5**
`Pong`	16.3	20.5	18.6	19.2	**20.6**
`Breakout`	86.9	178.8	394.1	372.6	**445.4**
`Qbert`	2913.2	10863.3	**13590.4**	12498.1	13379.2

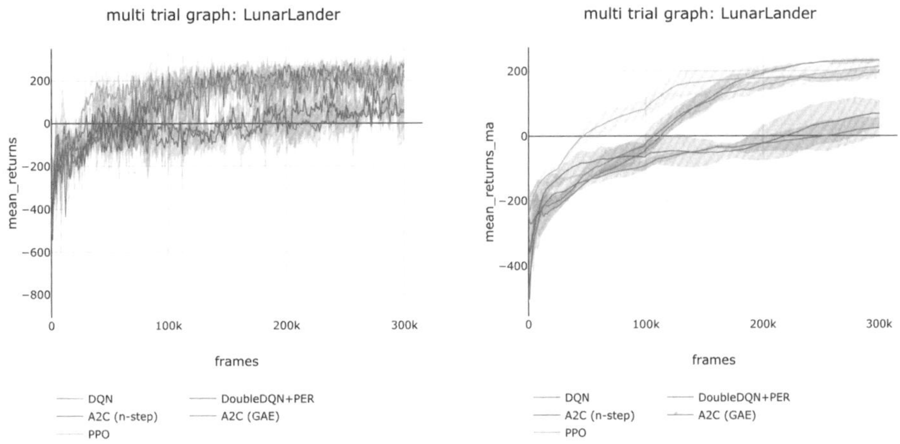

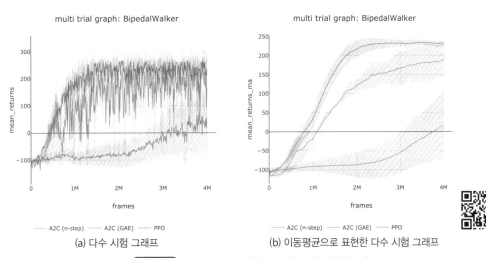

(a) 다수 시험 그래프 (b) 이동평균으로 표현한 다수 시험 그래프

그림 10.5 달착륙 환경에서 알고리즘의 성능 비교

(a) 다수 시험 그래프 (b) 이동평균으로 표현한 다수 시험 그래프

그림 10.6 두 발 보행자 환경에서 알고리즘의 성능 비교

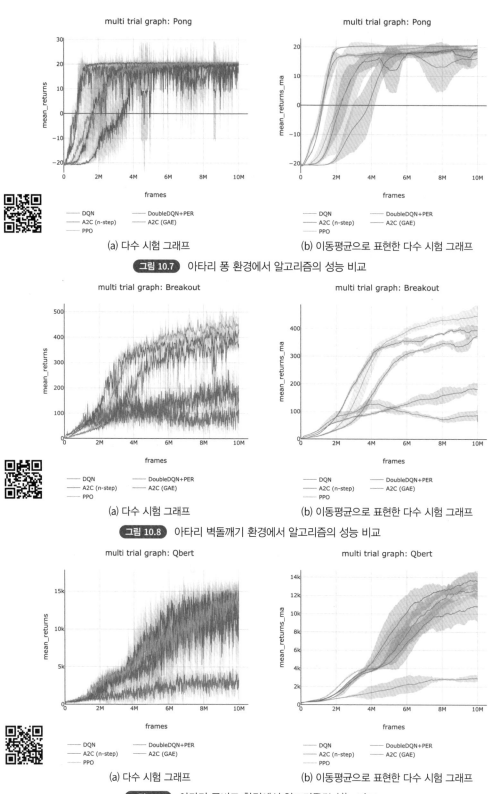

(a) 다수 시험 그래프   (b) 이동평균으로 표현한 다수 시험 그래프

그림 10.7   아타리 퐁 환경에서 알고리즘의 성능 비교

(a) 다수 시험 그래프   (b) 이동평균으로 표현한 다수 시험 그래프

그림 10.8   아타리 벽돌깨기 환경에서 알고리즘의 성능 비교

(a) 다수 시험 그래프   (b) 이동평균으로 표현한 다수 시험 그래프

그림 10.9   아타리 큐버트 환경에서 일고리즘의 성능 비교

10.5 요약

심층강화학습이 작동하도록 하는 것은 큰 노력을 요하는 어려운 일일 수 있다. 이 장에서는 구현 작업의 토대를 형성하여 구현과 디버깅을 좀 더 체계적으로 할 수 있도록 도와주는 공학적 구현 기법을 알아봤다. 이러한 기법에는 단위 테스트, 스타일 가이드, 자동 코드 리뷰, 깃 워크플로 등 이 있다.

실질적인 디버깅 팁을 몇 가지 살펴봤다. 이러한 팁에는 생존 신호를 확인하는 것과 데이터를 눈 으로 조사하는 것, 그리고 프로세서, 메모리, 신경망, 알고리즘 등의 에이전트 구성요소를 확인하 는 것들이 있다. 문제를 단순화하고 과학적 워크플로를 차용하는 것과 같은 일반적인 팁도 다루 었다. 아타리 게임을 하는 에이전트를 성공적으로 훈련하는 데 사용되는 구체적인 기법도 간단 히 다루었다. 마지막으로, 이 책에서 다룬 주요 알고리즘과 환경에서 잘 작동하는 하이퍼파라미 터의 리스트를 제시했다. 심층강화학습 문제를 처음 다루는 사람들에게 이러한 기법들이 유용한 가이드가 되길 바란다.

이 장에서 다루었던 아이디어들은 완벽하지 않다. 이 장에서 다루지 않은 시나리오와 버그를 마 주칠 수도 있다. 하지만 이 장에서 제시한 팁들은 디버깅을 위해 시도해 볼 좋은 출발점이 된다. 다른 기법들을 익히려면 더 많이 직접 경험해 볼 필요가 있다. 잠재적인 많은 버그가 있다는 점 을 감안하면 구현한 코드를 작동시키기 위해 수 주에서 수개월을 소비하는 것은 이상한 일이 아 니다. 심층강화학습은 쉽지 않다. 그러나 무언가 어려운 일을 해낸다는 것은 동기를 유발하는 큰 보상이 된다. 가장 중요한 건, 일이 순조롭게 진행되려면 긍정적인 자세와 큰 인내심이 필요하다 는 것이다.

11

SLM Lab

이 책에서는 시험과 실험을 수행하기 위해 SLM Lab을 이용했다. 이 장에서는 SLM Lab의 주요 특징과 명령어를 설명하겠다.

먼저 SLM Lab에 구현된 알고리즘을 요약할 것이다. 그런 다음, 하이퍼파라미터 검색 설정을 위한 구문syntax과 함께 spec 파일을 좀 더 자세히 살펴볼 것이다. 다음으로, Session, Trial, Experiment로 구성된 실험의 프레임워크를 소개하고 이와 함께 lab의 주요 명령어도 소개할 것이다. 이 장의 마지막에서는 SLM Lab을 이용할 때 자동으로 생성된 그래프와 데이터를 하나씩 설명할 것이다.

이 장에서는 이 책의 서문에 있는 안내대로 SLM Lab이 설치됐다고 가정한다. 소스 코드는 https://github.com/kengz/SLM-Lab을 통해 깃허브에서 얻을 수 있다. 새로운 알고리즘과 기능들이 라이브러리에 수시로 추가되기 때문에, 이 책에서는 이 책을 위해 만들어진 book 브랜치를 사용할 것이다.

11.1 SLM Lab에 구현된 알고리즘

SLM Lab은 이 책에서 살펴봤던 알고리즘들을 구현한다. 그 목록은 다음과 같다.

- REINFORCE[148]
- 살사[118]
- DQN[88]
- 이중 DQN[141], 우선순위가 있는 경험 재현[121]
- 어드밴티지 행동자-비평자A2C
- PPO[124]
- 비동기 어드밴티지 행동자-비평자A3C[87]

기능과 알고리즘이 수시로 추가되고 있으며 SLM Lab 개발이 활발히 진행되고 있다. 핵심 알고리즘을 확장하여 최근에 추가된 알고리즘의 예제를 살펴보겠다.

- **결합된 경험 재현**Combined Experience Replay, CER[153]: 이 알고리즘은 경험 재현을 조금 수정하여 훈련 데이터 배치에 가장 최근의 경험을 항상 추가하게 한 것이다. CER의 개발자는 CER이 재현 버퍼의 크기에 대한 에이전트의 민감성을 줄여서 버퍼의 크기를 튜닝하는 데 그렇게 많은 시간이 필요하지 않다는 사실을 입증했다.

- **결투 DQN**Dueling DQN[144]: 이 알고리즘은 DQN에서 Q 함수를 근사하는 데 사용되는 신경망의 정형적인 구조를 수정한 것이다. DQN에서 네트워크는 일반적으로 Q 가치를 직접 도출한다. 결투 DQN은 Q 가치 추정값을 두 부분으로 나눈다(상태-가치 함수 V^π의 추정과 상태-행동 어드밴티지 함수 A^π의 추정). 이 추정값들을 네트워크 모듈 안에서 결합하여 Q 가치 추정값을 만들기 때문에 네트워크 출력의 최종 형태는 DQN과 동일하다. 훈련 과정은 DQN 또는 DQN의 변형 알고리즘과 정확히 같은 방식으로 진행된다. 행동 선택이 그다지 중요하지 않아서 결과에 중요한 영향을 미치지 않는 상태가 있는 반면 그렇지 않은 상태도 있는데, 결투 DQN은 바로 이러한 아이디어를 기반으로 한다. 결과적으로, 결투 DQN은 상태의 가치에 대한 추정값을 행동의 어드밴티지로부터 분리하는 데 도움이 된다. 결투 DQN 알고리즘이 발표됐을 때, 이 알고리즘은 아타리 게임에 대해 최첨단의 결과를 도출했다.

- **소프트 행동자-비평자**Soft Actor-Critic, SAC[47]: 이 알고리즘은 표본 효율성과 안정성을 위해 특별히 설계된 행동자-비평자 알고리즘이다. 이 알고리즘은 비활성정책 알고리즘이어서 경험 재현 메모리에 저장된 데이터를 재사용할 수 있기 때문에 A2C와 PPO보다 표본 효율성이 좋다. 이 알고리즘은 또한 목적 함수에 엔트로피 항을 추가하여 최대 엔트로피 강화학습 프레임워크를 사용한다. 엔트로피와 이득을 둘 다 최대화함으로써 에이전트는 가능한 한 무작위로 행동하면서 높은 보상을 얻도록 학습된다. 이러한 특성 때문에 SAC는 훈련의 취약성이 덜하고 좀 더 안정적인 훈련이 가능하다.

SLM Lab은 모든 알고리즘을 세 가지 구성요소로 분류하여 구현하고 그에 따라 모든 알고리즘은 세 가지 클래스로 조직된다.

- Algorithm: 환경과의 상호작용을 다루고, 행동 정책을 구현하고, 알고리즘에 특화된 손실 함수를 계산하고, 훈련 단계를 실행한다. Algorithm 클래스는 또한 다른 구성요소 및 그들과의 상호작용을 제어한다.
- Net: 알고리즘에서 함수 근사의 역할을 하는 신경망을 저장한다.
- Memory: 훈련에 필요한 데이터의 저장과 검색 기능을 제공한다.

이런 방식으로 조직화되어 있기 때문에 개발자는 구현 작업에서 클래스 상속의 이점을 활용할 수 있다. 더욱이, 각 구성요소는 표준화된 API를 구현하여 API를 통해 서로 다른 요소들이 상호작용하고 결합할 수 있게 한다. 상속과 표준화된 API 덕분에 새로운 구성요소의 구현과 테스트가 더 쉬워진다. 이를 설명하기 위해 예제를 하나 살펴보자. 바로 우선순위가 있는 경험 재현 Prioritized Experience Replay, PER이다.

5장에서 소개한 PER은 재현 메모리로부터 표본 추출 분포를 변화시킨다. 짧게 개요를 얘기하면, 표준 DQN 알고리즘에서는 경험이 무작위로 균일하게 재현 메모리로부터 추출되는 반면, PER에서는 경험의 우선순위로부터 생성된 확률분포에 따라 경험이 추출된다. 경험은 일반적으로 TD 오차의 절댓값에 기반한 우선순위를 필요로 한다. 따라서 관련된 경험의 우선순위는 에이전트가 훈련될 때마다 업데이트되어야 한다. 이것 이외에 경험 재현 메모리와 훈련 과정은 DQN 알고리즘과 동일하다. SLM Lab에서는 이것을 PrioritizedReplay 메모리 클래스를 통해 구현한다. 이 클래스는 Replay 클래스를 상속받기 때문에 100줄 정도의 코드만 새로 작성하면 된다. 소스 코드는 slm_lab/agent/memory/prioritized.py를 통해 SLM Lab에서 확인할 수 있다.

이러한 설계 방식을 활용하면 구성요소가 준비됐을 때 곧바로 모든 관련된 알고리즘에 적용할 수 있다. 예를 들면, 이중 DQN은 DQN을 상속받기 때문에 자동적으로 PER을 사용할 수 있다. 이와 비슷하게, 결투 DQN도 표준화된 API를 통해 PER 메모리와 상호작용하는 Net 클래스를 수정하여 독립적으로 구현된 것이기 때문에 PER을 사용할 수 있다.

SLM Lab은 구성요소 재사용을 극대화하도록 설계됐다. 이렇게 하면 코드가 더 짧아지고 단위 테스트의 커버리지가 더 넓어진다는 장점도 있다. 잘 작성된 구성요소를 신뢰할 수 있어서 연구 개발이 진행되고 있는 구성요소에만 집중하면 된다는 것이 핵심이다. spec 파일을 통해 구성요소를 켜고 끄는 것과 다른 구성요소와 바꾸는 것이 용이하기 때문에 각기 다른 요소의 효과를 분리하는 것도 더 쉽게 할 수 있다. 이것은 디버깅할 때도 도움이 되지만, 새로운 아이디어를 평가할 때도 도움이 된다. 기반이 되는 코드를 작성하기가 쉽기 때문이다.

11.2 spec 파일

이 절에서는 SLM Lab에서 spec 파일을 어떻게 작성하는지 알아볼 것이다.

SLM Lab에서는 알고리즘에 대해 설정할 수 있는 모든 하이퍼파라미터가 spec 파일에 명시된다. spec 파일을 이용하여 개발하는 이유는 심층강화학습에 대한 실험을 좀 더 재현 가능한 상태로 만들기 위해서다. 구현된 코드에 대해서는 일반적으로 깃 SHA를 이용하여 버전 관리 및 추적을 할 수 있지만, 실험을 실행하다 보면 코드의 일부분으로서 추적되지 않는 하이퍼파라미터를 명시해야 할 때도 있다. 이러한 누락된 또는 숨겨진 하이퍼파라미터는 심층강화학습의 재현 가능성을 어렵게 만드는 요소로 작용해 왔다. 이러한 파라미터를 실험을 수행할 때마다 추적하는 실질적인 방법이 없기 때문이다. 이 이슈를 해결하기 위해 SLM Lab에서는 모든 하이퍼파라미터를 하나의 spec 파일에 명시하고, 깃 SHA 및 무작위 시드와 함께 실험 결과 데이터의 일부분으로 저장한다.

코드 11.1은 저장된 spec 파일의 일부분을 예제로 보여준다. 깃 SHA(라인 22)를 통해 spec을 실행하는 데 사용된 코드의 버전을 복구할 수 있고, 무작위 시드(라인 23)는 에이전트와 환경 내부에서 진행되는 확률론적 과정을 재현할 수 있게 해준다.

코드 11.1 한 세션에서 깃 SHA 및 무작위 시드와 함께 저장된 spec 파일의 예제

```
1   {
2     "agent": [
3       {
4         "name": "A2C",
5           ...
6       }
7     ],
8     ...
9     "meta": {
10      "distributed": false,
11      "log_frequency": 10000,
12      "eval_frequency": 10000,
13      "max_session": 4,
14      "max_trial": 1,
15      "experiment": 0,
16      "trial": 0,
17      "session": 0,
18      "cuda_offset": 0,
19      "experiment_ts": "2019_07_08_073946",
20      "prepath": "data/a2c_nstep_pong_2019_07_08_073946/a2c_nstep_pong_t0_s0",
21      "ckpt": null,
22      "git_sha": "8687422539022c56ae41600296747180ee54c912",
23      "random_seed": 1562571588,
```

```
24      "eval_model_prepath": null,
25      "graph_prepath":
        ↪ "data/a2c_nstep_pong_2019_07_08_073946/graph/a2c_nstep_pong_t0_s0",
26      "info_prepath":
        ↪ "data/a2c_nstep_pong_2019_07_08_073946/info/a2c_nstep_pong_t0_s0",
27      "log_prepath":
        ↪ "data/a2c_nstep_pong_2019_07_08_073946/log/a2c_nstep_pong_t0_s0",
28      "model_prepath":
        ↪ "data/a2c_nstep_pong_2019_07_08_073946/model/a2c_nstep_pong_t0_s0"
29    },
30    "name": "a2c_nstep_pong"
31  }
```

이런 방식으로 설계하면, 모든 하이퍼파라미터와 실험에 사용된 코드 버전의 깃 SHA를 포함하는 spec 파일을 이용하여 SLM Lab에서 실행하는 모든 실험을 다시 실행할 수 있다. spec 파일에는 **강화학습 실험을 완전히 재현하기** 위해 필요한 모든 정보가 담겨 있다. 깃 SHA에서 코드를 체크아웃하고 저장된 spec을 실행하기만 하면 된다. 이 책에서도 이미 시험과 실험을 수행하기 위해 spec 파일을 사용해 왔다. 이제 spec 파일을 좀 더 자세히 살펴보자.

SLM Lab에서는 에이전트와 환경을 구성하기 위해 spec 파일을 사용한다. spec 파일의 형태는 Lab의 모듈화된 구성요소 설계 방식을 따르도록 표준화되어 있다. spec 파일의 다양한 구성요소는 다음과 같다.

1. agent: 다수의 에이전트를 표현하기 위해 리스트의 형태로 되어 있다. 하지만 목적에 따라 하나의 에이전트만 있다고 가정할 수도 있다. 리스트의 각 성분은 구성요소의 스펙을 포함하는 에이전트의 spec이다. 여기서 구성요소는 다음과 같다.

   a. algorithm: 정책 유형, 알고리즘 계수, 비율 감소rate decay, 훈련 스케줄과 같이 알고리즘에 특화된 주요 파라미터

   b. memory: 배치 크기 및 메모리 크기 같은 특정한 메모리 하이퍼파라미터와 함께 알고리즘에 사용하기 적합한 메모리를 지정한다.

   c. net: 신경망의 유형, 숨은 층위의 아키텍처, 활성화, 경사 클리핑, 손실 함수, 최적화 기법, 비율 감소, 업데이트 방법, CUDA 사용 등

2. env: 다수 환경을 수용하기 위해 이것도 리스트의 형태를 갖지만, 지금은 오직 하나의 환경만을 생각할 수 있다. 이것은 사용할 환경, 에피소드당 최대 시간 단계 개수, 하나의 Session 안의 총 시간 단계(프레임) 개수를 지정한다. 또한 상태, 보상 전처리 방법, 벡터 환경(8장)에서 환경의 개수를 지정한다.

3. body: 다수의 에이전트가 다수의 환경과 어떻게 연결되는지를 지정한다. 지금 다루고 있는 단일 에이전트 단일 환경의 경우에는 이것을 무시할 수 있다. 그냥 기본값을 사용하면 된다.

4. meta: 높은 수준에서 Lab이 실행되는 방식을 구성한다. 실행할 Trial과 Session의 개수, 평가와 로깅 빈도수, 비동기 훈련(8장) 활성화 토글$_{toggle}$을 제공한다.

5. search: 검색할 하이퍼파라미터와 파라미터를 추출에 사용할 방법을 지정한다. 에이전트 변수를 검색하는 것이 일반적이지만 환경 변수를 포함하여 spec 파일의 어떤 변수라도 검색할 수 있다.

11.2.1 검색 스펙 구문

검색할 하이퍼파라미터를 지정하기 위한 구문은 "{key}__{space_type}": {v}다. {key}는 spec 파일의 나머지 부분에 명시된 하이퍼파라미터의 이름이다. {v}는 일반적으로 무작위 검색에서처럼 검색의 범위를 지정한다. 하지만 더 유연한 검색 전략을 위해 v는 여러 값 중에 선택할 수도 있고 확률분포의 평균이나 표준편차일 수도 있다. SLM Lab에서는 이산 변수와 연속 변수에 대해 각각 2개씩 총 4개의 분포를 선택해야 하고, 값을 추출하는 방법을 정의하는 space_type에 따라 v에 대한 해석이 달라진다.

- 이산 변수 space_type
  - choice: str/int/float. v = choice의 리스트
  - randint: int. v = [low, high)
- 연속 변수 space_type
  - uniform: float. v = [low, high)
  - normal: float. v = [mean, stdev)

추가로, 위와 같이 검색 대상을 무작위로 추출하는 대신 space_type으로 grid_search를 설정하여 리스트의 전체 항목을 차례로 확인하게 할 수도 있다. 이 책의 모든 알고리즘 관련 장에서 이 방법을 사용했다.

SLM Lab에서 실험을 수행하는 데 사용할 수 있는 검색 spec의 예제를 살펴보자. 이 예제 실험에서는 카트폴 게임을 하기 위해 목표 네트워크를 갖는 DQN 에이전트를 훈련하고 3개의 하이퍼파라미터(할인율 γ, 훈련 단계마다 메모리에서 추출할 배치의 개수, 목표 네트워크의 치환 업데이트 빈도수)를 검색할 것이다. 전체 spec을 코드 11.2에 나타내었다. 모든 라인에 하이퍼파라미터에 대한 간단한 설명을 주석으로 달았다.

```
1   # slm_lab/spec/experimental/dqn/dqn_cartpole_search.json
2
3   {
4     "dqn_cartpole": {
5       "agent": [{
6         "name": "DQN",
7         "algorithm": {
8           "name": "DQN",                            # 실행할 알고리즘의 클래스 이름
9           "action_pdtype": "Argmax",                # 행동 정책 분포
10          "action_policy": "epsilon_greedy",        # 행동 추출 방법
11          "explore_var_spec": {
12            "name": "linear_decay",                 # 탐험 변수를 감소시키는 방법
13            "start_val": 1.0,                       # 탐험 변수의 초깃값
14            "end_val": 0.1,                         # 탐험 변수의 최솟값
15            "start_step": 0,                        # 감소를 시작할 시간 단계
16            "end_step": 1000,                       # 감소를 끝낼 시간 단계
17          },
18          "gamma": 0.99,                            # 할인율
19          "training_batch_iter": 8,                 # 데이터 묶음별 파라미터 업데이트
20          "training_iter": 4,                       # 훈련 단계별 데이터 묶음
21          "training_frequency": 4,                  # 에이전트의 훈련 빈도
22          "training_start_step":                    # 훈련을 시작할 시간 단계
23        },
24        "memory": {
25          "name": "Replay",                         # 메모리의 클래스 이름
26          "batch_size": 32,                         # 메모리로부터 추출된 데이터 묶음의 크기
27          "max_size": 10000,                        # 저장할 경험의 최대 개수
28          "use_cer": false                          # 결합 경험 재현의 사용 여부
29        },
30        "net": {
31          "type": "MLPNet",                         # 네트워크의 클래스 이름
32          "hid_layers": [64],                       # 숨은 층위의 크기
33          "hid_layers_activation": "selu",          # 숨은 층위 활성화 함수
34          "clip_grad_val": 0.5,                     # 경사의 최대 크기
35          "loss_spec": {                            # 손실 함수의 스펙
36            "name": "MSELoss"
37          },
38          "optim_spec": {                           # 최적화 기법의 스펙
39            "name": "Adam",
40            "lr": 0.01
41          },
42          "lr_scheduler_spec": null,                # 할인율 스케줄러 스펙
43          "update_type": "polyak",                  # 목표 네트워크 업데이트 방법
44          "update_frequency": 32,                   # 목표 네트워크 업데이트 빈도
45          "polyak_coef": 0.1,                       # 업데이트에 사용된 네트워크 파라미터의 가중치
46          "gpu": false                              # 훈련을 위한 GPU 사용 여부
47        }
48      }],
49      "env": [{
50        "name": "CartPole-v0",                      # 환경의 이름
```

```
51        "max_t": null,                    # 에피소드의 최대 시간 단계
52        "max_frame": 50000                # 세션의 최대 시간 단계
53      }],
54      "body": {
55        "product": "outer",
56        "num": 1
57      },
58      "meta": {
59        "distributed": false,             # 비동기 병렬화의 사용 여부
60        "eval_frequency": 1000,           # 에이전트에 대한 평가 빈도
61        "max_session": 4,                 # 실행할 세션의 개수
62        "max_trial": 32                   # 실행할 시험의 개수
63      },
64      "search": {
65        "agent": [{
66          "algorithm": {
67            "gamma__uniform": [0.50, 1.0],
68            "training_iter__randint": [1, 10]
69          },
70          "net": {
71            "optim_spec": {
72              "lr__choice": [0.0001, 0.001, 0.01, 0.1]
73            }
74          }
75        }]
76      }
77    }
78  }
```

코드 11.2에서는 검색할 3개의 변수가 라인 64~76에 명시되어 있다. 무작위 균일 분포를 이용하여 추출한 값을 통해 하나의 연속 변수 gamma를 검색한다. 이산 변수 training_iter는 [0, 10) 범위에서 균일하게 추출된 정숫값을 통해 검색한다. 학습률 lr은 리스트 [0.0001, 0.001, 0.01, 0.1]의 성분 중에서 무작위로 추출된다. 이것은 SLM Lab에서 하이퍼파라미터 검색에 사용하는 다양한 추출 방법 중 몇 가지를 설명한 것이다.

실험을 실행할 때 중요한 또 다른 변수는 max_trial(라인 62)이다. 이것은 얼마나 많은 하이퍼파라미터가 생성되어 시험을 수행하는 데 사용될 것인지를 지정한다. 이 예제에서는 max_trial = 32로 설정했기 때문에 gamma, training_iter, lr 값에 대한 32개의 무작위 조합이 있을 것이고, 이 조합을 이용하여 완전한 spec 파일의 기본값을 대체한다. 이렇게 하면 서로 다른 하이퍼파라미터를 갖는 32개의 spec 파일이 만들어지고, 이를 이용하여 시험을 수행하게 된다. 모든 시험은 4개의 Session을 수행한다(라인 61).

spec 파일을 어떻게 작성하는지 알았으니, SLM Lab을 이용하여 실험을 수행하는 방법을 알아보자.

11.3 SLM Lab의 실행

심층강화학습 실험을 실행하면 일반적으로 다양한 하이퍼파라미터를 시험하게 된다. 동일한 하이퍼파라미터를 적용해도 심층강화학습의 결과는 분산이 크다고 알려져 있기 때문에 다양한 무작위 시드값을 이용하여 다수의 실험을 시행하고 결과를 평균 내는 것이 좋다.

SLM Lab에서 수행하는 실험의 프레임워크도 이러한 방식을 따르고 있으며 3개의 구성요소로 계층화되어 있다.

1. Session: SLM Lab의 심층강화학습 프레임워크에서 가장 낮은 수준에 있는 세션$_{session}$은 강화학습 제어 루프를 실행한다. 세션은 특정 하이퍼파라미터와 주어진 무작위 시드를 이용하여 에이전트와 환경을 초기화하고 에이전트를 훈련한다. 세션이 끝나고 나면 훈련된 에이전트와 spec 파일, 데이터 및 그래프는 분석을 위해 데이터 폴더에 저장된다.

2. Trial: 시험$_{trial}$은 동일한 하이퍼파라미터와 다양한 무작위 시드를 이용하여 다수의 세션을 실행하고, 세션의 결과를 평균 내어 시험 그래프를 도출한다.

3. Experiment: SLM Lab 실험 프레임워크의 최상위 수준에 있는 실험$_{experiment}$은 다양한 하이퍼파라미터 묶음을 생성하고 각 파라미터 묶음에 대해 시험을 수행한다. 이것은 공부와 비슷하다(예 '다른 모든 조건이 동일할 때 할인율과 학습률의 값이 얼마여야 가장 안정적인 결과를 가장 빠르게 얻을 수 있을까?'). 실험이 끝나고 나면 다수 시험 그래프를 통해 시험 결과를 비교할 수 있다.

11.3.1 SLM Lab의 명령어

SLM Lab의 주요 명령어를 살펴보자. 명령어에는 `python run_lab.py {spec_file} {spec_name} {lab_mode}`와 같은 기본적인 패턴이 있다. 다양한 사용 사례에 적용하는 4개의 핵심 명령어가 있다.

1. `python run_lab.py slm_lab/spec/benchmark/a2c/a2c_nstep_pong.json a2c-nstep_pong dev`: 개발 모드. 이것은 환경 생성, 네트워크 파라미터 업데이트의 점검, 장황한 디버깅 로그를 단일 Session에만 적용한다는 점에서 아래 설명한 train 모드와는 다르다.

2. `python run_lab.py slm_lab/spec/benchmark/a2c/a2c_nstep_pong.json a2c_nstep_pong train`: Trial을 생성함으로써 주어진 spec을 이용하여 에이전트를 훈련한다.

3. `python run_lab.py slm_lab/spec/benchmark/a2c/a2c_nstep_pong.json a2c_nstep_pong search`: Experiment를 생성함으로써 하이퍼파라미터 검색과 함께 실험을 수행한다.

4. `python run_lab.py data/a2c_nstep_pong_2018_06_16_214527/a2c_nstep_pong_spec.json a2c_nstep_pong enjoy@a2c_nstep_pong_t1_s0`: SLM Lab의 data/ 폴더에 저장된 완료된 시험 또는 실험으로부터 에이전트를 불러온다. lab 모드 `enjoy@a2c_nstep_pong_t1_s0`는 모델 파일의 시험 세션을 지정한다.

11.4 실험 결과의 분석

실험이 종료되고 나면 SLM-Lab/data/에 있는 폴더에 출력 데이터가 자동으로 저장된다. 이 절에서는 이 데이터의 활용법을 중점적으로 살펴보고 실험에 대한 통찰을 얻고자 한다. 실험 데이터는 11.3절에서 논의한 세션-시험-실험의 계층 구조를 따른다. SLM Lab이 생성하는 데이터에 대한 개요를 예제와 함께 설명할 것이다.

11.4.1 실험 데이터의 개요

실험을 통해 생성된 데이터는 data/{experiment_id} 폴더에 자동으로 저장된다. {experiment_id}는 실험이 시작될 때 생성되는 spec 이름과 타임스탬프를 결합한 것이다.

모든 세션은 학습 곡선과 이동평균에 대한 그래프, 저장된 에이전트의 모델 파라미터, 세션 데이터를 포함하는 CSV 파일, 그리고 세션 수준의 지표를 생성한다. 세션 데이터에는 보상, 손실, 학습률, 탐험 변수의 값 등이 포함된다. 그림 11.1은 6.7.1절에 설명한 행동자-비평자 실험에 대한 세션 그래프의 예제를 보여준다.

시험이 끝날 때마다 세션에 대해 평균 낸 학습 곡선이 표준편차에 따른 오차 범위와 함께 그래프로 생성된다. 이동평균을 나타낸 그래프도 생성된다. 또한 시험 수준의 지표도 생성된다. 그림 11.2는 시험 그래프의 예제를 나타낸다.

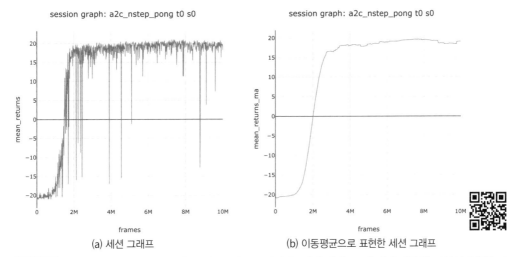

(a) 세션 그래프

(b) 이동평균으로 표현한 세션 그래프

그림 11.1 세션 그래프의 예제. 세로축은 체크포인트 구간에서 8개의 에피소드에 대해 평균 낸 보상의 총합을 나타내고, 가로축은 전체 훈련 프레임을 나타낸다. 오른쪽 그래프는 100개의 평가용 체크포인트에 대한 이동평균을 보여준다.

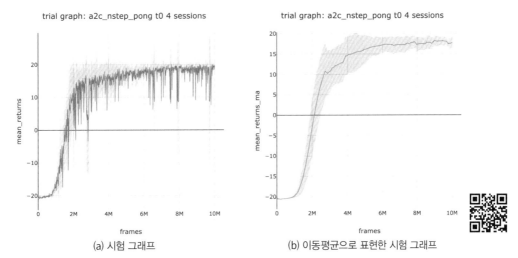

(a) 시험 그래프

(b) 이동평균으로 표현한 시험 그래프

그림 11.2 세션 데이터에 대해 평균 낸 시험 그래프의 예제. 세로축은 체크포인트 구간에서 8개의 에피소드에 대해 평균 낸 보상의 총합을 나타내고, 가로축은 전체 훈련 프레임을 나타낸다. 오른쪽 그래프는 100개의 평가용 체크포인트에 대한 이동평균을 보여준다.

한 번의 실험이 끝나면 모든 시험을 비교하는 다수 시험 그래프가 생성되며, 이동평균 그래프 역시 생성된다. 추가로, 실험 결과와 변수를 최고의 성능을 보여준 시험부터 최악의 성능을 보여준 시험 순으로 요약한 experiment_df라는 CSV 파일도 생성된다. 이렇게 하면 하이퍼파라미터의 범위와 조합을 가장 성공적인 것부터 순서대로 명확하게 나타낼 수 있다. 그림 11.3은 다수 시험 그래프의 예제를 보여준다.

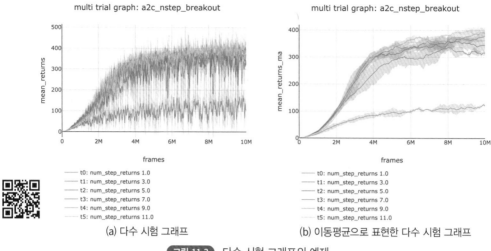

(a) 다수 시험 그래프   (b) 이동평균으로 표현한 다수 시험 그래프

그림 11.3   다수 시험 그래프의 예제

11.5 요약

이 장에서는 SLM Lab 라이브러리를 자세히 살펴봤다. SLM Lab에 구현된 알고리즘과 알고리즘의 구성을 위한 spec 파일에 대해 알아봤다. 또한 주요 lab 명령어도 소개했다.

그리고 Session, Trial, Experiment로 구성된 실험 프레임워크를 살펴봤다. 이들 각각은 알고리즘의 성능 분석에 도움이 되는 그래프와 데이터를 만들어낸다.

새로운 알고리즘과 기능이 계속 추가되면서 SLM Lab은 최신 버전으로 활발히 개발되고 있다. 이 최신 버전을 이용하려면 https://github.com/kengz/SLM-Lab을 통해 깃허브 리포지터리에서 주요 master 브랜치를 확인하면 된다.

CHAPTER

12

네트워크 아키텍처

신경망은 이 책에서 논의한 모든 알고리즘의 구성요소다. 하지만 지금까지는 신경망의 설계나 신경망을 강화학습에 결합하는 데 사용되는 기능에 대해서는 논의하지 않았다. 이 장에서는 심층강화학습의 맥락에서 신경망의 설계와 훈련에 대해 자세히 알아보고자 한다.

먼저 다양한 신경망과 신경망에 특화된 데이터 유형의 간략한 소개부터 시작할 것이다. 그런 다음 환경의 두 가지 특성(얼마나 **관측 가능한지**observable와 상태 공간의 특성이 무엇인지)에 따라 적합한 신경망을 선택하는 방법을 알아볼 것이다. 환경의 관측 가능성observability을 나타내기 위해 마르코프 결정 과정Markov Decision Process, MDP과 부분적으로 관측 가능한 마르코프 결정 과정Partially Observable Markov Decision Process, POMDP의 차이점을 논의하고 세 가지 유형의 POMDP를 소개할 것이다.

이 장의 나머지 부분에서는 심층강화학습의 맥락에서 신경망을 훈련하는 데 필요한 일반적인 기능을 압축해 놓은 SLM Lab의 Net API를 설명할 것이다. Net API의 뛰어난 특성을 알아보고, SLM Lab의 예제를 통해 이러한 특성이 어떻게 구현되는지 살펴볼 것이다.

12.1 신경망의 유형

신경망은 몇 가지 그룹으로 나눌 수 있다. 각각의 신경망 그룹은 특별한 특징을 갖고 있으며, 각자 서로 다른 작업과 입력 데이터 유형에 특화되어 있다. 다층 퍼셉트론multilayer perceptron, MLP,

합성곱신경망Convolutional Neural Network, CNN, 회귀신경망Recurrent Neural Network, RNN이라는 세 가지 주요 카테고리가 있다. 이 신경망 유형을 결합하여 하이브리드를 만들 수도 있다. 예를 들면, CNN-RNN 같은 것을 만들 수 있다.

각 그룹은 네트워크에 포함된 층위의 유형과 네트워크의 내부 계산 흐름이 조직되는 방식에 따라 특징지어진다. 각각의 신경망 그룹에 내재된 입력 데이터의 사전정보는 서로 다르며, 신경망은 이 사전정보를 활용하여 특정 성질을 갖는 데이터로부터 더 잘 학습할 수 있다. 이 절에서는 주요 네트워크 그룹의 특성을 아주 간략히 설명할 것이다. 신경망에 대해 잘 알고 있다면 이 절 전체를 건너뛰어도 좋고 그림 12.4만 간략히 살펴봐도 좋다. 더 자세한 내용을 원한다면 참고할 만한 두 권의 책을 추천한다. 마이클 닐슨Michael Nielsen의 《Neural Networks and Deep Learning》[92]과 이안 굿펠로우Ian Goodfellow, 요슈아 벤지오Yoshua Bengio, 아론 커빌Aaron Courville의 《Deep Learning》[45]이다. 둘 다 이 책을 쓸 시점에 온라인에서 무료로 이용할 수 있었다.

12.1.1 다층 퍼셉트론(MLP)

다층 퍼셉트론MLP은 가장 간단하고 일반적인 유형의 신경망이다. 이 신경망은 **완전히 연결된 층위**fully connected layer(또는 **밀도 높은 층위**dense layer)로만 구성되어 있다. 완전히 연결된 층위에서는 이전 층위의 모든 출력값이 현재 층위의 모든 노드와 연결되며 모든 연결에는 가중치가 부여된다. 모든 밀도 높은 층위의 출력값에는 일반적으로 비선형 활성화 함수가 적용된다. 이 비선형 활성화 함수는 신경망의 표현력을 높여줌으로써 신경망이 매우 복잡한 비선형 함수도 모사할 수 있게 해준다.

MLP는 일반적인 목적으로 사용되며 이 신경망의 입력은 n개의 성분을 갖는 단일 벡터로 되어 있다. MLP는 입력 데이터의 특성에 대해 거의 아무런 가정을 하지 않는다. 예를 들면, MLP는 입력 데이터의 차원이 서로 어떻게 연관되어 있는지에 대한 어떤 정보도 나타내지 않는다. 이것은 장점이자 단점이다. 장점이라면 MLP가 입력에 대해 글로벌한 관점을 가질 수 있다는 것이다. MLP는 모든 입력 성분의 조합으로 나타나는 특징을 학습하여 글로벌한 구조와 패턴에 따라 대응할 수 있다.

하지만 MLP는 훈련 대상인 데이터의 특징을 무시할 수도 있다. 그림 12.1(a)와 그림 12.1(b)의 두 이미지를 살펴보자. 그림 12.1(a)는 산이 많이 보이는 풍경을 찍은 사진이다. 그림 12.1(b)는 랜덤 노이즈처럼 보인다. 그림 12.1(a)의 픽셀값은 매우 강한 2차원 공간상관관계spatial correlation를 보여준다. 대부분의 경우 특정 픽셀의 픽셀값은 인접한 픽셀의 픽셀값과 매우 유사하다. 반대로, 그림 12.1(b)의 픽셀값은 인접한 픽셀의 픽셀값과 밀접하게 연관되어 있지 않다. 현실 세계의 이미지는 그림 12.1(b)보다는 그림 12.1(a)와 훨씬 더 유사하며, 픽셀값이 인접한 영역에서 서로 강하게 연결되어서 나타난다.

(a) 산

(b) 랜덤 이미지

그림 12.1 산이 많은 풍경 이미지와 랜덤 이미지의 비교

이미지의 2차원 구조는 MLP에 쉽게 적용할 수 없다. MLP에서는 모든 이미지가 1차원 리스트로 변환되어 네트워크의 입력으로 들어가기 때문이다. 훈련하기 전에 픽셀값의 순서는 무작위로 뒤바뀔 수 있는데, 이때 1차원으로 표현된 이미지는 변하지 않는다. 반대로, 2차원 이미지의 픽셀값을 무작위로 뒤바꾼다고 하면 어떤 일이 벌어질지 생각해 보자. 그 결과는 그림 12.1(b)와 같을 것이다. 실제로 그림 12.1(b)는 그림 12.1(a)의 픽셀을 무작위로 뒤바꾼 결과다. 2차원 공간에서, 그림 12.1(a)와 그림 12.1(b)는 확연히 다르며, 그림 12.1(b)를 보고서 픽셀이 무엇을 나타내는지 결정하는 것은 불가능하다. 픽셀이 2차원 공간에서 어떻게 나열되는지 알아야만 픽셀값으로부터 좀 더 쉽게 픽셀의 의미를 결정할 수 있다.

2D 이미지를 1D로 변환하는 것은 14.4절에서 자세히 다룰 메타 상태 정보 손실meta state information loss에 해당한다. 이미지의 모든 픽셀은 2차원 공간에서 다른 픽셀들과 서로 연관되기 때문에 이미지는 선천적으로 2차원이다. 이미지가 1D 표현으로 변환되면 문제는 더 어려워진다. 네트워크의 입력에는 픽셀들 사이의 2D 관계를 나타내는 정보가 분명히 드러나지 않기 때문에 네트워크는 이러한 2D 관계를 복원하기 위해 무언가를 해야만 한다.

MLP의 또 다른 특성은 파라미터의 개수가 매우 빨리 증가하는 경향이 있다는 것이다. 예를 들면, $\mathbb{R}^{784}$의 공간에서 정의된 입력을 다루는 MLP가 1,024개와 512개의 노드를 갖는 2개의 숨은 층위와 10개의 노드를 갖는 출력 층위를 갖는다고 생각해 보자. MLP가 계산하는 함수는 식 12.1에 표현되어 있다. 이 네트워크의 활성화 함수는 시그모이드 함수 $\sigma(x) = \frac{1}{1+e^{-x}}$이다.

$$f_{\mathrm{MLP}}(x) = \sigma\big(W_2\,\sigma(W_1 x + b_1) + b_2\big) \tag{식 12.1}$$

이 식에는 2개의 가중치 행렬 W_1과 W_2, 2개의 편차bias 벡터 b_1과 b_2가 포함되어 있다. W_1은 $1024 \times 784 = 802{,}816$개의 원소를 갖고, W_2는 $512 \times 1{,}024 = 524{,}288$개의 원소를 가지며, 2개의 편차 벡터 b_1과 b_2는 각각 1,024개와 512개의 원소를 갖는다. 이렇게 해서 네트워크는 $802{,}816 + 524{,}288 + 1{,}024 + 512 = 1{,}328{,}640$개의 파라미터를 갖게 된다. 현대의 표준에 따르면, 이것은 작은 네트워크이지만 그래도 네트워크에는 학습되어야 하는 파라미터가 여전히 많다. 이 경우 파라미터의 좋은 값을 학습하기 위해 필요한 데이터의 개수가 네트워크에 속한 파라미터의 전체 개수에 따라 증가하기 때문에 문제가 될 수 있다. 현재 심층강화학습 알고리즘은 표본 비효율적인데, 이 상황에서 학습할 파라미터의 개수가 많아지면 에이전트는 훈련에 아주 많은 시간을 소비할지도 모른다. 결과적으로, MLP는 두 가지 특성을 갖는 환경에 적합한 경향이 있다. 이 두 가지 특성이란 상태 공간의 차원이 작다는 것과 학습의 특성상 상태의 모든 원소를 필요로 한다는 것이다.

마지막으로, MLP는 네트워크의 연결 상태를 추적할 수 없다. 즉, MLP는 현재 입력값 이전에 들어왔던 입력의 이력에 대해서는 어떤 정보도 활용하지 않는다. MLP에 들어가는 입력은 순서가 없고 모든 입력은 서로 독립적으로 처리된다.

12.1.2 합성곱신경망(CNN)

합성곱신경망CNN은 이미지를 학습하는 데 뛰어나다. CNN은 수많은 중첩 커널로 구성된 하나 이상의 중첩 층위를 갖기 때문에 CNN의 설계는 이미지 데이터의 공간적 구조를 활용하는 데 특화되어 있다. 중첩 커널이 들어오는 입력의 일부분에 반복적으로 적용되고 나면 출력이 생성된다. 보통 커널이 입력과 **중첩되어**convolved 있다고 표현하는데, 이것을 **중첩 운용**convolution operation이라고 부른다. 예를 들면, 하나의 커널은 2D 이미지와 중첩되어 2D 출력을 생성할 수도 있다. 이 경우 커널을 한 번 적용한다는 것은 단지 몇 개의 픽셀만으로 구성된 이미지의 작은 부분, 예를 들면 3×3 또는 5×5 픽셀에 적용한다는 것을 의미한다. 이렇게 하면 스칼라 출력이 만들어진다.

이 스칼라 출력은 커널이 적용되는 지역적 입력 공간에 특별한 특성이 존재하거나 부재한다는 사실을 알려주는 것으로 해석될 수 있다. 결과적으로, 커널은 지역적 특성에 대한 감지자로서 생각될 수 있다. 커널이 출력을 생성할 때 공간상에서 서로 인접한 입력의 특성을 기반으로 하기 때문이다. 이미지상에서 특별한 특성이 나타나는 모든 위치를 나타내는 **특성 지도**feature map를 만들기 위해 커널(특성 감지자)은 전체 이미지에 걸쳐 지역적으로 적용된다.

하나의 중첩 층위는 일반적으로 수많은 커널(보통 8~256개)로 구성된다. 각 커널이 서로 다른 특성을 감지하도록 학습할 수도 있다. 예를 들면 하나의 커널은 수직 방향의 모서리를 감지하는 것을 학습하고, 또 다른 커널은 수평 방향의 모서리를 감지하는 것을 학습하며, 세 번째 커널은 곡선으로 된 모서리의 감지를 학습하는 식이다. 층위가 구성되면, 연속된 층위들이 하위 층위의 특성 감지자로부터 나오는 출력을 이용하여 점진적으로 복잡한 특성을 학습할 수 있다. 예를 들면, 더 높은 수준의 네트워크 층위에 있는 특성 감지자는 아타리 퐁 게임의 패달을 감지하는 것을 학습하고, 또 다른 특성 감지자는 공을 감지하는 것을 학습할 수도 있다.

이러한 방식으로 층위의 구조를 만들면 이미지상에서 특성이 위치하는 곳에 상관없이 커널이 특성의 존재를 감지할 수 있다는 장점이 있다. 이미지상에서 유용한 특성의 위치가 바뀔 수도 있기 때문에 이러한 점은 장점이 된다. 예를 들면, 공의 위치뿐만 아니라 게임 플레이어와 상대방 패들의 위치는 아타리 퐁 게임에서 계속 변한다. 이미지에 '패들 감지자'를 적용하면 이미지상의 모든 패들의 위치 정보가 담긴 2D 지도가 만들어진다.

중첩을 이용하여 네트워크는 값들의 특별한 구성이 이미지상의 각기 다른 부분에서 동일한 특성을 나타낸다는 사실을 '공짜로' 학습한다. 또한 중첩 층위는 파라미터 개수 측면에서 완전히 연결된 층위보다 더욱 효율적이다. 하나의 커널을 사용하여 이미지상의 모든 곳에서 동일한 특성을 식별할 수 있다. 즉, 다양한 위치에서 어떤 특성을 감지하기 위해 각기 다른 커널을 학습할 필요가 없다. 그 결과, 동일한 개수의 성분을 갖는 입력에 적용한다고 할 때 중첩 층위는 일반적으로 완전히 연결된 층위보다 훨씬 더 적은 수의 파라미터를 갖는다. 이것은 입력의 많은 부분에 동일한 하나의 커널을 반복적으로 적용하기 때문에 가능한 것이다.

중첩 층위의 단점 중 하나는 중첩 층위가 지역적이라는 것이다. 중첩 층위는 한 번 처리할 때 입력 공간의 한 부분만을 처리하고 이미지의 전체적인 구조는 신경 쓰지 않는다. 하지만 전체적인 구조는 일반적으로 중요하다. 아타리 퐁 게임을 다시 생각해 보자. 좋은 성능을 내려면 행동을 결정하기 위해 공과 패들의 위치를 이용해야 한다. 여기서 위치라는 것은 오직 전체 이미지에 대해 상대적으로 정의된다.

중첩의 이러한 단점은 일반적으로 상위 층위의 수용 영역을 증가시킴으로써 완화된다.[1] 이것은 커널이 처리하는 입력 공간의 실효 영역이 증가하는 것을 의미한다. 이러한 커널은 더 많은 입력 공간을 '볼' 수 있다. 커널의 수용 영역의 크기가 클수록 커널은 더욱 전체적인 관점을 갖는다. 또 다른 방법으로는 작은 MLP를 CNN의 꼭대기에 추가하여 양쪽 세계 모두에서 최선의 결과를 얻는 방법이 있다. 아타리 퐁 게임의 예제로 돌아가 보면, CNN의 출력은 공과 패들의 위치를 포함하는 2D 지도를 만들 것이다. 이 지도는 MLP에 입력으로 들어가고 MLP는 모든 정보를 결합하여 행동을 생성한다.

---

1   예를 들면, 풀링(pooling) 오퍼레이션, 확장 중첩(dilated convolution), 스트라이드 중첩(strided convolution), 더 큰 커널 등의 방법을 사용한다.

MLP와 마찬가지로 CNN도 네트워크의 연결 상태를 추적할 수 없다. 하지만 MLP와는 다르게, CNN은 입력이 공간적 구조를 갖는다고 가정하기 때문에 이미지를 학습하는 데 이상적이다. 더욱이, 커널을 사용하면 입력 성분의 개수가 많을 때 네트워크의 파라미터 개수를 효과적으로 줄일 수 있다. 이미지를 디지털로 표현하면 보통 수천 개 또는 수백만 개의 성분이 존재한다. 사실 CNN은 이미지 학습에 있어서 다른 어떤 네트워크보다 훨씬 더 성능이 좋기 때문에 환경이 제공하는 상태가 이미지일 경우에는 네트워크에 중첩 층위를 포함시키는 것을 권장한다.

12.1.3 회귀신경망(RNN)

회귀신경망RNN은 순차적 데이터를 학습하는 데 특화되어 있다. RNN에서 하나의 데이터 포인트는 벡터 원소의 순차적 나열로 구성된다. MLP 및 CNN과는 다르게, RNN은 들어오는 입력 원소의 순서가 중요하다고 가정한다. RNN으로 잘 처리할 수 있는 데이터 유형의 한 예는 문장이다. 문장의 각 원소는 단어이고, 단어의 순서는 전체 문장의 의미에 영향을 미친다. 하지만 하나의 데이터 포인트는 상태의 순차적 나열이 될 수도 있다. 예를 들면, 에이전트는 상태의 순차적 나열을 경험한다.

RNN의 뛰어난 점은 네트워크의 연결 상태를 추적할 수 있다는 점이다. 즉, RNN은 이전에 경험한 원소들을 기억한다. 원소 x_i를 순차적으로 처리할 때, RNN은 이전에 있었던 $x_0, x_1, ..., x_{i-1}$ 원소들을 기억한다. 이것은 숨은 상태를 갖는 특화된 회귀 층위가 있어 가능하다. 숨은 상태는 네트워크가 지금까지 봤던 순차적 원소의 표현을 학습한 결과이고, 이것은 네트워크가 새로운 원소를 받을 때마다 업데이트된다. RNN의 메모리는 순차적 원소 나열의 길이만큼 지속된다. 새로운 나열이 시작될 때, RNN의 숨은 상태는 초기화된다. 장단기 메모리Long Short-Term Memory, LSTM[52]와 게이트 반복 단위Gated Recurrent Unit, GRU[21]는 이러한 특성을 갖는 가장 일반적인 층위다.

시각 t에 환경이 제공하는 정보가 현 시점에서 유용하게 쓸 수 있는 모든 정보를 포함하지 못할 때 과거를 기억하는 메커니즘은 유용하다. 미로 속의 동일한 위치에 금화가 생겨나고 에이전트가 금화를 획득하면 양의 보상을 얻는 환경을 생각해 보자. 더 나아가 에이전트가 금화를 획득하고 나서도 특정 시간이 지나면 다시 금화가 생겨난다고 가정해 보자. 에이전트가 현재 미로 속에 존재하는 모든 금화가 어디에 있는지는 알 수 있을지라도, 특정 금화가 언제 다시 생겨날지를 예측하려면 과거에 언제 금화를 획득했는지를 기억해야 한다. 시간 제약 속에서 점수를 최대화하려면 어떤 금화를 언제, 어디서 획득했는지를 추적할 수 있어야 한다는 사실은 쉽게 상상할 수 있다. 이를 위해 에이전트는 메모리가 필요하다. CNN 또는 MLP와 대비했을 때 RNN의 주요 장점은 바로 이것이다.

다행히도, 하나의 네트워크 유형만 배타적으로 선택할 필요는 없다. 대신, 다수의 하위 네트워크를 포함하는 하이브리드 네트워크를 생성하는 것이 일반적이다. 이때 하위 네트워크는 각기 다른 그룹에 속해 있을 수도 있다. 예를 들면, 원시 상태raw state의 표현[2]을 생성하는 MLP 또는 CNN으로 상태 설계 모듈을 구성하고 RNN으로 시계열 처리 모듈을 구성하는 식으로 네트워크를 설계할 수 있다. 모든 시간 단계에서 원시 상태는 상태 처리 모듈을 통과하고 그 출력이 RNN의 입력으로 전달된다. 그러면 RNN은 이 정보를 이용하여 전체 네트워크의 최종 출력을 생성한다. CNN과 RNN을 하위 네트워크로 포함하는 네트워크를 CNN-RNN이라고 부른다. MLP는 작은 하위 네트워크로 너무 자주 사용되기 때문에 MLP는 명칭에서 보통 제외한다.

요약하면, RNN은 데이터가 순차적 나열로 표현될 때 가정 적합한 방법이다. 심층강화학습의 맥락에서 보면, RNN은 일반적으로 에이전트가 좋은 결정을 내리기 위해 오랜 시간 동안 발생한 일을 기억할 필요가 있을 때 사용된다.

12.2 네트워크 그룹 선택을 위한 가이드

다양한 유형의 네트워크를 소개했으니, 다음과 같은 질문을 할 수 있다. 특별한 환경이 주어지면 에이전트는 어떤 유형의 네트워크를 사용해야 하는가? 이 절에서는 환경의 특성에 기반하여 네트워크 그룹을 선택하는 가이드에 대해 논의한다.

모든 심층강화학습 환경은 순차적 데이터를 생성하는 것으로 해석될 수 있다. RNN이 이러한 유형의 입력을 다루는 데 특화되어 있음을 확인했다. 그렇다면 심층강화학습에서 항상 RNN이나 CNN-RNN을 사용하지는 않는 이유는 무엇인가? 이 질문에 답하기 위해서는 MDP와 부분적으로 관측 가능한 MDP(즉, POMDP)의 차이점을 논의할 필요가 있다.

12.2.1 MDP와 POMDP

1장에서 MDP의 구체적인 정의를 소개했는데, 여기서 다시 간략히 언급하겠다. MDP는 순차적 의사결정을 모델링하는 수학적 프레임워크다. MDP의 핵심은 상태 s_t가 다음 상태 s_{t+1}로 전이하는 방법을 모델링하는 전이 함수다. MDP 전이 함수는 식 12.2에 표현되어 있다.

$$s_{t+1} \sim P(s_{t+1} \mid s_t, a_t) \tag{식 12.2}$$

---

2   이 표현은 일반적으로 원래의 상태보다 더 적은 수의 원소를 갖는다.

전이 함수는 마르코프 특성을 갖는다. 즉, s_{t+1}로의 전이는 전적으로 현재 상태와 행동 (s_t, a_t)에 의해 결정된다. 에피소드에서 에이전트가 경험하는 많은 초기 상태 $s_0, s_1, ..., s_{t-1}$이 있을 수 있지만, 이것은 환경이 전이하려고 하는 상태에 대한 추가적인 정보를 주지 못한다.

상태의 개념이 두 곳에서 나타난다. 먼저, 환경이 생성하고 에이전트가 관측하는 상태가 있다. 이것은 관측된 상태 s_t라고 불린다. 둘째로, 전이 함수가 사용하는 상태가 있다. 이것은 환경의 내부 상태 s_t^{int}이다.

환경이 MDP이면, **완전히 관측 가능한** 상태로 묘사되며 $s_t = s_t^{int}$이다. 예를 들면, 카트폴과 달착륙선 문제는 모두 완전히 관측 가능한 환경이다. 카트폴 환경은 매시간 네 가지 정보를 제공한다. 선형 축상에서 카트의 위치, 카트의 속도, 폴 각도와 폴 끝부분의 속도다. 행동(왼쪽 또는 오른쪽)이 결정되면 이러한 정보만으로도 충분히 환경의 다음 상태를 결정할 수 있다.

하지만 환경의 내부 상태는 에이전트가 인지하지 못할 수도 있다. 즉, $s_t \neq s_t^{int}$이다. 이러한 유형의 환경을 **부분적으로 관측 가능한** MDP(즉, POMDP)라고 부른다. POMDP는 MDP와 동일한 전이 함수를 갖는다. 하지만 POMDP는 에이전트에게 환경의 내부 상태 s_t^{int}를 제공하지 않는다. 대신, 관측된 상태 s_t를 제공한다. 이것은 에이전트가 더 이상 내부 상태 s_t^{int}를 알지 못하기 때문에 관측된 상태$(s_t, s_{t-1}, ..., s_1, s_0)$ 전부 또는 일부를 이용하여 내부 상태를 추정해야 함을 의미한다.

내부 상태는 해당 시스템을 완전히 묘사한다. 예를 들면, 아타리 퐁 게임에서 환경의 내부 상태 s_t^{int}는 패들과 공의 위치와 속도를 포함할 것이다. 관측된 상태 s_t는 일반적으로 시스템의 센서가 제공하는 원시 데이터로 구성된다. 예를 들면, 게임 이미지와 같은 것이다. 게임을 할 때, 이미지를 사용하여 환경의 내부 상태를 추정한다.

카트폴 환경의 수정된 버전을 생각해 보자. 환경이 오직 두 가지 정보만을 매시간 제공한다고 가정하자. 즉, 선형 축상의 카트 위치와 폴의 각도를 제공한다.[3] 이것은 에이전트가 알 수 있는 정보이기 때문에 관측된 상태 s_t다. 하지만 환경은 여전히 카트 위치와 폴의 각도 말고도 카트와 폴의 속도를 추적하고 있다. 이 정보들은 카트폴을 완전히 묘사하기 때문에 환경의 내부 상태다.

지금까지는 MDP만을 고려했기 때문에 관측된 상태와 내부 상태를 구분할 필요가 없었다. 내부 상태는 MDP에서 에이전트가 관측하는 것이 된다. 하지만 POMDP에서는 관측된 상태와 환경의 내부 상태를 구분하는 방법이 필요하다.

POMDP는 세 가지 카테고리로 분류할 수 있다.

3　이것은 위어스트라(Wierstra) 등의 〈Recurrent Policy Gradients〉[147]에서 제안한 수정사항이다.

- 과거의 부분적 이력으로부터 완전히 관측 가능한 경우
- 과거의 전체 이력으로부터 완전히 관측 가능한 경우
- 결코 완전히 관측 가능하지는 않은 경우

과거의 부분적 이력으로부터 완전히 관측 가능한 경우 이러한 환경에서는 마지막으로 관측된 몇 개의 상태($s_t, s_{t-1}, \ldots, s_{t-k}$)로부터 내부 상태 s_t^{int}를 추정할 수 있다. 여기서 k는 2~4 정도 되는 작은 값이다. 대부분의 아타리 게임은 일반적으로 이러한 특성을 갖는 것으로 생각된다[65]. 예를 들면, 아타리 벽돌깨기 게임에서 관측된 상태를 생각해 보자. 그림 12.2는 에이전트의 패들, 공의 위치, 깨지지 않은 벽돌, 에이전트에게 남아 있는 게임 횟수, 그리고 점수를 보여준다. 이러한 정보만으로도 거의 충분히 게임의 내부 상태가 무엇인지 식별할 수 있다. 단, 한 가지 핵심적인 정보는 식별할 수 없다. 바로 공이 움직이는 방향이다. 이 정보는 s_t와 s_{t-1}의 차이로부터 이동 방향을 계산하는 방식으로 추정할 수 있다. 일단 공이 움직이는 방향을 알고 나면 게임이 어떤 상태에 있는지[4] 결정할 수 있고 다음에 무슨 일이 벌어질지 예측할 수 있다. 공의 속도뿐만 아니라 가속도를 추정해야 한다면 이전 3개의 관측된 상태를 활용할 수도 있다.

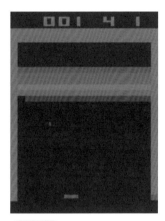

그림 12.2 아타리 벽돌깨기 게임

아타리 게임에서는 4개의 프레임마다 하나의 프레임을 선택하고 건너뛴 4개의 프레임을 모두 쌓아놓는 것이 일반적인 방법임을 이미 5장에서 설명했다. 에이전트는 하나의 입력에서 건너뛴 프레임들 사이의 차이를 이용하여 게임 객체에 대해 유용한 이동 기반 정보를 추정할 수 있다.

과거의 전체 이력으로부터 완전히 관측 가능한 경우 이 환경에서는 모든 관측된 상태의 이력을 추적하여 게임의 내부 상태를 결정하는 것이 항상 가능하다. 예를 들면, 브람 베커_Bram Bakker_가 〈Reinforcement Learning with Long Short-Term Memory〉[10]에서 제안한 T 미로는 이러한 특성을 갖는다. 그림 12.3은 끝에 T형 교차로가 있는 긴 복도로 구성된 환경을 보여준다. 에이전트는 항상 T의 맨 아래에서 동일한 상태로 출발한다. 에이전트는 매순간의 주변만을 즉각적으로 관측하고 매시간 4개의 행동(위로, 아래로, 왼쪽으로, 오른쪽으로) 선택권을 갖는다. 목적은 항상 T의 한쪽 끝에 위치하는 목표 상태로 이동하는 것이다.

---

4   아타리 벽돌깨기 게임에서는 공이 일정한 속도로 움직이기 때문에 가속도와 같은 상위 차원의 정보는 무시할 수 있다.

게임의 시작 상태에서 에이전트는 T의 어느 쪽 끝에 목표 상태가 위치하는지를 관측한다. 에피소드마다 목표 상태의 위치는 T의 양쪽 끝 중 하나로 설정된다. 교차로에 도달하면 에이전트는 왼쪽 또는 오른쪽으로 이동을 선택할 수 있다. 만약 목표 상태로 이동하면 게임은 4의 보상을 주며 끝난다. 목표 상태가 아닌 쪽으로 선택하면 게임은 −1의 보상으로 끝난다. 에이전트가 시작 상태에서 관측한 것을 기억할 수 있다고 한다면, 항상 최적 행동을 취할 수가 있다. 따라서 이 환경은 관측된 상태의 전체 이력이 주어질 경우 완전히 관측 가능한 환경이 된다.

그림 12.3 T 미로[10]

딥마인드DeepMind의 오픈소스 라이브러리인 DMLab-30[12]에서 제시한 또 다른 예제를 살펴보자. 이 라이브러리의 많은 환경은 에이전트의 메모리를 시험하기 위해 설계됐기 때문에 지금 논의하고 있는 POMDP의 카테고리에 해당한다. natlab_varying_map_regrowth는 에이전트가 자연을 모방한 환경 속에서 버섯을 모아야 하는 버섯 채집 문제다. 관측된 상태는 에이전트의 현재 관점에 근거하여 생성된 RGBD[5] 이미지다. 버섯은 약 1분 후에 동일한 위치에서 다시 자라나기 때문에 에이전트는 자신이 어떤 버섯을 채집했고 그로부터 얼마의 시간이 지났는지 기억하는 것이 좋다. 이 환경은 흥미롭다. 에이전트가 게임의 내부 상태를 추정하는 데 필요한 관측된 상태의 개수가 시간 단계와 에이전트가 취하는 행동에 따라 달라지기 때문이다. 이러한 이유로, 관측된 상태의 전체 이력을 사용해서 에이전트가 중요한 정보를 놓치지 않도록 하는 것이 좋다.

결코 완전히 관측 가능하지는 않은 경우 이 환경에서는 관측된 상태의 과거 전체 이력(s_0, s_1, ..., s_{t-1}, s_t)을 갖고 있다 해도 내부 상태 s_t^{int}를 추정할 수 없다. 포커는 이러한 특성을 갖는 게임이다. 즉, 지금까지 다루어진 모든 카드를 기억한다 해도 다른 사람이 들고 있는 카드를 알 수는 없다.

또는 항법 문제를 생각해 보자. 이 경우 에이전트는 각기 다른 색의 수많은 공이 들어 있는 큰 방에 놓여 있다. 모든 공의 위치는 모든 에피소드의 시작 시점에 무작위로 생성되고 방 안에는 정확히 1개의 빨간 공이 있다. 에이전트는 그레이스케일 카메라를 착용하고 환경을 인식하기 때문에 카메라 이미지가 관측된 상태가 된다. 에이전트에게 주어진 임무가 빨간 공을 찾는 것이라고

---

5   RGB에 깊이(Depth)가 추가된 것

하자. 임무는 명확하지만 에이전트는 컬러 이미지가 없으면 공의 색깔을 인식할 수 없어서 문제를 해결하기 위한 충분한 정보를 결코 얻지 못하게 된다.

12.2.2 환경을 위한 네트워크 선정

새로운 환경이 주어지면, 그것이 MDP인지 아니면 POMDP의 세 가지 유형 중 하나인지 어떻게 알 수 있을까? 이를 해결하기 위한 좋은 방법은 시간을 들여 환경을 이해하는 것이다. 사람은 어떻게 이 문제를 해결할지 생각해 보자. 사람은 가능하다면 스스로 환경을 체험해 보려고 할 것이다. 하나의 관측된 상태에 포함된 정보를 바탕으로 매시간 좋은 행동을 결정할 수 있을까? 그렇다고 답변한다면 환경은 아마도 MDP일 것이다. 그렇지 않다고 답변한다면, 얼마나 많은 수의 관측된 상태를 기억해야 좋은 성능을 낼 수 있는 것일까? 몇 개의 상태일까 아니면 상태의 전체 이력일까? 몇 개의 상태로 충분하다면 환경은 '과거의 부분적 이력으로부터 완전히 관측 가능한' POMDP일 것이고, 전체 이력이 필요하다면 환경은 '과거의 전체 이력으로부터 완전히 관측 가능한' POMDP일 것이다. 마지막으로, 관측된 상태의 이력에서 누락된 핵심 정보가 있는지 생각해 보자. 누락된 정보가 있다면, 환경은 '결코 완전히 관측 가능하지 않은' POMDP일 것이다. 이 것이 잠재적 성능에 어떤 영향을 미칠까? 여전히 꽤 좋은 솔루션을 얻을 수 있는 것인가, 아니면 문제를 해결하지 못하는 것인가? 누락된 정보에도 불구하고 꽤 좋은 성능을 여전히 낼 수 있다면 심층강화학습을 적용할 수 있을 것이다.

환경의 **관측 가능성**(즉, 관측된 상태로부터 환경의 내부 상태를 추정할 수 있는 범위)에 따라 환경을 특징지었다. 이러한 접근법을 환경의 상태 공간에 대한 정보와 결합하여 에이전트에게 가장 적합한 신경망 아키텍처가 무엇인지에 대한 단서를 만들어낼 수 있다.

환경의 관측 가능성과 관련하여 신경망의 가장 중요한 특성은 **네트워크의 연결 상태를 추적할 수 있는지** 여부다. 즉, 네트워크가 관측된 상태의 이력을 기억할 수 있는 능력을 갖고 있는가의 여부다.

MLP와 CNN은 네트워크의 연결 상태를 추적할 수 없기 때문에 MDP 환경에 가장 적합하다. MDP는 어떠한 상태의 이력도 기억할 필요가 없기 때문이다. MLP와 CNN은 '과거의 부분적 이력으로부터 완전히 관측 가능한' POMDP 환경에서도 좋은 성능을 낼 수 있다. 하지만 이 경우 관측된 상태를 변환해서 네트워크의 입력에 이전 k개의 시간 단계에 대한 정보가 포함되게 할 필요가 있다. 이러한 방식으로 MLP와 CNN에 들어가는 하나의 입력에 충분한 정보를 포함시켜서 환경의 상태를 추정하게 할 수 있다.

RNN은 네트워크의 연결 상태를 추적할 수 있기 때문에 '과거의 전체 이력으로부터 완전히 관측 가능한' POMDP 환경에 가장 적합하다. 이러한 환경에서는 문제 해결을 위해 관측된 상태의 긴 이력을 기억할 필요가 있기 때문이다. RNN은 '결코 완전히 관측 가능하지 않은' POMDP 환경에서도 좋은 성능을 낼 수 있지만 그렇다고 좋은 성능이 보장되지는 않는다. 단순히 누락된 정보가 너무 많을 수 있기 때문이다.

상태 공간이 어떻게 네트워크 선정에 영향을 미치는가? 12.1절에서는 CNN이 세 가지 네트워크 그룹 중 이미지 데이터 학습에 가장 적합한 이유를 설명했다. 결과적으로, 아타리 게임에서처럼 관측된 상태가 이미지라면 보통 CNN을 사용하는 것이 최선이다. CNN이 아니더라도 MLP이면 충분할 것이다. 관측된 상태가 이미지와 비이미지가 결합된 데이터라면 각기 다른 유형의 데이터 처리를 위해 다수의 하위 네트워크, MLP, CNN을 구성하고 결과를 결합하는 것을 생각해 보는 게 좋다.

환경이 '과거의 전체 이력으로부터 완전히 관측 가능'하거나 '결코 완전히 관측 가능하지 않은' 경우에는 RNN 하위 네트워크를 갖는 것이 중요하다. CNN이나 MLP를 이용하여 관측된 데이터를 처리한 후 RNN 하위 네트워크로 데이터를 전달하는 하이브리드 네트워크를 시도해 보는 것도 좋다.

그림 12.4는 네트워크 아키텍처와 환경에 관한 이러한 논의를 요약한다. 이 그림에는 세 가지 네트워크 그룹 MLP, CNN, RNN과 하이브리드 CNN-RNN에 대해 자주 언급되는 몇 가지 변형된 네트워크가 제시되어 있다. 실선으로 된 박스는 필요한 하위 네트워크를 보여주고, 점선으로 된 박스는 선택적 하위 네트워크를 보여준다. 이 그림에는 네트워크 입력, 몇 가지 예제 환경, 해당 네트워크 유형을 이용하여 최고의 성능을 내는 알고리즘 등에 대한 특성도 설명되어 있다.

카트폴, 달착륙선, 두 발 보행자는 이 책에서 논의했던 환경이다. 휴머노이드Humanoid와 앤트Ant는 OpenAI Gym에서 제공하는 두 가지 고난도 연속 제어 환경이다. 이 모든 환경은 에이전트에게 낮은 차원의 관측된 상태를 제공하는 MDP다. 따라서 이 환경들은 MLP를 통해 가장 잘 해결된다. 이 책을 집필할 당시에도, TD3Twin Delayed Deep Deterministic Policy Gradient[42]와 소프트 행동자-비평자Soft Actor-Critic, SAC[47] 알고리즘이 오직 MLP만을 이용하여 휴머노이드와 앤트 환경에 대해 그 당시 기준으로 최고의 결과를 도출했다.

이 책에서 아타리 게임에 대해 자주 논의했다. 이 환경은 대부분 '과거의 부분적 이력으로부터 완전히 관측 가능한' POMDP다. 관측된 상태는 RGB 이미지여서 CNN이 이 문제에 가장 적합하다. 과거 몇 년 동안 이 환경에 대해 도출된 결과 중 가장 강력한 성능을 내는 결과에는 CNN이 구성요소로 포함되어 있다(예를 들면 DQN[88], 이중 DQN[141], 결투 DQN[144], ApeX[54]가 있다).

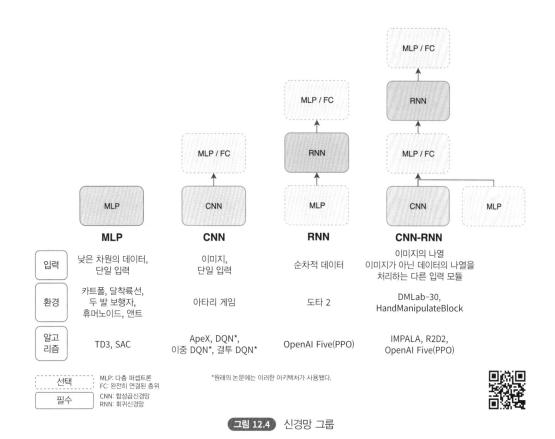

그림 12.4 신경망 그룹

도타 2_{Dota 2}는 다수의 플레이어가 참여하는 복잡한 게임이고 오랜 시간 동안 전략을 요구한다. 이 게임은 '과거의 전체 이력으로부터 완전히 관측 가능한' POMDP 환경의 특성을 갖는다고 할 수 있다. OpenAI Five[104]의 PPO 에이전트는 게임 API로부터 유도된 이미지가 아닌 관측된 상태를 사용한다. 상태는 약 20,000개의 원소로 구성되며 게임 지도와 유닛 정보들을 포함한다. 이 상태에 적합한 네트워크 유형은 MLP다. 게임을 수행하는 데 장기 전략이 필요하기 때문에 에이전트는 관측된 상태의 이력을 기억할 필요가 있다. MSP의 출력은 1,024개의 유닛을 갖는 LSTM 네트워크로 전달된다. 더 자세한 내용은 OpenAI Five 블로그 게시물[104]의 'Model Structure' 섹션에 링크된 모델 아키텍처를 참고하면 된다. 각고의 공학적 노력과 컴퓨터의 계산 능력을 통해 PPO 에이전트는 세계 최고 플레이어를 2019년에 무찌르는 데 성공했다[107].

DMLab-30 환경은 이미지 기반의 관측된 상태를 갖는다. 가장 적합한 아키텍처는 CNN과 RNN 모듈을 결합하여 네트워크가 이미지를 잘 처리하고 관측된 상태의 이력을 추적할 수 있게 한 것이다. IMPALA[37]와 R2D2[65]는 이러한 환경에서 가장 좋은 성능을 내는 2개의 알고리즘이며, 이들은 모두 CNN-RNN 하이브리드 네트워크를 사용한다.

마지막으로, HandManipulateBlock은 OpenAI가 제공하는 또 다른 환경이다. 목적은 로봇의 손에 있는 블록의 방향을 변화시키는 것이다. 이것은 24의 자유도를 갖는 로봇이 포함된 복잡한 연속 제어 환경이다. 관측된 상태는 손과 블록에 대한 이미지 3개를 조합한 것과 로봇의 손가락 위치를 나타내는 벡터다[98]. 다양한 훈련 데이터를 사용하기 위해, OpenAI는 블록의 무게와 같은 환경의 내부 파라미터 중 일부를 에피소드마다 무작위로 추출한다. 따라서 문제를 해결하기 위해 에이전트는 RNN으로 전달되는 관측된 상태의 나열을 이용해서 에피소드의 내부 파라미터를 추정해야 한다. 이 작업에 사용되는 네트워크는 CNN과 MLP를 포함하고 이를 통해 관측된 상태를 처리하고 결합한다. 그리고 처리된 상태의 나열이 RNN으로 전달된다.

요약 신경망은 학습에 가장 적합한 데이터의 유형이 무엇인지에 따라 몇 개의 그룹으로 나누어진다. 네트워크는 MLP, CNN, RNN이라는 세 가지 주요 유형을 갖는다. MLP는 낮은 차원의 정렬되지 않은 데이터에 가장 적합하고, CNN은 이미지, RNN은 배열을 처리하는 데 가장 적합하다. 각기 다른 유형의 네트워크를 결합하여 하이브리드 네트워크를 구성할 수도 있다. MDP와 POMDP의 차이점도 알아봤다. 강화학습 환경은 (관측된) 상태 공간과 MDP 또는 POMDP 여부에 따라 달라진다. 이러한 정보를 사용하여 특별한 환경의 문제를 해결하는 데 가장 적합한 네트워크 아키텍처를 선택할 수 있다.

이제 초점을 옮겨서 심층강화학습을 위한 신경망 설계의 실제적인 측면을 살펴보자.

12.3 Net API

심층강화학습 알고리즘은 신경망을 사용한다. 네트워크가 모사하는 함수가 알고리즘별로 다르다 할지라도 네트워크 훈련 과정에는 많은 부분에서 공통적으로 적용되는 절차가 있다. 예를 들면, 손실을 계산하고 파라미터를 업데이트하는 것 등이다. 따라서 표준화된 Net API를 알고리즘이 사용하는 모든 신경망에 적용하는 것이 좋다. 또한 모듈화된 네트워크 구성요소를 사용하면 알고리즘을 좀 더 쉽게 구현할 수 있으며, 더 적은 코드를 사용하기 때문에 코드를 읽고 디버깅하기가 더 수월하다.

심층강화학습을 위한 Net API는 다음과 같은 요구사항을 갖는다.

1. **입력과 출력 층위 모양의 추정**: 입력과 출력 층위의 모양은 환경과 알고리즘의 조합에 따라 변화한다. 입력과 출력 층위의 모양은 자동으로 추정할 수 있기 때문에 사용자는 매번 입력과 출력의 차원을 직접 지정할 필요가 없다. 이러한 기능 덕분에 시간을 절약하고 코드의 오류 가능성을 줄일 수 있다.

2. **네트워크의 자동 구성**: 네트워크 아키텍처는 알고리즘의 성능에 영향을 주는 중요한 요소이며 환경에 따라 달라진다. 심층강화학습에서는 다양한 네트워크 아키텍처를 시도하는 것이 일반적이기 때문에 코드를 바꾸는 대신 설정 파일을 통해 네트워크 아키텍처를 지정하는 편이 더 좋다. 따라서 설정 파일을 읽고 자동으로 해당하는 신경망을 구성해 주는 메서드가 필요하다.

3. **훈련 단계**: 모든 신경망은 훈련 단계를 필요로 한다. 이 훈련 단계에서 손실과 경사를 계산하고 네트워크 파라미터를 업데이트한다. 이러한 훈련 단계를 하나의 함수로 표준화하면 모든 알고리즘에서 재사용이 가능하기 때문에 유용하다.

4. **기반이 되는 메서드의 노출**: 신경망 라이브러리의 최상위에 있는 래퍼로서, API는 활성화 함수, 최적화 기법, 학습률의 감소, 모델 검사와 같은 가장 흔하게 사용하는 메서드를 노출시켜야 한다.

Net은 코드 12.1에 제시된 수많은 공통 메서드를 구현하는 기반 클래스다. 이 코드도 slm_lab/agent/net/base.py를 통해 SLM Lab에서 받을 수 있다. 이 기반 클래스는 각기 다른 네트워크 유형에 맞게 만들어진 MLPNet, ConvNet, RecurrentNet 클래스로 상속된다.

코드 12.1 API 메서드를 정의하는 기반 클래스 Net

```
1   # slm_lab/agent/net/base.py
2
3   class Net(ABC):
4       '''API 메서드를 정의하기 위한 추상 클래스 Net'''
5
6       def __init__(self, net_spec, in_dim, out_dim):
7           '''
8           net_spec은 net를 위한 스펙
9           in_dim은 네트워크 입력의 차원. 보통은 in.dim=body.state_dim
10          out_dim은 네트워크 출력의 차원. 보통은 out_dim=body.action_dim
11          '''
12          ...
13
14      @abstractmethod
15      def forward(self):
16          '''특정 네트워크 아키텍처를 위한 전진 단계'''
17          ...
18
19      @net_util.dev_check_train_step
20      def train_step(self, loss, optim, lr_scheduler, clock, global_net=None):
21          '''하나의 네트워크 파라미터를 업데이트'''
22          ...
23
24      def store_grad_norms(self):
25          '''디버깅을 위해 경사의 크기를 저장'''
26          ...
```

Net 클래스도 일련의 유틸리티 함수의 지원을 받는다. 이를 통해 네트워크를 자동으로 생성하고 신경망 라이브러리의 유용한 메서드를 사용하는 데 있어 도움을 받는다. API의 요구사항을 하나씩 자세히 살펴보자.

12.3.1 입력과 출력 층위 모양의 추정

네트워크를 적절히 생성하기 위해 입력과 출력 층위의 모양을 추정할 필요가 있다. 입력 층위의 모양은 환경의 상태 공간으로부터 주어진다. 예를 들면, 환경의 상태가 16개의 원소를 갖는 벡터라면 입력 층위에는 16개의 노드가 있어야 한다. 관측된 상태가 84 × 84 그레이스케일 이미지라면 입력 층위는 (84, 84) 행렬로 정의되어야 한다. 추가로, CNN은 채널의 개수도 포함해야 하며, RNN은 배열의 길이를 알아야 한다.

출력 층위의 모양은 환경의 행동 공간과 에이전트 훈련에 사용되는 알고리즘에 의해 결정된다. 이 책에서 다루는 심층강화학습 알고리즘에 대해서는 세 가지 네트워크 출력을 고려해야 한다. 에이전트는 Q 함수, 정책, 또는 정책과 V 함수를 학습할 수 있다. 따라서 네트워크의 출력은 학습 대상에 따라 각각 Q 가치, 행동 확률, 또는 행동 확률과 V 가치를 나타낼 것이다.

출력의 모양을 추정하는 것은 입력보다 더 복잡하기 때문에 코드 12.2에서 볼 수 있듯이 SLM Lab에는 이것을 해주는 몇 개의 도우미 메서드가 있다. 이러한 메서드가 있는 라이브러리의 경로는 slm_lab/agent/net/net_util.py다.

먼저, get_policy_out_dim 메서드(라인 3~19)는 네트워크가 정책을 학습할 때 출력 모양을 추정한다.

- 환경의 행동 공간의 모양은 에이전트의 body.action_dim 속성에 저장된다(라인 5).
- 이산적인 경우는 라인 6~12에서 다룬다. 다수의 행동이 있을 때는 라인 7~9에서 다루고 행동이 하나일 때는 라인 10~12에서 다룬다.
- 연속적인 경우는 라인 13~18에서 다룬다. 다수의 행동이 있을 때는 라인 17~18에서 다루고 행동이 하나일 때는 라인 15~16에서 다룬다.

다음으로, get_out_dim 메서드(라인 21~31)는 알고리즘으로부터 네트워크 출력의 모양을 추정한다. 알고리즘이 V 함수를 학습하면(비평자를 사용), 하나의 출력 유닛을 갖는 출력 층위를 별도로 추가한다(라인 24~28). 그렇지 않은 경우라면, 출력의 모양은 단순히 정책의 출력 모양과 같다(라인 29~30).

Q 함수는 이산적 Argmax 정책의 인스턴스로 볼 수 있기 때문에(최대의 Q 가치에 대해 확률 = 1), 알고리즘이 Q 네트워크를 학습할 때는 정책의 출력 모양을 이용하여 출력의 차원을 추정할 수 있다.

코드 12.2 네트워크 출력 층위의 모양을 추정하기 위한 도우미 메서드

```python
1  # slm_lab/agent/net/net_util.py
2
3  def get_policy_out_dim(body):
4      '''is_discrete, action_type에 따라 body를 위한 정책 네트워크의 out_dim을 구성하는 헬퍼 메서드'''
5      action_dim = body.action_dim
6      if body.is_discrete:
7          if body.action_type == 'multi_discrete':
8              assert ps.is_list(action_dim), action_dim
9              policy_out_dim = action_dim
10         else:
11             assert ps.is_integer(action_dim), action_dim
12             policy_out_dim = action_dim
13     else:
14         assert ps.is_integer(action_dim), action_dim
15         if action_dim == 1:                      # 단일 행동, [loc, scale]을 사용
16             policy_out_dim = 2
17         else:                                    # 다수 행동, [locs], [scales]를 사용
18             policy_out_dim = [action_dim, action_dim]
19     return policy_out_dim
20
21 def get_out_dim(body, add_critic=False):
22     '''is_discrete, action_type, critic unit의 추가 여부에 따라 body를 위한
        ↪   NetClass의 out_dim을 구성'''
23     policy_out_dim = get_policy_out_dim(body)
24     if add_critic:
25         if ps.is_list(policy_out_dim):
26             out_dim = policy_out_dim + [1]
27         else:
28             out_dim = [policy_out_dim, 1]
29     else:
30         out_dim = policy_out_dim
31     return out_dim
```

get_out_dim 메서드는 알고리즘 클래스 내부에서 신경망을 구성하기 위해 사용된다. 코드 12.3 은 Reinforce에서 나온 예제를 보여준다. 네트워크가 init_nets 메서드(라인 7~13)에서 생성될 때, 출력의 차원은 get_out_dim 메서드(라인 10)를 이용하여 추정한다.

코드 12.3 Reinforce 클래스의 네트워크 구성

```
1   # slm_lab/agent/algorithm/reinforce.py
2
3   class Reinforce(Algorithm):
4       ...
5
6       @lab_api
7       def init_nets(self, global_nets=None):
8           ...
9           in_dim = self.body.state_dim
10          out_dim = net_util.get_out_dim(self.body)
11          NetClass = getattr(net, self.net_spec['type'])
12          self.net = NetClass(self.net_spec, in_dim, out_dim)
13          ...
```

선택된 Net 클래스(MLPNet, ConvNet, 또는 RecurrentNet)는 net spec과 추정된 입력 및 출력의 차원을 이용하여 초기화된다(라인 11~12). 이제 Net 클래스가 이러한 입력을 이용하여 어떻게 신경망의 인스턴스를 생성하는지 살펴보자.

12.3.2 네트워크의 자동 생성

Net 클래스는 주어진 net spec으로부터 신경망을 생성할 수 있다. 코드 12.4는 net spec의 두 가지 예제를 보여준다. 하나는 MLP를 위한 것이고(라인 2~20) 다른 하나는 CNN을 위한 것이다(라인 21~44). MLP는 64개의 유닛이 있는 숨은 층위(라인 7~8), SeLU 활성화 함수(라인 9), 경사 클리핑을 위한 놈$_{norm}$값 0.5(라인 10), 손실 함수(라인 11~13), 최적화 기법(라인 14~17), 학습률 감소 스케줄러(라인 18)로 구성된다. CNN은 3개의 숨은 중첩 층위(라인 26~31)와 하나의 완전히 연결된 층위(라인 32)로 구성된다. spec의 나머지 부분은 MLP와 유사한 표준적인 구성요소로 되어 있다(라인 33~43).

코드 12.4 Net을 만들기 위한 net spec의 예제

```
1   {
2     "reinforce_cartpole": {
3       "agent": [{
4         "name": "Reinforce",
5         ...
6         "net": {
7           "type": "MLPNet",
8           "hid_layers": [64],
9           "hid_layers_activation": "selu",
10          "clip_grad_val": 0.5,
11          "loss_spec": {
12            "name": "MSELoss"
```

```
13          },
14          "optim_spec": {
15            "name": "Adam",
16            "lr": 0.002
17          },
18          "lr_scheduler_spec": null
19        }
20        ...
21    "dqn_pong": {
22      "agent": [{
23        "name": "DQN",
24        ...
25        "net": {
26          "type": "ConvNet",
27          "conv_hid_layers": [
28            [32, 8, 4, 0, 1],
29            [64, 4, 2, 0, 1],
30            [64, 3, 1, 0, 1]
31          ],
32          "fc_hid_layers": [256],
33          "hid_layers_activation": "relu",
34          "clip_grad_val": 10.0,
35          "loss_spec": {
36            "name": "SmoothL1Loss"
37          },
38          "optim_spec": {
39            "name": "Adam",
40            "lr": 1e-4,
41          },
42          "lr_scheduler_spec": null,
43          ...
44  }
```

내부적으로, Net 클래스는 파이토치의 Sequential 컨테이너 클래스를 이용하여 네트워크 층위를 만들기 위해 또 다른 도우미 함수를 이용한다. MLPNet 클래스는 build_fc_model 메서드 (코드 12.5)를 이용하여 완전히 연결된 층위를 만들고, ConvNet 클래스는 추가적으로 build_conv_layers 메서드(코드 12.6)를 이용하여 중첩 층위를 만든다.

build_fc_model 메서드는 층위의 차원을 나타내는 리스트 dims를 이용한다. 이것은 net spec 파일에 지정되는데, MLP의 경우 hid_layers로 지정하고 CNN의 경우 fc_hid_layers로 지정한다. 이 메서드는 층위의 모든 차원에 대해 반복적으로 적용되어 추가된 활성화 함수(라인 11~12)와 함께 완전히 연결된 nn.Linear 층위(라인 10)를 만든다. 그런 다음 이러한 층위들을 Sequential 컨테이너에 한데 모아서 전체 신경망을 만든다(라인 13).

코드 12.5 네트워크의 자동 생성: 완전히 연결된 층위의 구축

```
1   # slm_lab/agent/net/net_util.py
2
3   def build_fc_model(dims, activation):
4       '''nn.Linear와 activation_fn 사이에 간삽법(interleaving)을 적용하여 완전히 연결된 모델을 구축'''
5       assert len(dims) >= 2, 'dims는 최소한 입력과 출력을 포함해야 한다.'
6       # dims를 이동하여 층위별 (in, out) dims와 짝을 맞춤
7       dim_pairs = list(zip(dims[:-1], dims[1:]))
8       layers = []
9       for in_d, out_d in dim_pairs:
10          layers.append(nn.Linear(in_d, out_d))
11          if activation is not None:
12              layers.append(get_activation_fn(activation))
13      model = nn.Sequential(*layers)
14      return model
```

build_conv_layers 메서드는 ConvNet 클래스 내부에 명시적으로 정의되어 유사한 방법으로 중첩 층위를 만든다. 다만 이 경우 중첩 네트워크에 특화된 세부사항이 추가된다.

코드 12.6 네트워크의 자동 생성: 중첩 층위의 구축

```
1   '# slm_lab/agent/net/conv.py
2
3   class ConvNet(Net, nn.Module):
4       ...
5
6       def build_conv_layers(self, conv_hid_layers):
7           '''
8           네트워크의 모든 중첩 층위를 구축하고 순차적 모델에 저장
9           '''
10          conv_layers = []
11          in_d = self.in_dim[0]                    # 입력 채널
12          for i, hid_layer in enumerate(conv_hid_layers):
13              hid_layer = [tuple(e) if ps.is_list(e) else e for e in hid_layer]
                ↳ # 경사 리스트를 튜플로 변환
14              # hid_layer = out_d, kernel, stride, padding, dilation
15              conv_layers.append(nn.Conv2d(in_d, *hid_layer))
16              if self.hid_layers_activation is not None:
17                  conv_layers.append(net_util.get_activation_fn(
                    ↳ self.hid_layers_activation))
18              # 첫 번째 층위에서는 데이터 묶음의 크기를 포함하지 않음
19              if self.batch_norm and i != 0:
20                  conv_layers.append(nn.BatchNorm2d(in_d))
21              in_d = hid_layer[0]                  # out_d로 업데이트
22          conv_model = nn.Sequential(*conv_layers)
23          return conv_model
```

각기 다른 유형의 신경망을 자동으로 생성하는 소스 코드는 SLM Lab의 slm_lab/agent/net/ 경로에 있다. Net 클래스에 대한 자세한 이해를 위해 코드를 읽어 보면 도움이 될 수도 있지만, 꼭 필요하지는 않다.

12.3.3 훈련 단계

Net 기반 클래스는 모든 하위 클래스에서 사용되는 표준적인 train_step 메서드를 구현한다. 이 것은 코드 12.7에 제시된 표준적인 심층학습 훈련 로직을 따른다. 주요 단계는 다음과 같다.

1. 학습률 스케줄러 클록$_{clock}$을 이용하여 학습률을 업데이트한다(라인 8).

2. 이미 존재하는 경삿값을 모두 지운다(라인 9).

3. 알고리즘이 손실을 계산하여 메서드에 전달한다. loss.backward()를 호출하여 역전파를 이 용해서 경사를 계산한다(라인 10).

4. 원한다면 경사 클리핑을 수행한다(라인 11~12). 이것은 과하게 큰 파라미터 업데이트를 예방 한다.

5. 최적화 기법을 이용하여 네트워크 파라미터를 업데이트한다(라인 15).

6. 비동기 훈련이라면, global_net이 이 메서드에 전달되어 지역적 경삿값이 글로벌 네트워크로 입력될 것이다(라인 13~14). 네트워크 업데이트가 끝난 후, 가장 최신의 글로벌 네트워크 파라 미터를 지역적 네트워크에 복사한다(라인 16~17).

7. 함수 데커레이터 @net_util.dev_check_training_step을 이용하여 네트워크 파라미터가 업 데이트됐는지 확인한다. 이것은 개발 모드에서만 효과가 있으며, 더 자세한 내용은 10.2절에서 다루었다.

코드 12.7 네트워크 파라미터 업데이트를 위한 표준화된 방법

```
1   # slm_lab/agent/net/base.py
2
3   class Net(ABC):
4       ...
5
6       @net_util.dev_check_train_step
7       def train_step(self, loss, optim, lr_scheduler, clock, global_net=None):
8           lr_scheduler.step(epoch=ps.get(clock, 'frame'))
9           optim.zero_grad()
10          loss.backward()
11          if self.clip_grad_val is not None:
12              nn.utils.clip_grad_norm_(self.parameters(), self.clip_grad_val)
13          if global_net is not None:
```

```
14                    net_util.push_global_grads(self, global_net)
15              optim.step()
16              if global_net is not None:
17                  net_util.copy(global_net, self)
18              clock.tick('opt_step')
19              return loss
```

12.3.4 기반 메서드의 노출

코드 12.8은 파이토치의 유용한 기능을 최소한의 코드로 SLM Lab에서 사용하는 방법에 대한 수많은 예제를 보여준다.

get_activation_fn(라인 3~6)과 get_optim(라인 22~27)은 Net 클래스에서 사용할 관련된 파이토치 클래스를 가져와서 초기화하는 데 net spec의 구성요소가 어떻게 사용되는지 보여준다.

get_lr_scheduler(라인 8~20)는 파이토치의 LRSchedulerClass를 감싸는 간단한 래퍼다. 이것 역시 SLM Lab에 별도로 정의된 스케줄러를 사용한다.

save(라인 29~31)와 load(라인 33~36)는 체크포인트에서 네트워크 파라미터를 저장하고 로딩하기 위한 간단한 방법이다.

코드 12.8 흔한 파이토치 함수의 노출

```
1   # slm_lab/agent/net/net_util.py
2
3   def get_activation_fn(activation):
4       '''net을 위한 활성화 함수 층위를 생성하는 헬퍼'''
5       ActivationClass = getattr(nn, get_nn_name(activation))
6       return ActivationClass()
7
8   def get_lr_scheduler(optim, lr_scheduler_spec):
9       '''lr_scheduler와 PyTorch optim.lr_scheduler를 파싱하는 헬퍼'''
10      if ps.is_empty(lr_scheduler_spec):
11          lr_scheduler = NoOpLRScheduler(optim)
12      elif lr_scheduler_spec['name'] == 'LinearToZero':
13          LRSchedulerClass = getattr(torch.optim.lr_scheduler, 'LambdaLR')
14          frame = float(lr_scheduler_spec['frame'])
15          lr_scheduler = LRSchedulerClass(optim, lr_lambda=lambda x: 1 - x / frame)
16      else:
17          LRSchedulerClass = getattr(torch.optim.lr_scheduler, lr_scheduler_spec['name'])
18          lr_scheduler_spec = ps.omit(lr_scheduler_spec, 'name')
19          lr_scheduler = LRSchedulerClass(optim, **lr_scheduler_spec)
20      return lr_scheduler
21
```

```
22   def get_optim(net, optim_spec):
23       '''optim param을 파싱하고 net을 위한 optim을 구축하는 헬퍼'''
24       OptimClass = getattr(torch.optim, optim_spec['name'])
25       optim_spec = ps.omit(optim_spec, 'name')
26       optim = OptimClass(net.parameters(), **optim_spec)
27       return optim
28
29   def save(net, model_path):
30       '''path에 모델 가중치를 저장'''
31       torch.save(net.state_dict(), util.smart_path(model_path))
32
33   def load(net, model_path):
34       '''모델 가중치를 path로부터 net 모듈로 이동'''
35       device = None if torch.cuda.is_available() else 'cpu'
36       net.load_state_dict(torch.load(util.smart_path(model_path), map_location=device))
```

12.4 요약

이 장에서는 심층강화학습을 위한 신경망의 설계와 구현에 초점을 맞추었다. 세 가지 주요 네트워크 그룹인 MLP, CNN, RNN을 간략히 소개했고, 환경의 특성을 고려하여 적합한 네트워크 그룹을 선택하기 위한 가이드에 대해 논의했다.

환경이 MDP 또는 POMDP 중 어떤 것인지가 중요한 특성이다. POMDP에는 세 가지 유형이 있다. 과거의 부분적 이력으로부터 완전히 관측 가능한 유형, 과거의 전체 이력으로부터 완전히 관측 가능한 유형, 결코 관측 가능하지 않은 유형이다.

MLP와 CNN은 MDP와 '과거의 부분적 이력으로부터 완전히 관측 가능한' POMDP에 적합하다. RNN과 RNN-CNN은 '과거의 전체 이력으로부터 완전히 관측 가능한' POMDP에 적합하다. RNN은 '결코 관측 가능하지 않은' POMDP의 성능을 향상할 수도 있지만, 이를 보장할 수는 없다.

재사용의 용이성을 위해 Net API의 일부분으로 표준화된 메서드가 자주 사용된다. 이를 통해 좀 더 쉽게 알고리즘을 구현할 수 있다. 여기에는 입력과 출력 층위 모양의 추정, 네트워크의 자동 생성, 표준화된 훈련 단계가 포함된다.

12.5 더 읽을거리

- 일반적인 내용
  - *Neural Networks and Deep Learning*, Nielsen, 2015 [92]
  - *Deep Learning*, Goodfellow et al., 2016 [45]
- CNN
  - "Generalization and Network Design Strategies," LeCun, 1989 [71]
  - "Neural Networks and Neuroscience-Inspired Computer Vision," Cox and Dean, 2014 [28]
- RNN
  - "The Unreasonable Effectiveness of Recurrent Neural Networks," Karpathy, 2015 [66]
  - "Natural Language Understanding with Distributed Representation," Cho, 2015, pp. 11–53 [20]
  - "Reinforcement Learning with Long Short-Term Memory," Bakker, 2002 [10]
  - "OpenAI Five," OpenAI Blog, 2018 [104]

13

하드웨어

심층강화학습의 성공은 부분적으로 강력한 하드웨어 덕분에 가능했다. 심층강화학습을 구현하거나 사용하기 위해서는 컴퓨터에 대한 기본적인 사항을 자세히 이해하는 것이 꼭 필요하다. 이러한 알고리즘은 상당한 양의 데이터, 메모리, 컴퓨터 자원을 필요로 한다. 에이전트를 훈련할 때 알고리즘의 메모리와 컴퓨팅 요구조건을 추정하고 데이터를 효율적으로 관리할 수 있으면 도움이 된다.

이 장에서는 심층강화학습에서 마주치는 데이터의 유형, 데이터의 크기, 데이터 최적화 방법 등에 대한 직관력을 기르고자 한다. 먼저 CPU, RAM, GPU 등의 하드웨어 구성요소가 어떻게 작동하고 상호작용하는지 간단히 설명하겠다. 그런 다음, 13.2절에서 데이터 유형을 대략적으로 소개한다. 13.3절에서는 심층강화학습에서 흔하게 사용되는 데이터 유형을 알아보고 그 데이터를 관리하는 방법에 대한 가이드를 제시할 것이다. 이 장의 마지막에서는 각기 다른 유형의 심층강화학습 실험을 수행하기 위한 하드웨어 요구사항의 기준을 제시할 것이다.

이러한 정보는 코드를 면밀히 디버깅하고 심층강화학습을 위한 하드웨어를 관리하고 선정하는 데 유용하게 사용될 수 있다.

13.1 컴퓨터

컴퓨터는 요즘 어디에나 있다. 휴대전화, 노트북 컴퓨터, 데스크톱 컴퓨터, 그리고 클라우드(원격 서버)에도 있다. 아다 러브레이스Ada Lovelace가 최초의 알고리즘을 작성하고 앨런 튜링Alan Turing이 범용 컴퓨터 튜링머신Turing machine을 마음속에 그리고 있었던 때로부터 오랜 시간이 지났다. 최초의 컴퓨터는 실제로 움직이는 부분으로 구성된 거대한 기계식 장치였다. 프로그램은 펀치카드punch card로 입력됐고 컴퓨터의 버그는, 말하자면 진짜 벌레[1]였다. 오늘날 컴퓨터는 전자식이고, 작고, 빠르며, 최초의 컴퓨터와 비교해 보면 모습이 많이 다르다. 대부분의 사람들은 컴퓨터가 작동하는 방식을 궁금해하지 않고 그냥 컴퓨터를 사용한다. 이것은 컴퓨터 시대를 살아가는 특권이다.

컴퓨터가 진화했음에도 컴퓨터는 여전히 튜링머신을 구현한 것이다. 이는 컴퓨터 설계의 특정 요소가 변하지 않았음을 의미한다. 컴퓨터는 튜링머신의 머리와 테이프에 해당하는 프로세서와 임의 접근 메모리random-access memory로 구성된다. 현대적 컴퓨터의 아키텍처는 이보다 훨씬 더 복잡해졌고, 데이터 저장, 데이터 전달, 읽기/쓰기 속도 등의 실제적 이슈를 다룰 수 있게 됐다. 결국, 컴퓨터는 계속해서 정보를 처리하고 프로세서와 메모리는 항상 존재한다.

프로세서를 먼저 살펴보자. 오늘날에는 중앙처리장치central processing unit, CPU로 알려진 프로세싱 코어가 다수 집적되어(예를 들면, 듀얼코어나 쿼드코어) 나온다. 각 코어는 하이퍼스레드hyperthread 기능으로 2개 이상의 스레드를 동시에 실행할 수도 있다. 이러한 이유로 프로세서 포장지 겉면에, 예를 들면 '2 코어 4 스레드'라고 적혀 있는 것이다. 이는 프로세서가 2개의 코어를 가지며, 각 코어는 2개씩의 스레드를 갖는다는 뜻이다.

이 예제를 좀 더 자세히 살펴보자. 2개의 코어와 4개의 스레드를 갖는 컴퓨터에는 CPU의 개수가 스레드의 개수로 표시될 수도 있다. 비록 코어의 개수는 이보다 작지만 말이다. 이는 4개의 스레드가 있으면 4개의 프로세스를 각각 100%의 프로세스 활용도로 실행할 수 있기 때문이다. 하지만 필요하다면, 하이퍼스레딩 없이 2개의 프로세스만 실행하여 2개의 코어를 최대한으로 활용할 수도 있다. 이렇게 되면 CPU는 200%의 프로세스 활용도를 나타내게 된다. 최대의 퍼센티지는 하나의 코어에 몇 개의 스레드가 있는지에 따라 달라진다.

모드에 따라 코어가 재구성되어 더 많은 CPU가 있는 것처럼 작동할 수도 있다. 이러한 이유로 진짜 코어는 물리적 CPU라고 부르고, CPU를 구성하는 스레드는 논리적 CPU라고 부른다. 이것을 확인하려면 리눅스의 경우 명령창에 lscpu를 입력하고, 맥OS의 경우 명령창에 system_

---

1 '컴퓨터 버그'라는 용어의 기원에 관한 재미있는 사실: 이것은 초기의 기계식 컴퓨터에 들어가서 고장을 일으킨, 문자 그대로의 벌레(버그)를 나타낸다. 사람들은 컴퓨터를 열어서 벌레를 치워야 했다.

profiler SPHardwareDataType을 입력하면 된다. 코드 13.1은 32개의 논리적 CPU를 갖는 리눅스 서버를 보여준다. 이 서버에는 실제로는 코어당 2개의 스레드가 있는 16개의 물리적 CPU를 갖는다.

코드 13.1 명령창에 lscpu 명령어를 입력하여 얻은 결과의 예제로 리눅스 서버의 CPU 정보를 보여준다. 이 서버는 16개의 물리적 코어와 32개의 논리적 코어를 갖고, CPU 속도는 2.30GHz다.[2]

```
1   # 리눅스에서는 `lscpu`를 실행하여 CPU 정보를 확인할 수 있다.
2   $ lscpu
3   Architecture:          x86_64
4   4 CPU op-mode(s):      32-bit, 64-bit
5   5 Byte Order:          Little Endian
6   6 CPU(s):              32
7   7 On-line CPU(s) list: 0-31
8   8 Thread(s) per core:  2
9   9 Core(s) per socket:  16
10  Socket(s):             1
11  NUMA node(s):          1
12  Vendor ID:             GenuineIntel
13  CPU family:            6
14  Model:                 79
15  Model name:            Intel(R) Xeon(R) CPU E5-2686 v4 @ 2.30GHz
16  Stepping:              1
17  CPU MHz:               2699.625
18  CPU max MHz:           3000.0000
19  CPU min MHz:           1200.0000
20  BogoMIPS:              4600.18
21  Hypervisor vendor:     Xen
22  Virtualization type:   full
23  L1d cache:             32K
24  L1i cache:             32K
25  L2 cache:              256K
26  L3 cache:              46080K
27  NUMA node0 CPU(s):     0-31
28  ...
```

이것은 스레드를 최대로 함으로써 더 많은 프로세스를 더 느리게, 또는 코어를 최대로 하여 더 적은 프로세스를 더 빠르게 실행하도록 선택할 수 있음을 의미한다. 전자의 모드는 많은 수의 병렬 세션이 실행되는 하이퍼파리미터 탐색에 매우 적합하며, 후자의 모드는 적은 수의 특정 훈련 세션을 더 빠르게 실행하는 데 도움이 된다. 하나의 프로세스가 2개 이상의 물리적 코어를 사용할 수 없다는 제약이 있기 때문에, 물리적 코어의 개수보다 적은 수의 프로세스를 실행한다고 해서 이득이 될 것은 없다.

---

2 〔옮긴이〕 윈도우의 경우 msinfo32를 입력하면 CPU 정보가 포함된 시스템 정보를 확인할 수 있다.

CPU는 모든 작동마다 틱 수를 늘려가는 내부 클록(시계)을 가지며, 클록의 속도로 프로세서의 속도를 측정한다. 이것은 코드 13.1의 모델 이름에 2.30GHz라는 진동수로 분명히 표시되어 있다(라인 15). 이것은 초당 23억 번의 클록 사이클을 의미한다. 특정 시각에 실제 클록 속도는 CPU 온도와 같은 다수의 요인에 따라 컴퓨터의 안전한 작동을 위해 변경될 수 있다(전자장치는 여전히 과열의 위험이 있는 물리적 부품으로 만들어져 있다).

실행 속도를 더 높이기 위해 CPU는 오버클록될 수 있다. 이것은 부팅 동안 BIOS에서 설정할 수 있다. 하지만 이렇게 하기 전에 보통은 액체 냉각을 통해 CPU를 보호한다. 심층강화학습의 경우 이렇게 할 필요는 없고, 원격 서버를 사용하는 경우에는 할 수도 없다. 하지만 개인용 데스크톱을 이용한다면 할 수도 있다.

이제 컴퓨터 메모리를 살펴보자. 컴퓨터 메모리의 유형에는 여러 가지가 있다. 이 유형은 CPU에 가장 가까운 것에서부터 가장 멀리 떨어진 것까지 계층적으로 구조화된다. CPU에 더 가까운 메모리는 전달 지연율이 더 낮고 따라서 데이터에 대한 접근이 더 빠르다. 반면에 크기는 더 작아지는 경향이 있다. 작은 CPU에 큰 용량의 메모리는 맞지 않을 것이기 때문이다. 이를 보완하기 위해, 가장 자주 사용되는 데이터 묶음이 CPU에 더 가까이 위치한 메모리로 들어가고, 용량은 더 크지만 자주 사용되지 않는 데이터는 CPU로부터 더 멀리 위치한다.

CPU 내부에는 명령과 처리해야 할 데이터가 들어 있는 레지스터register가 있다. 레지스터는 가장 작으면서 가장 빠른 메모리다. 다음으로는 중복 계산을 방지하기 위해 자주 재사용될 데이터를 보관하는 캐시cache가 있다. 각기 다른 캐시 메모리가 코드 13.1에 제시되어 있으며(라인 23~26) 모든 캐시 메모리는 레지스터보다 느리다.

다음으로, 임의 접근 메모리Random Access Memory, RAM가 있다. 이것은 프로그램의 실행시간 동안 CPU가 처리할 데이터가 로딩되고 저장되는 장소다. '데이터를 메모리에 로딩한다' 또는 '프로세스의 메모리가 부족하다'라고 말할 때 메모리는 RAM을 가리킨다. 컴퓨터의 마더보드motherboard는 보통 4개 이상의 RAM 슬롯을 제공하기 때문에 4개의 4GB 메모리 카드를 4개의 16G 메모리 카드로 대체하면 메모리가 16GB에서 64GB로 업그레이드된다.

프로그램을 실행할 때, 일반적으로 CPU와 RAM의 활용을 고민하게 된다. 위에서 CPU의 활용에 대해서는 언급하지 않았다. RAM의 활용도를 확인할 때, 표시되는 정보가 두 가지가 있다. VIRT(가상 메모리virtual memory)와 RES(레지던트 메모리resident memory)다. Glances[44]로 생성한 시스템 대시보드를 캡처한 예제 이미지를 그림 13.1에 제시했다. 프로세스 목록에서 주요 열에는 CPU 활용도 퍼센티지, 메모리(RAM) 활용도 퍼센티지, VIRT, RES가 표시되어 있다.

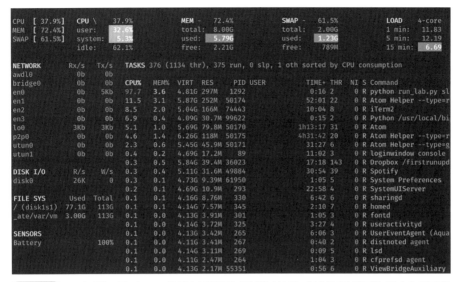

```
CPU  [ 37.9%]   CPU \      37.9%        MEM -     72.4%        SWAP -    61.5%           LOAD      4-core
MEM  [ 72.4%]   user:      32.6%        total:    8.00G        total:    2.00G          1 min:    11.83
SWAP [ 61.5%]   system:    5.3%         used:     5.79G        used:     1.23G          5 min:    12.19
                idle:      62.1%        free:     2.21G        free:      789M          15 min:    6.69

NETWORK       Rx/s   Tx/s    TASKS 376 (1134 thr), 375 run, 0 slp, 1 oth sorted by CPU consumption
awdl0          0b     0b
bridge0        0b     0b    CPU%   MEM%  VIRT  RES    PID USER        TIME+ THR  NI S Command
en0            0b    5Kb    97.7   3.6   4.81G 297M   1292              0:16 2     0 R python run_lab.py sl
en1            0b     0b    11.5   3.1   5.87G 252M  50174             52:01 22    0 R Atom Helper --type=r
en2            0b     0b     8.5   2.0   5.04G 166M  74443             10:04 8     0 R iTerm2
en3            0b     0b     6.9   0.4   4.09G 30.7M 99622              0:15 2     0 R Python /usr/local/bi
lo0           3Kb    3Kb     5.1   1.0   5.69G 79.8M 50170           1h13:17 31    0 R Atom
p2p0           0b     0b     4.6   1.4   6.26G 118M  50175           4h31:42 20    0 R Atom Helper --type=r
utun0          0b     0b     2.3   0.6   5.45G 45.9M 50171             31:27 6     0 R Atom Helper --type=g
utun1          0b     0b     0.4   0.2   4.69G 17.2M   89              11:02 3     0 R loginwindow console
                            0.3   0.5   5.84G 39.4M 36023             17:18 143   0 R Dropbox /firstrunupd
DISK I/O      R/s    W/s     0.3   0.4   5.11G 31.6M 49884             30:54 39    0 R Spotify
disk0         26K     0      0.3   0.1   4.73G 9.39M 61950             1:05 5     0 R System Preferences
                            0.2   0.1   4.69G 10.9M  293              22:58 4     0 R SystemUIServer
FILE SYS      Used  Total    0.1   0.1   4.16G 8.76M  330              6:42 6     0 R sharingd
/ (disk1s1)   77.1G  113G    0.1   0.1   4.14G 7.57M  345              2:10 7     0 R homed
_ate/var/vm   3.00G  113G    0.1   0.0   4.13G 3.91M  301              1:05 3     0 R fontd
                            0.1   0.0   4.14G 3.72M  325              3:27 4     0 R useractivityd
SENSORS                      0.1   0.0   4.13G 3.42M  265              6:06 3     0 R UserEventAgent (Aqua
Battery             100%     0.1   0.0   4.11G 3.41M  267              0:40 2     0 R distnoted agent
                            0.1   0.0   4.14G 3.11M  269              0:09 5     0 R lsd
                            0.1   0.0   4.11G 2.47M  264              1:04 3     0 R cfprefsd agent
                            0.1   0.0   4.13G 2.17M 55351             0:56 6     0 R ViewBridgeAuxiliary
```

그림 13.1 모니터링 도구 Glances[44]를 이용하여 생성한 시스템 대시보드를 캡처한 이미지. 여기에는 CPU 로드, 메모리 활용도, I/O, 프로세스 등 중요 통계치가 제시된다.

그림의 윗부분을 빠르게 훑어 보면 이 컴퓨터의 전체 RAM(MEM total)은 8.00GB임을 알 수 있다. 작업표$_{table\ of\ task}$의 첫 줄을 보면 97.7%의 CPU 활용도로 프로세스가 실행되고 있음을 알 수 있다.

프로세스가 차지하는 RAM의 실제 용량은 레지던트 메모리 RES로 나타난다(이것은 용량이 매우 작으며, MEM 퍼센티지에도 숨김 없이 반영되어 있다). 예를 들면, 최상위 프로세스는 RAM의 3.6%를 사용하는데 이것은 가용한 8GB의 전체 레지던트 메모리에서 297M에 해당한다.

하지만 가상 메모리는 이보다 훨씬 많이 사용한다. VIRT 열의 합은 40GB가 넘는다. 사실 가상 RAM은 단순히 프로그램이 사용할 수 있는 메모리양의 추정값이다. 예를 들어 파이썬 런타임에서 크기가 큰 비어 있는 배열을 하나 선언하면 가상 메모리 추정값이 증가하겠지만, 배열이 실제 데이터로 채워지기 시작할 때까지 메모리는 비어 있을 것이다.

레지던트 메모리의 용량이 RAM의 이용 가능한 실제 용량만 초과하지 않는다면 가상 메모리의 크기는 문제가 되지 않는다. 그렇지 않다면 메모리 부족과 고장의 위험을 감수해야 한다.

레지스터, 캐시, RAM은 계산에 사용되는 고속 런타임 메모리이지만, 이들은 모두 일시적인 메모리다. 컴퓨터가 재부팅되면 이러한 메모리는 보통 지워진다. 정보를 좀 더 영구적으로 저장하기 위해 컴퓨터는 하드 드라이브나 메모리 스틱 같은 이동식 저장 장치를 사용한다. 하드웨어에 따라 드라이브는 적절한 읽기/쓰기 속도로 많은 양의 정보를 저장할 수 있다. 이것은 그림 13.1의 왼쪽에 DISK I/O와 FILE SYS 아래에서 확인할 수 있다. 그럼에도 불구하고, 이러한 종류의 메모리는 아직도 휘발성 메모리에 비해 상당히 느리다. 메모리가 프로세서로부터 멀어질수록, 메모리의 읽기/쓰기 속도는 감소하지만 저장 용량은 증가한다. 이러한 경험 법칙은 훈련 세션에서 데이터를 관리하는 방법을 결정할 때 유용하게 쓰인다.

임의 접근 메모리와 함께 CPU는 범용 장치다. CPU가 없으면 컴퓨터는 더 이상 컴퓨터가 아니다. 컴퓨터의 계산 능력은 무어의 법칙Moore's Law에 따라 기하급수적으로 증가해 왔다. 하지만 컴퓨터의 계산 능력에 대한 필요는 항상 컴퓨터의 발전 속도보다 더 빨리 증가한 것처럼 보인다. 왜냐하면 증가된 컴퓨터의 성능으로 인해 해결해야 할 새로운 문제가 생겨나기 때문이다. 심층학습의 등장이 좋은 예다. 이것은 심지어 공생적 관계 속에서 하드웨어 산업의 발전에 도움이 된다.

CPU가 범용이고 매우 강력하지만 컴퓨터의 성능에 대한 사람들의 요구를 항상 만족시켜줄 수는 없다. 다행히도, 아주 자주 계산되는 몇 가지 것들은 특별한 유형을 갖는 작동으로 구성되어 있다. 따라서 컴퓨터의 범용성을 포기하고 이러한 작동들을 매우 효율적으로 계산하는 특화된 하드웨어를 고안할 수 있다.

그러한 것들 중 하나는 행렬 연산이다. 행렬은 부호화하고 데이터 변환을 계산할 수 있기 때문에 이미지 생성의 근간이 된다. 카메라의 움직임, 메시mesh 구축, 라이트닝lightning, 섀도 캐스팅shadow casting, 광선 추적ray tracing은 모두 행렬 연산이다. 프레임 속도가 높은 비디오는 이러한 것들을 많이 계산할 필요가 있다. 이것이 바로 그래픽 처리 장치Graphics Processing Unit, GPU가 개발된 배경이다.

GPU는 비디오 게임 산업에서 처음 사용됐다. GPU 이전에 있었던 것은 아케이드 머신arcade machine[3] 안에 있는 그래픽 프로세서였다. 이것은 개인용 컴퓨터와 비디오 게임 산업의 성장과 함께 발전했고, 1999년에 엔비디아Nvidia가 GPU를 개발했다[95]. 이와 병행하여, 픽사Pixar와 어도비Adobe 같은 크리에이티브 스튜디오creative studio도 GPU를 위한 소프트웨어와 알고리즘을 만들고 배포함으로써 컴퓨터 그래픽 산업의 기반을 다지는 데 기여했다. 게이머, 그래픽 디자이너, 애니메이션 제작자는 GPU의 주요 고객이 됐다.

이미지를 처리하는 중첩 네트워크도 많은 행렬 연산을 포함한다. 따라서 심층학습 연구자들이 GPU를 사용하게 되는 것은 시간 문제였다. 마침내 GPU를 사용하게 되면서 심층학습 분야의 발전은 가속화됐다.

---

3 옮긴이 비디오 게임기

GPU는 방대한 양의 행렬 연산을 수행하여 CPU가 다른 작업을 더 자유롭게 수행하도록 해준다. GPU는 병렬 계산을 수행하고 매우 효율적으로 자신의 작업을 처리한다. 원래 GPU가 그 목적으로 만들어졌기 때문이다. CPU와 비교하면, GPU는 훨씬 더 많은 프로세싱 코어를 가지며 메모리 아키텍처는 유사하다(레지스터, 캐시, RAM). GPU의 RAM은 일반적으로 더 작다. GPU에 데이터를 보내 처리하기 위해서는 데이터가 먼저 GPU RAM에 탑재되어야 한다. 코드 13.2는 CPU에 생성된 파이토치 텐서tensor를 GPU RAM으로 옮기는 예제를 보여준다.

코드 13.2 파이토치 텐서를 CPU에 생성하고 GPU RAM으로 옮기는 예제

```
1   # CPU에서 생성된 텐서를 GPU(RAM)로 이동하기 위한 예제 코드
2   import torch
3
4   # 가용할 경우에만 장치를 지정
5   device = 'cuda:0' if torch.cuda.is_available() else 'cpu'
6
7   # 텐서는 CPU에서 먼저 생성됨
8   v = torch.ones((64, 64, 1), dtype=torch.float32)
9   # GPU로 이동
10  v = v.to(device)
```

GPU가 있으면 CPU에서 오래 걸렸던 계산이 비약적으로 빨라진다. 이것은 심층학습에서 새로운 가능성을 열어주었다. 연구자들은 더 많은 데이터를 갖는 더 크고 더 깊은 네트워크를 훈련하기 시작했다. 이것은 컴퓨터 비전, 자연어 처리, 음성 인식 등의 많은 분야에서 최첨단의 결과를 이끌어냈다. GPU는 심층학습 및 그와 관련된 분야의 발전을 촉진하고 가속화하는 데 기여해 왔다. 여기에는 심층강화학습도 포함된다.

GPU는 효과적이지만 아직도 신경망 계산보다는 그래픽 처리에 특화되어 있다. 산업에 적용하기에는 GPU도 한계가 있다. 이러한 이유에 힘입어 또 다른 유형의 특화된 프로세서가 개발됐다. 2016년에 구글은 이러한 필요를 충족시키기 위해 텐서 처리 장치Tensor Processing Unit, TPU를 발표했다. 이것은 심층학습 문제에서 '한 자릿수 정도 더 최적화된 성능'을 낼 수 있게 해주었다[58]. 사실, 딥마인드의 심층강화학습 알고리즘인 알파고AlphaGo에는 TPU가 사용됐다.

컴퓨터 하드웨어를 다룬 이 절에서는 컴퓨터의 기본적인 구성요소인 프로세서와 메모리에 대해 알아봤다. CPU는 범용 프로세서이지만 한 번에 처리할 수 있는 데이터의 양에 한계가 있다. GPU는 병렬 계산에 특화된 많은 코어를 갖는다. TPU는 신경망을 위한 텐서 계산에 특화되어 있다. 특화된 분야에 상관없이 모든 프로세서는 레지스터, 캐시, RAM을 포함하는 적절히 설계된 메모리 아키텍처를 필요로 한다.

13.2 데이터 유형

효율적으로 계산하기 위해서는 문제의 공간적 시간적 복잡도를 이해할 필요가 있다. 심층강화학습처럼 데이터가 집약된 애플리케이션의 경우, 소프트웨어부터 하드웨어에 이르기까지 모든 수준에 포함된 중요한 세부사항과 처리 과정을 이해하면 도움이 된다. 지금까지는 컴퓨터가 어떻게 구성되는지 살펴봤다면, 지금부터는 심층강화학습에 자주 등장하는 데이터에 대한 직관력을 키워보자.

비트bit는 정보의 크기를 측정하는 가장 작은 단위다. 현대의 데이터는 매우 크기 때문에 더 큰 단위가 필요하다. 역사적인 이유로, 8비트가 1바이트byte, 혹은 8b = 1B이다. 이제부터 미터법에 따라 접두사가 붙는다. 1,000바이트는 1킬로바이트KB이고, 1,000,000바이트는 1메가바이트MB가 되는 식으로 계속된다.

정보의 부호화는 일반적인 것이기 때문에 어떤 데이터라도 디지털 비트로 부호화될 수 있다. 데이터가 수치 데이터가 아니라면 먼저 하드웨어에 비트로 표현되기 전에 수치로 변환된다. 이미지는 픽셀값으로 변환되고, 소리는 주파수와 진폭으로, 범주형 데이터는 원핫one-hot 부호화로, 단어는 벡터로 변환되는 식이다. 데이터를 컴퓨터가 이해할 수 있도록 만들기 위한 전제조건은 데이터를 수치화하는 것이다. 데이터가 수치화된 이후 숫자가 하드웨어 수준에서 비트로 변환된다.

설계된 바로는 숫자를 부호화하는 데 흔하게 사용되는 가장 작은 메모리 묶음은 1바이트 또는 8비트다. 지수 법칙을 이용하면, 8비트의 비트열bit string은 $2^8 = 256$개의 각기 다른 메시지를 표현할 수 있기 때문에 1바이트는 256개의 숫자를 나타낼 수 있다. numpy[143] 같은 수치 라이브러리는 각기 다른 범위의 정수를 구현하기 위해 1바이트를 사용한다. 말하자면, 부호 없는 8비트 정수 uint8의 범위는 [0, 255]이고 부호 있는 8비트 정수 int8의 범위는 [−128, 127]이다.

바이트는 그레이스케일 이미지(0~255)의 픽셀값과 같은 작은 수치 범위를 갖는 데이터를 저장하는 데 적합하다. 바이트가 메모리에서 차지하는 공간이 가장 작기 때문이다. 하나의 uint8 숫자는 1바이트의 크기를 갖기 때문에 84 × 84픽셀로 축소된 그레이스케일 이미지의 경우 7,096개의 숫자만 저장하면 된다. 즉, 7,096B ~ 7KB가 필요한 것이다. 재현 메모리에 이러한 이미지가 수백만 개 있다면 7KB × 1,000,000 = 7GB를 차지할 것이고, 이 용량은 대부분의 현대적 컴퓨터의 RAM 용량에 해당한다.

컴퓨터의 활용 목적에 따른 대부분의 경우에 이러한 작은 범위는 충분하지 않다. 비트열의 크기를 두 배로 증가시키면 16비트 정수를 훨씬 더 넓은 범위에서 구현할 수 있다. 즉, int16: [−32,768, 32,768]. 더욱이, 16비트 비트열이 충분히 길기 때문에 이것은 'float'로 알려진 십진법 숫자인 부동소수점floating-point 숫자를 표현하는 데도 사용될 수 있다. 이렇게 하면 16비트 실수 float16이 만들어진다. 여기서 다루지는 않겠지만, 실수를 구현하는 것은 정수를 구현하는 것과 매우 다르다. 하지만 이들은 모두 16비트 크기의 비트열을 사용한다.

비트를 두 배로 하는 동일한 과정을 반복해서 적용하면 32비트와 64비트의 정수와 실수를 구현할 수 있다. 이들은 각각 4바이트와 8바이트에 해당하고 int32, float32, int64, float64로 만들어진다. 하지만 비트 수가 두 배가 될 때마다 계산 속도는 반으로 줄어든다. 이진 연산을 수행할 비트열의 원소 개수가 두 배가 되기 때문이다.

정수는 0을 중심으로 값의 범위를 정할 때 int8, int16, int32, int64의 데이터 유형으로 구현할 수 있다. 부호가 없는 정수는 값의 범위가 0부터 시작하도록 범위를 조정하여 uint8, uint16, uint32, uint64로 구현할 수 있다. 각기 다른 비트 수를 갖는 정수들 사이의 차이점은 크기, 계산 속도, 그리고 표현 가능한 값의 범위다.

부호가 있는 정수 int가 범위를 벗어나는 값을 할당받으면 오버플로overflow가 발생하여 예기치 못한 결과가 발생하여 연산이 꼬여버린다. 부호가 없는 정수 uint의 경우에는 결코 오버플로가 발생하지 않는다. 대신, 모듈러스modulus를 이용하여 조용히 계산한다. 예를 들면, np.uint8(257) = np.uint8(1)과 같이 계산한다. 어떤 경우에는 이렇게 하는 것이 바람직할 수도 있지만, 일반적으로는 부호가 없는 정숫값으로 된 데이터를 다운캐스팅downcasting할 때는 주의를 기울여야 한다. 극단에 있는 값을 제한할 필요가 있을 경우에는 다운캐스팅을 수행하기 전에 먼저 그 값을 클리핑하는 것이 좋다. 이러한 것들을 코드 13.3에 나타내었다.

코드 13.3 각기 다른 데이터 유형에 대한 크기 비교와 최적화 방법을 보여주는 간단한 스크립트

```
1    import numpy as np
2
3    # 다운캐스팅할 때, 범위 오버플로를 주의
4    np.array([0, 255, 256, 257], dtype=np.uint8)
5    # => array([ 0, 255, 0, 1], dtype=uint8)
6
7    # 최댓값이 255이면, 먼저 클리핑을 한 후에 다운캐스팅을 수행
8    np.clip(np.array([0, 255, 256, 257], dtype=np.int16), 0, 255).astype(np.uint8)
9    # => array([ 0, 255, 255, 255], dtype=uint8)
```

부동소수점 숫자는 float16, float32, float64와 같이 16비트부터 구현할 수 있다. 차이점은 데이터의 크기, 계산 속도, 그리고 숫자가 나타낼 수 있는 십진수의 정밀도에서 발생한다. 비트 수가 많을수록 정밀도가 높아진다. 이러한 이유로 float16을 반정밀도half-precision라 부르고, float32를 단일 정밀도single-precision라 부르고, float64를 이중 정밀도double-precision(또는 단순히 '이중

double')라고 부른다. 8비트 실수는 정밀도가 낮아서 대부분의 경우에 신뢰도가 떨어지기 때문에 구현하지 않는다. 반정밀도를 사용하면 단일 정밀도를 사용할 때와 같은 속도로 두 번 계산할 수 있으며, 소수점 아래 많은 자릿수까지 정밀할 필요가 없는 계산에 적용하기 충분하다. 또한 대부분의 원시 데이터가 소수점 아래 많은 자릿수를 사용하지 않기 때문에 저장에도 가장 적합하다. 대부분의 계산에서는 단일 정밀도로 충분하며, 심층학습을 포함하여 많은 프로그램에서 단일 정밀도의 데이터 유형이 가장 흔하게 사용된다. 이중 정밀도는 대부분 물리 방정식과 같이 많은 자릿수의 유효숫자까지 정밀해야 하는 심도 있는 과학적 계산을 위해 사용된다. 바이트 크기, 속도, 범위, 정밀도, 오버플로는 부동소수점값을 표현하기 위해 적절한 데이터 유형을 선택할 때 고려해야 할 몇 가지 것들에 해당한다.

13.3 강화학습에서 데이터 유형 최적화

지금까지 수치 데이터가 하드웨어에서 어떻게 표현되는지 어느 정도 이해했다. 데이터 크기, 계산 속도, 범위, 정밀도에 대한 고려사항도 다루었다. 코드 13.4는 numpy에서 사용하는 데이터 유형과 데이터가 차지하는 메모리 크기의 몇 가지 예제를 보여준다. 이러한 것들이 심층학습과 심층 강화학습에서 자주 사용하는 데이터와 어떤 관계가 있는지 지금부터 살펴보자.

코드 13.4 다양한 데이터 유형과 크기를 보여주는 간단한 스크립트

```
1   import numpy as np
2
3   # 기본 데이터 유형과 크기
4
5   # 데이터가 컴퓨터에서 비트로 부호화됨
6   # 그래서 데이터 크기는 비트 개수로 결정됨
7   # 예: float는 int와는 다르게 표현되지만 np.int16과 np.float16은 모두 2바이트임
8
9   # 8비트의 부호 없는 정수, 범위: [0, 255]
10  # 크기: 8비트 = 1바이트
11  # 이미지나 작은 범위의 상태를 저장하기에 유용함
12  np.uint8(1).nbytes
13
14  # 16비트 정수, 범위: [-32768, 32768]
15  # 크기: 16비트 = 2바이트
16  np.int16(1).nbytes
17
18  # 32비트 정수, 4바이트
19  np.int32(1).nbytes
20
21  # 64비트 정수, 8바이트
22  np.int64(1).nbytes
```

```
23
24    # 반정밀도 실수, 2바이트
25    # 계산의 정밀도는 떨어질 수 있지만 대부분의 데이터를 저장하는 데는 문제없음
26    np.float16(1).nbytes
27
28    # 단일 정밀도 실수, 4바이트
29    # 대부분의 계산에서 기본값으로 사용됨
30    np.float32(1).nbytes
31
32    # 이중 정밀도 실수, 8바이트
33    # 대부분의 경우 고정밀 계산을 위해 남겨둠
34    np.float64(1).nbytes
```

대부분의 라이브러리에 기본값으로 설정되어 있는 것으로, 신경망은 float32를 사용하여 초기화 및 계산을 수행한다. 이것은 모든 입력 데이터가 float32로 캐스팅될 필요가 있음을 의미한다. 하지만 float32는 바이트 크기가 크기 때문에(32b = 4B) 데이터 저장에 항상 적합한 것은 아니다. 강화학습 데이터의 프레임이 10KB라고 가정하면, 재현 메모리에 백만 개의 프레임을 저장할 필요가 있다. 전체 크기는 10GB가 되어 런타임에서 일반적인 RAM에는 맞지 않을 것이다. 따라서 데이터를 다운캐스팅하고 반정밀도의 float16으로 저장한다.

심층강화학습에서 저장할 필요가 있는 대부분의 데이터는 상태, 행동, 보상, 그리고 에피소드의 종료를 나타내는 '완료'라는 불리언Boolean 신호다. 여기에 V 가치 및 Q 가치, 로그확률, 엔트로피와 같이 특정 알고리즘이나 디버깅을 위해 필요한 보조 변수도 추가된다. 일반적으로 이러한 값들은 작은 정수이거나 낮은 정밀도의 실수이기 때문에 uint8, int8, 또는 float16의 데이터 유형으로 저장하는 것이 적합하다.

재현 메모리에 저장할 표준적인 데이터의 양으로 백만 개의 프레임을 예로 들어 보자. 상태를 제외하면 이러한 변수의 대다수는 스칼라값이다. 모든 스칼라 변수에 대해 백만 개의 값을 저장하려면 백만 개의 원소가 필요하다. uint8을 이용하면 1,000,000 × 1B = 1MB를 차지하지만, float16을 이용하면 1,000,000 × 2B = 2MB를 차지할 것이다. 데이터 용량 1MB의 차이는 오늘날의 컴퓨터를 기준으로 보면 매우 사소한 것이기 때문에 의도치 않게 소수점 이하의 숫자가 누락되거나 값의 범위가 제한되는 리스크를 없애기 위해 모든 데이터에 대해 float16을 사용하는 것이 일반적이다.

하지만 상태에 대해서는 메모리 최적화를 위해 상당한 노력을 해야 한다. 일반적으로 심층강화학습에서 생성되는 데이터 중 대부분을 차지하는 것이 상태이기 때문이다. 상태가 상대적으로 작은 텐서, 예를 들어 카트폴 문제에서의 길이가 4인 벡터라면, float16을 사용할 수 있다. 이미지와 같이 상태의 크기가 클 경우에만 최적화를 하면 된다. 요즘은 카메라나 게임 엔진에서

만들어진 이미지가 보통 1920 × 1080을 넘는 고해상도이기 때문에 데이터 용량이 수 MB가 될 수 있다. 상태가 256 × 256개의 float32 값을 갖는 픽셀로 구성된 작은 RGB 이미지라고 가정해 보자. 이 경우 하나의 이미지 상태는 (256 × 256 × 3) × 4B = 786,432B ≈ 786KB의 크기를 가지며, 이러한 크기의 데이터 백만 개를 RAM으로 로딩하려면 786GB가 필요하다. 이 정도는 대형 서버의 용량도 넘어서는 것이다.

이미지를 그레이스케일로 변환하면 3개의 컬러 채널이 하나로 줄어들어서 데이터의 크기가 262GB로 줄어들지만, 이것도 여전히 너무 크다. 256 × 256에서 84 × 84로 다운샘플링하면, 데이터의 크기는 대략 1/9로 줄어들어서 28GB가 된다. 이렇게 압축하면 정보가 조금 손실될 것이고, 다운샘플링된 픽셀값은 압축 알고리즘에 따라 달라질 것이다. 또한 원래의 RGB 값은 0~255의 범위를 갖는 정수이지만, 그레이스케일로 만들면 RGB 값은 0.0~255.0의 범위를 갖는 float32 픽셀값으로 변환된다. 대부분의 작업에서는 높은 정밀도의 픽셀값이 필요하지 않기 때문에, 픽셀값은 다시 uint8로 변환될 수 있는데, 이를 통해 데이터 크기는 4배 더 줄어든다.

최종적으로, uint84 값을 갖는 84 × 84픽셀의 그레이스케일 이미지는 단지 84 × 84 × 1B = 7,096B만을 차지한다. 이런 것이 백만 개 있으면 대략 7GB를 차지하는데, 오늘날 대부분의 컴퓨터가 갖고 있는 RAM은 이 정도 용량은 쉽게 수용한다. 코드 13.5에서 모든 최적화 단계별로 데이터 크기를 비교했다.

코드 13.5 재현 메모리의 데이터 저장 용량 최적화 단계별 데이터 크기

```
1    import numpy as np
2
3    # RAM 사용을 디버깅하기 용이한 데이터 크기
4
5    # 백만 개의 uint8 데이터가 저장된 재현 메모리 = 1MB
6    np.ones((1000000, 1), dtype=np.uint8).nbytes
7
8    # 백만 개의 float16 데이터가 저장된 재현 메모리 = 2MB
9    np.ones((1000000, 1), dtype=np.float16).nbytes
10
11   # uint8 범위의 다운사이징된 그레이스케일 이미지 ~ 7KB
12   np.ones((84, 84, 1), dtype=np.uint8).nbytes
13
14   # 백만 개의 이미지가 저장된 재현 메모리 ~ 7GB
15   np.ones((1000000, 84, 84, 1), dtype=np.uint8).nbytes
16
17   # 하나의 작은 원시 이미지는 위의 이미지보다 약 37배 큰 262KB의 용량을 갖는다.
18   # 이러한 이미지가 백만 개 있다면 262GB인데, 이것은 일반적인 컴퓨터가 다루기에는 너무 큰 용량이다.
19   np.ones((256, 256, 1), dtype=np.float32).nbytes
```

실제 강화학습 알고리즘을 실행할 때 프로세스는 상태, 행동, 보상 및 '처리된' 데이터가 소비하는 메모리보다 더 큰 메모리를 소비한다. 가치 기반 알고리즘에서는 튜플 (s, a, r, s')을 추가할 때 재현 메모리가 다음 상태도 저장해야 한다. 아타리 게임에서는 상태를 처리할 때 4개의 프레임이 함께 결합된다. 이러한 것들 때문에, 알고리즘이 필요로 하는 원시 상태의 양이 변하지 않아도 메모리에서 데이터가 차지하는 공간이 몇 배로 늘어날 수 있다.

메모리의 효율적 관리를 위해, 요구되는 데이터만 최소한으로 저장되도록 추가적인 노력을 기울일 필요가 있다. 일반적으로 사용하는 전략은 원시 데이터에 소프트 변수 참조soft variable reference를 달아서 계산을 위해 필요할 때만 사용하는 것이다. 예를 들면, 원시 상태로부터 프레임을 결합하여 더 큰 상태로 처리한 직후에 네트워크로 전달할 수 있다.

데이터 말고도 메모리를 소비하는 또 다른 중요한 요소는 신경망 그 자체다. 2개의 층위를 갖는 순방향 네트워크feedforward network가 RAM에서 차지하는 용량은 100MB까지 될 수 있고, 중첩 네트워크의 경우는 2GB까지 될 수 있다. Tensor 객체 또한 자동 미분autograd을 위해 경삿값을 축적할 때 RAM을 사용한다. 하지만 이때 사용하는 메모리 용량은 배치 크기에 따라 보통 수 MB 정도밖에 되지 않는다. 훈련 세션을 실행할 때 이 모든 사항도 고려되어야 한다.

CPU RAM과 GPU RAM에서 효율적으로 정보를 저장하는 방법을 논의했으니, 이제 저장된 데이터를 어떻게 신경망 계산에 사용하는지 알아보겠다.

하드웨어의 한계로 인해 데이터 전달이 지연될 수밖에 없기 때문에 데이터를 생성하고 전달할 때 전략적으로 접근할 필요가 있다. 데이터를 전달할 때는 앞서 논의한 저장소 최적화를 위해 데이터의 용량이 적을수록 좋다. CPU/GPU가 데이터가 전달되기를 기다리는 동안이나 대부분의 프로세스가 데이터 전달 및 복사를 위해 돌아가고 있을 때와 같은 훈련 과정에서 데이터 병목 현상이 발생하지 않도록 하는 것이 목표다.

컴퓨터 메모리 중 프로세서에 가장 가까이 위치하고 있으면서 일반적으로 프로그래밍을 통한 제어가 가능한 메모리는 RAM이다. 데이터를 효율적으로 RAM에 전달하는 것만으로도 데이터 병목 현상의 주요 원인은 이미 제거된 것이다.

자동 미분 같은 다양한 미분 연산이 가능하도록 하기 위해 데이터를 Tensor 객체로 변환하여 신경망에 전달해야 한다. 데이터가 이미 numpy 데이터로 CPU RAM에 전달됐다면, 파이토치는 추가적인 데이터 복사 없이 단순히 이 numby 데이터를 참조하여 Tensor를 구축한다. Tensor를 이용하면 작업을 매우 효율적이고 용이하게 할 수 있다. 이러한 numpy-to-Tensor 변환의 예제가 코드 13.6에 제시되어 있다. 변환이 끝나면 Tensor는 CPU RAM에서 곧바로 CPU로 전달되어 계산에 활용된다.

코드 13.6 파이토치는 CPU RAM의 numpy 데이터를 이용하여 곧바로 텐서를 구축한다.

```python
import numpy as np
import torch

# 저장된 데이터를 이용하여 계산하는 팁

# 일반적으로 원시 데이터는 float64와 같은 정밀도가 높은 형식으로 나온다.
# 하지만 이것이 학습에는 그다지 유용하지 않다(예: HD 게임 이미지).
# 저장을 위해 낮은 정밀도의 정수/실수를 사용한다.
# RAM 사용량을 8배까지 낮추기 위해서다(예: float64에서 uint8로 변경).

# 실수형 데이터의 경우, float16으로 다운캐스팅하는 것은 저장을 위해 적합하다.
state = np.ones((4), dtype=np.float16)

# 재현 메모리에 이미지를 저장하고 RAM의 용량에 맞추기 위해
# 다운사이징과 다운캐스팅으로 최적화된 형식을 사용한다.
im = np.ones((84, 84, 1), dtype=np.uint8)

# 다운사이징과 다운캐스팅은 계산을 위해 입력 데이터를 신경망에 전달하기 직전에 수행된다.
# 보통 float32와 같은 활용성이 높은 형식으로 캐스트한다.
im_tensor = torch.from_numpy(im.astype(np.float32))
```

GPU를 이용하여 계산하고자 한다면, 텐서를 CPU RAM으로부터 GPU RAM으로 전달해야 한다. 이 과정에서 데이터를 복사해서 새로운 위치에 구축하는 데 추가로 시간이 소요된다. 네트워크의 크기가 클 경우, 데이터 전달로 인한 소요시간 증가분은 GPU의 계산 속도 향상에 따른 시간 절약으로 보상된다. 하지만 네트워크의 크기가 작을 경우(예를 들면, 1,000개 이하의 유닛을 갖는 하나의 숨은 층위), GPU를 사용해도 CPU 대비 계산 속도 향상의 효과가 크지 않아서 데이터 전달에 걸리는 시간 때문에 전체적으로 처리 속도가 더 느려질 것이다. 따라서 크기가 작은 네트워크에는 GPU를 사용하지 않는 것이 좋다.

심층강화학습에 사용되는 대부분의 신경망이 상대적으로 작은 크기를 갖기 때문에, 일반적으로 GPU가 항상 사용되지는 않는다. 데이터 생성 과정이 느리면 병목 현상이 환경으로부터 발생할 수도 있다. GPU가 원래 게임용으로 만들어졌기 때문에 GPU를 사용하면 대부분의 게임 엔진은 속도가 향상될 수 있다는 사실을 기억하자. 그 밖의 물리적 엔진이나 환경도 게임 엔진처럼 GPU에 의해 속도가 향상되는 특성을 가질 수 있다. 따라서 GPU를 이용하여 환경의 데이터 생성 속도를 향상할 수도 있다.

데이터 병목 현상을 유발하는 또 다른 잠재적 요인은 다수의 프로세스를 이용해서 알고리즘의 훈련 과정을 병렬화할 때 발생한다. 분산된 다수의 노드를 다수의 컴퓨터에서 사용할 때, 컴퓨터 사이의 통신 속도가 느릴 수 있다. 큰 컴퓨터 하나에서 훈련을 실행하는 것이 가능하다면, 통신에 따른 병목을 없앨 수 있기 때문에 그렇게 하는 편이 더 좋다.

추가적으로, 하나의 컴퓨터에서 돌아가는 다수의 병렬 작업이 공유된 데이터를 사용하게 하는 가장 빠른 방법은 RAM을 공유하는 것이다. 이렇게 하면 프로세스 사이의 데이터 전달이 필요 없어진다. 8장의 코드 8.1에 제시된 바와 같이, 파이토치가 파이썬의 멀티프로세스 모듈과 결합하여 네트워크의 share_memory() 호출을 통해 모든 워커 프로세스와 글로벌 네트워크의 파라미터를 공유하는 것이 바로 이것이다.

극단적인 시나리오는 데이터가 너무 커서 RAM에 저장할 수 없고 오직 영구적 메모리에만 저장할 수 있는 경우다. 디스크의 읽기/쓰기는 RAM 내부에서 데이터가 이동하는 것에 비하면 극도로 느리기 때문에, 이 문제를 다루려면 지능적인 전략이 필요하다. 예를 들어, 계산에 필요한 데이터 묶음이 실제로 사용되기 전에 로딩 계획을 세워서 프로세서가 기다릴 필요가 없도록 할 수 있다. 데이터 묶음이 더 이상 필요 없어지면 데이터를 제거하여 다음 데이터를 위해 RAM을 비워둔다.

요약하자면, 하드웨어와 관련하여 고려해야 할 요소에는 어디에서(CPU 또는 GPU) 계산할지, 데이터를 어디에(RAM) 저장할지, RAM에 저장할 수 있는 데이터 용량은 얼마인지, 그리고 데이터 생성 및 전달 과정에서 병목 현상을 어떻게 피할 수 있는지 등이 포함된다.

13.4 하드웨어의 선택

지금까지 제시된 실질적 정보를 활용하고 데이터에 대한 직관력을 동원하면 심층강화학습을 위해 참조할 만한 하드웨어 요구사항을 도출할 수 있다.

이 책에서 다루었던 환경 중 이미지에 기반하지 않는 모든 환경은 노트북 컴퓨터에서 실행할 수 있다. GPU 사용을 통해 이득을 볼 수 있는 것은 아타리 게임 같은 이미지 기반의 환경밖에 없다. 따라서 하나의 GPU와 최소 4개의 CPU를 사용하는 것을 권장한다. 이러한 구성을 통해 4개의 Session을 갖는 하나의 아타리 Trial을 실행할 수 있다.

데스크톱 컴퓨터의 경우, 참조할 만한 스펙은 GTX 1080 GPU, 3.0GHz 이상의 4 CPU, 32GB RAM이다. 팀 데트머스Tim Dettmers는 심층학습을 위해 데스크톱 컴퓨터를 구성하는 훌륭한 가이드를 제공한다(https://timdettmers.com/2018/12/16/deep-learning-hardware-guide)[33]. 또 다른 방법은 클라우드에 있는 원격 서버를 대여하는 것이다. 이를 위해 하나의 GPU와 4개의 CPU를 갖는 서버 인스턴스에서 시작해 보는 것이 좋다.

하지만 좀 더 광범위한 실험의 경우 계산 능력이 클수록 좋다. 데스크톱 컴퓨터의 경우, 이것은 일반적으로 CPU 개수를 늘리는 것을 의미한다. 클라우드에서는 32개의 CPU와 8개의 GPU 를 갖는 서버를 대여하는 것도 하나의 방법이다. 아니면, GPU 없이 64개의 CPU만을 갖는 서버 를 생각해 볼 수도 있다. 8장에서 A2C 같은 알고리즘이 GPU의 부족을 보상하기 위해 다수의 CPU로 병렬화될 수 있음을 확인했다.

13.5 요약

심층강화학습에서는 알고리즘이 요구하는 메모리와 계산 능력을 추정할 수 있다면 도움이 된다. 이 장에서는 강화학습에서 다루는 벡터나 이미지 상태 같은 기본적인 데이터 유형의 크기에 대한 감을 잡을 수 있었다. 알고리즘이 요구하는 메모리 용량이 어떤 식으로 증가하는지에 대해서 도 강조했다.

또한 다양한 유형의 프로세서(CPU와 GPU)도 간단히 살펴봤다. GPU는 이미지 기반 환경에서 훈련 속도를 높이기 위해 가장 흔하게 사용하는 방법이다.

이 장에서 제시한 조언의 목적은 심층강화학습에서 메모리 소비를 최적화하여 컴퓨터의 계산 능력을 좀 더 효율적으로 사용할 수 있도록 하는 데 있다.

PART

IV

환경 설계

14

상태

심층강화학습을 이용하여 새로운 문제를 해결하려면 환경을 생성하는 과정이 필요하다. 따라서 이제 알고리즘에서 환경 설계의 구성요소(상태, 행동, 보상, 전이 함수)로 논의의 초점을 옮길 것이다. 환경을 설계할 때는 먼저 문제를 모델링한 다음 환경이 어떤 정보를 어떻게 사용자에게 제시해야 하는지를 결정한다. 알고리즘이 문제를 해결할 수 있으려면 강화학습 환경이 알고리즘에 충분한 정보를 제공하는 것이 필수적이다. 이것이 바로 상태가 수행하는 중요한 역할 중 하나이며, 이 장에서 다루는 주제가 바로 상태다.

먼저, 실제 세상에서의 상태와 강화학습 환경에서의 상태에 대한 예제 몇 가지를 제시할 것이다. 이어지는 절에서는 다음과 같은 질문들을 생각해 볼 텐데, 이러한 질문들은 상태를 설계하는 데 있어 중요하다.

1. **완결성**completeness: 상태의 표현에 세상이 제공하는 정보가 충분히 포함되어 있어서 문제를 해결하는 데 무리가 없는가?

2. **복잡성**complexity: 상태의 표현이 얼마나 효과적이고 상태의 표현을 위해 요구되는 계산량은 얼마인가?

3. **정보 손실**: 상태의 표현에 누락된 정보는 없는가? 예를 들면, 언제 이미지를 그레이스케일링 또는 다운샘플링하는가?

마지막 절에서는 흔하게 사용되는 몇 가지 상태 전처리 기법을 살펴볼 것이다.

14.1 상태의 예제

상태는 환경을 묘사하는 정보다. 상태를 '관측가능량observable'(즉, 측정할 수 있는 양의 집합)이라고 부르기도 한다.[1] 상태는 컴퓨터에서 돌아가는 게임이나 시뮬레이터를 나타내는 숫자 이상의 것이다. 같은 맥락에서, 환경은 강화학습 문제를 위한 컴퓨터 시뮬레이션 이상의 것이다. 환경은 실제 세상의 시스템을 포함한다. 몇 가지 상태의 예제를 살펴보자.

우리가 보고, 듣고, 만지는 것이 모두 우리를 둘러싼 환경의 상태다. 상태는 눈, 귀, 피부와 같은 감각기관의 지각 능력을 활용하여 우리가 '측정'할 수 있는 정보다. 원시적 감각 정보 이외에 움직이는 물체의 속도와 같은 추상적 정보도 상태에 포함될 수 있다.

도구를 사용하여 간접적으로 감지할 수 있는 정보도 있다. 예를 들면 자기장, 적외선, 초음파, 그리고 좀 더 최근에는 중력파 같은 것들이 있다.[2] 인간과는 다른 지각 능력을 갖는 동물은 그들의 주변 환경을 다른 방식으로 인지한다. 예를 들어, 개는 적록색맹red-green colorblind이지만 인간보다 냄새는 훨씬 더 잘 맡는다.

이 예제들이 모두 상태. 생물학적이든 역학적이든 상관없이 다양한 인식 도구를 통해 **측정된**measured 환경에 관한 정보가 상태다. 동일한 환경이라도 맥락과 측정 대상에 따라 다양한 정보를 생성할 수 있다. 즉, 인간의 지각에 따라 정보는 변할 수 있다. 이것은 마음속에 새겨두어야 할 중요한 개념 중 하나이며, 강화학습뿐만 아니라 일상의 모든 것에 있어서 정보 처리 시스템의 설계를 위한 원칙이다.

실제 세상이라는 환경에는 많은 복잡한 정보가 포함되어 있다. 다행히도 이러한 복잡성을 다룰 방법이 있는데, 이 장에서는 바로 이러한 방법을 다룰 것이다. 우선은 몇 가지 간단한 예제를 살펴보자. 고전적인 아타리 게임(그림 14.1) 같은 비디오 게임은 시각 및 소리를 통해 관측할 수 있는 상태를 갖는다. 바로 스크린에 표시되는 게임의 그래픽과 스피커를 통해 나오는 소리다. 로봇은 물리적 실체이든 시뮬레이션을 통한 것이든 높은 수준의 상태를 갖는다. 이러한 상태에는 관절 각도, 속도, 토크torque 등이 있다. 강화학습의 경우, 상태와 무관한 배경 노이즈와 역효과를 배제하고 개발자가 관련 있다고 생각하는 정보에만 초점을 맞추기 위해 상태를 단순화하는 경향이 있다. 예를 들면 로봇 시뮬레이션에서 마찰, 저항, 열적 팽창 등은 고려되지 않을 수도 있다.

---

1 관측가능량에 대한 이러한 정의는 물리학에서 폭넓게 사용되며, 양자역학을 포함한 많은 이론에서 중요한 역할을 수행한다.

2 2015년 9월 14일, (Caltech와 MIT가 운영하는) LIGO는 최초로 중력파를 감지했다[80]. 이것은 인류의 과학적 성취에 있어 정말 뛰어난 획기적 성과였다.

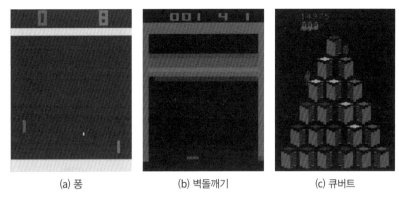

| (a) 퐁 | (b) 벽돌깨기 | (c) 큐버트 |

그림 14.1 RGB 컬러 이미지(rank-3 텐서)를 상태로 갖는 아타리 게임의 예제. 이 예제들은 OpenAI Gym이 제공하는[18] 아케이드 학습 환경(Arcade Learning Environment, ALE)에서 받을 수 있다[14].

상태를 행동 및 보상과 구별하는 것은 중요하다. 행동을 취하거나 보상을 얻지 못할 때도 상태는 환경에 관한 정보를 준다. 행동은 환경이 아닌 엔티티entity, 즉 에이전트에 의해 환경에 가해지는 효과다. 보상은 환경에 가해진 행동이 유발하는 상태의 전이에 관한 일종의 메타 정보다.

개발자는 임의의 적절한 데이터 구조로 상태를 나타낼 수 있다. 예를 들면 스칼라, 벡터, 제네릭 텐서generic tensor 같은 데이터 구조를 사용할 수 있다.[3] 숫자로 되어 있지 않은 데이터는 언제든 숫자로 인코딩할 수 있다. 예를 들면, 자연어에서 단어나 글자는 단어 임베딩word embedding을 이용하여 숫자로 표현할 수 있다. 또한 정보를 정수 리스트에 일대일 대응bijection[4]시킬 수 있다. 예를 들면, 피아노의 88개의 키에 정수 리스트 [1, 2, …, 88]로 고유한 레이블을 할당할 수 있다. 상태는 이산적인 값을 가질 수도 있고 연속적인 값을 가질 수도 있다. 또는 이 둘을 함께 가질 수도 있다. 예를 들면, 전기 주전자는 전원이 켜져 있다는 것(이산적 상태)을 나타내면서 자신의 현재 온도(연속적 상태)를 제공할 수 있다. 사용할 알고리즘을 위해 적절한 방법으로 정보를 나타내는 것은 개발자에게 달린 문제다.

상태 s는 상태 공간 S의 원소다. 상태 공간은 환경의 상태가 가질 수 있는 모든 값을 빠짐없이 정의한다. 상태는 2개 이상의 원소(차원)를 가질 수 있으며, 각 원소는 이산적인 값일 수도 있고 연속적인 값일 수도 있다(즉, 임의의 카디널리티cardinality[5]를 갖는다). 하지만 하나의 데이터 유형을 갖는 텐서를 이용해서 상태를 표현하는 것이 편리하다. numpy, 파이토치, 텐서플로 같은 대부분의 계산 라이브러리가 텐서를 주로 다루기 때문이다.

---

3 텐서는 N차원의 일반화된 정보 큐브(cube)다. 스칼라(하나의 숫자)는 rank-0 텐서이고, 벡터(숫자의 리스트)는 rank-1 텐서이고, 행렬(숫자 표)은 rank-2 텐서이고, 큐브는 rank-3 텐서다. 이런 식으로 계속 이어진다.

4 일대일 대응은 정의역과 공역의 원소가 하나씩 대응하며 공역과 치역이 동일한 대응관계를 나타낸다. 즉, 서로 상응하는 두 집합의 대응관계다. 이 책에서 다루는 심층강화학습에서는 일반적으로 데이터 집합을 0부터 시작하는 정수의 리스트와 대응시킨다.

5 카디널리티는 집합의 '크기'를 나타내는 값으로, 이산 집합과 연속 집합을 구별하기 위해 사용되기도 한다.

상태는 다양한 랭크rank와 모양을 갖는다.[6]

- **스칼라**(rank-0 텐서): 온도
- **벡터**(rank-1 텐서): [위치, 속도, 각도, 각속도]
- **행렬**(rank-2 텐서): 아타리 게임의 그레이스케일 픽셀
- **데이터 큐브**(rank-3 텐서): 아타리 게임의 RGB 컬러 픽셀(그림 14.1의 예제 참고)

상태는 텐서의 조합이기도 하다. 예를 들어 로봇 시뮬레이터는 로봇의 시각 영역을 RGB 이미지(rank-3 텐서)로 제공할 수도 있고, 관절의 각도를 별도의 벡터로 제공할 수도 있다. 각기 다른 모양의 텐서를 입력으로 사용하려면 입력을 수용하는 신경망의 아키텍처도 달라야 한다. 이 경우에는 독립적인 텐서들이 하위 상태로서 서로 결합하여 전체 상태를 형성하는 것으로 생각하면 된다.

상태가 무엇인지 일반적인 관점에서 살펴봤으니, 이제 상태를 설계하는 과정을 살펴보자. 이 과정은 그림 14.2에 표현되어 있다. 상태 설계의 과정은 세상에 대한 어떤 정보를 어떤 형태로 포함할 것인지를 결정하는 것에서부터 시작한다. 예를 들면, 전자기장의 스펙트럼은 라이다lidar나 레이더 데이터, 또는 RGB 이미지, 깊이 지도depth map, 열 이미지thermal image 등을 이용하여 다양한 방식으로 표현할 수 있다. 궁극적으로 선택된 정보를 **원시 상태**raw state라고 부를 수 있다.

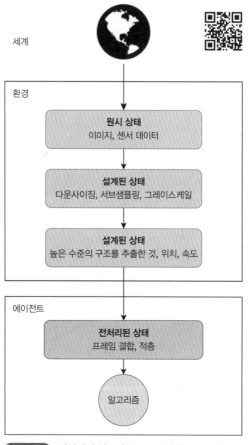

그림 14.2 세상에서 알고리즘으로 이어지는 정보의 흐름

문제에 대한 지식을 활용하여 유용하다고 생각하는 정보를 좀 더 직접적으로 표현하면 더 단순한 상태를 설계할 수 있다. 이미지를 다운사이징하고 그레이스케일로 만드는 것도 이 경우에

---

6   용어 정의: '랭크'는 느슨하게 정의하면 텐서의 차원이다. 반면에, '모양'은 차원의 크기로 구성된다. 예를 들면, 10개의 원소를 갖는 벡터의 모양은 (10)이고, 2 × 4 행렬의 모양은 (2, 4)다.

해당한다. 이것을 환경의 **설계된 상태**designed state라고 부를 수 있다.

에이전트는 환경으로부터 원시 상태 또는 설계된 상태를 취해서 용도에 맞게 전처리할 수 있다. 예를 들면, 일련의 그레이스케일 이미지를 한데 모아서 하나의 입력을 만들 수 있다. 이것을 **전처리된 상태**preprocessed state라고 부른다.

그림 14.1의 아타리 퐁 게임을 예로 들어 설명해 보자. 이것은 2차원 핑퐁 게임이다. 2개의 패들과 하나의 공이 있고 왼쪽의 패들은 컴퓨터가 제어하고 오른쪽의 패들은 사람이 제어한다. 공이 상대방 패들을 넘어가도록 하면 한 점을 따고, 21 라운드가 지나면 게임은 끝난다. 게임에 이기기 위해 에이전트는 공과 두 패들을 감지해야 한다.

퐁 게임에서 **원시 상태**는 특정 시간 단계에 컴퓨터 스크린에 나타나는 RGB 컬러 이미지다. 이 이미지 안에는 게임에 관한 완전한 정보가 필터링되지 않은 채로 들어 있다. 에이전트가 이 원시 상태를 이용한다면, 에이전트는 픽셀에 나타나는 패턴으로부터 공과 패들을 식별하고 픽셀 공간에서 스스로의 움직임을 추정해야 한다. 그렇게 해야만 승리 전략에 대한 구상을 시작할 수 있다. 적어도 사람은 그렇게 한다.

하지만 사람은 물체의 위치와 속도가 유용한 정보라는 사실을 이미 알고 있다. 사람은 이러한 지식을 이용하여 **설계된 상태**를 만들 수 있다. 설계된 상태가 될 수 있는 하나의 후보는 패들과 공의 위치 및 속도를 나타내는 숫자로 구성된 벡터다.[7] 이러한 상태를 사용하면 **원시 상태**를 사용할 때보다 처리해야 할 정보가 훨씬 더 적지만, 상태에 포함된 정보는 알고리즘이 학습하기에 훨씬 더 직접적이고 쉬운 정보다.

또 다른 예제를 살펴보자. 바로 그림 14.3에 있는 OpenAI Gym의 카트폴 환경이다. 코드 14.1에서 보는 바와 같이 원시 이미지와 설계된 상태를 모두 이용할 수 있다. 설계된 상태는 환경 API 메서드 env.reset(라인 15)과 env.step(라인 37)으로부터 곧바로 리턴return된다. RGB 원시 이미지 상태는 env.render(mode='rgb_array') 함수(라인 21)를 이용하여 얻을 수 있다.

그림 14.3 CartPole-v0는 OpenAI Gym의 가장 간단한 환경이다. 카트의 좌우 움직임을 제어해서 200개의 시간 단계 동안 막대의 균형을 유지하는 것이 목적이다.

---

7   이러한 설계된 상태는 가상의 예제다. 게임 환경은 실제로는 오직 원시 이미지 상태만 제공한다.

보통의 상태를 RGB 원시 이미지 상태로 대체하면 문제가 복잡해져서 모든 알고리즘이 문제를 푸는 데 어려움을 겪을 것이다. 이제 에이전트가 해야 할 일이 많아졌기 때문이다. 에이전트는 어떤 픽셀 모음에 집중해야 할지 생각하고, 이미지에서 카트와 막대라는 물체를 식별하기 위해 노력하고, 프레임 사이에 발생한 픽셀 패턴의 변화로부터 물체의 움직임을 추정하는 등의 일을 해야 한다. 에이전트는 모든 픽셀값으로부터 노이즈를 걸러내고, 유용한 신호를 추출하고, 높은 수준의 개념을 형성하고, 위치와 속도라는 설계된 벡터 상태가 제공하는 정보와 유사한 것을 복구해내야 한다. 에이전트가 이러한 유의미한 특징을 이용하여 정책이 문제를 해결할 수 있도록 정보를 제공하는 데 있어 이러한 과정은 필수적이다.

코드 14.1 CartPole-v0에서 원시 상태와 설계된 상태를 얻기 위한 예제 코드

```
1   # 카트폴 환경을 탐험하기 위한 작은 정보
2   import gym
3
4   # 환경을 초기화하고 환경의 상태 공간과 행동 공간을 확인
5   env = gym.make('CartPole-v0')
6   print(env.observation_space)
7   # => Box(4,)
8   print(env.action_space)
9   # => Discrete(2)
10  # 환경을 종료하기 위한 자연스런 최대의 시간 단계 T
11  print(env.spec.max_episode_steps)
12  # => 200
13
14  # 환경을 재설정하고 환경의 상태를 확인
15  state = env.reset()
16  # 상태의 예제: [위치, 속도, 각도, 각속도]
17  print(state)
18  # => [0.04160531 0.00446476 0.02865677 0.00944443]
19
20  # mode = 'rgb_array'로 설정함으로써 렌더로부터 이미지 텐서를 획득
21  im_state = env.render(mode='rgb_array')
22
23  # RGB 이미지를 나타내는 3D 텐서
24  print(im_state)
25  # => [[[255 255 255]
26  #  [255 255 255]
27  #  [255 255 255]
28  #  ...
29
30  # 이미지 텐서의 모양(높이, 너비, 채널)
31  print(im_state.shape)
32  # => (800, 1200, 3)
33
34  done = False
35      while not done:
36      rand_action = env.action_space.sample()   # 무작위 행동
```

```
37        state, reward, done, _info = env.step(rand_action)
38        print(state)                           # 상태가 어떻게 변하는지 확인
39        im_state = env.render(mode='rgb_array')
```

원시 상태는 문제와 관련된 모든 정보를 포함하지만, 원시 상태로부터 학습하는 것은 일반적으로 훨씬 더 어렵다. 원시 상태는 일반적으로 중복이 많고 배경 노이즈도 많기 때문에 이러한 정보를 추출하고 전후 맥락을 연결해서 유용한 형태로 만드는 처리 비용이 반드시 발생한다. 완벽한 원시 정보가 더 많은 자유도를 제공하지만 원시 정보로부터 유용한 신호를 뽑아내고 신호 사이의 빈 곳을 연결하는 데 많은 노력이 필요하다.

설계된 상태는 일반적으로 학습을 위해 좀 더 유용한 것으로서 추출된 신호를 포함한다. 한 가지 위험요소는 추출된 신호에 중요한 정보가 누락될 수 있다는 것이다. 이 내용은 14.4절에서 좀 더 자세히 다룰 것이다. 환경은 원시 상태를 제공할 수도 있고 설계된 상태를 제공할 수도 있다. 어떤 상태를 사용할지는 사용 목적에 따라 다르다. 알고리즘의 한계를 시험해 보기 위해 좀 더 난해한 원시 상태가 사용될 수도 있고, 문제를 푸는 것이 목적이라면 좀 더 쉬운 설계된 상태를 사용할 수도 있다.

연구 동향은 더 간단한 상태를 이용하여 빠른 계산이 가능하게 하는 방향으로 가고 있다. 이러한 경향은 모델 없는 심층강화학습의 방법들이 훈련을 위해 많은 샘플을 필요로 하기 때문에 무엇이든 더 복잡한 것은 학습을 어렵게 만들 수 있다는 사실에서 기인한다. 표본 효율성이 크게 향상되기 전까지 이러한 문제는 병목 현상의 원인으로 남아 있을 것이다. OpenAI Gym[18]과 MuJoCo[136]가 제공하는 고전적인 제어 및 로보틱스 환경은 위치, 속도, 관절 각도와 같이 상대적으로 낮은 차원의 설계된 상태를 갖는다. 이미지 기반의 아타리 게임 환경조차도 해상도가 낮지만 문제를 해결하기에 부족하지 않은 이미지를 만들어낸다.

현대적인 비디오 게임은 일반적으로 매우 복잡하고 현실적이다. 이러한 게임들은 복잡한 게임 엔진을 이용하여 현실 세계를 매우 유사하게 모사한다. 이 경우, 상태는 관점 카메라point-of-view camera와 데스크톱 컴퓨터 게임에서 나오는 입체 음향과 같은 현실 세계에서의 지각과 일치할 수도 있다. VR 헤드셋은 고성능 스테레오(3D) 비전을 제공하며 VR 헤드셋의 콘솔은 촉각이나 진동을 느끼게 해준다. 심지어 움직이는 의자에서 하는 아케이드 슈팅 게임은 물리적인 움직임을 모사한다.[8] 인공지능 연구에서 이러한 유형의 복잡한 센서 정보를 활용하는 것은 여전히 찾아보기 힘들다. 여기에는 몇 가지 이유가 있다. 데이터 저장 용량과 계산량에 대한 요구조건이 높고 환

---

8   아케이드 센터를 방문해서 다양하고 새로운 센서들을(그리고 많은 재미를) 경험해 보는 것도 도움이 된다.

경 플랫폼 개발 기술이 여전히 초창기 수준에 머물러 있기 때문이다. 다행히도, 지난 몇 년 동안 강력한 게임 엔진을 활용하는 더욱 현실적인 강화학습 환경이 등장하기 시작했다. 딥드라이브 Deepdrive 2.0[115](언리얼 엔진Unreal Engine에서 개발됨)은 현실적인 운전 시뮬레이션을 제공한다. 홀로덱 Holodeck[46](언리얼 엔진에서 개발됨)은 가상 세계의 고성능 시뮬레이션을 제공한다. 이러한 것들은 강화학습 분야에서 훨씬 더 도전적인 일들을 해내기 위한 완전히 새로운 플랫폼을 제공한다.

문제의 실질적 복잡성은 상태를 얼마나 잘 설계하는가에 달려 있지만, 상태 공간의 복잡성도 문제의 복잡성과 관련되어 있다. 상태 설계를 어떻게 하느냐에 따라 강화학습 환경을 해결할 수도 있고 못 할 수도 있다.

사람이 상호작용하는 흔한 대상들이 상태를 설계하는 데 있어 좋은 참고자료가 된다. 이들 중 대부분은 정보를 시각적으로 전달한다. 시각은 인간의 감각 중 가장 강력한 감각이다. 온도와 질량은 등급이 나뉜 척도로 측정되고, 전자 기기의 상태는 빛으로 표시된다. 압력과 이동체의 속도는 게이지gauge로 표시되고, 게임 상황은 스코어보드에 기록된다. 자동차 경적 소리나 무음 휴대폰의 진동과 같이 비시각nonvisual 정보가 전달되는 경로도 있다. 이러한 것들은 시스템의 정보가 어떻게 측정되고 나타나는지를 보여주는 예제다. 정보의 시대에 살면서 인간은 무언가를 측정하는 데 매우 익숙해져 있다. 상태 설계에 대한 아이디어는 우리 주변 어디에서라도 찾아볼 수 있다.

환경을 잘 설계하면 연구와 적용을 빠르게 진행할 수 있다. 사용자가 서툴러서 자신이 하려고 하는 것과 상관없는 이슈를 해결하게 되는 상황을 피하기 위해 환경은 철저하게 시험되어야 한다. 상태, 행동, 보상이 잘 설계된 다양한 환경을 제공하는 OpenAI Gym을 만들게 된 주된 동기 중 하나는 표준적이고 강건한 환경을 제공하는 것에 있었다. 잘 설계됐을 뿐만 아니라 관대한 라이선스 정책과 사용의 편리성까지 갖춘 Open AI Gym은 연구자들에게 테스트베드를 제공함으로써 관련 분야의 발전에 기여했다. Open AI Gym은 사실상 심층강화학습의 표준 환경 중 하나로 자리 잡았다.

상태 설계가 중요함에도 불구하고, 심층강화학습의 상태 설계를 위한 체계적이고 종합적인 가이드라인이 거의 없다. 하지만 상태 설계 기술을 충분히 습득하거나 최소한 그것을 이해하는 것만으로도 강화학습 알고리즘의 핵심 지식을 얻는 데 도움이 된다. 상태 설계를 하지 못하면 새로운 문제를 풀 수 없다.

14.2 상태의 완결성

원시 상태를 설계하는 것에 대해 이야기해 보자. 가장 중요한 질문은 원시 상태가 문제에 대한 충분한 정보를 갖고 있는가다.

일반적인 관점에서 사람이 문제를 해결하려면 어떤 정보가 필요한지 생각해 보자. 그런 다음, 이 정보를 환경에서 얻을 수 있는지를 생각해 보자. 완전한 정보를 갖고 있다면 이것은 **완전히 관측 가능한**fully observable 문제다. 예를 들어, 체스는 체스판 위에 있는 모든 말의 위치에 의해 상태가 완전히 드러난다. 정보가 불완전할 때, 문제는 **부분적으로 관측 가능한**partially observable 상태가 된다. 포커가 좋은 예제인데, 포커에서는 상대방의 카드를 볼 수 없기 때문이다.

완전한 정보를 포함하는 상태가 가장 좋지만 이러한 상태를 항상 갖지는 못할 것이다. 여기에는 이론적인 이유와 실제적인 이유가 있다. 간혹 상태는 이론적으로 완전히 관측 가능하지만 실제로는 노이즈, 완벽하지 않은 조건, 또는 다른 생각지 못한 요소 때문에 완전히 관측 가능하지 않은 경우가 있다. 예를 들어, 실제 세상의 로보틱스 시나리오에서는 컴퓨터에서 모터로 신호가 전달되는 데 시간이 걸리기 때문에 고정밀 제어를 위해서는 이러한 효과를 고려해야 한다.

상태가 부분적으로 관측 가능할 경우, 불완전한 정보의 효과는 크게 달라질 수 있다. 에이전트는 환경의 노이즈와 시간 지연이 크지 않다면 이들을 보상할 수도 있다. 반면에, 이기기 위해 초 단위로 결정을 내려야 하는 온라인 비디오 게임의 경우에는 시간 지연이 너무 커지면 게임이 불가능해진다.

다음으로, 원시 상태를 설계할 때 부수적으로 고려해야 할 것들이 몇 가지 있다.

1. 데이터 유형은 무엇인가? 데이터가 이산적인가 연속적인가? 데이터의 밀도가 높아질 것인가, 낮아질 것인가? 이러한 것들에 따라 데이터 표현을 위해 적합한 형식이 결정된다.

2. 상태 공간의 카디널리티는 무엇인가? 적은 양의 계산으로 상태를 얻을 수 있을 것인가? 이러한 것들에 따라, 훈련에 필요한 데이터를 얻을 수도 있고 얻지 못할 수도 있다.

3. 문제 해결을 위해 얼마나 많은 데이터가 필요한가? 한 가지 경험칙은 사람이 문제를 해결하는 데 얼마나 많은 데이터가 필요한지를 추정한 다음 거기에 1,000부터 100,000까지의 숫자를 곱하는 것이다. 이것은 오직 대략의 추정일 뿐이다. 실제로 얼마나 많은 데이터가 필요한지는 문제의 특성과 상태 설계, 사용한 알고리즘의 효율성에 따라 다를 것이다. 예를 들어, 사람이 아타리 게임을 잘하는 방법을 학습하는 데는 10~100개 사이의 에피소드가 필요하다. 하지만 알고리즘이 사람과 동일한 수준으로 학습하려면 일반적으로 1,000만 개의 프레임(대략 10,000개의 에피소드)이 필요하다.

이러한 질문에 답하려면 전문적인 배경지식과 주어진 문제에 대한 이해가 필요하다. 특히, 해당 문제가 예전에 풀어본 적이 없는 문제라면 더욱 그렇다. 이러한 능력을 평가하기 위해 사용할 수 있는 하나의 렌즈가 바로 도출된 상태의 복잡성이다.

14.3 상태의 복잡성

상태는 데이터 구조와 함께 표현된다. 그리고 데이터 구조 설계에서 언제나 그렇듯이, 상태 계산의 복잡성을 고려할 필요가 있다. 이러한 복잡성은 두 가지 형태로 드러날 수 있다. 바로 **용이성** tractability과 **특징 표현의 효과성**effectiveness of feature representation이다. 이제부터 다룰 내용은 효율적인 상태 표현의 설계를 위한 많은 지침이다. 이러한 지침들은 원시 상태와 설계된 상태 모두에 적용된다.

용이성[9]은 상태 공간의 카디널리티와 직접 연관된다. 모든 데이터 샘플의 크기는 얼마인가? 전체 문제를 잘 표현하고 해결하기 위해 필요한 샘플의 개수는 얼마인가? 프레임이 하나의 시간 단계 동안 생성된 모든 데이터를 가리킨다는 점을 상기해 보자. 강화학습 알고리즘이 아타리 게임에 대해 잘 작동하기 위해서는 일반적으로 수백만 개의 프레임이 필요하다는 사실을 확인했었다. 다운사이징된 그레이스케일 이미지의 일반적인 프레임은 7KB이기 때문에 1,000만 프레임이면 1,000만 × 7KB가 되어 전체 70GB가 된다. 에이전트가 한 번에 저장하는 프레임의 개수에 따라 메모리(RAM) 소비가 높아질 수 있다. 반대로, 1MB짜리 고해상도 이미지를 이용하는 최신 게임을 생각해 보자. 이 경우 1,000만 개의 프레임을 처리하는 것은 10TB 상당의 데이터에 대해 계산하는 것과 같다. 이미지 다운샘플링이 좋은 아이디어인 이유가 여기에 있다.[10]

문제를 충실하게 재생산하는(예를 들면, 최고 품질의 게임 이미지를 사용하는) 환경 모델은 너무 많은 원시 데이터를 생성해서 실제적인 계산이 어려워질 수도 있다. 따라서 문제와 관련된 것들을 나타내기 위해 보통은 원시 상태를 압축하고 적절히 설계된 특성을 추출해야 한다. 특성 공학 feature engineering은 문제 해결을 위해 대단히 중요하다. 특히 새로운 문제일 경우 더욱 그렇다. 모든 특성이 동일하게 생성되지 않기 때문에, 각각의 효과성을 고려해야 한다.

잠재적인 특성 표현이 다수 존재한다고 할 때, 동일한 알고리즘이 그 모든 특성에 대해 실행되면 무슨 일이 벌어질지 스스로 질문해 보자. 저장 용량이 너무 커질까? 계산 비용이 너무 많이 들

---

9   컴퓨터 과학에서 다루기 쉬운 문제는 다항 시간(polynomial time) 내에 해결 가능한 문제다.

10   이미지 처리 기술은 14.5절에서 다룰 것이다. 메모리 소비량을 결정하기 위한 계산 과정은 13장에서 다루었다.

어서 솔루션의 현실성이 떨어질까? 원시 상태로부터 특성을 추출하는 데 들어가는 계산 비용은 얼마인가? 여기서 필요한 것은 계산을 용이하게 해주기에 충분하면서 처리해야 할 데이터를 너무 많이 생성하지 않는 최소한의 특성 표현을 찾는 것이다.

첫 번째 전략으로 시도하기에 좋은 것은 원시 정보를 압축하는 것이다. 복잡성은 데이터의 크기에 비례해서 증가한다. 알고리즘이 계산해야 할 비트 수가 많을수록 더 많은 공간과 시간을 차지할 것이다. 이미지 기반 게임이 좋은 예다. 완전한 해상도로 게임을 부호화하면 원래의 모든 정보를 유지할 수 있지만 게임을 효과적으로 하기 위해 일반적으로는 생성과 처리에 비용이 많이 드는 고해상도 이미지는 사용하지 않는다.

입력 이미지를 처리하는 데 중첩 네트워크가 사용된다면 픽셀의 개수가 층위를 따라 전파되어 그들을 처리하는 데 더 많은 계산이 필요할 것이다. 더 현명한 방법은 임의의 표준적인 기법을 이용하여 이미지를 압축하는 것이다. 압축을 통해 이미지를 적당히 작은 크기, 말하자면 84×84픽셀 정도로 다운사이징할 수 있다. 다운사이징이 더 많이 되면 될수록 계산 속도는 빨라진다. 요즘은 강력한 컴퓨터를 이용할 수 있다 하더라도, 다운사이징 여부에 따라 메모리가 실제로 감당할 수 있는 모델이 될 수도 있고 그렇지 않은 모델이 될 수도 있다. 이것은 결과적으로 훈련에 걸리는 시간이 며칠인지 아니면 몇 달인지를 결정한다.

또한 차원이 추가될 때마다 차원을 조합할 수 있는 경우의 수가 폭발적으로 증가하기 때문에 복잡성은 차원의 개수에 따라 증가한다. 차원이 근본적으로 각기 다른 유형의 정보를 나타낸다고 해도, 몇 가지 기발한 설계 방법으로 차원의 개수를 줄일 수 있다. 다시 비디오 게임을 생각해 보자. 3채널 RGB 컬러를 전부 사용하는 대신, 단일 채널의 그레이스케일 이미지로 변환할 수 있다. 하지만 이것은 컬러가 거의 중요하지 않을 때만 적용할 수 있다. 영화 〈매트릭스The Matrix〉가 흑백 영화로 나왔다면 네오Neo는 파란 약과 빨간 약을 구별하는 데 어려움을 겪었을 것이다. 이미지를 그레이스케일로 변환하면, 이미지는 (컬러 채널을 갖는) 3D 픽셀 입체에서 (컬러 채널이 없는) 2D 그레이스케일 픽셀 행렬로 축소될 것이다. 그리고 복잡성은 세제곱근만큼 줄어들 것이다. 이러한 이유로 아타리 게임의 상태는 다운사이징될 뿐만 아니라 보통 컬러 이미지에서 그레이스케일 이미지로 전처리된다.

정보를 압축하는 또 다른 전략은 특성 공학이다. **원시 상태**와 **설계된 상태**의 차이점을 상기해 보자. 특성 공학은 원시 상태를 설계된 상태로 전환하는 과정이다. 즉, 낮은 수준의 원시 정보에서 높은 수준의 표현으로 전환되는 것이다. 이러한 과정은 물론 원시 상태에 어떤 정보가 포함되어 있는지에 따라 영향을 받는다. 카트폴을 예로 들어 보자. 환경은 이미지 대신 4개의 숫자(카트의 x축 위치와 x축 속도, 막대의 각도와 각속도)만으로 간단하게 표현될 수 있다. 이러한 상태는 문제와 훨씬 더 밀접한 연관성을 갖는다. 알고리즘이 원시 상태로부터 위치와 속도의 개념을 이해하기 위해 추가적인 작업을 할 필요가 없기 때문이다.

상태를 설계하는 사람은 유용한 정보를 수동으로 부호화하는 것을 선택할 수도 있다. 어떤 선택을 하느냐에 따라 새로운 부호화는 문제를 더 쉽게 만들 수도 있고 더 어렵게 만들 수도 있다. 아타리 퐁 학습을 위해 이미지 상태를 사용하지 않는다고 가정해 보자. 그렇다면 앞선 문단의 카트폴 예제와 유사한 게임을 간단히 표현하기 위해 원시 이미지로부터 어떤 높은 수준의 유용한 정보를 추출할 수 있겠는가? 설계된 상태에는 공과 에이전트의 패들 및 상대방의 패들에 대한 위치, 속도, 가속도[11]가 포함될 것이라고 추측할 수 있다. 상대방 패들에 대한 정보를 얻지 못한다면 에이전트가 상대방의 행동을 예측하고 역이용할 수 없기 때문에 게임을 이기기가 더 어려워진다. 반대로, 2개의 패들과 공에 대한 속도 정보를 얻을 수 있다면 에이전트가 시간에 따라 위치를 차분하여 속도를 추정하는 것을 학습할 필요가 없기 때문에 문제는 더 쉬워진다.

특성 공학은 두 가지 측면에서 이점이 있다. 상태의 카디널리티가 상당히 줄어들고 복잡성도 크게 감소한다는 것이다. 유용한 특성만 손으로 뽑아내면 원시 상태로부터 나오는 의미 없는 정보가 배제되어 더 낮은 차원으로 축약된 설계된 상태만 남게 된다. 더욱이, 설계된 상태에는 직접 관측할 수는 없고 원시 데이터로부터 유추할 수밖에 없는 정보가 포함될 수도 있다. 물체의 속도가 좋은 예다. 이러한 특성이 설계된 상태에 직접적으로 드러날 때 에이전트는 원시 상태로부터 이들을 추출하기 위한 학습을 할 필요가 없어진다. 본질적으로 에이전트가 문제를 이해하기 위해 수행하는 대부분의 작업은 이미 완료됐다. 설계된 상태가 주어지면 에이전트는 그것을 활용하여 주요 문제를 해결하는 데만 집중하면 된다.

특성 공학의 한 가지 단점은 그것이 문제에 대한 사람의 지식에 의존한다는 점이다. 그 지식이란 효과적이고 적절한 특성 표현을 설계하기 위해 원시 데이터로부터 관련된 정보를 식별하기 위한 지식이다. 원시 데이터와 비교했을 때, 이 과정에서는 사람의 지식과 경험을 이용하여 유용하다고 생각되는 정보를 선택하기 때문에 불가피하게 인간의 사전지식을 더 많이 부호화한다. 이러한 상태로부터 학습하는 에이전트는 분명히 실제로 '아무런 사전지식 없이' 학습하는 것은 아니다. 하지만 문제를 해결하는 것이 주된 목적이라면 이러한 점에 대해 걱정할 필요는 없다. 특성 공학은 인간의 관점에 더 많이 의존하여 형성된 맥락 속에서 설계된 상태를 도출하며, 설계된 상태를 더 이해하기 쉬운 것으로 만들어준다. 이 점에 대해서는 동일한 이유로 이러한 상태가 덜 일반적이며 인간의 편견을 포함할 가능성이 더 많다고 주장하는 사람도 있다.

---

11 게임 지속 시간이 길수록 공의 속도가 빨라지기 때문에 가속도가 필요하다.

특성 공학을 적용하는 것이 바람직하긴 하지만 항상 가능하거나 실질적인 의미가 있는 것은 아니다. 예를 들면, 이미지를 식별하거나 시각 항법을 하는 경우라면 상태를 정교하게 설계해서 이미지에 들어 있는 의미 있는 모든 특성을 고려하는 것은 비현실적이다. 말할 것도 없이 이렇게 해서는 목적을 달성하지 못할 것이다. 때로는 매우 어렵긴 하지만 이것을 시도해 볼 만한 가치가 있는 경우도 있다. 도타 2Dota 2[12]와 같은 대단히 복잡한 게임은 상태 설계에 엄청난 노력이 필요한 사례 중 하나이지만, 게임의 원시 이미지를 사용하면 훨씬 더 도전적인 문제를 해결하는 데 도움이 된다.

도타 2 게임을 하기 위해 OpenAI는 게임 API로부터 나온 20,000개의 믿기 어려울 정도로 많은 요소로 구성된 방대한 게임 상태를 설계했다. 상태에는 지형이나 캐릭터가 등장하는 시각과 같은 지도와 관련된 기본적인 정보가 포함되어 있다. 상태는 수많은 크립creep이나 히어로 유닛 각각에 관련된 공격, 건강, 위치, 능력, 아이템 등의 정보도 포함한다. 이 거대한 상태는 개별적으로 처리된 후에 결합 과정을 거쳐 1,024개의 유닛으로 된 LSTM 네트워크로 전달된다. 좀 더 자세한 사항은 OpenAI Five 블로그 포스트[104]의 '모델 구조Model Structure'라는 절 아래 링크된 모델 아키텍처에서 확인할 수 있다. 각고의 공학적 노력과 컴퓨터의 계산 능력이 더해져서 OpenAI의 에이전트가 2019년에 가까스로 세계 챔피언 플레이어를 이겼다[107].

전체적으로 상태의 특성 공학은 실행 가능하며 권장할 만하다. 특히 게임의 중요한 요소를 알고 있고 매우 쉽게 표현할 수 있는 경우에는 더욱 그렇다. 어떤 문제에서는 설계된 상태에 포함해야 할 분명한 요소가 있을 수도 있다. 게임에서는 일반적으로 변화하고 움직이는 것에 관심을 갖게 된다. 로보틱스에서는 위치, 각도, 힘, 토크 등에 관심을 갖게 된다. 주식 시장에서는 유용한 거래 지표에 시장 규모, 가격 변화, 이동평균 등이 포함된다.

원시 상태로부터 효과적인 상태를 설계하는 데 있어 절대적인 규칙이 있는 것은 아니다. 하지만 배경지식과 맥락을 상태에 반영할 수 있도록 문제를 이해하는 데 시간을 들이는 것은 언제나 도움이 된다. 일반적으로 이것은 실제적인 적용에 있어서 특히 가치가 있다.

상태 설계는 근본적으로 정보를 압축하고 노이즈를 제거하는 것에 관한 내용이기 때문에 이를 위한 표준적인 방법은 그 무엇이라도 탐구해 볼 가치가 있다. 일반적인 관점에서 다음과 같은 것을 생각해 보자.

---

12 도타 2는 인기 있는 e-스포츠 게임이다. 5명의 선수로 구성된 1개의 팀이 100개의 캐릭터 중에서 히어로를 뽑아 적과 싸워서 적의 왕좌를 차지하는 게임이다. 큰 지도와 믿기 어려울 정도로 많은 캐릭터와 기술의 조합으로 이 게임은 대단히 복잡하다.

1. **분명한 정보**: 탈출 게임에서 패들, 공, 벽돌의 위치와 같이 단순히 게임의 객체이기 때문에 사람과 관련되어 있음이 곧바로 드러나는 것

2. **조건법적 서술**_{counterfactual}: x 없이 문제를 해결할 수 없다면, x는 반드시 포함되어야 한다. 카트폴에서 물체의 속도를 모르면 물체가 어디로 이동하는지 예상할 수 없기 때문에 물체의 움직임을 예측하는 것이 반드시 필요하다. 이것은 속도를 모르면 안 된다는 것을 의미한다.

3. **불변**(물리학에서 차용): 변환 과정에서 상수로 유지되거나 변하지 않는, 즉 대칭성을 드러내는 것은 무엇인가? 예를 들면, 카트폴은 (스크린에서 벗어나지 않는 한) 수평 변환에 대해 불변이기 때문에 카트의 절대적인 x축 위치는 의미가 없으며 정보에서 제외될 수 있다. 하지만 막대가 떨어지는 것은 수직 방향으로 젖혀지는 것에 대해 불변이 아니다. 중력은 오직 한 방향으로만 작용하는데, 이러한 사실이 각도와 각이 변하는 속도에 반영되기 때문이다.

4. **변화**(물리학에서 차용): 보통은 변화하는 것에 관심이 간다. 공의 위치가 바뀌었는가? 가격이 올랐는가 내렸는가? 로봇의 팔이 움직였는가? 이러한 변화는 의미 있는 변화일 수 있다. 하지만 변화하는 다른 것들(배경 노이즈)은 관련이 없을 수도 있다. 예를 들어, 자율주행 자동차는 바람에 나뭇잎이 움직이는 것을 알아차릴 필요가 없다. 에이전트가 스스로의 행동이 변화시킬 수 있는 것에만 관심을 가져야 한다는 생각은 꽤 그럴듯하다. 하지만 순수하게 관측적인 변화 중에서도 유용한 것이 있다. 예를 들면, 어쩔 수 없이 반드시 따라야만 하는 교통 신호등과 같은 것들이다. 종합해 보면, 여기서 핵심적인 아이디어는 바로 목적 달성에 유용하면서도 변화하는 **유의미한** 정보를 상태에 포함시켜야 한다는 것이다. 반대로 말하면, 어떤 특성을 에이전트가 제어하지 못하고 그 특성이 목적 달성에 기여하지 못한다면 그 특성을 제외할 수 있다.

5. **시간에 따라 변하는 변수**: 전부는 아닐지라도 대부분의 변화는 공간이 아닌 시간 속에서 일어난다. 하지만 단일 프레임(시간 단계)에서 나오는 정보는 시간에 따른 변화를 전혀 나타낼 수 없다. x가 시간에 따라 변하기를 기대한다면 $\frac{dx}{dt}$를 상태에 포함시켜야 한다. 예를 들면, 카트폴의 경우에는 위치의 변화는 의미가 없기 때문에 속도를 포함시키는 것이 중요하다.

6. **원인과 결과**: 목표나 임무가 다른 원인의 결과로 나온 것이라면(보통은 그렇다), 실증적인 인과 고리_{causal chain}를 구성하는 모든 요소가 포함되어야 한다.

7. **완성된 통계치 또는 수치**: 주식 거래에서는 기술적 분석을 위해 규모와 이동평균 같은 수치를 살펴보는 것이 보편적 지혜다. 가공되지 않은 주식 거래 가격 데이터를 이용하여 스스로 정보를 만들어 내는 것보다 이미 잘 구축된 데이터를 사용하는 것이 더 도움이 된다. 본질적으로, 이미 있는 것을 다시 만드느라 시간을 허비해선 안 된다.

마지막으로, 데이터 유형과 문제가 관련되어 있거나 유사한 영역에서 기술을 빌려오는 것도 일반적으로 도움이 된다. 이미지의 경우 컴퓨터 비전 분야에서 나온 다운사이징, 그레이스케일링, 중첩 및 풀링 기술을 사용하는데, 이것은 심층강화학습을 발전시키는 데 도움이 됐다. 예를 들면, 아타리 게임에 대한 모든 최신 결과는 합성곱신경망을 사용하여 나온 결과다. 데이터의 밀도가 높지 않다면, 자연어 처리Natural Language Processing, NLP를 참고하여 단어 임베딩을 사용한다. 순차적 데이터의 경우에는 다시 자연어 처리를 참고하여 회귀 네트워크를 이용한다. 폭넓은 영역에서 기술을 빌리는 것에 대해 부끄러워할 필요는 없다. 게임의 경우에는 게임 이론과 철 지난 좋은 인공지능Good Old-Fashioned AI, GOFAI에서 기술을 빌릴 수 있고, 로보틱스의 경우 고전역학, 제어 시스템의 경우 고전 제어 이론에서 기술을 빌릴 수 있다.

14.4 상태 정보 손실

상태 설계는 원시 상태에서 이용할 수 있는 일련의 정보를 얻는 것에서부터 시작한다. 그런 다음, 다양한 압축 방법을 적용하여 원하는 최종 정보를 설계된 상태의 형태로 얻을 수 있다. 정보를 압축할 때 일부 정보는 손실될 수 있다. 손실되는 정보가 없다면 손실 없는 압축lossless compression 이라고 불린다.

이 절에서는 원시 상태로부터 상태를 설계하는 과정에 놓여 있는 흔한 위험, 즉 **중요한** 정보가 손실될 가능성에 대해 알아본다. 이러한 위험이 발생하지 않게 하는 것이 설계자의 의무다. 이미지 그레이스케일링, 이산화discretization, 해시 충돌hash conflict, 그리고 부적절한 표현으로 인해 발생하는 메타 정보 손실 등의 사례를 다수 살펴볼 것이다.

14.4.1 이미지 그레이스케일링

이미지 다운사이징을 수행할 때 설계자는 이미지가 너무 흐릿하지 않은지, 즉 해상도가 너무 낮지 않은지 눈으로 직접 확인해야 한다. 더욱이, 비디오 게임에서는 게임하는 사람의 편의를 위해 일부 요소가 컬러 코딩color-coding되어 있다. 게임 이미지를 RGB 컬러에서 그레이스케일로 압축할 때, 탈색 과정에서 중요한 요소가 사라지지 않도록 해야 한다. 이러한 손실은 더 큰 집합(3D 텐서, 3개 채널의 RGB)에서 더 작은 집합(2D 텐서, 그레이스케일 이미지)으로 매핑하는 과정에 해싱 오버랩hashing overlap이 존재해서 서로 다른 색이 거의 동일한 밝깃값으로 변환될 경우 발생할 수 있다.

그림 14.4는 그레이스케일링 과정에서 발생하는 정보 손실의 예제를 보여준다. OpenAI는 아타리 시퀘스트Atari Seaquest[103] 게임을 하는 에이전트를 훈련했다. 이 게임에서 플레이어는 다이버를

구조해서 보상을 얻기 위해 잠수함을 제어하는데, 이 과정에서 상어와 다른 잠수함을 총으로 공격한다. 전처리된 이미지는 녹색과 파랑을 매우 유사한 그레이스케일값으로 매핑하여 이들을 구별할 수 없게 만들었다. 이 실수로 인해 상어가 배경과 뒤섞여서 에이전트는 상어를 볼 수 없게 됐다(그림 14.4에서 알고리즘의 관점). 이 중요한 정보의 손실은 에이전트의 성능에 부정적 효과를 주었다. 운 좋게도, 그레이스케일링 기법은 아주 많기 때문에 상어가 사라지지 않게 하는 적절한 기법를 선택하면 그림 14.4의 수정된 관점에서처럼 이러한 이슈를 피할 수 있다. 완전히 무결한 그레이스케일링 기법은 존재하지 않기 때문에, 전처리된 이미지를 항상 눈으로 확인해야 한다.

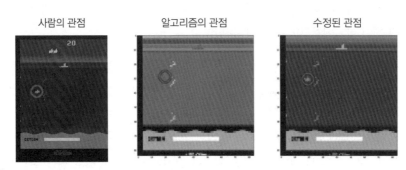

그림 14.4 그레이스케일링으로 인해 게임의 중요한 요소가 사라질 수 있다. 따라서 디버깅할 때 전처리된 이미지를 항상 눈으로 확인하는 것은 좋은 습관이다. 출처: OpenAI Baselines: DQN[103]

14.4.2 이산화

정보 손실의 또 다른 원인은 연속적 값을 이산화할 때, 즉 연속적 값 또는 무한개의 이산적 값을 유한개의 이산적 값의 집합으로 매핑할 때 발생한다. 예를 들면, 아날로그 시계를 읽는 작업을 생각해 보자. 이 경우 시계의 둘레를 이산화하는 것이 효율적인 특성 설계다. 시침 또는 분침 중 어떤 것을 읽고자 하는지에 따라 서로 다른 이산화 기법을 사용해야 한다. 시침만을 읽는 것이 목적이라면 각도를 12개의 부분으로 이산화하는 것이 말이 된다. 시계에 표현할 수 있는 것이 12시간밖에 없기 때문이다. 분침을 읽고자 한다면 이것으로 충분하지 않을 것이다. 요구되는 정밀도에 따라 시계는 30분, 10분, 또는 1분 간격으로 이산화되어야 한다. 하지만 이보다 더 작은 간격으로 이산화하면 사람의 눈으로 읽기 어려워진다. 사실, 시계의 눈금은 허용된 정밀도로 시간을 읽을 수 있게 도와주는 하나의 이산화 기법이다. 이 눈금은 시간을 어떻게 말하는지에도 영향을 미친다. 30분 간격으로 눈금이 표시된 시계를 찬 사람은 시간을 물어보는 질문을 받았을 때 동일한 이산화 기법에 따라 응답할 가능성이 높다. 시간이 10:27이든 10:28이든, 또는 10:29이든 상관없이 이 사람은 '10시 30분'이라고 말할 것이다. 이 예제는 이산화가 정보 손실을 유발한다는 사실을 보여준다(이는 놀랄 일도 아니다).

14.4.3 해시 출동

앞선 두 예제는 **해시 충돌**hash conflict이라고 불리는 사례다. 이것은 용량이 큰 데이터를 적은 용량의 데이터로 압축하면서 데이터를 구성하는 모든 요소를 분명하게 나타내기 어려울 때 발생한다. 따라서 원래 데이터의 각기 다른 요소들이 더 작은 데이터의 동일한 값으로 매핑될 때 충돌이 발생한다.

정보 압축은 해시 충돌을 유발할 수 있다. 하지만 이것이 항상 문제가 되는 것은 아니다. 아타리 시퀘스트 예제를 살펴본다면, 모든 그레이스케일링 방법이 충돌을 유발하지만 이들 중 일부만이 그림 14.4에서 상어가 사라지는 문제를 유발할 것이다. 불행히도, 어떤 해시 충돌이 문제가 될지를 결정하는 것은 쉬운 일이 아니다. 어떤 문제를 다루는지에 따라 달라지기 때문이다. 따라서 데이터 샘플을 눈으로 직접 조사하는 방법에 의존해야 한다.

매일의 일상에서 사람들도 해시 충돌을 경험한다. 사람들은 의미를 전달하기 위해 색을 사용한다. 예를 들면, 위험을 나타내기 위해 빨강을 사용하고 안전을 나타내기 위해 녹색을 사용한다. 우리에게 친숙한 빨강-노랑-녹색의 전구 3개는 전 세계적으로 교통 신호등으로 사용된다. 하나의 전구가 이 세 가지 색 중 하나로 변하게 하는 것이 기술적으로 가능하지만, 그리고 심지어 경제적으로나 기술적으로 합당할 수도 있지만, 이렇게 하면 색맹인 사람들에게 운전은 대단히 위험한 일이 될 것이다. 신호등이 빨강인지 녹색인지 구분하기 힘들 것이기 때문이다. 이러한 이유로 교통 신호등은 여전히 3개의 개별적인 단색 전구를 사용한다.

14.4.4 메타 정보 손실

어떤 정보는 우리가 다루는 데이터에 대한 더 높은 수준의 지식을 제공한다. 이것이 메타 정보다. 즉, 정보에 대한 정보다. 몇 가지 예제를 살펴보자.

체스는 2차원 보드에서 진행되고, 체스 선수는 게임 도중에 어려움 없이 말의 위치를 옮긴다. 몇몇의 진짜 고수들은 마음속에 말의 위치를 기억하고 '비숍 A2에서 D5로'와 같이 말이 움직일 방향을 말하면서 생각 속에서 체스를 할 수 있다. 이것은 보드에서 체스를 두는 것보다 더 어렵다. 상상 속의 보드에서 말의 위치에 대한 이미지를 구축해야 하기 때문이다. 하지만 그래도 가능은 하다.

체스에서 말의 위치는 2차원이다. 수평 방향의 위치는 알파벳으로 나타내고 수직 방향의 위치는 숫자로 나타낸다. 2D 좌표를 64개의 자릿수로 매핑함으로써 1D 좌표로 변환하는 것에 도전해보자. 말하자면 $A1 \mapsto 1, B1 \mapsto 2, ..., A2 \mapsto 9, B2 \mapsto 10, ..., H8 \mapsto 64$와 같이 하는 것이다. '비숍을 A2에서 D5로' 이동하는 것은 이제 '비숍을 9에서 36으로' 이동하는 것이 된다.

이러한 1D 체계에서 체스를 한다고 상상해 보자. 이것은 대단히 어렵다. 숫자 9와 36을 A2와 D5로 변환해서 말의 위치를 2D 보드상에 시각화할 수 있어야 하기 때문이다. 이것은 사전에 체스를 해봤다는 것을 전제로 한다. 한 걸음 더 나아가서, 2D 보드를 보여주지 않고 체스 초보자에게 체스를 소개한다고 상상해 보자. 새로운 1D 체계를 이용해서 체스의 모든 규칙을 설명하는 것이다. 더욱이, 체스의 공간적 특성에 대해 이해하지 못하도록 체스가 2D 게임이라는 사실을 결코 말해 주지 않는다. 의심의 여지 없이 이 초보자는 매우 혼란스러워할 것이다.

이러한 압축 과정에서 발생하는 손실은 없을까? 모든 2D 좌표가 64자리의 숫자에 매핑된다. 해시 충돌은 없다. 그렇다면 왜 게임이 그렇게 어려워지는가? 정량적인 분석에 따르면 아무것도 잘못된 것이 없지만, 정성적으로 분석하면 문제가 드러난다. 2D 좌표를 1D로 바꿀 때, 차원에 대한 정보가 사라진다. 체스는 원래 2차원으로 설계됐고 말들이 2차원 공간에서 움직이기 때문에 체스의 규칙은 2D에서 인지하기 쉽도록 고안됐다는 사실을 무시한 것이다. 예를 들어, 2D 위치에 따라 달라지는 체크메이트의 개념이 1D에서는 이상해질 것이다.

2D 중첩 네트워크가 사용되기 전에(예를 들면, MNIST[73] 데이터를 이용해서) 이미지로부터 숫자를 인식하는 연구 분야의 초창기에 동일한 일이 일어났다. 그 당시에는 이미지를 여러 개의 줄무늬로 나눈 후 인접한 줄무늬를 연결하여 벡터를 형성했다. 그리고 이것을 MLP의 입력으로 넣었다. 네트워크에 들어간 입력이 1D 버전의 이미지였고 애초에 이것이 2D 이미지였다는 정보가 없었다는 점을 고려하면 네트워크가 숫자를 인식하는 데 어려움을 겪었다는 것은 놀랄 일도 아니다. 2D 데이터를 처리하기 위해 설계된 2D 중첩이 사용되기 시작하면서 이 문제는 해결됐다. 그림 14.5는 MNIST[73] 데이터에서 얻은 숫자 '8'의 이미지를 보여준다. 이 이미지를 1D 벡터로 평평하게 만들면 그림 14.6처럼 보인다(지면의 한계로 인해 일부분만 나타내었다). 이것을 '8'로 알아보는 것이 훨씬 더 어렵다.

그림 14.5 MNIST가 제공하는 숫자 '8'의 이미지. 이 자연스러운 2차원 표현은 쉽게 알아볼 수 있다.

그림 14.6 이미지의 모든 행을 연결하여 그림 14.5를 평평하게 1차원 벡터로 만들면 이렇게 보인다(지면의 한계로 인해 일부만 표현했다). 이것을 '8'로 인식하기는 대단히 어렵다.

이 시나리오는 **메타 정보 손실**metainformation loss의 예제다. 이러한 손실은 정보 그 자체를 봐서는 분명히 즉각적으로 드러나지 않는다. 정보의 외적 맥락을 봐야 한다. 예를 들면, 체스에서 64개의 숫자를 모아놓으면 2차원 데이터에 대해 아무런 정보도 얻을 수 없다. 정보의 맥락은 외부에서 제공되어야 한다. 이러한 메타 정보는 **공간**space에서만 발생하는 것이 아니다. **시간**time 차원에서도 발생한다.

그림 14.7의 카트폴 환경 프레임 중 $t = 1$에서의 프레임을 생각해 보자. 오직 이미지 정보만 얻을 수 있고 설계된 상태에 대해서는 알지 못한다고 가정하자. 이 프레임만 보고서 $t = 2, 3, \ldots$일 때 무슨 일이 벌어질지 예상할 수 있을까? 그건 불가능하다. 상태에 대한 정보 없이는 카트나 막대의 속도를 알 수 없다. 막대는 가만히 서 있을 수도 있고 왼쪽 또는 오른쪽으로 넘어지고 있을 수도 있다. 그림 14.7에 있는 미래 시간 단계의 다른 모든 프레임을 같이 봐야만 막대가 왼쪽으로 넘어지고 있다는 사실을 알 수 있다. 이것은 **정보가 어떻게 시간에 따라 스스로 변하는지**에 대한 높은 수준의 정보가 누락된 상황을 설명한다. 이 누락된 정보를 복원하는 방법은 연속적인 프레임을 함께 모아놓고 관찰하는 것이다.

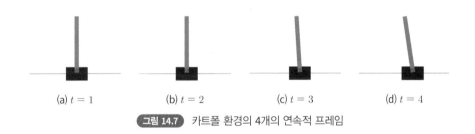

(a) $t = 1$ (b) $t = 2$ (c) $t = 3$ (d) $t = 4$

그림 14.7 카트폴 환경의 4개의 연속적 프레임

그림 14.7에서는 스냅샷이 적절한 간격으로 찍혔기 때문에 변화의 과정을 관찰할 수 있다. 이러한 변화를 인지할 수 있는 능력은 프레임 속도에 따라 결정된다. 고품질 게임은 초당 60프레임 이상의 프레임 속도를 갖기 때문에 비디오가 더 부드럽게 보인다. 하지만 프레임 속도가 높을수록 연속된 프레임 사이의 변화도 더 작아진다. 훈련을 위한 프레임 속도를 정할 때는 프레임의 변화를 감지할 수 있도록 해야 한다. '감지할 수 있는' 것이 무엇인지는 감지하는 주체에 따라 달라진다.

사람은 기계보다 변화에 덜 민감하기 때문에 물체가 스크린에서 1픽셀 움직일 때 사람은 그것을 인식하지 못할 것이다. 하지만 시간에 따라 변화가 쌓이면 더 인식하기 쉬워진다. 따라서 흔히 사용되는 전략은 프레임을 건너뜀으로써 연속적 변화를 누적시키는 것이다. 즉, k개의 프레임마다 한 번씩 샘플링을 하는 것이다. 프레임 속도가 60인 게임의 경우에는 4개의 프레임마다 하나씩 샘플링하는 것이 적합하다. 이러한 기법 덕분에 에이전트는 학습을 더 쉽게 할 수 있다. 이것은 또한 저장해야 할 전체 데이터의 용량도 줄여준다.

누군가 그림 14.7의 프레임들이 거꾸로 재생되는 것이라고 말한다면, 막대가 실제로는 왼쪽으로 넘어지고 있는 것이 아니라 원 상태로 복구되면서 오른쪽으로 넘어갈 것이라고 결론 내릴 것이다. 데이터를 **나열하는 방향**에 대한 메타 정보가 주어질 필요가 있다. 이러한 메타 정보를 유지하는 하나의 방법은 회귀신경망을 사용하는 것이다. 또 다른 방법은 프레임을 일관된 방식으로 순차적으로 MLP나 CNN에 전달하는 것이다.

마지막으로 설명할 예제는 한문이다. 한자는 격자 무늬 안에 쓰인다. 그리고 한자를 나열하여 문장을 만든다. 한자로 쓰여진 문장은 한 줄씩 내려가며 왼쪽에서 오른쪽 방향으로 읽을 때도 있지만 어떤 경우에는 왼쪽에서 오른쪽으로 이동하며 위에서 아래 방향으로 읽기도 한다. 게다가, 책을 읽을 때는 왼쪽에서 오른쪽으로 읽기도 하지만 때에 따라서는 오른쪽에서 왼쪽으로 읽는다. 보통은 책을 읽는 방향과 문장이 흘러가는 방향이 일치한다. 읽는 방향을 모른 채로 한자가 쓰여 있는 2D 격자에서 신경망을 훈련하고자 한다면 신경망이 보는 것은 이해하기 어렵고 연결되지 않는 글자의 나열일 것이다. 책에 적힌 이야기는 사라질 것이다.

이러한 예제들은 미묘하고 직접적인 방식으로 정보가 어떻게 손실되는지를 보여준다. 이러한 손실은 예기치 못한 상황에서 발생할 수 있다. 이러한 종류의 손실을 모두 '정보맹'이라고 부를 수 있다. 이것은 '색맹'과 유사하지만 메타 정보 및 외적 맥락과 같이, 적용되는 정보의 차원과 유형이 다르다.

요약하자면, 데이터를 압축할 때는 이 절에서 설명한 방법을 이용하여 정보 손실을 확인해 봐야 한다.

1. **실수로 누락(기본)**: 중요한 정보가 실수로 배제되지 않았는지 확인해야 한다.
2. **해시 충돌(정량적)**: 큰 집합을 작은 공간에 매핑할 때, 구별되어야 할 요소가 다른 것과 합쳐지지 않았는지 확인해야 한다.
3. **정보맹(정성적)**: 사람의 관점에서 미묘한 정보, 정성적 정보, 또는 메타 정보가 손실되지 않았는지 확인해야 한다.

경험 법칙 중 하나는 압축된 정보를 눈으로 간단하게 디버깅하는 것이 언제나 좋다는 것이다. 사람이 압축된 이미지나 상태를 이용해서 게임을 하거나 문제를 해결할 수 없다면 알고리즘 역시 실패한다 해도 놀랄 일이 아니다. 이 원리는 게임에만 해당되지 않고 모든 문제에 일반적으로 해당된다. 상태가 이미지라면 이미지를 생성해서 살펴보는 것이 좋다. 상태가 소리라면 들어 보는 것이 좋다. 상태가 어떤 추상적 텐서라면 출력해서 값을 살펴보는 것이 좋다. 예제를 찾아서 그것에 기반해서 행동하려고 노력해야 한다. 환경에 관한 모든 것이 사람에게 납득이 되어야 한다. 문제는 알고리즘에 있었던 것이 아니라 충분한 정보를 제공하지 못하는 설계된 상태에 있었다는 사실을 발견할 수도 있다.

원시 상태를 설계된 상태로 변환하는 과정은 상태 전처리기 모듈state preprocessor module로 구현할 수 있다. 상태의 변환은 환경 내부에서 일어나도록 할 수도 있고 에이전트가 환경이 만드는 상태를 변환하게 할 수도 있다. 상태 변환이 어디서 일어나는지는 무엇을 제어할 수 있는지에 따라 다르다. 예를 들면, 환경이 제3자에 의해 주어진다면 에이전트 내부에 전처리기를 구현하는 것이 옳다.

14.5 전처리

이 절에서는 일반적인 전처리기 구현을 알아본다. 프레임 건너뛰기에 대해서도 좀 더 자세히 살펴볼 것이다. 처음 읽는 독자는 이 절을 건너뛰어도 이어지는 내용을 이해하는 데 무리가 없다.

전처리기는 데이터를 사용하기 전에 데이터를 변환하는 함수다. 전처리가 심층강화학습에만 있는 것은 아니다. 전처리는 기계학습에서 전반적으로 사용된다. 일반적으로, 데이터 전처리는 다음과 같은 다양한 이유로 수행한다.

1. **정제**: 자연어 처리에서는 표준에 어긋난 문자를 문장에서 제거한다.

2. **수치 표현**: 자연어 처리에서는 알파벳 문자에 대해 직접적으로 계산을 수행할 수 없다. 문자는 신경망에 입력할 수 있는 0, 1, 2, … 또는 연속적 워드 임베딩과 같은 숫자로 부호화되어야 한다.

3. **표준화**: 입력 데이터를 표준화해서 각 데이터의 특성이 유사한 범위와 평균을 갖도록 하는 것이 일반적이다. 특성을 측정하는 척도에 따라 특성에 더 주의를 기울여야 할 수도 있고 아닐 수도 있다. 척도는 임의로 정해지며(예를 들면, 길이는 밀리미터나 미터로 측정할 수 있다), 척도에 따라 학습이 영향을 받아서는 안 된다. 모든 특성에 대해 평균을 빼고 표준편차로 나누는 표준화 과정을 통해 척도가 학습에 영향을 주지 않도록 할 수 있다.

4. **탐험**: 일반적으로, 특정 문제에 대해 데이터를 가장 잘 표현한 것이 무엇인지는 분명하지 않다. 임베딩, 부호화, 그레이스케일링, 다운샘플링, 프레임 결합 같은 다양한 전처리 방법을 시도하는 것이 실험 과정에 포함된다.

14.5.1 표준화

데이터를 표준화하기 위해서는 먼저 전체 데이터의 평균과 표준편차를 계산한 다음, 모든 데이터에 대해 평균을 빼고 표준편차로 나눈다. 이제, 데이터의 전체 분포는 평균 0을 중심으로 형성되고 1의 표준편차를 갖는다. 이것은 식 14.1에 표현되어 있고, 코드 14.2(라인 2~6)에 구현되어 있다.

데이터 표준화와 밀접한 관계를 갖는 또 다른 방법은 정규화다. 정규화는 데이터에 속한 **모든 특성**이 0과 1 사이의 범위를 갖도록 값을 조정한다. 데이터가 주어지면, 모든 특성에 대해 최솟값, 최댓값, 값의 범위를 찾고, 모든 데이터에 대해 최솟값을 뺀 다음 값의 범위로 나눈다. 이 과정은 식 14.2에 표현되어 있으며, 코드 14.2(라인 8~15)에 구현되어 있다.

$$x_{\text{std}} = \frac{x - \overline{x}}{\sigma} \qquad\qquad (\text{식 } 14.1)$$

$$x_{\text{norm}} = \frac{x - x_{\min}}{x_{\max} - x_{\min}} \qquad\qquad (\text{식 } 14.2)$$

코드 14.2 텐서를 표준화하는 방법

```
1   # 소스 코드: slm_lab/agent/algorithm/math_util.py
2   def standardize(v):
3       '''rank-1 np 배열을 표준화하는 메서드'''
4       assert len(v) > 1, 'Cannot standardize vector of size 1'
5       v_std = (v - v.mean()) / (v.std() + 1e-08)
6       return v_std
7
8   def normalize(v):
9       '''rank-1 np 배열을 정규화하는 메서드'''
10      v_min = v.min()
11      v_max = v.max()
12      v_range = v_max - v_min
13      v_range += 1e-08                            # 0으로 나누는 것을 예방
14      v_norm = (v - v_min) / v_range
15      return v_norm
```

코드 14.2의 방법은 오프라인 데이터에만 적용할 수 있다. 강화학습에서는 데이터가 온라인으로 생성된다. 다시 말해, 에이전트와 환경 사이의 상호작용에 의해 시간에 따라 점차적으로 생성된다. 따라서 상태에 대한 온라인 표준화 방법이 필요하다. 온라인 표준화의 구현은 slm_lab/env/wrapper.py를 통해 SLM Lab에서 확인할 수 있다.

이 방법들은 효과적이며 흔하게 사용된다. 하지만 어떠한 중요 정보도 손실되지 않는다는 사실을 우선적으로 직접 확인하는 것이 중요하다. 이것을 예제와 함께 알아보자.

도타 2 게임 지도와 같이 넓은 영역에서 특정 위치에 특성이 고정되어 있는 환경을 생각해 보자. 지형과 중요한 게임 객체는 특정 위치에 고정되어 있다. 훈련 과정에서 에이전트가 오직 표준화된 좌표만을 인지할 수 있다고 가정해 보자. 지도가 크기 때문에 에이전트는 아마 지도의 작은 일부분만 탐험할 수 있을 것이다. 이것은 표준화된 데이터가 지도의 특정한 작은 영역만을 표현한다는 것을 의미한다. 에이전트가 사전에 탐험하지 않은 영역에 들어가면 데이터의 범위나 표준편차는 갑자기 바뀔 것이다. 따라서 새로운 영역의 데이터에 대해 표준화를 수행하면 데이터가 극한의 값을 갖게 될 수도 있다. 더욱 문제가 되는 것은, 데이터의 값이 이전에 경험했던 상태가 매핑되는 값으로 이동해서 의미 없는 데이터가 될 수도 있다는 점이다. 표준화나 정규화는 도움이 되지만 전반적인 정보도 함께 필요하다. 에이전트에게 원시 데이터와 처리된 데이터를 모두 제공할 수 있다. OpenAI Five의 에이전트 아키텍처에서는 지도상의 절대적 위치를 하나의 입력으로 사용한다[104].

요약하자면, 표준화와 정규화는 데이터를 간결하게 정리하는 대단히 유용한 방법이다. 이 방법은 훈련에 도움이 될 수 있지만, 적용할 때 주의를 기울여야 한다. 상대적 변화에 대한 정보가 변환되고 유지되지만, 절대적이고 전반적인 정보는 손실될 수 있다. 이 방법을 적용하려고 할 때는 작업에 필요한 정보와 데이터를 깊이 있게 이해하는 것이 중요하다.

14.5.2 이미지 처리

컬러 디지털 이미지는 일반적으로 RGB라고 표현하는 빨강Red, 녹색Green, 파랑Blue의 세 가지 색 채널을 갖는다. 이것은 이미지를 3개의 2차원 슬라이스로 구분한다. 슬라이스에 있는 값들은 세기(밝기)를 나타낸다. 따라서 모든 슬라이스는 3개의 색 채널 중 하나에 대한 이미지의 세기다. 2D 슬라이스가 쌓이면 3D 텐서를 형성한다. 모든 픽셀은 3개의 기본적 색 채널 모두를 사용한 이미지 세기의 조합으로 생성될 것이다. 최신 LCD 스크린에서 모든 물리적 픽셀은 실제로 빨강, 녹색, 파랑의 3개의 작은 광다이오드를 집적해서 만든다. 우리는 다이오드의 존재를 모르고 멀리서 컬러 영상을 보게 된다.

색 채널을 갖는다는 것은 하나의 이미지에 대해 3개의 값을 갖는다는 뜻이다. 따라서 단색 이미지에 비해 세 배의 저장 용량이 필요하다. 가중 합계를 이용하면 모든 컬러 픽셀이 갖는 3개의 값을 하나의 스칼라값으로 매핑할 수 있다. 이것을 **그레이스케일링**grayscaling이라고 부른다. 그레이스케일링의 결과로 도출되는 이미지는 원래 영상에 비해 세 배 더 적은 메모리 용량을 차지하는 2D 텐서다. 색 해시 충돌color hashing conflict이 일어나지 않도록 색 가중치를 신중하게 선택해야 한다. 다행히도, 표준적인 컴퓨터 비전 라이브러리에는 범용적 계수를 갖는 그레이스케일링 메서드가 내장되어 있다.

요즘 디지털 이미지는 그레이스케일링 후에도 여전히 해상도가 높다. 그레이스케일링 과정에서 이미지의 수많은 픽셀을 변환하는데, 일반적으로 학습을 위해 필요한 것보다 더 많은 픽셀을 변환한다. 텐서에 포함된 값의 개수를 줄여서 더 적은 원소를 저장하고 계산하려면 이미지를 다운사이징해야 한다. 이것을 **다운샘플링**downsampling 또는 '리사이징resizing'이라고 한다. 다운샘플링의 문제점은 이미지가 번지고 정보의 일부가 손실된다는 것이다. 이미지를 다양한 방식으로 번지게 만드는 많은 다운샘플링 알고리즘이 존재한다.

때로는 오직 이미지의 일부분만 유용할 때가 있다. 보통은 경계 부분에 해당하는 상관없는 부분을 폐기해서 픽셀의 개수를 더 줄일 수 있다. 이것은 일반적으로 이미지 **자르기**cropping로 수행된다. 아타리 게임 중에는 위쪽과 아래쪽에 게임 점수가 표시되는 경우가 있다. 이 부분은 게임 상태와 직접적인 관련이 없기 때문에 잘라낼 수 있다. 하지만 유지한다고 해서 문제될 것은 없다.

마지막으로, 이미지의 픽셀 세기는 0~255 범위에서 256개의 값을 가질 수 있는 정수로 표현된다. 일반적으로는 실수형 텐서로 형 변환을 하고 모든 값을 255.0으로 나누어 **이미지 정규화**image normalization를 수행한다. 따라서 최종적인 이미지 텐서는 0.0~1.0 범위의 값을 갖게 될 것이다.

이 모든 이미지 처리 방법을 결합할 수 있다. 효율성을 높이기 위해 그레이스케일링, 다운샘플링, 자르기, 이미지 정규화의 순서로 방법들을 적용하는 것이 좋다. 코드 14.3은 이러한 이미지 처리 메서드를 구현한 것이다. 여기에는 SLM Lab에 있는 결합된 방법도 포함된다.

코드 14.3 SLM Lab의 이미지 처리 메서드

```
1   # 소스 코드: slm_lab/lib/util.py
2   import cv2
3   import numpy as np
4
5   def to_opencv_image(im):
6       '''OpenCV 이미지 모양 h, w, c로 변환'''
7       shape = im.shape
8       if len(shape) == 3 and shape[0] < shape[-1]:
9           return im.transpose(1, 2, 0)
10      else:
11          return im
12
13  def to_pytorch_image(im):
14      '''PyTorch 이미지 모양 c, h, w로 변환'''
15      shape = im.shape
16      if len(shape) == 3 and shape[-1] < shape[0]:
17          return im.transpose(2, 0, 1)
18      else:
19          return im
20
```

```
21    def crop_image(im):
22        '''위아래에 있는 아타리 게임 이미지의 경계 부분을 잘라낸다.'''
23        return im[18:102, :]
24
25    def grayscale_image(im):
26        return cv2.cvtColor(im, cv2.COLOR_RGB2GRAY)
27
28    def resize_image(im, w_h):
29        return cv2.resize(im, w_h, interpolation=cv2.INTER_AREA)
30
31    def normalize_image(im):
32        '''최댓값 255로 나누어서 이미지를 정규화'''
33        return np.divide(im, 255.0)
34
35    def preprocess_image(im):
36        '''
37        OpenAI 기본 메서드인 grayscale, resize를 이용하여 영상 처리 수행
38        여기서 resize는 잘라내기 대신 늘이기를 사용
39        '''
40        im = to_opencv_image(im)
41        im = grayscale_image(im)
42        im = resize_image(im, (84, 84))
43        im = np.expand_dims(im, 0)
44        return im
```

14.5.3 시간적 전처리

시간적 전처리temporal preprocessing는 하나의 프레임에서는 식별하기 어렵거나 불가능한 다단계 시간적 정보를 저장하거나 강조하기 위해 사용된다.

두 가지 효과적인 시간적 전처리 방법은 **프레임 결합**frame concatenation과 **프레임 적층**frame stacking 이다. 이러한 방법을 통해 아타리 퐁 게임에서 물체의 움직임이나 순차적 변화의 시간적 순서와 같은 다단계 정보를 얻을 수 있다.

결합과 적층은 회귀신경망이 아닌 모든 신경망에 사용할 수 있다. 상태 s_k가 결합이나 적층 없이 네트워크에 입력되는 상태라고 가정해 보자. 전체 c개의 프레임을 모아서 결합(**CI** np.concatenate) 이나 적층(**CI** np.stack[143])을 통해 하나의 텐서로 합치는 상황을 생각해 보자. 여기서 c는 결합 또는 적층의 길이를 나타낸다.

이렇게 전처리된 상태가 네트워크로 입력된다. 새로운 입력이 다른 모양을 하고 있기 때문에 네트워크의 입력 층위는 이 새로운 입력에 맞게 수정되어야 한다. 훈련을 통해 네트워크는 전처리된 입력의 슬롯slot을 시간적 순서로 인지하는 것을 학습할 것이다. 즉, 첫 번째 프레임이 두 번째 프레임보다 먼저이고 나머지 프레임도 시간에 따라 순서가 정해진다고 학습할 것이다.

이 두 방법의 차이점은 출력될 결과의 모양에 있다. 결합은 텐서의 랭크를 유지하지만 합쳐진 차원의 길이는 늘어난다. 예를 들면, 4개의 벡터를 결합하면 원래의 벡터 길이보다 네 배 더 긴 벡터가 만들어진다. 결합은 보통 이미지가 아닌 상태에 대해 적용하기 때문에 순수한 다수 층위 퍼셉트론 네트워크의 입력 층위를 적절히 확장하면 결합된 상태를 쉽게 받아들일 수 있다.

반대로, 적층은 텐서의 랭크를 1만큼 증가시키지만 텐서 자체의 모양은 유지한다. 이것은 상태의 나열을 리스트로 구성하는 것과 동일하다. 이것은 4개의 채널을 갖는 이미지와 유사하다. 다만 여기서는 채널이 색에 해당하지 않고 시간적 위치에 해당할 뿐이다. 적층은 보통 그레이스케일 이미지 상태에 적용되며, 적층을 통해 전처리된 3D 텐서가 4개의 채널을 갖는 이미지로서 중첩 네트워크에 입력된다.

상태의 결합과 적층은 다른 전처리 방법과 함께 사용될 수 있다. 예를 들면, 코드 14.3의 방법으로 먼저 이미지를 전처리한 후 적층할 수도 있다. 이것은 아타리 환경에서 흔하게 사용하는 방법이다.

프레임 건너뛰기frame skipping는 실질적인 프레임 속도를 변화시키는 시간적 전처리 방법이다. 예를 들어, 4개의 프레임을 건너뛰면 비디오에서 4개의 프레임마다 하나의 프레임만 생성될 것이고 나머지 프레임은 버려질 것이다. 이것은 시간 데이터에 대한 다운샘플링이라고 볼 수 있다.

프레임 건너뛰기는 비디오 게임에서 가장 흔하게 사용된다. 비디오는 연속적인 이미지를 스크린에 빠르게 생성함으로써 만들어진다. 이때 이미지의 생성 속도를 프레임 속도라고 부르는데, 최신 비디오 게임의 경우 초당 60 프레임60 frames per second, 60 FPS의 속도를 갖는다. 프레임 속도가 인간의 시각적 반응 속도(대략 10 FPS)보다 높을 때는 정적인 이미지가 나열되는 것을 인식하지 못하고 연속적인 움직임으로 인식하게 된다. 비디오를 부드럽게 만들려면 프레임 속도가 높아야 한다. 즉, 짧은 시간 동안 많은 이미지가 필요해진다. 그래서 일반적으로 영화 파일은 용량이 크다.

비디오를 구성하는 모든 이미지를 나열한다면 많은 이미지가 나열될 것이다. 이것은 에이전트가 좋은 정책을 학습하기 위해 필요한 양보다 더 많을 것이다. 대부분의 이미지에는 의미 없을 정도로 너무 작은 변화가 포함되어 있을 것이다. 이렇게 많은 이미지는 비디오를 부드럽게 하기에는 좋지만 학습에는 도움이 되지 않는다. 학습하는 에이전트는 프레임 사이의 의미 있는 변화를 인지해야 한다. 게다가, 모든 이미지를 처리하면 아주 많은 양의 쓸모없는 계산을 해야 할 것이다.

프레임 건너뛰기는 대부분의 이미지를 제외함으로써 높은 FPS 비디오의 중복성 문제를 해결한다. 예를 들어, 프레임 건너뛰기 주기가 4개의 프레임이라고 하면 4개의 프레임마다 하나의 프레임을 생성하고 그 사이의 나머지 프레임은 버려질 것이다. 이렇게 하면 환경의 속도도 상당히 빨라진다. 프레임을 생성하는 데 필요한 계산량이 줄어들기 때문이다. 아타리 게임이 최초의 DQN 논문[89]에 발표됐을 때부터 실질적인 프레임 속도를 15 FPS로 만들기 위해 아타리 게임에는 프레임 건너뛰기가 관습적으로 적용되어 왔다. 동일한 방법을 다른 비디오에도 적용할 수 있다. 다만 프레임 속도는 각 환경에 적합한 값으로 선택해야 한다.

일반화한다면, 프레임 건너뛰기는 비디오에만 한정된 방법이 아니다. 이 방법은 프레임 속도와 동일한 개념을 갖는 모든 형태의 시간 데이터에 적용할 수 있다. 예를 들면 주식시장의 신호, 오디오 데이터, 물체의 진동 등에 적용할 수 있다. 샘플링 속도를 줄이는 것은 본질적으로 시간적 다운샘플링 방법이다.

효과적이긴 하지만, 프레임 건너뛰기가 문제가 없는 것은 아니다. 비디오 게임은 일반적으로 고전적인 마리오 게임의 캐릭터 애니메이션이나 아타리 벽돌깨기 게임에서의 벽돌과 같이 깜박이는 요소를 갖는다. 안타깝게도 프레임 건너뛰기 주기가 이러한 깜박임의 주기와 맞지 않으면 애니메이션이 적절히 생성되지 않을 것이다. 운이 안 좋으면 깜박이는 요소가 어두울 때만 프레임을 추출해서 아무것도 보이지 않을 수도 있다. 따라서 일부 중요한 정보를 잃어버릴 수가 있다.

한 가지 대안은 건너뛰는 사이사이에 연속적인 프레임을 취해서 평균 픽셀값이 최대인(밝기가 최대인) 프레임을 선택하는 것이다. 이렇게 하면 원래는 버려졌던 데이터의 처리를 위한 계산 비용이 추가로 들기 때문에 모든 것이 느려질 수 있다. 더욱이, 여기에는 밝은 요소가 필요하다는 전제가 깔려 있지만 어떤 게임은 음의 색조합negative color scheme을 사용하기 때문에 게임의 중요한 요소가 어두운 색일 수 있다. 이러한 경우에는 최소의 픽셀값을 선택해야 한다.

규칙적인 프레임 건너뛰기가 유발하는 문제를 위한 간단한 해결책은 프레임 건너뛰기를 확률론적으로 하는 것이다. 설명을 위해 주기가 4인 확률론적 프레임 건너뛰기 과정을 살펴보자. 먼저 다음 4개의 프레임을 만들고 캐시에 저장한다. 그런 다음 이들 중 하나를 무작위로 선택하여 생성하고 나머지는 폐기한다. 이 방법의 단점은 무작위로 프레임이 지연되는 우연성이 존재한다는 것이다. 이것은 많은 문제의 경우 괜찮을 수 있지만 다 그런 것은 아니다. 환경이 프레임 완벽성에 기반한 전략을 요구한다면 이 전처리 방법은 그러한 전략을 무용지물로 만들 것이다. 프레임 완벽성에 기반한 전략은 경쟁 게임에 실제로 존재한다. 슈퍼 마리오 브라더스 스피드런Super Mario Bros Speedrun의 세계 기록을 보면, 최고의 세계 기록 보유자가 특정 임무를 달성하기 위해 정확한 프레임에 행동을 어떻게 하는지 확인할 수 있다.

결국, 모든 문제에 일반적으로 적용할 수 있는 하나의 이상적인 프레임 건너뛰기 방법은 존재하지 않는다. 모든 환경과 데이터는 자신만의 특징을 갖는다. 먼저 데이터를 이해하고 나서 적절한 프레임 건너뛰기 방법을 선택해야 한다.

프레임 건너뛰기를 행동에 적용할 수도 있다. 게임을 할 때, 사람은 다수의 프레임을 관찰한 후 행동을 결정하는 경향이 있다. 정교한 결정을 하기 위해서는 충분한 정보가 필요하기 때문이다. 모든 게임에는 실질적인 행동 속도에 대한 게임 특유의 이상적인 값이 있다. 슈팅 게임은 빠른 반사신경을 요구하는 반면 전략 게임은 더 느리고 장기적인 계획을 요구한다. 이것을 측정하는 일반적인 지표는 분당 행동 수Action Per Minute, APM다. 이 지표를 계산할 때는 프레임 속도가 상수(CD 60Hz)라고 가정한다. 프레임 속도를 고려하면 더 믿을 만한 지표는 행동당 프레임Frame Per Action, FPA의 역수다. FPA는 프레임 속도를 APM으로 나눈 것이다. 모든 게임은 일반적인 FPA 분포를 갖는다. 빠르게 진행되는 게임은 FPA가 더 낮고, 느리게 진행되는 게임은 FPA가 더 높다. 정상적인 경우라면 다수의 프레임 동안 한 번 행동하기 때문에 FPA는 1보다 클 것이다.

행동을 위해 프레임 건너뛰기를 구현할 때는 한 가지 고려해야 할 사항이 있다. 환경이 기본적으로 갖는 **실제 프레임 속도**true frame rate가 있고, 프레임 건너뛰기를 통해 더 낮은 **실질적 프레임 속도**effective frame rate로 상태를 생성한다고 가정하자. 프레임을 건너뛰는 동안, 상태는 실질적 프레임 속도로 인지되고 행동도 동일한 속도로 적용된다. 실제 프레임에 대해 FPA는 프레임 건너뛰기 주기와 동일하다. 내부적으로는 환경의 단계가 실제 프레임 속도로 진행하기 때문에 모든 실제 프레임은 그에 해당하는 행동을 기대한다. 따라서 내부적으로는 FPA가 항상 1이 된다. 이러한 이유로, 프레임을 건너뛸 때는 실제 프레임 속도로 행동을 제공하는 로직을 다룰 필요가 있다. 이것은 보통 환경의 프레임 건너뛰기 로직에 의해 수행된다.

어떤 환경은 단순히 어떤 행동도 허용하지 않는다. 이 경우, 아무것도 할 필요가 없고 실질적인 프레임 속도로 행동을 제공하는 것에만 신경 쓰면 된다. 어떤 경우에는 환경이 실제 프레임 속도로 행동을 요구한다. 행동이 누적 효과를 갖지 않는다면 건너뛴 프레임에 대해 행동을 안전하게 반복할 수 있다. 도타 2에서 마우스 클릭이 이러한 특성을 갖는다. 행동이 실제로 실행되기 전에 클릭을 중복해서 얼마나 많이 하든 상관없다. 하지만 행동이 누적 효과를 갖는다면 행동 간의 간섭이 존재할 수 있다. 예를 들면, 마리오카트MarioKart[84]에서 바나나를 던지는 행동은 누적 효과를 갖는다. 즉, 바나나는 귀중한 자원이어서 반복된 행동을 통해 낭비되어서는 안 된다. 이 경우 건너뛴 프레임 사이에 비행동inaction(가만히 있기/null 행동)을 제공하는 것이 안전한 선택이다.

게임의 FPA가 너무 낮으면, 에이전트는 **행동과잉**hyperactive이 되고, 에이전트의 빠른 행동들이 서로 경쟁할 수도 있다. 일종의 브라운 운동Brownian motion의 양상을 띠는 것이다. 즉, 많은 행동이 평균적으로 랜덤워크_{random walk}를 하는 것이다. 상태의 프레임 건너뛰기 주기가 이상적인 경우에도 FPA는 여전히 너무 작을 수 있다.

실질적인 FPA를 더 크게 만들기 위한 한 가지 방법은 상태 프레임 건너뛰기 이외에 행동 건너뛰기를 사용하는 것이다. 상태의 프레임 건너뛰기 주기가 4인 것 말고도 실질적인 FPA 값으로 5를 얻기 위해서는 행동이 변화하기 전에 5개의 실질적 프레임을 건너뛰어야 한다. 고정 프레임 건너뛰기와 확률론적 프레임 건너뛰기에 사용되는 동일한 방법을 행동에 대해 다시 적용할 수 있다. 그러면 내부적인 실제 프레임 속도로 보았을 때, 상태는 4개의 실제 프레임마다 생성되고 행동은 $5 \times 4 = 20$개의 실제 프레임마다 적용된다.

유추해 보건대, 행동 건너뛰기가 **에이전트 과잉행동**_{agent hyperactivity} 문제를 해결한다면, 상태에 대한 프레임 건너뛰기는 **에이전트 과민증**_{agent hypersensitivity} 문제를 해결한다. 프레임 건너뛰기를 하지 않으면 에이전트는 아주 조금만 변하는 상태를 이용하여 훈련할 것이고, 이것은 에이전트가 작은 변화에도 민감해야 한다는 뜻이다. 훈련이 끝난 후에 프레임 건너뛰기가 갑자기 진행된다면 연속적인 상태의 변화가 너무 커져서 에이전트 과민증 문제가 발생할 것이다.

결론적으로, 프레임 건너뛰기는 상태에 대해 수행되며 고정된 건너뛰기일 수도 있고 확률론적인 건너뛰기일 수도 있다. 프레임 건너뛰기 때문에 실제 프레임 속도 이외에 실질적인 프레임 속도를 고려해야 하고, 환경이 단계를 진행하는 로직도 특별히 다루어야 한다. 또한 프레임 건너뛰기는 행동에도 적용될 수 있다.

14.6 요약

이 장에서는 상태에 대해, 그리고 벡터 또는 이미지와 같이 상태가 취할 수 있는 다양한 형태에 대해 몇 가지 중요한 특성을 살펴봤다. 원시 상태와 설계된 상태의 차이점도 알아봤다.

세상으로부터 추출된 원시 상태가 문제를 해결하기 위해 필요한 정보를 완벽히 갖추고 있는지 생각해 봐야 한다. 그런 다음 원시 상태를 이용해서 상태의 표현을 설계할 수 있다. 이러한 설계된 상태는 유용하다고 생각되는 엄선된 정보의 집합이다. 상태를 설계할 때 고려해야 할 중요한 요소는 많다. 가장 대표적인 것이 상태의 복잡도, 완결성, 그리고 정보의 손실이다. 유용성의 측면에서 상태의 계산 복잡도는 낮아야 한다. 문제 해결에 중요한 정보가 상태 표현에 누락되지 않도록 하기 위해 알아둬야 할 몇 가지 잠재적 위험도 살펴봤다.

마지막으로, 수치 데이터의 표준화, 다운사이징, 그레이스케일링, 이미지 데이터의 정규화, 그리고 시간 데이터에 대한 프레임 건너뛰기 및 적층과 같이 상태를 전처리하는 일반적인 방법을 살펴봤다.

15

행동

행동은 에이전트가 환경을 다음 상태로 전이시키면서 환경에 변화를 줄 때 발생하는 결과물이다. 상태는 인지되고 행동은 작동된다.

행동의 설계는 중요하다. 에이전트에게 환경을 변화시키는 능력을 주는 것이 행동이기 때문이다. 행동을 어떻게 설계하는지에 따라 시스템의 제어가 쉬울 수도 있고 어려울 수도 있기 때문에 행동의 설계는 문제의 난이도에 직접적인 영향을 준다. 특별한 제어 설계는 누군가에게 납득이 될 수도 있지만, 다른 누군에게는 납득이 안 될 수도 있다. 다행히도, 일반적으로 동일한 행동을 수행하는 다양한 방법이 존재한다. 예를 들면 자동차의 변속기를 수동으로 제어할 수도 있고 자동으로 할 수도 있지만, 사람들은 대개 자동 변속이 더 사용하기 쉽다는 사실을 알게 된다.

14장에서 얻은 많은 교훈은 행동 설계에도 적용된다. 이 장도 14장과 유사하게 구성했다. 먼저, 행동의 예제를 몇 개 소개하고 일반적인 설계 원칙을 이야기할 것이다. 그런 다음 행동의 완결성과 복잡성에 대해 알아볼 것이다.

15.1 행동의 예제

일상생활에서는 일반적으로 행동을 '제어'라고도 부른다. TV 리모컨을 생각해 보면 알 수 있다. 행동은 다양한 형태를 갖는다. 익숙한 형태도 있고 생각지 못한 형태도 있다. 무언가가 환경에 변화를 줄 수 있다면 그것은 행동으로 생각된다. 게임 제어기와 악기는 가장 익숙한 제어의 예제에 속한다. 우리 몸의 물리적 움직임도 제어에 해당한다. 로봇팔의 움직임을 시뮬레이션하는 것은 가상 행동이다.

조금 덜 익숙한 쪽으로 보면, 디지털 도우미에게 음성 명령을 내리는 것은 디지털 도우미에게 작업을 시키는 행동이다. 고양이가 가르랑거리는 것은 사람의 관심을 받으려는 행동이다. 자기장은 하전된 입자에 힘을 가해서 영향을 줄 수 있다. 본질적으로, 시스템을 변화시키기 위해 전달될 수 있는 정보라면 그것은 어떤 형태든 행동이 될 수 있다.

실제 세상이라는 환경은 일반적으로 복잡하고, 행동도 복잡해질 수 있다. 예를 들어, 손으로 조종하는 것은 많은 근육의 움직임과 정교한 좌표, 그리고 환경에 대한 적절한 대응을 포함하는 복잡한 형태의 제어다. 사람은 자라면서 다년간의 학습을 통해 이것을 마스터한다. 시뮬레이션 환경에서는 행동이 일반적으로 단순화된다. 예를 들면, 로봇 손의 자유도는 고작 10까지밖에 안 될 수도 있다. 이것은 사람 손의 복잡성에는 한참 못 미치지만 그렇다고 꼭 불리한 것만은 아니다.

상태와 유사하게, 행동은 적절한 데이터 구조로 정리된 숫자로 표현될 수 있다. 알고리즘이 사용할 필요가 있는 정보를 적절히 표현할 수 있도록 행동을 설계해야 한다. 이것 역시 특성 공학이며, 세심하게 설계 원칙을 세우면 도움이 될 수 있다.

행동 a는 환경이 수용할 수 있는 모든 가능한 행동을 정의하는 행동 공간 A의 원소다. 행동은 엘리베이터에서 층수를 나타내는 버튼처럼 이산적인 정숫값으로 표현될 수도 있고, 자동차의 가속 페달처럼 연속적인 실숫값이 될 수도 있다. 또는 전원 버튼(이산적)과 온도 조절 손잡이(연속적)가 있는 주전자처럼 이산적인 값과 연속적인 값이 섞여 있을 수도 있다.[1] 행동은 2개 이상의 요소(차원)를 가질 수 있고 각 요소가 갖는 카디널리티(이산적 또는 연속적)에는 제한이 없다.

표준적인 계산을 위한 라이브러리와의 호환성 및 편의성을 위해, 행동도 하나의 데이터 유형(int, float)을 갖는 텐서로 부호화된다. 행동은 임의의 랭크와 모양을 가질 수 있다.

- **스칼라**(rank-0 텐서): 온도 조절 손잡이
- **벡터**(rank-1 텐서): 피아노 건반
- **행렬**(rank-2 텐서): 계산기 버튼

---

[1] 이 세상의 모든 것이 실제로는 어느 정도 최소한의 단위를 갖는 이산적인 것이라고 주장하는 사람도 있을 수 있지만, 이러한 주장에 개의치 않고 그러한 것들을 개념적으로 연속적인 것으로 간주하기로 했다.

차원과 카디널리티를 구별하는 것이 중요하다. 온도 조절 손잡이는 오직 하나의 요소만을 갖기 때문에 1차원이지만, 그 값은 연속적이기 때문에 카디널리티는 $\mathbb{R}^1$이다. 피아노에는 88개의 건반이 있으며 각 건반을 이진수(건반을 누르거나 누르지 않거나)로 볼 수 있기 때문에, 피아노의 행동 공간이 갖는 카디널리티는 2^{88}이다. 행동 텐서의 랭크와 모양은 단지 요소들이 어떻게 텐서로 정렬되는지를 나타낸다.

즉각적으로 적용할 수 있는 대부분의 제어는 rank-2까지만 갖는다. 제어 손잡이, 전화, 키보드, 피아노는 rank-1 텐서의 행동이다. DJ의 음악 합성기와 스마트폰의 멀티터치는 rank-2 텐서다. 손잡이를 꺾어서 물의 양을 조절하고 손잡이를 돌려서 물의 온도를 조절하는 샤워 손잡이도 마찬가지다.

Rank-3 텐서의 행동은 그다지 흔하지는 않지만 아예 없는 것은 아니다. 하나의 예제가 3D 공간에서 모션캡처motion-capture를 할 수 있게 해주는 가상 현실 제어기다. 또는 많은 사물함이 3D 격자 구조로 배치되어 있는 창고를 상상해 보자. 사물함의 문을 컴퓨터로 제어할 수 있어서 가상의 잠금/해제 버튼이 3D 층위를 형성하는 것이다.

행동은 텐서의 조합일 수도 있다. 주전자는 눌러서 전원을 켜는 버튼과 돌려서 온도를 조절하는 다이얼로 제어될 수 있다. DJ 제어기에는 다양한 버튼, 다이얼, 슬라이더, 회전판이 있다. 컴퓨터 게임은 일반적으로 키보드를 누르고 마우스를 움직이는 것과 같은 결합된 입력을 필요로 한다. 자동차를 운전하는 것에도 가속 페달, 브레이크, 핸들, 기어 전환 장치, 주행 지시등 같은 많은 제어가 포함된다.

행동이 다양한 모양의 텐서로 표현되면, 신경망은 개별적인 출력 층위를 가져야 한다. 개별적인 텐서는 하위 행동으로 간주되며, 이 하위 행동이 모여 결합된 행동을 형성한다.

에이전트가 행동을 만들어낸다고 해도, 행동을 정의하는 것은 어떤 행동이 유효한지를 결정하는 환경이다. 에이전트는 스스로의 필요에 따라 상태와 행동을 전처리할 수 있지만 환경으로 전달되는 입력이 올바른 최종 형태를 갖는다면 환경에 정의된 상태와 행동을 받아들여야만 한다.

넓게 보면 행동을 설계하는 세 가지 방법이 있다. 바로 단수형singular, 단수형의 조합singular-combination, 다수형multiple이다.

간단한 환경에서, 제어는 보통 **단수형**이다. 행동이 rank-0 텐서(스칼라)이기 때문에 에이전트는 한 번에 하나만 할 수 있다. 카트폴에서 취할 수 있는 행동은 왼쪽이나 오른쪽으로 움직이는 것이지만 에이전트는 한 번에 하나의 선택만 할 수 있다.

하지만 항상 이런 것은 아니다. 복고풍의 아타리 게임 제어기는 행동의 조합을 가능하게 한다. 예를 들면, 버튼을 눌러 총을 쏘면서 조이스틱을 기울여 움직일 수 있다. 환경을 설계할 때, 이러한 조합이 에이전트에게 하나의 행동으로 나타나도록 구현할 수 있다. 이것을 **단수형의 조합**이라고 표현할 수 있다. 특히, 이것은 모든 가능한 조합 전체를 열거하고 정수 리스트와 매핑하는 과정을 통해 완성된다. 이렇게 설계하면 정책 네트워크를 만들기가 더 쉬워지는데, 그것은 출력 층위가 하나만 있으면 되기 때문이다. 모든 시간 단계에서 에이전트는 정수 중 하나를 선택하여 행동을 수행한다. 선택된 정수가 환경으로 전달되면 그것은 다시 버튼-조이스틱 조합으로 매핑된다.

때로는 단수형의 조합이 문제를 더 어렵게 만들기도 한다. 이것은 조합의 가짓수가 너무 많을 경우에 발생한다. 로보틱스에서 에이전트는 일반적으로 다수의 토크와 관절 각도를 동시에 제어할 필요가 있다. 이러한 변수들은 개별적인 실숫값으로 표현된다. 조합 전체를 열거하려면 불필요하게 큰 정수 집합이 필요하다. 이 경우, 차원을 분리하여 행동이 **다수형** 하위 행동으로 구성되도록 해야 한다. 하위 행동 하나가 차원 하나에 해당한다.

강화학습에서 행동을 설계하는 것은 주로 기계나 소프트웨어가 사용하기 위한 것이지만, 그럼에도 여전히 사람을 위해 설계된 제어의 다양성과 독창성으로부터 영감을 얻을 수 있다. 많은 예제가 15.5절에 제시되어 있다. 이 예제들로부터 취할 수 있는 핵심적인 설계 원칙은 제어가 사용자에게 친숙하고 직관적이어야 한다는 것이다. 그래야만 사용자가 제어의 효과를 더 잘 이해할 수 있기 때문이다. 하드웨어나 소프트웨어 제어 설계의 경우, 제어를 이해하기 쉬워서 디버깅하기도 더 쉽다면 도움이 될 것이다. 또한 제어가 직관적이면 소프트웨어가 숙련된 사람에게 제어를 넘겨서 수동으로 제어하도록 하는 것도 잠재적으로 가능하다. 이러한 특성은 자동 조종 장치 시스템, 자율주행 자동차, 공장 기계에 특히 유용하다.

사람은 일상생활에서 많은 것을 제어한다. 이들 중에는 제어 설계의 좋은 사례도 있고 안 좋은 사례도 있다. 일반적으로, 제어 설계는 사용자와 시스템 사이의 상호작용을 설계하는 것과 관련 있는 사용자 인터페이스User Interface, UI라는 더 넓은 범주에 속한다. 좋은 사용자 인터페이스는 효과적이고 사용하기 쉬워야 한다. 제어 설계가 잘못되면 작업이 더 어려워지고, 오류의 발생 가능성이 높아지며, 때로는 위험하기까지 하다.

15.2 행동의 완결성

행동 공간을 구성할 때는 행동 공간이 문제를 해결하기 위한 다양하고 정밀한 제어를 제공하도록 해야 한다. 즉, **완결성**을 갖추도록 해야 한다. 행동 공간은 원하는 모든 것을 제어할 수 있게 해주는가가 중요하다.

먼저 사람이 문제 해결을 위해 시스템을 제어하려고 할 때 무엇을 사용하는지 생각해 볼 필요가 있다. 그런 다음, 어느 정도의 정밀도와 범위를 갖는 제어가 필요한지 생각해 보자. 예를 들어, 산업용 로봇은 아주 미세한 각도의 정밀한 제어가 필요하지만 멀리 움직이는 것은 필요 없을 수도 있다. 반면에, 자동차의 핸들을 조종하는 사람은 몇 도 정도의 정밀도만 유지하면 되지만 자동차는 아주 먼 거리를 이동해야 한다.

사람으로부터 영감을 얻을 수 있다. 예를 들면, '무엇을' 제어해야 할지 결정할 때 비디오 게임의 설계를 살펴보는 것이다. 하지만 에이전트가 '어떻게' 시스템을 제어하는지는 매우 다를 수 있다. 예를 들면, 기계는 다수의 작업을 동시에 제어하면서 매우 정교하게 제어할 수 있다. 이것은 사람이 하기 어려운 것이다. 이것은 단지 사람과 에이전트가 어떻게 다른 방식으로 로보틱스 시스템을 제어하는지를 보여주는 예제다.

비디오 게임에는 최고의 풍부한 제어 설계가 일부 구현되어 있다. 현존하는 게임의 다양성과 이 게임들이 실제 세계의 시나리오를 모사하는 방식을 생각하면 그리 놀랄 일도 아니다. 일반적으로, 제어 설계 과정은 다음과 같이 진행된다.

먼저, 게임의 역학 모델로부터 플레이어가 목적을 달성하기 위해 제어해야 할 요소를 식별한다. 모든 게임 시나리오를 설명하는 순서도의 형태로 게임의 이론적 모델을 갖고 있으면 도움이 된다. 식별된 요소와 의도된 행동이 맞는지를 최소한 이론적으로라도 확인하기 위해 온전성 검사sanity check를 수행한다. 이를 통해 행동이 완전히 명시됐는지 확인한다. 요소가 식별됐으면, 이들을 제어할 방법을 생각한다. 게임이 현실을 모사한다면 제어도 실제 세계의 제어를 모사할 수 있기 때문에 제어 방법을 상대적으로 쉽게 고안할 수 있다. 그렇지 않다면 설계를 좀 해야 한다.

제어 설계가 실현 가능하다면, 다음에 고려해야 할 요소는 직관성과 효율성이다. 직관성과 효율성은 게임을 잘 경험하도록 도와줄 뿐만 아니라 게임의 난이도에도 영향을 미친다. 인터페이스가 잘못 설계되면 작업이 원래보다 훨씬 더 어려워질 수 있다. 설계는 간결함과 다양성 사이의 균형을 맞추어야 한다. 게임 안에 100개의 각기 다른 행동이 있다고 가정해 보자. 제어를 위해 100개의 버튼을 만들 수도 있지만 이렇게 하면 너무 다양성이 커진다. 10개의 선택권이 있는 2개의 다이얼을 조합하여 100개의 행동에 매핑할 수도 있지만, 이것은 너무 간결하고 직관적이지도 않다.

행동이 자연스러운 범주화 체계, 예를 들어 공격, 마법, 왼쪽 또는 오른쪽과 같은 기초적인 이동 지침과 같은 범주를 갖는다면, 제어를 이러한 범주로 더 자연스럽게 구분할 수 있다. 각 범주 안에서 요소별로 할당된 키key에 대해 좀 더 간결한 설계를 이용할 수 있다.

마지막으로, 제어 설계가 완료되어 구현되고 나면 설계자는 그것을 시험해 봐야 한다. 제어 설계를 통해 생성할 수 있는 행동을 구현에 적용된 이론적 방법과 비교하고 검증함으로써 행동이 정말로 완전한지 확인해야 한다. 다음으로, 단위 테스트를 작성한다. 구현된 코드가 실제로 작동하고 게임이 제대로 진행되는지 확인한다. 일반적으로, 단위 테스트는 출력된 값이 사전에 정의한 범위에 들어오는지도 확인한다. 범위를 벗어나는 극단적인 값이 예기치 못한 결과를 유발할 수도 있기 때문이다. 행동의 완결성을 검증하기 위해 제어 설계에 필요한 행동이 누락되어 있거나 설계가 원래 의도하지 않았던 관련 없는 행동을 만들지는 않는지 확인해야 한다. 보통은 전체 설계와 시험을 여러 번 반복하는 과정을 통해 게임을 배포할 정도가 되기까지 설계를 세밀하게 수정하고 향상한다.

게임 설계에 적용된 동일한 과정이 게임 이외의 분야에도 유용하고 의미 있게 적용될 수 있다. 이 과정에서 몇 가지 질문을 던질 수 있다. 첫째, 환경이 주어졌을 때 에이전트에게 무엇을 기대하는가? 이 질문에 대한 답은 환경의 목적이 정의될 때 대부분 정해지는데, 환경의 목적은 완전한 행동 리스트의 방향을 설정하는 데 도움이 된다. 둘째, 에이전트가 환경에 어떻게 영향을 미치는가? 에이전트가 제어해야 할 요소는 무엇인가? 에이전트가 제어할 수 없는 요소는 무엇인가? 이러한 질문들은 있을 수 있는 행동의 범주를 식별하는 것과 관련되어 있다. 셋째, 에이전트는 요소들을 어떻게 제어하는가? 이것은 식별된 행동을 위해 적용할 수 있는 설계 방법을 결정하고, 행동이 직관적이고 효과적으로 부호화될 수 있는 방법을 제안한다. 제어 설계를 구현한 다음에는 게임 설계에서와 유사한 방법으로 설계를 시험해야 한다.

로보틱스의 예제를 살펴보자. 로봇이 물체 하나를 집는 작업을 수행한다고 가정해 보자. 로봇팔은 세 축으로 움직이기 때문에 행동은 축별로 하나씩 3개의 차원을 갖게 된다. 로봇팔은 자유롭게 물체를 향해 움직일 수 있지만, 물체를 집을 방법이 없다. 이러한 행동 설계는 불완전하다. 이렇게는 작업을 수행할 수 없다. 이 문제를 해결하기 위해 로봇팔 끝에 그리퍼gripper를 추가하여 물체를 집어 올리게 할 수 있다. 잘 작동하는 최종적인 제어는 4개의 차원을 갖는다. 3개는 팔을 움직이는 것이고 하나는 그리퍼를 위한 것이다. 이제 로봇팔은 의도한 행동을 완전히 수행하여 목적을 달성할 수 있다.

로봇팔 제어를 위한 인터페이스를 만들려 한다고 상상해 보자. 무엇이 좋은 설계일까? 로봇을 기계가 제어할 때와 사람이 제어할 때 인터페이스에 어떤 차이가 있을까? 하나의 대안은 행동을

3개의 축과 그리퍼를 나타내는 4개의 숫자로 표현하는 것이다. 기계가 제어하기에는 이것이 가장 쉬운 설계다. 하지만 사람에게는 이것이 그다지 직관적이거나 쉽지는 않을 것이다. 사람은 먼저 숫자들이 실제 로봇팔의 상태와 어떻게 매핑되는지에 익숙해져야 한다. 숫자 하나하나를 타이핑하는 것도 상당히 느릴 것이란 사실은 말하지 않아도 알 수 있을 것이다. 사람을 위해 더 좋은 설계는 돌릴 수 있는 3개의 다이얼을 3개의 축을 중심으로 하는 회전에 매핑하고 하나의 슬라이더를 통해 그리퍼가 쥐었다 펼 수 있게 하는 것이다.

행동 설계를 결정한 후에는 행동을 알맞은 범위로 부호화하기에 적합한 데이터 유형을 식별할 수 있다. 제어의 차원이 이산적이라면, 행동은 버튼이나 이산적 다이얼로 변환될 수 있고, 따라서 정수로 부호화될 수 있다. 재어의 차원이 연속적이라면, 행동은 연속적 다이얼이나 슬라이더로 변환되어 실숫값으로 부호화될 수 있다.

행동 공간 설계에 있어서 간결함과 표현의 다양성 사이에 균형을 맞추는 것이 중요하다. 행동 공간이 너무 작으면, 에이전트가 시스템을 제어하는 정밀도가 충분하지 못할 수도 있다. 최악의 경우에는 요구되는 작업을 전혀 하지 못할 것이다. 행동 공간이 너무 크거나 너무 복잡하면, 시스템을 제어하기 위한 학습이 훨씬 더 어려워질 것이다. 다음 절에서는 행동의 복잡성을 다루기 위한 몇 가지 기법을 살펴볼 것이다.

15.3 행동의 복잡성

이제 행동의 복잡성을 다루기 위한 많은 전략을 알아보자. 이러한 전략들에는 행동을 결합하거나 분리하는 전략, 상대적 행동을 사용하는 전략, 연속적 행동을 이산화하는 전략, 환경의 불변성이라는 장점을 활용하는 전략 등이 있다.

사람이 복잡한 제어를 다루는 한 가지 방법은 낮은 수준의 행동들을 결합하여 높은 수준의 행동 하나를 만드는 것이다.

피아노에는 88개의 건반이 있다. 피아노를 마스터하려면 평생이 걸린다. 제어해야 할 피아노 건반이 이렇게 많아도 피아노를 연주할 때는 건반 하나하나에 집중하지 않는다. 사람의 뇌는 그렇게 할 능력이 없기 때문이다. 건반 하나하나에 독립적으로 초점을 맞추는 것은 비효율적이기도 하다. 건반의 나열을 더 큰 패턴으로 만드는 것이 훨씬 더 쉽다. 피아노 곡은 코드chord, 스케일, 간격을 통해 작곡되고 연주된다.

도타 2와 스타크래프트StarCraft 같은 컴퓨터 게임은 많은 구성요소와 방대한 전략을 갖는다. 이러한 게임을 전문가 수준으로 학습하려면 스크린을 보면서 수년을 보내야 한다. 하나의 게임에는 일반적으로 유닛과 유닛의 행동을 제어하기 위한 많은 수의 명령어가 있다. 숙련된 플레이어는 개별적인 행동의 수준에서 게임을 진행하지 않는다. 그 대신 명령 단축키, 단축키의 조합, 그리고 반복적인 매크로 전략을 사용한다. 행동을 더 높은 수준의 패턴으로 인식함으로써 행동의 복잡성을 줄이기 위한 더 많은 지름길을 찾는 과정에서, 연습을 통해 이러한 전략들은 플레이어의 근육 메모리에 부호화된다.

실질적으로, 더 높은 수준의 패턴을 형성하는 것은 원래의 제어를 이용하여 제어 전략을 만드는 것과 동일하다. 이것은 코드가 개개의 피아노 건반으로부터 구성된 더 간단한 제어 전략이 되는 것과 마찬가지다. 이러한 기법은 일종의 메타 제어meta control이며, 사람은 언제든 이것을 할 수 있다. 아직까지는 강화학습 에이전트가 스스로 자신의 제어 전략을 설계하게 할 방법은 없다. 따라서 에이전트를 위해 메타 제어를 해야 한다. 에이전트의 입장에서 사람의 시각으로 더 높은 수준의 패턴을 설계해야 한다.

때로는 행동을 하나의 복잡한 행동으로 표현하는 대신 다수의 하위 행동을 조합하여 더 간단히 표현할 수도 있다.

예를 들면, 플레이어가 84 × 84픽셀의 스크린을 조준하는 슈팅 게임을 생각해 보자. '조준'이라는 행동을 설계할 때, 행동을 1D 또는 2D로 표현할 수 있다. 2D 공간에서 행동을 샘플링하면 2개의 분포로부터 행동을 추출하게 될 것이다. 이 경우 각각의 카디널리티는 84다. 이것을 1D 공간에 일대일로 대응시키면 카디널리티가 84 × 84 = 7,096으로 증가할 것이다. 이 경우 1D 공간에서 행동을 샘플링하면 매우 넓고 듬성듬성한 하나의 분포로부터 행동을 추출하게 된다. 분포의 밀도가 낮으면 에이전트의 탐험이 복잡해지고 문제가 한층 더 어려워질 수 있다. 일렬로 나열된 7,096개의 버튼 중에서 선택해야 한다고 상상해 보면 이해할 수 있다. 에이전트는 이 중 일부만을 학습하고 사용하게 될 것이다. 나머지는 무시된다. 2D 공간에서 샘플링하는 것이 상대적으로 훨씬 더 다루기 쉽다.

체스판이나 게임 콘솔처럼 문제가 태생적으로 다차원 제어를 요구한다면, 제어 행동을 설계할 때 간결함과 다양성 사이의 균형을 찾아야 한다. 모든 차원을 유지할 수도 있고 하나의 차원에 일대일로 대응시킬 수도 있다. 차원의 수가 너무 많으면 에이전트는 하나의 행동을 위해 다수의 하위 행동을 탐험하고 학습해야 할 것이다. 이로 인해 제어의 복잡도가 증가한다. 하지만 행동을 다수의 차원으로 나누는 것이 행동 공간의 카디널리티를 감소시킨다는 사실도 이미 확인했다.

일반적인 가이드라인을 제시하자면, 키key 조합과 같은 것은 개별적인 행동으로 부호화하는 것이 좋다. 그래야만 조합을 찾기가 더 쉬워지기 때문이다. 특히 조합에 하위 행동의 긴 연쇄고리가 포함되어 있다면 더욱 그렇다.

아타리 게임의 제어를 1D 벡터에 일대일로 대응시켜서 가능한 모든 버튼-조이스틱 조합에 매핑할 수 있다는 사실도 확인했다.

이렇게 하면 어떤 시나리오에서는 도움이 될 수도 있지만 항상 도움이 되는 것은 아니다. 일례로, 체스 예제에서 말의 움직임을 2D에서 1D로 변환하면 게임이 훨씬 더 어려워질 수 있음을 확인했다. 어떤 경우에는 1D 공간에 일대일로 대응시키면 행동 공간이 너무 방대해져서 아예 적용이 불가능하다. 1,920 × 1,080픽셀을 갖는 최신 비디오 게임의 전체 화면 해상도를 취해서 1D에 일대일로 대응시키면 카디널리티가 2,073,600이 된다.

경험 법칙 중 하나는 제어를 원래 차원보다 낮은 차원으로 일대일 대응시킬 때는 분포의 밀도와 정보 손실을 고려해야 한다는 것이다. 일대일 대응 과정에서 제어의 공간성spatiality 같은 일부 중요한 정보나 메타 정보가 손실되면 일대일 대응을 하면 안 된다. 더 낮은 차원으로 일대일 대응을 하면 카디널리티도 증가하기 때문에 해당 차원에서 제엇값을 샘플링하면 제엇값 분포의 밀도가 매우 낮아질 것이다.

복잡성의 감소 측면에서 고려해야 할 또 다른 요소는 절대적 제어와 상대적 제어다. 도타 2에서, 에이전트는 방대한 게임 지도에서 많은 유닛을 제어할 수 있다. 유닛을 움직이는 제어를 설계할 때 절대적인 x, y 좌표를 사용하면 문제를 푸는 것이 불가능해진다. 이것은 단순히 지도가 크기 때문이다. 먼저 에이전트가 유닛을 선택하고 유닛의 현재 위치를 파악한 후 x, y 좌표에 제한된 크기의 상대적 변화를 주도록 하는 것이 좀 더 좋은 제어 설계다. OpenAI 도타 2 에이전트[104]는 이 방식을 사용하여 유닛을 이동시키는 행동의 카디널리티를 몇 배나 감소시켰다. 이 방식은 차원의 규모가 크지만 값의 척도와 같은 것이 자연적인 순서로 되어 있는 모든 행동의 차원에 적용할 수 있다. 상대적인 척도를 사용하면 아주 다루기 힘든 문제를 좀 더 이해하기 쉽게 만들 만큼 행동 공간의 카디널리티를 줄일 수 있다.

이 접근법의 장점은 유닛의 위치 좌표 x, y의 상대적인 변화를 유닛의 위치에 관계없이 적용할 수 있어서 제어 설계가 병진 대칭성translational symmetry을 갖는다는 것이다. 에이전트는 유닛을 이동시키기 위해 필요한 기동을 학습하자마자 지도상의 어떤 유닛에게라도 그것을 적용할 수 있다. 동일한 기동을 다른 시나리오상의 하위 행동들과 결합하면 효과적으로 기동을 구성할 수 있으며, 다수의 간단한 하위 행동들을 학습하게 되어 다양한 행동을 쉽게 얻을 수 있다.

더욱 중요한 것은 문제가 갖는 특성, 즉 지역성locality 때문에 상대적인 제어가 가능하다는 점이다. 유닛의 이동을 제어하는 것은 유닛의 주변부하고만 연관되어 있기 때문에, 유닛을 이동하는 것은 지역적인 문제이며 상대적인 제어가 사용될 수 있다. 하지만 이것의 단점은 지역적이지 않은 지형이나 지도와 관련된 전체적 전략을 볼 수 없다는 것이다. 문제가 갖는 지역적이지 않은 측면을 해결하기 위해서는 전체적인 맥락과 추가적인 정보를 알아야 한다.

연속적 제어를 단순화하기 위해 이산화를 적용할 수 있다. 연속적 공간을 이산화할 때는 공간을 나누는 해상도를 생각할 필요가 있다. 즉, 연속적 공간을 그리드로 나눌 때 '픽셀'의 크기는 얼마여야 하는지를 생각해야 한다. 해상도가 너무 낮으면 에이전트는 충실하게 모사하는 데 어려움을 겪을 것이다. 해상도가 너무 높으면 문제를 수치적으로 해결하기 어려워질 수도 있다. 이산화를 할 때는 너무 높은 카디널리티를 갖는 행동 공간을 형성하지 않도록 주의해야 한다.

또 다른 잠재적인 이슈는 연속적인 공간에 인공적인 경계를 도입하는 것이다. 0부터 2까지의 연속적 행동이 0, 1, 2의 정수로 이산화된다고 가정해 보자. 그러면 1.5를 반올림해서 2로 이산화하는 것을 충분히 정당화할 수 있는가? 이산화를 위해 적용되는 해상도가 너무 낮으면, 이산화된 행동에서 정밀도와 민감도를 어느 정도 잃어버릴 위험이 있다.

사람은 문제에 대한 직관력과 본연의 적응력을 이용하여 정밀도와 효율성 사이의 균형을 달성하기 위한 제어의 민감도를 학습하고, 시험하고, 조정한다. 사람은 온도조절장치thermostat의 온도 변화가 얼마나 커야 하는지, 또는 스피커의 볼륨 조절 손잡이가 얼마나 민감해야 하는지 이해하고 있다. 사람과 기계 사이의 또 다른 주요 차이점은 반응 시간이다. 기계는 굉장히 빨리 행동하기 때문에 에이전트가 N개의 시간 단계마다 한 번씩 행동하도록 속도 제한을 두어서 에이전트가 과잉 행동을 보이지 않도록 해야 한다. 그렇지 않으면, 짧은 시간 동안 이전 행동의 효과에 대응하느라 행동 변화가 빨라져서 전체적으로 행동이 무작위적으로 되고 지터jitter가 발생한다. 아타리 게임은 일반적으로 4개의 프레임을 건너뛰며 샘플링하기 때문에 내부적으로 실제 게임 프레임을 거쳐갈 때 하나의 행동이 모든 건너뛴 프레임에서 반복된다. 에이전트가 스스로 적응하여 시나리오를 판단함으로써 이상적인 프레임 건너뛰기 주기를 알아서 선택하는 것도 상상해 볼 수 있다. 사람은 이미 이렇게 하고 있다. 예를 들면, 사람은 테트리스 게임에 익숙해지면 게임의 속도를 증가시킨다.

복잡성을 줄이는 가장 쓸모 있는 방법 중 하나는 대칭성을 이용하는 것인데, 이것은 일반적으로 행동과 상태에 모두 적용할 수 있다. 체스의 경우, 에이전트는 상대편의 입장에서 학습할 필요는 없다. 상대편의 입장에 있다면 단지 체스판을 (절대적 좌표를 적용하여) 회전시킨 다음 학습한 정책을 동일하게 적용하면 된다. 따라서 에이전트가 어느 쪽에 있든 상관없이 게임에 사용하는 표준 좌표는 동일하다. 대칭성은 공간적일 수도 있고 시간적일 수도 있다. 대칭성의 흔한 유형에는 병진대칭, 회전대칭, 반사대칭, 나선대칭(병진 + 회전) 등이 있다. 이 모든 유형의 대칭은 함수 변환으로 설명할 수 있다. 대칭성을 식별하기만 하면, 상태와 행동에 대칭 변환을 적용하여 상태 및 행동 공간의 카디널리티를 몇 배 감소시킬 수 있다.

강화학습에서 나타나는 뚜렷한 특징은 상태와 행동 사이의 관계가 일반적으로 비대칭적이라는 점이다. 보통은 상태 공간이 행동 공간보다 훨씬 크고 더 복잡하다. 상태 텐서는 일반적으로 행동 텐서보다 더 많은 원소를 가지며 다양성의 범위도 더 크다. 예를 들면, 아타리 퐁 게임의 (전처리 후) 이미지 상태는 $84 \times 84 = 7{,}096$개의 픽셀을 가지며, 각 픽셀은 256개의 값 중 하나를 가질 수 있어서 상태 공간의 카디널리티는 $256^{7{,}096}$이 된다. 반대로, 행동은 하나의 차원을 가지며 4개의 값 중 하나의 값을 가질 수 있기 때문에 행동 공간[2]의 카디널리티는 $4^1 = 4$다.

상태 공간이 큰 규모로 크게 변하는 반면 행동 공간이 그에 비해 작으면, 에이전트는 많은 상태가 동일한 행동으로 매핑되는 다대일 함수를 학습해야 한다. 이 큰 상태 공간에는 상대적으로 작은 행동 공간에서 행동을 선택하도록 도와주는 많은 정보가 포함되어 있다. 그 반대의 경우라면 네트워크는 하나의 상태가 많은 잠재적 행동에 매핑되는 일대다 함수를 학습해야 한다. 이런 경우라면, 하나의 상태에서 행동 선택을 위한 충분한 정보를 얻지는 못할 것이다.

상태 텐서 s에 n_s개의 비트 수를 갖는 정보가 담겨 있고 행동 텐서 a가 n_a개의 비트를 갖는다고 가정해 보자. 행동 비트 하나를 정확히 결정하기 위해 상태로부터 하나의 비트가 필요하다면, 모든 가능한 a 값들을 완전히 식별하기 위해 최소한 $n_s = n_a$가 되어야 한다. $n_s < n_a$이면, a 값들을 완전히 식별할 수는 없을 것이고 a 값들 중 일부는 식별할 수 없을 것이다.

아타리 퐁 게임의 경우 큰 상태 공간이 주어졌을 때 4개의 가능한 행동값 중 하나를 생성하는 작업은 잘 이루어지며, 알고리즘이 좋은 정책을 학습하는 데 필요한 충분한 정보가 상태로부터 제공된다. 4개의 가능한 행동값 중 하나의 행동만 주어졌을 때 하나의 이미지를 생성하는 반대 작업을 상상해 보자. 퐁 게임을 하면서 경험하는 완전히 다양한 이미지를 생성하는 것은 어려운 일이다.

마지막으로, 새로운 문제를 접하면 가장 간단한 행동 설계에서부터 시작하는 것이 좋다(상태에 대해서도 마찬가지다). 첫 번째 행동 설계는 제한된 조건에서 수행하는 것이 도움이 된다. 그래야 문제의 가장 단순한 측면에 초점을 맞출 수 있기 때문이다. 문제를 단순화하면 솔루션을 점진적으로 도출해 가는 데 있어 매우 도움이 될 수 있다. 초기의 설계가 괜찮아 보이고 에이전트가 단순화된 버전의 문제를 해결을 학습할 수 있다면, 그 이후로는 점진적으로 복잡성을 증가시켜서

---

2   OpenAI Gym에서 퐁 게임의 행동은 0(정지), 1(발사), 2(업), 3(다운)이다.

문제를 좀 더 현실화하고 완전한 버전의 문제에 더 가까워지도록 만들 수 있다. 그 과정에서 점진적으로 설계를 개선해 가는 과정 자체도 문제의 성격을 이해하고 문제 해결을 위해 에이전트가 어떻게 학습해야 하는지를 이해하는 데 도움이 된다.

복잡성을 줄이는 방법은 대부분 행동과 관련되어 있지만, 상황에 따라 적합할 경우에는 상태에도 그 방법을 적용할 수 있다. 요약하자면, 행동 설계에 있어서 복잡성을 다루기 위한 가이드라인을 다음과 같이 제시한다.

1. **더 낮은 차원으로 일대일 대응시키거나 더 많은 수의 차원으로 분리**: 행동을 1D로 일대일 대응시키는 것은 복잡한 하위 행동의 조합을 찾는 데 도움이 된다. 카디널리티를 다루기 위해 행동의 차원을 나눈다.

2. **절대적 행동과 상대적 행동 사이의 전환**: 지역적 제어를 위한 상대 척도의 장점을 이용하여 문제를 단순화한다. 전체적 제어를 위해서는 절대 척도를 사용한다.

3. **이산화**: 제어가 갖는 원래의 특성에 가깝게 유지하려고 하되, 해상도를 충분히 유지한 채로 단순화하기 위해 이산화를 수행

4. **대칭성을 이용한 복잡성의 감소**: 행동에서 대칭성을 찾으려고 하고 행동 공간을 줄이기 위해 대칭성을 적용

5. **행동 공간 대비 상태 공간의 크기 비율을 확인**: 온전성 검사의 일환으로, 행동 공간은 상태 공간보다 더 복잡하지 않다는 것을 확인한다. 일반적으로, 행동 공간은 상태 공간보다 현격히 더 작아야 한다.

6. **간단한 것에서 시작**: 가장 단순한 행동 설계에서부터 시작한다. 그런 다음 점진적으로 복잡성을 늘려간다.

15.4 요약

이 장에서는 사람을 위한 제어 설계를 먼저 설명하고, 그것으로부터 영감을 얻어 에이전트를 위한 행동 설계를 제어 설계와 비교하여 설명했다. 행동의 완결성과 복잡성에 대해서도 알아봤다. 특히, 좋은 행동 설계는 에이전트가 환경의 주요 구성요소들을 효율적으로 제어할 수 있게 해주면서 문제를 필요 이상으로 어렵게 만들지 않는다. 마지막으로, 행동 설계의 복잡성을 줄여주는 몇 가지 팁을 제시했다.

15.5 더 읽을거리: 일상에서의 행동 설계

이 절에서는 사람을 위한 흥미롭고 기발한 행동 설계에 대해 알아봄으로써 영감을 제공하고자 한다.

보통 사용자 인터페이스UI로 더 많이 불리는, 사람을 위한 행동 설계는 산업의 제품 설계에서부터 게임, 좀 더 최근에는 웹과 앱 디자인에 이르기까지 광범위하고 다양한 영역을 아우르는 방법이다. 비록 용어 자체는 최근에 만들어졌지만, 인터페이스 설계는 인류의 조상이 만들었던 선사 시대의 최초의 돌도끼에서부터 요즘 사람들이 들고 다니는 스마트폰에 이르기까지 인류의 역사를 통해 존재해 왔다. 인터페이스 설계는 인간이 환경과 상호작용하는 방식에 항상 영향을 미쳤다. 인간 사회 어디에나 존재하는 악기와 게임만 봐도 좋은 인터페이스 설계에 대한 영감을 얻을 수 있다.

악기는 본질적으로 제어 장치다. 악기는 플러킹plucking, 블로잉blowing, 해머링hammering을 통해 공기와 상호작용해서 소리의 형태로 풍부한 상태를 만들어낸다. 악기는 꼼꼼하게 만들어야 하며 좋은 소리를 내기 위해서는 세심한 조율이 필요하다. 악기 제조사는 음질뿐만 아니라 악기의 사용자도 생각해야 한다. 예를 들어 사용자의 손의 크기, 힘의 세기, 손가락 길이 등 모든 것이 관심 대상이다. 하지만 악기가 아무리 좋아도 악기의 효용을 결정하는 것은 사용자다. 탑 클래스 바이올리니스트가 일반적인 바이올린으로 연주하는 것이 초보자가 최고의 스트라디바리우스(스트라디바리 가족이 1700년대에 만든 바이올린으로, 여전히 세계 최고의 바이올린으로 여겨진다)를 연주하는 것보다 더 잘할 것이다. 뛰어난 음악가가 스트라디바리우스 같은 악기를 연주하면 엄청난 감정과 기교 있는 감동적인 음악을 만들 수 있다.

공기 기둥(오르간), 줄의 튕김(하프시코드), 또는 두드림(피아노)을 통해 소리를 만들어 내는 고전적인 건반 악기를 생각해 보자. 다양한 오르간 스탑organ stop, 하프시코드 레지스트레이션, 피아노 페달도 건반의 정확한 타격과 함께 소리를 변화시킨다. 앞서 피아노를 치는 행동은 88개의 정수로 단순화될 수 있음을 확인했다. 하지만 로봇이 피아노를 기계적으로 적절히 연주하도록 훈련하기에는 88개의 정수는 불충분하다. 실제로는 모든 피아노 건반이 눌리는 압력을 조절하여 **피아노**piano(부드러운) 또는 **포르테**forte(큰 소리의) 음조를 만들 수 있다. 게다가, 피아노에는 소리를 바꾸기 위한 3개의 페달인 **소프트**soft, **소스테누토**sostenuto, **댐퍼**damper가 있다. 풍부한 음조를 만들기 위해 피아노 페달은 다양한 방식으로 상호작용을 조절한다. 따라서 피아노가 생성하는 행동과 상태(소리)를 모델링하는 것은 어려운 일이다. 하지만 불가능하지는 않다. 그리고 이미 디지털 피아노를 통해 구현됐다. 비록 여전히 실제 소리와 동일하진 않지만 말이다. 피아노를 연주하는 로봇을 훈련하려면, 로봇이 비싼 피아노에서 훈련하도록(그래서 잠재적으로 피아노를 망가뜨리도록) 하기 전에 먼저 디지털 피아노의 소프트웨어를 훈련용 가상 환경에 맞게 변경해야 할 수도 있다.

새로운 악기는 계속 개발되고 있다. 전자댄스음악Electronic Dance Music, EDM이나 테크노 같은 현대적인 음악 장르는 최신 기술의 도움으로 기존의 틀을 깨고 새로운 소리를 창조하고 있는 것으로 알려져 있다. 이 새로운 악기들 중 한 가지 주목할 만한 것은 **씨보드**Seaboard[116]로 알려진 새로운 형태의 키보드다. 이 키보드는 피아노가 연속 제어의 영역으로 진화한 것이다. 서로 분리된 건반 대신, 씨보드에는 피아노 레이아웃의 윤곽을 닮은 하나의 웨이브 표면이 있다. 표면의 어떤 지점을 터치하면 소프트웨어적으로 미리 설정된 많은 악기(기타, 현악기 등) 중 하나의 소리가 난다. 더욱이 터치에 즉각 반응하는 씨보드의 표면은 터치를 다섯 가지 차원으로 인식한다. 다섯 가지 차원에는 때리는 터치, 누르는 터치, 들어 올리는 터치, 스치는 터치, 미끄러지는 터치가 포함된다. 이 새로운 제어 차원을 수용하기 위해, 씨보드 제조사 롤리ROLI는 음원이 아닌 한 장짜리 악보로 발행되는 음악에 대한 새로운 개념을 도입했다. 전체로 보면, 2차원의 표면과 5차원의 터치, 그리고 소리 설정을 위한 하나의 차원까지 포함해서 이 악기는 8개의 차원(7개의 이산 차원과 1개의 연속 차원)을 효과적으로 연주한다. 이 악기로 연주하는 것을 보려면, 유튜브나 씨보드를 위한 웹 페이지 https://roli.com/products/blocks/seaboard-block에서 확인할 수 있다.

제어 설계를 위한 영감을 주는 또 하나의 커다란 원천은 게임이다. 게임은 오랫동안 인간 사회에 존재해 왔으며, 기술의 발전과 함께 발전해 왔다. 모든 세대의 게임에는 그 게임에 특화된 매체와 설계의 어려움, 혁신이 존재한다. 이것은 해당 시대의 기술을 반영한다. 나무 타일 붙이기 게임이 아주 흔해졌을 때, 중국인들은 도미노를 개발했다. 종이를 사용하면서부터 카드 게임이 가능해졌다. 컴퓨터 이전 세대의 게임은 타일, 카드, 주사위, 체스 말, 구슬, 막대 등의 물리적인 게임 구성품을 제어하고 이들과 상호작용하는 것이었다.

초기 컴퓨터 세대에는 아케이드 기계 덕분에 전자 게임이 인기를 얻었고, 이 중 가장 대표적인 것이 아타리와 세가Sega다. 이러한 기계들은 스크린에 이미지를 생성하는데, 이것은 강화학습의 상태에 해당한다. 제어는 물리적인 버튼과 조이스틱으로 수행됐는데, 이는 행동에 해당한다. 아케이드 설계자는 게임을 설계해야 할 뿐만 아니라 게임에 적합한 필수 제어 인터페이스를 만들어야 했다. 경우에 따라 이것은 보통의 조이스틱과 버튼 이외에 완전히 새로운 제어 인터페이스를 개발하는 것을 의미했다. 오늘날에도 아케이드 센터는 이러한 초기의 혁신 기술 중 많은 부분을 전시하고 있다. 슈팅 게임에서는 플라스틱 총이나 조이스틱으로 스크린에 나타나는 목표물을 조준하고 사격을 할 수 있다. 'Jurassic Park 1994 Sega' 같은 일부 이동 총쏘기ride-and-shoot 게임에서는 게임 플레이어가 움직이는 의자에 앉아 있으면, 스크린에 나오는 공룡에게 쫓

길 때 의자가 움직인다. 일반적인 운전용 아케이드 기계에는 핸들, 페달, 기어 스틱이 달려 있다. DDRDance Dance Revolution 게임에는 바닥 매트가 있어서 플레이어는 매트 위에서 음악의 리듬에 따라 스크린에 나타나는 화살표에 맞춰 스텝을 밟는다. 스크린에는 활과 화살, 망치, 발톱 기계 등이 나타난다.

전자 게임 기술에 이동성이 더해지면서 콘솔 게임이 등장했다. 이러한 콘솔 게임 대부분은 이전의 제어 방식을 차용하여 2개의 버튼을 사용하지만 아케이드 게임의 조이스틱은 4개의 방향키가 있는 것으로 대체됐다. 콘솔 게임이 인기를 끌면서, 소니Sony나 닌텐도Nintendo 같은 제조사들은 게임기에 새로운 제어 유닛을 추가하기 시작했고, 오늘날 사람들이 익숙하게 알고 있는 형태인 4개의 버튼이 양쪽에 있고 추가로 좌우 버튼이 위쪽 구석에 있는 형태로 게임 제어기를 만들었다. PSP나 엑스박스Xbox 같은 요즘 나오는 최신 콘솔 시스템은 방향 제어를 자유롭게 하기 위해 조이스틱을 사용한다. 위Wii나 닌텐도 스위치 같은 좀 더 발전된 콘솔 시스템은 자이로스코프를 이용한 제어를 통해 3D 공간에서 움직임을 감지한다.

개인용 컴퓨터가 주류가 되면서 컴퓨터 게임도 크게 발전했고 제어 설계는 키보드와 마우스로 빠르게 확장됐다. 상대적으로 간단한 게임은 일반적으로 방향키와 2개의 다른 키를 통해 초기 콘솔 게임에 사용된 조이스틱과 2개의 버튼을 모사한다. 마우스의 움직임과 클릭은 플레이어 위에서 카메라가 같이 움직이는 것과 같은 새로운 가능성을 열어주었다. 이것은 1인칭 슈팅 게임first-person shooting game을 좀 더 현실감 있게 만들어줬다. 예를 들면 둠Doom에서는 방향키를 사용하여 플레이어를 움직이고, 마우스를 이용하여 카메라를 움직이고 조준하고 총을 쏜다. 게임이 점점 복잡해지면서, 게임을 하는 행동 또한 복잡해졌다. 다수의 키 조합을 사용하면 새로운 복합적인 움직임을 만들어낼 수도 있다. 또한 게임의 맥락에 따라 행동이 과해질 수도 있다. 스타크래프트와 도타 2 게임에서는 수십 개에서 수백 개의 객체를 제어해야 하지만, 사람의 손가락 개수에는 한계가 있다. 따라서 이 경우 게임의 제어는 일반적이면서 각기 다른 맥락의 게임과 객체에 적용할 수 있도록 설계된다. 그렇다 해도, 이러한 게임을 하려면 20개의 키가 필요하다. 이러한 복잡한 제어 시스템을 강화학습 환경으로 변환하는 것은 쉽지 않은 일이다.

스마트폰의 발명은 또 다른 새로운 게임 미디어를 탄생시켰고, 모바일 게임 산업이 태동했다. 게임의 상태와 제어는 작은 터치 스크린으로 옮겨갔다. 터치 스크린을 사용하면 시각적인 인터페이스를 자유자재로 설계할 수 있다. 어떤 스마트폰은 자이로스코프 센서를 탑재하고 있어서 자동차 경주 게임에서는 스마트폰 자체를 핸들로 사용할 수 있다.

이제 우리는 엔터테인먼트 기술의 새로운 최전선에 살고 있다. 바로 가상현실Virtual Reality, VR이다. 초기의 모션 제어기는 이미 사용자가 실감나는 공간적 환경에서 행동을 수행할 수 있도록 설계됐다. 오큘러스Oculus[97]나 HTC Vive[55] 같은 VR 플랫폼은 모션 센서가 있는 작은 콘솔을 사용한다. 이러한 플랫폼은 손과 손가락의 움직임을 추적해서 좀 더 복잡하고 현실적인 제어 경험을 할 수 있게 해주는 시각 기반 센서인 립 모션Leap Motion[69]을 사용할 수도 있다. VR 글러브는 손의 움직임을 추적하는 또 다른 방식이다. 예술가들도 VR 글러브를 사용하여 현실 세계에서는 불가능한 놀랄 만한 3D 가상 조각품을 만든다. 조각품은 동일한 가상현실과 연결된 스크린이나 헤드셋을 통해 다른 사람들에게 보인다.

정말 인상적이지만 잘 알려지지 않은 또 다른 제어 기술은 CTRL-Labs[29]가 만든 신경 인터페이스 손목 밴드다. 이것은 피부에 이식하지 않는 손목 밴드로, 뇌에서 손으로 보내는 신경 신호를 감지하고 이 신호를 이용해서 손과 손가락의 움직임을 재구성한다. 이러한 이야기는 공상과학에서나 나오는 이야기처럼 들리지만, 아타리 애스터로이드Atari Asteroid 게임을 통해 손목 밴드의 성능은 입증됐다. 이 글을 쓰고 있는 순간에도 이 손목 밴드에 대한 개발은 활발하게 이루어지고 있다.

음악과 게임 말고도, 관객과 소통하는 현대 설치 미술에서 더욱 창의적인 많은 제어 설계를 찾아볼 수 있다. 범상치 않은 수단을 통해 행동이 전달되면 그림자, 빛, 모션 제스처, 또는 소리를 이용하여 설치 미술이 작동한다. 예술가 다니엘 로진Daniel Rozin[31]은 거대한 격자판 위에서 회전하는 흑백 타일, 트롤troll 인형, 또는 장난감 펭귄과 같은 물체를 이용하여 인터랙티브 거울을 만드는 데 있어 전문가다. 이러한 물체들은 본질적으로 물리적인 '스크린'의 '픽셀'들이다. 근처에 있는 적외선 카메라가 사람의 실루엣을 캡처한 다음 격자 무늬 같은 거울에 다시 반사시킨다. 이 창의적인 물건에서는 사람의 움직이는 실루엣이 귀엽고 색이 화려한 장난감의 격자 무늬를 제어하기 위한 행동으로 사용된다.

마지막으로 덧붙일 중요한 말은 사람들이 경험하는 일상의 흔한 물체들 역시 행동 설계를 위한 영감으로 가득 차 있다는 것이다. 사람들은 버튼, 다이얼, 슬라이더, 스위치, 레버 같은 일반적인 제어 인터페이스에 익숙하다. 제어 인터페이스 설계를 깊이 있게 다룬 내용을 읽고 싶다면 도널드 노먼Donald Norman이 쓴 《The Design of Everyday Things》[94]를 추천한다.

CHAPTER

16

보상

이 짧은 장에서는 보상 설계를 살펴보겠다. 강화학습 문제에서 보상의 역할을 알아보고, 설계 과정에서 선택할 수 있는 중요한 것들에 대해 알아본다. 특히, 보상 신호를 설계할 때 척도, 크기, 빈도수, 탐험의 잠재력을 고려한다. 이 장의 마지막에서는 간단한 설계 가이드라인을 제시한다.

16.1 보상의 역할

보상 신호는 에이전트가 최대화해야 하는 목적 함수를 정의한다. 보상은 에이전트의 행동 a에 의해 발생한 s, a, s'이라는 특별한 전이에 대해 환경이 신뢰를 할당하면서 만들어 내는 스칼라값이다.

보상 설계는 강화학습의 근본적인 문제 중 하나이고, 여러 가지 이유로 인해 해결하기 어려운 문제로 알려져 있다. 먼저, 신뢰 할당을 적절히 하기 위한 직관을 얻기 위해서는, 즉 어떤 전이가 좋은지(양의 보상) 나쁜지(음의 보상) 또는 보통인지(보상이 0)를 판단하기 위해서는 환경에 대한 깊은 지식이 필요하다. 보상의 부호를 결정했다 해도 그것만으론 충분치 않다. 보상의 크기를 결정해야 한다.

어떤 전이에 +1의 보상이 할당되고 또 다른 전이에 +10의 보상이 할당되면 후자가 대략 10배 더 중요하다고 말할 수 있다. 하지만 이러한 잣대가 어떻게 결정되어야 하는지에 대해서는 일반적으로 명확하지 않다. 보상을 강화 신호로 활용하여 학습을 수행하는 에이전트가 문자 그대로 스스로를 강화하기 위해 보상을 이용하기 때문에 보상의 설계 역시 문자 그대로 수행되어야 한다. 더욱이, 에이전트는 의도한 행동을 하지 않고 예기치 못한 전략을 찾아 이용함으로써 보상을 남용하는 학습을 할 수도 있다. 그 결과, 보상 설계를 위해 빈번한 튜닝이 필요해서 에이전트가 올바른 행동을 하도록 하는 데 있어 사람의 노력이 많이 필요할 수도 있다.

사람은 스스로의 행동이 목적을 이루는 데 기여하는지를 직관적인 감각으로 판단하는 경향이 있다. 이러한 종류의 내적 신뢰 할당 능력은 경험과 지식으로부터 얻어진다. 시작할 때는 에이전트의 행동을 장려하는 것이 보상을 설계하는 데 있어 바람직하다.

보상은 에이전트가 잘하고 있는지 그렇지 않은지를 에이전트에게 알려주기 위한 피드백 신호다. 에이전트는 일반적으로 사전지식이나 상식 없이 경험으로부터 배운다. 따라서 에이전트가 탐험하는 행동에는 제약이 거의 없다. 작업의 과정이 아닌 결과만을 보고 작업을 평가하는 보상 신호는 에이전트가 수행할 수 있는 행동의 종류에 제한을 두지 않는다. 에이전트의 행동이 아무리 이상해 보여도 상관없다. 이것은 문제의 솔루션이 보통은 하나만 있지 않기 때문이다. 다양한 솔루션에 도달하는 많은 경로가 존재한다. 하지만 사람의 관점에서 보면, 이러한 이상한 행동은 바람직하지 않고 버그로 인식된다.

에이전트에게 몇 가지 제약을 부과하여 이것을 고치려고 할 수도 있다. 하지만 행동의 자유에 심각한 제한을 가해도 충분하지 않을 수 있다. 사람의 근육이 갖는 제약조건 덕분에 최적의 방식으로 걷는 법을 배울 수 있지만, 마음만 먹으면 얼마든지 이상하게 걸을 수도 있다는 점을 생각해 보자. 이 문제에 대한 대안은 보상을 설계하는 것이다. 그 순간의 목적에 따라 사람이 정상적으로 걸을 수도 있고 이상하게 걸을 수도 있는 것처럼, 최소한 이론적으로는 에이전트가 바람직한 행동을 하도록 보상을 설계할 수 있다. 사람처럼 걷는 데 필요한 적절한 보상 신호를 충실히 재생산하는 목적을 이루기 위해 얼마나 많은 구성요소가 적절히 작동해야 하는지를 생각하면 이것이 매우 복잡한 작업임을 상상할 수 있다.

좋은 보상 신호를 설계하기 위해서는, 어떤 행동이 바람직한지 식별한 다음 그에 맞게 보상을 할당할 필요가 있다. 이때 좋은 행동이 누락되지 않도록 신경 써야 한다. 그런 다음, 설계한 보상 신호가 적합한지 확인하기 위해 에이전트를 시험하고 평가한다. 아주 쉬운 문제의 경우에는 이것이 가능하다. 하지만 훨씬 더 복잡한 환경에서는 이것이 가능한지 또는 현실성이 있는지 명확하지 않다.

그럼에도, 특정 문제에 대해 잘 설계한 보상 신호는 여전히 꽤 좋은 성능을 낼 수 있게 해준다. 이것은 OpenAI의 도타 2[104]와 로봇 손 조작[101]과 같이 최근 강화학습 분야에서 이루어진 혁신을 통해 입증됐다. 이들 사례에서는 사람이 보상 함수를 신중하게 튜닝했고 에이전트는 인상적인 결과를 만들어낼 수 있었다. 보상 설계는 성공적인 에이전트 학습에 있어서 중요한 부분이었다. 이러한 결과들은 문제의 복잡도가 어지간히 높지 않으면 사람이 직접 보상을 설계할 수 있다는 점을 암시한다. 여기서 질문 하나가 자연스럽게 떠오른다. "사람이 보상 신호를 잘 설계할 수 없는 문제가 있을까?" 이 질문에 없다라고 답한다면 문제가 아무리 복잡해도 보상 신호를 잘 설계할 수 있을 것이다. 물론 어렵고 시간이 걸릴 수는 있지만 말이다. 이것이 사실이라고 가정하고 현실적인 보상 설계의 가이드라인을 살펴보자.

16.2 보상 설계의 가이드라인

보상 신호는 밀도가 높을 수도 있고 낮을 수도 있다. 밀도가 낮은 보상이란 대부분의 시간 단계에서 보통의 보상 신호(일반적으로 $r = 0$)를 생성하고 환경이 종료되거나 에이전트가 상당히 중요한 무언가를 수행할 때만 양의 보상 또는 음의 보상을 생성하는 경우를 의미한다. 밀도가 높은 보상은 그 반대를 의미한다. 즉, 최근의 행동이 좋은지 나쁜지를 나타내는 0이 아닌 보상 신호를 많이 만들어 내기 때문에 대부분의 시간 단계에서 에이전트가 양의 보상 또는 음의 보상을 얻게 될 것이다.

보상값을 좋음, 나쁨, 보통이라는 개념과 대응시키는 것은 상대적이다. 즉, 보상의 수치적 크기는 설계 과정에서 선택하는 것이다. 이러한 이유로 에이전트가 훈련하는 동안 받는 보상을 표준화할 필요성이 생기는 것이기도 하다. 모든 보상이 음의 값을 갖는 환경을 설계해서 나쁜 보상이 좋은 보상보다 더 크기가 큰 음의 값을 갖게 할 수도 있다. 에이전트는 목적 함수를 항상 최대화하기 때문에, 더 좋은 보상이 더 큰 값을 갖도록 보상값을 정렬할 필요가 있다.

꼭 그래야 하는 것은 아니지만 보통의 보상을 0으로, 좋은 보상을 양의 값으로, 나쁜 보상을 음의 값으로 설정하는 것이 수학적으로 적합하다. 이러한 설계는 수학적으로도 적합하고 이해하기도 쉽다. 예를 들면, 보상의 척도가 0을 기준으로 되어 있다면 스칼라값을 곱해서 양의 방향과 음의 방향 모두에 대해 대칭적으로 보상의 척도를 쉽게 변경할 수 있다.

보상은 $r_t = \mathcal{R}(s, a, s')$으로 정의되기 때문에 보상 설계의 첫 번째 단계는 환경 안에서 좋은 전이와 나쁜 전이를 구별해내는 것이다. 행동 a가 상태를 s에서 s'으로 전이시키기 때문에 모든 가능한 전이를 체계적으로 열거하는 것이 도움이 된다. 하지만 복잡한 환경에서는 열거해야 할 전이가 너무 많아서 좀 더 스마트한 보상 설계 방법이 필요하다.

가능하다면, 규칙에 따라 전이를 좋은 전이와 나쁜 전이의 두 그룹으로 나누고 이 규칙을 이용하여 보상을 할당하는 것이 좋다. 더 좋은 것은 많은 경우에 있어서 이전 행동을 고려하지 않고도 전이되는 상태 s'을 기반으로 간단하게 신뢰를 할당할 수 있다는 것이다. 예를 들면, 카트폴에서는 막대를 똑바로 유지하기 위해 수행된 행동에 상관없이 막대가 넘어지지 않는 모든 상태에 0.1의 보상을 할당한다. 또 다른 방법으로는, 오직 행동에 기반하여 보상을 할당할 수도 있다. 예를 들면, OpenAI의 달착륙 환경에서는 주 엔진을 점화시키는 모든 행동에 작은 음의 보상이 비용으로 할당된다.

다행히도, 보상은 게임에서 아주 흔하게 나타난다. 하지만 보상이 아니라 게임 점수라는 다른 이름으로 불린다. 게임에는 언제나 한 명의 승자 또는 해결해야 할 문제가 있기 때문에 점수를 기록하는 것은 게임의 보편적 특성이다. 점수는 보통 스크린에 전시되는 분명한 숫자 형태로 제공될 수도 있고 승/패 선언과 같이 숫자가 아닌 내재적 형태로 제공될 수도 있다. 다시 말하지만, 게임에 대해 살펴보면서 보상 설계를 위한 영감을 얻고 설계 방법을 생각해낼 수 있다.

가장 간단한 형태의 보상은 승 또는 패의 이진 변수다. 이것은 1과 0으로 부호화할 수 있다. 예제로는 체스가 있다. 게다가 체스 같은 게임을 여러 번 할 때, 평균 보상은 정확히 승리 확률로 해석된다. 서사적인 롤플레잉 게임role-playing narrative game의 경우에는 일반적으로 점수가 없지만 매 단계를 통과하는 것에 대해 이진 점수를 부여할 수 있기 때문에 게임 완료에 대한 인센티브는 존재한다.

또 다른 형태의 보상으로는 플레이어가 점수를 더 많이 모을수록 점진적으로 증가하는 단일 스칼라값이 있다. 많은 게임에는 도달해야 할 목표, 수집해야 할 물건, 그리고 통과해야 할 단계가 존재한다. 목표나 물건에는 모두 점수가 할당되어 있다. 게임이 진행되면서 점수가 쌓여서 모든 플레이어의 성공을 가늠하는 최종 점수가 된다. 간단한 게임에서부터 중간 정도의 복잡도를 갖는 게임까지는 이러한 누적 보상을 전시한다. 점수의 합계가 게임의 최종 목적을 정확히 반영하도록 하면서 모든 관련된 게임 요소들에 점수를 할당하는 것이 여전히 현실적이기 때문이다.

마지막으로, 더 크고 훨씬 더 복잡한 게임은 다수의 보조적인 게임 점수를 추적할 수도 있다. 하지만 이것들이 반드시 게임의 최종적인 목적에 도움이 되는 것은 아니다. 스타크래프트나 Command & Conquer 같은 실시간 전략 게임은 건물, 연구, 자원, 유닛을 포함한 점수를 추적한다. 하지만 이것들이 반드시 게임의 최종 결과에 부합하는 것은 아니다. 도타 2에서는 마지막 타격, 금, 경험 이득 같은 보조적인 점수가 게임 과정에서 빠짐없이 기록된다. 하지만 결국에는 적의 왕좌를 파괴하는 팀이 이긴다. 이러한 보조적인 점수를 이용하면 한쪽 편이 다른 편에 비해 이점이 있음을 보여줄 수 있기 때문에 일반적으로 오래 지속되는 게임의 진행 과정을 설명하는 데 도움이 된다. 또한 보조적인 점수를 통해 게임의 최종 결과를 유추해 볼 수도 있다. 하지만 보조적인 점수상으로 유리하다고 해서 항상 승리가 보장되는 것은 아니다. 보조적인 점수가 낮은 플레이어도 게임에서 이길 수 있기 때문이다. 따라서 보조적인 점수는 게임의 목적과는 분리된 '보상'이다. 그럼에도 불구하고, 보조적인 점수는 에이전트의 학습을 도울 수 있기 때문에 여전히 유용하게 실제 보상 신호의 역할로 활용될 수 있다. OpenAI Five[104]는 보조적인 점수와 최종 목적 함수의 조합을 도타 2의 보상 신호로 사용한다.

체스처럼 승패가 갈리는 게임의 경우에는 중간 보상을 잘 설계하기가 어렵다. 체스판에 말이 배치되는 경우의 수가 천문학적으로 많기 때문에 어떤 상황이 좋은 상황인지 판단하기가 상당히 어렵다. 이 경우, 보상은 게임이 끝나서 승자가 가려진 이후에야 주어진다. 최종적인 보상은 승자에게 1, 패자에게 0으로 주어지고, 중간 보상은 0이다. 이러한 보상 신호는 밀도가 낮다.

여기서 질문 하나가 생긴다. 체스에서처럼 문제가 정의되어 있고 목표하는 최종 결과가 있어서 쉽게 보상을 부여할 수 있다면, 그냥 밀도가 낮은 보상을 이용하면 되지 않을까?

보상의 밀도가 높고 낮은 것에는 나름의 장단점이 있다. 밀도가 낮은 보상은 특정하기는 쉬워도 환경이 주는 피드백이 훨씬 적어서 학습하기가 매우 어렵다. 에이전트는 작업이 종료되어 보상 신호를 받을 때까지 기다려야 한다. 하지만 보상을 받는다 해도 중간 과정에서 어떤 행동이 좋고 나빴는지를 알 수 있는 방법은 없다. 보상의 밀도가 낮으면 문제의 표본 효율성이 상당히 떨어지기 때문에 에이전트의 학습을 위해서는 몇 배나 더 많은 예제가 필요할 것이다. 때로는 보상의 밀도가 너무 낮으면 에이전트가 피드백을 거의 받지 못해서 좋은 행동을 찾아낼 수 없기 때문에 문제를 풀 수 없는 경우도 있다. 반대로, 보상의 밀도가 높으면 중간 보상을 특정하기 어렵다고 해도 환경이 즉각적으로 보상을 주기 때문에 에이전트는 학습을 위한 신호를 더 자주 받게 될 것이다.

밀도가 낮은 보상과 밀도가 높은 보상을 결합하고 각자의 가중치를 조정하여 점차적으로 밀도가 높은 보상에서 밀도가 낮은 보상으로 전환하도록 하면 도움이 된다. **결합보상**combined reward은 식 16.1과 같이 정의할 수 있다.

$$r = \delta \cdot r_{\text{dense}} + r_{\text{sparse}}, \quad 여기서 \; \delta = 1.0 \rightarrow 0.0 \qquad \text{(식 16.1)}$$

훈련 과정에서 계수 δ를 1.0에서 0.0으로 점차 감소시키는 것이다. 여기서 한 가지 작은 팁이 있다. r_{dense}에서 최종 보상을 제외하는 것이다. 그래야 최종 보상이 중복 계산되지 않는다.

훈련 초기에 보상의 밀도가 높으면 에이전트가 많은 피드백을 받게 되어 탐험하는 데 도움이 된다. 로보틱스 문제에서 에이전트의 목표가 열린 평지에서 하나의 깃발에 다가가는 것이라고 가정해 보자. 최종 보상을 설계하는 것은 쉽다. 에피소드가 끝날 때 깃발에 도달해 있으면 1의 보상을, 그렇지 않으면 −1의 보상을 주는 것이다. 에이전트와 깃발 사이의 거리를 $d(\text{agent}, \text{flag})$라고 하자. 그러면 밀도가 높은 중간 보상으로 거리에 음의 부호를 붙여서 $r_{dense} = -d(agent, flag)$로 설정하면 도움이 될 수 있다. 시작할 때는 이 음의 보상을 통해 에이전트에게 깃발과의 거리를 좁혀야 하며 거리가 최소화되는 것이 목적 달성에 도움이 된다는 것을 가르칠 수 있다. 이로써 에이전트는 거리 최소화 정책을 학습한다. 훈련이 어느 정도 진행된 후에는 δ를 0.0으로 감소시켜서 훈련의 바퀴를 갈아낄 수 있다. r_{dense}가 더 이상 나오지 않게 되면, 오직 밀도가 낮은 보상만을 이용해도 동일한 정책이 제대로 작동할 것이다.

밀도가 높은 보상이 얼마나 중요한 영향을 미칠지를 평가하려면, 동일한 문제를 밀도가 낮은 보상만을 이용하여 학습한다고 상상해 보면 된다. 방대한 2D 평면에서 랜덤워크로 깃발에 도달할 확률은 극히 작다. 십중팔구는 깃발에 도달하지 못할 것이다. 아주 드물게 성공한다 할지라도 성공 사례가 너무 적기 때문에 그것으로부터 학습하기는 어려울 것이다. 하물며 거리 최소화 개념을 발견하기는 더더욱 어려울 것이다. 아주 오랫동안 시도한다 해도 에이전트가 문제를 푸는 방법을 학습할 확률은 낮다.

보상의 밀도가 낮은 문제를 해결하는 데 사용되는 또 다른 수준 높은 방법은 **보상 재분배**reward redistribution다. 이것은 최종 보상을 여러 개로 나눠서 그중 일부를 재분배하여 중간 과정에서 발생한 중요한 이벤트에 신뢰를 할당하는 방법이다. 보상 설계자가 그러한 중요한 이벤트를 알고 있다면 이 방법을 적용하는 것이 상대적으로 쉽지만, 중요한 이벤트를 식별하는 일이 항상 쉽지만은 않을 것이다. 한 가지 해법은 많은 궤적을 수집함으로써 중요한 이벤트를 추정하는 것이다. 그리고 그 과정에서 공통적으로 나타나는 패턴을 식별하고 그 패턴을 최종 보상과 연계시키는 것이다. 이것은 일종의 자동신뢰할당auto-credit assignment이다. 이것의 예제로는 LIT AI Lab에서 개발한 RUDDER[8]가 있다.

보상 재분배의 정반대가 **보상 지연**reward delay이다. 보상 지연은 모든 보상 신호를 상당수의 시간 단계 동안 중지하는 것이다. 프레임을 건너뛰는 것도 보상 지연으로 볼 수 있다. 이때 건너뛴 프레임에 해당하는 보상이 누락되지 않도록 하는 것이 중요하다. 보상의 총합은 원래 환경의 보상과 동일하게 유지되어야 한다. 이를 위해 중간 단계의 프레임에서 발생한 보상을 저장한 다음 합산하여 다음 프레임에서의 보상을 계산한다. 보상을 더함으로써 프레임 건너뛰기 주기에 상관없이 보상 신호가 선형 특성을 유지하여 원래의 목적이 변경되지 않게 할 수 있다.

보상 신호를 설계할 때는 보상 신호의 분포를 고려해야 한다. 많은 알고리즘에서 보상은 손실 계산 과정에 사용된다. 보상의 크기가 크면 손실이 커져서 경삿값의 크기가 급증하도록 만들 수 있다. 보상 함수를 생성할 때는 극값을 사용하지 않도록 해야 한다. 전체적으로 보상 신호가 건강한 통계적 특성을 갖도록 설계하는 것이 좋다. 건강한 통계적 특성이란 표준화되어 있고, 0의 평균을 가지며, 극값을 갖지 않는 것을 의미한다. 간단하고 이해하기 쉬운 이유에 근거하여 보상을 할당하는 것이 이상적이다. 보상 설계가 너무 복잡하면 시간과 노력이 필요할 뿐만 아니라 환경과 에이전트를 디버깅하기도 어려워진다. 더군다나 복잡한 설계가 간단한 설계보다 훨씬 더 좋은 성능을 낸다는 보장도 없다. 보통은 어떤 시나리오에 과하게 집착할 때 복잡한 보상 신호가 만들어진다. 이러한 보상 신호는 환경의 변화에 대응하지 못할 것이다.

보상 신호를 설계할 때 알아둬야 할 또 다른 것은 **보상 육성**reward farming 또는 **보상 해킹**reward hacking 이다. 충분히 복잡한 환경에서는 모든 가능한 시나리오를 예상하기가 어렵다. 비디오 게임에서는 플레이어가 익스플로잇exploit이나 핵hack을 찾아서 반복적으로 남용함으로써 극단적으로 큰 보상을 얻게 되면 버그로 간주한다. 이렇게 하는 것이 게임에서 허용된다 해도 말이다. 이것은 프라이버그 대학교의 연구팀이 만든 진화전략 기반evolution-strategy-based 에이전트가 아타리 큐버트 게임에서 버그를 찾으려고 할 때 일어났던 일이다. 이때 에이전트는 보너스 애니메이션을 작동시키는 특정 행동을 연달아 하면서 게임 포인트가 계속 증가하게 했다. 비디오는 유튜브에서 'Canonical ES finds a bug in Qbert (Full)'로 검색하면 나온다. 주소는 https://youtu.be/meE5aaRJ0Zs[22]다.

비디오 게임에서는 보상 해킹의 결과가 재미있고 놀라울 수 있지만, 실제 세계에서는 심각한 영향을 미치는 해로운 효과를 낼 수도 있다. 산업용 하드웨어를 제어하는 강화학습 시스템이 무한 루프에 빠진 익스플로잇을 만나면, 결국에는 비싼 장비를 고장 내거나 인명 피해를 불러올 수도 있다. 신뢰 할당은 AI 안전의 주요 연구 주제이기도 하다. 신뢰 할당이 에이전트의 행동을 특정하고 제어하는 것과 밀접하게 관련되어 있기 때문이다. 이에 대해서는 논문 〈Concrete Problems in AI Safety〉[4]에 잘 소개되어 있다. 환경은 잘 설계되어야 하며 에이전트는 책임감 있게 훈련되어야 한다. 에이전트는 역효과를 피하고, 보상 해킹을 예방하고, 관리 감독을 철저히 하며, 안전한 탐험을 추구해야 한다. 또한 강화학습이 실제 세계에 적용될 때 안정성을 확보해야 한다.

보상 해킹이 일어나면 보상 신호가 잘못됐다고 간주한다[100]. 그런 다음, 설계자는 환경의 버그를 수정하거나 보상 신호의 잘못된 부분을 다시 설계해야 한다. 어디서 보상 해킹이 발생할지 예측할 수 있는 확실한 방법은 없다. 환경을 시험할 때 잘 관찰해서 오류를 발견해야 한다. 이를 위한 한 가지 방법은 훈련 동안 얻어진 모든 보상을 기록하고 분석하는 것이다. 평균과 모드, 표준편차를 계산한 다음 이 값들을 검토하여 비정상적인 극값을 찾는 것이다. 보상의 극값이 발견되면 관련된 시나리오를 식별하고 설계자가 직접 조사해서 비정상적인 보상값을 도출하는 과정에서 에이전트가 어떻게 행동했는지를 확인한다. 좀 더 쉬운 디버깅을 위해 비디오를 저장할 수도 있다. 또는 오류가 있는 시나리오를 재생할 수 있는 방법이 있다면 환경이 재생되는 것을 실시간으로 확인할 수도 있다.

지금까지 보상 설계에 관한 매우 기본적인 내용을 다루었다. 요약하자면, 보상 신호를 설계할 때 고려해야 할 요소들은 다음과 같다.

1. **좋은 보상, 보통 보상, 나쁜 보상을 사용**: 처음에는 좋은 보상으로 양의 값을, 보통 보상으로 0을, 나쁜 보상으로 음의 값을 사용하는 것이 좋다. 값의 범위에 신경 쓰고 극값을 피해야 한다.

2. **밀도가 높거나 낮은 보상을 선택**: 밀도가 낮은 보상은 설계하기는 쉽지만 일반적으로 문제를 훨씬 더 어렵게 만든다. 밀도가 높은 보상은 설계하기는 어렵지만 에이전트에게 훨씬 더 많은 피드백을 준다.

3. **보상 해킹과 안전에 주의**: 지속적으로 에이전트와 환경을 평가해서 보상 해킹이 발생하지 않도록 한다. 에이전트의 훈련과 환경의 설계는 강화학습을 적용할 시스템의 안전성을 담보하기 위해 책임감 있게 수행되어야 한다.

보상 신호는 사람의 사전지식과 기대, 문제에 대한 상식을 에이전트에게 전달하는 대리인으로 볼 수 있다. 에이전트에게는 없는 것을 전해주는 것이다. 현재 강화학습이 구현되는 방식으로는 에이전트가 사람과 똑같은 방식으로 문제를 이해하고 바라볼 수는 없다. 에이전트의 유일한 목표는 목적 함수를 최대화하는 것이다. 에이전트가 하는 모든 행동은 보상 신호로부터 생겨난다. 어떤 행동을 장려하기 위해서는 그 행동이 목적 함수 최대화의 부산물이 되도록 하는 방법을 생각해 내야 한다. 하지만 보상 설계가 항상 완벽할 수는 없기 때문에 에이전트가 설계자의 의도를 오해하고 의도했던 대로 문제를 해결하지 못할 수도 있다. 비록 에이전트는 보상의 총합을 최대화하기 위해 노력하겠지만 말이다. 그래서 좋은 보상 신호를 설계하려면 사람의 전문성이 필요하다.

16.3 요약

보상 설계를 다룬 이 장에서는 밀도가 높은 보상과 밀도가 낮은 보상의 장단점을 알아보고, 보상의 척도가 갖는 중요성에 대해 논의했다. 신중하게 설계된 보상 함수는 매우 효과적일 수 있다. 이는 OpenAI의 도타 2 사례에서 확인할 수 있다. 좋은 보상 신호는 너무 일반적이지도 않고 너무 구체적이지도 않아야 한다. 좋은 보상 신호는 에이전트가 바람직한 행동을 하도록 장려해야 한다. 하지만 예기치 못한 행동이 잘못된 보상 설계로부터 생겨날 수도 있다. 이것을 보상 해킹이라고 부르는데, 이는 강화학습을 실제 시스템에 적용할 때 위험 요소로 작용할 수 있다. 따라서 강화학습을 실제 시스템에 적용할 때는 안전성을 담보하기 위해 신중하게 접근해야 한다.

17

전이 함수

지금까지 상태, 행동, 보상에 대해 알아봤으니, 이제 강화학습 환경이 제대로 작동하게 하는 데 필요한 마지막 요소인 전이 함수 또는 모델에 대해 알아보겠다.

환경의 모델은 프로그래밍되거나 학습될 수 있다. 프로그래밍 가능한 규칙들은 쉽게 찾을 수 있으며, 이러한 규칙들을 통해 다양한 수준의 복잡도를 갖는 환경을 만들 수 있다. 체스는 간단한 몇 개의 규칙으로 완벽하게 설명할 수 있는 환경이다. 로봇 시뮬레이션은 로봇의 동역학과 주변 환경을 모사한다. 최신 컴퓨터 게임이 매우 복잡할 수 있지만, 이것도 프로그램된 게임 엔진을 이용하여 만들어진다.

하지만 효율적인 프로그래밍이 불가능한 문제를 모델링할 때는 환경의 모델을 대신 학습할 수 있다. 예를 들면, 로봇의 접촉 역학contact dynamics은 프로그래밍 가능한 규칙으로 모델링하기가 어렵기 때문에 실제 세계에서 관측한 정보들로부터 모델을 학습하려고 노력하는 것이 대안이 될 수 있다. 상태와 행동이 이해하기도 어렵고 모델링하기도 어려운 추상적인 값으로 되어 있지만, 많은 전이 데이터를 활용할 수 있는 응용 문제의 경우에는 전이 함수를 대신 학습할 수도 있다. 환경은 부분적으로는 프로그래밍되고 부분적으로는 학습되는 하이브리드 모델일 수도 있다.

이 장에서는 전이 함수의 실현 가능성을 확인하고 전이 함수가 실제 문제를 얼마나 잘 모사하는지 평가하기 위한 가이드라인을 제시할 것이다.

17.1 실현 가능성 확인

전이 함수가 $P(s_{t+1} \mid s_t, a_t)$로 정의된다는 사실을 다시 떠올려보자. 전이 함수는 마르코프 특성을 갖는다. 이는 전이가 현재 상태와 행동에 의해 완전히 결정된다는 것을 의미한다. 이론적으로는, 모델이 이러한 형태로 구축될 수 있는지를 고려해 봐야 한다. 실제로는, 먼저 규칙과 물리 엔진, 게임 엔진, 또는 데이터를 이용하여 모델을 개념적으로 구축할 수 있는지 고려한다.

이 절에서는 전이 함수를 구축하기 전에 만족해야 할 실현 가능성 확인 과정을 설명할 것이다. 고려해야 하는 사항들은 다음과 같다.

1. **프로그래밍 가능 여부 vs. 학습 가능 여부**: 강화학습 환경을 데이터 없이 개념 설계와 전이 규칙에 대한 프로그래밍으로 구축할 수 있는가? 일련의 규칙들로 문제를 완전히 표현할 수 있는가? 이에 대한 예제는 체스와 같은 보드 게임이나 로봇과 같은 물리적 시스템이다. 질문의 내용이 실행 가능하지 않거나 현실적이지 않다면, 모델을 데이터로부터 학습할 수밖에 없다.

2. **데이터 완결성**: 데이터로부터 모델을 학습해야 한다면 데이터는 충분히 있을까? 즉, 데이터가 충분히 대표성을 가질 수 있을까? 그렇지 않다면, 더 많은 데이터를 수집하거나 부족한 부분을 보완할 수 있을까? 데이터가 완전히 관측 가능한 상태인가? 아니라면 모델은 부정확할 수 있다. 이 경우 오차는 얼마까지 허용되는가?

3. **데이터 비용**: 때로는 데이터 수집에 비용이 많이 들 수도 있다. 프로세스가 오래 걸릴 수도 있고 많은 돈이 필요할 수도 있다. 실제 세계의 데이터를 수집하려면 장기 프로세스와 고가의 장비가 필요하기 때문이다. 예를 들어, 실제 로봇은 시뮬레이션보다 더 천천히 움직이고 가격도 비싸다. 하지만 실제적인 모델을 만들려면 먼저 실제 로봇의 움직임에서 나오는 데이터를 수집해야 한다.

4. **데이터 표본 vs. 표본 효율성**: 심층강화학습은 여전히 표본 효율성이 낮으며 일반화 능력도 약하다. 이것은 문제에 대한 모델이 높은 정확도를 가져야 함을 의미한다. 따라서 모델 구축을 위해 많은 데이터가 필요하고, 모델 학습 비용도 올라갈 것이다. 전이 함수를 프로그래밍할 수 있다 해도, 현실적인 모델을 만들기 위해서는 많은 시간과 노력이 필요할 것이다. 예를 들면, 비디오 게임에 대한 전이 함수는 프로그래밍 가능한 전이 함수 중 가장 복잡하며 모델링 과정에 수백만 달러의 비용이 필요할 수도 있다.

5. **오프라인 vs. 온라인**: 데이터가 실제 강화학습 에이전트와는 별개로 수집되면, 이것은 오프라인 방식이다. 오프라인 데이터를 이용하여 모델을 구축하면 환경이 에이전트와 상호작용하는 효과를 반영할 수 있을까? 예를 들어 에이전트는 학습하는 동안 상태 공간의 새로운 영역을

탐험할 수도 있고, 이로 인해 모델의 부족한 부분을 채우기 위해 새로운 데이터가 필요해진다. 여기서 온라인 방법의 필요성이 나타난다. 즉, 에이전트로 하여금 실제 문제와 상호작용해서 더 많은 데이터를 모으게 하는 것이다. 이것이 가능할까?

6. **훈련 vs. 생산**(이전 5번 내용과 관련하여): 학습된 모델을 이용하여 훈련하는 에이전트를 사용하기 전에 실제 문제에 대해 에이전트를 평가할 필요가 있다. 제품 생산 도중에 에이전트를 시험하는 것이 안전할까? 에이전트의 행동이 허용되는 범위 안에서 이루어진다는 것을 어떻게 보장할 수 있을까? 제품 생산 도중에 예기치 못한 행동이 발생할 경우 예상되는 잠재적인 금전적 손해는 얼마일까?

이러한 실현 가능성 확인을 통과하면 전이 함수를 구축하는 과정에 돌입할 수 있다. 모델을 구축할 때 일반적으로 고려해야 할 문제의 특성이 몇 가지 존재한다. 이러한 고려사항을 통해 적합한 방법이 무엇인지 결정할 수 있다.

1. 체스와 같이 **결정론적 문제에서 전이 규칙을 알고 있을 경우**: 결정론적인 매핑 함수를 구축하기 위해 저장된 사전과 같은 알려진 규칙을 이용한다. 이것을 $s_{t+1} \sim P(s_{t+1} \mid s_t, a_t) = 1$ 또는 이와 동일하게 직접 함수로 $s_{t+1} = f_{\text{deterministic}}(s_t, a_t)$와 같이 나타낼 수 있다. 모델을 구축할 때, 이미 존재하는 오픈소스 엔진이나 상용 툴을 사용하면 편리하다. 간단한 2D 문제에서부터 매우 현실적인 운전 시뮬레이터에 이르기까지 수많은 강화학습 환경을 구축하는 데 사용됐던 Box2D[17], PyBullet[19], Unity[138], Unreal Engine[139] 같은 좋은 물리 엔진이나 게임 엔진이 많이 존재한다.

2. 현실적인 로봇 시뮬레이션과 같이 **확률론적(비결정론적) 문제에서 역학을 알고 있는 경우**: 이 경우에는 역학의 일부가 본질적으로 확률론적이며, 나머지 부분은 랜덤 노이즈가 더해진 결정론적 역학으로 구성되어 있다. 예를 들면, 어떤 물리적 시스템은 결정론적인 규칙으로 모델링될 수 있다. 하지만 모델을 좀 더 현실적으로 만들기 위해 마찰, 지터$_{\text{jitter}}$, 또는 센서 노이즈와 같은 랜덤 노이즈를 고려하는 것이 일반적이다. 이 경우 전이 모델은 $s_{t+1} \sim P(s_{t+1} \mid s_t, a_t)$의 형태를 갖는다.

3. 관측하거나 예상할 수 없는 변수가 많은 재고 관리나 판매 최적화와 같이 **확률론적 문제에서 역학을 모르는 경우**: 역학을 모르기 때문에 데이터로부터 역학을 학습해야 한다. 가능한 모든 데이터를 $\ldots, s_t, a_t, s_{t+1}, a_{t+1}, \ldots$의 형태로 수집하고 s_t, a_t가 주어질 때 s_{t+1}이 나타나는 빈도수를 측정하기 위해 히스토그램을 그린다. 그런 다음 히스토그램을 가우시안, 베타, 베르누이 같은 분포 유형에 맞춰보고 $P(s_{t+1} \mid s_t, a_t)$의 형태로 확률분포를 구한다. 이것이 학습된 모델이다. 전체 과정은 데이터로부터 확률분포를 학습하는 지도학습 과정으로 변환될 수

있다. 이때 데이터를 구성하는 입력은 s_t, a_t이고, 목표 결과는 s_{t+1}이다.

4. 복잡한 비디오 게임과 같이 **마르코프 특성을 따르지 않는 문제의 경우**: 이 상황에서는 전이를 완전히 결정하기 위해 시간 구간을 더 길게 잡아야 한다. 이 문제를 다루기 위해 흔히 사용되는 두 가지 전략이 있다. 첫째, 전이 함수에 대한 프로그래밍이 가능하다면 반드시 마르코프가 아니더라도 현실적인 모델을 구축하는 데 초점을 맞춘다. 그런 다음 에이전트에게 노출된 상태가 마르코프여야 하는지를 결정한다. 상태가 마르코프 특성을 가져야 하고 그것이 중요하다면 충분한 이력을 포함하도록 상태를 재설계할 필요가 있을 수도 있다. 또 다른 전략은 상태가 더 간단할 때 적용할 수 있다. 이 경우에는 에이전트가 해결해야 할 문제가 부분적으로 관측 가능한 MDP가 된다. 전이 함수를 학습하고 있다면, 다음 전이를 완전히 학습하기 위해 훈련 데이터 s_t, a_t가 충분한 정보를 가져야 하기 때문에 이러한 호사를 누릴 수 없다. 두 전략 중 더 주요한 전략은 상태를 마르코프로 재정의하는 것이다.

일단 모델을 구축하고 나면, 그 모델이 문제를 충분히 현실적으로 나타내고 있는지 어떻게 확인할 수 있을까? 이에 대해서는 다음 절에서 다루겠다.

17.2 현실성 확인

실제 세계의 현상을 모사하는 모델은 불완전할 것이다. 따라서 모델이 얼마나 잘 모사하는지를 평가할 방법이 필요하다. 이 절에서는 먼저 모델의 오차를 유발하는 원인들을 알아본 다음 오차를 정량화하는 방법으로 KL 발산에 대해 알아볼 것이다.

모델을 불완전하게 만드는 원인은 크게 두 가지로 제시할 수 있다.

첫 번째 원인은 문제의 모든 측면을 완벽히 시뮬레이션하는 것이 불가능해서 어쩔 수 없이 모델을 단순화해야 할 경우에 해당한다. 예를 들면, 로봇 팔을 시뮬레이션할 때 실제 세계에서 발생하는 마찰, 지터, 열적 팽창, 충격에 의한 물리적 부분의 변형 등을 고려하지 않을 수도 있다. 어떤 경우에는 실제 데이터를 아예 얻을 수 없는 경우도 있다. 예를 들어, 영화 추천을 생각해 보자. 어떤 사람이 어떤 장르의 영화를 좋아하는지 알면 도움이 되겠지만, 이것을 바로 알 수는 없다. 오직 그 사람이 이전에 봤던 영화로부터 추정할 수 있을 뿐이다.

두 번째 원인은 학습된 전이 함수를 이용할 때 탐험이 제한되기 때문이다. 이 경우의 문제는 알고리즘을 전개하여 환경과 상호작용하기 전에는 경험하지 못하는 전이가 존재한다는 점이다. 이러한 상황은 상태 공간이 매우 커서 모든 전이를 위한 좋은 모델을 학습하는 것이 현실적으로 불가능할 경우에 발생한다. 이에 대한 일반적인 대안은 에이전트가 경험할 것 같은 전이에 대해 좋은 모델을 학습하도록 하는 데 집중하는 것이다. 물론 제품 제조 과정에서 에이전트가 경험하는 전이가 모델에 제대로 반영되지 못하면 모델이 생성하는 전이는 부정확해질 것이다. 하지만 그렇다고 해서 에이전트가 제한된 모델을 학습하지 못한다는 뜻은 아니다.

데이터를 이용하여 반복적으로 모델을 학습하는 과정은 다음과 같다. 먼저 실제 세계로부터 데이터를 수집하고 그 데이터를 이용하여 모델을 훈련한다. 이렇게 훈련된 모델은 현실을 그대로 모사하지 못하고 오차를 갖는다. 이제 에이전트를 훈련하고 제조 과정에 적용하여 더 많은 전이 데이터를 수집한 다음 모델을 다시 훈련하여 향상한다. 오차가 허용 수준으로 감소할 때까지 이 과정을 반복한다.

이제, 학습한 모델과 실제 문제 사이의 오차에 대한 개념이 필요한 순간이 왔다. 훈련과 제조를 위한 전이 함수를 각각 $P_{\text{train}}(s' \mid s, a)$, $P_{\text{prod}}(s' \mid s, a)$라고 정의하자. 이제 2개의 확률분포가 존재하기 때문에 이 둘 사이의 차이를 표준적인 방법으로 측정할 수 있다.

쿨백-라이블러KL 발산[1]은 어떤 확률분포가 또 다른 확률분포로부터 얼마나 많이 발산하는지를 측정하는 방법으로 많이 사용된다. 확률 변수 $s \in \mathcal{S}$에 대해 두 확률분포 $p(s)$, $q(s)$가 있다고 가정해 보자. $p(s)$가 실제 분포이고 $q(s)$가 실제 분포를 모사한 것이라고 하자. KL 발산을 이용하면 $q(s)$가 실제 분포인 $p(s)$로부터 얼마나 발산하는지를 결정할 수 있다.

이산 변수에 대한 KL 발산은 식 17.1과 같이 표현된다.

$$KL\big(p(s) \,\|\, q(s)\big) = \sum_{s \in \mathcal{S}} p(s) \log \frac{p(s)}{q(s)} \tag{식 17.1}$$

이산 변수의 합을 연속적인 적분integral으로 바꾸면 식 17.2와 같이 연속 변수에 대해 쉽게 일반화할 수 있다.

$$KL\big(p(s) \,\|\, q(s)\big) = \int_{-\infty}^{\infty} p(s) \log \frac{p(s)}{q(s)} ds \tag{식 17.2}$$

KL 발산은 음이 아닌 값을 갖는다. KL 발산이 0이면, 근사적 분포 q는 실제 분포인 p로부터 발산하지 않는다. 즉, 두 분포는 동일하다. KL 발산이 클수록 q가 p로부터 발산하는 정도도 크다. KL 발산은 비대칭적 지표이기도 하다. 즉, 일반적으로 $KL(p \,\|\, q) \neq KL(q \,\|\, p)$다. KL 발산은

---

1 KL 발산을 **상대적 엔트로피**(relative entropy)라고도 부른다.

여러 가지 바람직한 특성을 갖기 때문에 7장에서 확인한 것처럼 수많은 강화학습 알고리즘에서 정책 반복의 발산을 측정하기 위해 사용한다.

실제 현실인 $p(s)$를 모사하기 위해 $q(s)$를 사용할 때 발생하는 정보의 손실로 KL을 해석할 수도 있다. 이 절에서는 실제 현실이 제조 과정에서 계산한 $P_{\mathrm{prod}}(s' \mid s, a)$이고, 실제를 모사한 것이 훈련 과정에서 계산한 $P_{\mathrm{train}}(s' \mid s, a)$다. 게다가 P_{prod}와 P_{train}은 조건부 확률이지만, 단순히 조건부 확률 변수의 특정 인스턴스 각각에 대해 KL을 계산할 수 있다. $p = P_{\mathrm{prod}}$, $q = P_{\mathrm{train}}$이라고 하면, 이 둘 사이의 $KL_{s,a}$는 식 17.3과 같이 표현할 수 있다.

$$KL_{s,a}\big(P_{\mathrm{prod}}(s' \mid s, a) \,\|\, P_{\mathrm{train}}(s' \mid s, a)\big)$$
$$= \sum_{s' \in \mathcal{S}} P_{\mathrm{prod}}(s' \mid s, a) \log \frac{P_{\mathrm{prod}}(s' \mid s, a)}{P_{\mathrm{train}}(s' \mid s, a)} \qquad \text{(식 17.3)}$$

이것은 이산 변수에 대한 식이다. 연속 변수에 대해서는 단순히 합의 기호를 인테그럴로 적절히 바꿔주면 된다.

식 17.3은 하나의 (s, a) 쌍에 적용할 수 있다. 하지만 모든 (s, a) 쌍에 대한 전체 모델을 위한 KL 값을 추정할 필요가 있다. 이를 위해 실제로는 이 책에서 자주 언급된 몬테카를로 표본추출 방법을 사용한다.

이 방법을 이용하여 모델을 향상하려면, 모델을 훈련하고 적용하는 모든 반복 과정에서 KL을 계산하고 값을 기록하여 P_{train}이 P_{prod}로부터 너무 멀리 발산하지 않도록 해야 한다. 훈련을 여러 번 반복하는 과정에서 KL 값을 어떤 허용 수준으로 감소시키려고 노력해야 한다.

이 장에서는 환경을 위한 모델 $P(s' \mid s, a)$를 최대한 현실적으로 구축하는 것에 대해 설명했다. 이제 말 그대로 **현실성 확인**을 수행하는 도구를 무기로 하여 좀 더 실제적인 질문을 더 많이 할 수 있게 됐다. 훈련과 제조 과정에서 각각 사용할 수 있는 데이터의 분포는 무엇인가? 그리고 그 둘의 차이는 무엇인가? 훈련과 제조 사이의 차이를 어떻게 줄일 수 있을까? 이러한 질문에 답하는 것은 산업 현장에서 특히 중요하다. 일반적으로 산업 현장에서는 데이터가 제한되어 있고 획득하기도 어려워서 실제 문제의 완전한 전이 분포를 알지 못하고 그 일부만을 알 수 있기 때문이다. 어떤 데이터를 이용할 수 있느냐에 따라 모델의 성능이 달라진다. 그리고 이것은 강화학습 알고리즘의 학습에 영향을 미친다. 훈련된 강화학습 알고리즘이 유용하게 쓰이려면 훈련 데이터의 범위를 넘어서 실제 제조 과정에 적용할 수 있도록 일반화되어야 한다. 훈련 데이터와 제조 과정에서 얻는 데이터 사이의 차이가 너무 크면, 에이전트가 실제 문제에서 제대로 작동하지 않을 것이다. 따라서 이 차이를 줄이기 위해 반복적으로 모델을 향상해야 한다.

17.3 요약

이 장에서는 전이 함수를 살펴봤다. 전이 함수는 환경의 모델이다. 모델은 어떤 규칙을 갖도록 프로그래밍할 수도 있고 데이터로부터 학습할 수도 있다. 모델을 프로그래밍하거나 학습하는 것의 실현 가능성을 확인하기 위한 체크리스트를 제시했다. 그런 다음, 전이 함수가 취할 수 있는 다양한 형태를 살펴봤다. 마지막으로, 구축된 모델과 실제 전이 분포 사이의 오차를 측정하기 위한 방법으로 KL 발산을 제시했다.

APPENDIX

A

심층강화학습 타임라인

- 1947: 몬테카를로 샘플링
- 1958: 퍼셉트론
- 1959: 시간차 학습
- 1983: ASE-ALE — 최초의 행동자-비평자 알고리즘
- 1986: 역전파 알고리즘
- 1989: CNN
- 1989: Q 학습
- 1991: TD-Gammon
- 1992: REINFORCE
- 1992: 경험 재현
- 1994: 살사SARSA
- 1999: 엔비디아Nvidia가 GPU에 투자
- 2007: CUDA 배포
- 2012: 아케이드 학습 환경Arcade Learning Environment, ALE
- 2013: DQN
- 2015 2월: 아타리 게임에서 사람과 유사한 수준의 DQN 제어
- 2015 2월: TRPO

- 2015 6월: 일반화된 어드밴티지 추정
- 2015 9월: 심층 결정론적 정책 경사Deep Deterministic Policy Gradient, DDPG[81]
- 2015 9월: 이중 DQN
- 2015 11월: 결투 DQN[144]
- 2015 11월: 우선순위가 있는 경험 재현
- 2015 11월: 텐서플로TensorFlow
- 2016 2월: A3C
- 2016 3월: 알파고가 이세돌에게 4:1로 승리
- 2016 6월: OpenAI Gym
- 2016 6월: 적대적 생성모사 학습Generative Adversarial Imitation Learning, GAIL[51]
- 2016 10월: 파이토치PyTorch
- 2017 3월: 모델-애그노스틱 메타 학습Model-Agnostic Meta-Learning, MAML[40]
- 2017 7월: 분포 강화학습Distributional RL[13]
- 2017 7월: PPO
- 2017 8월: OpenAI Dota2 1:1
- 2017 8월: 본질적 호기심 모듈Intrinsic Curiosity Module, ICM[111]
- 2017 10월: 레인보우Rainbow[49]
- 2017 12월: 알파제로AlphaZero[126]
- 2018 1월: 소프트 행동자–비평자Soft Actor-Critic, SAC[47]
- 2018 2월: IMPALA[37]
- 2018 6월: Ot-Opt[64]
- 2018 11월: Go-Explore가 몬테주마의 복수Montezuma's Revenge 문제를 해결[36]
- 2018 12월: 알파제로가 체스와 바둑, 쇼기에서 역사상 가장 강력한 플레이어가 되다.
- 2018 12월: 알파스타AlphaStar[3]가 스타크래프트 2 게임의 세계 최강자 중 한 명을 이기다.
- 2019 4월: OpenAI Five가 Dota 2 세계 챔피언을 이기다.
- 2019 5월: FTW Quake III Arena Capture the Flag[56]

APPENDIX

B

환경의 예제

요즘 심층강화학습 연구자들은 수많은 파이썬 라이브러리를 통해 제공되는 강화학습 환경을 마음껏 사용할 수 있는 특권을 누리고 있다. 이러한 환경들 중 몇 가지를 아래에 나열했다.

1. **동물 AI 올림픽**[7](https://github.com/beyretb/AnimalAI-Olympics): 일종의 AI 대회로, 출제되는 시험 문제는 동물의 인지 능력에서 영감을 얻어 만들어졌다.

2. **딥드라이브**Deepdrive[115](https://github.com/deepdrive/deepdrive): 자율주행 자동차의 전 과정에 대한 시뮬레이션

3. **딥마인드 Lab**[12](https://github.com/deepmind/lab): 어려운 3D 항법 및 퍼즐 풀이 문제

4. **딥마인드 PySC2**[142](https://github.com/deepmind/pysc2): 스타크래프트 2 환경

5. **깁슨 환경**Gibson Environment[151](https://github.com/StanfordVL/GibsonEnv): 내재된 에이전트에 대한 실제 세계의 인식

6. **홀로덱**Holodeck[46](https://github.com/BYU-PCCL/holodeck): 언리얼 엔진 4로 만들어진 충실도가 높은 시뮬레이션

7. **마이크로소프트 말뫼**Malmö[57](https://github.com/Microsoft/malmo): 마이크로소프트 환경

8. **무조코**MuJoCo[136](http://www.mujoco.org/): 로봇 시뮬레이션 기능이 있는 물리 엔진

9. **OpenAI 코인런**Coinrun[25](https://github.com/openai/coinrun): 강화학습의 일반화 정도를 정량적으로 측정하기 위해 만들어진 맞춤형 환경

10. **OpenAI Gym**[18](https://github.com/openai/gym): 고전적 제어기, Box2D, 로보틱스, 아타리 환경을 모아놓은 거대한 라이브러리

11. **OpenAI 레트로**Retro[108](https://github.com/openai/retro): 아타리, NEC, 닌텐도, 세가 등과 같은 레트로 게임

12. **OpenAI 로보스쿨**Roboschool[109](https://github.com/openai/roboschool): 연구를 위한 로보틱스 환경

13. **스탠퍼드 오심 강화학습**osim-RL[129](https://github.com/stanfordnmbl/osim-rl): 근골격 강화학습 환경

14. **유니티**Unity **기계학습 에이전트**[59](https://github.com/Unity-Technologies/ml-agents): 유니티 게임 엔진과 함께 만들어진 환경들

15. **유니티 장애물 타워**[60](https://github.com/Unity-Technologies/obstacle-tower-env): 절차적으로 생성된 환경으로 학습하는 에이전트가 해결해야 할 여러 개의 층들을 포함한다.

16. **비즈둠**VizDoom[150](https://github.com/mwydmuch/ViZDoom): 비즈둠 게임 시뮬레이터로, OpenAI Gym과 함께 사용할 수 있다.

이 책에서는 OpenAI Gym이 제공하는 수많은 환경을 사용한다. 여기에는 초급부터 중급 수준의 난이도를 갖는 CartPole-v0, MountainCar-v0, LunarLander-v2 같은 이산적 환경과 Pendulum-v0 같은 연속적 환경이 포함된다. 더 어려운 환경으로는 PongNoFrameskip-v4와 BreakoutNoFrameskip-v4 같은 아타리 게임이 사용된다.

B.1 이산적 환경

OpenAI Gym이 제공하는 이산 제어 환경에는 초급부터 중급 수준의 난이도를 갖는 CartPole-v0, MountainCar-v0, LunarLander-v2가 포함된다. 더 어려운 환경으로는 PongNoFrameskip-v4와 BreakoutNoFrameskip-v4가 있다. 이 절에서는 이러한 환경을 자세히 설명할 것이다. 일부 정보는 OpenAI Gym에서 제공하는 위키 문서에서 가져온 것이다.

B.1.1 CartPole-v0

그림 B.1 CartPole-v0 환경. 200개의 시간 단계 동안 막대의 균형을 잡는 것이 목적이다.

이것은 OpenAI Gym이 제공하는 가장 간단한 문제이고, 알고리즘 디버깅에 흔하게 사용된다. 이 문제는 바르토, 서튼, 앤더슨[11]이 처음 제시했다. 막대는 마찰이 없는 트랙에서 좌우로 움직이는 카트에 매달려 있다.

1. **목적**: 200개의 시간 단계 동안 막대가 넘어지지 않게 유지하기

2. **상태**: 길이가 4인 배열로 [카트의 위치, 카트의 속력, 막대의 각도, 막대의 각속도]로 표현된다. **예** [−0.03474355, 0.03248249, −0.03100749, 0.03614301]

3. **행동**: 집합 {0, 1}에 속하는 정수로서, 카트를 왼쪽 또는 오른쪽으로 움직이는 것. 예를 들어, 0은 왼쪽으로 이동하는 것을 나타낸다.

4. **보상**: 막대가 넘어지지 않는 모든 시간 단계에서 +1의 보상을 받는다.

5. **종료**: 막대가 넘어지거나(수직 방향에 대해 15도 이상), 카트가 스크린 밖으로 벗어나거나, 최대 시간 단계인 200개의 시간 단계가 지나면 종료된다.

6. **솔루션**: 100번의 연속적인 에피소드에서 보상의 총합에 대한 평균이 195.0 이상이 되도록 한다.

B.1.2 MountainCar-v0

그림 B.2 MountainCar-v0 환경. 자동차를 왼쪽과 오른쪽으로 흔들어서 언덕 꼭대기에 가장 빨리 도달하도록 하는 것이 목적이다.

이것은 보상의 밀도가 낮은 문제로, 앤드류 무어Andrew Moore[91]가 처음 제안했다. 동력이 없는 자동차를 전략적으로 '흔들어서' 깃발이 있는 언덕 꼭대기로 보내는 것이 목적이다.

1. **목적**: 자동차를 흔들어서 깃발 위치로 올리기

2. **상태**: 길이가 2인 배열로 [자동차의 위치, 자동차의 속력]으로 표현된다. **예** [−0.59025158, 0.]

3. **행동**: 집합 {0, 1, 2}에 속하는 정수로서 왼쪽으로 밀기, 가만히 있기, 오른쪽으로 밀기 중 하나다. 예를 들어, 0은 왼쪽으로 미는 것을 나타낸다.

4. **보상**: 자동차가 언덕 꼭대기에 도달할 때까지 모든 시간 단계에서 −1의 보상을 받는다.

5. **종료**: 자동차가 언덕 꼭대기에 도달하거나, 최대 시간 단계인 200개의 시간 단계가 지나면 종료된다.

6. **솔루션**: 100번의 연속적인 에피소드에서 보상의 총합에 대한 평균이 −110 이상이 되도록 한다.

B.1.3 LunarLander-v2

이것은 좀 더 어려운 제어 문제다. 여기서 에이전트는 달착륙선을 조종해서 충돌 없이 안전하게 달에 착륙하도록 해야 한다. 연료는 무한대다. 착륙장은 항상 2개의 깃발이 있는 중앙에 있다.

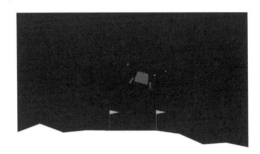

그림 B.3: LunarLander-v2 환경. 착륙선을 조종해서 최소한의 연료를 사용하여 충돌 없이 2개의 깃발 사이에 착륙시키는 것이 목적이다.

1. **목적**: 최소한의 연료를 사용하여 착륙선을 충돌 없이 안전하게 착륙시키는 것

2. **상태**: 길이가 8인 배열로 [x 위치, y 위치, x 속도, y 속도, 착륙선 각도, 착륙선 각속도, 착륙선 왼쪽 다리 지면 접촉, 착륙선 오른쪽 다리 지면 접촉]으로 표현된다. **예** [−0.00550737, 0.94806147, −0.55786095, 0.49652665, 0.00638856, 0.12636393, 0., 0.]

3. **행동**: 집합 {0, 1, 2, 3}에 속하는 정수로서 추력 없음, 왼쪽 추력 점화, 중앙 추력 점화, 오른쪽 추력 점화 중 하나다. 예를 들어, 2는 중앙 추력 점화를 나타낸다.

4. **보상**: 충돌하면 −100의 보상을 받고, 중앙 추력을 점화하는 시간 단계마다 −0.3의 보상을 받고, 2개의 깃발 사이에 착륙하면 +100에서 +140 사이의 보상을 받고, 각각의 다리가 지면에 접촉할 때 +10의 보상을 받는다.

5. **종료**: 착륙선이 안전하게 착륙하거나 충돌하거나 최대 시간 단계인 1,000개의 시간 단계가 지나면 종료된다.

6. **솔루션**: 100번의 연속적인 에피소드에서 보상의 총합에 대한 평균이 200.0 이상이 되도록 한다.

B.1.4 PongNoFrameskip-v4

이것은 공과 프로그램이 제어하는 왼쪽 패들, 에이전트가 제어하는 오른쪽 패들로 구성된 이미지 기반 아타리 게임이다. 다가오는 공을 맞추고 상대방이 공을 맞추지 못하게 하는 것이 목적이다. 게임은 21 라운드 동안 계속된다.

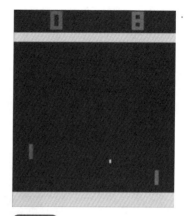

그림 B.4 PongNoFrameskip-v4 환경. 프로그램으로 작동하는 왼쪽의 상대방을 이기는 것이 주된 목적이다.

1. **목적**: 게임 점수를 최대로 만드는 것. 게임에서 얻을 수 있는 최대 점수는 +21이다.

2. **상태**: (210, 160, 3)의 차원을 갖는 RGB 이미지 텐서

3. **행동**: 집합 {0, 1, 2, 3, 4, 5}에 속하는 정수로, 에뮬레이션된 게임 콘솔을 제어하는 것

4. **보상**: 에이전트가 공을 놓치면 −1의 보상을 받고, 상대방이 공을 놓치면 +1의 보상을 받는다. 게임은 21 라운드 동안 계속된다.

5. **종료**: 21 라운드가 지나면 종료된다.

6. **솔루션**: 100번의 연속적인 에피소드에서 평균 점수를 최대화하게 한다. 완벽한 점수인 +21이 가능하다.

B.1.5 BreakoutNoFrameskip-v4

이것은 공과, 에이전트가 제어하는 아래쪽 패들, 그리고 벽돌로 구성된 이미지 기반 아타리 게임이다. 공을 튀겨서 모든 벽돌을 파괴하는 것이 목적이다. 공이 아래로 떨어져 스크린을 벗어날 때마다 게임 기회가 사라진다.

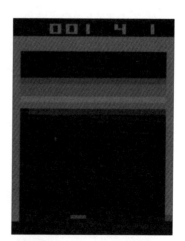

그림 B.5 BreakoutNoFrameskip-v4 환경. 모든 벽돌을 깨부수는 것이 주된 목적이다.

1. **목적**: 게임 점수를 최대로 만드는 것

2. **상태**: (210, 160, 3)의 차원을 갖는 RGB 이미지 텐서

3. **행동**: 집합 {0, 1, 2, 3}에 속하는 정수로, 에뮬레이션된 게임 콘솔을 제어하는 것

4. **보상**: 게임 로직에 따라 결정된다.

5. **종료**: 모든 게임 기회가 사라지면 종료된다.

6. **솔루션**: 100번의 연속적인 에피소드에서 평균 점수를 최대화하게 한다.

B.2 연속 환경

OpenAI Gym에서 제공하는 연속 제어 환경에는 로보틱스 제어 문제인 Pendulum-v0와 BipedalWalker-v2가 있다. 이 절에서는 이 두 환경을 자세히 설명할 것이다. 일부 정보는 OpenAI Gym에서 제공하는 위키 문서를 참고했다.

B.2.1 Pendulum-v0

그림 B.6 Pendulum-v0 환경. 거꾸로 된 펜듈럼을 흔들어서 똑바로 세운 채로 유지하는 것이 목적이다.

이것은 에이전트가 토크를 가해서 거꾸로 매달린 마찰 없는 펜듈럼을 흔들어 세우고 그 상태를 유지하는 연속 제어 문제다.

1. **목적**: 펜듈럼을 흔들어서 똑바로 세운 다음 그 상태를 유지하는 것

2. **상태**: 관절 각도 θ와 그 각속도로 표현된 길이가 3인 배열: $[\cos \theta, \sin \theta, \frac{d\theta}{dt}]$
   예 $[0.91450008, -0.40458573, 0.85436913]$

3. **행동**: $[-2.0, 2.0]$의 범위 안에 있는 실수로서, 관절에 가할 토크. 예를 들면, 0.0은 토크를 가하지 않는 것을 나타낸다.

4. **보상**: 방정식 $-(\theta^2 + 0.1\frac{d\theta^2}{dt} + 0.001토크^2)$에 따라 계산된다.

5. **종료**: 최대 시간 단계인 200개의 시간 단계가 지나면 종료된다.

6. **솔루션**: 100번의 연속적인 에피소드에서 보상의 총합에 대한 평균을 최대화하게 한다.

B.2.2 BipedalWalker-v2

그림 B.7 BipedalWalker-v2 환경. 에이전트가 넘어지지 않고 오른쪽으로 이동하게 하는 것이 목적이다.

이것은 에이전트가 로봇의 라이다$_{\text{lidar}}$ 센서를 이용해서 주변을 인식하면서 넘어지지 않고 오른쪽으로 가는 연속 제어 문제다.

1. **목적**: 넘어지지 않고 오른쪽으로 걷는 것

2. **상태**: 길이가 24인 배열로 [로봇 몸체의 각도, 로봇 몸체의 각속도, x 속도, y 속도, 1번 고관절 각도, 1번 고관절 속력, 1번 무릎 각도, 1번 무릎 속력, 1번 다리의 지면 접촉, 2번 고관절 각도, 2번 고관절 속력, 2번 무릎 각도, 2번 무릎 속력, 2번 다리의 지면 접촉, ..., 10개의 라이다 센서 측정값]이다. **예** [2.74561788e−03, 1.18099805e−05, −1.53996013e−03, −1.60000777e−02, ..., 7.09147751e−01, 8.85930359e−01, 1.00000000e+00, 1.00000000e+00]

3. **행동**: [−1.0, 1.0]의 범위 안에 있는 4개의 실수로 구성된 벡터로 [1번 고관절 토크와 속력, 1번 무릎 토크와 속력, 2번 고관절 토크와 속력, 2번 무릎 토크와 속력]이다. **예** [0.09762701, 0.43037874, 0.20552675, 0.08976637]

4. **보상**: 오른쪽으로 움직이는 것에 대해 보상을 받으며 총 보상이 +300을 넘지 않도록 한다. 로봇이 넘어지면 −100의 보상을 받는다.

5. **종료**: 로봇의 몸체가 땅에 닿거나, 오른쪽 끝에 도달하거나, 최대 시간 단계인 1,600개의 시간 단계가 지나면 종료된다.

6. **솔루션**: 100번의 연속적인 에피소드에서 보상의 총합에 대한 평균이 300 이상이 되도록 한다.

이 책에서는 강화학습 문제를 MDP로 형식화하는 것부터 다루었다. 1부와 2부에서는 MDP 문제를 푸는 데 사용할 수 있는 심층강화학습 알고리즘의 주요 그룹인 정책 기반 알고리즘, 가치 기반 알고리즘, 결합 알고리즘을 소개했다. 3부에서는 디버깅, 신경망 아키텍처, 하드웨어와 같은 주제를 다루면서 에이전트 훈련의 실용성에 초점을 맞추었다. OpenAI Gym이 제공하는 고전적인 제어기와 아타리 환경에 대해 하이퍼파라미터와 알고리즘 성능에 관한 정보를 포함하는 심층강화학습 알마낵도 다루었다.

심층강화학습을 실제 적용하는 데 있어서 중요한 부분인 환경 설계를 이 책의 마지막에서 다룬 것이 적절했다고 생각한다. 환경 없이는 에이전트가 해결할 수 있는 게 아무것도 없다. 환경 설계는 범위가 넓고 흥미로운 주제이기 때문에 중요한 개념 몇 가지만 간단하게 다룰 수밖에 없었다. 4부에서 다룬 내용은 특정 주제를 자세하고 심도 있게 다룬 것이 아니라 높은 수준의 가이드라인을 제시한 것으로 이해해야 한다.

이 책에서 소개하는 심층강화학습이 유용하게 사용될 수 있기를 바란다. 심층강화학습 분야에서 우리가 연구하고 참여하면서 느끼는 흥분과 호기심, 감동도 이 책으로 전달됐기를 바란다. 더불어 이것이 독자 여러분의 관심을 자극해서 학습에 대한 호기심을 더 갖도록 만들었으면 좋겠다. 이러한 생각을 간직한 채로, 아직 해결되지 않은 몇 가지 연구 주제를 간단하게 언급하고 이 분야의 최신 연구 동향을 제시하는 것으로 이 책을 마무리하려고 한다. 여기서 제시하는 것이 완전하지는 않지만 계속해서 흥미롭고 빠르게 변화하는 연구 분야를 시작하는 좋은 출발점은 될 것이다.

재현 가능성　현재 심층강화학습 알고리즘은 불안정하고, 하이퍼파라미터에 민감하며, 성능의 기복이 큰 것으로 알려져 있다. 이러한 이유로 결과를 재현하기가 어렵다. 헨더슨Henderson 등은 논문 〈Deep Reinforcement Learning that Matters〉[48]를 통해 이러한 문제를 잘 분석했고 몇 가지 잠재적인 해결책도 제안했다. 그중 하나가 이 책과 부록 라이브러리인 SLM Lab이 장려하는 좀 더 재현 가능성이 높은 절차를 이용하는 것이다.

현실 격차　이것은 시뮬레이션에서 현실로sim-to-real의 전이 문제로도 알려져 있다. 심층강화학습 에이전트를 실제 세계에서 훈련하는 것은 일반적으로 어렵다. 비용과 시간, 그리고 안전 문제 때문이다. 보통은 시뮬레이션을 통해 에이전트를 훈련한 이후 실제 세계에 적용한다. 안타깝게도, 시뮬레이션을 통해 실제 세계를 정확히 모사하기란 매우 어렵다. 이것을 현실 격차reality gap라고 부른다. 이것은 에이전트가 시험 데이터와는 다른 분포를 갖는 데이터로부터 훈련되는 영역 전환 문제라고 볼 수 있다.

이 문제를 해결하기 위해 흔히 사용되는 한 가지 방법은 훈련 과정에서 시뮬레이션에 랜덤 노이즈를 더하는 것이다. OpenAI에서 만든 〈Learning Dexterous In-Hand Manipulation〉[98]에서는 물체의 질량, 색깔, 마찰력과 같은 시뮬레이션의 물리적 특성을 랜덤하게 생성함으로써 이 문제를 해결한다.

메타 학습과 멀티태스킹 학습　이 책에서 설명한 알고리즘이 갖는 한 가지 한계는 모든 문제를 직접 경험하면서 학습한다는 것이다. 이것은 매우 비효율적이다. 자연적으로 많은 문제는 서로 연관되어 있다. 예를 들면, 뛰어난 수영 선수는 보통 다양한 수영 영법을 모두 잘한다. 영법이 모두 밀접하게 관련되어 있기 때문이다. 새로운 영법을 배울 때, 수영 선수는 수영을 어떻게 하는지 처음부터 배우지 않는다. 좀 더 일반적으로 말하면, 사람은 자라면서 자신의 몸을 제어하는 방법을 배우고 이를 통해 다양한 물리적 기술을 학습한다.

메타 학습은 학습 방법을 학습하는 방식으로 이러한 문제에 접근한다. 서로 관련된 일련의 학습 문제를 통해 훈련을 수행한 이후에, 새로운 문제를 효율적으로 학습하는 방법을 학습하기 위해 알고리즘이 설계된다. 메타 학습의 예제로는 핀Finn 등이 제시한 〈Model-Agnostic Meta-Learning for Fast Adaptation of Deep Networks〉[40]가 있다.

멀티태스킹 학습은 다수의 작업을 동시에 학습함으로써 좀 더 효율적으로 학습하는 것과 관련된 개념이다. 테Teh 등이 제시한 Distral 알고리즘[134]과 파리소토Parisotto 등이 제시한 행동자-모방자 알고리즘[110]이 이러한 멀티태스킹 학습의 사례다.

멀티에이전트 문제　강화학습을 멀티에이전트 문제에 적용하는 것은 자연스럽다. OpenAI Five[104]가 하나의 사례다. 여기서는 5개의 각기 다른 에이전트를 PPO 알고리즘으로 훈련하여 도타 2 멀티플레이어 게임을 한다. 나는 단순히 팀 보상과 개인 보상의 균형을 맞추는 계수를 조정하는 것만으로 에이전트 사이에서 협력적 행동이 나타나는 것을 확인했다. 딥마인드의 FTW

알고리즘[56]은 개체수 기반 훈련population-based training과 심층강화학습을 이용하여 멀티플레이어 게임인 Quake를 한다. 이때 에이전트의 목적은 팀의 승리 확률을 최대화하는 것이다.

표본 효율성　심층강화학습 알고리즘의 표본 효율성은 알고리즘을 실세계의 문제에 적용하는 데 있어 큰 장애물이다. 이 문제를 해결하기 위한 한 가지 방법은 환경의 모델을 도입하는 것이다. 이에 대한 최신 사례로는 클라베라Clavera 등이 제시한 MB-MPO[24] 알고리즘과 카이저Kaiser 등이 제시한 SimPLe[62] 알고리즘이 있다.

사후경험재현Hindsight Experience Replay, HER[6]은 또 다른 해결책이다. 이것은 사람이 성공한 경험뿐만 아니라 실패한 시도로부터도 잘 배울 수 있다는 아이디어로부터 나온 방법이다. HER 알고리즘에서는 에이전트가 원래 하기로 했던 행동을 실제로 에피소드에서 수행했다는 가정하에 궤적에 새로운 보상을 추가한다. 이렇게 하면 에이전트가 보상의 밀도가 낮은 상황에서 환경을 학습하는 데 도움이 되고 표본 효율성이 높아진다.

일반화　심층강화학습 알고리즘은 여전히 일반화가 잘 안 된다. 일반적으로 동일한 환경에서 훈련과 시험을 수행하기 때문에 과적합overfitting 문제가 발생할 수 있다. 예를 들면, 장Zhang 등의 논문 〈Natural Environment Benchmarks for Reinforcement Learning〉[152]에서는 일부 아타리 게임에 단순히 이미지 노이즈를 추가하기만 해도 훈련된 에이전트가 제대로 작동하지 않는다는 것을 보여주었다. 이 문제를 해결하기 위해 장Zhang 등[152]은 게임 배경에 비디오를 삽입하여 에이전트 훈련에 사용함으로써 아타리 환경을 수정했다.

앞서 말한 예제에서는 환경에 변화가 가해졌지만 원래의 문제는 그대로 유지됐다. 하지만 에이전트도 새롭지만 관련된 문제에 대해서는 일반화를 할 수 있어야 한다. 이를 시험하기 위해 새로운 문제를 꾸준히 생성할 수 있는 환경을 조성할 수 있다. 이에 대한 두 가지 예제를 들자면, 원소와 수준을 변화시키는 장애물 타워Obstacle Tower[60]와 훈련과 평가의 문제가 서로 겹치지 않는 동물 AI 올림픽 환경[7]이 있다.

탐험 및 보상의 모양　보상의 밀도가 낮은 환경에서 심층강화학습 에이전트를 훈련하는 것은 어렵다. 환경이 어떤 행동이 바람직한지에 대한 정보를 거의 주지 않기 때문이다. 환경을 탐험할 때, 에이전트가 유용한 행동을 발견하는 것은 어렵다. 에이전트는 종종 지역 최솟값에 빠지게 된다.

문제 해결에 도움이 될 행동을 장려하는 추가적인 보상을 설계하는 것이 일반적으로는 가능하다. 예를 들면, 두 발 보행자 환경[18]에서는 에이전트가 멀리 있는 목표에 도달할 때만 보상을 주는 것이 아니라, 앞으로 갈 때는 보상을 주고 모터 토크를 발생시킨 후 넘어질 때는 벌점을 준다. 이렇게 하면 보상의 밀도가 높아져서 에이전트가 효율적으로 앞으로 나가게 하는 데 도움이 된다.

하지만 보상을 설계하려면 시간이 많이 필요하다. 보상은 문제마다 다르기 때문이다. 이 문제를 해결하는 한 가지 방법은 에이전트에게 본질적 보상intrinsic reward을 주는 것이다. 본질적 보상은 에이전트가 새로운 상태를 탐험하고 새로운 기술을 개발하도록 장려한다. 이것은 에이전트가 호기심을 갖는 것에 대해 보상을 주는 것과 유사하다. 이에 대한 최근의 사례는 파닥Pathak 등의 〈Curiosity-Driven Exploration by Self-Supervised Prediction〉[111]이다.

에코펫Ecoffet 등[36]의 고 탐험Go-Explore 알고리즘은 다른 접근법을 사용한다. 이 접근법은 에피소드가 시작할 때 탐험을 같이 시작하는 것보다, 좋은 상태에서 탐험을 시작하는 것이 더 효과적일 수 있다는 생각에서 고안됐다. 이것을 구현하려면 훈련을 탐험 단계와 모방 단계로 구분해야 한다. 탐험 단계에서 고 탐험 에이전트는 환경을 무작위로 탐험하고 관심 가는 상태와 그 상태로 이끈 궤적을 저장해 둔다. 모방 단계에서 에이전트는 바닥부터 탐험하는 대신 저장된 상태로부터 반복적으로 탐험한다.

[1] Abadi, M., Agarwal, A., Barham, P., Brevdo, E., Chen, Z., Citro, C., Corrado, G. S., et al. "TensorFlow: Large-Scale Machine Learning on Heterogeneous Distributed Systems." Software available from tensorflow.org. 2015. ARXIV: 1603.04467.

[2] Achiam, J., Held, D., Tamar, A., and Abbeel, P. "Constrained Policy Optimization." 2017. ARXIV: 1705.10528.

[3] AlphaStar Team. "AlphaStar: Mastering the Real-Time Strategy Game StarCraft II." 2019. URL: https://deepmind.com/blog/alphastar-mastering-real-timestrategy-game-starcraft-ii.

[4] Amodei, D., Olah, C., Steinhardt, J., Christiano, P., Schulman, J., and Mané, D. "Concrete Problems in AI Safety." 2016. ARXIV: 1606.06565.

[5] Anderson, H. L. "Metropolis, Monte Carlo, and the MANIAC." In: *Los Alamos Science* 14 (1986). URL: http://library.lanl.gov/cgi-bin/getfile?00326886.pdf.

[6] Andrychowicz, M., Wolski, F., Ray, A., Schneider, J., Fong, R., Welinder, P., McGrew, B., Tobin, J., Abbeel, P., and Zaremba, W. "Hindsight Experience Replay." 2017. ARXIV: 1707.01495.

[7] Animal-AI Olympics. URL: https://github.com/beyretb/AnimalAI-Olympics.

[8] Arjona-Medina, J. A., Gillhofer, M., Widrich, M., Unterthiner, T., Brandstetter, J., and Hochreiter, S. "RUDDER: Return Decomposition for Delayed Rewards." 2018. ARXIV: 1806.07857.

[9] Baird, L. C. *Advantage Updating*. Tech. rep. Wright-Patterson Air Force Base, OH, 1993.

[10] Bakker, B. "Reinforcement Learning with Long Short-Term Memory." In: *Advances in Neural Information Processing Systems 14 (NeurIPS 2001)*. Ed. by Dietterich, T. G., Becker, S., and Ghahramani, Z. MIT Press, 2002, pp. 1475–1482. URL: http://papers.nips.cc/paper/1953-reinforcementlearning-with-long-short-term-memory.pdf.

[11] Barto, A. G., Sutton, R. S., and Anderson, C. W. "Neuronlike Adaptive Elements That Can Solve Difficult Learning Control Problems." In: *IEEE Transactions on Systems, Man, & Cybernetics* 13.5 (1983), pp. 834—846. URL: https://ieeexplore.ieee.org/abstract/document/6313077.

[12] Beattie, C., Leibo, J. Z., Teplyashin, D., Ward, T., Wainwright, M., Küttler, H., Lefrancq, A., et al. "DeepMind Lab." 2016. ARXIV: 1612.03801.

[13] Bellemare, M. G., Dabney, W., and Munos, R. "A Distributional Perspective on Reinforcement Learning." 2017. ARXIV: 1707.06887.

[14] Bellemare, M. G., Naddaf, Y., Veness, J., and Bowling, M. "The Arcade Learning Environment: An Evaluation Platform for General Agents." In: *Journal of Artificial Intelligence Research* 47 (June 2013), pp. 253—279. ARXIV: 1207.4708.

[15] Bellman, R. "A Markovian Decision Process." In: *Indiana University Mathematics Journal* 6.5 (1957), pp. 679—684. ISSN: 0022-2518. URL: https://www.jstor.org/stable/24900506.

[16] Bellman, R. "The Theory of Dynamic Programming." In: *Bulletin of the American Mathematical Society* 60.6 (1954). URL: https://projecteuclid.org/euclid.bams/1183519147.

[17] Box2D. 2006. URL: https://github.com/erincatto/box2d.

[18] Brockman, G., Cheung, V., Pettersson, L., Schneider, J., Schulman, J., Tang, J., and Zaremba, W. "OpenAI Gym." 2016. ARXIV: 1606.01540.

[19] Bullet Physics SDK. URL: https://github.com/bulletphysics/bullet3.

[20] Cho, K. "Natural Language Understanding with Distributed Representation." 2015. ARXIV: 1511.07916.

[21] Cho, K., van Merrienboer, B., Gulçehre, Ç., Bahdanau, D., Bougares, F., Schwenk, H., and Bengio, Y. "Learning Phrase Representations Using RNN Encoder-Decoder for Statistical Machine Translation." 2014. ARXIV: 1406.1078.

[22] Chrabaszcz, P. "Canonical ES Finds a Bug in Qbert (Full)." YouTube video, 13:54. 2018. URL: https://youtu.be/meE5aaRJ0Zs.

[23] Chrabaszcz, P., Loshchilov, I., and Hutter, F. "Back to Basics: Benchmarking Canonical Evolution Strategies for Playing Atari." 2018. ARXIV: 1802.08842.

[24] Clavera, I., Rothfuss, J., Schulman, J., Fujita, Y., Asfour, T., and Abbeel, P. "Model-Based Reinforcement Learning via Meta-Policy Optimization." 2018. ARXIV: 1809.05214.

[25] Cobbe, K., Klimov, O., Hesse, C., Kim, T., and Schulman, J. "Quantifying Generalization in Reinforcement Learning." 2018. ARXIV: 1812.02341.

[26] Codacy. URL: https://www.codacy.com.

[27] Code Climate. URL: https://codeclimate.com.

[28] Cox, D. and Dean, T. "Neural Networks and Neuroscience-Inspired Computer Vision." In: *Current Biology* 24 (2014). Computational Neuroscience, pp. 921—929. DOI: 10.1016/j.cub.2014.08.026.

[29] CTRL-Labs. URL: https://www.crunchbase.com/organization/ctrl-labs.

[30] Cun, Y. L., Denker, J. S., and Solla, S. A. "Optimal Brain Damage." In: *Advances in Neural Information Processing Systems 2*. Ed. by Touretzky, D. S. San Francisco, CA, USA: Morgan Kaufmann Publishers Inc., 1990, pp. 598—605. ISBN: 1-55860-100-7. URL: http://dl.acm.org/citation.cfm?id=109230.109298.

[31] Daniel Rozin Interactive Art. URL: http://www.smoothware.com/danny.

[32] Deng, J., Dong, W., Socher, R., Li, L.-J., Li, K., and Fei-Fei, L. "ImageNet: A Large-Scale Hierarchical Image Database." In: *IEEE Conference on Computer Vision and Pattern Recognition, CVPR09*. IEEE, 2009, pp. 248—255.

[33] Dettmers, T. "A Full Hardware Guide to Deep Learning." 2018. URL: https://timdettmers.com/2018/12/16/deep-learning-hardware-guide.

[34] Dreyfus, S. "Richard Bellman on the Birth of Dynamic Programming." In: *Operations Research* 50.1 (2002), pp. 48—51. DOI: 10.1287/opre.50.1.48.17791.

[35] Duan, Y., Chen, X., Houthooft, R., Schulman, J., and Abbeel, P. "Benchmarking Deep Reinforcement Learning for Continuous Control." 2016. ARXIV: 1604.06778.

[36] Ecoffet, A., Huizinga, J., Lehman, J., Stanley, K. O., and Clune, J. "Go-Explore: A New Approach for Hard-Exploration Problems." 2019. ARXIV: 1901.10995.

[37] Espeholt, L., Soyer, H., Munos, R., Simonyan, K., Mnih, V., Ward, T., Doron, Y., et al. "IMPALA: Scalable Distributed Deep-RL with Importance Weighted Actor-Learner Architectures." 2018. ARXIV: 1802.01561.

[38] Fazel, M., Ge, R., Kakade, S. M., and Mesbahi, M. "Global Convergence of Policy Gradient Methods for the Linear Quadratic Regulator." 2018. ARXIV: 1801.05039.

[39] Fei-Fei, L., Johnson, J., and Yeung, S. "Lecture 14: Reinforcement Learning." In: *CS231n: Convolutional Neural Networks for Visual Recognition, Spring 2017*. Stanford University, 2017. URL: http://cs231n.stanford.edu/slides/2017/cs231n_2017_lecture14.pdf.

[40] Finn, C., Abbeel, P., and Levine, S. "Model-Agnostic Meta-Learning for Fast Adaptation of Deep Networks." 2017. ARXIV: 1703.03400.

[41] Frankle, J. and Carbin, M. "The Lottery Ticket Hypothesis: Finding Sparse, Trainable Neural Networks." 2018. ARXIV: 1803.03635.

[42] Fujimoto, S., van Hoof, H., and Meger, D. "Addressing Function Approximation Error in Actor-Critic Methods." 2018. ARXIV: 1802.09477.

[43] Fukushima, K. "Neocognitron: A Self-Organizing Neural Network Model for a Mechanism of Pattern Recognition Unaffected by Shift in Position." In: *Biological Cybernetics* 36 (1980), pp. 193—202. URL: https://www.rctn.org/bruno/public/papers/Fukushima1980.pdf.

[44] Glances—An Eye on Your System. URL: https://github.com/nicolargo/glances.

[45] Goodfellow, I., Bengio, Y., and Courville, A. Deep Learning. MIT Press, 2016. URL: http://www.deeplearningbook.org.

[46] Greaves, J., Robinson, M., Walton, N., Mortensen, M., Pottorff, R., Christopherson, C., Hancock, D., and Wingate, D. "Holodeck—A High Fidelity Simulator for Reinforcement Learning." 2018. URL: https://github.com/byu-pccl/holodeck.

[47] Haarnoja, T., Zhou, A., Abbeel, P., and Levine, S. "Soft Actor-Critic: Off-Policy Maximum Entropy Deep Reinforcement Learning with a Stochastic Actor." 2018. ARXIV: 1801.01290.

[48] Henderson, P., Islam, R., Bachman, P., Pineau, J., Precup, D., and Meger, D. "Deep Reinforcement Learning That Matters." 2017. ARXIV: 1709.06560.

[49] Hessel, M., Modayil, J., van Hasselt, H., Schaul, T., Ostrovski, G., Dabney, W., Horgan, D., Piot, B., Azar, M. G., and Silver, D. "Rainbow: Combining Improvements in Deep Reinforcement Learning." 2017. ARXIV: 1710.02298.

[50] Hinton, G. "Lecture 6a: Overview of Mini-Batch Gradient Descent." In: *CSC321: Neural Networks for Machine Learning*. University of Toronto, 2014. URL: http://www.cs.toronto.edu/~tijmen/csc321/slides/lecture_slides_lec6.pdf.

[51] Ho, J. and Ermon, S. "Generative Adversarial Imitation Learning." 2016. ARXIV: 1606.03476.

[52] Hochreiter, S. and Schmidhuber, J. "Long Short-Term Memory." In: *Neural Computation* 9.8 (Nov. 1997), pp. 1735—1780. ISSN: 0899-7667. DOI: 10.1162/neco.1997.9.8.1735.

[53] Hofstadter, D. R. *Gödel, Escher, Bach: An Eternal Golden Braid*. New York: Vintage Books, 1980. ISBN: 0-394-74502-7.

[54] Horgan, D., Quan, J., Budden, D., Barth-Maron, G., Hessel, M., van Hasselt, H., and Silver, D. "Distributed Prioritized Experience Replay." 2018. ARXIV: 1803.00933.

[55] HTC Vive. URL: https://www.vive.com/us.

[56]   Jaderberg, M., Czarnecki, W. M., Dunning, I., Marris, L., Lever, G., Castañeda, A. G., Beattie, C., et al. "Human-Level Performance in 3D Multiplayer Games with Population-Based Reinforcement Learning." In: *Science* 364.6443 (2019), pp. 859–865. ISSN: 0036-8075. DOI: 10.1126/science.aau6249.

[57]   Johnson, M., Hofmann, K., Hutton, T., and Bignell, D. "The Malmo Platform for Artificial Intelligence Experimentation." In: *IJCAI'16 Proceedings of the Twenty-Fifth International Joint Conference on Artificial Intelligence*. New York, USA: AAAI Press, 2016, pp. 4246–4247. ISBN: 978-1-57735-770-4. URL: http://dl.acm.org/citation.cfm?id=3061053.3061259.

[58]   Jouppi, N. "Google Supercharges Machine Learning Tasks with TPU Custom Chip." Google Blog. 2016. URL: https://cloudplatform.googleblog.com/2016/05/Google-superchargesmachine-learning-tasks-with-custom-chip.html.

[59]   Juliani, A., Berges, V.-P., Vckay, E., Gao, Y., Henry, H., Mattar, M., and Lange, D. "Unity: A General Platform for Intelligent Agents." 2018. ARXIV: 1809.02627.

[60]   Juliani, A., Khalifa, A., Berges, V., Harper, J., Henry, H., Crespi, A., Togelius, J., and Lange, D. "Obstacle Tower: A Generalization Challenge in Vision, Control, and Planning." 2019. ARXIV: 1902.01378.

[61]   Kaelbling, L. P., Littman, M. L., and Moore, A. P. "Reinforcement Learning: A Survey." In: *Journal of Artificial Intelligence Research* 4 (1996), pp. 237–285. URL: http://people.csail.mit.edu/lpk/papers/rl-survey.ps.

[62]   Kaiser, L., Babaeizadeh, M., Milos, P., Osinski, B., Campbell, R. H., Czechowski, K., Erhan, D., et al. "Model-Based Reinforcement Learning for Atari." 2019. ARXIV: 1903.00374.

[63]   Kakade, S. "A Natural Policy Gradient." In: *NeurIPS'11 Proceedings of the 14th International Conference on Neural Information Processing Systems: Natural and Synthetic*. Cambridge, MA, USA: MIT Press, 2001, pp. 1531–1538. URL: http://dl.acm.org/citation.cfm?id=2980539.2980738.

[64]   Kalashnikov, D., Irpan, A., Pastor, P., Ibarz, J., Herzog, A., Jang, E., Quillen, D., et al. "QT-Opt: Scalable Deep Reinforcement Learning for Vision-Based Robotic Manipulation." 2018. ARXIV: 1806.10293.

[65]   Kapturowski, S., Ostrovski, G., Quan, J., Munos, R., and Dabney, W. "Recurrent Experience Replay in Distributed Reinforcement Learning." In: *International Conference on Learning Representations*. 2019. URL: https://openreview.net/forum?id=r1lyTjAqYX.

[66]   Karpathy, A. "The Unreasonable Effectiveness of Recurrent Neural Networks." 2015. URL: http://karpathy.github.io/2015/05/21/rnn-effectiveness.

[67] Keng, W. L. and Graesser, L. "SLM-Lab." 2017. URL: https://github.com/kengz/SLM-Lab.

[68] Kingma, D. P. and Ba, J. "Adam: A Method for Stochastic Optimization." 2014. ARXIV: 1412.6980.

[69] Leap Motion. URL: https://www.leapmotion.com/technology.

[70] LeCun, Y., Boser, B., Denker, J. S., Henderson, D., Howard, R. E., Hubbard, W., and Jackel, L. D. "Backpropagation Applied to Handwritten Zip Code Recognition." In: *Neural Computation* 1 (1989), pp. 541–551. URL: http://yann.lecun.com/exdb/publis/pdf/lecun-89e.pdf.

[71] LeCun, Y. "Generalization and Network Design Strategies." In: *Connectionism in Perspective.* Ed. by Pfeifer, R., Schreter, Z., Fogelman, F., and Steels, L. Elsevier, 1989.

[72] LeCun, Y. "Week 10, Unsupervised Learning Part 1." In: *DS-GA-1008: Deep Learning, NYU.* 2017. URL: https://cilvr.cs.nyu.edu/lib/exe/fetch.php?media=deeplearning:2017:007-unsup01.pdf.

[73] LeCun, Y., Cortes, C., and Burges, C. J. "The MNIST Database of Handwritten Digits." 2010. URL: http://yann.lecun.com/exdb/mnist.

[74] Levine, S. "Sep 6: Policy Gradients Introduction, Lecture 4." In: *CS 294: Deep Reinforcement Learning, Fall 2017.* UC Berkeley, 2017. URL: http://rail.eecs.berkeley.edu/deeprlcourse-fa17/index.html#lectures.

[75] Levine, S. "Sep 11: Actor-Critic Introduction, Lecture 5." In: *CS 294: Deep Reinforcement Learning, Fall 2017.* UC Berkeley, 2017. URL: http://rail.eecs.berkeley.edu/deeprlcourse-fa17/index.html#lectures.

[76] Levine, S. "Sep 13: Value Functions Introduction, Lecture 6." In: *CS 294: Deep Reinforcement Learning, Fall 2017.* UC Berkeley, 2017. URL: http://rail.eecs.berkeley.edu/deeprlcourse-fa17/index.html#lectures.

[77] Levine, S. "Sep 18: Advanced Q-Learning Algorithms, Lecture 7." In: *CS 294: Deep Reinforcement Learning, Fall 2017.* UC Berkeley, 2017. URL: http://rail.eecs.berkeley.edu/deeprlcourse-fa17/index.html#lectures.

[78] Levine, S. and Achiam, J. "Oct 11: Advanced Policy Gradients, Lecture 13." In: *CS 294: Deep Reinforcement Learning, Fall 2017.* UC Berkeley, 2017. URL: http://rail.eecs.berkeley.edu/deeprlcourse-fa17/index.html#lectures.

[79] Li, W. and Todorov, E. "Iterative Linear Quadratic Regulator Design for Nonlinear Biological Movement Systems." In: *Proceedings of the 1st International Conference on Informatics in Control, Automation and Robotics (ICINCO 1).* Ed. by Araújo, H., Vieira, A., Braz, J., Encarnação, B., and Carvalho, M. INSTICC Press, 2004, pp. 222–229. ISBN: 972-8865-12-0.

[80] LIGO. "Gravitational Waves Detected 100 Years after Einstein's Prediction." 2016. URL: https://www.ligo.caltech.edu/news/ligo20160211.

[81] Lillicrap, T. P., Hunt, J. J., Pritzel, A., Heess, N., Erez, T., Tassa, Y., Silver, D., and Wierstra, D. "Continuous Control with Deep Reinforcement Learning." 2015. ARXIV: 1509.02971.

[82] Lin, L.-J. "Self-Improving Reactive Agents Based on Reinforcement Learning, Planning and Teaching." In: *Machine Learning* 8 (1992), pp. 293—321. URL: http://www.incompleteideas.net/lin-92.pdf.

[83] Mania, H., Guy, A., and Recht, B. "Simple Random Search Provides a Competitive Approach to Reinforcement Learning." 2018. ARXIV: 1803.07055.

[84] MarioKart 8. URL: https://mariokart8.nintendo.com.

[85] Metropolis, N. "The Beginning of the Monte Carlo Method." In: *Los Alamos Science. Special Issue*. 1987. URL: http://library.lanl.gov/cgi-bin/getfile?00326866.pdf.

[86] Microsoft Research. "Policy Gradient Methods: Tutorial and New Frontiers." YouTube video, 1:09:19. 2017. URL: https://youtu.be/y4ci8whvS1E.

[87] Mnih, V., Badia, A. P., Mirza, M., Graves, A., Harley, T., Lillicrap, T. P., Silver, D., and Kavukcuoglu, K. "Asynchronous Methods for Deep Reinforcement Learning." In: *ICML'16 Proceedings of the 33rd International Conference on International Conference on Machine Learning—Volume 48*. New York, NY, USA: JMLR.org, 2016, pp. 1928—1937. URL: http://dl.acm.org/citation.cfm?id=3045390.3045594.

[88] Mnih, V., Kavukcuoglu, K., Silver, D., Graves, A., Antonoglou, I., Wierstra, D., and Riedmiller, M. A. "Playing Atari with Deep Reinforcement Learning." 2013. ARXIV: 1312.5602.

[89] Mnih, V., Kavukcuoglu, K., Silver, D., Rusu, A. A., Veness, J., Bellemare, M. G., Graves, A., et al. "Human-Level Control through Deep Reinforcement Learning." In: *Nature* 518.7540 (Feb. 2015), pp. 529—533. issn: 00280836. URL: http://dx.doi.org/10.1038/nature14236.

[90] Molchanov, P., Tyree, S., Karras, T., Aila, T., and Kautz, J. "Pruning Convolutional Neural Networks for Resource Efficient Inference." 2016. ARXIV: 1611.06440.

[91] Moore, A. W. *Efficient Memory-Based Learning for Robot Control*. Tech. rep. University of Cambridge, 1990.

[92] Nielsen, M. *Neural Networks and Deep Learning*. Determination Press, 2015.

[93] Niu, F., Recht, B., Re, C., and Wright, S. J. "HOGWILD!: A Lock-Free Approach to Parallelizing Stochastic Gradient Descent." In: *NeurIPS'11 Proceedings of the 24th International Conference on Neural Information Processing Systems*. USA: Curran Associates Inc., 2011, pp. 693—701. ISBN: 978-1-61839-599-3. URL: http://dl.acm.org/citation.cfm?id=2986459.2986537.

[94]   Norman, D. A. *The Design of Everyday Things*. New York, NY, USA: Basic Books, Inc., 2002. ISBN: 9780465067107.

[95]   Nvidia. "NVIDIA Launches the World's First Graphics Processing Unit: GeForce 256." 1999. URL: https://pressreleases.responsesource.com/news/3992/nvidia-launches-the-world-s-first-graphics-processing-unit-geforce-256/.

[96]   NVIDIA. "NVIDIA Unveils CUDA—The GPU Computing Revolution Begins." 2006. URL: https://www.gamesindustry.biz/articles/nvidia-unveils-cuda-the-gpu-computing-revolution-begins.

[97]   Oculus. URL: https://www.oculus.com.

[98]   OpenAI, Andrychowicz, M., Baker, B., Chociej, M., Józefowicz, R., McGrew, B., Pachocki, J., et al. "Learning Dexterous In-Hand Manipulation." 2018. ARXIV: 1808.00177.

[99]   OpenAI Baselines. URL: https://github.com/openai/baselines.

[100] OpenAI Blog. "Faulty Reward Functions in the Wild." 2016. URL: https://blog.openai.com/faulty-reward-functions.

[101] OpenAI Blog. "Learning Dexterity." 2018. URL: https://blog.openai.com/learning-dexterity.

[102] OpenAI Blog. "More on Dota 2." 2017. URL: https://blog.openai.com/more-on-dota-2.

[103] OpenAI Blog. "OpenAI Baselines: DQN." 2017. URL: https://blog.openai.com/openai-baselines-dqn.

[104] OpenAI Blog. "OpenAI Five." 2018. URL: https://blog.openai.com/openai-five.

[105] OpenAI Blog. "OpenAI Five Benchmark: Results." 2018. URL: https://blog.openai.com/openai-five-benchmark-results.

[106] OpenAI Blog. "Proximal Policy Optimization." 2017. URL: https://blog.openai.com/openai-baselines-ppo.

[107] OpenAI Five. URL: https://openai.com/five.

[108] OpenAI Retro. URL: https://github.com/openai/retro.

[109] OpenAI Roboschool. 2017. URL: https://github.com/openai/roboschool.

[110] Parisotto, E., Ba, L. J., and Salakhutdinov, R. "Actor-Mimic: Deep Multitask and Transfer Reinforcement Learning." In: *4th International Conference on Learning Representations, ICLR 2016, San Juan, Puerto Rico, May 2–4, 2016, Conference Track Proceedings*. 2016. ARXIV: 1511.06342.

[111] Pathak, D., Agrawal, P., Efros, A. A., and Darrell, T. "Curiosity-Driven Exploration by Self-Supervised Prediction." In: *ICML*. 2017.

[112] Peters, J. and Schaal, S. "Reinforcement Learning of Motor Skills with Policy Gradients." In: *Neural Networks* 21.4 (May 2008), pp. 682—697.

[113] Peters, J. and Schaal, S. "Natural Actor-Critic." In: *Neurocomputing* 71.7—9 (Mar. 2008), pp. 1180—1190. ISSN: 0925-2312. DOI: 10.1016/j.neucom.2007.11.026.

[114] PyTorch. 2018. URL: https://github.com/pytorch/pytorch.

[115] Quiter, C. and Ernst, M. "deepdrive/deepdrive: 2.0." Mar. 2018. DOI: 10.5281/zenodo.1248998.

[116] ROLI. Seaboard: The future of the keyboard. URL: https://roli.com/products/seaboard.

[117] Rumelhart, D. E., Hinton, G. E., and Williams, R. J. "Learning Representations by Back-Propagating Errors." In: *Nature* 323 (Oct. 1986), pp. 533—536. DOI: 10.1038/323533a0.

[118] Rummery, G. A. and Niranjan, M. *On-Line Q-Learning Using Connectionist Systems*. Tech. rep. University of Cambridge, 1994.

[119] Samuel, A. L. "Some Studies in Machine Learning Using the Game of Checkers." In: *IBM Journal of Research and Development* 3.3 (July 1959), pp. 210—229. ISSN: 0018-8646. DOI: 10.1147/rd.33.0210.

[120] Samuel, A. L. "Some Studies in Machine Learning Using the Game of Checkers. II—Recent Progress." In: *IBM Journal of Research and Development* 11.6 (Nov. 1967), pp. 601—617. ISSN: 0018-8646. DOI: 10.1147/rd.116.0601.

[121] Schaul, T., Quan, J., Antonoglou, I., and Silver, D. "Prioritized Experience Replay." 2015. ARXIV: 1511.05952.

[122] Schulman, J., Levine, S., Moritz, P., Jordan, M. I., and Abbeel, P. "Trust Region Policy Optimization." 2015. ARXIV: 1502.05477.

[123] Schulman, J., Moritz, P., Levine, S., Jordan, M. I., and Abbeel, P. "High-Dimensional Continuous Control Using Generalized Advantage Estimation." 2015. ARXIV: 1506.02438.

[124] Schulman, J., Wolski, F., Dhariwal, P., Radford, A., and Klimov, O. "Proximal Policy Optimization Algorithms." 2017. ARXIV: 1707.06347.

[125] Silver, D., Huang, A., Maddison, C. J., Guez, A., Sifre, L., Van Den Driessche, G., Schrittwieser, J., Antonoglou, I., Panneershelvam, V., Lanctot, M., et al. "Mastering the Game of Go with Deep Neural Networks and Tree Search." In: *Nature* 529.7587 (2016), pp. 484—489.

[126] Silver, D., Hubert, T., Schrittwieser, J., Antonoglou, I., Lai, M., Guez, A., Lanctot, M., Sifre, L., Kumaran, D., Graepel, T., et al. "Mastering Chess and Shogi by Self-Play with a General Reinforcement Learning Algorithm." 2017. ARXIV: 1712.01815.

[127] Silver, D., Schrittwieser, J., Simonyan, K., Antonoglou, I., Huang, A., Guez, A., Hubert, T., Baker, L., Lai, M., Bolton, A., et al. "Mastering the Game of Go without Human Knowledge." In: *Nature* 550.7676 (2017), p. 354.

[128] Smith, J. E. and Winkler, R. L. "The Optimizer's Curse: Skepticism and Postdecision Surprise in Decision Analysis." In: *Management Science* 52.3 (2006), pp. 311–322. URL: http://dblp.uni-trier.de/db/journals/mansci/mansci52.html#SmithW06.

[129] Stanford osim-RL. URL: https://github.com/stanfordnmbl/osim-rl.

[130] Sutton, R. S. "Dyna, an Integrated Architecture for Learning, Planning, and Reacting." In: *ACM SIGART Bulletin* 2.4 (July 1991), pp. 160–163. ISSN: 0163-5719. DOI: 10.1145/122344.122377.

[131] Sutton, R. S. "Learning to Predict by the Methods of Temporal Differences." In: *Machine Learning* 3.1 (1988), pp. 9–44.

[132] Sutton, R. S. and Barto, A. G. *Reinforcement Learning: An Introduction*. Second ed. The MIT Press, 2018. URL: https://web.stanford.edu/class/psych209/Readings/SuttonBartoIPRLBook2ndEd.pdf.

[133] Sutton, R. S., McAllester, D., Singh, S., and Mansour, Y. "Policy Gradient Methods for Reinforcement Learning with Function Approximation." In: *NeurIPS'99 Proceedings of the 12th International Conference on Neural Information Processing Systems*. Cambridge, MA, USA: MIT Press, 1999, pp. 1057–1063. URL: http://dl.acm.org/citation.cfm?id=3009657.3009806.

[134] Teh, Y. W., Bapst, V., Czarnecki, W. M., Quan, J., Kirkpatrick, J., Hadsell, R., Heess, N., and Pascanu, R. "Distral: Robust Multitask Reinforcement Learning." 2017. ARXIV: 1707.04175.

[135] Tesauro, G. "Temporal Difference Learning and TD-Gammon." In: *Communications of the ACM* 38.3 (Mar. 1995), pp. 58–68. ISSN: 0001-0782. DOI: 10.1145/203330.203343.

[136] Todorov, E., Erez, T., and Tassa, Y. "MuJoCo: A Physics Engine for Model-Based Control." In: *IROS*. IEEE, 2012, pp. 5026–5033. ISBN: 978-1-4673-1737-5. URL: http://dblp.uni-trier.de/db/conf/iros/iros2012.html#TodorovET12.

[137] Tsitsiklis, J. N. and Van Roy, B. "An Analysis of Temporal-Difference Learning with Function Approximation." In: *IEEE Transactions on Automatic Control* 42.5 (1997). URL: http://www.mit.edu/~jnt/Papers/J063-97-bvr-td.pdf.

[138] Unity. URL: https://unity3d.com.

[139] Unreal Engine. URL: https://www.unrealengine.com.

[140] van Hasselt, H. "Double Q-Learning." In: *Advances in Neural Information Processing Systems 23*. Ed. by Lafferty, J. D. et al. Curran Associates, 2010, pp. 2613—2621. URL: http://papers.nips.cc/paper/3964-double-q-learning.pdf.

[141] van Hasselt, H., Guez, A., and Silver, D. "Deep Reinforcement Learning with Double Q-Learning." 2015. ARXIV: 1509.06461.

[142] Vinyals, O., Ewalds, T., Bartunov, S., Georgiev, P., Vezhnevets, A. S., Yeo, M., Makhzani, A., et al. "StarCraft II: A New Challenge for Reinforcement Learning." 2017. ARXIV: 1708.04782.

[143] Walt, S. v., Colbert, S. C., and Varoquaux, G. "The NumPy Array: A Structure for Efficient Numerical Computation." In: *Computing in Science and Engineering* 13.2 (Mar. 2011), pp. 22—30. ISSN: 1521-9615. DOI: 10.1109/MCSE.2011.37.

[144] Wang, Z., Schaul, T., Hessel, M., van Hasselt, H., Lanctot, M., and Freitas, N. d. "Dueling Network Architectures for Deep Reinforcement Learning." 2015. ARXIV: 1511.06581.

[145] Watkins, C. J. C. H. "Learning from Delayed Rewards." PhD thesis. Cambridge, UK: King's College, May 1989. URL: http://www.cs.rhul.ac.uk/~chrisw/new_thesis.pdf.

[146] Widrow, B., Gupta, N. K., and Maitra, S. "Punish/Reward: Learning with a Critic in Adaptive Threshold Systems." In: *IEEE Transactions on Systems, Man, and Cybernetics* SMC-3.5 (Sept. 1973), pp. 455—465. ISSN: 0018-9472. DOI: 10.1109/TSMC.1973.4309272.

[147] Wierstra, D., Förster, A., Peters, J., and Schmidhuber, J. "Recurrent Policy Gradients." In: *Logic Journal of the IGPL* 18.5 (Oct. 2010), pp. 620—634.

[148] Williams, R. J. "Simple Statistical Gradient-Following Algorithms for Connectionist Reinforcement Learning." In: *Machine Learning* 8.3—4 (May 1992), pp. 229—256. ISSN: 0885-6125. DOI: 10.1007/BF00992696.

[149] Williams, R. J. and Peng, J. "Function Optimization Using Connectionist Reinforcement Learning algorithms." In: *Connection Science* 3.3 (1991), pp. 241—268.

[150] Wydmuch, M., Kempka, M., and Jaśkowski, W. "ViZDoom Competitions: Playing Doom from Pixels." In: *IEEE Transactions on Games* 11.3 (2018).

[151] Xia, F., R. Zamir, A., He, Z.-Y., Sax, A., Malik, J., and Savarese, S. "Gibson Env: Real-World Perception for Embodied Agents." In: *2018 IEEE/CVF Conference on Computer Vision and Pattern Recognition*. IEEE. 2018. ARXIV: 1808.10654.

[152] Zhang, A., Wu, Y., and Pineau, J. "Natural Environment Benchmarks for Reinforcement Learning." 2018. ARXIV: 1811.06032.

[153] Zhang, S. and Sutton, R. S. "A Deeper Look at Experience Replay." 2017. arxiv: 1712.01275.

찾아보기

단단한
심층강화학습

FOUNDATIONS OF DEEP REINFORCEMENT LEARNING: THEORY AND PRACTICE IN PYTHON

Authorized translation from the English language edition, entitled FOUNDATIONS OF DEEP REINFORCEMENT LEARNING: THEORY AND PRACTICE IN PYTHON, 1st Edition, by GRAESSER, LAURA; KENG, WAH LOON, published by Addison-Wesley Professional, Copyright © 2020 Pearson Education, Inc.

All rights reserved. No part of this book may be reproduced or transmitted in any form or by any means, electronic or mechanical, including photocopying, recording or by any information storage retrieval system, without permission from Pearson Education, Inc.

KOREAN language edition published by J-Pub Co., Ltd. Copyright © 2022.

Korean translation rights arrange with PEARSON EDUCATION through Agency-One, Seoul.

이 책의 한국어판 저작권은 에이전시 원을 통한 저작권사와의 독점 계약으로 (주)제이펍에 있습니다.
저작권법에 의해 한국 내에서 보호를 받는 저작물이므로 무단전재와 무단복제를 금합니다.

단단한 심층강화학습

1쇄 발행 2022년 2월 17일
2쇄 발행 2024년 6월 27일

지은이 로라 그레서, 와 룬 켕
옮긴이 김성우
펴낸이 장성두
펴낸곳 주식회사 제이펍

출판신고 2009년 11월 10일 제406-2009-000087호
주소 경기도 파주시 회동길 159 3층 / **전화** 070-8201-9010 / **팩스** 02-6280-0405
홈페이지 www.jpub.kr / **투고** submit@jpub.kr / **독자문의** help@jpub.kr / **교재문의** textbook@jpub.kr

소통기획부 김정준, 이상복, 안수정, 박재인, 송영화, 김은미, 배인혜, 권유라, 나준섭
소통지원부 민지환, 이승환, 김정미, 서세원 / **디자인부** 이민숙, 최병찬

진행 김정준 / **교정·교열** 김경희 / **내지·표지 디자인** 이민숙
용지 에스에이치페이퍼 / **인쇄** 한승문화사 / **제본** 일진제책사

ISBN 979-11-91600-67-4 (93000)
책값은 뒤표지에 있습니다.

※ 이 책은 저작권법에 따라 보호를 받는 저작물이므로 무단 전재와 무단 복제를 금지하며,
  이 책 내용의 전부 또는 일부를 이용하려면 반드시 저작권자와 제이펍의 서면 동의를 받아야 합니다.
※ 잘못된 책은 구입하신 서점에서 바꾸어드립니다.

제이펍은 여러분의 아이디어와 원고를 기다리고 있습니다. 책으로 펴내고자 하는 아이디어나 원고가 있는 분께서는
책의 간단한 개요와 차례, 구성과 지은이/옮긴이 약력 등을 메일(submit@jpub.kr)로 보내주세요.